ECONOMIC LAW

4판

경제법

이기종

三 英 社

제4판 머리말

공정거래법 전부개정법률이 2021년 12월 30일부터 시행되었음에도 저자의 개인적인 사정으로 이를 반영한 개정판을 바로 출간하지 못한 데 대하여 독자 여러분께 죄송한 말씀 드린다. 출간이 지연된 대신 2022년 12월 8일 시행 예정인 방문판매법 개정법률 등 소비자법 분야의 최신 법령을 업데이트할 수 있었다. 향후의 법령 개정 및 심결·판례의 동향에 대하여는 저자의 블로그(economiclaw7.blog.me)를 통해 최대한 신속히 업데이트를 제공하고자 한다. 독자 여러분의 너그러운 이해와 지속적인 성원을 부탁드린다.

제4판의 지연으로 낙심하고 있는 저자가 기운 내어 집필할 수 있도록 독려해 주신 삼영사 고성익 사장님께 깊은 감사를 드린다. 전면 개정판에 가까운 원고를 꼼꼼히 교정해 주신 임진숙 과장님께도 심심한 감사를 드린다. 그리고 늘 변치 않는 희망과 에너지의 원천인 가족들에게 사랑과 감사를 보낸다.

2022년 7월 10일

이 기 종

머리말

경제법은 국내법이지만 외국 등 다른 관할권과의 상호작용이 매우 활발하게 이루어지는 분야이다. 국경을 넘어서 이루어지는 기업 활동이 급증하면서 경제법의 두 축인 공정거래법과 소비자법 분야 모두에서 국제적인 법적용이 증가하고 이에 따라 비교법적 고찰의 중요성이 날로 커지고 있다. 이 과정에서 우리 경제법에 미국법과 EU법의 영향이 현저하게 나타나고 있지만, 동시에 미국이나 EU법과 구별되는 경제법의 한국적 모델이 어렴풋이 그 모습을 드러내고 있다. 비록 이러한 한국 모델이 아직 확립된 것은 아니고 그 윤곽도 흐릿하고 유동적이지만, 한국의 역동적 문화를 반영하여 여러 분야에서 독특한 법리를 발전시키고 있다. 예컨대, 공정거래법의 경우 미국의 영향으로 경제 분석의 비약적 발전을 이루었지만 그 법리적 측면에서는 시장지배력의 남용에 대한 적극적 규제를 추구하는 EU적인 특성을 보여주고 있다. 또한 법원의 역할이 확대되면서 부당공동행위나 재판매가격유지행위 등의 분야에서 외국과 구별되는 독특한 법리를 발전시키고 있다. 경제력집중억제나 부당내부거래규제 등 한국에 고유한 제도들의 경우 공정거래위원회와 법원의 노력으로 지속적인 발전을 일구어가고 있다.

이 책은 이러한 경제법의 한국 모델을 찾아가는 여정의 첫걸음으로 기획되었다. 비록 그 결과물은 너무나 보잘 것 없지만 필자 나름대로 한국 경제법의 역동적 초상화를 그리기 위해 애를 썼다. 그리하여 외국법의 비교법적 고찰이나 경제이론의 소개는 모두 한국 경제법을 정확히 묘사하기 위한 배경이나 도구로 사용하였으며, 이 책의 주인공인 한국 경제법을 파악하는 데 방해가 되지 않도록 이러한 요소들은 가능한 한 박스에 넣거나 각주 등으로 돌려 작은 글씨로 편집하였다. 그런데 막상 일을 시작해보니 한국 경제법의 초상을 그린다는 것이 생각보다 너무나 힘겨운 일이었고, 몇 분야에서는 상당히 세밀한 묘사를 할 수 있었지만 대부분의 분야에서는 밑그림만 그려놓은 꼴이 되고 말았다. 그러나 출판을 무한정 지연시킨다고 해서 더 좋은 초상화를 그릴 수 있는 것은 아님을 절감하여 일단 빈약한 그림이라도 세상에 내 놓고 독자 여러분들의 질정을 받아 다듬어 나아가기로 결심하게 되었다.

그래서 독자 여러분들이 이 책을 좀 더 잘 음미하고 좋은 의견을 주실 수 있도록 약간의 안내를 드리고자 한다. 먼저 이 책은 최대한 다양한 독자층을 만족시키기 위해 초학자를 위한 기본개념이나 주요 규정들은 물론 판례, 심결례, 연혁, 입법론, 비교법, 경제이론 등 다양한 요소들을 담았다. 그 대신 독자여러분들이 각자 필요로 하는 부분을 발췌해서 읽기 좋도록 다음과 같은 편집기술을 활용하였다.

- 비교법이나 경제이론의 상당부분은 박스로 구분하고, 연혁이나 입법론 등은 작은 글씨로 편집하였다.
- 경제법의 골격을 이루는 조문들을 일목요연하게 파악할 수 있도록 복잡한 조문들은 별도의 단락으로 인용하고, 단계적인 구조를 활용하여 조문의 줄기와 가지를 한 눈에 구분할 수 있게 하였다.
- 주요 사례들은 사건명을 고딕체로 표시하여 쉽게 찾아 상호관계를 파악할 수 있도록 하였다.

따라서 초학자들이 이 책을 처음 읽을 때에는 주로 본문의 큰 글씨를 위주로 읽고, 수험생이나 연구자·실무가 등 심층적인 분석이 필요한 분들은 박스나 작은 글씨, 사례들까지 읽는 것도 한 방법이 될 것이다.

처음 집필을 시작할 때는 그 동안의 연구 성과를 바탕으로 빈 곳 몇 곳만 채우면 쉽게 탈고를 하리라 생각했으나, 곧 그처럼 안이하게 살아 있는 한국 경제법의 초상화를 그릴 수는 없음을 깨닫고 좌절하기도 하였다. 그러나 저자의 멘토이신 여러 교수님들의 격려와 지도 덕분에 포기하지 않고 끝까지 이 마라톤을 완주할 수 있었다. 이 자리를 빌어 마음 깊이 감사드린다. 또한 법서시장이 여러 어려움을 겪고 있음에도 흔쾌히 출판을 수락하여 주시고 1년 이상 탈고가 지연됨에도 지지와 성원을 아끼지 않으신 삼영사 고성익 부사장님께도 심심한 감사의 말씀을 드린다. 또한 촉박한 일정 속에 번잡한 원고를 깔끔하게 편집해 주신 삼영사 편집부의 임진숙 과장님께 감사를 드리며, 자료수집과 교정을 도와준 숙명여자대학교 법과대학의 제자들에게 고마움을 전한다. 끝으로 몇 년째 자정을 넘어 귀가하는 가장을 바라보며 함께 마음 졸였던 가족들에게 사랑과 감사를 보낸다.

2013. 1. 27.

이 기 종

차 례

서 론

제 1 부 공정거래법

제1장 총 설

제2장 시장지배적지위의 남용금지

제4장 경제력집중의 억제

제5장 부당한 공동행위의 제한

제6장 불공정거래행위 및 특수관계인에 대한 부당한 이익제공의 금지

第7장 재판매가격유지행위의 금지

第8장 사업자단체

第9장 법집행기구와 구제수단

제2장 약관규제법

제3장 할부거래법

제4장 방문판매법

제5장 전자상거래법

참고문헌 인용약어

※ 자주 인용하는 참고문헌은 아래와 같이 약어로 인용함.

약 어	서지사항
공정거래위원회 (2011)	공정거래위원회, 「공정거래위원회 30년사」, 공정거래위원회, 2011.
권오승 (2015)	권오승, 「경제법」, 법문사, 2015.
권재열 (2004)	권재열, 「경제법」, 법원사, 2004.
김영추 외 (2003)	김영추 외, 「신경제법론」, 동국대학교출판부, 2003.
손주찬 (1993)	손주찬, 「경제법」, 법경출판사, 1993.
신동권 (2011)	신동권, 「독점규제법」, 박영사, 2011.
신창선 (2008)	신창선, 「경제법」, 도서출판 fides, 2008.
신현윤 (2014)	신현윤, 「경제법」, 법문사, 2014.
양명조 (2014)	양명조, 「경제법」, 신조사, 2014.
이규억 · 이성순 (2009)	이규억 · 이성순, 「기업과 시장」, 서우, 2009.
이기수 · 유진희 (2012)	이기수 · 유진희, 「경제법」, 세창출판사, 2012.
이남기 (2000)	이남기, 「경제법」, 박영사, 2000.
이호영 (2015)	이호영, 「독점규제법」, 홍문사, 2015.
임영철 (2007)	임영철, 「공정거래법: 해설과 논점」, 법문사, 2007.
임영철 · 조성국 (2018)	임영철 · 조성국,「공정거래법: 이론과 실무, 박영사, 2018
정호열 (2016)	정호열, 「경제법」, 박영사, 2016.
Areeda and Kaplow (1997)	Philip Areeda and Louis Kaplow, *Antitrust Analysis: Problems, Text, Cases* (5th ed., 1997)
Elhauge and Geradin (2011)	Einer Elhauge and Damien Geradin, *Global Competition Law and Economics* (3d ed., 2011)
Furse (2006)	Mark Furse, Competition Law of the UK & EC (5th ed., 2006)
Hovenkamp (2005a)	Herbert Hovenkamp, *Federal Antitrust Policy: The Law of Competition and Its Practice* (3d ed., 2005)
Hovenkamp (2005b)	Herbert Hovenkamp, *The Antitrust Enterprise: Principles and Execution* (2005)
Jones and Sufrin (2008)	Alison Jones and Brenda Sufrin, *EC Competition Law: Text, Cases, and Materials* (3d ed., 2008)
Niels et al. (2011)	Gunnar Niels, Helen Jenkins and James Kavanagh, *Economics for Competition Lawyers* (2011)
Schwalbe and Zimmer (2009)	Ulrich Schwalbe and Daniel Zimmer, *Law and Economics in European Merger Control* (2009)
Whish (2009)	Richard Whish, *Competition Law* (6th ed., 2009)
Whish and Bailey(2012)	Richard Whish and David Bailey, *Competition law* (7th ed., 2012)

서 론

서 론

경제법의 개념은 독일에서 주로 제1차 세계대전 당시의 전시경제통제 입법과 전후의 경제부흥을 위한 통제입법들을 체계적으로 분류하기 위해 안출된 개념이나, 경제현실의 변화와 경제에 대한 국가규제의 확대에 따라 그 개념에 관하여 다기한 학설이 대립되어 왔다.[1] 이러한 학설대립은 우리나라에도 영향을 미쳤으며, 국내의 지배적인 견해는 경제법을 국가가 국민경제(전체경제)적 관점 내지 후견적 관점에서 경제에 대한 규제와 통제를 가하기 위한 일련의 법으로 정의하고 있었다.[2]

그런데 최근에는 이러한 경제법 개념이 지나치게 광범위함을 비판하면서 국가가 경제를 규제하는 법이라고 하여 모두 경제법이라고 할 수는 없다고 보고, 다양한 경제규제법 중에서도 특히 "국민경제를 정당하게 질서지우기 위한 법규범 또는 법제도의 총체"를 경제법으로 정의하는 학자들이 있다.[3] 그러나 후자의 견

---

1) 상세는 손주찬 (1993), 32면 이하 참조.

2) 상법 교과서들이 주로 취하고 있는 견해이나, 경제법 교과서 중에서도 손주찬 (1993), 45면이 이러한 입장이다.

3) 권오승 (2015), 12면; 신현윤 (2014), 11면. 한편 경제법의 개념에 '정당하게' 질서지운다는 가치개념이 포함되는 것을 비판하면서 보다 가치중립적으로 경제법이란 "국가의 경제정책을 실현하기 위하여 경제에 간섭하는 법과 경제규제의 근거를 부여하는 법의 총체"라고 정의하는 견해로 양명조 (2014), 7면. 또한 이기수 · 유진희(2012), 11면(경제법은 "헌법이 정하고 있는 일정한 경제질서를 유지할 목적으로 국가가 국민의 경제활동에 간섭하거나 국민의 경제활동을 규제하는 법규의 총체"라 정의); 김영추 (2003), 36면(경제법이란 "공동사회의 경제인 국민경제에 있어서 시민자율로 실현할 수 없는 공동이익을 국가가 직접 실현하기 위해 정책적으로 시장자율에 규제와 조정을 하기 위한 법"이라 정의); 권재열 (2004), 18면(경제법은 "국민경제의 건전한 발전을 위해 경제에 대하여 국가가 규제하는 법규범의 총체"라 정의); 신창선 (2008), 12면(어떠한 법이 전체경제와 관련되어 있고, 경제과정에 있어서의 조정의 기능을 가지며, 공정성 및 타당성을 가지고 있다면 이를 경제법으로 봄).

해에 의할 경우에도 경제법에는 공정거래법 · 소비자법 · 중소기업법 등 특정 산업분야에 국한되지 않는 일반적인 규제법은 물론 금융 · 에너지 · 통신 등 개별산업에 대한 규제법들까지 모두 포함되는데, 이들 광범위하고 다기한 법령들 사이에는 이론적 공통분모를 찾기 어려울 뿐 아니라 이러한 광의의 경제법 개념으로부터 도출될 수 있는 실제적인 유용성도 크지 않다.[4)]

반면 우리의 관심범위를 좁혀서 직접적인 진입규제나 가격규제와 같이 시장기구를 대체하는 성격이 강한 정부의 통제보다는 시장기구의 정상적인 작동을 촉진하기 위한 정부의 개입에 초점을 맞춘다면 훨씬 일관성 있는 이론적 설명이 가능한 두 분야의 법령들이 주된 관심의 대상으로 떠오르게 된다.

첫째는 시장에서의 경쟁을 촉진함으로써 독과점과 경쟁제한의 폐해를 방지하고 구제하기 위한 법인 독점규제 및 공정거래에 관한 법률(이하 "공정거래법")이다.

둘째는 소비자와 사업자들간의 정보격차로 인한 폐해를 시정하고 소비자의 피해에 대한 직접적인 구제수단들을 제공하기 위한 소비자 관련 법령들이다. 소비자기본법, 약관의 규제에 관한 법률, 할부거래에 관한 법률, 방문판매 등에 관한 법률, 전자상거래 등에서의 소비자보호에 관한 법률 등이 이에 속한다.

이 두 분야의 법, 즉 공정거래법과 소비자법은 시장기구의 정상적인 작동을 촉진한다는 점 외에, 각각 공급과 수요 측면에서 소비자복지의 증진을 도모한다는 공통점을 가지고 있다. 즉, 공정거래법은 공급자인 사업자들 간의 경쟁을 촉진함으로써 소비자들이 가장 낮은 가격에 가장 넓은 범위의 재화와 용역을 선택할 수 있게 해 준다. 반면 소비자법은 경쟁이 제공하는 선택의 범위 내에서 수요자인 소비자들이 충분한 정보를 가지고 효과적인 선택을 할 수 있게 해 준다.[5)] 물론 공정거래법과 소비자법 사이에는 상충 내지 갈등관계가 나타나는 경우도 없지 않으나(예: 과도한 안전 규제가 신규진입을 제한함으로써 경쟁을 제한하는 효과를 갖는 경우), 이러한 갈등관계를 최소화하고 양자 간의 시너지를 극대화하기 위한 방안들이 모색될 수 있다고 본다.[6)]

---

4) 지나치게 포괄적인 경제법 개념이 학문적 의미나 실효성을 결할 수 있음을 지적하고, 경쟁질서를 규율하는 법규를 묶어 '경쟁법'이라는 하나의 독자적 법역으로 정의하자는 견해로 정호열 (2016), 7~8면.

5) OECD, *Global Forum on Competition: The Interface between Competition and Consumer Policies,* DAF/COMP/GF (2008) at 8.

6) 상세는 이기종, "경쟁정책과 소비자정책의 상승작용 촉진방안", 「상사법연구」 제28권 4호 (2010), 353~375면.

특히 2007년의 소비자기본법 전면개정과 그 후속 개정작업을 통해 공정거래위원회가 명실공히 공정거래정책과 소비자정책의 주무관청이 됨으로써 양자 간의 최대한의 시너지를 추구할 수 있는 제도적 기반이 마련되었으며, 이에 따라 공정거래법과 소비자법의 상호연계는 더욱 강화되고 있다. 즉, 공정거래법과 소비자법은 내적으로 긴밀하게 연관되어 공통의 목적을 상호보완적으로 추구하고 있는 일관된 전체를 형성하고 있다고 여겨지는 것이다. 따라서 이러한 공정거래법과 소비자법을 합하여 우리는 협의의 경제법이라 부를 수 있을 것이며, 이는 "시장기구의 정상적 작동을 촉진하고 수요 또는 공급의 측면에서 소비자복지의 증진을 도모하는 법"이라 정의할 수 있을 것이다.[7]

한편 경제법은 광의와 협의를 불문하고 모두 우리 헌법상의 경제조항에 근거를 두고 있다. 즉, 헌법은 재산권을 보장하면서도(제23조 1항) 공공복리에 의한 재산권행사의 제한을 인정하며(동조 2항), 자유시장 경제체제를 근간으로 하면서도(제119조 1항) 경제에 대한 국가의 규제와 조정을 인정하고 있는 것이다(동조 2항). 하지만 경제법 중에서도 특히 이 책에서 말하는 협의의 경제법, 즉 공정거래법과 소비자법은 시장기구를 대체하는 규제가 아니라 시장기구의 정상적인 작동을 촉진하기 위한 친시장적인 규제를 그 내용으로 하기 때문에 자유시장경제체제의 발전을 위해 불가결한 제도적 틀을 구성한다.

따라서 시장을 규율하는 여러 법들 중에서도 공정거래법과 소비자법은 매우 특별한 위치를 점하고 있으며 경제법의 핵심을 이룬다 하겠다. 이러한 관점에서 이 책은 협의의 경제법에 초점을 맞추어 공정거래법(제1부)과 소비자법(제2부)을 차례로 살펴보고자 한다.

7) 협의의 경제법의 법역을 독점규제법에 국한시키는 견해로 김영호 (1990), 35면.

제 1 부 공정거래법

제1장 총 설

Ⅰ. 공정거래법과 경제이론

1. 독점과 경쟁

서론에서 우리는 공정거래법을, "시장에서의 경쟁을 촉진함으로써 독과점과 경쟁제한의 폐해를 구제하고 방지하기 위한 법"이라고 정의하였다. 경쟁의 촉진이 어떠한 경제적 이익을 가져오고, 반대로 독과점 내지 경쟁제한이 어떠한 경제적 폐해를 초래하는지를 설명하기 위해 경제이론은 가상의 완전경쟁시장과 독점시장을 정의하고 양자를 비교한다.[1)]

먼저 완전경쟁시장이란 다음과 같은 속성을 갖는 시장을 말한다. 첫째, 한 시장에 많은 수의 판매자와 구매자가 있다. 둘째, 판매자들은 동질적인 제품을 공급한다. 셋째, 판매자와 구매자는 모두 완전한 정보를 가지고 있다. 넷째, 판매자의 진입과 퇴출이 자유롭다. 그 결과 어떤 판매자도 이 시장에서 형성되는 가격에 영향을 미칠 수 없다. 즉, 완전경쟁시장의 판매자들은 가격수용자(price-taker)이다.

반면 독점시장이란 한 시장에 단 하나의 판매자만 있는 경우를 가리킨다. 독점시장은 완전경쟁시장과 비교할 때 다음과 같은 폐해를 가져온다.

첫째, 독점사업자가 부과하는 가격은 경쟁적인 시장의 사업자들에 비해 높고,

1) Jones and Sufrin (2008), at 7-13; Whish and Bailey (2012), at 3-19; 이규억 · 이성순(2009), 49 ~63면; 이승훈, "독과점의 경제학", 「한국의 경쟁정책」 (윤창호 외 편, 2011), 431~460면.

그 생산량은 경쟁적인 시장의 사업자들에 비해 적어 결국 소비자잉여가 감소하게 된다. 그리고 이렇게 감소된 소비자잉여 중 일부는 독점사업자에게 이전되어 생산자잉여로 전환되지만, 나머지는 독점사업자에게 이전되지도 않으면서 소멸하는 사회적 손실, 즉 사장손실(死藏損失, deadweight loss)이 된다.

둘째, 독점사업자의 생산자잉여로 전환된 소비자잉여 중 일부는 독점사업자가 독점을 획득·유지하는 비용으로 소모되어 역시 사회적 손실을 가져온다. 즉, 독점이윤이라는 상(賞)을 받기 위해 기업들은 정부에 대한 로비·뇌물, 담합, 진입장벽 구축, 시장점유를 유지·확장하기 위한 비가격경쟁(예: 광고·제품차별화·과다설비투자) 등의 지대추구(rent-seeking) 활동으로 나아가 사회적 낭비를 초래하게 된다.

셋째, 독점기업은 경쟁의 압력을 받지 않으므로 효율을 높이고 비용을 낮추려는 노력이 해이해진다. 이를 X-비효율성이라 한다.

물론 이러한 이론을 현실 세계의 시장에 적용하는 데에는 많은 제약이 있다. 완전경쟁의 전제조건들을 모두 갖춘 시장은 실제로 존재하지 않기 때문이다. 많은 시장에서 판매자들이 제품차별화를 위해 노력하며, 각종 진입장벽이 존재하고, 판매자나 구매자나 완전한 정보를 가지고 있지 않다. 또한 규모의 경제(economies of scale)가 작용하는 경우 한 시장에 많은 판매자가 병존할 수 없다.[2] 그리하여 현실세계의 많은 시장들이 과점(oligopoly), 즉 한 시장의 공급을 몇 개의 대기업이 분담하는 양상을 보이고 있다.

그럼에도 불구하고, 완전경쟁이론은 현실세계의 시장이 얼마나 경쟁적인지를 평가하기 위한 기준(benchmark)이 되며, (비록 완전경쟁에 이르지는 못하더라도) 시장에서 유효한 경쟁이 이루어질 경우, (i) 경제 전체에 자원이 보다 효율적으로 배분되고, (ii) 생산적 효율이 증진되어 가격이 하락하며, (iii) 기술혁신을 조장하여 더 좋은 제품이 제공되고, (iii) 소비자에게 보다 넓은 선택의 폭을 제공할 것으로 여겨지고 있다. 그리고 경쟁이 가져오는 이러한 혜택은 경쟁을 촉진하고 독과점과 경쟁제한을 규제하기 위한 공정거래법·정책의 필요성에 대한 근거를 제

2) 특히 규모의 경제로 인해 한 산업에 있어 생산설비의 가장 효율적인 최소규모(minimum efficient scale)가 당해 시장 수요의 50%를 초과하여 충족시킬 수 있어 둘 이상이 기업이 존재하면 오히려 효율이 떨어지는 경우 자연독점(natural monopoly)이 성립한다. 그러나 전통적으로 규모의 경제가 작용하는 것으로 여겨졌던 통신·전력산업 등에서도 기술발전으로 인해 다른 산업의 비용구조와 유사해짐에 따라 시장경쟁이 광범위하게 도입되는 것이 바람직하다는 논의가 활발하게 이루어지고 있다. 주순식, "독과점적인 시장구조의 개선", 권오승 편, 「공정거래법강의 2」(2000), 98면.

공해 주고 있다.[3)]

2. 공정거래 경제분석의 필요성

공정거래법이 시장에서의 경쟁을 촉진하고 독과점 내지 경쟁제한의 폐해를 구제하기 위해서는 현실세계의 구체적인 시장의 구조가 경쟁적인지 독점적인지, 시장에서 이루어지는 기업들의 활동이 경쟁을 촉진하는 것인지 경쟁을 제한하는 것인지를 측정할 수 있어야 할 것이다. 이러한 측정의 도구를 제공하는 분야는 경제학, 그 중에서도 산업조직론(industrial organization)이며, 공정거래정책의 수립과 집행에 있어 경제분석의 활용은 필수적인 과정이라 할 수 있다. 경제분석은 경쟁을 해치는 유해한 행위와 경쟁을 촉진하는 무해한 행위를 변별할 수 있도록 도와줌으로써 과잉규제와 과소규제의 오류를 모두 피할 수 있게 해 준다.[4)]

다만 공정거래 경제분석이 공정거래법의 모든 문제를 해결해 주는 것은 아니며, 다음과 같은 한계를 가지고 있음을 유의할 필요가 있다. 첫째, 경제분석은 가정을 기초로 모델을 수립하고 이를 통해 문제된 행위의 효과를 추정하는 것이기 때문에, 현실을 100% 반영하는 것은 아니고 하나의 개연성 있는 설명을 제공할 뿐이다.[5)] 둘째, 특정한 행위나 시장여건이 경쟁에 미치는 영향(예: 단기적으로 경쟁자를 보호하는 것이 장기적인 소비자후생 증대를 위해 필요한지 여부)에 대하여 경제전문가들 상호간에 의견불일치가 있을 수 있다.[6)]

이와 같은 한계에도 불구하고 경제학적 원리의 적용은 일관된 분석틀과 적절한 추론의 경로를 제시하고 경쟁제한효과의 분석에 필요한 주요 쟁점을 식별할 수 있게 해 준다고 평가되며, 공정거래정책의 수립과 집행에 있어서 경제분석의 중요성에 대한 공감대가 세계적으로 확산되어 가고 있다.[7)] 이 분야를 선도하는 것은 미국이지만, EU에서도 경제분석을 활성화하기 위한 일련의 개혁을 추진해 왔다.[8)]

우리나라에서도 공정거래법의 집행기구인 공정거래위원회와 법원 양쪽 모두에

---

3) Jones and Sufrin (2008), at 11-12; Whish and Bailey (2012), at 18-19.
4) Jones and Sufrin (2008), at 57.
5) Faull and Nikpay (2007), at 4.
6) Jones and Sufrin (2008), at 57.
7) Faull and Nikpay (2007), at 4.
8) 상세는 Doris Hildebrand, *The Role of Economic Analysis in the EC Competition Rules* (3d ed., 2009).

서 정치한 경제분석을 적용한 기념비적인 심결 및 판결들을 잇달아 내놓으면서 세계적인 주목을 받고 있다.[9] 또한 공정거래위원회는 경제분석 증거 내용의 기본 원칙 등에 관한 명확하고 구체적인 기준을 정하여 법집행의 합리성을 제고하기 위해 「경제분석 증거 제출에 관한 지침」(공정거래위원회예규 제137호, 2012.6.20. 일부개정) 및 「경제분석 의견서 등의 제출에 관한 규정」(공정거래위원회고시 제2017-1호, 2017.3.2. 일부개정)을 마련하여 운영하고 있다.

Ⅱ. 공정거래법제의 형성과정

우리나라는 8·15 해방으로 일제 식민치하에서 벗어났으나 산업자본의 형성이 거의 없는 상태였다. 게다가 6·25 전쟁의 발발로 그나마 남아 있던 산업시설이 모두 폐허화되고 말았다. 이러한 상황 하에서 경제개발을 위해 우리 정부가 선택한 길은 정부주도의 압축 성장이었으며, 이 과정에서 불가피하게 정부의 집중지원과 보호를 받는 독과점기업들이 각 산업분야마다 출현하였다. 이들 독과점의 폐해를 본격적으로 드러낸 1963년의 삼분(밀가루, 설탕, 시멘트) 폭리 사건과, 1968년 신진자동차의 밀수폭리설 등을 계기로 이를 규제하기 위한 입법에 대한 요구가 높아졌으나, 번번이 성장우선론에 밀려 입법이 좌절되었다. 그러던 중 일어난 1979년의 제2차 유류파동은 물가안정을 위한 근본적 대책으로서의 공정거래제도의 필요성에 대한 인식을 제고하였고, 그 결과 당시 시행되고 있던 물가안정에 관한 법률에 경쟁제한행위 규제조항을 추가하여 1975년 물가안정 및 공정거래에 관한 법률이 제정되었다.

그러나 물가규제로부터 독립한 완비된 독점규제입법의 제정은 10·26 사태 이후의 정치적 격변기에 이루어졌다. 당시에도 반대의 목소리가 없지 않았지만 정부주도형 경제성장정책을 지양하고 민간자율의 경제질서를 지향하는 커다란 시대적 흐름을 타고 1980년 국가보위입법회의에서 독점규제 및 공정거래에 관한

9) MS, Intel, Qualcomm 및 POSCO 사건 등이 그 예이다. 이들 사건에 대한 상세는 공정거래위원회 심결사례 30선, 공정거래위원회, 2011, 3~100면. 또한 공정거래위원회의 경제분석 강화 추진 실적에 관하여, 공정거래위원회 (2011), 644~649면.

법률이 제정된 것이다. 1981년부터 시행된 이 법은 시장지배적지위의 남용금지, 기업결합의 제한, 부당공동행위의 제한, 불공정거래행위의 금지, 사업자단체의 금지행위, 재판매가격유지행위의 제한, 부당한 국제계약의 체결제한 등 현행 공정거래법의 주요 실체규정을 대부분 갖추고 있었다. 그러나 경제력집중의 억제제도는 1986년 제1차 개정 시에 도입되었으며, 이로써 공정거래법은 오늘날과 같은 제도적 틀을 완비하게 되었다.[10] 또한 공정거래법의 부속법령으로서 하도급거래 공정화에 관한 법률(1984.12.31.), 표시·광고의 공정화에 관한 법률(1999. 2.5.) 및 가맹사업거래의 공정화에 관한 법률(2002.5.13.) 등이 차례로 제정되었다. 한편 2020년에는 공정거래법 제정 이후 크게 변화한 경제환경 및 시장상황을 반영하기 위한 공정거래법 전부개정이 이루어졌으며, 이 개정 법률은 2021년 12월 31일부터 시행되고 있다.

비교법 공정거래법제의 형성과정

■ 미 국　남북전쟁 후 급격한 산업화로 인해 경쟁이 격화되면서 이를 회피하기 위한 각종 경쟁제한적인 책략들이 출현하였다. 특히 록펠러(Rockefeller)에 의해 석유산업에서 시작된 트러스트(trust)는 광범위한 산업분야로 확산되면서 독과점을 형성하여 물가를 앙등시키는 등 국민생활 전반에 걸쳐 커다란 폐해를 가져왔다. 이처럼 창궐하는 독과점의 폐해에 대한 대책으로 제정된 1887년의 주제통상법(Interstate Commerce Act)이 별다른 성과를 거두지 못하자, 1890년 상원의원 존 셔먼(John Sherman)의 제안에 따라 최초의 반트러스트(antitrust) 입법인 셔먼법(Sherman Act)이 제정되었다.[11] 셔먼법 제1조는 불합리한 거래제한(unreasonable restraint of trade)을 금지하고 있으며, 제2조는 독점화(monopolization) 및 독점화기도(attempt to monopolize)를 금지하고 있다. 셔먼법은 제정 초기에는 활발하게 집행되지 못했으나, 루스벨트(Theodore Roosevelt) 대통령 정부 때부터 본격적인 성장의 시기를 맞이하였다.[12] 또한 1914년에는 불공정거래행위 등을 규제하는 연방거래위원회법(Federal Trade Commission Act)과 가격차별, 기업결합 등을 규제하는 클레이튼법(Clayton Act)이 잇달아 제정되었다.

---

10) 공정거래법의 입법배경과 시대별 정책변천 및 운영성과에 관한 상세는 공정거래위원회(2011), 107면 이하.

11) 그러나 셔먼법이 세계 최초의 독점금지입법은 아니다. 캐나다가 1년 앞서 독점금지법을 제정하였다.

12) 미국 독점금지법의 제정과정과 시행초기의 역사에 관하여 Hans B. Thorelli, *The*

■ E U 공동체시장의 통합을 위해 유럽연합의 경제질서는 경쟁법질서에 강하게 의존하고 있다. 1957년의 로마조약(EEC 조약)은 제85조 내지 제90조에 경쟁에 관한 규칙을 규정하였다. 이 조약은 1992년 EC조약으로 개정되었으며, 그 제85조에서 경쟁제한적 합의의 금지를, 제86조에서 시장지배적 지위의 남용금지를 규정하였다. 1997년의 암스테르담조약에 의해 이 조문번호들은 각각 제81조와 제82조로 바뀌었으며, 2009년 리스본조약에 따라 EC 조약이 EU기능조약으로 개명되면서 그 제101조 및 제102조로 편입되었다. 경쟁법의 또 하나의 주요 법원인 1989년 합병규칙(ECMR)의 제정 이래 EU는 (i) 경제분석을 강화하고, (ii) 회원국에 법집행권한을 분산시키며, (iii) 민사소송을 통한 사적 집행을 활성화시키기 위한 일련의 개혁을 추진해 왔다.[13)]

Ⅲ. 공정거래법의 목적

공정거래법 제1조[14)]는, "이 법은 사업자의 시장지배적지위의 남용과 과도한 경제력의 집중을 방지하고, 부당한 공동행위 및 불공정거래행위를 규제하여 공정하고 자유로운 경쟁을 촉진함으로써 창의적인 기업활동을 조장하고 소비자를 보호함과 아울러 국민경제의 균형있는 발전을 도모함을 목적으로 한다"고 규정하고 있다. 이 조문을 문자 그대로 풀이하자면, ① "사업자의 시장지배적지위의 남용과 과도한 경제력의 집중을 방지하고, 부당한 공동행위 및 불공정거래행위를 규제"하는 것이 가장 직접적인 수단이 되어, ② "공정하고 자유로운 경쟁의 촉진"이라고 하는 직접적 목적(내지 중간목적)을 이루고, 다시 이 직접적 목적은 ③ "창의적인 기업활동의 조장"과 "소비자의 보호" 및 "국민경제의 균형있는 발전"이라고 하는 궁극적 목적(내지 최종목적)을 이루기 위한 수단이 된다고 해석된다.

그러나 이러한 단계구조에도 불구하고 동조의 중점은 ②의 공정하고 자유로운 경쟁의 촉진에 있다고 보아야 할 것이다. ①은 경쟁의 촉진을 실현하기 위해 규정

Federal Antitrust Policy: Origination of an American Tradition (1955).

13) 상세는 *The Reform of EC Competition Law: New Challenges* (Ioannis Lianos & Ioannis Kokkoris eds., 2010).

14) 이하 제1부에서 괄호 속에 공정거래법 조문을 인용할 경우 단순히 "법 O조"로 인용한다.

된 실체규범들을 예시한 데 불과하고, ③에 열거된 목표들 역시 ②의 경쟁촉진이라는 수단을 통해서 추구될 때에만 공정거래법과 관련이 있는 것이기 때문이다. 따라서 경쟁촉진을 통한 소비자보호가 아닌 소비자피해의 직접적 구제는 소위 소비자법의 영역에 속한다.[15]

그런데 이처럼 ②의 공정하고 자유로운 경쟁의 촉진이 동조의 중핵이 됨에도 불구하고, ③의 궁극적 목적은 동법의 해석 및 집행과 관련하여 중요한 의미가 있다. 즉, 동법 제1조가 소비자보호와 국민경제의 균형발전을 함께 열거하고 있는 이상 동법은 경제적 효율의 증진을 통한 소비자복지의 증진 외에 중소기업의 보호와 같은 보다 폭넓은 정치·사회적 목적을 함께 추구한다고 해석하여야 할 것이다.[16] 특히 동법의 실체규범들 가운데에는 경제적 효율의 증진을 직접목적으로 하지 않는 조항들(예, 경제력집중의 억제규정)이 포함되어 있어 이러한 해석을 불가피하게 하고 있다.[17]

그리하여 대법원은 제주도관광협회 사건에서, 사업자단체가 부당공동행위의 예외적 허용을 위해 (구)공정거래법 제19조 제2항(현행법 40조 2항)에 따른 공정거래위원회의 사전인가를 받지 않은 경우에도, "이로 인하여 경쟁이 제한되는 정도에 비하여 법 제19조 제2항 각호에 정해진 목적 등에 이바지하는 효과가 커서 소비자를 보호함과 아울러 국민경제의 균형 있는 발전을 도모한다는 법의 궁극적인 목적에 실질적으로 반하지 아니하는 예외적인 경우에 해당한다면, 부당한 가격제한행위라고 할 수 없다."고 판시한 바 있다.[18]

---

15) 권오승 (2015), 82·83면.

16) 신현윤 (2014), 134면 (공정거래법은 경제적 효율성과 함께 경제적 약자의 보호, 경제적 강자의 자의적 행위의 규제, 소득분배의 공평과 같은 사회적 공정성에 중점을 두는 사회정의의 이념을 추구한다); 양명조, (2014), 68면(공정거래법의 궁극적 목적은 국민경제의 균형발전이며 이에는 중소기업 보호육성정책이 내포되어 있다). 한편 이건호, "카르텔법의 역할에 따른 공정거래법의 목적이해", 「경제법연구」 제6권 제1호 (2007), 39면은 공정거래법의 목적 상호간에 충돌이 있을 때 창의적인 기업활동의 조장, 소비자 보호 및 국민경제의 균형있는 발전이 자유로운 경쟁에 우선순위가 된다고 한다.

17) 이호영 (2015), 3면.

18) 대법원 2005.9.9. 선고 2003두11841 판결. 또한 서울고법 1996.12.6. 선고 96나2240 판결.

19) Joe S. Bain, *Barriers to New Competition* (1956).

비교법 공정거래법의 목적

■ 미 국　셔먼법 제정 후 1970년대 중반에 이르기까지 미국은 그 독점금지법을 집행함에 있어 경제력 집중의 억제와 중소사업자의 보호에 큰 비중을 두고 있었다. 그 이론적 기초를 제공한 Bain은, 시장의 구조가 기업의 행위와 성과에 결정적인 영향을 미치며, 따라서 독점금지법은 시장집중의 방지와 해소에 중점을 두어야 한다고 주장하였다.[19] 이 이론에 동조하는 학자들을 하버드학파(Harvard School)라 부르며, 1950년대와 60년대에 걸쳐 독점금지이론과 법집행에 커다란 영향을 미쳤다.

한편 하버드학파와 함께 1950년대에 등장한 시카고학파(Chicago School)는 전자의 이론이 독점금지법의 과도한 시장개입을 낳았고, 실제로는 시장의 집중도가 높아져도 진입장벽이 낮아 기업들이 반경쟁적 행위를 감행하기 어려우며, 시장집중 자체도 대부분 기업들의 효율증진노력의 결과라고 비판하였다. 또한 독점금지법의 유일한 목적은 경제적 효율의 증대를 통한 소비자복지의 증진이라고 주장하였다.[20] 시카고학파는 1970년대 말부터 80년대에 이르기까지 독점금지법의 집행을 지배하면서 실로 혁명적인 변화를 가져왔다.

최근 등장한 후기시카고학파(Post-Chicago school)가 시카고학파의 이론을 수정하면서, 독점금지법이 경제적 효율 외에 독점기업으로부터 소비자에로의 부의 이전 등을 추구하여야 한다고 주장하나,[21] 아직은 보다 단순·명료한 시카고모델이 선호되는 경향이다. 그리하여 오늘날 미국독점금지법은 경제적 효율의 증진을 통한 소비자복지의 증진을 거의 유일한 목적으로 삼고 있다.

■ E U　EU 경쟁법은 유럽 고유의 정치·경제·사회적 토양 속에서 생성되어[22] 미국 독점금지법과는 구별되는 목적을 추구하여 왔다.

첫째, EU 경쟁법은 EU 시장의 통합이라는 보다 높은 목적을 달성하기 위한 핵심적인 수단의 하나로 기능하여 왔다. 그리하여 경쟁법의 근본목적 중 하나는 EC조약이 제거하고자 하는 회원국간의 장벽을 다시 세움으로써 가격 차이를 조장하고 소비자들에게 불공정한 거래조건을 부과하는 기업들의 경쟁제한 및 남용행위들을 금지하는 것으로 이해되어 왔다.[23] 로마조약 체결 후 이미 40여년이 지났

---

20) 대표적인 예로, Robert H. Bork, 「반트러스트의 모순」(신광식 역, 1991). 106-115면.

21) Robert Lande, *Wealth Transfer as the Original and Primary Concern of Antitrust: The Efficiency Interpretation Challenged*, 34 Hastings L.J. 65 (1982); Ross, *supra* note 6, at 8-11.

22) 유럽경쟁법의 고유한 연원에 관하여 David J. Gerber, *Law and Competition in Twentieth Century Europe: Protecting Prometheus* (1998) 참조.

23) Furse (2006), at 28 (*Ninth Report on Competition Policy* (1980)을 인용).

지만 단일통화의 채택,[24] 신규회원국의 가입[25] 등으로 인해 시장통합의 목적은 여전히 그 중요성을 잃지 않고 있다.

둘째, 점증하는 미국법의 영향에도 불구하고 경제적 효율의 증대와 함께 여러 정치·사회적 목적들이 여전히 경쟁법의 목적으로 추구되고 있다. 최근 유럽위원회는 경쟁법의 목적과 관련하여 경제적 효율의 촉진을 강조하고 있으나,[26] EU 경쟁법은 공동체의 정책의 일부로서 여타 정책들과 상호작용을 하고 있으며, 이러한 문맥에서 절연되어 시카고학파적인 관점에서 효율을 그 배타적 목적으로 추구하기는 어렵다고 여겨지고 있다.[27] 그리하여 EU 경쟁법의 목적으로서는 전술한 시장통합 외에도 중소기업의 보호, 정치적 자유의 보장 기타 여러 문화·환경·사회정책적 목적 등이 거론되어 왔다.[28]

이처럼 미국에서의 지배적 경향은 경제적 효율을 독점금지법의 배타적 목적으로 삼고 있으나, 우리나라는 미국과는 매우 다른 사회·경제적 배경을 가지고 있어, 보다 폭넓은 목적을 추구하는 유럽식 모델이 우리에게 가깝지 않나 여겨진다.[29] 비록 경제적 효율과 소비자후생에 거의 전적으로 초점을 맞추는 미국 독점금지법의 입장이 점차 유럽을 비롯한 세계 각국의 경쟁법에 강력한 영향을 미치고 있지만, 그렇다고 해서 우리 고유의 정치·경제·문화적 배경을 무시한 채 철저한 효율지상주의적 경쟁정책을 채택한다는 것은 우리 국민의 법감정에도 맞지 않을 뿐 아니라, 우리의 시장경제에 고유한 문제점을 해결하지 못하는 실효성 없는 경쟁정책으로 귀착될 우려가 있기 때문이다.[30] 그러나 물론 상충하는 목적들을 추구하는 과정에서 경제적 효율과 소비자후생을 지나치게 희생함으로써 국가경제

---

24) *White Paper on Modernisation of the Rules Implementing Articles [81] and [82]* (1999) OJ C132/1, para. 6.

25) Valentine Korah, *An Introductory Guide to EC Competition Law and Practice* at 14 (2007).

26) 예컨대, Mario Monti, "*The Future for Competition Policy in the European Union*", Merchant Taylor's Hall, London, 9 July 2001, available at http://www.europa.eu.int/comm/competition/speeches/index_speeches_by_the_commissioner.html.

27) Jones and Sufrin (2008), p. 42. 또한 Furse (2000), at 19.

28) Korah, *op. cit.*, at 14-15.

29) 각국의 국가문화(국민들의 가치관)가 그 경쟁정책에 미치는 영향에 관하여, Ki Jong Lee, *Culture and Competition: National and Regional Levels,* 21 Loy. Consumer L. Rev. 33 (2008).

30) 실제로 미국을 제외한 대다수의 입법례는 경쟁법의 목적으로서 경제적 효율 이외의 다양한 목표들을 규정하고 있다. ABA Section of Antitrust Law, *Report: Antitrust Policy Objectives* (2003).

의 전반적인 경쟁력을 훼손하여서도 안 될 것이다.

따라서 이러한 이중적 요구를 조화롭게 수용하기 위한 노력이 필요한데, 이를 위해서는 점진적인 접근방식이 매우 중요하다고 생각된다. 즉, 단기적으로는 우리 고유의 정치·사회적 요청에 바탕을 둔 다양한 목적들을 폭넓게 수용하지만, 점차 공정거래법의 목적에서 경제적 효율과 소비자 후생이 차지하는 비중을 늘려감으로써 개방화시대에 있어서의 우리 기업과 국가경제의 경쟁력 제고를 도모할 필요가 있다는 것이다. 예컨대, 경제력집중억제제도는 순수 경쟁법제도는 아니지만, 정부주도의 압축성장이라는 우리나라 특유의 경제성장과정에서 발생한 문제점을 교정하기 위하여 도입된 제도이다. 대기업의 시장지배력 증대와 남용을 방지하기 위한 순수 경쟁법 제도의 집행이 아직 충분히 활성화되지 못하고 있는 상태에서 경제력집중억제제도를 일거에 폐지하려는 시도는 많은 저항을 불러일으킬 수밖에 없다. 따라서 경쟁당국은 시장지배적 지위남용이나 기업결합 규제 등의 순수 경쟁법 제도들이 하루빨리 활성화되도록 박차를 가하여, 경제력집중억제제도 없이도 경쟁제한적인 대기업들의 행태를 효과적으로 차단할 수 있는 여건을 만들어 나아가야 할 것이다.

또한 중소기업의 보호와 관련하여서도, 시장개방이 가속화되는 현 시점에서 궁극적으로는 중소기업의 경쟁력 향상이 중소기업을 위한 최선의 대책이 될 수 있다고 볼 때, 중소기업의 경쟁부담을 면제하는 방식의 직접적인 중소기업 보호보다는 경쟁촉진의 목적과 상충하지 않으면서도 중소기업의 경쟁력 향상에 기여할 수 있는 경쟁법 제도들(예: 중소기업간 연성공동행위의 허용)을 발굴하여 이를 활성화하는 노력에 박차를 가할 필요가 있지 않을까 한다.[31)]

---

31) 박정구, "중소기업공동사업에 대한 공정거래법의 적용 -공정거래법상 적용제외를 중심으로-", 「기업법연구」 제21권 제2호 (2007), 301-334면; 이기종, "경쟁사업자간의 협력에 대한 공정거래법원칙의 적용완화에 관한 연구, "「상사법연구」 제23권 1호 (2004), 251-289면 참조. 또한 임영철 (2007), 14·15면("독점규제법의 집행을 통하여 추구하는 중소기업 보호란 중소기업의 불리한 경쟁여건을 보완해 줌으로써 국가 전체의 경쟁질서를 구축하겠다는 의미이지, 중소기업이라는 이유만으로 경쟁의 부담을 면제해주는 혜택을 부여하겠다는 의미가 아니라는 점을 주의하여야 한다."); 헌법재판소 전원재판부 1996. 12.26. 선고 96헌가18 결정 ("중소기업의 보호는 넓은 의미의 경쟁정책의 한 측면을 의미하므로, 중소기업의 보호는 원칙적으로 경쟁질서의 범주내에서 경쟁질서의 확립을 통하여 이루어져야 한다.") 참조.

Ⅳ. 공정거래법의 적용범위

1. 사업자

공정거래법은 제정 당시 그 적용대상 사업자의 업종을 한정적으로 열거하고 있었으나 그 적용범위를 점차 확장해 온 끝에 1999년의 제7차 개정에서는 업종을 가리지 않고 모든 사업자를 그 적용대상으로 하였다. 그리하여 현행 공정거래법 제2조 제1호는 "사업자라 함은 제조업, 서비스업 또는 그 밖의 사업을 하는 자를 말한다."고 규정한다. 따라서 농업·어업·광업은 물론 의사·변호사 등과 같은 전문자유업 종사자도 공정거래법의 적용대상인 사업자에 포함된다. 또한 국가나 지방자치단체도 사경제의 주체로서 타인과 거래행위를 하는 경우에는 그 범위 내에서 공정거래법 소정의 사업자에 포함된다.[32]

2. 공정거래법의 적용제외

공정거래법의 각 실체규범별 적용제외(개별적 적용제외)에 대하여는 각각 해당하는 곳에서 살펴보기로 하고, 이곳에서는 공정거래법의 일반적 적용제외들을 살펴본다.

가. 법령에 따른 정당한 행위

공정거래법의 규정은 사업자 또는 사업자단체가 다른 법령에 따라 하는 정당한 행위에 대해서는 적용하지 아니한다(116조). 여기서 정당한 행위라 함은 "당해 사업의 특수성으로 경쟁제한이 합리적이라고 인정되는 사업 또는 인가제 등에 의하여 사업자의 독점적 지위가 보장되는 반면 공공성의 관점에서 고도의 공적 규제가 필요한 사업 등에 있어서 자유경쟁의 예외를 구체적으로 인정하고 있는 법률 또는 그 법률에 의한 명령의 범위 내에서 행하는 필요최소한의 행위"를 말

32) 대법원 1990.11.23. 선고 90다카3659 판결.

한다.[33] 에너지산업, 운송업, 전기통신사업, 금융·보험업 등에 관한 규제입법들에 근거한 행위 등이 그 예이다.

나. 무체재산권의 행사행위

공정거래법의 규정은 저작권법·특허법·실용신안법·디자인보호법 또는 상표법에 의한 권리의 정당한 행사라고 인정되는 행위에 대해서는 적용하지 아니한다(117조). 무체재산권(지식재산권)의 행사가 정당한 것인지 여부는 특허법 등 관련 법령의 목적과 취지, 당해 무체재산권의 내용, 당해 행위가 관련시장의 경쟁에 미치는 영향 등 제반 사정을 종합적으로 고려하여 판단한다.[34]

다. 일정한 조합의 행위

공정거래법의 규정은 다음의 요건을 모두 갖추어 설립된 조합(조합의 연합회 포함)의 행위에 대하여는 이를 적용하지 아니한다(118조 본문).

- 소규모의 사업자 또는 소비자의 상호부조를 목적으로 할 것
- 임의로 설립되고, 조합원이 임의로 가입 또는 탈퇴할 수 있을 것
- 각 조합원이 평등한 의결권을 가질 것
- 조합원에 대하여 이익배분을 행하는 경우에는 그 한도가 정관에 정하여져 있을 것

이러한 조합의 예로는 소비자협동조합, 농업협동조합[35] 등을 들 수 있다. 그러나 불공정거래행위 또는 부당하게 경쟁을 제한하여 가격을 인상하게 되는 경우에는 공정거래법의 적용이 배제되지 않는다(동조 단서).

---

33) 대법원 1997.5.16. 선고 96누150 판결; 동 2008.12.24. 선고 2007두19584 판결; 동 2009.7.9. 선고 2007두22078 판결.

34) 「지식재산권의 부당한 행사에 대한 심사지침」(공정거래위원회예규 제369호, 2021.12.30. 일부개정), II.2.가.

35) "사업자조합이 [(구)공정거래]법 제60조에 정한 법 적용제외 조합에 해당하기 위하여는 소규모의 사업자들만으로 구성되어야 하고 소규모 사업자 이외의 자가 가입되어 있어서는 안 되며 … 원고[농협중앙회]는 농업협동조합법에 의하여 설립된 법인으로서 그 단결을 촉진하여야 할 필요성이 있는 임의로 설립된 조합에 해당되지 아니하므로, 법 제60조의 적용대상인 조합에 해당하지 않는다." 대법원 2009.7.9. 선고 2007두22078 판결.

3. 공정거래법의 역외적용

시장개방이 진전됨에 따라 국경을 넘어 이루어지는 반경쟁적인 행위도 함께 증가하고 있다. 그리하여 공정거래법은 소위 효과주의 이론(effect theory)에 따른 동법의 역외적용을 인정하고 있다. 즉, 국외에서 이루어진 행위라도 그것이 국내 시장에 영향을 미치는 경우에는 공정거래법을 적용한다(법 3조).[36] 또한 외국사업자에 대한 송달에 관하여 특별규정을 두고 있다. 즉, 문서의 송달은 행정절차법 제14조 내지 제16조의 규정을 준용하나, 국외에 주소·영업소 또는 사무소를 두고 있는 사업자 또는 사업자단체에 대해서는 국내에 대리인을 지정하도록 하여 동 대리인에게 송달한다(법 98조 1항·2항). 다만 국내에 대리인을 지정하여야 하는 사업자 또는 사업자단체가 이를 지정하지 아니한 경우에는 위의 행정절차법규정에 따른다(동조 3항).

한편 공정거래법은 그 역외적용을 위한 외국정부와의 협력에 대해서도 규정하고 있다. 즉, 정부는 대한민국의 법률 및 이익에 반하지 않는 범위 안에서 외국정부와 공정거래법의 집행을 위한 협정을 체결할 수 있으며, 공정거래위원회는 이러한 협정에 따라 외국정부의 법집행을 지원할 수 있다(법 56조 1항·2항). 또한 공정거래위원회는 이러한 협정이 체결되지 않은 경우에도 외국정부의 법집행 요청 시 동일 또는 유사한 사항에 관하여 대한민국의 지원요청에 응한다는 요청국의 보증이 있는 경우에는 지원할 수 있다(동조 3항).

---

36) 과거 공정거래법 제32조는 부당한 공동행위, 불공정거래행위 및 재판매가격유지행위에 해당하는 일정한 국제계약의 체결을 제한하고 있었으나, 이러한 문제들은 공정거래법의 역외적용에 관한 규정들로 더욱 잘 해결할 수 있고, 실제로 1998년 이후 공정거래법 제29조에 근거한 시정조치는 전혀 이루어지지 않고 있어, 2016년 개정을 통해 이 조항은 삭제되었다.

제2장 시장지배적지위의 남용금지

I. 서 설

1. 독점 · 시장지배 · 과점

경제학에서 말하는 독점은 하나의 시장에 하나의 사업자밖에 존재하지 않는 경우를 말한다. 그러나 현실의 시장에 하나 이상의 사업자가 존재하는 경우에도 어떤 사업자가 경쟁가격수준을 초과하는 가격을 부과(또는 경쟁수준에 못 미치는 산출량을 생산)할 수 있는 경우가 있다. 이러한 경우 사업자는 시장지배력(market power)을 갖고 있다고 말한다.[1] 엄밀히 말한다면 완전경쟁이 아닌 모든 경우에 사업자들은 완전경쟁수준을 초과하는 가격을 부과할 수 있다고 할 수 있으나, 공정거래법에서는 상당히 높은 수준의 실질적인 시장지배력에 관심의 초점을 둔다.[2] 공정거래법 제2장은 이러한 실질적인 시장지배력을 가진 사업자, 즉 시장지배적사업자에 대한 규제를 위하여 할애되어 있다.

그런데 실질적인 시장지배력 내지 가격에 대한 통제력은 한 시장 내에서 단일한 사업자에 의해서만 행사될 수 있는 것이 아니고 복수의 사업자들에 의해 행사

---

1) 또는 단순히 독점력(monopoly power)을 갖는다고 말하기도 한다.

2) 그러나 구체적인 시장에서 특정사업자의 시장지배력을 측정한다든가, 측정된 시장지배력이 공정거래법의 집행을 요할 만큼 높은 수준인지를 결정한다든가 하는 일들은 매우 어려운 작업을 요하며 논란의 대상이 되고 있는 문제라고 할 수 있다. 이에 관해서는 후술하는 시장지배적사업자 여부의 판단을 논하는 자리에서 상세히 살펴보기로 한다.

될 수도 있다. 과점기업들은 소위 상호의존성(interdependence)으로 인해 용이하게 명시적 · 묵시적 담합으로 나아가 연합된 시장지배력을 행사하여 경쟁수준을 초과하는 가격을 부과할 수가 있는 것이다. 따라서 시장지배적 사업자에 대한 규제는 독과점에 대한 규제로 표현되기도 한다.

2. 독과점의 규제

가. 원인금지주의와 폐해규제주의

독과점의 규제에 관한 입법례는 독점적 지위의 형성 내지 존제 자체를 규제하는지 아니면 독점적 지위의 남용만을 규제하는지에 따라 원인금지주의(Verbotsprinzip)와 폐해규제주의(Mißbrauchsprinzip)로 나뉘어 왔다.

먼저 원인금지주의는 독점적 상태 그 자체를 규제하는 것으로서, 이에는 다시 이미 형성된 독점적 시장구조를 기업분할 등의 방법으로 재편성하는 사후적 방법과 독점을 형성하는 기업결합 따위를 제한 또는 금지함으로써 시장지배력의 형성을 방지하려는 사전적 방법이 있다.[3] 미국 · 캐나다 · 오스트레일리아 · 일본 등이 이러한 입법례로 분류된다. 원인금지주의의 장점은 기업분할, 시장구조개선을 통해 독과점의 폐해를 사전적으로 방지할 수 있다는 점이며, 단점으로는 기업분할, 시장구조개선에는 상당한 시간이 소요되며 특히 기업분할의 경우 기업경영에 대한 국가간섭의 정당성 문제 및 잘못된 기업분할의 경우 오히려 그 폐해가 크다는 점이 거론된다.[4]

다음 폐해규제주의는 국내산업의 발전 따위의 이유로 독과점적 시장지배가 가져오는 규모경제의 용인을 전제로 하면서 다만 시장지배적 기업이 그 지위를 남용하여 부당한 행위를 하는 것을 규제하는 것이다.[5] 영국, 독일, 프랑스 등이 이러한 입법례로 분류된다. 폐해규제주의의 장점은 독과점사업자의 남용행위의 시정에 걸리는 시간이 많지 않고 잘못된 기업분할에 따르는 부작용이 없다는 점이며, 단점은 독과점시장에 대한 근본적인 해결책이 될 수 없다는 것이다.[6]

---

3) 윤홍선, "독점규제 및 공정거래에 관한 법률에 있어서 시장지배적 사업자의 지정제도", 「법학연구(전북대)」, 제19집 (1992), 228면.

4) 이남기 (2000), 94면.

5) 윤홍선, 전게논문, 228면.

우리 공정거래법의 시장지배적지위 남용행위의 금지규정(5조)은 시장지배적지위 그 자체는 규제대상으로 하지 않고 시장지배적지위의 남용행위만을 금지하고 있다는 점에서 폐해규제주의적 입법이라 할 수 있다. 그러나 공정거래법 제7조는 시장지배적지위 남용행위에 대한 시정조치로서 "그 밖에 필요한 시정조치"를 열거하고 있어 독과점구조 자체를 개선하기 위한 시정조치를 도입하기 위한 근거 규정이 될 수 있다.[7] 또한 공정거래법은 독점적 지위의 형성수단이 될 수 있는 경쟁제한적인 기업결합이나 부당공동행위를 금지하고 있으며, 1996년의 법개정으로 독과점적 시장구조의 개선에 관한 제3조가 도입됨으로써 원인금지주의적 색채가 점차로 가미되어가고 있다.

나. 독과점적 시장구조의 개선

1981년부터 공정거래법이 시행되어 왔음에도 불구하고 시장집중현상이 크게 개선되지 못하고 일부 업종의 경우 독과점구조가 더욱 고착화되어감에 따라, 개별적 사건처리에 치중한 독과점 규제의 한계를 극복하기 위해 독과점 시장구조를 체계적으로 분석하고 독과점 요인을 근본적으로 개선하기 위해 1996년 독과점적 시장구조의 개선 등에 관한 제3조(현행 제4조)가 신설되었다.[8] 이후 1999년의 후속 개정과 2020년의 공정거래법 전부개정을 통해 보완된 동조의 내용은 다음과 같다. (i) 공정거래위원회는 독과점적 시장구조가 장기간 유지되고 있는 상품·용역의 공급 및 수요시장에 대하여 경쟁을 촉진하기 위한 시책을 수립·시행하여야 한다(1항). (ii) 공정거래위원회는 이를 위해 필요한 경우 관계행정기관의 장에게 경쟁의 도입 기타 시장구조의 개선 등에 관하여 필요한 의견을 제시할 수 있으며, 이 경우 관계행정기관의 장은 공정거래위원회의 의견을 검토한 후 검토결과를 공정거래위원회에 송부하여야 한다(2항). (iii) 공정거래위원회는 위 (i)에 따른 시책을 수립·추진하기 위하여 시장구조를 조사·공표하고, 특정 산업의 경쟁상황 분석, 규제현황 분석 및 경쟁촉진 방안 마련 등의 업무를 수행할 수 있다(3항). (iv) 공정거래위원회는 사업자 및 사업자단체에 대하여 위 (iii)의 업무를 수행하기 위하여 필요한 자료의 제출을 요청할 수 있다(4항). 또한 공정거래위원

6) 이남기 (2000), 95면.
7) 임영철 (2007), 30·31면.
8) 공정거래위원회 (2011), 206면.

회는 위 (iii) 및 (iv)의 사무를 대통령령으로 정하는 바에 따라 다른 기관에 위탁할 수 있다(5항).

다. 시장지배적지위의 남용금지

공정거래법상 시장지배적 사업자에 대한 규제의 중점은 제5조에 의한 시장지배적지위의 남용금지에 있다. 동조는 시장지배적지위 남용행위를 가격남용, 출고조절, 사업활동방해, 신규진입방해, 경쟁사업자 배제 및 소비자이익 저해행위로 나누어 규정하고 있다. 공정거래법 시행초기 시장지배적지위 남용금지조항은 활발히 적용되지 못하였으나, 1999년 시장지배적 사업자 지정제도가 폐지된 후 공정거래위원회가 경제분석 역량을 강화하면서 서서히 활성화되기 시작하여 최근에는 정치한 경제분석을 바탕으로 한 강력한 법집행이 본격화되고 있다. 이하에서는 주로 시장지배적지위 남용금지를 중심으로 공정거래법상의 시장지배적 사업자 규제를 살펴보고자 한다.

II. 시장지배적 사업자

1. 서

공정거래법 제2조 3호에 의하면 시장지배적 사업자란 "일정한 거래분야의 공급자나 수요자로서 단독으로 또는 다른 사업자와 함께 상품이나 용역의 가격·수량·품질 그 밖의 거래조건을 결정·유지 또는 변경할 수 있는 시장지위를 가진 사업자"를 말한다. 이러한 시장지배적 사업자의 정의는 다음과 같은 특징을 가지고 있다. 첫째, 당해 사업자가 시장지배력을 행사하는 특정한 시장, 즉 관련시장을 전제로 하고 있다. 둘째, 공급독점뿐 아니라 수요독점(monopsony)도 규율대상으로 하고 있다. 셋째, 단일기업에 의한 독점뿐 아니라 소수기업에 의한 과점(oligopoly)도 규율대상으로 하고 있다. 넷째, 시장지배력의 표지로서 시장점유율과 같은 양적인 기준을 전면에 내세우지 않고, 가격 등에 대한 통제력이라고 하는

질적인 기준을 제시하고 있다. 다섯째, 가격·수량뿐 아니라 품질 기타의 거래조건과 같은 비가격경쟁(nonprice competition)의 요소들을 통제할 수 있는 능력도 시장지배력의 표지로서 인정하고 있다.

그러나 실제 사건에서 문제된 사업자의 시장지배력 여하를 판정하는 것은 매우 어려운 과제이다. 예컨대, 시장지배적 사업자가 경쟁가격수준보다 높은 가격을 부과함으로써 초과이윤을 얻은 경우, 그 사업자가 부과하는 가격과 경쟁가격수준 사이의 차이를 알아낼 수 있다면 쉽게 당해 사업자의 시장지배력을 측정할 수 있을 것이다. 그러나 경제이론에 의하면 경쟁가격이란 그 기업의 한계비용과 일치한다고 되어 있으며 법정에서 한계비용을 입증한다는 것은 사실상 불가능한 것으로 평가되고 있다.[9)]

그리하여 오늘날 시장지배력을 측정하는 가장 보편화된 방법은 우리 공정거래법과 같이 먼저 관련시장을 획정하고 그 시장에서의 당해 기업의 시장점유율을 측정하는 것이다. 물론 시장점유율이 높은 기업이라고 해서 반드시 시장지배력을 가지고 있는 것은 아니며, 진입장벽과 같이 잠재적 경쟁에 영향을 미치는 요소들을 함께 고려하여야 한다. 공정거래법 제2조 3호 2문도 "시장지배적 사업자를 판단함에 있어서는 시장점유율, 진입장벽의 존재 및 정도, 경쟁사업자의 상대적 규모 등을 종합적으로 고려한다"고 하고 있다.

그런데 이러한 시장지배력의 심사과정에는 고도의 경제분석이 요구되어 법집행에 이를 반영하는 것이 시장지배적지위 남용행위 규제 활성화의 관건이 되고 있다. 공정거래법은 시장지배력 판정의 어려움을 완화하기 위한 방편으로 제4조에 시장지배적 사업자의 추정규정을 두고 있지만 그 효용은 매우 제한된 것이다. 따라서 이하에서는 먼저 관련시장의 획정기준과 관련시장에서의 시장지배력을 평가하는 데 고려되는 여러 요소들을 고찰한 뒤, 공정거래법 제4조의 시장지배사업자 추정규정에 대하여 검토하고자 한다.

---

9) Hovenkamp (2005a), at 79. 그 밖에 시장지배력의 직접적 측정을 위한 대안들에 대하여, Shwalbe and Zimmer (2009), at 57-59; 2A Antitrust Law ¶¶ 515-22.

2. 관련시장의 획정

관련시장이란 일정한 거래의 집합을 말하는데, 그 거래들이 만약 한 사업자(가상의 독점사업자)에 의해 모두 이루어질 경우 수요와 공급의 탄력성이 모두 낮아서 한계비용 이상으로 가격을 인상하면서도 그 이윤을 증가시킬 수 있는 거래의 집합으로서 가장 규모가 작은 것을 말한다.[10)]

예컨대, 컴퓨터와 관련하여 관련시장을 획정하여 보기로 하자. 먼저 국내의 A회사가 제조하는 개인용 컴퓨터(PC)의 가격이 인상될 경우 소비자들이 쉽게 다른 회사의 PC로 옮겨갈 수 있다면, A회사의 PC만으로는 관련시장이 구성될 수 없다. 다음 국산 PC 모두를 한 사업자가 생산하고 이 회사가 PC 가격을 인상한다고 가정할 때 소비자들이 쉽게 외국산 PC로 옮겨갈 수 있다면 국산 PC만으로도 관련시장이 구성될 수 없다. 반면 국산과 외제를 포함하는 모든 PC를 한 사업자가 생산한다고 가정할 때 이 자가 한계비용 이상으로 가격을 인상하면서도 그 이윤을 증가시킬 수 있다면 "국산과 외제를 포함하는 모든 PC 시장"이 하나의 관련시장으로 획정될 수 있다. 물론 이 경우 PC와 워크스테이션, 슈퍼 컴퓨터 등 모든 컴퓨터를 한 사업자가 생산한다고 가정하여도 이 자는 한계비용 이상으로 가격을 인상하면서 그 이윤을 증대시킬 수 있겠지만, 그러한 초과이윤 획득이 가능한 최소규모의 시장이 "국산과 외제를 포함하는 모든 PC 시장"이라면 이것이 적절한 관련시장이 되는 것이다.

관련시장을 획정하는 것은 문제된 사업자가 경쟁가격수준 이상으로 가격을 인상할 수 있는 능력을 견제할 사업자들이 존재하는지를 판정하기 위한 것이다.[11)] 관련시장이 넓게 획정될수록 특정 사업자의 시장점유율은 낮게 나타날 것이다.[12)]

공정거래법 제2조 3호는 관련시장을 "일정한 거래분야"라 표현하고 있으며, 동조 4호는 이를 "거래의 객체별·단계별 또는 지역별로 경쟁관계에 있거나 경쟁관

---

10) Hovenkamp (2005a), at 81.

11) D. Hildebrand, *The Role of Economic Analysis in the EC Competition Rules* at 298 (1999).

12) 미국과 EU의 시장획정실무를 비교하면, 전자가 후자에 비해 관련시장의 범위를 넓게 잡는 경향이 있다. 또한 미국에서는 시간변수를 장기적으로 잡아 진입장벽을 상대적으로 낮게 평가하는 반면, EU에서는 상대적으로 단기간으로 한정하여 기업의 특허, 우수한 기술, 명성 등을 모두 진입장벽으로 인정하는 경향이 있다. 성찬노, "공정거래법상 관련시장 정의의 문제 : 지식정보산업을 중심으로", 「규제연구」 제8권 제2호 (1999.12.), 87면 참조.

계가 성립될 수 있는 분야"라 정의하고 있다. 또한 공정거래위원회의 「시장지배적지위 남용행위 심사기준」(2021.12.30. 개정, 공정거래위원회 고시 제2021-18호)(이하 이 장에서 "심사기준"이라 한다)은 일정한 거래분야가 거래대상, 거래지역, 거래단계 및 거래상대방을 기준으로 구분될 수 있음을 밝히고 있다.[13] 거래대상(상품 · 용역)별로 구분되는 시장을 일반적으로 관련상품시장이라 하며, 거래지역별로 구분되는 시장은 이를 관련지역시장이라 한다. 또한 거래단계별로는 제조, 도매, 소매 등의 시장이 구분될 수 있고,[14] 거래상대방을 기준으로 구매자(판매자)의 특성 또는 상품이나 용역의 특수성에 의하여 특정한 구매자군(판매자군)이 존재하는 경우에는 이러한 구매자군(판매자군)별로 시장이 획정될 수 있다.[15] 그러나 실제로 관련시장과 관련하여 주로 문제되는 것은 관련상품시장 및 관련지역시장이므로 이하에서는 이 두 가지를 중심으로 관련시장을 살펴보고자 한다.

가. 관련상품시장[16]

관련상품시장(relavant product market)은 어떤 시장을 100% 지배하는 가상의 사업자가 있다고 가정할 때 그가 경쟁가격수준을 상당히 초과하는 수준의 가격을 부과하면서도 이윤을 증가시킬 수 있는 가장 좁은 범위의 제품들로 이루어지는 시장을 말한다.[17]

관련상품시장을 획정하려면 수요의 탄력성과 공급의 탄력성을 고려하여야 한다. 특정 사업자의 가격인상에 대응하여 소비자들이 다른 제품으로 돌아서거나, 다른 공급자들이 관련제품의 생산을 늘리게 된다면 당해 사업자는 초과이윤을 거둘 수 없게 될 것이기 때문이다.[18]

---

13) 심사기준, II.

14) 심사기준, II.3.

15) 심사기준, II.4. 예컨대, 국내 소주시장에서 지역별 특성에 따라 특정 사업자의 제품을 선호하는 경향이 강하기 때문에 소주제품에 관한 한 그 지역시장을 하나의 부차적 시장으로 인정하는 경우가 있을 수 있다. 신현윤 (2014), 149-150면.

16) 여기서 이 용어는 상품 또는 용역시장을 모두 포함하는 의미로 사용된다. 심사기준, II.1. 참조. 따라서 이하의 서술에서 "상품"이라는 말은 "용역"이라는 말로 대체하여도 무방하다.

17) Hovenkamp (2005a), at 88.

18) 관련상품시장을 획정함에 있어서 고려할 사항으로서 심사기준은, (i) 상품(용역)의 기능 및 효용의 유사성, (ii) 구매자들의 대체가능성에 대한 인식 및 그와 관련한 구매행태, (iii) 판매자들의 대체가능성에 대한 인식 및 그와 관련한 경영의사결정 행태 및 (iv) 한국표준산업분류를 들고 있다(II.1.나.). 법원도 그 연장선상에서 "[관련상품]시장의 범위는

(1) 수요의 탄력성

(가) 제품간의 유사성 여부와 대체성

관련상품시장에는 소비자의 입장에서 합리적인 대체가능성이 있는 제품들이 포함되어야 할 것이다. 예컨대, EU의 사례인 **유나이티드 브랜즈**(United Brands) 사건[19]에서 유럽법원은, 매우 많은 수의 소비자들이 바나나에 대한 지속적인 수요를 가지고 있고, 다른 과일들로 전환하는 비율이 현저하지도 상당하지도 않아, 바나나시장은 여타의 청과시장과 충분히 구별되는 별개의 시장으로 인정된다고 판시하였다. 그러나 제품들이 물리적으로 유사하다 해서 대체성이 인정되는 것은 아니며, 반대로 물리적으로 상이한 제품들이 좋은 대체재가 될 수도 있다. 따라서 제품간의 물리적 또는 효용상의 유사성 여부만으로는 그 대체성 여부에 관해 확실한 추정을 하기 어렵다 하겠다.[20]

(나) 수요의 교차탄력성과 자체탄력성

경제학자들은 제품의 물리적 성질보다는 그 제품에 대한 시장에서의 소비자들의 선호에 관심을 가지고, 관련가격이 변할 때 수요의 전환이 이루어지는 정도인 수요의 교차탄력성(cross elasticity of demand)에 초점을 맞춘다.[21] 그런데 수요의 탄력성에는 개별대체재 각각의 경쟁효과를 나타내는 수요의 교차탄력성 외에도 모든 대체재들의 집합적 경쟁효과를 나타내는 수요의 자체탄력성(own elasticity)이 있다. 시장획정의 실무에 있어서는 수요대체성을 나타내는 교차탄력성이 강조되는 경향이 있지만, 교차탄력성이 높다고 해서 항상 자체탄력성이 높은 것은 아닐 수도 있어 주의를 요한다.[22] 예컨대, 단 하나의 강력한 대체재만을 포함하여 획정된 시장에서 50%의 시장점유를 갖는 것으로 나타난 사업자가 수십개의 미약한

거래에 관련된 상품의 가격, 기능 및 효용의 유사성, 구매자들의 대체가능성에 대한 인식 및 그와 관련한 구매행태는 물론 판매자들의 대체가능성에 대한 인식 및 그와 관련한 경영의사결정 형태, 사회적·경제적으로 인정되는 업종의 동질성 및 유사성 등을 종합적으로 고려하여 판단하여야 할 것이며, 그 외에도 기술발전의 속도, 그 상품의 생산을 위하여 필요한 다른 상품 및 그 상품을 기초로 생산되는 다른 상품에 관한 시장의 상황, 시간적·경제적·법적 측면에서의 대체의 용이성 등도 함께 고려하여야 할 것이다."라고 판시하고 있다. 대법원 2007.11.22. 선고 2002두8626 판결(**포스코** 사건).

19) United Brands Co. v Commission case 27/76 [1978] 1 CMLR 429.

20) 상세는 Areeda and Kaplow (1997), at 565-66.

21) Hildebrand, *op. cit.*, at 303.

22) 공정거래위원회, 「시장획정 업무편람」(1999) (이하 "시장획정편람"), 6·7면.

대체재들을 배제한 채로 획정된 시장에서 90%의 시장점유를 갖는 것으로 나타난 사업자보다 실제로는 더 큰 시장지배력을 가질 수도 있는 것이다.[23)]

(다) 셀로판 오류

수요의 교차탄력성을 활용함에 있어서 또 하나 주의할 것은 이른바 셀로판 오류(cellophane fallacy)이다. 이는 독점력이 이미 행사되어 높게 설정된 가격은 그만큼 탄력성 추정치를 높일 것인 바 이로 인해 관련시장이 넓게 획정되어 오히려 독점력의 존재를 부정하게 되는 결과가 초래되는 문제를 지칭한다.[24)] 이 명칭은 미국의 **듀퐁**(du Pont) 판결[25)]에서 셀로판지와 관련하여 법원이 시장획정을 잘못한 데서 유래한 것이다.

(라) SSNIP 테스트와 SSNDP 테스트

수요대체성과 관련하여 시장획정에서 널리 채택되고 있는 기본적 접근방법이 이른바 "SSNIP(small but significant and nontransitory increase in price) 테스트"이다. 이는 가상적 (공급)독점기업이 당해 제품의 적지만 실질적이고 지속적인 가격인상을 통해 그 이윤을 증가시킬 수 있는지를 묻고, 그렇다면 당해 제품으로 관련시장이 획정되며, 그렇지 않다면 당해제품을 보다 넓게 획정되는 관련시장의 일부로 보는 것을 말한다. 가상적 독점기업이 가격을 인상하여 이윤을 증대시킬 수 있는 제품 또는 지역을 상정할 경우, 이 기준을 충족하는 최소시장이 관련시장이 된다.[26)] 미국수평합병지침은 대부분의 경우 SSNIP를 예견가능한 미래까지 지속되는 5% 정도의 가격인상으로 볼 것이나 업계의 특성에 따라 가격인상의 폭이 증감될 수 있음을 밝히고 있다.[27)]

한편 수요독점(monopsony)의 경우에도 기본적으로 동일한 접근방법을 적용하여, 가상적 수요독점기업이 구매에 있어 SSNDP(small but significant and nontransitory

---

23) Areeda and Kaplow (1997), at 567.

24) 시장획정편람, 7면.

25) U.S. v. E.I. du Pont de Nemours & Co., 351 U.S. 377 (1956). 이 판결에 대한 비판으로 Hovenkamp, (1999), at 104-05.

26) 시장획정편람, 3·4면.

27) U.S. Department of Justice & Federal Trade Commission, *Antitrust Guidelines for Collaborations Among Competitors*, 2000, sec. 1.11. (hereinafter Collaboration Guidelines). 한편 EU의 COMMISSION NOTICE on the definition of the relevant market for the purpose of Community competition law (OJ C 372, 9/12/1997), II. Definition of Relavant Market은 5~10%의 가격인상을 기준으로 하고 있다.

decrease in price)에 의해 이윤을 증대시킬 수 있는지 여부를 따져 시장을 획정한다.[28]

그리하여 심사기준은 SSNIP 테스트와 SSNDP 테스트를 반영하여 관련상품시장과 관련하여 일정한 거래분야란 "거래되는 특정 상품의 가격이나 용역의 대가(이하 "가격"이라 한다)가 상당기간 어느 정도 의미있는 수준으로 인상(인하)될 경우 동 상품이나 용역의 대표적 구매자(판매자)가 이에 대응하여 구매(판매)를 전환할 수 있는 상품이나 용역의 집합을 말한다."고 규정하고 있다.[29] 대법원도 같은 입장이다.[30]

(마) 2차제품시장

대부분의 경우 관련상품시장은 여러 사업자의 제품들로 이루어질 것이나, 경우에 따라서는 단일사업자의 제품만으로도 관련상품시장이 구성될 수 있다. 이러한 현상은 특정사업자의 1차제품(예컨대, 프린터)을 구매한 자들이 그 부속품·소모품 또는 유지보수 서비스(2차제품, secondary product[31])에 속박되는 경우에 일어난다. 이 경우 특정사업자가 1차제품시장을 지배하고 있지 않더라도 그 2차제품시장(secondary markets, aftermarkets)은 지배할 수 있는 것이다.[32]

그러나 소비자가 기본제품의 구입시에 2차제품의 가격에 대한 정보를 갖고 있어 1차제품의 사용기간 동안 들어갈 총비용을 계산할 수 있는 경우에는, 1차제품시장에서 지배력을 갖지 못하는 사업자가 2차제품시장에서 독점가격을 부과할 수 없을 것이다.[33]

(바) 양면시장

특정 제품의 소비자가 증가할수록 그 제품의 가치가 늘어나는 것을 '네트워크 효과(network effect)'라 한다. 예컨대, 특정 통신망의 가입자가 늘수록 그 통신망의 가치가 증가하는 경우가 그것이다. 그런데 어떤 시장의 경우는 사업자들이 동

28) 시장획정편람, 5면.

29) 심사기준, II.1.가.

30) 대법원 2007.11.22. 선고 2002두8626 판결(**포스코** 사건).

31) 2차제품이란 1차제품을 구매한 결과로서만 수요가 발생하는 제품을 말한다. 시장획정편람, 17면.

32) 예컨대, Hugin Kassaregister AB and Hugin Cash Registers Ltd v Commission case 22/78 [1979] 3 CMLR 345; Hilti AG v Commission case T-30/89 [1992] 4 CMLR 16; Eastman Kodak Co. v. Image Technical Services, 504 U.S. 451 (1992).

33) European Commission, *XXVth Report on Competition Policy* 1995, at 41-42, available at http://europa.eu.int/comm/competition/annual_reports/rap95_en.html.

시에 둘 이상의 고객 집단의 요구에 부응하여야 하고, 어느 한 그룹의 고객수가 증가할 경우 네트워크 효과가 발생하여 다른 그룹의 소비자도 증가한다. 예컨대, 신용카드의 가맹점이 늘수록 카드이용자도 늘어나며, 신문 독자수가 늘수록 광고도 늘어난다. 이러한 시장을 양면시장(two sided markets) 또는 양면플랫폼시장(two-sided platform markets)이라 한다.[34] 양면시장의 사업자들이 한 고객집단에 대한 가격을 설정함에 있어서는 다른 고객집단의 반응을 고려하여야 한다. 그리하여 가격에 덜 민감한 집단에게 상대적으로 비싼 가격을 부과하고, 가격에 민감한 고객집단에게 낮은 가격을 부과하기도 한다. 예컨대, 신문을 무료로 배포하고 그 손실을 광고 유치를 통해 보전할 수도 있는 것이다. 이러한 가격정책이 그 플랫폼 내지 네트워크의 크기를 확장시키고 소비자후생의 증대를 가져오는 한 경쟁제한의 문제는 일어나지 않는다. 또한 양면플랫폼 산업에서의 정확한 시장획정을 위해서는 두 고객집단 중 한쪽에 대한 가격인상이 당해 고객집단에게 미치는 영향뿐 아니라 그 가격인상이 다른 고객집단에 대하여 미치는 영향(feedback effects)까지도 함께 고려하여야 한다.[35]

티브로드 강서방송 사건에서 문제된 유료방송시장은 전형적인 양면시장에 해당한다.[36] 즉, 홈쇼핑사업자 등의 프로그램공급업자들은 종합유선방송사업자 등의 플랫폼사업자로부터 그 가입자에 대한 접근권을 구매하는 고객들이며,[37] 이들과 유료 가입 시청자들은 모두 플랫폼사업자의 상이한 고객군으로서 합쳐서 하나의 양면시장을 구성하고 있는 것이다. 법원은 이들 두 고객집단을 별개의 시장으로 획정하였으나, 양 고객집단 간의 상호영향을 시장지배력의 전이라는 관점에서 검토하였다.[38] 즉, 대법원과 서울고등법원은 모두 유료방송시장을 플랫폼사업자와 프로그램공급업자 사이에 형성되는 '프로그램 송출서비스시장'과 플랫폼사업자와

---

34) Whish and Bailey (2012), at 11; Niels et al. (2011), at 89.

35) 상세는 Niels et al. (2011), at 90-91; Schwalbe and Zimmer (2009), at 75-76.

36) 이광훈, "양면시장으로서의 유료방송 시장의 경쟁 구조 및 정책 이슈", 「미디어 경제와 문화」 제9권 1호 (2011), 49면; 황창식, "다면적 플랫폼 사업자에 대한 공정거래규제 -양면시장이론의 경쟁법적 적용 및 대법원의 티브로드 강서방송 판결 등의 사례분석을 중심으로-", 「정보법학」 제13권 2호 (2011), 122면: 최승재, "티브로드 사건과 양면시장이론의 적용가능성", 「경쟁저널」 (2009.3), 83·84면(홈쇼핑 사업자와 관련하여 양면시장 인정).

37) 또한 플랫폼 사업자는 프로그램 공급업자가 보유한 채널을 구매하는 고객이기도 하다. 그러므로 플랫폼사업자가 프로그램공급업자에게 수신료를 배분하는 것은, 프로그램공급업자들의 채널사용에 대한 대가에서 플랫폼 사업자의 가입자 접근권에 대한 대가를 차감하여 정산하는 것으로 이해할 수 있다. 이광훈, 전게논문, 59면.

38) 서울고법 2007.11.8. 선고 2007누10541 판결; 대법원 2008.12.11. 선고 2007두25183 판결.

유료 가입 시청자 사이에 형성되는 '프로그램 송출시장'으로 구분하였다. 그리고 전자의 경우 관련지역시장은 전국시장이나 후자의 경우 각 종합유선방송사업자의 방송권역(이 사건의 경우 강서구)이 관련지역시장이 되며, 본 사건의 관련시장은 전자의 프로그램 송출서비스 시장이라고 보았다. 다만 서울고등법원은 프로그램 송출시장에서 시장지배적 사업자인 원고의 시장지배력이 프로그램 송출서비스시장으로 전이된다고 보았으나, 대법원은 양 시장의 거래내용, 특성, 시장지배적 지위남용행위의 규제목적, 내용 및 범위 등을 비롯한 여러 사정을 종합적으로 고려할 때 이러한 전이를 인정할 수 없다고 보았다.[39]

한편 **엔에이치엔** 사건에서 공정거래위원회는, "인터넷 포털은 최종 소비자인 이용자와 광고주, 이용자와 CP 또는 이용자와 e-쇼핑몰 등을 연결해주는 전형적인 양면시장에 해당된다."고 설시한 바 있다.[40]

(2) 공급의 탄력성

공급의 탄력성[41]이란 시장지배적사업자가 가격을 인상할 경우 그 경쟁사업자 또는 잠재적 경쟁자가 이에 대응하여 당해 제품에 대한 그들의 생산을 증가시키는 비율을 말한다. 공급의 탄력성이 높을수록 문제된 사업자의 가격에 대한 통제력이 작아진다. 경쟁사업자 또는 잠재적 경쟁자가 문제된 제품의 생산을 증가시키는 양상은 세 가지로 나누어 보면 다음과 같다.

(가) 현재의 경쟁사업자에 의한 생산증대

A라는 회사와 동일한 제품을 생산하는 경쟁사업자들이 이미 존재하고 A회사의 가격인상에 대응하여 이들이 즉각적으로 그 생산량을 늘릴 수 있다면 A회사는 독점이윤을 거둘 수 없을 것이다. 그러나 경쟁사업자들에게 유휴설비가 없어서 즉각적인 증산이 불가능하다면 증산이 이루어질 때까지 A회사는 독점가격을 부과할 수 있을 것이다. 또한 사소한 증산을 위해 대규모의 설비증설이 필요하거나 증설되어야 할 설비의 최소효율규모(minimum efficient scale)에 비교할 때 기

---

39) 공정거래위원회는 이 사건 관련상품시장을 프로그램 송출시장, 관련지역시장을 강서구로 보고 티브로드 강서방송의 시장지배력을 인정하였다. 공정거래위원회 2007.3.28. 의결 제2007-153호.

40) 공정거래위원회 2008.8.28. 의결 제2008-251호.

41) 미국의 법원은 흔히 "공급대체성(supply substitutability)"이라는 표현을 사용한다. Hovenkamp (2005a), at 108.

대되는 수익이 적다면 경쟁사업자들은 증산을 포기할 것이고, 이 경우 A회사는 시장지배력을 행사할 수 있을 것이다.[42]

(나) 기존사업자에 의한 생산 전환

다른 제품을 생산하는 기존 사업자들이 기존생산라인에 투입요소만 약간 바꾸어 줌으로써 A회사가 생산하는 제품을 생산하도록 쉽게 전환할 수 있다면 A회사는 그 제품에 대해 독점가격을 부과할 수 없을 것이다.[43] 예컨대, EU의 사례인 Michelin 판결[44]에서 유럽법원은, 중소형차량용 타이어의 공급자가 대형차량용 타이어의 생산으로 전환하는 데는 많은 시간과 비용의 투자를 요하기 때문에 쉽지 않은 일이라고 보고, 미쉐린사의 공급대체성에 관한 주장을 배척하였다. 역시 EU의 사례인 Continental Can 판결[45]에서 유럽법원은, 일반경금속용기를 생산하는 공급자가 육류와 생선을 위한 금속용기의 생산으로 전환할 가능성이 없음을 증명하지 못하였으므로 시장지배적 지위를 인정할 수 없다고 판시하였다.[46]

(다) 신규진입

신규사업자의 시장진입은 기존사업자에 의한 증산이나 생산전환보다 시간이 걸리고 불확실한 것이 보통이지만, 시간이 걸리더라도 신규진입이 이루어질 수 있다면 그러한 잠재적 경쟁은 A회사의 시장지배력을 제한할 수 있다. 즉, 독점가격을 부과함으로써 얻는 초과이윤이 신규진입을 불러일으킨다면 정상이윤을 얻는 데 만족할 수밖에 없는 것이다.[47] 신규진입은 진입장벽이 높을수록 어려워진다. 진입장벽에 관하여는 후술한다.

나. 관련지역시장

관련지역시장은 수요의 탄력성이 낮아서 당해 제품의 가격이 상승해도 많은

42) Areeda and Kaplow (1997), at 570.

43) *Ibid.*, at 570-71.

44) Nederlandsche Baden-Industrie Michelin N.V. v Commission case 322/81 [1985] 1 CMLR 282.

45) Europemballage Corp. and Continental Can Co. Inc. v Commission case 6/72 [1973] CMLR 199.

46) 그 밖에 미국의 사례로 Telex Co. v. IBM Co., 510 F.2d 894 (10th Cir. 1975), cert. dismissed, 423 U.S. 802 (1975) 참조.

47) Areeda and Kaplow (2005a), at 571.

소비자들이 즉시 다른 지역에서 공급되는 제품으로 이를 대체하지 않으며, 동시에 공급의 탄력성이 낮아서 그 지역 밖의 생산자들이 이를 대체할 제품을 가지고 그 지역 내로 신속히 유입될 수 없는 지역으로 이루어진다.[48)]

(1) 관련지역시장획정의 일반적 기준

관련지역시장을 획정함에 있어서도 관련상품시장의 경우와 같이 SSNIP 테스트와 SSNDP 테스트가 활용된다.[49)] 그 밖에도 관련지역시장획정을 위해서는 다음과 같은 여러 요소들을 복합적으로 고려하여야 한다.[50)]

(가) 가격의 상호관련성

문제된 사업자가 활동하는 지역(A지역)과 그에 인접한 지역(B지역)의 제품가격이 동일 또는 유사하거나 한 지역에서의 가격변동이 곧바로 다른 지역에서의 유사한 가격변동으로 연결될 경우 양 지역은 하나의 관련지역시장이 될 가능성이 커진다. 물론 두 지역의 유사한 가격변동이 별개의 원인으로 일어난 것일 수도 있으므로 가격지표만으로는 확정적인 결론을 내릴 수 없으나, 특히 장기간에 걸친 데이터를 가지고 있는 경우에는 관련지역시장획정에 있어 가장 훌륭한 지표가 될 수 있다.[51)]

---

48) Hovenkamp (2005a), at 113. 예컨대, U.S. v. Grinnell Co., 384 U.S. 563 (1966) 참조. 심사기준 II.2.가. 역시 수요·공급 양면의 탄력성을 고려하여 관련지역시장을 정의하고 있다.

49) 심사기준은, "일정한 거래분야는 다른 모든 지역에서의 가격은 일정하나 특정지역에서만 상당기간 어느 정도 의미있는 가격인상(가격인하)이 이루어질 경우 당해 지역의 대표적 구매자(판매자)가 이에 대응하여 구매(판매)를 전환할 수 있는 지역전체를 말한다."고 규정하고 있으며(II.2.가.), 법원도 이를 수용하고 있다. 대법원 2007.11.22. 선고 2002두8626 판결(포스코 사건).

50) 심사기준은 특정 지역이 동일한 거래분야에 속하는지 여부를 판단함에 있어, (i) 상품이나 용역의 특성 및 판매자의 사업능력(생산능력, 판매망의 범위 등), (ii) 운송비용, (iii) 구매자의 구매지역 전환가능성에 대한 인식 및 그와 관련한 구매자들의 구매지역 전환행태, (iv) 판매자의 구매지역 전환가능성에 대한 인식 및 그와 관련한 경영의사결정 행태 및 (v) 시간적·경제적·법적 측면에서의 구매지역 전환의 용이성을 고려하도록 하고 있다(II.2.나.). 법원은 그 밖에도, "기술발전의 속도, 관련 상품의 생산을 위하여 필요한 다른 상품 및 관련 상품을 기초로 생산되는 다른 상품에 관한 시장의 상황 등도 함께 고려하여야 할 것"이라고 판시하고 있다. 대법원 2007.11.22. 선고 2002두8626 판결(포스코 사건).

51) 장승화, "시장개방, 국제경쟁과 지역관련시장", 「국제거래법연구」 제3집 (1994.4.), 126·127면.

(나) 판매패턴

예컨대, A지역 사업자들은 A지역에서만 판매를 하고, B지역 사업자들은 B지역에서만 판매를 하고 있다면, 두 지역은 별개의 시장일 가능성이 크다.[52] 예컨대, 미국의 사례인 Waste Management 판결[53]에서 제2순회항소법원은, 포스워스(Forth Worth) 시내의 쓰레기처리업과 댈러스(Dallas) 시내의 쓰레기처리업이 별개의 관련시장을 구성한다고 판시하였다. 두 지역 내의 쓰레기처리업자들이 각각 자기 지역 내에서만 사업을 하고 있었으며, 두 지역 간의 거리가 편도 45분이 소요되는 거리라는 것이 그 이유였다.

(다) 구매자편의 및 선호도

즉각적인 제품 또는 서비스의 공급이 중요하거나 특정 지역 내에서의 판매설비가 필수적인 경우 등에는 구매자편의 및 선호도를 고려하여 관련시장을 좁게 획정하게 된다. 예컨대, 응급의료서비스의 경우 한 도시가 관련시장이 될 수 있다.[54]

(라) 운송비용

관련지역시장의 획정에서 수송비의 비중이 종종 결정적인 기준이 된다. 저가의 제품이 수송비가 많이 든다면 관련지역시장이 좁아질 것이고,[55] 고가의 제품이 수송비가 적게 든다면 관련지역시장이 넓게 획정될 것이기 때문이다.[56]

(2) 국제경쟁과 관련지역시장

나날이 확대되고 있는 무역자유화의 대세로 우리 시장도 대외개방이 불가피하게 되었고, 관련시장을 획정함에 있어서도 국내기업들간의 경쟁뿐 아니라 외국사업자들과의 경쟁을 고려해야 하는 상황이 되고 있다. 일반적으로 말해서 국내사업자의 독점가격부과에 대응하여 외국사업자들이 국내시장으로의 수입을 아무 제약 없이 늘릴 수 있다면 이들 외국사업자들의 총생산량 또는 생산설비도 관련지역시장에 포함시켜야 할 것이다.

그러나 이러한 일반화에는 다음과 같은 많은 제약요소들이 있다.[57] 첫째, 예컨

52) 상게논문, 127 · 128면.
53) U. S. v. Waste Management, 743 F.2d 976 (2d Cir. 1984).
54) 상게논문, 129면.
55) Napier Brown - British Sugar 88/518 (1988) OJ L284/41.
56) ECS/AKZO 85/609 (1985) OJ L374/1.
57) Hovenkamp (2005a), at 109-11; 장승화, 전게논문, 136 · 137면.

대 외국사업자가 독점기업으로부터 주요원료를 공급받고 있어 상승하는 비용곡선에 직면하고 있다면, 국내독점사업자는 약간의 수입을 허용하면서 일정수준 이상의 비용이 소요되는 외국산제품을 국내시장으로부터 배제하는 가격을 설정할 수 있을 것이다. 둘째, 국내사업자와 외국사업자 사이에 제품차별화가 이루어진 경우에는 가격이 저렴한 외국산제품이 있더라도 국내소비자들이 내국기업의 제품을 선호할 수 있다. 셋째, 외국에서 판매되는 외국산제품 중 장기계약이나 법규에 의해 국내판매로의 전환이 불가능한 생산량은 제외되어야 할 것이다. 넷째, 환율의 변동에 따라 외국사업자의 경쟁력은 커질 수도 있고 작아질 수도 있다. 다섯째, 외국에 판매망이나 서비스망을 구축하는 데 특별히 많은 시간과 비용이 소모될 수 있다. 그 밖에 관세 · 수입쿼터 · 반덤핑제소 등과 같은 직접적 무역규제, 위생 · 안전 등에 관한 정부승인, 보조금, 상계관세, 국산품 애용운동 등과 같은 정치적 변수들이 작용할 수 있다.

따라서 이러한 요소들을 모두 감안해서 국내 구매자들이 해외로 구매를 전환할 가능성이 어느 정도인지를 판정하여 관련지역시장을 획정하여야 할 것이다. 예컨대, **마이크로소프트** 사건에서 서울중앙지방법원은 PC운영체제(OS)와 일반용(비기업용) 메신저의 관련지역시장을 다음과 같이 상이하게 획정하였다.

> "··· PC 운영체제의 지리적 시장은 국가간 운송 및 거래 비용이 미미하고, PC 운영체제 사업자들 대부분이 세계적으로 유사한 가격 및 거래 조건으로 PC 운영체제를 판매하고 있다는 점에서 '세계 시장'이다. 일반용 메신저의 지리적 시장은 국내에서 주로 사용되는 메신저는 대부분 한국어 버전이고, 메신저 시장은 서비스 시장의 성격이 있기 때문에 현지화하지 않고서는 시장 진입이 어렵다는 점에서 '국내시장'이다."[58]

또한 **포스코** 판결에서 대법원은 국내에서 열연코일의 가격이 상당기간 어느 정도 인상되더라도 이에 대응하여 국내 구매자들이 동북아시아 지역으로 열연코일의 구매를 전환할 가능성은 없다는 이유에서 열연코일의 관련지역시장을 국내시장으로 한정한 바 있다.[59]

관련지역시장을 국내시장으로 획정하는 경우 외국으로부터의 수입가능성은 후

---

58) 서울중앙지법 2009.6.11. 선고 2007가합90505 판결.

59) 대법원 2007.11.22. 선고 2002두8626 판결.

술하는 시장지배력의 평가단계에서 고려할 수 있을 것이다. 심사기준은 신규진입의 가능성을 평가함에 있어 다른 여러 요소와 함께 (i) 수입의 비중 및 변화추이와 (ii) 관세율 및 각종 비관세장벽을 고려하도록 하고 있다.[60]

3. 관련시장에서의 시장지배력의 평가

가. 시장점유율

(1) 시장지배력이 인정되기 위한 시장점유율의 수준

현행법상 어느 정도의 시장점유율이 시장지배적 지위의 증거가 될 것이냐에 관하여는 우선적으로 후술하는 시장지배적사업자의 추정요건(제6조)을 기준으로 판단할 것이나,[61] 일반적으로는 다음과 같은 외국의 사례들을 참고할 수 있을 것이다.

(가) 미 국

대체로 미국의 법원들은 일관되게 90%의 시장점유율은 시장지배력의 추정을 충분히 뒷받침한다고 보고 있으며, 75% 안팎의 시장점유율로 충분하다고 한 판례들도 다수 있으나, 70% 이하인 경우에는 시장지배력의 인정을 주저한 사례가 있다. 몇몇 판결들은 피고가 생산을 줄여 가격을 상승시킬 능력이 있음이 명백함에도 50% 이하의 점유율은 부족하다고 판시하고 있다. 한편 법집행기관들이 시장획정에 확신을 갖는 경우에는 위의 시장점유율 중 최소기준만 충족해도 시장지배력을 인정하나, 시장획정이나 대체재의 존재여부 또는 진입장벽의 높이에 대해 의문이 있는 경우에는 높은 시장점유율을 요구함으로써 신중을 기하는 것이 일반적인 경향이다.[62]

(나) EU

Hoffman-La Roche 사건[63]에서 유럽법원은, 시장점유율이 매우 높다면(예컨대, 75% 이상) 그 자체가 시장지배적 지위의 증거가 될 수 있다고 판시한 바 있다.

---

60) 심사기준 III.2.나. 참조.

61) 시장획정편람, 8면.

62) 이 분야의 미국법에 관한 보다 상세한 서술은, 이기종, "공정거래법상 단독의 거래거절의 위법성 판단기준 -미국 셔먼법 제2조의 해석론의 도입가능성을 중심으로-", 「상사판례연구」 제14집 (2003), 115·116면.

63) Hoffman-La Roche & Co. AG v. Commission case 85/76 [1979] 3 CMLR 211.

당해 사업자로부터 돌아서는 고객들이 있다 하더라도 그 경쟁사업자들의 시장점유율이 훨씬 적고, 신속히 수요의 증가에 대처할 수 없다면 결국 당해 사업자는 행동의 자유를 누릴 수 있고, 이러한 자유야말로 지배적 지위의 특성이라는 것이 그 근거였다. 이에 비해 유럽위원회는 시장점유율이 80 내지 90%에 달하는 경우에도 이 사실만으로는 지배적 지위의 증거로 부족하다고 보아 다른 보강증거들을 심사한 사례가 있다.[64] 그러나 일반적으로는 70% 이상의 점유율은 거의 확실히 지배적 지위의 증거가 된다고 보고, 50 내지 70%면 지배적 지위가 추정되고, 40 내지 50%면 지배적 지위의 증거가 될 가능성이 있고, 40% 미만이면 여타의 압도적인 보강증거가 없는 한 지배적 지위가 인정되기 어렵다고 본다.[65]

비교법 EU 경쟁법상 초시장지배적(super-dominant) 기업의 '특별한 책임'

Michelin 사건에서 유럽사법재판소(현 EU법원)는 시장지배적 기업에게 "공동시장에서 왜곡되지 않은 경쟁을 손상시키는 행위를 하지 않을 특별한 책임(special responsibility)"이 있다고 판시하였으며,[66] 이 문구는 이후 유럽위원회와 법원의 EC조약 제82조(현 EU기능조약 제102조)에 관한 결정 및 판결들에 반복하여 나타났다. 그러자 이로 인해 동조가 지나치게 넓게 적용되고 시장지배적 사업자들이 그렇지 않은 사업자들에 비해 불리한 조건하에 경쟁해야 하는 것이 아닌가 하는 논란이 야기되었으며,[67] 최근 유럽위원회는 이 개념에 대해 전처럼 적극적이지 않다.

그러나 독점에 가까운 지위를 누리는 초시장지배적 기업에 대하여는 이 관념이 여전히 유효하게 적용되고 있다. Compagnie Maritime Belge 사건에서 페넬리 법무감(Advocate General Fennelly)은 그 법원에 제출한 의견서에서 "제82조가 독점기업 내지 준독점기업들(quasi-monopolists)로 하여금 그들의 초시장지배적지위(superdominance)가 부여하는 매우 큰 시장지배력을 신규 및 추가적인 경쟁자의 출현을 막기 위해 남용하는 것을 허용하는 것으로 해석되어서는 안 된다"고 주장하였으며,[68] 법원은 이를 받아들여 90% 이상의 시장점유율을 가지는 사업자가 유일한 경쟁자를 시장에서 배제하기 위하여 행한 선별적 가격할인에 대하여 그것이 약탈적 가격설정의 일반 법리에서 말하는 비용 이하의 가격이 아님에도 위법한 것으로 선언

64) BBI/Boosey & Hawkes: interim measures 87/500 (1987) OJ L286/36.
65) Furse (2006), at 264. 시장점유율이 39.7%임에도 지배적 지위를 인정한 사례로 Virgin/British Airways 2000/74 (2000) OJ L30/1 참조.
66) Case 322/81 Michelin v. Commission [1983] ECR 3461, [1985] 1 CMLR 282, para. 57.
67) Whish (2009), at 184.
68) Case C-395/96 Compagnie Maritime Belge Transports SA v. Commission [2000] 4 CMLR 1076, para. 137.

하였다. 그리하여 오늘날 압도적인 시장지배력을 갖는 사업자들이 행하는 일정유형의 행위(예: 선별적 가격할인, 단독의 거래거절)에 대하여는 EU기능조약 제102조가 보다 엄격하게 적용될 수 있다고 여겨지고 있다.[69)]

(2) 공동의 시장지배의 경우의 시장점유율의 합산

공정거래법 제2조 3호는 사업자가 단독뿐 아니라 다른 사업자와 공동으로도 시장지배적 사업자가 될 수 있음을 규정하고 있다. 따라서 어떤 사업자가 단독으로는 시장지배적 지위가 인정되지 않더라도 다른 사업자와 경제적 동일체로서 행동하고 있으며, 이들 사이에 경쟁이 제거되어 있는 경우에는 마치 이들이 단일한 사업자인 것처럼 그 시장점유율을 합산하는 단일점유율분석(single-share analysis)을 적용하여 그들이 공동으로 시장지배력을 보유하는지 여부를 평가하여야 할 것이다.[70)]

예컨대, **비씨카드** 사건에서 공정거래위원회는 비씨카드(주) 및 12개 회원은행이 수수료율의 결정·유지 등에 있어 하나의 경제적 행위 동일체로서 영향력을 가지고 행동하고 있으므로 시장지배적 사업자를 판단함에 있어서는 이들을 사실상 하나의 사업자로 볼 수 있다고 하고 그 점유율을 합산하여 시장지배적지위를 인정하였다.[71)] 비씨카드(주)는 신용카드 발급 및 카드전산망 공동사용 등 신용카드 업무를 공동으로 처리하기 위하여 시중은행들의 공동출자로 설립되어 12개 회원은행으로 구성된 사업자였다. 그러나 서울고등법원은 (i) 독자성을 갖춘 사업자들이 연합하거나 단체를 구성하여 시장에서 사업과 관련된 각종 결정을 사실상 동일 또는 유사하게 하였다고 하더라도 이러한 행위가 부당공동행위 또는 사업자단체의 금지행위에 위반할 수 있음은 별론으로 하고 위 사업자들을 통틀어 하나의 사업자로 볼 수 없으며, (ii) 시장지배적사업자라 함은 시장을 독점 또는 과점의 형태로 지배하는 개별 사업자를 의미하는 것이지 개별적으로는 시장을 지배하고 있지 아니한 사업자들이 집단적으로 통모하여 독과점적 지위를 형성한 경우는 포함되지 않는다고 설시하고, 비씨카드와 회원은행들을 별개의

69) Whish and Bailey (2012) at 188-89.

70) 상세는 이기종, “공정거래법 심결사례 해설 및 평석: 비씨카드(주) 및 12개 회원은행, 엘지캐피탈(주), 삼성카드(주)의 시장지배적지위 남용행위에 대한 건”, 「공정경쟁」 제69호(2001.5.), 64·65면.

71) 공정거래위원회 2001.3.28. 의결 제2001-40호.

사업자들로 보아 그 시장지배력을 부정하였다.[72] 대법원도 "별도의 독립된 사업자들이 각기 자기의 책임과 계산하에 독립적으로 사업을 하고 있을 뿐, 손익분배 등을 함께 하고 있지 않다면 … 그 사업자들을 통틀어 시장지배적 지위의 남용을 금지한 [(구)공정거래]법 제3조의2, 제2조 제7호에서 규정하고 있는 하나의 사업자에 해당한다고 볼 수 없다"고 판시하여 원심을 지지하였다.[73] 생각건대, 비씨카드(주)는 12개 회원은행들이 결성한 전형적인 합작투자(joint venture)로서, 합작투자 내·외부에서의 경쟁이 심각하게 제한되어 있어, 위에 말한 단일점유율분석을 적용하는 것이 타당하지 않았나 생각된다. 물론 법원의 판시처럼 단일점유율분석을 부정할 경우에도 가격남용·출고조절 등의 착취적 행위는 부당공동행위규정에 의하여 어느 정도 제재가 가능하나, 경쟁자 배제·신규진입 방해 등과 같은 배제적 행위에 대하여는 상대적으로 약한 제재만이 규정된 불공정거래행위규정을 적용할 수밖에 없다는 문제가 있다. 따라서 법적으로 독립한 사업자들이라 할지라도 경쟁법적 관점에서 하나의 경제적 행위 동일체로 인정되는 경우 그 참가자들의 시장점유율을 합산하는 단일점유율분석을 허용하여야 할 것이다.[74]

나. 진입장벽

(1) 진입장벽의 개념

설사 문제된 사업자의 시장점유율이 매우 높더라도 시장에의 진입이 용이하다면 그 시장지배력은 부정될 수가 있다.[75] 그가 독점가격을 부과하면 새로운 경쟁자가 출현하여 그의 시장점유를 빼앗아갈 것이기 때문이다. 그런데 이러한 신규진입을 저지하여 기존 사업자가 독점이윤을 거둘 수 있게 해 주는 요소들이 있어 이를 진입장벽이라 부른다.[76] 높은 진입장벽은 시장지배력을 인정하기 위한 보강

72) 서울고법 2003.5.27. 선고 2001누15193 판결.

73) 대법원 2005.12.9. 선고 2003두6283 판결.

74) 비씨카드 판결을 비판하면서 독일 내지 EU의 복수 기업에 의한 공동의 시장지배적 지위의 남용법리를 도입할 것을 주장하는 견해로, 신동권 (2011), 74면; 김두진, "시장지배적 지위의 남용", 「사법과 경쟁질서: (사)한국경제법학회·한국비교사법학회 공동학술대회 발표자료집」 (2006.11.4.), 128면 참조.

75) Tops Markets v. Quality Markets, 142 F.2d 90 (2d Cir. 1998); U.S. v. Syufy Enterprises, 903 F.2d 659 (9th Cir. 1990); Ball Memorial Hosp. v. Mutual Hos. Ins., 784 F.2d 1325 (7th Cir. 1986).

76) 신입장벽의 개념에 관하여는 매우 다기한 견해가 대립하나, 경쟁법의 관점에서는 독점가격부과의 가능성에 초점을 맞추는 베인(Bain)의 정의가 일반적으로 받아들여지고 있다.

증거가 될 수 있다.[77]

(2) 진입장벽의 종류

매우 다양한 요소들이 진입장벽으로 거론되고 있다. 규모의 경제, 제품차별화, 높은 초기투자, 위험, 자본비용, 광고, 수직적 통합 및 수직적 계약의 정도, 정부규제, 기존사업자가 필수원료·특허 기타 전략적 요소들을 통제함으로써 이루어지는 접근차단(blocked access) 등이 그것이다.[78]

이들 요소들은 다양한 기준으로 분류할 수 있을 것이나, 경쟁법적 관점에서 의미있는 한 분류방법은 자연적(natural) 장벽과 인위적(artificial) 장벽을 구별하는 것이다. 전자는 시장에서의 활동을 위한 고유한 조건을 말하며, 후자는 신규진입을 곤란하게 하기 위해 기존사업자가 전략적으로 세운 장벽을 말한다. 특정한 장벽이 인위적인지 자연적인지의 판단은 구체적인 경우에 따라 달라진다. 예컨대, 규모의 경제는 기본적으로는 자연적 장벽이나 대규모기업에게 유리한 정부규제가 이루어지도록 로비를 하는 등의 방식으로 전략적으로 조작되는 경우도 있을 수 있다. 진입장벽의 존재 자체는 위법이 아니나, 인위적으로 진입장벽을 세우는 것은 경쟁적일 수 있는 시장을 독점화하는 수단으로 활용되기 때문에 경쟁법상 중요한 의미가 있는 것이다.[79] 진입장벽에는 신규진입을 저지하는 장벽뿐 아니라, 현존하는 소규모기업들의 확장을 저지하는 장벽들도 포함된다.[80]

다. 시장지배력의 평가에 반영되는 여타의 요소들

(1) 경쟁사업자들의 지위

당해 사업자와 경쟁사업자들간의 시장점유율의 격차가 큰 경우는 이 자체가 지배적 지위의 결정적 증거가 될 수 있고, 다소 적은 경우에도 지배적 지위의 보강증

Hovenkamp (2005a), at 40. 베인에 따르면 진입장벽은 "특정산업의 기존 판매자가 잠재적 진입자에 대하여 갖는 강점으로서, 기존 판매자가 신규진입자를 끌어들이지 않으면서 지속적으로 경쟁수준 이상으로 가격을 올릴 수 있는 정도에 영향을 미치는 것"이라고 정의된다. J.S, Bain, *Barriers to New Competition: Their Character and Consequences in Manufacturing Industries* at 3 (1956).

77) Tetra Pak (1997) I 88/501 (1988) OJ L272/27.

78) Hovenkamp (2005a), at 41; Areeda and Kaplow (1997), at 18. 또한 심사기준, III.2. 참조.

79) Hovenkamp (2005a), at 42.

80) Areeda and Kaplow (1997), at 18.

거로서 기능할 수 있다. 예컨대, Hoffman-La Roche 판결[81]을 보면, 비타민 C 시장에서의 로헤사는 64.8%의 점유율을 가진 데 반해 점유율 2위 및 3위 사업자들은 각각 14.8% 및 6.3%의 점유율을 갖고 있어 전자의 경우에 해당하였고, 비타민 A 시장에서의 로헤사는 47%의 점유율을 갖고 있는 데 반해 여타 사업자들은 각각 27%, 18%, 7% 및 1%의 점유율을 갖고 있었던 바 후자의 경우에 해당하였다.

(2) 구매력

구매자가 구매상품의 가격이나 품질 또는 공급조건에 영향력을 행사할 수 있는 구매력을 가진 경우 이는 판매자의 시장지배력에 대한 중요한 잠재적 제약으로 작용한다. 그러나 구매자가 후방시장에서 판매자로서의 시장지배력을 동시에 보유하고 있으면 그 구매자는 두 시장에서의 결합된 힘을 경쟁저해목적으로 사용할 수도 있으며, 구매력이 오히려 전방시장에서의 진입을 저해하는 데 사용될 수도 있음을 주의하여야 한다.[82]

(3) 당국의 규제

통신, 전력, 가스 등과 같은 규제산업에 있어서는 점유율이나 진입장벽이 독점을 추정할 수 있게 하더라도 규제당국이 가격과 진입을 효과적으로 통제하고 있는 경우에는 독점력이 부인될 수 있다.[83]

(4) 행동변수

예컨대, 담합(가격고정 · 시장분할 등)의 증거는 당해 기업들의 시장력 보유를 시사한다. 또한 가격차별이나 (가격 · 비가격) 약탈행위는 그 자체가 어느 정도의 시장력을 전제로 가능한 것이다.[84]

(5) 기 타

그 밖에도 경쟁사업자간의 공동행위의 가능성, 시장봉쇄력, 자금력 등이 시장지배적사업자 여부의 판단에 고려될 수 있다.[85]

---

81) Hoffman-La Roche & Co. AG v. Commission case 85/76 [1979] 3 CMLR 211.

82) 이남순, "영국의 신경쟁법(1998)상의 시장지배력의 평가에 관한 가이드라인", 「논문집(전북대 산업경제연구소)」 제31집 (2000), 289 · 290면.

83) 이재철, "시장지배적 지위의 남용규제", 「경제법의 제문제 (재판자료 제87집)」 (2000), 257 · 258면.

84) 시장획정편람, 4면.

4. 시장지배적 사업자의 추정규정

가. 입법취지

1999년 제7차 공정거래법개정에서 시장지배적 사업자의 사전지정·고시제도를 폐지하면서 그에 대한 보완책으로 도입된 것이 시장지배적 사업자의 추정제도이다. 즉, 시장지배적 사업자의 지정제도가 폐지됨에 따라 시장지배적지위 남용혐의가 인정될 경우 그때마다 당해 사업자가 시장지배적 사업자에 해당하는지를 판단하여야 하는데, 이러한 판단은 실제로 쉽지 않고 다툼이 발생할 소지가 많아 일정한 경우에는 시장지배적 사업자로 추정할 수 있도록 추정조항을 신설한 것이다.[86]

나. 추정요건

공정거래법 제6조는 독점추정과 과점추정의 두 가지를 인정하고 있다. 독점추정은 1사업자의 시장점유율이 100분의 50 이상인 경우에 인정되며(동조 1호), 과점추정은 3 이하의 사업자의 시장점유율의 합계가 100분의 75 이상인 경우에 인정된다(동조 2호 본문). 다만, 어느 경우이든 일정한 거래분야에서 연간 매출액 또는 구매액이 40억원 미만인 자를 제외하며, 과점추정의 경우 시장점유율이 100분의 10 미만인 자를 제외한다(동호 단서).

이처럼 동조의 추정요건은 시장점유율을 위주로 규정되어 있다. 여기서 시장점유율이라 함은 동법 제5조(시장지배적지위의 남용금지)의 규정에 위반한 혐의가 있는 행위의 종료일이 속하는 사업연도의 직전 사업연도 1년 동안에 국내에서 공급 또는 구매된 상품 또는 용역의 금액 중에서 당해 사업자가 국내에서 공급 또는 구매한 상품 또는 용역의 금액이 점하는 비율을 말한다(영 11조 2항). 한편 이러한 추정요건을 적용함에 있어서는 해당 사업자와 계열회사는 하나의 사업자로 본다(동조 3항).

---

85) 심사기준, III.

86) 이남기 (2000), 92면; 권오승, 「경제법」(2005), 162면. 또한 이재철, 전게논문, 241면 참조.

다. 추정과 입증책임

위의 추정요건이 충족되는 경우 시장지배적 사업자 여부에 대한 입증책임이 공정거래위원회로부터 당해 사업자에게로 전환되는지에 관하여는 의문의 여지가 있으나, 현행법의 해석상 실질적인 입증책임의 전환도 포함하는 것으로 이해하여야 할 것이다.[87]

Ⅲ. 시장지배적지위의 남용행위

1. 서

시장지배적 사업자가 그 시장지배력을 남용하는 행위들은 그 성질에 따라 거래상대방을 착취하는 착취적(exploitative) 행위와 경쟁사업자를 배제하는 배제적(exclusionary) 행위로 나눌 수 있다. 전자는 시장력을 이용하여 고객에게 지나치게 높은 가격을 부과하거나 공급자에게 낮은 가격을 지불하는 등의 경우를 말하며, 후자는 예컨대 경쟁자와의 거래를 거부하거나 경쟁자의 진입비용을 높이거나 약탈적 가격을 설정하여 경쟁을 억압하는 경우를 말한다.[88]

---

87) 신광식, 「경쟁정책의 국제비교: 미국, 일본, 독일」(1994), 405 · 406면; 이재철, 전게논문, 266면; 권재열 (2004), 94면; 정호열 (2016), 168면. 한편 독점규제법상 추정은 공정거래위원회의 행정행위와 행정소송절차에서는 이를 착수요건으로 이해하고 손해배상청구소송과 같은 민사소송절차에서는 이를 민사법상의 법률상 추정으로 이해하자는 견해가 있다. 차성민, "독점규제법상 추정의 의미", 「경쟁법연구」 제8권 (2002), 341~344면. 다만 입법론으로서는, 오로지 시장점유율만을 기준으로 이처럼 강력한 입증책임의 전환을 인정하는 데에는 문제가 있지 않은가 한다. 앞서 살펴본 사례들에서 알 수 있는 바와 같이 우리 법상의 추정요건에 해당하는 경우에도 얼마든지 시장지배력이 부정되는 사례들이 있고, 반대의 경우도 허다하다는 점에서 볼 때, 앞으로 법집행기관들이 시장지배력 입증에 관한 역량을 축적하는 것을 전제로 장기적으로는 이러한 추정규정은 삭제하는 것이 바람직하지 않을까 생각된다.

88) EU에서의 착취 · 남용(exploitative abuse)과 배제남용(exclusive abuse)의 구별에 관하여 Damien Geradin, Anne Layne-Farrar and Nicholas Petit, EU *Competiton Law and Economics* at 206-12, 269; Whish and Bailey (2012), at 201-20; 공정거래위원회, 「시장지배력 남용 심사편람」, 1999, 16면 (이하 "심사편람"). 또한 Jones and Sufrin (2008), at 316-21.

한편 공정거래법 제5조는 시장지배적지위의 남용행위로서 가격의 부당한 유지·결정행위(1호), 상품판매 또는 용역의 부당한 조절행위(2호), 다른 사업자의 사업활동의 부당한 방해행위(3호), 신규진입의 부당한 방해행위(4호), 경쟁자배제 및 소비자이익 저해행위(5호)를 열거하고 있다. 이들 중 착취적 행위에 해당하는 것은 가격남용행위(1호), 출고조절행위(2호) 및 소비자이익 저해행위(5호 후단)이며, 배제적 행위에 해당하는 것은 타사업자 방해행위(3호), 신규진입 방해행위(4호) 및 경쟁사업자 배제행위(5호 전단)이다.[89] 이 두 종류의 행위유형들은 후술하는 바와 같이 그 위법성 요건에 있어서도 차이가 있다.[90]

시장지배력의 남용행위를 규제함에 있어서는 원칙적으로 착취적 행위에 대한 개입은 가급적 자제하면서, 경쟁을 위협하는 배제적 행위를 방지하는 데 초점을 두는 것이 바람직한데, 그 이유는 다음과 같다.[91] 첫째, 착취적 남용의 경우에 정책당국이 비용과 수요에 대한 정확한 정보를 적시에 얻기가 거의 불가능하여 지배적 기업의 적정가격을 정의하기란 거의 불가능하다. 둘째, 직접적 가격규제에 대한 개입을 제한하는 것이 경쟁과정의 보호를 통해 시장경제의 기능을 확보한다는 경쟁정책의 기본적 목적에 더욱 부합한다. 셋째, 시장지배적 기업이 되면 가격규제를 받게 될 것이 예상된다면 혁신의 동기 및 신규시장에의 진입유인이 감소되어 장기적으로 소비자 후생을 저해할 수 있다. 넷째, 착취행위는 그 자체가 진입을 유발하는 등 경쟁압력을 높이게 될 것이므로 크게 우려할 바 아니며, 오히려 그러한 경쟁압력을 줄이기 위해 시도될 배제적 행위들에 대하여 관심을 가져야 한다.

다만 이처럼 배제적 행위에 초점을 맞추는 경우에도 우리 법의 운용에 있어서 착취적 행위의 규제를 완전히 도외시하는 것은 바람직하지 않다 할 것이다. 그 이유는 두 가지이다. 첫째, 원인금지주의를 취하는 미국과 달리 폐해규제주의를 기조로 하고 있는 우리 법에 있어서 착취적 행위의 규제는 시장지배적지위 남용규제의 중요한 구성부분을 이루고 있다. 둘째, 우리나라에서는 주요 산업의 시장

89) 신현윤 (2014), 155면 참조.

90) 배제적 행위에 해당하는 사업활동방해나 경쟁사업자배제에 대하여는 후술하는 포스코 판결의 부당성 판정기준이 적용되는 데 비해, 착취적 행위에 해당하는 소비자이익저해행위에 대하여는 다소 변형된 기준이 적용되며, 역시 착취적 행위에 해당하는 가격남용이나 출고조절의 부당성 판정은 이와는 구별되는 기준에 의하여 이루어진다. 상세는 후술하는 각 행위유형별 설명 참조. 이처럼 이질적인 행위유형인 착취적 행위와 배제적 행위를 하나의 조항 속에 규정하고 있는 현행법의 태도를 비판하면서 양자를 분리하여 규정할 것을 주장하는 견해로, 임영철 (2007), 25면.

91) 심사편람, 16·17면.

집중현상이 심하여 가격남용·출고조절 등 착취적 행위의 우려가 상대적으로 크다. 따라서 가격남용 및 출고조절에 대한 규제기준의 발전을 도모하면서 조심스럽게 그 활성화를 추진할 필요가 있지 않을까 생각된다.[92)]

비교법 착취적 행위와 배제적 행위

■ 미 국　미국 독점금지법상 시장지배적사업자의 착취적 행위는 복수사업자의 공모에 의한 경우만 금지되며 단독행위(unilateral conduct)에 의한 경우는 제재의 대상이 되지 않는다.[93)] 반면 시장지배적사업자의 배제적 행위는 그것이 복수사업자에 의해 행해진 경우는 물론 단독행위인 경우에도 셔먼법, 클레이튼법 및 연방거래위원회법에 의해 금지된다.

■ E U　EU에서 시장지배적지위 남용행위 규제의 중심이 되고 있는 것은 EU기능조약 제102조이며, 착취적 행위와 배제적 행위를 모두 규제하고 있다. 그러나 착취적 행위의 규제사례는 많지 않으며[94)] 2009년 유럽위원회가 제정한 동조의 적용에 관한 지침도 착취적 행위는 그 고찰대상에서 제외하고 배제적 행위에 초점을 맞추고 있다.[95)] 다만 유럽에서도 착취적 행위에 대해 좀 더 관심이 기울여져야 한다는 지적이 없지 않다.[96)]

2. 가격남용

공정거래법 제5조 제1항 1호는 상품의 가격이나 용역의 대가(이하 "가격"이라 한다)를 부당하게 결정·유지 또는 변경하는 행위를 금지하고 있다. 독점의 가장 큰 폐해가 경쟁가격수준을 초과하는 가격의 부과라면 시장지배적지위의 남용행

---

92) 또한 공동으로 시장지배력을 행사하는 사업자의 남용행위규제, 부당공동행위규정을 통한 동조적 가격인상의 규제 등의 대안을 적극적으로 추구할 필요가 있다 하겠다.

93) Hovenkamp (2005b), at 111-112.

94) 예컨대, 1990년대에 유럽위원회가 통신산업에서의 과도한 가격부과에 대한 여러 건의 조사를 진행하자 해당 업체들이 스스로 가격을 조정하여 조사가 종료된 사례가 있다. Whish (2009), at 713.

95) European Commission, *Guidance on the Commission's Official Enforcement Priorities in Applying Article 82 EC Treaty to Abusive Exclusionary Conduct by Dominant Undertakings* (Dec. 3, 2008), available at http://ec.europa.eu/competition/antitrust/art82/guidance.pdf.

96) Bruce Lyons, *The Paradox of the Exclusion of Exploitative Abuse, in The Pros and Cons of High Prices*, 65-87 (Swedish Competition Authority, 2007), available at http://competitionpolicy.ac.uk/people/professor-bruce-lyons#s2.

위 목록에 부당한 가격설정이 가장 먼저 오르는 것은 어쩌면 당연한 일이라고 할 수 있다. 학자들도 가격남용에 대한 규제를 시장지배적지위 남용행위 규제의 중핵이라 평가하고 있다.[97] 그러나 특정 시장에서 독점가격이 부과되고 있다는 의심이 든다고 하여도 그 가격이 경쟁가격수준을 초과한다는 사실을 입증한다는 것은 매우 어려운 일이어서 부당한 가격설정에 대한 규제를 실제로 집행하는 데는 많은 어려움이 있는 것이 현실이다. 이러한 점에서 가격의 부당성에 대한 판별기준 내지 입증의 문제는 부당가격설정행위 규제의 중심과제라고 할 수 있다.

비교법 가격남용의 부당성 판단기준

미국 독점금지법은 시장지배적 기업의 단독행위로서의 착취적 행위를 금지하고 있지 않아 가격남용의 부당성 판단기준에 대한 법리가 발전되어 있지 않다. 이에 비해 EU의 경우 판매자의 과도하게 높은 가격책정이나 구매자의 과도하게 낮은 가격책정은 EU기능조약 제102조 (a)호 위반이 될 수 있다. 이때 가격이 과도한지 여부는 (i) 당해 제품의 생산비용과 가격의 차이 및 (ii) 당해 제품과 경쟁제품의 가격차이 등을 고려하여 평가한다. 그러나 특정한 제품의 가격이 과도한지를 입증하기가 쉽지 않아 동호 위반이 인정된 사례는 많지 않다.[98] 가격의 부당성에 대한 입증이 어려움을 나타내는 대표적인 사례로 United Brands 사건[99]을 들 수 있다. 이 사건에서 유럽위원회는 덴마크 및 베네룩스 3국에서의 유나이티드 브랜즈사의 바나나가격이 다음과 같은 이유로 과다한 것이었다고 판정하였다. 첫째, 동사가 이윤을 얻고 있는 것으로 알려진 아일랜드에서의 가격을 초과하였다. 둘째, 상표가 없는 (unbranded) 바나나들에 비해 동사의 바나나는 30-40%가 비쌌으며, 이러한 차이 중 절반 정도만이 품질이나 광고비 차이 등으로 정당화될 수 있었다. 셋째, 치키타(Chiquita) 바나나는 여타 상표의 바나나들에 비해서도 7% 정도 비쌌다. 동사는 아일랜드에서의 가격은 경쟁력강화를 위해 원가 이하로 책정된 것이었다고 항변하였다. 유럽법원은 공급된 제품의 경제적 가치와 합리적 관련이 없는 과도한 가격의 부과는 금지되며, 가격이 과도한지 여부는 이윤액을 나타내는 판매가와 생산비의 차이를 계산함으로써 판단할 수 있다고 설시하였다. 그리고 판매가와 생산비의 차이가 과도하다고 판단되는 경우,

97) 신창선, "시장지배적 사업자의 '가격남용행위'에 대한 규제기준 … 독일의 경우를 중심으로…", 「경쟁법연구」 제3권 (1991), 33면; 권오승, "시장지배적사업자의 지위남용행위", 「공정거래」, 창간호 (1989), 95면; 공정거래위원회 · 한국개발연구원, 「공정거래10년 -경쟁정책의 운용성과와 과제-」(1991), 85면.

98) 과도하게 높은 가격 부과가 시장지배적 지위남용으로 인정된 사례로 Deutsche Post AG 2001/892 (2001) OJ L331/40.

99) United Brands Co. (New Jersey, USA) and United Brands Continental BV (Rotterdam) v. Commission, case 27/76, [1978] ECR 207; [1978] 1 CMLR 429.

그 가격이 그 자체로서 불공정한 것인지 아니면 다른 경쟁제품과 비교할 때 불공정한 것인지를 심사하여야 한다고 보았다. 그러나 본 사건의 경우에는 유럽위원회가 동사의 가격구조를 상세히 분석하지 않음으로써 판매가와 생산비의 차이를 제대로 심사하지 않았으며, 7%의 가격차이는 품질차이에 기인한 것으로 볼 수 있어 충분치 않다는 이유로 유럽위원회의 패소를 선언하였다.

이와 관련하여 영 제9조 제1항은, 공정거래법 제5조 제1항 1호의 가격남용은 "정당한 이유 없이 가격을 수급의 변동이나 공급에 필요한 비용(같은 종류 또는 유사한 업종의 통상적인 수준의 것으로 한정한다)의 변동에 비하여 현저하게 상승시키거나 근소하게 하락시키는 행위"로 한다고 규정하고 있다.

한편 공정거래법 시행령은 가격남용 판단을 위한 정보수집의 어려움을 경감시키고자 시장지배적 사업자가 상품 또는 용역의 가격을 부당하게 결정·유지 또는 변경하였다고 볼 만한 상당한 이유가 있을 때에는 관계행정기관의 장이나 물가조사업무를 수행하는 공공기관에 대하여 상품 또는 용역의 가격에 관한 조사를 의뢰할 수 있도록 하고 있다(10조).

시장지배적 사업자의 가격설정의 부당성이 인정된 사례는 많지 않다.[100] 최초의 가격남용 규제사례인 **비스켓 제조3사** 사건의 경우 피심인들은 비스켓 제품의 가격은 그대로 둔 채 그 용량을 감소시켜 생산·출고하였다. 공정거래위원회는 (i) 각 제품의 가격이 원가상승요인에 비하여 더 많이 인상되었다는 점 및 (ii) 각 제품별 변동전 용량의 제품판매기간 중의 도매물가상승률 등을 고려하여 가격남용을 인정하였다.[101] 또한 **비씨카드** 사건에서는 피심인들이 신용카드의 현금서비스 수수료율, 할부수수료율 및 연체이자율을 인상한 후 자금조달금리, 연체율 및 대손율이 상당기간 하락하였음에도 불구하고 동 요율을 더 높거나 거의 같은 수준에서 유지하였으며, 공정거래위원회는 이를 가격남용으로 인정하였다.[102]

---

100) 한편 **현대자동차 및 기아자동차** 사건에서는 피심인들의 가격인상의 부당성이 인정되었으나, (구)공정거래법 제3조의2 제1항 1호의 가격남용 규정이 적용되지 않고 동항 5호의 소비자이익저해행위 규정이 적용되었다. 공정거래위원회는 가격인상의 부당성을 판정함에 있어 피심인들의 다른 제품의 가격, 수출시장에서의 가격인상률, 원가상승요인의 존재 여부 및 생산자물가지수 등을 고려하였다(공정거래위원회 1999.9.3. 의결 제99-130호).

101) 공정거래위원회 1992.1.15. 의결 제92-2호.

102) 공정거래위원회 2001.3.28. 의결 제2001-40호. 그러나 전술한 바와 같이 대법원에서는 피심인들의 시장지배적지위가 부정됨에 따라 가격남용 규정이 적용되지 않았다. 대법원

3. 출고조절

공정거래법 제5조 제1항 제2호는 시장지배적 사업자가 상품의 판매 또는 용역의 제공을 부당하게 조절하는 행위를 금지하고 있다. 출고조절의 부당성은 "당해 상품의 수급 등 유통시장의 상황, 생산능력 또는 원자재조달사정 등 사업자의 경영사정에 비추어 그 조절행위가 통상적인 수준을 현저하게 벗어나서 가격의 인상이나 하락의 방지에 중대한 영향을 미치거나 수급차질을 초래할 우려가 있는지 여부"에 따라 판단된다.[103]

공정거래법 시행령은 부당한 출고조절에 해당하는 경우로, (i) 정당한 이유 없이 최근의 추세에 비추어 상품 또는 용역의 공급량을 현저히 감소시키는 행위와 (ii) 정당한 이유없이 유통단계에서 공급부족이 있음에도 불구하고 상품 또는 용역의 공급량을 감소시키는 행위[104]를 들고 있다(영 9조 2항 1호·2호).

부당한 출고조절에 관한 심결례는 1998년에 집중적으로 3건이 나왔는데, 모두 행정소송으로 갔으며 법원은 이 중 한 건에 대하여서만 부당한 출고조절을 인정하고[105] 나머지 두 건에서는 이를 부정하였다.[106] 이러한 사실은 구체적인 사건에서 출고조절의 부당성을 판정하는 것이 얼마나 어려운지를 나타내고 있다. 이 중 대표적인 사례로서 **남양유업** 사건을 들 수 있다.

남양유업(주)는 경쟁사가 가격을 인상한 날인 1997년 12월 26일부터 자사가 가격을 인상하기 전날인 같은 달 31일까지(이하 "이 사건 기간"이라 한다) 수도권에 조제분유 품귀현상이 발생하고 있었음에도 (i) 수색창고에서 1996년도 같은 기간

2005.12.9. 선고 2003두6283 판결.

103) 대법원 2002.5.24. 선고 2000두9991 판결(**제일제당**의 대두유제품 출고조절행위 건).

104) 여기서 "유통단계에서 공급부족이 있다" 함은 주로 성수기에 최종 소비자가 소비하기 전의 각 유통과정에서 품귀현상이 있음을 말한다(심사기준, IV.2.).

105) (주)신동방의 시장지배적지위 남용행위에 대한 건, 공정거래위원회 1998.11.4. 의결 제98-252호; (주)신동방의 이의신청에 대한 건, 공정거래위원회 1999.3.8. 재결 제99-11호; 서울고법 1999.10.6. 선고 99누3524판결(상고기각).

106) 남양유업(주)의 시장지배적지위 남용행위 및 재판매가격유지행위에 대한 건, 공정거래위원회 1998.6.9. 의결 제98-112호; 남양유업주식회사의 시장지배적지위 남용행위 및 재판매가격유지행위에 대한 이의신청 건, 공정거래위원회 1998.12.1. 재결 제98-46호; 서울고법 1999.10.7. 선고 99누13판결; 대법원 2001.12.24. 선고 99두11141 판결; 제일제당(주)의 시장지배적지위 남용행위에 대한 건, 공정거래위원회 1998.11.4. 의결 제98-251호; 제일제당(주)의 이의신청에 대한 건, 공정거래위원회 1999.3.8. 재결 제99-10호; 서울고법 2000.11.14. 선고 99누4008 판결; 대법원 2002.5.24. 선고 2000두9991 판결.

출고량의 14.8%에 불과한 양만을 출고하였고, (ii) 수색창고의 평균재고량을 1996년도 같은 기간에 비해 34.6% 증가시켰으며, (iii) 대표품목인 '아기사랑'은 출고를 중단하거나 극소수량만 출고하였다. 공정거래위원회는 이 사건 기간 중 전문(대리)점 및 대형할인점의 조제분유 재고량이 부족함에도 남양유업측에서 주문을 못하게 하여 시중에 품귀현상이 빚어졌으며, 환율급등을 원가에 반영하여 판매할 경우 이전의 낮은 환율하에서 생산된 제품이 원가상승분만큼 이득을 볼 수 있는 상황이었던 점 등에 비추어 남양유업의 위 행위가 부당한 출고조절에 해당한다고 보았다.

그러나 서울고등법원은 (i) 공급업체에서 출고된 조제분유는 재고기간 또는 진열기간을 거쳐 소비자에게 판매되므로 이 사건 기간 동안의 출고량과 재고량만을 판단의 기초로 삼는 것은 부당하고, (ii) 직영대리점이나 판매회사의 재고량까지 모두 고려하지 않고 수색창고의 출고량과 재고량만으로 판단한 것도 부당하며, (iii) 남양유업의 판매량, 매출액, 종전가격으로 판매한 데 따른 손실액에 비하여 이 사건 기간 동안 동사가 출고를 조절함으로써 기대되는 이익이 미미하고, (iv) 조제분유 품귀현상은 이 사건 기간후인 1998년 1월 초 이후 발생하였고, 그 주원인은 가격인상을 앞둔 일부 소비자들의 사재기에 있다는 등의 이유로 부당한 출고조절을 인정하지 않았다. 또한 대법원도 이러한 고등법원의 판시를 정당한 것으로 받아들였다.

4. 다른 사업자의 사업활동의 부당한 방해행위

가. 사업활동방해의 부당성

시장지배적 사업자가 다른 사업자의 사업활동을 부당하게 방해하는 행위는 금지된다(법 제5조 제1항 3호). 여기에서 사업활동방해의 부당성이 문제되는데, 시장지배적 사업자가 능률경쟁을 통하여 시장에서 많은 고객을 확보하고, 그 결과 다른 경쟁사업자의 매출이 감소하거나 극단적인 경우 경쟁사업자가 시장에서 퇴출되더라도, 이러한 행위는 '부당한' 사업활동방해에 해당하지 않는다.[107] 사업활동방해행위는 후술하는 신규진입 방해행위 및 경쟁사업자 배제행위와 함께 소위 배제적 행위에 속하며, 시장지배적 사업자가 다른 사업자들의 시장접근을 제한하

107) 신현윤 (2014), 155면.

거나 기존 사업자를 퇴출시킴으로써 자신의 시장지배력을 유지·강화하는 수단으로 이용된다. 따라서 그 부당성을 판단함에 있어서도 이러한 경쟁자 배제효과에 의한 경쟁제한성이 있는지 여부를 기준으로 하여야 할 것이다.[108] 이 점은 사업활동방해의 한 행위유형인 거래거절에 관한 **포스코** 판결[109]에서 대법원에 의해 처음으로 명확히 선언되었다.

> "시장지배적 사업자가 개별 거래의 상대방인 특정 사업자에 대한 부당한 의도나 목적을 가지고 거래거절을 한 모든 경우 또는 그 거래거절로 인하여 특정 사업자가 사업활동에 곤란을 겪게 되었다거나 곤란을 겪게 될 우려가 발생하였다는 것과 같이 특정 사업자가 불이익을 입게 되었다는 사정만으로는 그 부당성을 인정하기에 부족하고, 그 중에서도 특히 시장에서의 독점을 유지·강화할 의도나 목적, 즉 시장에서의 자유로운 경쟁을 제한함으로써 인위적으로 시장질서에 영향을 가하려는 의도나 목적을 갖고, 객관적으로도 그러한 경쟁제한의 효과가 생길 만한 우려가 있는 행위로 평가될 수 있는 행위로서의 성질을 갖는 거래거절행위를 하였을 때에 그 부당성이 인정될 수 있다."

이어서 대법원은 경쟁제한적 의도·목적 내지 경쟁제한효과의 입증에 대하여 다음과 같이 설시하고 있다.

> "그러므로 시장지배적 사업자의 거래거절행위가 그 지위남용행위에 해당한다고 주장하려면, 그 거래거절이 상품의 가격상승, 산출량 감소, 혁신 저해, 유력한 경쟁사업자의 수의 감소, 다양성 감소 등과 같은 경쟁제한의 효과가 생길 만한 우려가 있는 행위로서 그에 대한 의도와 목적이 있었다는 점을 입증하여야 하고 거래거절행위로 인하여 현실적으로 위와 같은 효과가 나타났음이 입증된 경우에는 그 행위 당시에 경쟁제한을 초래할 우려가 있었고 또한 그에 대한 의도나 목적이 있었음을 사실상 추정할 수 있지만, 그렇지 않은 경우에는 거래거절의 경위 및 동기, 거래거절행위의 태양, 관련시장의 특성, 거래거절로 인하여 그 거래상대방이 입은 불이익의 정도, 관련시장에서의 가격 및 산출량의 변화 여부, 혁신 저해 및 다양성 감소 여부 등

---

108) 임영철 (2007), 25면. 이때 경쟁제한성은 문제된 행위로 인해 경쟁사업자가 시장에서 퇴출되는 경우뿐 아니라 그 경쟁력이 약화되는 경우, 신규진입이 저지·지연되는 경우 및 신규진입자의 경쟁력이 약화되는 경우에도 인정될 수 있다. 이상승, "시장지배적지위 남용행위", 「한국의 경쟁정책」(윤창호 외 편, 2011), 106면.

109) 대법원 2007.11.22. 선고 2002두8626 판결.

여러 사정을 종합적으로 고려하여 거래거절행위가 위에서 본 경쟁제한의 효과가 생길 만한 우려가 있는 행위로서 그에 대한 의도나 목적이 있었는지를 판단하여야 한다."

이러한 **포스코** 판결의 부당성 판정기준은 그 후 대법원에 의해 사업활동방해의 또 다른 행위유형인 불이익 강제행위에도 동일하게 적용되었으며,[110] 배타조건부 거래의 경우에도 (경쟁제한적 목적의 입증과 관련하여 다소 다른 해석의 여지를 남기기는 하였으나) 기본적으로 동일하게 적용되었다.[111] 한발 더 나아가 공정거래위원회는 **퀄컴** 심결[112]에서 **포스코** 판결을 인용하면서 그 적용범위를 더욱 확장하여 사업활동방해행위 일반에 대한 부당성 판정기준으로서 경쟁제한성을 인정하고 있다.

나. 부당한 사업활동방해의 구체적 행위유형

직접 또는 간접으로 공정거래법 시행령 제9조 제3항 각호의 행위를 함으로써 다른 사업자의 사업활동을 어렵게 하는 경우 부당한 사업활동방해에 해당한다. 이때 "간접적"이라 함은 특수관계인 또는 다른 자로 하여금 당해 행위를 하도록 하는 것을 말하며, "다른 사업자의 사업활동을 어렵게 하는 경우"를 판단함에 있어서는 다른 사업자의 생산·재무·판매활동을 종합적으로 고려하되, 사업활동이 어려워질 우려가 있는 경우를 포함한다.[113]

동항 각호가 열거하는 부당한 사업활동방해의 행위유형은, (i) 필수원재료의 구매방해, (ii) 필수인력의 채용행위, (iii) 필수요소에의 접근제한행위 및 (iv) 기타 사업활동방해행위의 네 가지이다. 이 중 (i) 내지 (iii)은 소위 필수설비의 원칙("essential facilities" doctrine)을 반영한 것이다.

---

110) 대법원 2008.12.11. 선고 2007두25183 판결(**티브로드강서방송** 사건); 동 2010.3.25. 선고 2008두7465 판결(**현대자동차** 사건); 동 2010.4.8. 선고 2008두17707 사건(**기아자동차** 사건); 동 2011.10.13. 선고 2008두1832 판결(**SK텔레콤** 사건).

111) 대법원 2009.7.9. 선고 2007두22078 판결(**농협** 사건). 상세는 후술 배타조건부 거래 부분 참조.

112) 퀄컴 인코포레이티드, 한국퀄컴(주), 퀄컴 씨디엠에이테크놀로지코리아의 시장지배적지위남용행위 등에 대한 건, 공정거래위원회 2009.12.30. 의결 제2009-281호.

113) 심사기준, IV.3.

비교법 필수설비의 원칙

■ 미 국 미국 판례법에서 생성된 필수설비의 원칙은, 경쟁에 필수적인 설비의 보유자는 일정한 요건이 충족될 경우 이를 다른 자들과 함께 사용하여야 하며 이를 거절할 경우 셔먼법 제2조 위반이 된다고 한다. 비록 연방대법원이 명시적으로 이 원칙을 적용한 적은 없으나 대부분의 연방고등법원(circuit courts)들이 최근까지 MCI 판결이 제시한 기준을 대체로 수용하면서 동 원칙을 적용하여 왔다. 이에 의하면 (i) 시장지배적사업자가 필수설비에 대한 접근을 통제하고 있으며, (ii) 경쟁자들이 당해 설비를 쉽게 재생산할 수 없고, (iii) 경쟁사업자에게 당해 필수설비에의 접근을 허용하는 것이 실행 가능함에도 이를 거부하고 있을 경우 셔먼법 제2조 위반이 된다.[114] 그러나 최근 미국에서 동 원칙의 입지는 심각하게 위협받고 있다. 먼저 연방대법원이 2004년의 Trinko 사건에서 동 원칙에 대한 지지를 유보하였으며,[115] 2007년에는 독점금지법 현대화 위원회가 동 원칙의 적용범위를 제한할 것을 주장하고,[116] 급기야 2008년에는 부시 행정부 하의 연방법무부가 제정한 셔먼법 제2조의 적용에 관한 지침에서 그 명시적 폐지를 주장하기에 이르렀다.[117] 비록 오바마 행정부가 동 지침을 철회하기는 했으나,[118] 오늘날 그 적용범위는 매우 협소해진 상태이다.[119]

■ E U 이처럼 필수설비의 원칙이 그 원산지라 할 수 있는 미국에서 매우 입지가 좁아진 상태인 반면, EU와 각 회원국의 법집행기관들은 오랜 세월동안 이 원칙을 지지해 왔다. 이러한 차이를 가져온 원인으로는, (i) 유럽의 많은 필수설비들이 과거에 국유였거나 국가의 배타적 특혜의 유산인 점, (ii) 오늘날 유럽 경쟁법에서 하류시장의 경쟁촉진이 중요한 목표의 하나가 되고 있는 점 등이 거론되고 있다.[120] 유럽위원회(EC)는 먼저 항구, 터널 등의 시설을 보유한 자가 하류시장(예, 페리 운송 시장)에서의 경쟁자의 출현을 막기 위해 이들 시설에 대한 접근을 제한한 사례들(예, B&I/Sealink 사건[121])에 이 원칙을 적용하기 시작하였다. 이후 유럽

114) MCI Communications Corp. v. AT&T Co., 708 F.2d 1081, 1132-33 (7th Cir. 1983).
115) Verizon Communications Inc. v. Law Offices of Curtis V. Trinko, LLP, 540 U.S. 398 410-11 (2004).
116) Antitrust Modernization Commission, *Report and Recommendations* 101-04 (2007).
117) U.S. Department of Justice, *Competition and Monopoly: Single-Firm Conduct under Section 2 of the Sherman Act* 127-29 (2008).
118) Christine A. Varney, Assistant Attorney General., Antitrust Division., U.S. Department of Justice, *Vigorous Antitrust Enforcement in this Challenging Era, Remarks Prepared for the United States Chamber of Commerce* 5-14 (May 12, 2009), available at http://www.usdoj.gov/atr/public/speeches/245777.htm.
119) 예컨대, Pac. Bell Tel. Co. v. IinkLine Commc'ns, Inc., 129 S.Ct. 1109 (2009).
120) Spencer Weber Waller & William Tasch, *Harmonizing Essential Facilities,* 76 Antitrust L.J. 741, 745 (2010).
121) Case IV/34.174--B&I Line PLC v. Sealink Harbours Ltd. & Sealink Stena Ltd., 5 C.M.L.R. 255 (1992).

사법법원(ECJ)은 Magill 사건에서 비록 예외적인 상황을 전제로 하였지만 지적재산권에 기초한 배타적 특혜에 동 원칙을 적용하였으며,[122] Microsoft 사건에서는 유럽위원회와 법원이 공히 지배적인 네트워크에 대한 상호접속을 위해 필수적인 정보에의 접근을 허락할 것을 명하였다.[123] 또한 2008년 유럽위원회가 제정한 EC조약 제82조(현행 EU기능조약 제102조)의 적용에 관한 지침도 동 원칙을 명시적으로 수용하고 있다.[124]

(1) 필수원재료의 구매방해

정당한 이유 없이 다른 사업자의 생산활동에 필요한 원재료 구매를 방해하는 행위를 말한다(영 9조 3항 1호).

여기서 "원재료"에는 부품, 부재료를 포함하며, "원재료 구매를 방해한다" 함은 원재료 구매를 필요량 이상으로 현저히 증가시키거나, 원재료 공급자로 하여금 당해 원재료를 다른 사업자에게 공급하지 못하도록 강제 또는 유인하는 것을 말한다.[125] 그러나 시장지배적 사업자 자신이 필수원재료의 공급자로서 그 경쟁자에 대한 공급을 거절하는 경우에는 후술하는 기타의 사업활동방해행위 중 거래거절[126]에 해당한다. 또한 필수원재료의 수급을 부당하게 조절함으로써 경쟁사업자의 신규진입을 어렵게 하는 경우에는 공정거래법 시행령 제9조 제4항 4호의 기타의 신규진입방해행위에 해당한다.[127]

(2) 필수인력의 채용행위

정상적인 관행에 비추어 과도한 경제상의 이익을 제공하거나 제공할 것을 약속하면서 다른 사업자의 사업활동에 필수적인 인력을 채용하는 행위를 말한다(영

122) Joined Cases C-241/91 P & C-242/91 P, Radio Telefis Eireann & Indep. Publ'ns Ltd. v. Comm'n, 1995 E.C.R. I-743, ¶ 50 (Eur. Ct. Justice).

123) Case COMP/C-3/37.792--Microsoft Corp., Comm'n Decision, Art. 5 (Mar. 24, 2004), aff'd, Case T-201/04, Microsoft Corp. v. Comm'n, 2007 E.C.R. II-3601 (Ct. First Instance).

124) European Commission, *Guidance on the Commission's Official Enforcement Priorities in Applying Article 82 EC Treaty to Abusive Exclusionary Conduct by Dominant Undertakings* ¶ 77 (Dec. 3, 2008), available at http://ec.europa.eu/competition/antitrust/art82/guidance.pdf. EU에서 필수설비의 원칙이 적용된 사례들에 관한 보다 상세한 소개는, Whish (2009), at 696-99, 786-92.

125) 심사기준, IV.3.가.

126) 심사기준, IV.3.라. (1).

127) 심사기준, IV.4.라.

9조 3항 2호).

이때 "다른 사업자의 사업활동에 필수적인 인력"에는 다음 4가지 중 하나에 해당하는 자를 말한다: (i) 당해 업체에서 장기간 근속한 기술인력(기능공 포함), (ii) 당해 업체에서 많은 비용을 투입하여 특별양성한 기술인력(기능공 포함), (iii) 당해 업체에서 특별한 대우를 받은 기술인력, (iv) 당해 업체의 중요산업정보를 소지하고 있어 이를 유출할 가능성이 있는 기술인력.[128]

(3) 필수요소에의 접근제한행위

정당한 이유 없이 다른 사업자의 상품 또는 용역의 생산·공급·판매에 필수적인 요소의 사용 또는 접근을 거절·중단하거나 제한하는 행위를 말한다(영 9조 3항 3호).

여기서 '거절·중단·제한하는 행위'라 함은, (i) 필수요소에의 접근이 사실상 또는 경제적으로 불가능할 정도의 부당한 가격이나 조건을 제시하는 경우, (ii) 필수요소를 사용하고 있는 기존 사용자에 비해 현저하게 차별적인 가격이나 배타조건, 끼워팔기 등 불공정한 조건을 제시하는 경우 등을 포함하여, 실질적으로 거절·중단·제한하거나 이와 동일한 결과를 발생시키는 행위를 말한다.[129] 새로운 경쟁사업자에 대한 필수요소에의 접근제한은 공정거래법 시행령 제9조 제4항 3호의 신규진입 배제행위에 해당한다.

시장지배적지위 남용행위와 관련하여 필수설비의 원칙이 적용된 판례는 아직 없다.[130] **에스케이텔레콤** 사건에서 음악저작권 보호와 음악파일 무단복제 등을 방지하기 위해 SK텔레콤이 MP3폰과 멜론사이트의 음악파일에 탑재한 기술인 DRM (Digital Rights Management)의 필수설비 해당 여부가 문제되었으나 결론은 부정적이었다.[131]

(4) 기타 사업활동방해행위

공정거래법 시행령 제9조 제3항 1호 내지 3호 외의 부당한 방법으로 다른 사업자의 사업활동을 어렵게 하는 행위로서 공정거래위원회가 고시하는 행위를 말

---

128) 심사기준, IV.3.나. 위에서 "기능공 포함"이란 당해 업체의 생산활동에 커다란 타격을 줄 정도로 다수의 기능공이 스카웃되는 경우를 말한다.

129) 심사기준, IV.3.다. (3).

130) 사업자단체금지행위에 관하여는 대법원 2005.8.19. 선고 2003두5709 판결(**여신전문금융업협회** 사건) 참조.

131) 대법원 2011.10.13. 선고 2008두1832 판결.

한다(동조 3항 4호). 심사기준은 이에 해당하는 행위를 다시 6가지로 나누어 규정하고 있다.[132] 이하에서는 심사기준상의 기타의 사업활동방해 행위유형들을 차례로 살펴보기로 한다.

(가) 거래거절(제한)

부당하게 특정사업자에 대하여 거래를 거절하거나 거래하는 상품 또는 용역의 수량이나 내용을 현저히 제한하는 행위는 부당한 사업활동방해에 해당한다.[133] 시장지배적지위 남용행위로서의 거래거절의 부당성은 그 경쟁제한성을 기준으로 판정되어야 함은 앞서 인용한 **포스코** 판결에서 살펴본 바와 같다.[134] 이 사건에서 포스코는 소위 일관제철소로서 용광로를 가지고 있어 자체 생산한 열연코일(hot coil)을 가지고 냉연강판을 제조할 수 있었다. 이에 비해 하이스코는 용광로가 없어 포스코로부터 열연코일을 구입하여 냉연강판을 제조하고자 하였다. 그러나 포스코는 냉연강판시장에 신규진입한 경쟁자인 하이스코에 대하여 열연코일의 공급을 거절하였다. 공정거래위원회와 고등법원은 이러한 공급거절의 부당성을 인정하였으나, 대법원은 이를 부정하였다.[135] 즉, 이 사건의 경우 하이스코는 일본으로부터 열연코일을 수입하여 정상적인 사업활동을 영위함으로써 결국 냉연강판시장의 규모가 확대되었으며, 원심판결에는 이 사건 거래거절로 인해 하이스코가 입게 된 불이익에 관한 사정들만 나타나 있지 국내 냉연강판의 가격상승이나

---

132) 심사기준, IV.3.라. 그런데 이처럼 공정거래법이 시행령에 위임한 세부 행위유형 규정을 시행령이 다시 심사기준에 재위임하고 있는 것에 대하여, 이는 백지위임이고 심사기준은 이에 근거하여 '부당하게 특정사업자에 대하여 거래를 거절하는 행위' 등을 규정하는 등 새로운 규제를 창출하고 있으므로 심사기준의 해당 규정은 위임의 범위를 벗어난 무효의 규정이라는 주장이 **포스코** 사건의 행정소송에서 원고에 의해 제기된 바 있다. 이에 대해 서울고등법원은, (i) [(구)]공정거래법 제3조의2 제1항 각 호의 행위가 불명확한 개념이거나 개념상 공백이 있어서 그 확정을 시행령에 위임한 것이 아니라 그 기준을 더욱 명확하게 하고 예측가능성을 높이기 위하여 그 유형과 기준을 시행령에 위임토록 한 것이며, (ii) 심사기준 Ⅳ.3.다. (1)의 규정내용을 살펴 볼 때, 공정거래법 및 시행령에서 열거하고 있는 내용과 전혀 무관하게 새로운 행위를 창출하여 규제한 것이라고 볼 수도 없으므로, 그 규정내용이 위임의 범위를 일탈하였다거나 재산권의 제한은 법률에 의하여야 한다는 헌법규정에 위반하였다고 볼 수도 없다고 판시하였다(서울고법 2002.8.27. 선고 2001누5370 판결).

133) 심사기준, IV.3.라. (1).

134) 다만 동 판결은 시장지배적지위 남용행위와 달리 불공정거래행위로서의 거래거절의 부당성은 경쟁제한성이 없이도 인정될 수 있다고 판시하였다.

135) 포항종합제철(주)의 시장지배적지위 남용행위에 대한 건, 공정거래위원회 2001.4.12. 의결 제2001-68호; 서울고법 2002.8.27. 선고 2001누5370 판결; 대법원 2007.11.22. 선고 2002두8626 판결.

생산량감소와 같은 경쟁제한 효과에 대한 자료가 나타나 있지 않음을 지적하고 원심을 파기환송하였다.[136]

신규진입자 자신에 대한 거래거절은 부당한 사업활동방해에 해당하나,[137] 신규진입자와 거래하거나 거래하고자 하는 사업자에 대한 거래거절(감축)은 공정거래법 시행령 제9조 제4항 4호의 신규진입방해행위에 해당한다.[138]

(나) 가격차별 등 부당한 거래조건의 부과

거래상대방에게 정상적인 거래관행에 비추어 타당성이 없는 조건을 제시하거나 가격 또는 거래조건을 부당하게 차별하는 행위는 부당한 사업활동방해에 해당한다.[139] 이는 소위 가격차별(price discrimination)을 규제하기 위한 것이다.

❑ 경제이론 ❑ **가격차별**

• **의 의** 가격차별이란 같은 상품 여러 단위를 판매하면서 이들 사이에 비용차이와 무관하게 다른 가격을 부과하는 것을 말한다.[140] 따라서 비용의 차이(예, 대량구매로 인한 공급비용 절감)를 반영하여 다른 가격을 부과하는 것은 여기서 말하는 가격의 '차별'에 해당하지 않는다.[141] 가격차별은 거래조건과 같은 비가격차별의 형태를 취할 수도 있다.[142] 시장력을 갖춘 기업은 비싼 값을 지불할 용의가 있는 고객에게 더 높은 가격을 부과함으로써 이윤극대화를 도모할 수 있다.[143]

• **실행가능성** 가격차별을 실행할 수 있으려면 몇 가지 전제조건이 갖추어져야 한다.[144] 첫째, 비싼 값을 부과받은 고객의 이탈을 막으려면 판매자에게 아주 큰 시장지배력까지는 아닐지라도 어느 정도 가격에 대한 통제력이 있어야 한다. 둘째, 어느 고객이 가격에 더 민감한지에 대하여 판매자가 충분한 정보를 가지고 있어야 한다. 셋째, 낮은 가격을 부과받은 고객이 상품을 사서 비싼 값을 부과받은 고객에

136) 환송심 판결은 공정거래위원회의 이 사건 처분을 모두 취소하였다. 서울고법 2008.4.24. 선고 2007두32718 판결. **포스코** 사건에 대한 상세는 이 황, "포스코의 시장지배지위 남용행위에 대한 건", 「공정거래위원회 심결사례 30선」(공정거래위원회 편, 2011), 3면 이하.

137) (주)영일케미컬의 시장지배적지위 남용행위에 대한 건, 공정거래위원회 2001.1.11. 의결(약) 제2001-22호.

138) 심사기준, IV.4.라. (1).

139) 심사기준, IV.3.라. (2).

140) Niels et al. (2011), at 215.

141) Whish and Bailey (2012), at 759-60.

142) Niels et al. (2011), at 219.

143) 이규억 · 이성순 (2009), 247면.

144) Niels et al. (2011), at 215.

게 되파는 소위 차익거래(arbitrage)가 행해질 여지가 없어야 한다.

• **후생증대효과** 가격차별은 생산량을 늘림으로써 배분적 효율을 높일 수 있다. 예컨대, 극장에서 입장권을 일률적으로 40파운드를 받을 경우 80%밖에 팔 수 없는데, 70%의 고객에게는 50파운드를 받고 가난한 학생 등 30%의 고객에게는 10파운드를 받음으로써 표를 100% 매진시킬 수 있는 경우에 그러하다.[145)]

• **경제제한효과** 가격차별은 고객 중 일부에게 낮은 가격을 부과함으로써 그렇게 하지 못하는 판매자 자신의 경쟁자 또는 그 고객의 경쟁자를 시장에서 배제시키는 효과를 가질 수 있다. 특히 경쟁제한의 우려가 가장 큰 경우는 판매자가 하류시장의 생산자들에게 필수적인 생산요소를 공급하고 있고 그 우대받는 고객이 판매자에 종속된 사업자인 경우이다. 이러한 문제는 통신, 철도, 가스, 전기 등의 분야에서 종종 발생한다.[146)]

공정거래위원회는 전술한 **포스코** 판결의 법리에 따라 가격차별의 부당성을 판단함에 있어서도 경쟁제한성을 그 기준으로 하고 있다. 이 점은 **퀄컴** 심결[147)]에서 명백히 되었다. 퀄컴사 등 피심인들은 국내 이동통신 표준인 CDMA 원천기술을 보유하고 국내 CDMA 모뎀칩 시장의 99.4%(2008년 기준)를 점유하고 있는 확고한 독점사업자로서, CDMA 이동통신 기술을 휴대폰 제조사에게 라이선싱하면서 경쟁사의 모뎀칩을 사용하는 경우에는 차별적으로 높은 로열티를 부과하였다. 공정거래위원회는 포스코 판결의 기준에 따라 이러한 행위가 경쟁제한적 의도 내지 목적과 경쟁제한적 효과를 갖는지를 검토한 후, 위 행위는 CDMA 기술시장에서의 독점적 지위를 이용하여 모뎀칩 시장에서의 경쟁상 우위를 확보하려는 목적으로 거래상대방에게 가격을 부당하게 차별한 행위라고 판정하였다.

포스코 판결 이전의 가격차별에 관한 심결례로는 **한화** 사건[148)]을 들 수 있다. 이 사건에서 (주)한화는 자신의 대리점에게 공급하는 품목 중 경쟁사업자의 대리점이 판매하는 제품과 동일한 품목에 대하여는 공급가격이나 거래조건을 경쟁사업자보다 유리한 조건으로 하여 물품을 공급하였다. 공정거래위원회는 이러한 행

145) Whish and Bailey (2012), at 760.

146) Niels et al. (2011), at 218-19.

147) 퀄컴 인코포레이티드, 한국퀄컴(주), 퀄컴 씨디엠에이테크놀로지코리아의 시장지배적지위남용행위 등에 대한 건, 공정거래위원회 2009.12.30. 의결 제2009-281호.

148) (주)한화의 시장지배적지위남용행위 및 우월적지위남용행위에 대한 건, 공정거래위원회 1996.3.5. 의결 제96-34호.

위가 부당한 사업활동방해에 해당한다고 보았다.

(다) 불이익강제

부당하게 거래상대방에게 불이익이 되는 거래 또는 행위를 강제하는 행위를 말한다.[149] 이에 속하는 대표적인 행위유형으로 끼워팔기(tying)가 있다.

❑ 경제이론 ❑ **끼워팔기**

• **의 의** 끼워팔기란 공급자가 한 상품(주상품, tying product)을 팔면서 다른 상품(종상품, tied product)도 함께 살 것을 요구하는 행위를 말한다.[150] 대개 판매자가 가장 큰 시장지배력을 갖는 상품을 주상품으로 하여 끼워팔기가 이루어진다.[151]

• **효율증대효과** 끼워팔기는 (i) 규모의 경제를 통한 비용상의 효율 증대, (ii) 거래비용의 절감, (iii) 고객의 편의 증진 및 (iv) 고객들이 저질 종상품을 다른 곳에서 구매하여 주상품이 제기능을 발휘하지 못함으로써 발생할 브랜드 이미지의 손상 방지 등 순기능을 가질 수 있다.[152]

• **경제제한효과** 끼워팔기를 통해 판매자는 주상품에 대한 시장지배력을 지렛대(leverage)로 활용하여 종상품 시장에서의 경쟁을 제한할 우려가 있다(지렛대 이론). 이에 대해 시카고 학파는 주상품의 독점판매자가 종상품을 끼워팔면서 독점력이 없는 종상품에 대하여서도 독점가격을 부과하여 이중으로 독점이윤을 얻으려 할 경우 매출이 줄어 오히려 총이윤이 줄어들기 때문에 끼워팔기에는 경쟁제한효과가 없다고 비판해 왔다(단일 독점이윤 이론). 그러나 최근의 연구성과들은, (i) 종상품만을 구입하는 소비자들에 대한 매출만으로는 종상품시장에서 충분한 숫자의 경쟁자를 유지할 수 없는 경우 끼워팔기를 통해 종상품시장의 경쟁자들이 배제 내지 위축될 수 있고, (ii) 끼워팔기를 하는 사업자와 효과적으로 경쟁하기 위해서는 신규 진입자들이 주상품과 종상품을 함께 생산하여야 하는 경우 이러한 부담은 진입장벽으로 작용할 수 있으며, (iii) 끼워팔기로 주상품 또는 종상품 시장의 경쟁자의 수가 줄어들 경우 묵시적 담합이 조장되고, (iv) 주상품시장의 시장지배적사업자가 가격규제로 독점이윤을 거두지 못하는 경우 끼워팔기를 통해 종상품에 독점가격을 부과할 수 있는 등 경쟁제한효과가 발생할 수 있음을 보여주고 있다.[153]

---

149) 심사기준, IV.3.라. (3).
150) Whish and Bailey (2012), at 689.
151) Elhauge and Geradin (2011), at 562.
152) Niels et al. (2011), at 251; Elhauge and Geradin (2012), at 569-71.
153) 상세는 Steven C. Salop, *Economic Analysis of Exclusionary Vertical Conduct: Where Chicago Has Overshot the Mark*, *in* How the Chicago School Overshot the

끼워팔기에 관한 선도적 사례인 **마이크로소프트** 심결[154]에서 피심인인 마이크로소프트 코퍼레이션과 (유)한국 마이크로소프트는 Windows 운영체제(OS)에 응용프로그램인 Windows Media Service, Windows Media Player 및 Windows Messenger 등을 결합하여 판매하였다. 피심인들은 이러한 행위가 IT산업에서의 일반적 추세인 기능통합행위로서 제약되어서는 안 된다고 주장하였으나, 공정거래위원회는 이들의 행위가 운영체제 시장의 독점력을 지렛대로 활용하여 응용프로그램 시장에서의 경쟁상 우위를 획득하고자 하는 의도를 실현하기 위한 것이며, 효율성 증대 등의 긍정적 효과가 미미하고, 소비자의 선택권을 제한한다는 등의 이유로 이를 위법한 결합판매로 보았다. 공정거래위원회는 이 결합판매가 불공정거래행위의 일종인 끼워팔기(법 제23조 제1항 3호 후단)에 해당하는 동시에 시장지배적지위 남용행위의 일종인 부당한 사업활동방해(법 제3조의2 제1항 제3호), 그 중에서도 부당한 거래강제에 해당한다고 보았다.

끼워팔기 외에도 거래상대방에게 불이익을 제공하는 다양한 행위유형들에 대하여 여러 사례들에서 부당한 사업활동방해 여부가 문제되었다. 먼저 **에스케이텔레콤** 사건에서 피심인은 자신의 MP3폰과 멜론사이트의 음악파일에 자체 개발한 DRM (Digital Rights Management)을 탑재하여 자기의 이동통신서비스를 이용하는 고객 중 MP3폰 소지자들에 대하여 자기가 운영하고 있는 음악사이트(멜론)에서 구매한 음악파일만 재생할 수 있도록 하고, 다른 사이트에서 구매한 음악은 멜론 회원가입 후 별도의 컨버팅 과정 등을 거쳐야 들을 수 있도록 하였다. 공정거래위원회는 이러한 행위가 "MP3폰을 디바이스로 하는 이동통신서비스 시장에서의 지배력을 이용하여 별개제품인 멜론의 MP3 음악파일을 거래상대방인 소비자에게 구입을 강제하는 결과를 초래하는 부당한 행위이고, … MP3파일 다운로드서비스 시장에서 쏠림현상을 가중시킴으로써 경쟁을 저해하여 경쟁사업자의 사업활동을 곤란하게 하는 행위"로서 부당한 사업활동방해에 해당한다고 보았다.[155] 그러나 법원은 전술한 포스코 판결의 법리에 따라 시장지배적 사업자의 불이익 강제행위가 그

Mark: The Effect of Conservative Economic Analysis on U.S. Antitrust 141, 146-48 (Robert Pitofsky ed., 2008); Jones and Suffrin (2008), at 514-15; Whish and Bailey (2012), at 689-90; Elhauge and Geradin (2012), at 562-69.

154) 마이크로소프트 코퍼레이션 및 한국 마이크로소프트 유한회사의 시장지배적지위 남용행위 등에 대한 건, 공정거래위원회 2006.2.24. 의결 제2006-042호.

155) 에스케이텔레콤(주)의 시장지배적지위 남용행위 등에 대한 건, 공정거래위원회 2007.2.6. 의결 제2007-044호.

지위남용에 해당하기 위하여는 문제된 행위가 경쟁제한의 효과가 생길 만한 우려가 있는 행위로서 그에 대한 의도와 목적이 있었다는 점을 입증하여야 한다고 전제한 후, 이 사건의 경우 문제된 행위로 인해 "일정한 경쟁제한의 효과가 발생하기는 했지만 [저작권 보호장치라는] DRM의 특성과 필요성 및 그 개발경위 등에 비추어 원고의 이 사건 행위에 있어서 경쟁제한의 효과에 대한 의도나 목적이 있었음을 추단하기 어려운 점" 등을 들어 그 부당성을 부정하였다.[156]

다음 전술한 **티브로드 강서방송** 사건[157]에서 종합유선방송사업자인 피심인은 (주)우리홈쇼핑에게 송출수수료 인상을 요구하였으나 거부당하자 우리홈쇼핑의 8번, 15번 채널을 18번으로 변경·배정하였다. 공정거래위원회와 고등법원은 이러한 채널변경행위가 부당한 사업활동방해의 일종인 불이익 강제에 해당한다고 보았다. 그러나 대법원은 전술한 포스코 판결의 법리에 따라 시장지배적 사업자의 불이익 강제행위의 경쟁제한성을 입증하여야 한다고 전제하고, 이 사건의 경우에는 피고의 구체적인 불이익이 나타나 있을 뿐 경쟁제한적 의도·목적 내지 효과가 인정되지 않는다고 판시하였다.[158]

또한 **엔에이치엔** 사건에서 인터넷 포털 사업자인 피심인은 동영상공급업체들과 이들이 보유하고 있는 동영상 컨텐츠에 대한 색인 데이터베이스 제공계약을 체결하면서, "NHN의 검색결과로 보여지는 동영상 정보서비스에 NHN과 협의 없이 광고를 게재할 수 없다"는 거래조건을 설정하였으며, 이에 따라 동영상 컨텐츠 공급업체들은 자신들이 제공하는 동영상에 광고를 게재하지 못하였다. 공정거래위원회는 피심인이 국내 인터넷 포털 서비스 이용자 시장에서 가지는 지배적 지위를 이용하여 동영상 컨텐츠 공급업체의 사업활동을 부당하게 방해했다고 보고 시정명령을 내렸다.[159] 그러나 서울고등법원은 **포스코** 판결의 법리에 의거 이

---

156) 서울고등법원 2007.12.27. 선고 2007누8623 판결; 대법원 2011.10.13. 선고 2008두1832 판결.

157) (주)티브로드 강서방송의 시장지배적지위 남용행위에 대한 건, 공정거래위원회 2007.3.28. 의결 제2007-153호; 서울고법 2007.11.8. 선고 2007누10541 판결; 대법원 2008.12.11. 선고 2007두25183 판결.

158) 2011.7.14. 법률 제10856호로 개정된 방송법은 신설된 제85조의2 제1항에서 사업자 간의 공정한 경쟁 또는 시청자의 이익을 저해하거나 저해할 우려가 있는 특정 유형의 행위를 금지하면서, 그 1호에 "정당한 사유 없이 채널·프로그램의 제공 또는 다른 방송사업자 등의 서비스 제공에 필수적인 설비에 대한 접근을 거부·중단·제한하거나 채널 편성을 변경하는 행위"를 규정하고 있다. 이 조항의 도입배경과 해석에 관하여, 채정화·유의선, "종합유선방송사업자 채널편성 변경행위의 위법성 판별에 관한 연구 -방송법 제85조의2 (금지행위)를 중심으로-", 「사회과학연구논총(이화여대)」 제27집 (2011), 131-213면.

사건의 경우 거래상대방의 불이익이 나타나 있을 뿐 경쟁제한적 의도 내지 효과를 인정할 수 없다고 보았다.160)

한편 대법원은 **현대자동차** 사건에서 판매대리점의 거점이전이나 인원채용을 제한한 행위가 판매대리점과 직영판매점 간의 경쟁을 제한하는 부당한 행위라고 판시한 바 있으나,161) 판매대리점의 거점이전 제한행위가 문제된 **기아자동차** 사건에서는 그 부당성이 부정되었다.162)

(라) 기 타

그 밖에도 심사기준은 부당한 사업활동방해의 행위유형으로, (i) 거래상대방에게 사업자금을 대여한 후 정당한 이유 없이 대여자금을 일시에 회수하는 행위, (ii) 다른 사업자의 계속적인 사업활동에 필요한 소정의 절차(관계기관 또는 단체의 허가, 추천 등)의 이행을 부당한 방법으로 어렵게 하는 행위 및 (iii) 지적재산권과 관련된 특허침해소송, 특허무효심판 기타 사법적·행정적 절차를 부당하게 이용하여 다른 사업자의 사업활동을 어렵게 하는 행위를 들고 있다.163)

---

159) 엔에이치엔 주식회사의 시장지배적지위남용행위 등에 대한 건, 공정거래위원회 2008. 8.28. 의결 제2008-251호.

160) 서울고법 2009.10.8. 선고 2008누27102 판결.

161) 대법원 2010.3.25. 선고 2008두7465 판결.

162) 대법원 2010.4.8. 선고 2008두17707 판결.

163) 심사기준, IV.3.라.(4), (5), (6). 1993년 5월 7일 개정된「시장지배적 사업자의 남용행위 심사지침」(이하 "1993년 지침") III.3.(12)는 "당해 사업자의 계열사업자를 통하여 사실상 상기 각호의 행위와 동일한 효과가 있는 행위를 하는 경우 등"이라고 규정하고 있어, 동 지침 III.3.(1) 내지 (11) 어디에도 정확히 부합하지 않는 행위들을 부당한 사업활동방해행위로 규제할 수 있는 여지가 있었고, 실제로 그런 심결례들이 나왔었다. 예컨대, **한국전기통신공사(082전화기)** 심결에서 한국전기통신공사는 대우통신주식회사로 하여금 자신에게는 불리하고 경쟁사업자인 (주)데이콤에게는 유리한 기능를 갖는 "082전화기"의 생산·판매를 중지하도록 하였다. 공정거래위원회는 이러한 행위가 (주)데이콤의 사업활동을 부당하게 방해하는 행위에 해당한다고 보았다(한국전기통신공사의 시장지배적지위 남용행위 등에 대한 건, 공정거래위원회 1997.1.30. 의결 제97-6호). 또한 **한국전기통신공사(ACR)** 심결에서 한국통신공사는 자사 직원들을 동원하여 경쟁사인 (주)데이콤에서 무상임대하는 ACR을 조직적으로 수령하거나 경쟁사에서 설치한 "ACR"을 파악하고 이를 철거하는 등의 행위를 하였다. 공정거래위원회는 이러한 행위가 부당한 사업활동방해에 해당한다고 보았다(한국전기통신공사의 시장지배적지위 남용행위 등에 대한 건, 공정거래위원회 1997.11.3. 의결 제97-156호). 그러나 현행 공정거래법 시행령 제5조 제3항 4호는 "공정거래위원회가 고시하는 행위"라고 한정적으로 규정하고 있고, 심사기준 IV.3.다. 에도 1993년 지침 III. 3. (12)와 같은 일반조항이 없어, 이러한 해석의 여지는 사실상 사라져 버렸다.

5. 신규진입의 부당한 방해행위

가. 신규진입방해의 부당성

시장지배적 사업자가 새로운 경쟁사업자의 참가를 부당하게 방해하는 행위는 금지된다(공정거래법 제5조 제1항 4호). 그 부당성을 판단함에 있어서는 형태 여하를 막론하고 신규경쟁사업자의 참가를 방해함으로써 시장지배적지위를 유지·강화하려 했는지의 여부를 검토하여야 할 것이다.[164)]

나. 신규진입방해의 구체적 행위유형

공정거래법 시행령 제9조 제4항은 신규진입방해의 행위유형을 네 가지로 분류하고 있으며, 직접 또는 간접으로 이들 행위를 함으로써 새로운 경쟁사업자의 신규진입을 어렵게 하는 것을 신규진입의 방해라 규정하고 있다.[165)] 동 시행령이 열거하는 신규진입방해의 행위유형을 차례로 살펴보기로 하자.

(1) 배타적 거래계약의 체결

정당한 이유없이 거래하는 유통사업자와 배타적 거래계약을 체결하는 행위를 말한다(영 9조 4항 1호).[166)] 이는 후술하는 배타조건부거래(영 9조 5항 2호)와 함께 소위 배타적 거래(exclusive dealing)[167)]를 규제하기 위한 것이다.

(2) 사업활동에 필요한 권리 등의 매입행위

정당한 이유없이 기존 사업자의 계속적인 사업활동에 필요한 권리 등을 매입

---

164) 신현윤 (2014), 160면; 이남기 (2000), 151면.

165) 여기서 "간접적"이라 함은 특수관계인 또는 다른 자로 하여금 당해 행위를 하도록 하는 것을 말한다. 또한 "새로운 경쟁사업자"라 함은 일정한 거래분야에 신규로 진입하려고 하는 사업자 및 신규로 진입하였으나 아직 판매를 개시하고 있지 아니한 사업자를 말한다. "신규진입을 어렵게 하는 경우"를 판단함에 있어서는 다른 사업자의 생산·재무·판매활동 등을 종합적으로 고려하되, 신규진입을 어렵게 할 우려가 있는 경우를 포함한다. 심사기준, IV.4.(3).

166) "유통사업자"라 함은 최종소비자가 아닌 거래상대방을 말한다. "배타적 거래계약"이라 함은 유통사업자로 하여금 자기 또는 자기가 지정하는 사업자의 상품이나 용역만을 취급하고 다른 사업자의 상품이나 용역은 취급하지 않을 것을 전제로 상품이나 용역을 공급하는 것을 말한다. 심사기준, IV.4.가. (2).

167) 이에 관한 상세는 후술 경쟁자 배제행위 중 배타조건부 거래 부분 참조.

하는 행위를 말한다(영 9조 4항 2호).[168]

(3) 필수설비에의 접근제한

정당한 이유없이 새로운 경쟁사업자의 상품 또는 용역의 생산 · 공급 · 판매에 필수적인 요소의 사용 또는 접근을 거절하거나 제한하는 행위를 말한다(영 9조 4항 3호). 이는 필수설비의 원칙을 반영한 것이며, 동 원칙에 관하여는 부당한 사업활동방해에서 이미 설명하였다.

(4) 기타 신규진입 방해행위

위의 세 가지 이외의 행위로서 새로운 경쟁사업자의 신규진입을 어렵게 하는 행위를 말한다(영 9조 4항 4호).[169]

금성전선 등 심결[170]에서 공정거래위원회는 신규진입 방해행위에의 해당 여부를 검토하였으나 그 결론은 부정적이었다. 이 사건에서 (주)신한일상사(신고인)는 군용통신케이블 입찰에 낙찰되어 입찰전에 전선공급계약을 한 대한전선(주)(피심인 중 1인)의 대리점에 전선공급을 요구했으나 거절당하고, 중소기업인 대원전선(주)와 전선공급계약을 체결하자, 대한전선(주) 등 피심인들은 대원전선에 대하여 신고인과의 전선공급계약을 취소하도록 종용하였다. 공정거래위원회는 신고인이 전선제조업체가 아니고 전선을 취급해 본 적도 없는 유통업자이기 때문에 전선제조업체인 피심인들과 경쟁관계에 있는 사업자로 보기 곤란하므로 대한전선(주)의 공급거절은 신규진입방해에 해당하지 않는다고 보았다.[171]

---

168) "계속적인 사업활동에 필요한 권리"는 특허권 · 상표권 등의 지적재산권, 행정관청 또는 사업자단체의 면허권 등 인 · 허가, 기타 당해 거래분야에서 관행적으로 인정되는 모든 권리를 포함한다. 심사기준, IV.4.나.

169) 심사기준은 이에 해당하는 행위로 다음 4가지를 열거하고 있다. 즉, (i) 정당한 이유없이 신규진입 사업자와 거래하거나 거래하고자 하는 사업자에 대하여 상품의 판매 또는 구매를 거절하거나 감축하는 행위, (ii) 경쟁사업자의 신규진입에 필요한 소정의 절차(관계기관 또는 단체의 허가, 추천 등)의 이행을 부당한 방법으로 어렵게 하는 행위, (iii) 당해 상품의 생산에 필수적인 원재료(부품, 부자재 포함)의 수급을 부당하게 조절함으로써 경쟁사업자의 신규진입을 어렵게 하는 행위, 및 (iv) 지적재산권과 관련된 특허침해소송, 특허무효심판 기타 사법적 · 행정적 절차를 부당하게 이용하여 경쟁사업자의 신규진입을 어렵게 하는 행위가 그것이다. 심사기준, IV.4.라.

170) 금성전선(주), 대한전선(주), 국제전선(주) 및 한국전선공업협동조합의 사업활동방해행위에 대한 건, 공정거래위원회 1989.7.27. 의결 제87-47호.

171) 다만 피심인들이 대원전선에 대하여 공급계약의 취소를 종용한 것은 부당한 사업활동방해에 해당한다고 설시하였다.

6. 경쟁사업자 배제행위와 소비자이익 저해행위

공정거래법 제5조 제1항 5호는 시장지배적 사업자가 부당하게 경쟁사업자를 배제하기 위하여 거래하거나 소비자의 이익을 현저히 저해할 우려가 있는 행위를 하는 것을 금지하고 있다. 이하에서는 이를 경쟁사업자 배제행위와 소비자이익 저해행위로 나누어 살펴본다.

가. 경쟁사업자 배제행위

부당하게 경쟁사업자를 배제하는 행위(법 5조 1항 5호 전단)를 공정거래법 시행령은 다시 부당염매와 배타적 거래로 나누어 규정하고 있다(9조 5항).[172] 차례로 살펴본다.

(1) 부당염매(부당고가매수)

부당하게 통상거래가격에 비하여 낮은 대가로 공급하거나 높은 대가로 구입하여 경쟁사업자를 배제시킬 우려가 있는 행위를 말한다(영 제9조 제5항 1호). 여기서 "낮은 대가의 공급 또는 높은 대가의 구입" 여부를 판단함에 있어서는 통상거래가격과의 차이의 정도, 공급 또는 구입의 수량 및 기간, 당해 품목의 특성 및 수급상황 등을 종합적으로 고려한다. 또한 "경쟁사업자를 배제시킬 우려가 있는 경우"를 판단함에 있어서는 당해 행위의 목적, 유사품 및 인접시장의 존재여부, 당해 사업자 및 경쟁사업자의 시장지위 및 자금력 등을 종합적으로 고려한다.[173] 이는 소위 약탈적 가격설정(predatory pricing)을 규제하기 위한 것이다.

---

172) 즉, 경쟁사업자 배제행위의 경우는 공정거래법 시행령에서 이에 해당하는 행위유형을 한정적으로 열거하고 있는 것인데(동조 5항), 이는 시행령에서 추가적인 세부행위 유형을 공정거래위원회가 고시할 수 있도록 위임하고 있는 사업활동방해행위나 진입제한행위의 경우(영 9조 3항 4호 및 4항 4호)와 균형이 맞지 않는다는 비판이 있다. 임영철(2007), 28면.

173) 심사기준, IV.5.가.

❑ 경제이론 ❑ **약탈적 가격설정**

• **의 의** 약탈적 가격설정이란 장기적으로 경쟁가격을 초과하는 가격을 부과할 수 있도록 경쟁자를 퇴출시키거나 길들이기 위해 가격을 단기적으로 수익성이 없는 수준까지 삭감하는 것을 말한다. 이러한 행위가 성공할 경우 장기적으로 소비자후생이 감소하게 된다.[174)]

• **실행가능성** 약탈적 가격설정의 성공가능성에 회의적인 견해는, 손실을 감수하면서 낮은 가격으로 경쟁자를 몰아내더라도 쉽게 신규진입이 생기기 때문에 결국 독점이윤을 거둘 수 있는 경우는 극히 희귀하다고 한다.[175)] 그러나 오늘날 지배적인 견해는 일정한 조건 하에서는 약탈적 가격설정이 성공할 수 있다고 본다. 예컨대 첫째, 진입장벽이 있는 경우이다. 때로는 약탈적 가격설정을 하는 사업자가 있다고 알려지면 그러한 평판 자체가 진입장벽으로 기능할 수도 있다. 둘째, 사업자가 여러 시장에서 활동할 경우이다. 한 시장에서 약탈적 가격설정으로 손실을 입더라도 다른 시장에서 얻는 이익으로 메꿀 수 있기 때문이다. 셋째, 사업자가 매우 높은 시장점유율을 갖는 경우이다.[176)]

• **판정기준** 그러므로 약탈적 가격설정에 대한 과소규제는 바람직하지 않지만, 가격경쟁의 활성화는 공정거래법의 가장 중요한 목표 중 하나이기 때문에 과잉규제의 오류도 피하여야 한다. 따라서 치열한 가격경쟁과 약탈적 가격설정을 효과적으로 변별할 수 있는 기준이 필요한데, 이에 대하여는 많은 논란이 있다. Areeda와 Turner는 평균가변비용(average variable cost) 이하의 가격설정은 약탈적인 것으로 본다.[177)] 그러나 비용 이하의 가격 부과만으로는 부족하고 후일 독점가격부과에 의하여 손실을 메꿀 수 있어야 한다고 보는 견해도 있으며, 반대로 가격이 평균가변비용 이상이라 하더라도 경쟁자를 길들이거나 억지하려는 의도가 입증되면 약탈적 가격설정으로 볼 수 있다는 견해도 있다.[178)]

부당염매가 인정된 사례로 **금성사** 심결[179)]이 있다. 이 사건에서 국내 승강기업체 중 시장점유율 1위인 (주)금성사(피심인)는 1986년 1월 9일 이래 원가에 비해 현저히 낮은 가격(원가의 44%까지)으로 입찰한 이래 같은 해 4월까지 20여회에 걸

---

174) Elhauge and Geradin (2011), at 353-54.
175) 예컨대, Robert Bork, *Antitrust Paradox* at 148-55 (1976).
176) Jones and Sufrin (2008), at 444-45.
177) Areeda and Turner, *Predatory Pricing and Related Practices under Section 2 of the Sherman Act*, 88 Harv. L. Rev. 697 (1975).
178) 상세는 Whish and Bailey (2012), at 740-41.
179) (주)금성사의 시장지배적지위남용행위에 대한 건, 공정거래위원회 1986.5.28. 의결 제86-46호.

쳐 염매를 계속해 왔으며, 경쟁사업자인 동양엘리베이터(주)로부터 엘리베이터를 공급받기로 이미 계약을 체결한 (주)동호양행에 원가에 비해 현저히 낮은 가격을 제시하여 그 납품계약을 파기케 하고 피심인이 재계약을 체결한 사실이 있다. 피심인의 염매에 대응하여 그 경쟁사업자들도 염매한 사실이 있으나, 원가에 대한 염매비율이나 염매규모면에서 피심인이 상대적으로 큰 편이었다. 공정거래위원회는 피심인의 이러한 행위가 시장지배적지위 남용행위 중 부당한 사업활동방해에 해당한다고 보았다.

(2) 배타조건부 거래

(가) 의 의

부당하게 거래상대방이 경쟁사업자와 거래하지 아니할 것을 조건으로 그 거래상대방과 거래하는 행위를 말한다(영 9조 5항 2호). 이는 전술한 배타적 거래계약의 체결금지(동조 4항 1호)와 함께 소위 배타적 거래(exclusive dealing)를 규제하기 위한 것이다.

❑ 경제이론 ❑ **배타적 거래**

• **의 의** 배타적 거래란 구매자가 어떤 제품의 소요량 전량을 판매자에게서 살 것을 조건으로 그 제품을 판매하는 협정을 말한다.[180] 구매자가 공급자에게 계속 충성하는 것을 조건으로 리베이트(대금일부의 환불)나 할인을 제공하는 행위(loyalty rebates or discounts)도 사실상 배타적 거래와 같은 효과를 나타내는 경우가 있다.[181]

• **경제제한효과** 배타적 거래는 경쟁자가 고객이나 유통경로에 접근하는 것을 봉쇄할 수 있으며,[182] 이러한 시장봉쇄가 충분히 이루어질 경우 다음과 같은 반경쟁적 효과가 나타날 수 있다.[183] 첫째, 경쟁자의 시장점유율 확장이 저지되면 규모의 경제(economies of scale)의 혜택을 볼 수 없게 되어 그 효율이 저해된다. 이 경우 그 경쟁자가 시장에서 완전히 배제되지 않더라도 가격경쟁력을 잃게 된다. 둘째, 어떤 제품의 사용자가 많을수록 그 가치가 증대되는 소위 네트워크 효과(network effect)가 작용하는 업종(예, 이동통신)인 경우 경쟁자의 점유율이 작으면 그 제품의

180) Elhauge and Geradin (2011), at 516.
181) Niels et al. (2011), at 224.
182) Niels et al. (2011), at 224.
183) Elhauge and Geradin (2011), at 516-19.

가치도 떨어진다. 셋째, 경쟁자의 점유율이 작으면 기술혁신을 해도 보상이 작아 효율적인 투자가 위축될 수 있다. 넷째, 배타적 거래로 경쟁자의 시장점유율이 작아지면 (효율이 저하되지 않는 경우에도) 그만큼 확장능력이 제한된다. 다섯째, 구매자와 판매자가 협력하여 경쟁자를 배제함으로써 하류시장의 구매자를 착취할 수 있다.

• **효율증대효과** 한편 배타적 거래는 위와 같은 반경쟁적 효과를 보완하는 다음과 같은 효율증대효과를 갖는다.[184] 첫째, 거래의 불확실성을 감소시켜 위험 및 재고관리비용을 감소시키며, 규모의 경제를 달성하기 위한 안정적 투자를 가능하게 해 준다. 둘째, 판매자와 구매자의 지속적 거래를 전제로 한 투자가 가능하게 해 준다. 예컨대, 거래상대방과 가까운 곳으로 시설을 이전하거나, 거래상대방의 특성에 맞춘 제품개발·판촉활동·직원훈련에 투자하는 것이 가능해진다. 셋째, 거래상대방에게 바람직한 행동기준을 제시하거나 그 위반을 탐지하기 어려울 때 배타적 거래가 더욱 효율적인 대안이 될 수 있다. 예컨대, 배타적 거래로 제품을 공급받은 유통업자는 (다른 제품을 취급하지 못하므로) 그 판촉에 최선을 다할 동기가 부여되며 그 태만을 탐지하기도 용이하다.

(나) 부당성 판정기준

배타조건부 거래의 부당성을 판단함에 있어서도 경쟁제한성이 그 기준이 된다. 이와 관련하여 대법원은 **농협** 판결[185]에서 전술한 **포스코** 판결의 경쟁제한성 판단 기준을 인용하면서, "시장지배적지위 남용행위로서의 배타조건부 거래의 부당성은 그 거래행위의 목적 및 태양, 시장지배적 사업자의 시장점유율, 경쟁사업자의 시장 진입 내지 확대 기회의 봉쇄 정도 및 비용 증가 여부, 거래의 기간, 관련시장에서의 가격 및 산출량 변화 여부, 유사품 및 인접시장의 존재 여부, 혁신 저해 및 다양성 감소 여부 등 여러 사정을 종합적으로 고려하여 판단하여야 한다."고 설시하였다. 다만, "시장지배적지위 남용행위로서의 배타조건부 거래행위는 거래상대방이 경쟁사업자와 거래하지 아니할 것을 조건으로 그 거래상대방과 거래하는 경우이므로, 통상 그러한 행위 자체에 경쟁을 제한하려는 목적이 포함되어 있다고 볼 수 있는 경우가 많을 것이다."라고 하여, 경쟁제한적 의도 내지 목적의 입증에 있어 전술한 사업활동방해의 경우와 구별되는 유연한 해석의 여지를 주고 있다.[186]

---

184) Elhauge and Geradin (2011), at 519-21.

185) 대법원 2009.7.9. 선고 2007두22078 판결.

186) 황태희, "시장지배적 사업자의 배타조건부 거래행위", 「공정거래법 판례선집」(기업법연구회 편, 2011), 76면; 이호영 (2015), 84면.

심사기준은 배타조건부 거래에의 해당여부를 판정함에 있어 경쟁사업자의 대체거래선 확보의 용이성, 당해 거래의 목적·기간·대상자 및 당해 업종의 유통관행 등을 종합적으로 고려하도록 하고 있다.[187]

(다) 사 례

먼저 경쟁사업자의 제품을 취급하지 않을 것을 조건으로 거래한 행위가 문제된 예로 **농협** 사건[188]을 들 수 있다. 이 사건에서 식량작물용 화학비료 유통시장을 거의 100% 장악하고 있는 농협중앙회가 식량작물용 화학비료 제조회사가 다른 유통사업자와 거래하지 아니할 것을 조건으로 거래한 행위가 부당한 배타조건부 거래로 판시되었다. 또한 **현대모비스** 사건[189]에서는 대리점들로 하여금 자사가 공급하지 않은 부품(비순정품)을 취급하지 못하도록 한 행위가 부당한 배타조건부 거래로 판정되었다.

다음 소위 충성 리베이트(loyalty rebate)에 대하여 배타조건부거래 조항을 적용한 사례들이 있다.[190] **인텔** 사건[191]에서는 경쟁사업자의 CPU를 구매하지 않거나 자사 CPU를 일정비율 이상 구매할 것을 조건으로 PC제조회사들에게 리베이트를 제공한 행위가 배타조건부거래로 판정되었으며, **퀄컴** 사건[192]에서는 자사의 모뎀칩 및 RF칩 구매비율 또는 수량에 따라 휴대폰 제조사들에게 조건부 리베이트를 제공한 행위가 배타조건부거래로 판정되었다.

한편 **지마켓** 사건[193]에서는 (주)이베이지마켓이 운영하는 오픈마켓에 입점하여 상품을 판매하는 사업자들 중 경쟁사의 쇼핑몰에도 입점해 있던 7개 사업자들에게

---

187) 심사기준, IV.5.나.

188) 농업협동조합중앙회의 시장지배적지위 남용행위에 대한 건, 공정거래위원회 2007.1.25. 의결 제2007-013호; 서울고법 2007.9.19. 선고 2007누7149 판결; 대법원 2009.7.9. 선고 2007두22078 판결.

189) 현대모비스(주)의 시장지배적지위 남용행위 등에 대한 건, 공정거래위원회 2009.6.5. 의결 제2009-133호.

190) 충성 리베이트에 대하여는 배타적 거래 외에 가격차별 또는 약탈적 가격설정의 법리가 적용될 수 있다. 조성국, "인텔코퍼레이션 등의 시장지배적지위 남용행위에 대한 건: 의결 제2008-295호", 「공정거래위원회 심결사례 30선」(공정거래위원회 편, 2011), 71-73면.

191) 인텔코퍼레이션, 인텔세미콘덕터리미티드 및 (주)인텔코리아의 시장지배적지위 남용행위에 대한 건, 공정거래위원회 2008.11.5. 의결 제2008-295호.

192) 퀄컴 인코포레이티드, 한국퀄컴(주), 퀄컴 씨디엠에이테크놀로지코리아의 시장지배적지위 남용행위 등에 대한 건, 공정거래위원회 2009.12.30. 의결 제2009-281호.

193) 공정거래위원회 2007.12.18. 의결제2007-555호; 서울고법 2008.8.20. 선고 2008누2851 판결; 대법원 2011.6.10. 선고 2008두16322 판결.

자신의 오픈마켓에서 판매가격을 인하하거나 경쟁사의 쇼핑몰에서 판매가격을 인상할 것 등을 요구하고, 경쟁사의 쇼핑몰에 올려놓은 상품을 내리지 않으면 자신의 메인 화면에 노출된 상품을 빼버리겠다고 위협한 행위가 문제되었다. 이에 대하여 공정거래위원회와 서울고등법원은 부당한 배타조건부거래에 해당한다고 보았으나, 대법원은 이를 부정하였다. 즉, 대법원은 **포스코** 판결의 법리를 인용하면서, 위의 행위로 7개 사업자들이 경쟁사와 거래를 중단한 기간이 짧고, 행위의 상대방들이 전체 판매업체들 중 차지하는 비율이 미미한 점 등에 비추어 위 행위로 인하여 경쟁사가 매출부진을 이기지 못하고 오픈마켓 시장에서 퇴출된 것인지, 다른 신규 사업자의 시장진입에도 부정적인 영향을 미쳤는지 명백하지 않음에도 그 부당성을 인정하였다는 이유로 원심판결을 파기환송하였다.

나. 소비자이익 저해행위

(1) 의의 및 요건

공정거래법 제5조 제1항 5호 후단은 부당하게 소비자의 이익을 현저히 저해할 우려가 있는 행위를 금지하고 있다.[194] 이는 전술한 가격남용 및 출고조절(동항 1호 · 2호) 이외의 비가격적인 수단으로 소비자의 이익을 현저히 저해하는 행위를 규제하기 위한 것이다.[195] 즉, 소비자이익 저해행위는 착취적 행위의 일종인 것이며, 소비자들에게 현저히 불리한 조건으로 거래하는 행위 등이 이에 해당한다.[196]

대법원의 **티브로드 강서방송** 등 판결도 이와 같은 입장에서 소비자이익 저해행위의 부당성 판단기준을 다음과 같이 설시하고 있다.

---

194) 한편 공정거래법 시행령이나 심사기준은 소비자이익 저해행위의 세부적 행위유형이나 구체적 판단기준을 규정하고 있지 않아, 소비자이익 저해행위를 금지하는 공정거래법 제3조의2 제1항 5호 후단의 규정이 헌법상 명확성의 원칙에 위반되는지 여부가 티브로드 강서방송 등 사건에서 문제된 바 있다. 이에 대하여 대법원은, (i) 소비자이익 저해행위의 내용이 지극히 다양하고 수시로 변하는 성질이 있어 이를 일일이 열거하는 것은 입법기술적으로 불가능한 점, (ii) 그 요건에 관한 판단은 공정거래법의 입법 목적을 고려하고, 여타의 시장지배적지위 남용행위 등과 비교하는 등 체계적 · 종합적 해석을 통하여 구체화될 수 있는 점 및 (iii) 소비자이익 저해행위 규정의 수범자는 시장지배적사업자로서 일반인에 비하여 상대적으로 규제대상 행위에 관한 예측가능성이 크다 할 것인 점 등을 고려하여, 이 규정이 헌법상 명확성 원칙을 위반한다고 볼 수 없다고 판시하였다(대법원 2010.5.27. 선고 2009두1983 판결).

195) 서울고법 2008.8.20. 선고 2007아335 결정.

196) 신현윤 (2014), 155 · 161면.

"소비자의 이익을 현저히 저해할 우려가 있는 행위의 부당성은 시장지배적 사업자의 지위 남용행위의 규제 목적이 단순히 그 행위의 상대방인 개별 소비자의 이익을 직접 보호하고자 하는 데 있는 것이 아니라, 독과점 시장에서 경쟁촉진과 아울러 시장지배적 사업자의 과도한 독점적 이익 실현행위로부터 경쟁시장에서 누릴 수 있는 소비자의 이익을 보호하고자 하는 데 있음을 고려할 때, 시장지배적 사업자의 행위의 의도나 목적이 독점적 이익의 과도한 실현에 있다고 볼 만한 사정이 있는지, 상품의 특성 · 행위의 성격 · 행위기간 · 시장의 구조와 특성 등을 고려하여 그 행위가 이루어진 당해 시장에서 소비자 이익의 저해의 효과가 발생하였거나 발생할 우려가 있는지 등을 구체적으로 살펴 판단하여야 한다. 다만, 시장지배적 사업자의 소비자 이익을 저해할 우려가 있는 행위가 존재하고, 그로 인한 소비자 이익의 저해 정도가 현저하다면, 통상 시장지배적 사업자가 과도한 독점적 이익을 취하고자 하는 행위로서 부당하다고 볼 경우가 많을 것이다."[197]

또한 소비자이익 저해행위가 성립하려면 문제된 행위가 소비자의 이익을 "현저히" 저해할 우려가 있어야 한다. 이를 판단함에 있어 대법원의 **씨제이헬로비전** 판결은, "당해 상품이나 용역의 특성, 이익이 저해되는 소비자의 범위, 유사 시장에 있는 다른 사업자의 거래조건, 거래조건 등의 변경을 전후한 시장지배적 사업자의 비용 변동 정도, 당해 상품 또는 용역의 가격 등과 경제적 가치와의 차이 등 여러 사정을 종합적으로 고려하여 구체적 · 개별적으로 판단하여야 한다."고 설시하고 있다.[198] 소비자이익을 저해할 우려가 있는 행위의 존재, 소비자이익 저해 정도의 현저성 및 그 행위의 부당성에 대하여는 시정명령 등 처분의 적법성을 주장하는 공정거래위원회에 증명책임이 있다.[199]

(2) 사 례

전술한 **마이크로소프트** 사건에서 공정거래위원회는 피심인들의 결합판매행위가, (i) 소비자의 상품선택권을 침해하고, (ii) 종상품(미디어 서버, 스트리밍 미디어 플레이어 및 메신저) 시장에서의 경쟁을 제한함으로써 소비자 후생을 감소시키며, (iii) 기술혁신을 저해하여 사회적 손실 등을 야기하는 바 소비자이익 저해행위에

---

197) 대법원 2010.5.27. 선고 2009두1983 판결.
198) 대법원 2010.2.11. 선고 2008두16407 판결.
199) 같은 판결.

해당한다고 설시하였다.[200] 법원도 마이크로소프트의 메신저 결합판매에 대하여, (i) 문제된 결합판매가 PC 운영체제 구매자 및 소비자의 다른 메신저에 대한 선택권을 침해 내지 제약하고, (ii) 결합판매로 인하여 발생한 경쟁제한 효과는 독점강화 효과를 낳고 결국 기술혁신을 감소시켜 궁극적으로 공정한 경쟁과 혁신을 통해 얻을 수 있는 소비자의 이익을 저해한다는 점 등을 종합적으로 고려하여 소비자이익 저해행위에 해당한다고 판시하였다.[201]

또한 소비자에게 현저히 불리한 거래조건을 부과한 행위를 소비자이익 저해행위로 판정한 사례들이 있다. **한국전력공사** 사건에서는 전기공급계약에 적용되는 약관에 요금의 납기나 연체납기일을 어겼을 경우 수급계약을 폐지할 수 있고, 수급계약폐지후 같은 명의인이 전기를 다시 사용하는 경우 6개월 경과 후에는 공사비의 50%, 1년 경과 후에는 공사비의 100%를 부담하도록 하는 등의 내용을 규정하고 이를 집행하였다. 공정거래위원회는 이러한 행위가 전기수요자의 이익을 현저히 저해할 우려가 있는 행위로 보고 시정을 권고하였다.[202] **한국전기통신공사** 사건에서는 전화가입자가 요금을 연체하였을 때 5%의 가산금을 부과하고, 계약자의 책임 없는 사유로 통화를 하지 못한 경우 3일 이상 계속 통화가 되지 않은 경우에만 기본료와 부가사용료를 반환하도록 하는 등의 내용을 규정하고 집행한 행위에 대하여 전화수요자의 이익을 현저히 저해할 우려가 있는 행위로 보아 그 시정을 권고하였다.[203]

그러나 전술한 **에스케이텔레콤** 사건에서 공정거래위원회는, 피심인이 자신의 이동통신서비스를 이용하는 MP3폰 소지자들에 대하여 자신이 운영하는 음악사이트(멜론)에서 다운로드받은 음악파일만 재생할 수 있도록 한 행위가 소비자이익 저해행위에 해당하는 것으로 보았으나,[204] 법원은 이를 부정하였다. 즉, 대법원은 전술한 **씨제이헬로비전** 판결의 현저성 판정기준을 인용하면서, 위와 같은 행위는 소비자이익의 현저한 침해에 해당하지 않는다고 판시하였다.[205] 또한 **씨제이케이블넷** 사건에서 공정거래위원회는, 종합유선방송사들이 인기채널을 저가 묶음

---

200) 공정거래위원회 2006.2.24. 의결 제2006-042호.
201) 서울중앙지법 2009.6.11. 선고 2007가합90505 판결(메신저 결합판매 관련 손해배상 사건).
202) 공정거래위원회 1995.4.4. 의결 제95-15호.
203) 공정거래위원회 1995.4.4. 의결 제95-16호.
204) 공정거래위원회 2007.2.6. 의결 제2007-044호.
205) 대법원 2011.10.13. 선고 2008두1832 판결.

상품에서 제외시킴으로써 고객으로 하여금 고가 묶음상품에 가입하도록 유도하는 등 거래조건을 자기에게 일방적으로 유리하게 설정한 행위를 소비자이익 저해행위로 판정하였으나,[206] 서울고등법원은 이로 인한 소비자이익의 침해 정도가 현저하지 않다고 판단하였다.[207]

그 밖에 부당한 가격인상에 대하여 소비자이익 저해행위 규정을 적용한 사례들이 있다. **현대자동차 및 기아자동차** 심결[208]과 **서울시태권도협회** 심결[209]이 그것이다. 그러나 이들에 대하여는 가격남용 규정(법 5조 1항 1호)을 적용하는 것이 바람직할 것이다.

Ⅳ. 시장지배적지위 남용행위에 대한 제재

1. 시정조치

시장지배적지위 남용행위를 한 사업자에 대하여 공정거래위원회가 취할 수 있는 가장 기본적인 조치는 문제된 위반행위의 중지를 명하는 것, 즉 중지명령일 것이다. 그러나 경우에 따라서는 보다 적극적인 조치 내지 추가적인 조치 등이 필요할 수 있어, 공정거래법은 중지명령 외에도 가격의 인하, 시정명령을 받은 사실의 공표 기타 시정을 위하여 필요한 조치를 취할 수 있다고 규정하고 있다(7조).

먼저 가격인하명령은 시장지배적지위 남용행위에 대하여서만 명문으로 규정되어 있는 구제조치로서, 시장지배적 사업자에 의하여 인상된 가격을 가상적인 경쟁가격수준에 접근시키도록 함으로써 미비된 가격기구를 정상화시키는 유효한 수단이 될 수 있다.[210] 그러나 사업자가 자유롭고 자주적으로 결정하여야 할 가격

206) 공정거래위원회 207.8.20. 의결 제2007-405호, 제2007-406호.

207) 서울고등법원 2008.8.20. 선고 2007누23547 판결.

208) 공정거래위원회 1999.9.3. 의결 제99-130호.

209) 공정거래위원회 2003.8.13. 의결(약) 제2003-099호(승품·단 심사비에 체육관 관장들을 위한 보험료 기타 복지비용을 포함시킴).

210) 가격인하명령이 내려진 사례로, 공정거래위원회 1992.1.15. 의결 제92-1호(**해태제과** 사건); 동 1992.1.15. 의결 제92-2호(**롯데제과** 사건); 동 1992.1.15. 의결 제92-3호(**크라운**

에 대하여 이처럼 공정거래위원회가 개입하여 직접적인 가격규제를 하는 데에는 다음과 같은 몇 가지 문제점이 있을 수 있다.[211] 첫째, 가격인하명령은 공정거래위원회에 가격결정권 내지 가격통제권을 부여하게 된다. 둘째, 가격인하수준을 정하는 데 따르는 기술적 문제도 적지 않다. 셋째, 가격인하명령은 자유시장의 일부에 인위적인 저가격을 부과하게 되어 당해상품의 수급에 지장을 초래하게 될지도 모르며 장래의 가격등귀의 원인으로 될 수도 있다. 따라서 사업자의 자유로운 가격형성기능의 확보를 기본적 임무로 하는 공정거래법에서 이와 같은 직접적 개입은 매우 조심스럽게 행하여야 할 것이다.

다음 '시정명령을 받은 사실의 공표'는, 공정거래위원회의 시정조치에도 불구하고 위법사실의 효과가 지속되고 피해가 계속될 것이 명백한 경우로서, (i) 직접 피해를 입은 자가 불특정 다수인 경우, (ii) 공표에 의하여 피해자가 자신의 권익구제를 위한 법적 조치를 취할 수 있도록 할 필요가 있다고 인정되는 경우 등에 명할 수 있다.[212] 시정명령 사실의 공표를 명할 때에는, (i) 위반행위의 내용 및 정도, (ii) 위반행위의 기간 및 횟수를 참작하여 공표의 내용, 매체의 종류·수 및 지면크기 등을 정하여야 한다(영 12조).[213]

또한 '그 밖에 시정을 위하여 필요한 조치'로서 「공정거래위원회의 시정조치 운영지침」(공정거래위원회예규 제380호, 2021.12.30. 개정)(이하 "시정조치지침")은, (i) 계약조항 수정·삭제명령(예, 배타조건부거래[214]), 거래개시·재개명령(예, 거래거절·중단), 분리판매명령(예, 끼워팔기) 등의 '작위명령', (ii) 향후 위반행위 금지명령[215] 등의 '부작위명령' 및 (iii) 관련자에 대한 시정명령 사실의 통지명령, 시정

제과 사건); 동 2001.3.28. 의결 제2001-040호(비씨카드 등 사건).

211) 이규억·최희선, "시장지배적지위남용규제제도의 운용방향", 「법경제연구(II)」(1995), 52면.

212) 「공정거래위원회로부터 시정명령을 받은 사실의 공표에 관한 운영지침」(공정거래위원회 예규 제378호, 2021.12.30. 개정)(이하 "공표지침"), 3. 나.

213) 과거 공정거래법은 시장지배적지위 남용금지 등 각 실체규범의 위반에 대한 시정조치의 일종으로 '법위반사실의 공표'를 규정하고 있었으나, 이들 조문 중 사업자단체의 금지행위에 관한 [(구)공정거래법] 제27조에 대하여 위헌소원이 제기되었다. 헌법재판소는 이러한 규정이 사과 내지 사죄광고를 명하고 있지 않으므로 양심의 자유를 침해하지는 않으나, 재판에 의해 위법으로 확정되기도 전에 법위반사실의 공표를 명하는 것은 과잉금지의 원칙과 무죄추정의 원칙에 반한다는 이유로 위헌결정을 내렸다(헌법재판소 2002. 1.31. 선고 2001헌바43 결정). 그리하여 이 문구는 2004년 개정에서 현행과 같이 '시정명령을 받은 사실의 공표'라는 문구로 대체되었다.

214) 공정거래위원회 1985.1.23. 의결 제85-1(대동공업 사건).

215) 금지명령은 현재 진행중이거나 효력이 지속중인 행위의 중지명령과 구별된다.

명령의 이행결과 보고명령, 일정기간 동안 가격변동 사실의 보고명령 등의 '보조적 명령'을 들고 있다. 그러나 이는 예시적인 것에 불과하며 여기에 열거되지 않은 유형의 시정조치도 명할 수 있다.[216)]

2. 과징금

시정조치는 법위반행위로 인해 발생한 위법상태를 제거하는 데 초점을 맞추기 때문에 법위반행위의 억지효과가 충분하지 않고 또 위법행위로 인한 부당이득을 환수할 필요가 있어 공정거래법 제8조는 시장지배적지위를 남용한 사업자에 대하여 과징금을 부과할 수 있도록 규정하고 있다. 이때 과징금은 '관련매출액', 즉 각각의 위반사업자가 위반기간 동안 일정한 거래분야에서 판매한 상품이나 용역의 매출액 또는 이에 준하는 금액으로서 공정거래위원회가 정하여 고시하는 바에 따라 산정한 금액에 100분의 6[217)]을 곱한 금액을 초과하지 않는 범위에서 부과할 수 있다(정률과징금)(법 8조 본문, 영 13조 1항 전단).[218)] 다만 위반행위가 상품·용역의 구매와 관련하여 이루어진 경우에는 관련 상품·용역의 매입액을 기준으로 한다(영 13조 1항 후단).

시장지배적지위 남용행위에 대한 과징금을 산정함에 있어 법원은 법위반행위의 영향이 미치는 범위를 정밀하게 고려하고 있다. 즉, 현대자동차 사건에서 대법원은, "사업활동 방해를 받은 개별 판매대리점과 경쟁관계에 있어 그 직접 또는 간접적인 영향을 받았다고 볼 수 있는 인근 직영판매점의 매출액을 관련매출액으로 봄이 상당하고, 그 위반기간도 구체적인 사업활동 방해행위에 따라 개별로 따져야 할 것"이라고 판시한 바 있다.[219)]

---

216) 시정조치지침 III.2. 한편 독과점구조가 고착화된 경우에는 위와 같이 사업자의 행태를 규율하는 조치들만으로는 부족하고, 시장의 구조 자체를 개선하는 조치가 필요할 수도 있다. 이 경우 공정거래법 제5조의 '기타 시정을 위하여 필요한 조치'라는 문구가 다양한 구조적 조치를 취하기 위한 근거가 될 수 있을 것이나, 기업분할명령과 같은 급격한 구조적 조치가 가능하려면 이를 명시하는 법 개정 작업이 선행될 필요가 있을 것이다. 임영철 (2007), 30·31면 참조.

217) 2020년 공정거래법 전부개정에서는 법 위반 행위별 과징금 상한을 2배 상향 조정하였다. 예컨대, 구법 하에서 시장지배적지위 남용행위에 대한 정률과징금 상한은 100분의 3이었으며, 정액과징금 상한은 10억원이었다.

218) 상품 또는 용역의 대가의 합계액을 재무제표 등에서 영업수익 등으로 기재하는 사업자의 경우는 영업수익의 100분의 3 범위안에서 과징금을 부과한다(법 6조 본문, 영 9조의2).

219) 대법원 2010.3.25. 선고 2008두7465 판결. 이 사건에 대한 평석으로, 홍대식, "시장지배

한편 매출액이 없는 경우 등에는 20억원을 초과하지 않는 범위에서 과징금을 부과할 수 있다(정액과징금)(법 8조 단서). 여기서 "매출액이 없는 경우 등"이라 함은, (i) 영업을 개시하지 아니하거나 영업중단 등으로 영업실적이 없는 경우, (ii) 재해 등으로 매출액 산정자료가 소멸 또는 훼손되는 등의 사유로 객관적인 매출액의 산정이 곤란한 경우 및 (iii) 위반기간 또는 관련 상품이나 용역의 범위를 확정할 수 없어 관련매출액의 산정이 곤란한 경우를 말한다(영 13조 3항).

3. 민・형사제재

시장지배적지위 남용행위를 한 사업자는 이로 인해 피해를 입은 자에 대하여 손해배상의 책임을 진다. 다만, 사업자가 고의 또는 과실이 없음을 입증한 경우는 그러하지 아니하다(법 109조 1항). 또한 시장지배적지위 남용행위를 한 자는 3년 이하의 징역 또는 2억원 이하의 벌금에 처하며(법 124조 1항 1호), 공정거래위원회의 시정조치에 따르지 않은 경우에는 2년 이하의 징역 또는 1억 5천만원 이하의 벌금에 처한다(법 125조 1호).

적 사업자의 사업활동 방해행위의 판단기준과 과징금 산정기준", 「공정거래법 판례선집」(기업법연구회 편, 2011), 89-100면.

제3장 기업결합의 제한

I. 서 설

한 기업이 다른 기업을 합병하는 경우 이들은 법적인 독립성을 상실하고 하나의 기업이 된다. 그러나 꼭 합병까지 이르지 않더라도 한 기업이 상대방 기업의 주식을 취득하는 등의 방법으로 그 기업에게 결정적이고 실질적인 영향력을 행사할 수 있게 되면, 이 기업들은 그 의사결정과정이 통합되어 마치 하나의 기업처럼 행동할 수 있게 된다. 이처럼 기업들이 다양한 수단을 통하여 그 독립적 의사결정과정을 통합하여 공통의 지배하에 놓이게 되는 것을 기업결합이라 한다.[1]

기업들이 이와 같은 결합으로 나아가게 되는 동기는 다양한데, 먼저 기업결합의 순기능으로 다음과 같은 것들을 들 수 있다.[2] 첫째, 규모의 경제, 범위의 경제, 보완적 자산의 결합 및 연구개발 역량의 공유 등을 통해 효율이 증진될 수 있다. 둘째, 기업의 후계자가 마땅치 않은 경우 매각이 투자회수의 수단이 될 수 있다. 셋째, 도산위기의 기업이 결합의 대상이 될 경우 생산용 자산과 종업원이 시장에 남아 있을 수 있다. 넷째, 기업의 규모를 키워 국제경쟁력을 향상시킬 수 있다. 반면 기업결합은 결합하는 기업들 사이의 경쟁을 제거하고, 이들의 시장지배력을 증가시켜 가격을 올리고 생산량을 줄일 수 있는 힘을 부여하기도 한다.[3]

---

1) EU 및 영국 경쟁법에서의 합병(merger) 내지 집중(concentration)의 개념에 관한 Whish and Bailey (2012), at 809-10; Jones and Sufrin (2008), at 42 참조.

2) Jones and Sufrin (2008), at 93-94.

3) Whish and Bailey (2012), at 816.

공정거래법은 기업결합의 이와 같은 순기능과 역기능을 함께 감안하여, 경쟁제한적인 기업결합을 금지하되(9조 1항), 일정한 예외를 인정하고 있다(2항). 또한 기업결합의 효율적 규제를 위해 일정 요건에 해당하는 기업결합은 이를 공정거래위원회에 신고하여 경쟁제한성 여부를 심사받도록 하고 있다(11조).

II. 경쟁제한적인 기업결합의 금지

공정거래법은 (i) 누구든지 직접 또는 특수관계인을 통하여, (ii) 주식취득 · 임원겸임 · 합병 · 영업양수 및 신회사설립의 방법으로, (iii) 일정한 거래분야에서, (iv) 경쟁을 실질적으로 제한하는 행위를 하여서는 안 된다고 규정한다(9조 1항). 이하 차례로 살펴본다.

1. 기업결합의 주체

공정거래법 제9조 제1항은 "누구든지" 경쟁제한적인 기업결합을 하여서는 안 된다고 규정한다. 따라서 공정거래법의 적용대상이 되는 모든 사업자가 그 규모와 법적 형태 여하를 불문하고 기업결합의 주체가 될 수 있다. 다만, 후술하는 바와 같이 임원겸임에 의한 기업결합의 경우에는 일정 규모 이상의 대규모회사만이 주체가 된다. 또한 사업자가 직접 수행하는 기업결합 외에 "특수관계인[4]을 통하여" 이루어지는 기업결합도 규제의 대상이 된다(동항).

2. 기업결합의 방법

공정거래법은 기업결합의 방법으로 (i) 주식취득, (ii) 임원겸임, (iii) 합병, (iv)

4) "특수관계인"이란, (i) 사업자가 회사인 경우 이를 사실상 지배하고 있는 자, (ii) 일정 범위의 친인척 등 사업자가 특별한 영향력을 행사할 수 있는 소위 동일인관련자(예외 있음), (iii) 경영을 지배하려는 공동의 목적을 가지고 당해 기업결합에 참여하는 자를 말한다(영 14조). 상세는 후술 제4장 II.1.가.1) 참조.

영업양수 및 (v) 신회사설립의 다섯 가지를 열거하고 있다(9조 1항). 기업결합이 성립하기 위해서는 이러한 수단들을 통해 기업결합 당사자들 사이에 지배관계가 형성되어야 하는데, 「기업결합 심사기준」(공정거래위원회 고시 제2021-25호, 2021. 12.30. 개정)(이하 이 장에서 "심사기준"이라 한다)은 그 판정 기준을 제시하고 있다(IV.).

가. 주식취득

다른 회사의 주식을 취득 또는 소유하는 것을 말한다(법 9조 1항 1호). 여기서 주식의 취득 또는 소유는 그 명의와 관계없이 실질적인 소유관계를 기준으로 한다(법 10조).

주식취득의 경우 지배관계의 형성 여부를 판정하는 기준은 다음과 같다(심사기준 IV.1.).

1) 취득회사 등의 주식소유비율이 50/100 이상인 경우에는 지배관계가 형성된다.
2) 취득회사 등의 주식소유비율이 50/100 미만인 경우에도 각 주주의 주식소유비율 등을 종합적으로 고려하여 취득회사 등이 피취득회사의 경영전반에 실질적인 영향력을 행사할 수 있는 경우 지배관계가 형성된다.
3) 취득회사 등에 의해 단독으로 지배관계가 형성되지는 않지만, 주식 또는 의결권의 보유비율 등을 종합적으로 고려하여 다른 자(피취득회사의 주식을 공동으로 취득하려는 자 또는 기존 주주)와 공동으로 피취득회사의 경영전반에 실질적인 영향력을 행사할 수 있는 경우에도 지배관계가 형성된 것으로 본다.

나. 임원겸임

임원 또는 종업원에 의한 다른 회사의 임원지위의 겸임을 말한다(법 9조 1항 2호). 여기서 '임원'이라 함은 이사·대표이사·업무집행을 하는 무한책임사원·감사나 이에 준하는 자 또는 지배인 등 본점이나 지점의 영업전반을 총괄적으로 처리할 수 있는 상업사용인을 말하며(법 2조 6호), '종업원'이라 함은 계속하여 회사의 업무에 종사하는 자로서 임원 외의 자를 말한다(법 2조 1호 2문). 임원겸임은 소위 '대규모회사', 즉 자산총액 또는 매출액의 규모가 2조원 이상인 회사에 의해 이루어지는 경우만이 규제의 대상이 된다(법 9조 1항 단서, 영 15조 3항).

임원겸임의 경우 지배관계의 형성여부는 다음 기준에 의하여 판정한다(심사기준 Ⅳ.2.).

1) 다음 사항을 종합적으로 고려하여 취득회사등이 피취득회사의 경영전반에 실질적인 영향력을 행사할 수 있는 경우 지배관계가 형성되는 것으로 본다.
   • 취득회사 등의 임·직원으로서 피취득회사의 임원지위를 겸임하고 있는 자(이하 "겸임자")의 수가 피취득회사의 임원총수의 3분의 1 이상인 경우
   • 겸임자가 피취득회사의 대표이사 등 회사의 경영전반에 실질적인 영향력을 행사할 수 있는 지위를 겸임하는 경우
2) 이외에도 주식소유에 대한 지배관계 판단기준이 적용가능한 경우 이를 준용한다.

다. 합 병

다른 회사와의 합병을 말한다(법 9조 1항 3호). 합병은 당사 회사들이 그 법적·경제적 독립성을 상실하고 하나의 법인격으로 통합되는 가장 강력한 기업결합의 수단이다. 합병의 경우는 당해 행위로 지배관계가 형성된다(심사기준 IV.).

라. 영업양수

다른 회사의 영업의 전부 또는 주요 부분의 양수·임차 또는 경영의 수임이나 다른 회사의 영업용 고정자산의 전부 또는 주요 부분의 양수를 말한다(법 9조 1항 4호).

여기서 "영업"이라 함은 회사의 사업목적을 위하여 조직화되고 유기적 일체로서 기능하는 재산권의 집합을 말하며, "경영의 수임"이라 함은 경영을 위탁하는 계약 체결 등을 통하여 수임인이 경영권행사의 주체로서 활동하는 것을 말한다.[5] 영업양수의 경우도 당해 행위로 지배관계가 형성된다(심사기준 IV.).

마. 신회사설립

새로운 회사 설립에의 참여를 말한다(법 9조 1항 5호). 서로 경쟁관계에 있는 기업들이 합작회사를 설립하여 공동판매회사를 설립하는 경우가 이에 해당한다. 그

5) 「기업결합 신고요령」(공정거래위원회고시 제2021-24호, 2021.12.30. 개정), III.4.나, 라.

러나 (i) 특수관계인(단, 경영을 지배하려는 공동의 목적을 가지고 참여하는 자는 제외) 만이 참여하는 회사설립이나, (ii) 상법 제530조의2 제1항의 회사의 단순분할에 관한 규정에 따른 분할에 의한 회사설립에 참여하는 경우는 규제대상에서 제외된다(동호 가목 · 나목, 영 14조).

신회사설립의 경우 지배관계 형성 여부의 판정은 다음 기준에 의한다(IV.3.).

1) 새로운 회사 설립에의 참여의 경우 참여회사 중 2 이상 회사의 신설회사에 대한 지배관계가 형성되어야 한다.
2) 기업결합 당사회사와 신설회사 간의 지배관계 형성여부는 주식소유에 대한 지배관계 판단기준을 준용한다.

3. 일정한 거래분야

기업결합심사의 경우에도 시장지배적지위 남용행위의 경우와 유사한 관련시장의 획정이 필요하나, 양자는 다소 차이가 있다. 후자의 경우는 당해 사업자가 이미 시장지배력을 보유하고 있는가가 쟁점임에 반하여, 전자의 경우는 기업결합으로 인해 새로운 시장지배력이 창출되거나 그 전에는 존재하지 않던 명시적 · 묵시적 담합의 기회가 늘어나는지 여부가 쟁점이 된다.[6] 그럼에도 앞서 시장지배적사업자의 판정기준에서 살펴본 기본적인 방법론은 기업결합의 경우에도 대부분 그대로 적용되므로, 이하에서는 이에 대한 중복설명을 최소화하면서 관련 사례와 기업결합의 문맥에서 특히 문제된 쟁점들을 살펴보기로 한다. 다만 시장획정이 기업결합심사의 필수적인 요소는 아니며 문제된 결합의 경쟁제한성을 직접적으로 평가하기 위한 방법론들이 개발 · 적용되고 있다. 2010년에 개정된 미국의 「수평적 합병 지침」(이하 "2010 미국수평지침")은 이 점을 명백히 밝히고 있다.[7]

6) Areeda and Kaplow (1997), at 573. 양자의 구체적인 차이에 관하여 공정거래위원회, 「시장획정 업무편람」, 1999, 21 · 22면 참조 (이하 "시장획정편람").

7) US Department of Justice and the Federal Trade Commission, *Horizontal Merger Guidelines* (2010)(hereinafter "US 2010 HMG"), § 4. 후술하는 차별화상품시장에서의 수평형 합병의 단독효과를 측정하기 위한 기법들 참조.

가. 관련상품시장

(1) 시장획정의 일반적 기준

(가) 수요의 탄력성

관련상품시장을 획정함에 있어서는 먼저 수요의 탄력성을 고려하여야 하며, 수요대체성에 관한 보편적 접근방법인 SSNIP 테스트가 기업결합의 경우에도 활용된다.[8] 상품의 수요대체성과 관련된 사례 몇 가지를 살펴보면 다음과 같다.

먼저 **삼익/영창** 판결[9]에서 대법원은, 신품피아노와 중고피아노가 별개의 시장을 구성한다고 보면서 그 근거로, "가격과 구매수량에 더 민감한 수요층(중고 피아노)과 제품 이미지, 품질, 사용기간 등에 더 민감한 수요층(신품 피아노)으로 그 대표적 수요층이 구분되어 신품 피아노의 가격이 상승하더라도 신품 피아노를 구입하려는 소비자들이 그 의사결정을 바꿔 중고 피아노로 수요를 전환할 가능성은 크지 않다고 보이는 점, 원고들이 그동안 신품 피아노의 가격결정, 마케팅 등과 같은 영업전략을 수립함에 있어 중고 피아노의 시장규모 등을 고려했다는 자료가 없는 점" 등을 들고 있다.

다음 **SK/송유관공사** 심결[10]에서 공정거래위원회는, 송유관에 의한 수송서비스

---

8) 기업결합심사기준은 관련상품시장을, "거래되는 특정 상품이 상당기간 어느 정도 의미있는 수준으로 인상될 경우 동 상품의 구매자 상당수가 이에 대응하여 구매를 전환할 수 있는 상품의 집합"으로 정의하고 있다(V.1.가.). 또한 동 기준은 관련상품시장을 획정함에 있어, (i) 상품의 기능 및 유사성, (ii) 상품의 가격의 유사성, (iii) 구매자들의 대체가능성에 대한 인식 및 그와 관련한 구매행태, (iii) 판매자들의 대체가능성에 대한 인식 및 그와 관련한 경영의사결정 행태, (iv) 통계법 제17조 제1항의 규정에 따라 통계청장이 고시하는 한국표준산업분류, (vi) 거래단계(제조・도매・소매 등) 및 (vii) 거래상대방을 고려하도록 하고 있다(V.1.나.).

법원도 그 연장선상에서, "관련 상품시장은 일반적으로 서로 경쟁관계에 있는 상품들의 범위를 말하는 것으로서, 구체적으로는 거래되는 상품의 가격이 상당 기간 어느 정도 의미 있는 수준으로 인상될 경우 그 상품의 대표적 구매자가 이에 대응하여 구매를 전환할 수 있는 상품의 집합을 의미하고, 그 시장의 범위는 거래에 관련된 상품의 가격, 기능 및 효용의 유사성, 구매자들의 대체가능성에 대한 인식 및 그와 관련한 구매행태는 물론, 판매자들의 대체가능성에 대한 인식 및 그와 관련한 경영의사의 결정행태, 사회적・경제적으로 인정되는 업종의 동질성 및 유사성 등을 종합적으로 고려하여 판단하여야 할 것이며, 그 이외에도 기술발전의 속도, 그 상품의 생산을 위하여 필요한 다른 상품 및 그 상품을 기초로 생산되는 다른 상품에 관한 시장의 상황, 시간적・경제적・법적 측면에서의 대체의 용이성 등도 함께 고려하여야 한다."고 판시하고 있다. 대법원 2008.5.29. 선고 2006두6659 판결(**삼익/영창** 사건).

9) 서울고법 2006.3.15. 선고 2005누3174 판결; 대법원 2008.5.29. 선고 2006누6659 판결.

10) 공정거래위원회 2001.6.29. 의결 제2001-090호.

가 유조선・유조차・유조화차 등에 의한 수송서비스와 별개의 시장을 구성한다고 보았다. 송유관과 다른 운송수단들 사이에는 운송비 등의 측면에서 차이가 크며, 송유관은 필수설비로서의 특성이 있어 양자 간에 대체가능성이 크지 않다는 것이 그 이유였다.

또한 **CJ케이블넷/한국케이블TV** 심결[11]은 관련상품시장을 종합유선방송과 위성방송을 포함하는 다채널 유료방송 시장으로 획정하면서, (i) 양 매체 모두 다채널 방송프로그램을 제공하는 유료방송사업이라는 점, (ii) 종합유선방송사업자(SO)와 한국디지털위성방송은 한정된 시청자를 대상으로 신규 가입자 확보 및 기존 가입자 유치를 위해 치열한 경쟁을 벌이고 있다는 점, (iii) 대부분의 가입자들이 종합유선방송과 위성방송 중 어느 하나에만 가입하고 있다는 점, (iv) 기존 종합유선방송 가입자가 위성방송에 가입하는 경우 대부분 종합유선방송을 해지한다는 점 등을 고려할 때 양 방송은 상호 경쟁관계에 있는 것으로 판단되기 때문이라고 설시하였다.

(나) 공급의 탄력성

관련상품시장을 획정함에 있어서는 수요의 탄력성과 함께 공급의 탄력성도 고려하여야 한다.

예컨대, 전술한 **삼익/영창** 판결은 신품피아노와 중고피아노를 별개의 시장으로 획정하면서 그 근거의 하나로, "공급측면의 경우 중고피아노는 신품피아노와 달리 가격이 상승하더라도 공급량이 크게 증가될 수 없다고 보이는 점"을 들고 있다. 또한 **동양제철화학/CCK** 판결[12]은, 타이어용 카본블랙과 산업고무용 카본블랙이 하나의 관련시장으로 획정되어야 한다고 판시하면서 그 근거의 하나로, 두 제품이 공급 측면에서도 생산설비 및 제품 공정의 상당 부분을 공유하고 있는 점을 들고 있다.

(2) 임계매출감소분석

한편 최근에는 SSNIP 테스트를 보다 실용적으로 발전시킨 방법론으로서 임계매출감소분석(critical loss analysis)이 법원[13]과 공정거래위원회에 의해 받아들여

11) 공정거래위원회 2007.5.7. 의결 제2007-274호.

12) 서울고법 2008.5.28. 선고 2006누21148 판결; 대법원 2009.9.10. 선고 2008두9744 판결.

13) 법원은 후술하는 바와 같이 **무학/대선** 판결에서 관련지역시장획정의 방법론으로서 임계매

지고 있다. 이 방법론의 기본원리는 단순하다. 독점기업이 가격을 올려서 이윤을 늘릴 수 있으려면, 이로 인한 매출감소가 일정 한도 이내라야 된다. 이때 가격을 올리고도 이윤이 줄어들지 않는 매출감소율의 최대치를 임계매출감소율이라 한다. 그리하여 어떤 시장의 가상의 독점기업이 SSNIP, 즉 "작지만 의미 있고 일시적이지 않은 가격인상"을 시도할 경우 그로 인해 실제로 매출이 감소하는 비율(실제매출감소율)이 임계매출감소율보다 작다면 그 기업은 SSNIP을 통해 이윤을 늘릴 수 있음을 의미한다. 따라서 그 시장을 그대로 관련시장으로 획정하면 된다. 그러나 실제매출감소율이 임계매출감소율보다 크다면 이는 SSNIP을 통해 이윤을 늘릴 수 없다는 뜻이므로, 관련시장은 이보다 더 넓게 획정되어야 하는 것이다.[14)]

공정거래위원회는 **하이트/진로** 심결[15)]에서 상품특성, 소비패턴 등과 함께 임계매출감소분석의 결과를 고려할 때 소주와 맥주가 별개의 시장을 구성한다고 판정하였다. 또한 **SKT/하나로** 심결[16)]에서는, 유선통신시장과 무선통신시장에서의 서비스간 차이점 · 대체 정도, 유 · 무선통합서비스와 결합상품의 출시 현황 및 임계매출감소분석의 결과 등을 고려할 때 아직은 유선전화와 이동전화를 동일한 시장으로 획정할 수 있는 수준에까지는 이르지 못하였다고 보았다.

(3) 묶음시장

시장획정에 있어 SSNIP 테스트 내지 이를 구체화한 임계매출감소분석을 활용하기 어려운 경우로 묶음시장 내지 집합상품시장(cluster market)이 있다. 예컨대, 사업자 A는 상품 X만을, 사업자 B는 상품 Y만을, 사업자 C는 상품 Z만을 공급하는 데 반해 사업자 D는 X, Y, Z를 모두 공급할 경우 이러한 X, Y, Z의 묶음 내지 집합(cluster)을 공급하는 D만으로 시장을 획정해야 하는지 아니면 A, B, C, D 모두를 포함시켜 시장을 획정해야 하는지가 문제될 수 있다.[17)] 이 경우 개별상품을 판매하는 사업자 A, B, C가 상품의 집합을 제공하는 D에게 경쟁제약을 행사하지 못한다면 D만을 포함시켜 묶음시장을 획정할 수 있다.[18)]

출감소분석을 수용하고 있다.

14) 김현종 · 전성훈, "기업결합", 「한국의 경쟁정책」(윤창호 외 편, 2011), 60 · 61면; 임영철(2007), 127-130면.
15) 공정거래위원회 2006.1.24. 의결 제2006-009호.
16) 공정거래위원회 2008.3.13. 의결 제2008-105호.
17) 2A Antitrust Law ¶ 565c.
18) 남재현 · 정수민, "삼성테스코의 홈에버 인수에 대한 건", 「공정거래위원회 심결사례 30

예컨대, **이마트/월마트** 심결에서 공정거래위원회는, SSNIP 테스트 내지 임계매출감소분석의 결과를 제시함이 없이, 할인점의 특성, 소비자들의 이용현황 및 인식, 법·제도적 측면에서 할인점이 차지하는 위치, 할인점의 분포현황 및 경쟁상황, 이용고객의 분포현황, 관련 사업자의 인식 등을 종합적으로 고려하여, 3,000㎡ 이상의 매장면적을 갖추고 식품·의류·생활용품 등 다양한 구색의 일상 소비용품을 통상의 소매가격보다 저렴하게 판매하는 원스톱 쇼핑공간으로서의 "대형할인점시장"이 존재한다고 보았다.[19] 서울고등법원은, 유통시장 특히 대형할인점시장은 거래되는 상품의 종류·포장방법·가격을 포함한 판매방법이 매우 다양하여 SSNIP 테스트를 적용하기 위한 유의미한 가격지수를 산정하는 것이 매우 어려울 수 있으므로, 공정거래위원회의 위와 같은 시장획정방법은 적법하다고 판시하였다.[20]

또한 **홈플러스/홈에버** 심결[21]은 백화점·슈퍼마켓·대형마트 간의 시장을 획정함에 있어 구매전환율이라는 경제분석 기법을 활용하였다. 그리하여 설문조사결과를 토대로, 한 대형마트가 퇴출되는 경우 소비자 중 80%를 훨씬 넘는 비율이 다른 대형마트로 구매를 전환함을 보임으로써 대형마트의 시장지배력 행사를 제약할 수 있는 경쟁자는 다른 대형마트임을 확인하고, 관련시장을 대형마트로 획정하였다.[22]

(4) 오픈마켓

오픈마켓이란 인터넷을 통해 누구나 상품을 자유롭게 사고 팔 수 있는 온라인상의 자유시장공간을 의미한다. 특별한 선발과정이나 복잡한 절차 없이 약간의 수수료만 지불하면 누구나 판매자가 될 수 있는 열린 공간으로서, 기존 일반 쇼핑몰이 상품기획에서 마케팅, A/S 등을 직접 관리했던 것과 달리 오픈마켓은 거래 장소만을 제공하고 거래에 대한 관여는 최소화하고 있다. 오픈마켓은 판매자

선」(공정거래위원회 편, 2011), 193면.

19) 공정거래위원회 2006.11.14. 의결 제2006-264호.

20) 서울고법 2008.9.3. 선고 2006누30036 판결. 소비자와 사업자의 인식 및 유통환경의 특성을 종합적으로 고려하여 할인점과 아울렛이 동일한 시장에 속한다고 판정한 사례로, 공정거래위원회 2006.11.6. 의결 제2006-261호(**이랜드/까르푸** 사건).

21) 공정거래위원회 2008.10.27. 의결 제2008-285호; 동 2009.3.23. 재결 제2009-008호.

22) 이 사건에서 구매전환율은 후술하는 기업결합의 경쟁제한성 판단에도 활용되었다. 구매전환율에 대한 상세는, 남재현·정수민, 전게논문, 200-204면.

와 소비자라는 상이한 두 고객군이 존재하고 이들 상호간에 네트워크 효과가 존재하는 전형적인 양면시장에 속한다.

이베이/G마켓 심결[23]에서 공정거래위원회는, 오픈마켓의 양면시장적 성격을 최대한 고려하되, 오픈마켓의 판매자측면과 소비자측면에 있어서 경쟁의 양상이 다른 점을 반영하기 위해 양 측면의 관련시장을 별개로 획정하였다. 먼저 소비자 측면에서의 관련시장은, 오픈마켓과 일반쇼핑몰이 유사한 서비스를 제공하고 있고, 소비자가 손쉽게 거래를 전환할 수 있어 상호 대체관계가 있다는 점에서 인터넷쇼핑시장 전체를 관련시장으로 획정하였다. 반면 판매자 측에서는, 서비스의 가격・기능・효용의 유사성, 판매자들의 시장경제에 대한 인식, 서비스구매자(판매자)의 전환가능성 및 그에 대한 인식을 고려하여 오픈마켓을 일반쇼핑몰과 구별되는 별개의 시장으로 획정하였다.

나. 관련지역시장

(1) 시장획정의 일반적 기준

기업결합의 관련지역시장을 획정함에 있어서도 SSNIP 테스트가 활용되며, 그 밖에 문제된 지역의 가격의 상호관련성, 판매패턴, 구매자편의 및 선호도, 운송비용 등이 고려된다.[24]

예컨대, **무학/대선** 판결[25]은 관련지역시장 획정을 위해 소비자의 선호도를 고려하면서, "소주시장은 과거는 물론 현재에도 지역소비자들의 지역제품에 대한

23) 공정거래위원회 2009.6.25. 의결 제2009-146호.

24) 기업결합심사기준은 관련지역시장을, "다른 모든 지역에서의 당해 상품의 가격은 일정하나 특정지역에서만 상당기간 어느 정도 의미있는 가격인상이 이루어질 경우 당해 지역의 구매자 상당수가 이에 대응하여 구매를 전환할 수 있는 지역전체"로 정의하고 있다(V.2.가.). 또한 동 기준은 관련지역시장을 획정함에 있어, (i) 상품의 특성(부패성・변질성・파손성 등) 및 판매자의 사업능력(생산능력・판매망의 범위 등), (ii) 구매자의 구매지역 전환가능성에 대한 인식 및 그와 관련한 구매자들의 구매지역 전환행태, (iii) 판매자의 구매지역 전환가능성에 대한 인식 및 그와 관련한 경영의사결정 행태 및 (iv) 시간적・경제적・법적 측면에서의 구매지역 전환의 용이성을 고려하도록 하고 있다(V.2.나.). 법원은 동 기준의 관련지역시장 정의를 그대로 수용하면서, 관련지역시장을 획정함에 있어서는 동 기준이 열거하는 사항 외에도, "기술발전의 속도, 관련 상품의 생산을 위하여 필요한 다른 상품 및 관련 상품을 기초로 생산되는 다른 상품에 관한 시장의 상황 등도 함께 고려하여야 할 것"이라고 판시하고 있다. 대법원 2009.9.10. 선고 2008두9744 판결(**동양제철화학/CCK** 사건).

25) 서울고법 2004.10.27. 선고 2003누2252 판결.

강한 선호도 내지 충성도를 보이고 있다 할 것이고, 이러한 지역적 특성은 자도(自道)소주 의무구입제도라는 외생적 규제환경에 의하여 형성되고, 그 제도 폐지 이후에도 지역업체들의 제품개발, 판매촉진노력강화, 정치적 여건변화에 따른 지역정서의 결핍 등의 요인들이 상승작용을 일으키면서 강화되었다고 볼 수 있다." 고 판시하였다.

또한 **CJ케이블넷/한국케이블TV** 심결[26]은 종합유선방송사업자(SO)의 지역사업권을 보장하는 방송법 제12조 제1항을 감안하여, "SO는 지역사업권을 부여받은 허가구역에서만 방송을 송출할 수 있으므로 비록 한국디지털위성방송이 전국을 방송구역으로 하고 있을지라도 각 SO가 허가구역 외의 지역에서 한국디지털위성방송과 경쟁하는 것은 불가능하므로 피취득회사인 피심인 충남방송과 모두방송의 방송허가구역인 충남 서산시/당진군/예산군/청양군/태안군/홍성군(이하 '서산시 등 6개 시 · 군'이라 한다)을 지역시장으로 획정한다."고 설시하였다.

(2) Elzinga-Hogarty 테스트

관련지역시장의 획정을 위해 최초로 사용된 실증적 방법론은 Elzinga-Hogarty 테스트이다.[27] 이 기법은 지역 내에서 소비되는 제품의 대부분이 지역 내에서 생산되고 지역 내에서 생산된 제품의 대부분이 지역 내에서 소비되는 경우 당해 지역은 독립된 지리적 시장으로 획정될 수 있다는 이론에 기초하고 있다. 그리하여 지역 내 소비량 중 얼마만큼을 지역 내 생산으로 충당하는가를 나타내는 LIFO (Little In From Outside) 지수와 지역 내 생산량 중 얼마만큼이 지역 내 소비에 충당되는가를 나타내는 LOFI(Little Out From Inside) 지수를 활용하여 관련시장을 추정한다.

하이트/진로 심결[28]은 소주의 지리적 시장을 획정하는데 이 기법을 적용하였다. 즉, 공정거래위원회는 LIFO와 LOFI 지수가 모두 75%를 넘으면 당해 지역을 관련지역시장으로 획정할 수 있다는 전제 하에, (i) LIFO = 42.5%, LOFI = 89.7%인 전북지역은 독립된 지리적 시장이 아니며, (ii) LIFO 및 LOFI 지수가 모두 높아 독립된 지역시장을 이루고 있는 부산 · 경남 · 경북 · 전남 및 제주를 제외한

26) 공정거래위원회 2007.5.7. 의결 제2007-274호.
27) Schwalbe and Zimmer (2009), at 85.
28) 공정거래위원회 2006.1.24. 의결 제2006-009호.

전국시장이 관련지역시장이 된다고 보았다.

(3) 임계매출감소분석

앞서 관련상품시장과 관련하여 살펴본 임계매출감소분석은 **무학/대선** 판결[29]에서 최초로 법원에 의해 수용되었다. 서울고등법원은 이 사건 관련지역시장을 부산 및 경남지역시장으로 획정하면서 그 주요 근거로 임계매출분석결과를 들고 있다. 즉, 임계매출감소분석은 SSNIP방법론을 실제 사건에서 체계적으로 적용하는 경제분석으로서 관련 지역시장 획정에 유효적절한 방법이라 전제하고, 이에 의할 경우 가상의 독점사업자인 무학과 대선주조가 부산 및 경남지역시장에서 '작지만 의미있고 비일시적인 가격인상'[30]을 통하여 이윤 증대를 도모할 수 있는 것으로 분석되었다고 설시하였다.

한편 공정거래위원회는 **하이트/진로** 심결[31]에서, 지리적 시장을 전북지역보다 확대해야 한다고 보는 근거의 하나로 임계매출감소분석 결과를 제시하였다. 즉, 전북지역에서 가상의 독점기업이 하이트주조와 진로가 생산하는 두 소주제품의 가격을 인상할 경우 실제매출감소율이 임계매출감소율보다 커서 이윤이 감소하는 것으로 나타났다는 것이다.

(4) 중첩원의 합집합

묶음시장의 경우 적절한 가격지수의 산출이 어려워 관련지역시장 획정에 있어서도 SSNIP 테스트의 적용에 난점이 있으며, 이에 대한 대안의 하나로 중첩원의 합집합(a union of overlapping circles) 접근방법이 있다. 이는 중심 지역의 사업자가 가격을 정할 때 외곽 지역 사업자들의 경쟁압력이 간접적으로 작용함에 착안하여, 관련상품시장에 속하는 사업자를 중심으로 일정한 반경의 원을 그린 다음, 그 안에 위치한 다른 사업자들을 기준으로 또다시 동일 반경의 원을 그려 그 전체를 모두 하나의 지역시장으로 보는 기법이다.[32]

---

29) 서울고등법원 2004.10.27. 선고 2003누2252 판결.

30) SSNIP 테스트는 통상 5~10%의 가격인상을 기준으로 하나, 대선주조 측에서 제시한 경제분석은 10~30%의 가격인상의 효과를 추정하였고 법원은 이를 받아들였다. 5%의 가격인상 시에는 가격에 민감한 소비자들이 구매를 전환하여 이윤을 높일 수 없으나, 10~30%의 인상 시에는 오히려 지역소주에 충성스런 소비자들의 존재로 인해 이윤을 높일 수 있는 것으로 나타났기 때문이다. 김현종 · 전성훈, 전게논문, 86면; 곽상현, "소주제조사의 기업결합사건", 「공정거래법 판례선집」(기업법연구회 편, 2011), 158면.

31) 공정거래위원회 2006.1.24. 의결 제2006-009호.

공정거래위원회는 **이마트/월마트** 심결[33]에서 이 방법론을 적용하여, (i) 월마트의 각 지점을 중심으로 반경 5km(포항시의 경우 10km, 이하 같다)[34] 범위의 지역을 1차로 획정하고, (ii) 이 지역 내에 소재하는 모든 할인점을 중심으로 다시 반경 5km 범위의 지역을 2차로 획정한 후, (iii) 1차 및 2차에 걸쳐 획정된 지역을 합한 지역을 지리적 시장으로 획정한 다음, (iv) 각 지역별 특성을 반영하여 지리적 시장의 범위를 조정하였다. 법원도 공정거래위원회의 이러한 시장획정을 지지하였다.[35] **이랜드/까르푸** 심결[36]에서도 유사한 방식으로 중첩원의 합집합 접근방법이 적용되었다.

(5) 국제경쟁과 관련지역시장

삼익/영창 사건에서는 피아노와 관련하여 세계시장의 성립가능성이 문제되었다. 공정거래위원회는 비록 제도적 수입장벽은 없지만, (i) 일본을 제외하고 외국에서의 수입실적이 거의 없고, (ii) 외국사업자가 부담해야 할 수송비, 유통망 구축비, 관세 등 제반비용도 적지 않으며, (iii) 국가별로 피아노 시장의 경쟁구조가 현저히 차이가 나는 점 등을 고려할 때 국가별 소비자의 브랜드 선호도나 선호양식의 차이, 제품가격의 차이 등 무형적인 장벽도 존재한다고 보아, 국내시장을 관련지역시장으로 획정하였다. 일본 등 해외로부터의 경쟁압력은 후술하는 경쟁제한성의 심사단계에서 고려하였다.[37] 법원도 공정거래위원회의 이러한 시장획정과 해외경쟁의 도입수준을 고려하는 방식을 지지하였다.[38]

또한 **동양제철화학/CCK** 판결[39]은, 고무용 카본블랙의 경우 수입품의 점유율이 1% 미만으로 매우 미미할 뿐 아니라 향후에도 수입물량이 쉽게 증가되지 않을 것으로 보이는 점 등을 근거로 관련지역시장을 국내시장으로 획정하였다.

---

32) 남재현 · 정수민, 전게논문, 196면.
33) 공정거래위원회 2006.11.14. 의결 제2006-264호.
34) 할인점 회원의 70~80%가 대도시권의 경우 5km, 포항시의 경우 10km 범위 내에 분포하며, 이 거리는 각 지역에서 자동차로 대략 15분 내외의 운전 거리에 해당하는 것으로 나타났다.
35) 서울고법 2008.9.3. 선고 2006누30036 판결.
36) 공정거래위원회 2006.11.6. 의결 제2006-261호.
37) 공정거래위원회 2004.9.24. 의결 제2004-271호.
38) 서울고법 2006.3.15. 선고 2005누3174 판결; 대법원 2008.5.29. 선고 2006두6659 판결.
39) 서울고법 2008.5.28. 선고 2006누21148 판결; 대법원 2009.9.10. 선고 2008두9744 판결.

4. 경쟁의 실질적 제한

공정거래법 제9조가 금지하는 "경쟁을 실질적으로 제한하는 기업결합"이라 함은, 당해 기업결합에 의해 일정한 거래분야에서 경쟁이 감소하여 특정한 기업 또는 기업집단이 어느 정도 자유로이 상품의 가격·수량·품질 기타 거래조건이나 혁신, 소비자선택가능성 등의 결정에 영향을 미치거나 미칠 우려가 있는 상태를 초래하거나 그러한 상태를 상당히 강화하는 기업결합을 말한다.[40)]

기업결합심사기준은, 먼저 이러한 경쟁제한성을 판단하기 위한 공통기준으로 시장의 집중상황을 들고(VI.1.), 이어서 기업결합의 각 유형(수평형·수직형·혼합형 기업결합 및 정보자산을 수반하는 기업결합)별로 특유한 경쟁제한성의 판단기준을 제시한 뒤(VI.2,3,4,5.), 해외경쟁의 도입 등 경쟁제한성을 완화하는 여러 요인을 들고 있다(VII). 여기서 수평형·수직형 및 혼합형 기업결합의 정의는 각각 다음과 같다(II.7,8,9,11.).

- "수평형 기업결합"이라 함은 경쟁관계에 있는 회사 간의 결합을 말한다.
- "수직형 기업결합"이라 함은 원재료의 생산에서 상품(용역)의 생산 및 판매에 이르는 생산과 유통과정에서 인접하는 단계에 있는 회사 간의 결합을 말한다.
- "혼합형 기업결합"이라 함은 수평형 또는 수직형 기업결합 이외의 기업결합을 말한다.

이하에서는 이러한 기업결합심사기준의 체계에 따라 기업결합의 경쟁제한성 판단기준을 살펴보기로 한다.

가. 시장의 집중상황

(1) 시장집중도

기업결합으로 시장집중도가 높아진다고 해서 반드시 경쟁의 실질적 제한이 일어난다고 볼 수는 없으나, 시장집중도는 종종 경쟁제한성의 유용한 지표가 될 수 있다. 특히 기업결합이 집중도에 미치는 영향이 일정 한도 이상인 경우 그 경쟁제한성이 추정되며(법 9조 3항), 반대로 그 영향이 일정 한도 미만인 경우 당해 결

40) 기업결합심사기준, II.6.

합은 경쟁제한성이 없는 것으로 추정된다(소위 "안전지대").[41]

(가) 경쟁제한성의 추정

공정거래법은 주로 관련 사업자의 시장점유율을 기준으로 기업결합의 경쟁제한성을 추정하고 있다. 먼저 기업결합 당사회사[42]의 시장점유율[43]의 합계가, (i) 시장지배적사업자의 추정요건(법 6조)에 해당하고, (ii) 당해거래분야에서 1위이며, (iii) 2위 회사와의 시장점유율 차이가 그 시장점유율의 합계의 25% 이상인 경우 경쟁제한적인 기업결합으로 추정한다(법 9조 3항 1호).[44] 또한 대규모회사가 중소기업의 시장점유율이 3분의 2 이상인 거래분야에서 기업결합을 하는 경우에는 당해기업결합으로 5% 이상의 점유율만 가지게 되어도 그 경쟁제한성을 추정한다(동항 2호).[45] 후자는 중소기업 위주의 시장에 대기업이 진출할 경우 상당히 낮은 점유율만으로도 경쟁질서를 교란시킬 수 있음을 고려한 것이다.[46]

그런데 이처럼 관련 사업자의 시장점유율을 평면적으로 관찰하기보다는 사업자들 간의 상대적 비중을 반영하여 보다 입체적인 시장집중도를 측정하기 위해 개발된 방법으로 허핀달-허쉬만 지수(Herfindahl-Hirschman Index, 이하 "HHI")가 있다. 이는 관련시장 내 경쟁사업자의 시장점유율의 제곱을 합한 수치이다. 이렇게 함으로써 시장점유율을 단순 합산했을 때보다 시장점유가 큰 기업의 비중이 더욱 강조되는 효과를 갖는다. 예컨대, A · B · C · D 네 기업의 점유율이 각각 25%인 경우 HHI = $25^2 + 25^2 + 25^2 + 25^2 = 2{,}500$이나, W · X · Y · Z 네 기업의 점유율이 각각 40%, 30%, 20%, 10%인 경우에는 HHI = $40^2 + 30^2 + 20^2 + 10^2 = 3{,}000$이 되어, 기업들 간에 점유율의 격차가 있는 쪽이 더 높은 집중도를

---

41) 기업결합심사기준, VI.1.가.

42) 신회사설립(법 9조 1항 5호)의 경우에는 회사설립에 참여하는 모든 회사를 말한다.

43) 계열회사의 시장점유율을 합산한 점유율을 말한다. 계열회사에 관한 상세는 후술 제4장 II.1.가. 참조.

44) 위의 세 요건 중 (i)만 갖춘 경우나 (ii) · (iii) 둘만 갖춘 경우도 경쟁제한성을 추정해야 한다는 입법론으로, 권오승 (2015), 205면. 경제분석의 강화를 전제로 경쟁제한성의 추정 규정은 삭제하고 법집행기관의 재량에 맡겨야 한다는 견해로, 김현종 · 전성훈, 전게논문, 68면.

45) 이에 해당하는 사례로, 공정거래위원회 2007.7.3. 의결 제2007-351호(포스코/포스코아 사건).

46) 신동권 (2011), 237면; 신현윤 (2014), 173면(이 규정을 통해 대기업의 혼합결합을 금지하는 효과를 기대할 수 있다고 함). 한편 5%의 점유율만으로 경쟁제한을 추정하는 것은 무리이며, 이 규정이 공정거래법의 중소기업보호정책을 내포하고 있다고 보는 견해로, 정호열 (2016), 235면.

나타내도록 되어 있는 것이다.

2010 미국수평지침은 합병 후의 HHI를 기준으로 저집중(1,500 미만)·중집중(1,500 내지 2,500) 및 고집중시장(2,500 초과)을 구분하고, 각 시장에서 합병으로 HHI가 증가하는 정도에 따라 경쟁제한성의 심사를 달리하고 있다. 즉, (i) 저집중시장에서의 합병이나 중·고집중시장에서 HHI를 100 미만 증가시키는 합병은 경쟁제한의 우려가 없어 특별한 사정이 없는 한 추가심사를 요하지 않는다. (ii) 중집중시장에서 HHI를 100 이상 증가시키거나 고집중시장에서 HHI를 100 내지 200 증가시키는 합병은 경쟁제한의 상당한 우려가 있어 추가 심사를 요한다. (iii) 고집중시장에서 HHI를 200 이상 증가시키는 합병은 시장지배력을 확대시키는 것으로 추정되며, 이 추정은 설득력 있는 반대 증거를 제시하여 전복시킬 수 있다.[47)]

삼익/영창 사건에서 서울고등법원은 문제된 기업결합이 당사회사의 시장점유율을 기준으로 공정거래법 제9조 제3항 1호의 경쟁제한성 추정요건에 해당할 뿐 아니라, HHI를 기준으로 미국수평합병지침(2010년에 개정되기 전의 것)에 나타난 경쟁제한성 추정요건에 해당함을 지적하고 있다.[48)]

(나) 안전지대

기업결합심사기준은 기업결합 후의 HHI와 당해 결합으로 인한 HHI의 증가분을 기준으로 소위 안전지대(safe harbour)를 설정하여, 다음과 같은 기준에 해당되면 문제된 기업결합의 경쟁제한성이 없는 것으로 추정하고 있다(VI.1.가.).

- 수평형 기업결합으로서 다음의 어느 하나에 해당하는 경우(단, 당사회사의 시장점유율 등이 전술한 법 7조 4항의 경쟁제한성 추정요건에 해당하는 경우 제외)
  - HHI가 1,200에 미달하는 경우
  - HHI가 1,200 이상이고 2,500 미만이면서 HHI 증가분이 250 미만인 경우
  - HHI가 2,500 이상이고 HHI 증가분이 150 미만인 경우
- 수직형 또는 혼합형 기업결합으로서 다음의 어느 하나에 해당하는 경우
  - 당사회사가 관여하고 있는 일정한 거래분야에서 HHI가 2,500 미만이고 당사회사의 시장점유율이 25% 미만인 경우
  - 일정한 거래분야에서 당사회사가 각각 4위 이하 사업자인 경우

47) US 2010 HMG, § 5.3.
48) 서울고법 2006.3.15. 선고 2005누3174 판결.

경쟁사업자간의 결합인 수평형 기업결합에 비해 수직형이나 혼합형 기업결합의 경우는 경쟁제한의 우려가 상대적으로 적어, 안전지대의 기준도 보다 완화되어 있음을 알 수 있다.

(2) 시장집중도의 변화추이

기업결합심사기준은 시장집중도를 평가함에 있어서 최근 수년간의 시장집중도의 변화추이를 고려하도록 하고 있다(VI.1.나.). 예컨대, 기업결합 전에 당사회사가 경쟁자들보다 가격을 인상했음에도 그 시장점유율을 유지할 수 있었다면 이미 경쟁압력이 제한된 상태였다 할 수 있으며, 이 상황에서 결합으로 중요한 경쟁자가 제거된다면 경쟁제한의 우려가 크다 할 것이다. 반면 경쟁자들의 공세로 시장점유율이 단기간에 등락을 거듭했다면 기업결합으로 집중도가 높아져도 그 시장은 매우 경쟁적일 수가 있다.[49]

또한 시장이 매우 역동적이고 혁신 및 성장으로 인해 시장구조가 불안정하다면, 시장집중도를 평가함에 있어서 이를 감안해야 할 것이다.[50] 그리하여 기업결합심사기준은 신기술개발, 특허권 등 향후 시장의 경쟁관계에 변화를 초래할 요인이 있는지 여부를 고려하도록 하고 있다(VI.1.나.).

나. 수평형 기업결합

수평형 기업결합은 이를 통해 시장 내의 경쟁자가 제거되는 구조적 변화를 가져오기 때문에 경쟁감소의 우려를 야기한다. 이러한 수평결합의 경쟁제한효과는 크게 단독효과와 협조효과로 나누어 볼 수 있다. 단독효과(unilateral effects)란 기업결합 후 당사회사가 시장지배력을 행사할 수 있게 되어 (경쟁사업자들의 협조 없이도) 가격인상, 품질저하, 소비자선택의 감소 및 기술혁신의 제한 등을 통해 수익을 증대시킬 수 있게 되는 것을 말한다. 협조효과(coordinated effects)란 기업결합 후 당사회사를 포함하는 시장 내의 사업자들 사이에 가격을 인상하고 생산량을 감소시키기 위한 명시적·묵시적 공조(coordination)의 가능성이 높아지는 것

49) US 2010 HMG, § 5.3.

50) European Commission, *Guidelines on the assessment of horizontal mergers under the Council Regulation on the control of concentrations between undertakings* (2004/C 31/03), OJ [2004] C 31/5 (hereinafer "EU 2004 HMG"), para. 15.

을 말한다. 기업결합심사기준은 수평형 기업결합의 경쟁제한성을 심사함에 있어 다른 여러 요인들과 함께 단독효과와 협조효과를 고려하도록 하고 있으며, 그 밖에 구매력 증대에 따른 효과에 대하여도 규정하고 있다(VI.2.).

(1) 단독효과

동질적인 상품을 판매하는 기업들이 결합할 경우 관련시장에서의 당사회사의 시장점유율을 합산한 수치는 결합 후 당사회사가 갖게 될 늘어난 시장지배력을 적절히 나타내는 지표가 될 수 있다. 따라서 시장점유율 내지 시장집중도를 관찰함으로써 결합 후에 당사회사가 독자적으로 가격을 인상할 수 있는 힘을 갖게 될지 어느 정도 예측이 가능하다. 그러나 이러한 시장점유율 접근방법은 차별화된 상품(differentiated products)시장에서의 단독효과를 평가하는 데에는 충분치 않다. 제품차별화가 이루어진 경우에는 상품 간의 대체성의 정도에 따라 사업자들 간의 경쟁의 강도가 달라지기 때문이다. 즉, 대체성이 높은 상품을 생산하는 기업들은 서로 치열한 경쟁관계에 있고 이들이 결합할 경우 경쟁제한의 우려가 크나, 대체성이 떨어지는 상품을 생산하는 기업들 사이의 경쟁은 상대적으로 덜 치열하고 그 결합으로 인한 경쟁제한의 우려도 적은 것이다. 그리하여 차별화된 상품시장에서의 경쟁제한성 평가를 위한 대안으로 다양한 분석방법들이 개발되어 왔으며,[51] 이들 중 대표적인 몇 가지를 살펴보면 다음과 같다.

(가) 자연실험

최근의 합병, 진입, 퇴출 등의 역사적 사실을 관찰하거나 유사한 시장들 사이의 차이를 비교함으로써 결합 후의 가격 변화를 예측하는 기법이 자연실험(natural experiments)이다. 예컨대, 당사회사가 몇몇 지역에서는 경쟁에 직면하고 있으나 다른 지역에서는 그렇지 않은 경우 이들 지역에서 부과되는 가격의 차이를 보고 결합 후의 가격변화를 예측할 수 있다.[52] 이 기법이 활용된 대표적인 사례로 미국의 Staples/Office Depot 사건[53]을 들 수 있다. 이 사건에서 FTC는, 대형 사무용품 전문점인 Staples와 Office Depot 중 한 회사의 매장만 있는 지역과 두 회사의 매장이 다 있는 지역 사이에 5% 이상의 통계적으로 유의미한 가격

51) Niels et al. (2011), at 351-63; 김현종 · 전성훈, 전게논문, 68~74면.
52) US 2010 HMG, § 2.1.2.
53) FTC v. Staples, Inc., 970 F.Supp. 1066 (DDC, 1997).

차이가 있음을 보여, Staples와 Office Depot 간 합병이 경쟁제한적임을 인정하였다. EU에서도 Ryanair/Aer Lingus 사건[54]에서 유사한 증거가 사용되었다.

우리나라에서는 **이랜드/까르푸** 사건[55]과 **이마트/월마트** 사건[56]의 기업결합 당사자들이 Staples/Office Depot 사건에서 FTC가 사용한 것과 유사한 분석방법을 사용한 바 있다.[57] 이 중 **이마트/월마트** 사건의 행정소송에서 서울고등법원은, 비록 기업결합 당사자들의 경제분석 보고서가 일정한 문제점을 가지고 있기는 하지만 경쟁제한성 판단에 일부 참고는 할 수 있다고 하면서, "원고가 독점사업자의 지위에 있는 지역에 위치한 지점 11개의 평균 가격지수와 가장 경쟁적인 지역에 위치한 원고 지점의 가격지수의 차이는 평균 2% 정도인 것으로 나타났는바, 이에 비추어 보면 그 동안 원고가 독점지역에서 시장지배력을 남용해 왔다고 단정하기는 어렵다."고 판시하였다.[58] 또한 **이랜드/까르푸** 사건의 심결에서 공정거래위원회는, 관련시장을 획정하기 위한 분석의 일환으로 당사자가 제시한 분석결과 중 일부를 인용하고 있다. 이에 의하면 이랜드 아울렛의 상품가격은 까르푸 1개 점포가 새로 개점하는 것에 따라 4.2% 하락하여 까르푸와의 경쟁관계에 따라 크게 영향을 받는 것으로 나타났다.

(나) 구매전환율

구매전환율(diversion ratio)이란 특정 상품의 가격이 올랐을 때 소비자들이 다른 상품으로 구매를 전환하는 비율을 말한다. 일반적으로 구매전환율이 높을수록 두 상품은 밀접한 대체재이고 이를 생산하는 기업들 사이에는 치열한 경쟁이 벌어진다. 따라서 구매전환율은 전술한 바와 같이 관련시장을 획정하는 데에도 쓰이지만,[59] 기업결합으로 발생할 단독효과를 예측하는 데에도 활용될 수 있다. 구매전환율을 추정하는 데 필요한 자료는 통상 다음 세 가지 경로로 구할 수 있다.[60]

첫째, 기업결합 심사와 무관하게 수집된 기존의 자료(예, 과거에 구매를 전환한 소비자들에 대한 자료) 속에서 전환율에 대한 증거를 찾을 수 있는 경우가 있다. 둘

54) Ryanair/Aer Lingus (Case COMP/M.4439), July 2007.
55) 공정거래위원회 2006.11.6. 의결 제2006-261호.
56) 공정거래위원회 2006.11.14. 의결 제2006-264호.
57) 김현종 · 전성훈, 전게논문, 70면, 91~93면.
58) 서울고등법원 2008.9.3. 선고 2006누30036 판결.
59) 전술 묶음시장 참조.
60) Niels et al. (2011), at 352-53.

째, 제품의 자체탄력성 및 대체탄력성에 대한 자료가 있거나 이를 추산할 수 있는 경우 이로부터 직접 구매전환율을 계산해 낼 수 있다. 셋째, 구매전환율을 구하기 위해 새로이 소비자 설문조사를 행할 수도 있다.

홈플러스/홈에버 심결[61]에서 공정거래위원회는 지역시장 내 각 대형마트 간 경쟁관계를 홈에버의 각 점포별 구매전환율을 통해서 검토한 결과, 금천·광명지역 등 5개 지역에서 이 사건 기업결합의 경쟁제한성을 인정하였다. 이를 위해 피심인은 이 사건 기업결합 심사기간 중 설문 내용, 조사기관 등을 공정거래위원회가 검토 및 확정하는 조건으로 2차에 걸쳐 폐업의 경우에 대한 구매전환율 조사를 실시하고 그 결과를 동 위원회에 제출하였다.

(다) 기업결합 시뮬레이션

기업결합 시뮬레이션(merger simulation)이란 기업결합 이전과 이후의 시장상황을 추정하고 결합 이후 나타날 가격상승을 계산하여 그 경쟁제한성을 평가하는 방법론을 말한다.[62] 이 기법은 대개, (i) 수요함수를 추정하여 제품의 자체탄력성과 대체탄력성을 추정하고, (ii) 당사회사의 균형가격과 한계비용을 계산한 뒤, (iii) 이를 토대로 기업결합 이후의 가격을 시뮬레이션하는 3단계로 구성되는데, 이때 수요함수로는 다음과 같이 몇 가지 확립된 모형들이 주로 사용된다.[63]

먼저 AIDS(Almost Ideal Demand System) 모형은 충분한 규모의 자료를 수집할 수 있을 때 대부분의 수요계수를 추정하여 현실에 근접한 결과를 얻기 위한 모델이다. 그러나 충분한 자료를 확보하지 못할 경우에는 비례성(proportionality)의 가정[64]을 추가함으로써 추정해야 할 계수의 수를 줄여 한정된 자료로부터 유의미한 추정치를 도출하기 위한 모델인 ALM(Antitrust Logit Model) 또는 PCAIDS (Proportionally Calibrated AIDS) 모형을 사용한다. 기업결합 시뮬레이션은 **이베이/지마켓** 사건[65]과 **BHPB/Rio Tinto** 사건[66]의 심사과정에 활용된 바 있다.

---

61) 공정거래위원회 2008.10.27. 의결 제2008-285호.
62) 김현종·전성훈, 전게논문, 71면.
63) 상게논문, 71~72면.
64) 한 제품의 가격이 상승하면 그 대체재들의 현재 수요 즉, 시장점유율에 비례하여 수요대체가 이루어진다는 가정을 말한다.
65) 공정거래위원회 2009.6.25. 의결 제009-146호.
66) 공정거래위원회, "[보도자료] 국내 전 산업에 영향 큰 글로벌 대형M&A 첫 제동 -세계 2, 3위 철광석 업체인 BHP빌리턴과 리오틴토 합작사 설립계획 철회-", (2010.10.19.), 4면, http://www.ftc.go.kr/policy/compet/competView4.jsp?report_data_no=4067&tribu_ty

기업결합심사기준은 위와 같은 방법론의 발전을 수용하여 단독효과의 판정기준에 대해 다음과 같이 규정하고 있다(VI.2.가.).

- 기업결합 후 당사회사가 단독으로 가격인상 등 경쟁제한행위를 하더라도 경쟁사업자가 당사회사 제품을 대체할 수 있는 제품을 적시에 충분히 공급하기 곤란한 등의 사정이 있는 경우에는 당해 기업결합이 경쟁을 실질적으로 제한할 수 있다.
- 단독효과는 다음과 같은 사항을 종합적으로 고려하여 판단한다.
  - 결합당사회사의 시장점유율 합계, 결합으로 인한 시장점유율 증가폭 및 경쟁사업자와의 점유율 격차
  - 결합당사회사가 공급하는 제품간 수요대체가능성의 정도 및 동 제품 구매자들의 타 경쟁사업자 제품으로의 구매 전환가능성
  - 경쟁사업자의 결합당사회사와의 생산능력 격차 및 매출증대의 용이성
- 위 판단기준의 적용에 있어서는 시장의 특성도 함께 감안하여야 한다. 예컨대, 차별적 상품시장에 있어서는 결합 당사회사간 직접경쟁의 정도를 측정하는 것이 보다 중요하고 그에 따라 시장점유율보다는 결합당사회사 제품 간 유사성, 구매전환 비율 등을 보다 중요하게 고려한다.

(2) 협조효과

기업결합 후 당사회사가 단독으로 가격인상 등을 실행하여 이윤을 증대시킬 만큼의 시장지배력을 갖지 못하는 경우에도, 당해 결합으로 시장집중도가 높아져서 시장 내 다른 사업자들과의 명시적·묵시적 공조를 통해 가격을 인상하고 생산량을 감소시킬 수 있게 되는 경우가 있다.[67] 그리하여 기업결합심사기준은, (i) 기업결합에 따른 경쟁자의 감소 등으로 인하여 사업자간의 가격·수량·거래조건 등에 관한 협조[68]가 이루어지기 쉽거나, (ii) 그 협조의 이행여부에 대한 감시 및 위반자에 대한 제재가 가능한 경우에는 경쟁을 실질적으로 제한할 가능성이 높아질 수 있다고 규정하고, 이러한 협조효과를 판단함에 있어 고려할 요소들을 다음과 같이 열거하고 있다(VI.2.나.(1),(2)).

---

pe_cd=020&report_data_div_cd=&currpage=2&searchKey=&searchVal=&stdate=&enddate=.

67) Jones and Suffrin (2008), at 945.

68) 공동행위뿐만 아니라 경쟁사업자간 거래조건 등의 경쟁유인을 구조적으로 약화시켜 가격인상 등이 유도되는 경우를 포함한다.

- 경쟁사업자간 협조의 용이성
  - 시장상황, 시장거래, 개별사업자 등에 관한 주요 정보가 경쟁사업자간에 쉽게 공유될 수 있는지 여부
  - 관련시장내 상품간 동질성이 높은지 여부
  - 가격책정이나 마케팅의 방식 또는 그 결과가 경쟁사업자간에 쉽게 노출될 수 있는지 여부
  - 관련시장 또는 유사시장에서 과거 협조가 이루어진 사실이 있는지 여부
  - 경쟁사업자, 구매자 또는 거래방식의 특성상 경쟁사업자간 합의 내지는 협조가 쉽게 달성될 수 있는지 여부
- 이행감시 및 위반자 제재의 용이성
  - 공급자와 수요자간 거래의 결과가 경쟁사업자간에 쉽고 정확하게 공유될 수 있는지 여부
  - 공급자에 대하여 구매력을 보유한 수요자가 존재하는지 여부
  - 결합당사회사를 포함해 협조에 참여할 가능성이 있는 사업자들이 상당한 초과생산능력을 보유하고 있는지 여부 등

시장집중도가 높은 경우에도 경쟁사업자들의 가격인상에 동조하지 않는 등 독자적인 별개노선을 걷는 소위 독행기업(maverick)이 존재할 경우 사업자들 간의 공조가 이루어지기 어렵다. 따라서 이러한 독행기업과의 기업결합은 공조의 장애를 제거함으로써 협조효과를 발생시킬 수 있다.[69] 기업결합심사기준은, "결합상대회사가 결합 이전에 상당한 초과생산능력을 가지고 경쟁사업자들간 협조를 억제하는 등의 경쟁적 행태를 보여 온 사업자인 경우에도 결합 후 협조로 인해 경쟁이 실질적으로 제한될 가능성이 높아질 수 있다."고 규정한다(VI.2.나.(3)).

판결 및 심결들은 2010년 개정 전의 기업결합심사기준에 따라 '공동행위 가능성'이라는 관점에서 협조효과를 심사해 왔다. 먼저 **무학/대선** 판결[70]에서 서울고등법원은 문제된 기업결합의 경쟁제한성을 판정하기 위한 논거의 하나로 공동행위 가능성을 들고 있다. 즉, (i) 부산·경남지역에서 경쟁업체의 수가 3개 업체에서 2개 업체로 감소하고, (ii) 소주에 대한 수요변동이 크지 않으며 경쟁업체가 수년간 안정적인 시장점유율을 유지해왔고, (iii) 상품의 생산·판매조건이 유사하며, (iv) 가격이 인상되어도 다른 경쟁업체의 시장확대가 어려운 점 등을 감안

69) EU 2004 HMG, para. 42.

70) 서울고법 2004.0.27. 선고 2003누2252 판결.

하여, 이 사건 결합 후 가격인상 등과 같은 묵시적 · 동조적 공동행위가 이루어질 가능성이 높다고 판시하였다. 또한 **LG화학/현대석유화학** 사건[71]에서 공정거래위원회는 LDPE, HDPE 및 PP 등 3개 상품시장에서 공동행위 가능성 등을 근거로 문제된 기업결합의 경쟁제한성을 인정하였다. 예컨대, HDPE 시장의 경우, (i) 이 사건 기업결합으로 과잉공급하에서 수익성 제고가 필요한 시장상황이고, (ii) 경쟁관계에 있는 피심인들이 현대석유화학을 공동 인수하여 한 사업장에서 공동생산 · 관리하며, (iii) 과거 피심인들을 포함한 8개 제조업체가 부당한 공동행위로 시정명령을 받은 사실이 있다는 점 등을 근거로 공동행위 가능성이 인정되었다. 한편 **이베이/G마켓** 심결[72]은, 인터넷 오픈마켓 시장은 오픈마켓 운영자 간 수수료율 등 시장정보 파악이 용이해 공동행위 가능성도 배제할 수 없다고 설시하였다. 그 밖에 **INI/한보철강** 심결,[73] **동양제철화학/CCK** 심결[74] 및 **오웬스코닝/상고방베트로텍스** 심결[75] 등도 문제된 기업결합으로 인한 공동행위 가능성을 근거로 그 경쟁제한성을 인정하고 있다.

(3) 구매력 증대에 따른 효과

기업결합심사기준은, 문제된 기업결합으로 인해 결합 당사회사가 원재료 시장과 같은 상부시장에서 구매자로서의 지배력이 형성 · 강화될 경우 구매물량 축소 등을 통해 경쟁이 실질적으로 제한될 수 있는지를 고려하도록 하고 있다(VI.2.다.).

수평형 기업결합으로 당사회사가 상류시장(예, 원자재시장)에서 구매자로서의 지배력(buyer power)이 늘어날 경우 두 가지 측면에서 경쟁제한적 효과가 발생할 수 있다.[76] 첫째, 당사회사의 시장지배적 지위가 형성 또는 강화되어 원자재 구매량을 줄임으로써 그 구매가격을 낮출 수 있으며, 이 경우 결국 최종상품시장의 생산량도 줄어들어 소비자후생이 감소한다. 둘째, 하류시장을 경쟁사업자로부터 봉쇄하기 위해 상류시장의 공급자에 대하여 그 구매자로서의 지배력을 행사할 수 있다.

---

71) 공정거래위원회 2003.9.4. 의결 제2003-146호.
72) 공정거래위원회 2009.6.25. 의결 제2009-146호.
73) 공정거래위원회 2004.11.17. 의결 제2004-285호.
74) 공정거래위원회 2006.8.7. 의결 제2006-173호.
75) 공정거래위원회 2007.12.5. 의결 제2007-548호.
76) EU 2004 HMG, para. 61.

다. 수직형 기업결합

수직형 기업결합은 사업자(예, 제조업자)가 상류시장(예, 원자재 시장) 또는 하류시장(예, 유통시장)의 사업자와 결합하는 경우를 말한다. 이는 종종 원자재나 판로를 안정적으로 확보하기 위해 행해지며,[77] 효율을 증진시키거나 적어도 효율에 대해 중립적인 방식으로 이루어지곤 한다.[78] 그러나 이로 인해 경쟁사업자가 시장으로부터 봉쇄되거나, 당사회사와 다른 경쟁사업자들 간의 공조를 조장할 경우에는 경쟁제한의 우려가 발생한다.[79] 그리하여 기업결합심사기준은 수직형 기업결합의 경쟁제한성을 판단함에 있어 시장의 봉쇄효과 및 협조효과 등을 고려하도록 하고 있다(VI. 3.).

(1) 시장의 봉쇄효과

기업결합심사지침은 수직형 기업결합의 봉쇄효과에 관하여, "당사회사가 경쟁관계에 있는 사업자의 구매선 또는 판매선을 봉쇄하거나 다른 사업자의 진입을 봉쇄할 수 있는 경우에는 경쟁을 실질적으로 제한할 수 있다."고 규정하고, 이를 판단함에 있어 다음 요소들을 고려하도록 하고 있다(VI.3.가.).

- 원재료 공급회사(취득회사인 경우 특수관계인 등을 포함한다)의 시장점유율 또는 원재료 구매회사(취득회사인 경우 특수관계인 등을 포함한다)의 구매액이 당해 시장의 국내총공급액에서 차지하는 비율
- 원재료 구매회사(취득회사인 경우 특수관계인 등을 포함한다)의 시장점유율
- 기업결합의 목적
- 수출입을 포함하여 경쟁사업자가 대체적인 공급선·판매선을 확보할 가능성
- 경쟁사업자의 수직계열화 정도
- 당해 시장의 성장전망 및 당사회사의 설비증설 등 사업계획
- 사업자간 공동행위에 의한 경쟁사업자의 배제가능성
- 당해 기업결합에 관련된 상품과 원재료의존관계에 있는 상품시장 또는 최종산출물 시장의 상황 및 그 시장에 미치는 영향

---

77) Jones and Sufrin (2008), at 946.

78) Whish and Bailey (2012), at 810.

79) 수직적 결합의 친경쟁적 효과와 반경쟁적 효과에 관한 상세는, Schwalbe and Zimmer (2009), at 357-75; 이규억·이성순 (2009), 411~418면.

• 수직형 기업결합이 대기업간에 이루어지거나 연속된 단계에 걸쳐 광범위하게 이루어져 시장진입을 위한 필요최소자금규모가 현저히 증대하는 등 다른 사업자가 당해 시장에 진입하는 것이 어려울 정도로 진입장벽이 증대하는지 여부

EU의 「비수평적 합병의 평가에 관한 지침」(이하 "EU비수평지침")은 수직형 기업결합의 봉쇄효과를 '투입물봉쇄'와 '고객봉쇄'로 나누어 규정하고 있다. 먼저 투입물봉쇄(input foreclosure)는 경쟁사업자가 필요한 원자재나 용역을 공급받지 못하도록 차단함으로써 경쟁자들의 비용을 상승시키는 경우 발생한다. 이로 인해 당사회사는 하류시장에서 소비자에게 비싼 값을 부과할 수 있고 경쟁의 실질적 제한이 일어난다. 경쟁사업자들이 시장에서 퇴출되어야만 봉쇄효과가 인정되는 것은 아니며, 경쟁자의 원자재공급비용 상승으로 소비자에게 비싼 가격이 부과된다는 점만 증명하면 된다.[80] 다음 고객봉쇄(customer foreclosure)는 상류시장의 사업자가 하류시장의 중요한 고객과 결합하여 그 상류시장의 경쟁자 내지 잠재적 경쟁자가 충분한 고객기반에 접근하지 못하도록 하는 경우에 발생한다. 또한 이 경우 하류시장의 경쟁자들은 합병이 없었을 경우보다 불리한 가격과 조건으로 원자재를 구매해야 하고, 그 결과 당사회사들은 하류시장에서 보다 비싼 가격을 부과할 수 있게 될 수도 있다. 다만 합병으로 인한 효율 증가로 가격이 하락하여 이러한 부정적 효과가 상쇄되는 경우도 있다. 고객봉쇄의 경우에도 경쟁자가 시장에서 퇴출될 필요는 없고, 원자재가의 상승으로 소비자 가격이 상승함을 증명하면 족하다.[81]

수직결합에 관한 사례를 보면, 시장봉쇄효과는 상류시장과 하류시장 모두에 나타나는 경우도 있고, 어느 한쪽에만 나타나는 경우도 있다. 예컨대, **포스코/포스코아** 심결[82]에서 공정거래위원회는, 문제된 기업결합으로 인해 국내 코어업체를 대상으로 한 전기강판 시장 및 국내 코어시장에서 각각 고객봉쇄 및 투입물봉쇄 효과가 나타나는 등으로 양 시장에서의 경쟁이 실질적으로 제한될 것으로 판단하였다. 또한 **SK/송유관공사** 심결[83]은 상·하류시장 모두에서의 봉쇄효과를 인정

80) European Commission, Guidelines on the assessment of non-horizontal mergers under the Council Regulation on the control of concentrations between undertakings (2008/C 265/07), OJ [2008] C 265/6 (hereinafter "EU 2008 NHMG"), para. 31.

81) EU 2008 NHMG, para. 58.

82) 공정거래위원회 2007.7.3. 의결 제2007-351호.

83) 공정거래위원회 2001.6.29. 의결 제2001-090호.

하면서, "이 사건 기업결합으로 석유제품 판매시장에서 1위를 점하고 있는 피심인이 송유관시장에서의 독점기업인 송유관공사를 실질적으로 지배하게 됨으로써, 송유관시장에서 경쟁사에 대한 석유수송신청의 거부, 수송신청물량의 제한, 수송순위의 차등, 수송요율 및 기타 계약조건 차별, 경쟁사의 영업정보 누출 등이 우려된다는 점에서 이 사건 기업결합은 「송유관에 의한 석유제품의 1차 수송시장과 석유제품 판매시장에서 경쟁을 실질적으로 제한하는 행위」로 판단된다."고 설시하였다. 반면 **현대자동차/현대오토넷** 심결[84]은 원재료 공급시장인 자동차용 멀티미디어 시장 및 전자제어장치 시장에서는 봉쇄효과를 인정하였으나, 원재료 구매시장인 완성차 시장에서는 이를 부정하였다.

(2) 협조효과

수직형 기업결합의 경우에도, 전술한 수평형 결합의 경우와 유사하게, 시장여건을 변화시켜 사업자들 간의 명시적·묵시적 공조가 가능하게 하거나 이를 더욱 용이하게 만들 수 있다.[85] 그리하여 기업결합심사지침은, 수직형 기업결합의 결과로 경쟁사업자 간의 협조 가능성이 증가하는 경우에는 경쟁을 실질적으로 제한할 수 있다고 규정하고, 이를 판단함에 있어 다음 사항들을 고려하도록 하고 있다(VI.3.나.).

- 결합 이후 가격정보 등 경쟁사업자의 사업활동에 관한 정보입수가 용이해지는지 여부
- 결합당사회사 중 원재료구매회사가 원재료공급회사들로 하여금 협조를 하지 못하게 하는 유력한 구매회사였는지 여부
- 과거 당해 거래분야에서 협조가 이루어진 사실이 있었는지 여부 등

라. 혼합형 기업결합

혼합형 기업결결합은 사양산업이나 경기기복이 심한 산업에 종사하는 기업들

---

84) 공정거래위원회 2005.11.22. 의결 제2005-231호.

85) 공정거래위원회는 자동차 산업 관련 두 사건에서 수평형 결합과 수직형 결합의 성격을 겸유하는 기업결합에 대해 공동행위 내지 공동의 경쟁제한행위의 가능성을 검토한 바 있으나, 이는 모두 수평형 결합 측면에 초점을 맞춘 것이었으며 그 결론은 부정적이었다. 공정거래위원회 2002.6.18. 의결 제2002-111호(**현대자동차/위아** 사건); 동 2005. 11.22. 의결 제2005-231호(**현대자동차/현대오토넷** 사건).

이 위험분산을 위해 다른 업종의 기업을 결합하는 경우와 같이 경쟁에 무해한 목적을 위해 이루어지는 경우가 많으며, 수평결합이나 수직결합에 비해 뚜렷한 경쟁제한성을 나타내지 않는다.[86] 그러나 혼합결합은 한 시장에서 지배적인 기업이 그 힘을 이용하여 이와 연관된 시장에서 경쟁자를 배제할 수 있게 해 주거나, 잠재적 경쟁을 저해하는 등 경쟁제한적 효과를 가질 수 있다. 미국에서는 오래전부터 혼합결합에 대한 규제가 거의 이루어지지 않고 있으나,[87] EC는 최근에도 매스컴의 주목을 받은 대형 사건들을 통해 혼합결합의 경쟁제한성에 대한 우려를 표명해 왔다.[88]

기업결합심사기준은 혼합결합의 경쟁제한성을 심사함에 있어 잠재적 경쟁의 저해효과, 경쟁사업자 배제효과 및 진입장벽 증대효과 등을 종합적으로 고려하도록 하고 있다(VI.4.). 여기에 열거된 세 가지 효과는 경쟁제한성 판단의 고려요소들을 예시한 것에 불과하며, 다른 요소들도 고려할 수 있음은 물론이다.

예컨대, **하이트/진로** 심결[89]에서 공정거래위원회는 하이트맥주(주)와 (주)진로가 가격인상시 상호간의 가격을 고려해 왔다는 점 등을 고려하여 두 회사의 결합이 맥주와 소주의 가격을 인상할 것으로 예상하고, 이를 이 사건 결합의 경쟁제한성을 인정하는 한 근거로 삼았다. 이에 대해 피심인은 기업결합심사기준에 없는 '가격인상 가능성'이라는 요건을 공정거래위원회가 임의로 만들어 심사했다고 주장하였다. 공정거래위원회는, 기업결합 심사는 경쟁의 감소와 이에 따른 소비자 후생감소를 방지하고자 하는 것인데 경쟁이 감소하면 가격이 인상될 것을 쉽게 예측할 수 있고 이는 기업결합의 형태에 따라 달라지는 요소가 아니라고 설시하였다.

한편 EU비수평지침은 혼합결합의 경쟁제한성을 비협조효과(봉쇄)와 협조효과로 규정하면서, 전자의 경우 당사회사가 시장봉쇄를 행할 능력과 동기가 있는지 여부와 함께 당해 결합이 가격과 소비자의 선택폭에 미치는 전반적인 효과[90]를

---

86) Jones and Sufrin (2008), at 946.

87) Whish and Bailey (2012), at 811.

88) Jones and Sufrin (2008), at 947.

89) 공정거래위원회 2006.1.24. 의결 제2006-009호. 전술한 바와 같이 이 사건에서 소주와 맥주가 별개의 시장으로 획정되었기 때문에 이 사건 결합은 소주 및 맥주에 관하여는 혼합결합으로 분류되었다. 한편 하이트맥주(주)는 맥주와 먹는 샘물을, 그 계열회사인 하이트주조(주)는 소주를 생산·판매하고 있으며, (주)진로는 먹는 샘물과 소주를 모두 생산·판매하고 있어, 이 사건 결합은 먹는 샘물 및 소주에 관하여는 수평결합으로 인정되었다.

90) EU 2008 NHMG, paras. 111-118.

고려하도록 하고 있다. 또한 협조효과는 문제된 결합이 유효한 경쟁자의 수를 줄이는 경우 등에 발생한다고 본다.[91]

이하에서는 기업결합심사기준이 열거하는 혼합결합의 경쟁제한성 판단기준들을 차례로 살펴본다.

(1) 잠재적 경쟁의 저해

상이한 상품시장 또는 지역시장에서 활동하는 기업들 사이의 결합은 서로의 영역을 침범할 위협을 제거함으로써 잠재적 경쟁이 저해되는 효과를 가질 수 있다. 특히 당사회사들이 같은 상품을 다른 지역에서 판매하거나 인접한 상품시장에서 활동하는 경우 이러한 우려가 크다.[92] 기업결합심사기준은 잠재적 경쟁의 감소 여부를 판단함에 있어 고려할 사항들을 다음과 같이 열거하고 있다(VI.4.가.).

- 상대방 회사가 속해 있는 일정한 거래분야에 진입하려면 특별히 유리한 조건을 갖출 필요가 있는지 여부
- 당사회사 중 하나가 상대방 회사가 속해 있는 일정한 거래분야에 대해 다음 요건의 1에 해당하는 잠재적 경쟁자인지 여부
  - 생산기술, 유통경로, 구매계층 등이 유사한 상품을 생산하는 등의 이유로 당해 결합이 아니었더라면 경쟁제한 효과가 적은 다른 방법으로 당해 거래분야에 진입하였을 것으로 판단될 것
  - 당해 거래분야에 진입할 가능성이 있는 당사회사의 존재로 인하여 당해 거래분야의 사업자들이 시장지배력을 행사하지 않고 있다고 판단될 것
- 일정한 거래분야에서 결합당사회사의 시장점유율 및 시장집중도 수준
- 당사회사 이외에 다른 유력한 잠재적 진입자가 존재하는지 여부

하이트/진로 심결[93]은, (i) 하이트맥주(주)가 과거 소주업체들을 인수한 적이 있고, 그 후에도 지속적으로 소주시장 진입을 시도하고 있으며, (ii) (주)진로가 소주가격을 인상할 때 맥주가격을 고려하고 있고 하이트맥주(주)는 맥주시장의 가격선도업체이므로, 결국 하이트맥주(주)는 소주시장의 가격선도업체인 (주)진로가 가격인상 등 시장지배력을 행사하는 데 제약요인으로 작용한다는 점 등을 들

91) EU 2008 NHMG, paras. 119-121.
92) Jones and Sufrin (2008), at 947.
93) 공정거래위원회 2006.1.24. 의결 제2006-009호.

어, 문제된 결합이 잠재적 경쟁을 저해할 가능성이 있다고 보았다.

(2) 경쟁사업자의 배제

혼합결합으로 당사회사가 끼워팔기 등의 배제적 행위를 통해 경쟁자를 시장으로부터 봉쇄할 수 있게 되는 경우가 있다.[94] 특히 결합을 통해 당사회사가 보다 광범위한 상품목록(portfolio)을 제시할 수 있게 될 경우 이러한 우려가 크다.[95] 그리하여 기업결합심사기준은, "당해 결합으로 당사회사의 자금력, 원재료 조달능력, 기술력, 판매력 등 종합적 사업능력이 현저히 증대되어 당해 상품의 가격과 품질 외의 요인으로 경쟁사업자를 배제할 수 있을 정도가 되는 경우에는 실질적으로 경쟁을 제한할 수 있다."고 규정한다(VI.4.나.).

SKT/하나로 심결[96]은, "본 건 결합으로 결합상품 제공이 용이해지고, 결합상품 시장에서도 중요한 요소인 800MHz 주파수 대역 및 이를 이용한 SKT 이동전화 서비스를 독점 사용하거나, 경쟁사업자에게 배타적으로 제공하고, 우량 주파수 사용으로 인한 비용우위를 이용하여 결합상품의 가격을 낮게 책정함으로써 경쟁사업자의 비용증대를 초래하는 등의 행위를 통해 피심인 SKT는 기존 이동전화 시장에서 확보하고 있는 시장지배력을 유선시장 및 결합상품 시장에 전이시켜 경쟁사업자들을 제거할 가능성이 높고, 한편, 피심인 하나로 가입자 중 타사이동통신 이용자의 상당수를 피심인 SKT의 고객으로 추가함으로써 이동전화시장에서의 지배력도 더욱 확대하여 이동통신시장에서의 경쟁사업자를 배제시킬 것"으로 판단하였다. 또한 **하이트/진로** 심결[97]은, 하이트맥주와 진로소주의 주류도매상에 대한 매출기여도가 높아, 이 사건 기업결합으로 인해 당사회사가 주류도매상과 거래함에 있어 끼워팔기 등을 통해 판매력 등 종합적 사업능력이 현저히 증대될 우려가 있으며, 이렇게 될 경우 가격과 품질 외의 요인으로 경쟁사업자를 배제할 가능성이 증대된다고 보았다.

(3) 진입장벽의 증대

기업결합심사기준은, "당해 기업결합으로 시장진입을 위해 필요최소자금규모

94) Whish and Bailey (2012), at 879.
95) Jones and Sufrin (2008), at 946.
96) 공정거래위원회 2008.3.13. 의결 제2008-105호.
97) 공정거래위원회 2006.1.24. 의결 제2006-009호.

가 현저히 증가하는 등 다른 잠재적 경쟁사업자가 시장에 새로 진입하는 것이 어려울 정도로 진입장벽이 증대하는 경우에는 경쟁을 실질적으로 제한할 수 있다."고 규정한다(VI.4.다.).

하이트/진로 심결[98]은, (i) 이 사건 기업결합으로 당사회사의 주류도매상에 대한 영향력이 더욱 커짐에 따라, 주류시장에 신규로 진입하려고 하는 사업자는 주류도매상을 확보하는 것이 그만큼 어려워지고, (ii) 신규진입 사업자는 기업결합 당사회사와 경쟁할 수 있을 정도의 규모를 갖추어야 하고, 주류유통망을 확보하는데 더 많은 시간과 비용이 소요되게 되므로, 문제된 기업결합은 맥주시장에서의 진입장벽을 증대시켜 경쟁을 제한하는 것으로 판단하였다. 또한 **SKT/하나로** 심결[99]은, 이 사건 결합으로 "신규사업자가 유선·이동전화시장에 진입하기 위하여는 결합상품 시장에서의 사업수입성도 고려하여야 하므로 시장 진입을 위한 필요 최소자금규모가 증대하였다고 볼 수 있어, 경쟁사업자가 시장에 새로 진입하는 것이 어려울 정도로 진입장벽이 증대할 것"으로 판단하였다.

마. 정보자산을 수반하는 기업결합

"정보자산"이란 다양한 목적으로 수집되어 통합적으로 관리, 분석, 활용되는 정보의 집합을 말한다.[100] 기업결합 후 결합당사회사가 정보자산을 활용하여 시장지배력을 형성·강화·유지하는 경우 관련시장에서의 경쟁이 실질적으로 제한될 가능성이 있다. 이 경우 기업결합 유형별 경쟁제한성 판단 요건을 고려하되, 다음과 같은 사항 등을 추가로 고려하여 판단할 수 있다.[101]

- 결합을 통하여 얻게 되는 정보자산이 다른 방법으로는 이를 대체하기 곤란한지 여부
- 해당 결합으로 인하여 결합당사회사가 경쟁사업자의 정보자산 접근을 제한할 유인 및 능력이 증가하는지 여부
- 결합 이후 정보자산 접근 제한 등으로 인하여 경쟁에 부정적 효과가 발생할 것이 예상되는지 여부

98) 공정거래위원회 2006.1.24. 의결 제2006-009호.
99) 공정거래위원회 2008.3.13. 의결 제2008-105호.
100) 기업결합심사기준 II.11.
101) 동 기준 VI.5.

• 결합당사회사가 정보자산의 수집 · 관리 · 분석 · 활용 등과 관련한 서비스의 품질을 저하시키는 등 비가격 경쟁을 저해할 가능성이 높아지는지 여부

바. 경쟁제한성의 완화요인

기업결합심사기준은 신규진입, 해외사업자 및 인접시장 등으로부터 경쟁압력이 있거나 강력한 구매자가 있는 경우 문제된 기업결합의 경쟁제한성이 완화될 수 있음을 규정하고 있다(VII.).

(1) 해외경쟁의 도입수준 및 국제적 경쟁상황

일정한 거래분야에서 상당기간 어느 정도 의미있는 가격인상이 이루어지면 상당한 진입비용이나 퇴출비용의 부담없이 가까운 시일내에 수입경쟁이 증가할 가능성이 있는 경우에는 기업결합에 의해 경쟁을 실질적으로 제한할 가능성이 낮아질 수 있으며, 이 경우 해외경쟁의 도입가능성을 평가함에 있어 다음 사항을 고려한다.[102]

• 일정한 거래분야에서 수입품이 차지하는 비율의 증감 추이
• 당해 상품의 국제가격 및 수급상황
• 우리나라의 시장개방의 정도 및 외국인의 국내투자현황
• 국제적인 유력한 경쟁자의 존재여부
• 관세율 및 관세율의 인하계획 여부
• 국내가격과 국제가격의 차이 또는 이윤율 변화에 따른 수입 증감 추이
• 기타 각종 비관세장벽

해외경쟁의 도입가능성이 부정된 사례들을 보면, 법적 · 제도적 장벽이 인정된 경우와 그렇지 않은 경우로 나누어 볼 수 있다. 먼저 제도적 장벽의 예로 **SKT/신세기통신** 심결[103]은, (i) 주파수 제약상 외국사업자의 국내 법인설립은 어려우며, (ii) 지분취득의 경우에도 법적으로 외국인의 지분을 49% 이하로 제한하고 있고, (iii) 외국인이 대주주인 경우에도 지배력 행사는 사실상 어려운 상태임이 지적되었다. 또한 **OB/쿠어스** 심결[104]에서는 30%의 관세율이 수입장벽으로 지목

102) 기업결합심사기준, VII.1.가.
103) 공정거래위원회 2000.5.16. 의결 제2000-76호.

되었다.

다음 비제도적 장벽이 인정된 예로, **무학/대선** 판결[105]에서 서울고등법원은 각종 설문조사에 나타난 소비자들의 국내업체생산 소주 맛에 대한 선호도와 미미한 수입실적 등을 고려하여 외국 업체의 국내진입이 쉽지 않은 것으로 판정하였다. 또한 **삼익/영창** 판결[106]에서는, (i) 일본 및 중국산 피아노는 국산 피아노와 시장점유율 · 가격 · 품질 · 브랜드 인지도(선호도) · 유통망 확보정도 등에 차이가 있고, (ii) 기업결합 당사회사가 국내시장을 수십년간 지배해오면서 배타적인 유통구조를 형성하였음을 고려할 때, 아직은 외국산 피아노가 국내 시장에서 당사회사의 시장지배력을 억제할 수 있는 유효한 경쟁요소로 보기는 미흡하다고 판정되었다.

한편 당사회사의 매출액 대비 수출액의 비중이 현저히 높고 당해 상품에 대한 국제시장에서의 경쟁이 상당한 경우에는 당해 기업결합의 경쟁제한성이 낮아질 수 있다.[107] 또한 경쟁회사의 매출액 대비 수출액의 비중이 높고 기업결합 후 당사회사의 국내 가격인상 등에 대응하여 수출물량의 내수전환 가능성이 높은 경우에도 경쟁제한성이 낮아질 수 있다.[108]

예컨대, **벡튼디킨슨/신동방의료** 심결은, (i) 일회용주사기의 수출이 차지하는 비중이 국내 생산액 대비 66.1%로서 상당히 높은 수준이며, (ii) 1999년도 수출가격이 국내 판매가격보다 4~5% 정도 높은 상태에 있으므로, 향후 이 사건 기업결합으로 인한 시장점유율의 증대로 국내 판매 가격이 수출가격보다 상승할 경우 수출물량이 내수로 전환되어 국내 판매가격의 인상을 억제하는 요인이 될 가능성이 있을 것으로 판단하였다.[109]

(2) 신규진입

기업결합 후 당사회사가 가격을 인상하고 생산량을 감소시켜 초과이윤을 얻고자 할 때, 이러한 초과이윤이 곧바로 신규진입을 불러온다면 당사회사의 시장지배력은 곧 약화될 것이므로 이러한 결합은 경쟁제한의 우려를 야기하지 않는다

---

104) 공정거래위원회 1999.12.10. 의결 제99-252호.
105) 서울고법 2004.10.27. 선고 2003누2252 판결.
106) 서울고법 2006.3.15. 선고 2005누3174 판결.
107) 기업결합심사기준, VII.1.나.
108) 기업결합심사기준, VII.1.다.
109) 공정거래위원회 2000.2.25. 의결 제2000-38호.

할 것이다.[110] 진입이 쉽게 이루어질 수만 있다면 당사회사의 시장점유율이 매우 높아도 기업결합을 승인할 수 있을 것이다.

예컨대, HP/Compaq 사건[111]에서는 당사회사의 점유율이 85~95%에 이르렀음에도 진입장벽이 낮고 신규진입이 신속히 이루어질 것이라는 이유로 합병이 승인되었다. 그리하여 기업결합심사기준은, "당해 시장에 대한 신규진입이 가까운 시일 내에 충분히 용이하게 이루어질 수 있는 경우에는 기업결합으로 감소되는 경쟁자의 수가 다시 증가할 수 있으므로, 경쟁을 실질적으로 제한할 가능성이 낮아질 수 있다."고 규정한다(VII.2.가.).[112] 이하에서는 신규진입이 기업결합의 경쟁제한성을 완화하기 위한 요건을, (i) 가능성, (ii) 적시성 및 (iii) 충분성의 세 가지로 나누어 살펴본다.[113]

(가) 진입의 가능성

시장진입이 가능하려면 이를 위한 비용과 위험을 상쇄하고도 수익성이 있어야 한다. 예컨대, 시장진입을 위해 많은 매몰비용(sunk cost)을 부담할수록 시장진입 실패에 따른 손실도 커져 진입이 제약된다.[114] 진입장벽은 신규진입의 비용을 높이므로, 진입장벽이 높을수록 진입의 가능성은 낮아진다.[115] 진입장벽은 매우 다양하다. 기존 사업자가 규제장벽을 통한 법적인 우위를 가지는 경우도 있고, 필수설비나 지적재산에 대한 우선적 접근과 같은 기술적 우위를 누릴 수도 있으며, 높은 소비자 충성도나 명성 등을 확보하고 있는 경우도 있다.[116] 시장진입과 퇴출에 관련된 과거 자료가 있으면 진입장벽을 평가하는 데 유용할 것이다.[117] 예컨대, 최근에 일시적이 아닌 마진율 상승이 있었음에도 유효한 신규진입이 없었다면 진입이 어렵거나 더딜 가능성이 높다 하겠다.[118]

---

110) Jones and Sufrin (2008), at 1038.

111) Case COMP/M.2609.

112) 시장지배적지위 남용규제의 문맥에서 시장지배력을 평가함에 있어서도 신규진입의 가능성을 심사하지만 이는 기존의 시장여건 하에서의 신규진입을 고려하는 것인 데 반해서, 기업결합 심사에 있어서는 당해 결합으로 인해 촉발될 신규진입 여부를 검토한다는 점에서 차이가 있다. Niels et al. (2011), at 339.

113) US 2010 HMG, § 9; EU 2004 HMG, paras. 68-75 도 공히 진입심사에 이 세 가지 요건을 고려한다.

114) EU 2004 HMG, para. 69.

115) EU 2004 HMG, para. 70.

116) EU 2004 HMG, para. 71.

117) EU 2004 HMG, para. 70.

기업결합심사기준은 신규진입의 가능성을 평가함에 있어 다음 사항을 고려하도록 하고 있다(VII.2.나.).

- 법적 · 제도적인 진입장벽의 유무
- 필요최소한의 자금규모
- 특허권 기타 지적재산권을 포함한 생산기술조건
- 입지조건
- 원재료조달조건
- 경쟁사업자의 유통계열화의 정도 및 판매망 구축비용
- 제품차별화의 정도

이는 제도적 · 비제도적 각종 진입장벽들을 열거하고 있는 것이라 볼 수 있다. 관련 사례들을 보면, 먼저 법적 · 제도적 진입장벽이 인정된 사례로 **종합유선방송사업자(SO)**에 관련된 심결들이 있다.[119] 이 심결들은, 방송법 제12조 제1항에 근거하여 방송위원회가 '1개 방송구역 1개 SO' 정책을 견지하고 있어 SO의 신규진입 가능성이 없다고 판정하고 있다. 다음 비제도적 진입장벽을 인정한 사례로 **코오롱/고합** 심결은, "나일론 필름 시장 진입에 대한 법적 · 제도적 장벽은 없으나, 진입을 위해서는 상당한 설비투자 및 기술, 원료확보가 필요하며 현재 국내의 생산능력이 국내 수요에 비해 훨씬 큰 점 등을 고려할 때 신규진입은 용이하지 않다고 판단된다."고 설시하였다.[120]

(나) 적시성

기업결합이 반경쟁적 효과를 가져 예컨대 당사회사가 가격을 일시적으로 인상할 수 있다 해도, 이로 인해 신규진입을 불러오고 또 진입이 신속히 이루어질 수 있다면 가격인상은 종합적으로 볼 때 수익성이 없는 행위가 된다. 따라서 신속한 신규진입은 기업결합의 반경쟁성을 완화시킨다. 다만 신규진입이 이루어질 것이라는 전망만으로도 가격인상이 억제될 수 있다는 믿을 만한 증거가 없는 한, 신규진입자가 고객들에게 관련 상품을 제공할 준비가 되어야만 가격에 실질적인 영향을 미칠 수 있다고 본다.[121] 신규진입에 소요되는 시간이 적절한지 여부는

118) US 2010 HMG, § 9.

119) 예컨대, 공정거래위원회 2006.11.6. 의결 제2006-256호(HCN/북부방송 사건); 동 2007.5.7. 의결 제2007-274호(CJ케이블넷/충남방송 사건).

120) 공정거래위원회 2002.12.23. 의결 제2002-365호.

잠재적 신규진입자의 생산능력, 시장의 특성 및 역학에 따라 결정되지만, 통상 2년 이내에 신규진입이 이루어진다면 시기적절한 것으로 본다.[122]

기업결합심사기준은, 다음 어느 하나에 해당하는 회사가 있는 경우 신규진입이 용이한 것으로 본다(VII.2.다.).

- 당해 시장에 참여할 의사와 투자계획 등을 공표한 회사
- 현재의 생산시설에 중요한 변경을 가하지 아니하더라도 당해 시장에 참여할 수 있는 등 당해 시장에서 상당기간 어느 정도 의미 있는 가격인상이 이루어지면 중대한 진입비용이나 퇴출비용의 부담없이 가까운 시일내에 당해 시장에 참여할 것으로 판단되는 회사

이베이/G마켓 심결[123]은, 오픈마켓 신규진입 비용은 오픈마켓 구축비용과 초기 런칭을 위한 마케팅 비용의 합인데, 이 정도 금액은 진입비용으로 절대적 수준이 크다고 보기 어려워 적시에 신규진입이 이루어질 수 있다고 보았다.

(다) 충분성

신규진입이 가능하고 적시에 이루어져도 기업결합의 반경쟁적 효과를 억제할 수 있을 만큼 충분하지 않을 수 있다.[124] 신규진입이 충분하기 위해서는 기업결합의 반경쟁성을 억제할 수 있을 정도의 규모와 범위를 갖추어야 한다.[125] 예컨대, 차별화상품시장에서 신규진입자가 내놓은 상품이 당사회사의 상품과 밀접한 대체재가 아니라면 그 가격인상을 억제할 수 없으며, 신규진입자의 급성장을 가로막는 명성(reputation)의 장벽이 있는 경우에도 진입이 충분하지 않을 수 있다.[126] 또한 틈새시장에 진입하는 것과 같은 소규모의 시장진입도 충분치 않을 수 있다.[127] 반대로 당사회사 중 하나와 규모와 능력이 비슷한 신규사업자의 진입은 충분할 수 있으며, 설사 규모가 다소 작더라도 중대한 경쟁상의 약점이 없는 한 충분할 수 있다.[128]

---

121) US 2010 HMG, § 9.1.
122) EU 2004 HMG, para. 74.
123) 공정거래위원회 2009.6.25. 의결 제2000-146호.
124) US 2010 HMG, § 9.3.
125) 기업결합심사기준, VII.2.라.
126) US 2010 HMG, § 9.3.
127) EU 2004 HMG, para. 75.
128) US 2010 HMG, § 9.3.

이베이/G마켓 심결[129]에서 신규진입의 적시성이 인정된 것은 앞서 본 바와 같으나, 그 충분성은 단기적으로는 부정적인 것으로 평가되었다. 즉, SKT 제출자료에 의할 때 11번가가 오픈마켓 사업을 안정적으로 영위하기 위해서는 연간 약 2조원 수준의 거래규모가 필요하며 목표 거래액을 달성하기 위해서는 약 3년이 걸릴 것으로 분석되는 등 신규진입자가 충분한 경쟁압력으로 작용하는 데에는 상당한 시간이 소요될 것으로 평가되었다. 다만 중장기적으로는 향후 시장규모 확대가 예상되고 진입장벽이 상대적으로 높지 않아 신규진입이 크게 제한되지 않으며, 진입 후 장기적인 투자가 이루어질 경우 의미 있는 경쟁압력으로 작용할 가능성이 크다고 판단되었다.[130]

(3) 유사품 및 인접시장의 존재

기업결합심사기준은 경쟁제한성의 완화요소로서 유사품 및 인접시장의 존재를 고려하여야 함을 다음과 같이 밝히고 있다(VII.3.).

- 기능 및 효용측면에서 유사하나 가격 또는 기타의 사유로 별도의 시장을 구성하고 있다고 보는 경우에는 생산기술의 발달가능성, 판매경로의 유사성 등 그 유사상품이 당해 시장에 미치는 영향을 고려한다.
- 거래지역별로 별도의 시장을 구성하고 있다고 보는 경우에는 시장간의 지리적 근접도, 수송수단의 존재 및 수송기술의 발전가능성, 인접시장에 있는 사업자의 규모 등 인근 지역시장이 당해 시장에 미치는 영향을 고려한다.

2006년에 간행된 미국의 「수평적 합병 지침 해설」은 특정 범위의 상품이나 지역을 관련시장으로 획정하더라도 이 시장 밖의 유사품 내지 인접시장이 관련시장에 미치는 영향을 고려하여야 할 필요가 있는 경우를 다음과 같이 설명하고 있다.[131] 즉, 대체재가 없는 동질적인 상품이나 명확히 구별되는 지역이 관련된 기업결합의 경우는 시장획정이 상대적으로 쉬우나, 대체성 있는 상품이나 지역들이 연이어 존재하는 경우는 시장의 경계가 명확하지 않을 수 있다. 이 경우 "시장 안" 또는 "시장 밖"이라는 이분법은 이들 대체재 또는 대체지역 간의 상호작용을

---

129) 공정거래위원회 2009.6.25. 의결 제2000-146호.

130) 이러한 장기적 전망 등을 감안하여 공정거래위원회는 이 사건 기업결합에 대하여 구조적 조치가 아닌 행태적 조치를 부과하는 데 그치고 있다.

131) Federal Trade Commission and U.S. Department of Justice, *Commentary on the Horizontal Merger Guidelines* at 15 (2006).

반영하지 못할 수 있다. 따라서 기업결합의 경쟁제한성을 판정하기 위해 특정 범위를 관련시장으로 획정했다 하더라도 이 시장에서 가상의 독점자가 가격을 인상할 때 이 범위 밖의 상품이나 지역으로 손님을 빼앗길 수도 있음을 고려하여야 한다. 특히 다른 요소들이 복합될 경우 이러한 고객 이탈은 문제된 기업결합의 반경쟁성을 억제하는 데 충분할 수도 있다.

삼익/영창 판결[132]에서 서울고등법원은, 신품피아노 시장에 대하여 그 인접시장인 중고피아노 시장이 미치는 영향을 검토한 바, "중고피아노는 사업자가 공급량을 조절하기가 용이하지 않고, 중고피아노 가격은 신품의 가격에 연동하는 경향이 있으며, 구매결정요인이나 대표적 소비자도 구분되고 …, 신품피아노의 영업전략 수립에 있어서도 중고피아노 시장이 고려되지 않고 있는 등의 사정에 비추어 보면, 중고피아노 시장이 신품피아노의 가격인상 등을 억제할 수 있는 요소로서 작용하는 데에는 한계가 있다고 판단된다."고 설시하였다.

한편 제품차별화가 이루어진 시장에서 결합당사자가 아닌 회사가 사업전환(repositioning)을 통해 당사회사들이 공급하는 상품의 밀접한 대체재를 생산할 수 있는 경우 이는 문제된 결합의 반경쟁성을 억제하는 요소로 작용할 수 있는데, 이러한 사업전환에 대하여는 전술한 신규진입과 유사하게 가능성, 적시성 및 충분성 여부를 심사하게 된다.[133] **이베이/G마켓** 심결[134]은, 오픈마켓 시장의 인접시장인 인터넷쇼핑몰 시장과 일반쇼핑몰 시장의 사업자들이 사업전환을 통해 오픈마켓 시장에 진입할 수 있는지를 검토한 바, 단기적으로는 쉽게 진입하기 어려울 것으로 보았으나, 중·장기적으로는 신규진입(인터넷쇼핑몰 및 일반쇼핑몰 공통) 또는 새로운 비즈니스 모델(인터넷쇼핑몰의 경우)을 통해 경쟁압력을 창출할 가능성이 있는 것으로 평가하였다.

(4) 강력한 구매자의 존재

기업결합심사기준은, "결합 당사회사로부터 제품을 구매하는 자가 기업결합 후에도 공급처의 전환, 신규 공급처의 발굴 및 기타 방법으로 결합기업의 가격인상 등 경쟁제한적 행위를 억제할 수 있는 때에는 경쟁을 실질적으로 제한할 가능성이 낮아질 수 있다."고 규정하면서, 이 경우 그 효과가 다른 구매자에게도 적용

132) 서울고법 2006.3.15. 선고 2005누3174 판결.
133) US 2010 HMG, § 6.1.
134) 공정거래위원회 2009.6.25. 의결 제2000-146호.

되는지 여부를 함께 고려하도록 하고 있다(VII.4.).

기업결합으로 당사회사가 매우 높은 점유율을 가지게 되더라도, 그 구매자가 규모·상업적 중요성 및 대체공급원으로 옮겨갈 수 있는 능력 등으로 인해 강력한 교섭력을 가지고 있는 경우 당해 기업결합의 경쟁제한성이 상쇄될 수 있다.[135) 예컨대, Enso/Stora 사건[136)]에서는 당사회사가 60%의 시장점유율을 갖게 되었으나 그 공급량의 60%를 구매하는 고객이 있어 기업결합이 허용되었으며, Alcatel/Telettra 사건[137)]에서는 당사회사의 점유율이 83%에 달하였으나 구매자가 하나 밖에 없다는 등의 이유로 역시 결합이 허용된 바 있다. 이러한 상쇄적 구매력을 가진 사업자는, 당사회사가 가격을 인상하거나 품질·거래조건들을 불리하게 변경할 경우 다른 공급원으로 전환하거나, 상류시장의 기업과 수직적 통합을 하거나, 상류시장의 신규진입을 지원하거나 또는 이런 조치들을 취하겠다고 위협하는 등의 방법으로 그 구매력을 행사할 수 있다.[138)]

그러나 강력한 구매자들이라 하더라도 합병으로 당사회사의 시장지배력이 늘어나면 피해를 볼 수 있음을 유의하여야 한다. 예컨대, 당사회사와의 교섭에 지렛대로 활용하던 공급자가 결합으로 인해 제거되는 경우가 그러하다. 또한 일부 구매자가 강력한 구매력으로 당사회사와 대항할 수 있더라도, 다른 사업자들은 당사회사의 시장지배력에 대항할 수 없는 경우가 있음을 감안하여야 한다.[139)]

5. 탈법행위의 금지

공정거래법 제15조 제1항은 누구든지 동법 제9조(기업결합의 제한) 제1항의 규정의 적용을 면탈하려는 행위를 하여서는 안 된다고 규정한다. 이러한 탈법행위의 유형 및 기준은 대통령령으로 정하도록 되어 있으나(법 15조 2항), 현행 공정거래법 시행령은 경쟁제한적인 기업결합금지의 탈법행위에 대한 규정을 두고 있지 않다.

135) EU 2004 HMG, para. 64.
136) Case IV/M.1225, [1999] OJ L254/9.
137) Case IV/M.42, [1991] OJ L122/48.
138) EU 2004 HMG, para. 65.
139) US 2010 HMG, § 8.

Ⅲ. 기업결합금지의 예외

공정거래법 제9조 제2항은, 공정거래위원회가 다음 중 어느 하나에 해당한다고 인정하는 기업결합에 대하여는 동조 제1항의 규정을 적용하지 않는다고 규정한다.

- 해당 기업결합 외의 방법으로는 달성하기 어려운 효율성 증대효과가 경쟁제한으로 인한 폐해보다 큰 경우
- 상당한 기간 대차대조표상의 자본총계가 납입자본금보다 작은 상태에 있는 등 회생이 불가한 회사와의 기업결합으로서 대통령령으로 정하는 요건에 해당하는 경우

이 조항을 문리적으로 해석하면, 경쟁제한적인 기업결합이라도 (i) 효율성 증대를 가져오거나, (ii) 회생불가회사와의 결합인 경우에는 허용될 수 있다는 의미로 보인다. 그러나 경쟁제한적인 기업결합을 금지하는 공정거래법의 입법의도를 살리기 위해서는 가급적 이들 사유들이 기업결합의 경쟁제한성에 대한 우려를 해소시키는 경우에만 당해 결합을 허용하는 것으로 해석하는 것이 바람직할 것이다. 또한 이러한 예외사유의 존재에 대한 입증책임은 기업결합 당사자에게 있다(법 9조 2항 2문).

1. 효율성 증대

가. 효율성 증대효과의 의의 및 판단기준

기업결합심사기준은 기업결합금지의 예외사유로서의 효율성 증대효과를 다시, (i) 경제적 의미의 효율, 즉 "생산·판매·연구개발 등에서의 효율성 증대효과"와 (ii) 국민경제적 효율, 즉 "국민경제전체에서의 효율성 증대효과"로 나누어 규정한다 (VIII.1.가.). 그런데 후자의 경우 다음 사항들을 고려하여 판단하도록 하고 있어, 효율이라는 말이 폭넓은 공공의 이익을 포괄하는 의미로 사용되고 있다(VIII.1.가.(2)).

- 고용의 증대에 현저히 기여하는지 여부
- 지방경제의 발전에 현저히 기여하는지 여부
- 전후방 연관산업의 발전에 현저히 기여하는지 여부

- 에너지의 안정적 공급 등 국민경제생활의 안정에 현저히 기여하는지 여부
- 환경오염의 개선에 현저히 기여하는지 여부

이러한 광범위한 사회·경제적 이익을 기업결합심사에 있어서 고려하는 것이 타당한지에 대하여는 논쟁의 여지가 있으나, 공정거래법 제1조가 동법의 목적으로서 경쟁촉진과 아울러 "국민경제의 균형 있는 발전"을 열거하고 있는 이상 기업결합심사기준의 이와 같은 입장이 입법자의 의도에 반한다고 보기는 어려울 것이다. 따라서 공정거래위원회나 법원이 위에 열거된 공익을 고려하여 경쟁제한적인 기업결합을 허용하여도 위법이라 할 수는 없겠으나, 이 조항이 확대 해석될 경우 경쟁제한적인 기업결합 규제의 실효성과 예측가능성을 심각하게 저해할 우려가 있다. 따라서 국민경제적 효율을 근거로 경쟁제한적인 기업결합을 허용하는 것은 극히 예외적인 경우로 국한하고, 기업결합심사에 있어서 효율의 고려는 가급적 경제적 의미의 효율에 초점을 맞추는 것이 바람직할 것이다.

예컨대, 대법원의 **삼익/영창** 판결[140]은 기업결합의 효율성 증대효과를 판단함에 있어서 "기업의 생산·판매·연구개발 등의 측면 및 국민경제의 균형발전 측면 등을 종합적으로 고려하여 개별적으로 판단"하여야 한다고 판시하면서도, 생산적 효율성에 초점을 맞춘 원심판결[141]을 정당한 것으로 인정하였다.

한편 경제적 의미의 효율, 즉 "생산·판매·연구개발 등에서의 효율성 증대효과"를 판단함에 있어 기업결합심사기준은 다음 사항을 고려하도록 하고 있다 (VIII.1.가.(1)).

- 규모의 경제·생산설비의 통합·생산공정의 합리화 등을 통해 생산비용을 절감할 수 있는지 여부
- 판매조직을 통합하거나 공동활용하여 판매비용을 낮추거나 판매 또는 수출을 확대할 수 있는지 여부
- 시장정보의 공동활용을 통해 판매 또는 수출을 확대할 수 있는지 여부
- 운송·보관시설을 공동사용함으로써 물류비용을 절감할 수 있는지 여부
- 기술의 상호보완 또는 기술인력·조직·자금의 공동활용 또는 효율적 이용 등에 의하여 생산기술 및 연구능력을 향상시키는지 여부
- 기타 비용을 현저히 절감할 수 있는지 여부

---

140) 대법원 2008.5.29. 선고 2006두6659 판결.
141) 서울고법 2006.3.15. 선고 2005누3174 판결.

나. 효율성 증대효과의 요건

기업결합의 효율성 증대효과로 인정되기 위해서는 다음과 같이 (i) 기업결합 특유성(merger specificity)과 (ii) 입증가능성(verifiability)의 두 요건을 모두 충족하여야 한다(기업결합심사기준, VIII.1.나.).

- 효율성 증대효과는 당해 기업결합외의 방법으로는 달성하기 어려운 것이어야 하며, 이에 대한 판단은 다음의 기준에 의한다.
  - 설비확장, 자체기술개발 등 기업결합이 아닌 다른 방법으로는 효율성 증대를 실현시키기 어려울 것
  - 생산량의 감소, 서비스질의 저하 등 경쟁제한적인 방법을 통한 비용절감이 아닐 것
- 효율성 증대효과는 가까운 시일 내에 발생할 것이 명백하여야 하며, 단순한 예상 또는 희망사항이 아니라 그 발생이 거의 확실한 정도임이 입증될 수 있는 것이어야 한다.
- 효율성 증대효과는 당해 결합이 없었더라도 달성할 수 있었을 효율성 증대부분을 포함하지 아니한다.

또한 기업결합의 예외를 인정하기 위해서는 효율성 증대효과가 기업결합에 따른 경쟁제한의 폐해보다 커야 한다(기업결합심사기준, VIII.1.다.). 이러한 엄격한 요건을 반영하여 공정거래위원회나 법원은 효율성 증대효과에 기초한 기업결합의 예외를 거의 인정하지 않고 있다.

2. 회생불가회사

회생이 불가한 회사란 회사의 재무구조가 극히 악화되어 지급불능의 상태에 처해 있거나 가까운 시일 내에 지급불능의 상태에 이를 것으로 예상되는 회사를 말하며, 이를 판단함에 있어서는 다음 사항을 고려한다(기업결합심사기준 VIII.2.가.).

- 상당기간 대차대조표상의 자본총액이 납입자본금보다 작은 상태에 있는 회사인지 여부
- 상당기간 영업이익보다 지급이자가 많은 경우로서 그 기간 중 경상손익이 적자를 기록하고 있는 회사인지 여부

- 「채무자 회생 및 파산에 관한 법률」 제34조 및 제35조의 규정에 따른 회생절차 개시의 신청 또는 동법 제294조 내지 제298조의 규정에 따른 파산신청이 있는 회사인지 여부
- 당해회사에 대하여 채권을 가진 금융기관이 부실채권을 정리하기 위하여 당해 회사와 경영의 위임계약을 체결하여 관리하는 회사인지 여부

또한 이러한 회생불가회사와의 기업결합이 기업결합금지의 예외로 인정되기 위하여는, (i) 기업결합을 하지 않으면 회사의 생산설비 등이 당해 시장에서 계속 활용되기 어렵고, (ii) 해당 기업결합보다 경쟁제한성이 적은 다른 기업결합이 이루어지기 어려운 경우라야 한다(영 16조). 회생불가회사의 예외가 인정된 사례는 소수에 불과하다.[142)]

Ⅳ. 기업결합의 신고

경쟁제한적인 기업결합을 금지하기 위해서는 먼저 경쟁당국이 이를 탐지할 수 있어야 하는데, 현실적으로 시장에서 행해지는 모든 결합을 공정거래위원회가 패트롤하기는 불가능하다. 공정거래법은 법집행비용을 감소시키기 위해 일정 기준에 해당하는 기업결합은 이를 공정거래위원회에 신고하도록 하고, 신고의무를 위반하는 경우 제재를 가하는 기업결합 신고제도를 채택하고 있다.

1. 신고의 대상

가. 결합 당사회사의 규모

기업결합은 일방 당사회사(기업결합신고대상회사)의 직전 사업연도 자산총액 또는 매출액이 3,000억원, 타방(상대회사)은 300억원을 넘어야 신고대상이 된다(영 18조 1항 · 2항). 다만 임원겸임은 일방 당사회사가 자산총액 또는 매출액 2조원 이

142) 신동권 (2011), 261면.

상의 대규모회사인 경우에만 규제대상이 되며(영 12조의2) 신고대상도 이에 국한된다. 여기서 자산총액·매출액을 산정함에 있어서는 기업결합일 전후 계속하여 계열회사의 지위를 유지하고 있는 회사의 것을 합산하나, 영업양수의 경우 양도회사의 자산총액·매출액을 산정함에 있어서는 그러하지 아니하다(법 12조 2항).

외국회사(외국에 주사무소가 있거나 외국법에 의해 설립된 회사) 간의 기업결합이나 국내회사가 외국회사를 기업결합하는 경우는 위의 요건에 추가하여 당해 외국회사들의 국내 매출액이 각각 300억원 이상이라야 신고대상이 된다(영 18조 3항).

그런데 무료서비스를 제공하는 플랫폼 사업자는 다수의 이용자를 확보한 때에도 자산총액이나 매출액이 신고요건에 미달할 수 있고,[143] 성장잠재력이 큰 벤처기업의 경우도 아직 자산총액이나 매출액은 적을 수 있어, 이들을 대상으로 하는 기업결합이 신고대상에서 제외되는 문제가 있었다. 그리하여 2020년 공정거래법 전부개정에서는 거래금액(인수가액) 기반 기업결합 신고기준을 도입하였다. 즉, 기업결합신고대상회사의 상대방이 자산총액 또는 매출액 300억원 미만인 회사(소규모피취득회사)인 경우 다음 요건에 모두 해당하는 때에는 신고대상이 된다(법 11조 2항, 영 19조).

- 기업결합의 대가로 지급 또는 출자하는 가치의 총액(당사회사가 자신의 특수관계인을 통하여 지급 또는 출자하는 것을 포함)이 6천억원 이상일 것
- 소규모피취득회사 또는 그 특수관계인이 국내 시장에서 상품 또는 용역을 판매·제공하거나, 국내 연구시설 또는 연구인력을 보유·활용하는 등 대통령령으로 정하는 상당한 수준으로 활동할 것

나. 결합행위의 태양

기업결합의 행위태양별로는 다음의 기준에 해당할 때 신고대상이 된다(법 12조 1항).

- 주식취득 (i) 다른 회사의 발행주식(무의결권주 제외) 총수의 20%(상장법인의 경우 15%) 이상을 소유하게 되거나, (ii) 기존 지분율이 20%(상장법인

143) 예컨대, 2014년 페이스북(Facebook)이 6억 명 이상의 이용자를 보유한 왓츠앱(WhatsApp)을 190억 달러에 인수하였으나 왓츠앱의 유럽 내 매출액이 유럽연합의 합병신고 기준에 미달하여, 당사회사들의 심사요청으로 유럽위원회에 의한 기업결합 심사가 이루어진 사례가 있다. 이기종, "디지털 플랫폼 사업자 간의 기업결합 규제 -EU의 Facebook/WhatsApp 사건을 중심으로-," 「상사판례연구」 제29집 제1권 (2016), 81~82면.

15%) 이상인 자가 주식을 추가로 취득하여 최다출자자가 되는 경우
- **임원겸임** 대규모회사의 임원 · 종업원이 다른 회사의 임원을 겸임하는 경우(단, 계열회사의 임원을 겸임하는 경우 제외)
- **합병 · 영업양수** (별도 기준 없음)
- **신회사설립** 새로운 회사의 설립에 참여하여 그 최다출자자가 되는 경우

여기서 주식의 소유 · 인수의 비율을 산정하거나 최다출자자 여부를 판정함에 있어서는 당해회사의 특수관계인이 소유하는 주식을 합산한다(동조 5항).

다. 예 외

투자촉진을 위해 특별법이 제정되어 있는 다음과 같은 기업결합은 신고대상에서 제외된다(법 11조 3항).

- 중소기업창업투자회사 또는 벤처투자조합(벤처투자 촉진에 관한 법률 2조 10호, 11호)이 창업기업(중소기업창업 지원법 2조 3호) 또는 벤처기업(벤처기업육성에 관한 특별조치법 2조 1항)의 주식을 20%(상장법인은 15%) 이상 소유하게 되거나 창업기업 또는 벤처기업의 설립에 다른 회사와 공동으로 참여하여 최다출자자가 되는 경우
- 신기술사업금융업자 또는 신기술사업투자조합(여신전문금융업법 2조 14호의3, 14호의5)이 신기술사업자(기술보증기금법 2조 1호)의 주식을 20%(상장법인 15%) 이상 소유하게 되거나 신기술사업자의 설립에 다른 회사와 공동으로 참여하여 최다출자자가 되는 경우
- 기업결합신고대상회사가 다음 중 하나에 해당하는 회사의 주식을 20%(상장법인 15%) 이상 소유하게 되거나 이들 중 하나에 해당하는 회사의 설립에 다른 회사와 공동으로 참여하여 최다출자자가 되는 경우
  - 자본시장과 금융투자업에 관한 법률(이하 "자본시장법")에 따른 투자회사
  - 사회기반시설에 대한 민간투자법에 따라 사회기반시설 민간투자사업시행자로 지정된 회사 또는 이러한 회사에 대한 투자목적으로 설립된 투자회사
  - 부동산투자회사법에 따른 부동산투자회사

또한 관계중앙행정기관의 장이 다른 법률(예: 금융산업의 구조개선에 관한 법률, 금융지주회사법 및 전기통신사업법)의 규정에 의하여 미리 공정거래위원회와 협의한 기업결합도 신고대상에서 제외된다(법 12조 4항).

2. 신고의 절차

가. 신고의무자

기업결합신고대상회사는 다음 중 어느 하나에 해당하는 경우 공정거래위원회에 신고하여야 한다(법 11조 1항).

- 기업결합신고대상회사 또는 그 특수관계인이 상대회사에 대하여 전술한 신고기준에 해당하는 주식취득 · 임원겸임 · 합병 · 영업양수를 하는 경우
- 기업결합신고대상회사 또는 그 특수관계인이 상대회사 또는 그 특수관계인과 공동으로 전술한 신고기준에 해당하는 신회사설립에 참여하는 경우

기업결합신고대상 외의 회사로서 상대회사의 규모에 해당하는 회사는 다음 중 어느 하나에 해당하는 경우 공정거래위원회에 신고하여야 한다(동항).

- 해당 회사 또는 그 특수관계인이 기업결합신고대상회사에 대하여 전술한 신고기준에 해당하는 주식취득 · 임원겸임 · 합병 · 영업양수를 하는 경우
- 해당 회사 또는 그 특수관계인이 기업결합신고대상회사 또는 그 특수관계인과 공동으로 전술한 신고기준에 해당하는 신회사설립에 참여하는 경우

기업결합 신고의무자가 2 이상인 경우는 공동신고가 원칙이다. 다만 공정거래위원회가 신고의무자와 같은 기업집단에 속하는 회사 중 하나를 기업결합신고대리인으로 정한 때에는 그 대리인이 신고할 수 있다(동조 11항).

나. 신고의 시기

(1) 사후신고의 원칙

기업결합의 신고는 기업결합을 완료한 날(기업결합일)로부터 30일 내에 하는 것이 원칙이다(법 11조 6항 본문). 여기서 '기업결합일'이라 함은, (i) 주식취득의 경우 주권교부일 등을 말하고, (ii) 임원겸임의 경우 선임되는 회사의 주주(사원)총회에서 선임이 의결된 날, (iii) 합병의 경우 합병등기일, (iv) 영업양수의 경우 대금지불완료일, (v) 신회사설립의 경우 주식대금납입기일의 다음날을 말한다(영 17조).

(2) 예외: 사전신고가 필요한 경우

대규모회사가 참가하는 기업결합 중 임원겸임을 제외한 나머지 행위유형의 경우 (즉, 주식취득, 합병, 영업양수 및 신회사설립의 경우) 시장에 미치는 영향이 크고 심사결과 위법으로 판정되더라도 원상회복이 어려워 이를 사전에 신고하도록 하고 있다(법 11조 6항 1호). 다만, 대규모회사에 의한 주식취득 중 장내매수, 실권주 취득 등의 경우는 거래시기 및 금액을 특정하기 어려워 이를 사전신고 대상에서 제외하고 있다(영 20조 2항).

또한 소규모피취득회사에 대한 기업결합이 전술한 거래금액 기반 신고기준을 충족하는 경우에도 사전신고가 요구된다(법 11조 6항 2호).

공정거래위원회는 기업결합의 신고를 받으면 신고일부터 30일 안에 공정거래법 제9조(기업결합의 제한)에 해당하는지를 심사하고, 그 결과를 해당 신고자에게 통지하여야 한다(11조 7항 본문). 다만, 공정거래위원회가 필요하다고 인정할 경우에는 그 기간의 만료일 다음 날부터 계산하여 90일까지 그 기간을 연장할 수 있다(동항 단서). 사전신고 대상인 기업결합의 경우 신고 후 30일 이내에는 기업결합 완료행위(주식소유, 합병등기, 영업양수계약 이행행위 및 주식인수행위)를 하지 못한다 (법 11조 8항).

(3) 임의적 사전심사 요청 제도

기업결합을 하고자 하는 자는 위의 신고기간 전이라도 자진해서 당해 행위가 경쟁을 실질적으로 제한하는지에 대해 공정거래위원회에 심사를 요청할 수 있다 (법 11조 9항). 이 경우 공정거래위원회는 30일 이내에 그 심사결과를 통지하여야 하며, 공정거래위원회가 필요하다고 인정할 때에는 이 기간을 90일 범위 내에서 연장할 수 있다(동조 10항).

다. 신고절차의 특례

방송법에 따른 법인의 설립·합병 및 최다출자자의 변경 등이 공정거래법상 기업결합의 사후신고대상이 되는 경우 기업결합신고의무자는 방송통신위원회 등 주무관청에 그 승인·허가 등을 신청할 때 기업결합신고서류를 함께 제출할 수 있으며(법 12조 1항), 그 서류가 주무관청에 접수된 날을 공정거래위원회에 기업결합을 신고한 날로 본다(동조 2항). 이때 주무관청은 기업결합신고서류를 공정거래위원회에 지체 없이 송부하여야 한다(동조 3항). 또한 위의 법인설립 등이 공정거래법상 기업결합의 사전신고대상이 되는 경우 기업결합신고의무자가 공정거래위원회에 이를 신고하면서 법인설립 등의 승인 등에 관한 서류를 함께 제출할 수 있다(동조 4항). 이때 공정거래위원회는 법인설립 등의 승인 등에 관한 서류를 주무관청에 지체 없이 송부하여야 한다(동조 5항).

V. 제 재

1. 시정조치

경쟁제한적인 기업결합에 대하여는 경쟁제한효과의 발생을 방지하기 위해 기업결합당사회사 및 그 특수관계인에게 (i) 해당 행위의 중지, (ii) 주식의 전부 또는 일부의 처분, (ii) 임원의 사임, (iv) 영업의 양도, (v) 시정명령을 받은 사실의 공표 및 (vi) 기업결합에 따른 경쟁제한의 폐해를 방지할 수 있는 영업방식 또는 영업범위의 제한 등 다양한 시정조치를 명할 수 있으며(법 14조 1항), 공정거래위원회는 「기업결합 시정조치 부과기준」(공정거래위원회고시 제2021-26호, 2021.12.30. 개정)(이하 "결합조치기준")에서 그 상세한 기준을 정하고 있다.

경쟁제한효과를 원천봉쇄할 수 있는 가장 좋은 방법은 문제된 기업결합이 실행되기 전에 이를 중지시키는 길일 것이다("해당 행위의 중지")(동항 1호). 그러나 이미 기업결합행위가 일부라도 진행되었다면 이를 원상회복시킬 필요가 있다. 예컨대, 취득한 주식의 전부 또는 일부를 처분하거나(2호), 임원을 사임시키거나(3호), 회사의 합병 또는 설립무효의 소를 제기하는 것이 그것이다(동조 2항). 이처럼 해당 기업결합 전체를 발생할 수 없게 하거나 이미 발생한 기업결합을 원상회복시킴으로써 경쟁상황을 기업결합 전의 상태로 만드는 시정조치를 **"금지조치"**라 한다(결합조치기준 II.4.).

그런데 경우에 따라서는 경쟁제한효과의 발생을 방지하기 위해 결합당사회사의 자산을 독립적인 제3자에게 매각하도록 하거나("자산매각조치")(동 기준 II.5.),

결합당사회사의 지식재산권을 제3자에게 매각하거나 실시하도록 하는 등 지식재산권의 소유 또는 사용에 제한을 가하는 조치("지식재산권조치")(동 기준 II.8.)가 요구될 수도 있다. 이와 같이 결합당사회사의 자산이나 소유구조를 변경시키는 시정조치인 금지조치, 자산매각조치 및 지적재산권조치 등을 통틀어 **"구조적 조치"**라 한다(동 기준 II.3.).

시정조치를 부과하는 경우 원칙적으로 구조적 조치를 부과하나, 그 효과적 이행을 보완하기 위해 일정 기간을 정하여 결합당사회사의 영업조건 · 영업방식 · 영업범위 또는 내부경영활동 등을 일정하게 제한하는, 소위 **"행태적 조치"**(동 기준 II. 10.)를 병과할 수 있다(동 기준 IV.1.가. 본문). 행태적 조치의 예로는 가격인상의 제한, 시장점유율의 제한, (경쟁사업자에 대한 차별적 취급 등) 불공정거래행위의 금지 등이 있다.[144] 다만 구조적 조치가 불가능하거나 효과적이지 아니한 경우 등에는 행태적 조치만을 부과할 수 있다(동 기준 IV.1.가. 단서).[145]

사전신고대상인 기업결합의 경우 공정거래위원회는 신고후 30일내에 시정조치를 하여야 하나, 필요하다고 인정하는 경우 이 기간 만료일부터 90일 범위내에서 이를 연장할 수 있다(법 14조 1항 2문). 또한 주식처분명령을 받은 자는 그 이행확보를 위하여 그 명령을 받은 날부터 당해 주식에 대해 의결권을 행사할 수 없도록 하고 있다(법 15조 1항).

2. 이행강제금

경쟁제한적인 기업결합에 관하여는 과징금 규정이 없으며, 대신 시정조치 불이행의 경우에 대한 이행강제금 제도가 도입되어 있다. 즉, 전술한 시정조치를 받은 후 그 정한 기간내에 이행을 하지 않는 자에 대하여는 기업결합 유형별로 다음 금액의 1만분의 3을 초과하지 않는 범위내에서 이행강제금을 부과할 수 있다(법 16조 1항).

- **주식취득 · 신회사설립** 취득 또는 소유한 주식의 장부가격과 인수하는 채무의 합계액

144) 심결례에 나타난 행태적 조치의 상세한 분류는 신동권 (2011), 368-374면.
145) 결합조치기준 제정 이전 공정거래위원회가 행태적 조치에 지나치게 의존했던 데 대한 비판으로 임영철 (2007), 90 · 91면.

- 합 병 — 합병의 대가로 교부하는 주식의 장부가격과 인수하는 채무의 합계액
- 영업양수 — 영업양수금액

다만, 임원겸임을 한 자에 대하여는 매 1일당 200만원의 범위내에서 이행강제금을 부과할 수 있다(동항 단서). 이행강제금이 체납될 경우 국세체납처분의 예에 따라 이를 징수하며(동조 2항 단서), 공정거래위원회는 이행강제금의 징수 또는 체납처분에 관한 업무를 국세청장에게 위임할 수 있다(동조 3항).

3. 벌 칙

공정거래법 제14조 제1항에 따른 주식처분명령을 받고 해당 주식에 대하여 의결권을 행사한 자는 3년 이하의 징역 또는 2억원 이하의 벌금에 처한다(법 124조 3호).[146] 공정거래법 제14조 제1항에 따른 공정거래위원회의 시정조치에 응하지 않은 자는 2년 이하의 징역 또는 1억5천만원 이하의 벌금에 처한다(법 125조 1호). 기업결합신고의무가 있음에도 신고를 하지 않거나 허위신고를 한 경우 및 사전신고후 기업결합 완료행위 금지의무에 위반한 경우 사업자 및 사업자단체는 1억원 이하, 회사 또는 사업자단체의 임원·종업원 기타 이해관계인은 1천만원 이하의 과태료에 처한다(법 130조 1호).

146) 2020년 공정거래법 전부개정에서는 형벌 부과 필요성이 낮고 그간 형벌 부과 사례도 없는 기업결합, 경쟁제한성 불공정거래행위(거래거절, 차별취급, 경쟁사업자 배제, 구속조건부 거래) 및 재판매가격유지행위 등에 대한 형벌 규정을 삭제하였다.

제4장 경제력집중의 억제

I. 서 설

우리나라가 식민지배와 전쟁의 폐허 위에 급속한 경제개발을 추진하는 과정에서 최소한의 자본력과 기술을 갖춘 얼마 안 되는 기업들에게 정부의 집중지원이 이루어진 것은 어쩌면 불가피한 선택이라 할 수 있으며, 이에 힘입어 우리나라는 경제개발의 세계적인 모범사례로 떠오를 수 있었다. 그러나 이들 기업들이 각 산업분야의 독과점 대기업으로 성장함은 물론 경제발전의 외연이 확대되면서 이들 대기업들을 중심으로 경공업·중화학공업 및 첨단산업을 아우르는 대규모의 기업집단, 즉 소위 "재벌"이 형성되기에 이르렀다.

이처럼 소수 재벌들에게 막대한 경제력이 집중되고 계열사간 내부거래가 확대됨에 따라 중소기업을 포함하는 독립기업들의 경쟁기반이 심각하게 축소되었다. 또한 이들이 계열사간 상호출자와 상호채무보증을 무기로 문어발식 확장을 지속함에 따라, 그 불투명한 지배구조와 취약한 재무구조가 우리 경제의 건전성을 해치는 커다란 위협요소로 등장하였다.

이러한 재벌에 의한 경제력집중의 폐해는 단순한 개별시장에서의 독과점의 폐해를 넘어선 것이기에 관련시장에서의 시장지배력에 초점을 맞추는 전통적인 경쟁정책만으로는 이를 시정하기 어렵다. 이에 공정거래법은 제4장에 상호출자금지, 채무보증제한 등 대규모기업집단의 규제에 관한 규정과 함께 보다 투명한 지주회사체제로의 진환을 유도하기 위한 규성들을 누고 있다. 또한 후술하는 바와 같이 동법 제6장에서는 부당내부거래(계열사간 부당지원행위)를 불공정거래행위의 일종으로 금지하고 있으며(법 45조 1항 9호), 2013년에는 특수관계인에 대한 부당한 이익제공을 금지하는 규정(현행 법 47조)을 신설하였다. 이 자리에서는 동법 제4장의 규정을 중심으로 경제력집중 억제제도들을 살펴보기로 한다.

Ⅱ. 대규모기업집단의 규제

1. 대규모기업집단의 의의

가. 기업집단

기업집단이라 함은 한 사람("동일인")이 사실상 그 사업내용을 지배하는 회사의 집단을 말하며, 다음 두 경우가 있다(2조 11호).

- 동일인이 회사인 경우　　그 동일인과 동일인이 지배하는 하나 이상의 회사의 집단 (예: A회사와 그 지배를 받는 B회사)
- 동일인이 회사가 아닌 경우　그 동일인이 지배하는 둘 이상의 회사의 집단 (예: 자연인 갑의 지배를 받는 A회사와 B회사)

여기서 "사실상 그 사업내용을 지배하는 회사"라 함은 지분율 또는 영향력을 기준으로 다음 중 하나에 해당하는 회사를 말한다(영 4조).

1) 지분율 기준　동일인이 단독으로 또는 다음의 자("동일인관련자")와 합하여 해당 회사의 발행주식(상법 344조의3 1항에 따른 의결권 없는 주식 제외) 총수의 100분의 30 이상을 소유하는 경우로서 최다출자자인 회사

- 친　족　　배우자, 6촌 이내의 혈족, 4촌 이내의 인척
- 관련 법인·단체　(i) 동일인이 단독으로 또는 동일인관련자와 합하여 총출연금액의 100분의 30 이상을 출연한 경우로서 최다출연자가 되거나 동일인 및 동일인관련자 중 1인이 설립자인 비영리법인 또는 단체 및 (ii) 동일인이 직접 또는 동일인관련자를 통하여

임원의 구성이나 사업운용 등에 대하여 지배적인 영향력을 행사하고 있는 비영리법인 또는 단체

- 관련 회사 　동일인이 사실상 사업내용을 지배하는 회사
- 사용인 　동일인 및 그 관련 법인·단체·회사의 사용인(법인인 경우에는 임원, 개인인 경우에는 상업사용인 및 고용계약에 의한 피고용인)

2) 영향력 기준　다음 중 하나에 해당하여 동일인이 당해 회사의 경영에 대하여 지배적인 영향력을 행사하고 있다고 인정되는 회사

- 임원선임 동일인이 다른 주요 주주와의 계약 또는 합의에 의하여 대표이사를 임면하거나 임원의 100분의 50 이상을 선임하거나 선임할 수 있는 회사
- 업무관여 동일인이 직접 또는 동일인관련자를 통하여 당해 회사의 조직변경 또는 신규사업에의 투자 등 주요 의사결정이나 업무집행에 지배적인 영향력을 행사하고 있는 회사
- 인사교류 동일인이 지배하는 회사(동일인이 회사인 경우에는 동일인을 포함)와 당해 회사간에 임원겸임 등 인사교류가 있는 회사
- 기　　타 통상적인 범위를 초과하여 동일인 또는 동일인관련자와 자금·자산·상품·용역 등의 거래를 하고 있거나 채무보증을 하거나 채무보증을 받고 있는 회사, 기타 당해 회사가 동일인의 기업집단의 계열회사로 인정될 수 있는 영업상의 표시행위를 하는 등 사회통념상 경제적 동일체로 인정되는 회사

다만 다음 중 하나에 해당하는 회사는 공정거래위원회가 이해관계자의 요청에 의하여 이를 기업집단의 범위에서 제외할 수 있다(영 5조 1항, 2항)

1) 동일인이 그 사업내용을 지배하지 않는다고 인정되는 다음의 회사
   - 출자자 합의 등에 의해 동일인과 무관한 자가 사실상 경영하는 회사
   - 동일인의 친족이 독립적으로 경영하는 회사
   - 동일인과 동일인 및 전술한 관련법인·단체/관련 회사의 사용인이 독립적으로 경영하는 회사
   - 파산절차가 진행 중인 회사
   - 기업구조조정 투자회사법 또는 채무자 회생 및 파산에 관한 법률의 적용대상으로서 일정 요건을 갖춘 회사

2) 국가·지방자치단체 또는 공기업 등이 발행주식총수의 100분의 20 이상을 소유하고 있는 민간투자사업법인
3) 동일한 업종을 경영하는 2 이상의 회사가 사업구조조정을 위하여 설립한 회사 또는 일정한 방식으로 민간투자사업을 추진하는 민간투자사업법인인으로서 최다출자자가 2인 이상이고 이들이 사업운용 등에 지배적인 영향력을 행사하지 않는 회사
4) 일정한 방식으로 민간투자사업을 추진하는 민간투자사업법인으로서 그 최다출자자가 임원의 구성이나 사업운용 등에 대하여 지배적인 영향력을 행사하지 않는 등의 요건을 갖춘 회사(단, 사업시행자로 지정된 날부터 사업을 완료하여 준공확인을 받기 전까지의 기간에 한함)
5) 산학연협력기술지주회사 및 그 자회사 또는 신기술창업전문회사 및 그 자회사로서 일정 요건을 갖춘 회사
6) 중소기업 또는 벤처기업으로서 일정 요건을 갖춘 회사

이와 같이 기업집단 범위에서 제외된 자가 그 제외요건에 해당하지 않게 된 경우 공정거래위원회는 직권 또는 이해관계자의 요청에 의하여 그 제외결정을 취소할 수 있다(동조 3항). 동일한 기업집단에 속하는 회사들을 서로 상대방의 "계열회사"라 한다(법 2조 12호).

나. 대규모기업집단의 지정

공정거래법은 일정 규모 이상의 대규모기업집단에 한하여 경제력집중의 억제를 위한 각종 규제를 가하고 있다. 이러한 규제는 기업집단의 규모에 따라 다음과 같이 두 단계로 나뉜다. 첫째, 해당 기업집단에 속하는 국내 회사들의 직전 사업연도의 대차대조표상의 자산총액[1]의 합계액이 5조원 이상인 **공시대상기업집단**(법 31조 1항, 영 38조 1항 본문)에 대하여는 대규모 내부거래의 이사회 의결을 요구하고 각종 공시의무 등을 부과하고 있다. 둘째, 공시대상기업집단 중 자산총액이 국내총생산액의 1천분의 5에 해당하는 금액 이상인 **상호출자제한기업집단**(법 31조 1항, 영 38조 2항)[2]에 대하여는 위의 공시대상기업집단에 대한 규제 외에도 상호출자

1) 금융·보험업을 영위하는 회사는 자산총액이 아닌 자본총액 또는 자본금 중 큰 금액을 기준으로 하며, 새로 설립된 회사로서 직전 사업연도의 대차대조표가 없는 경우에는 지정일 현재의 납입자본금을 기준으로 한다.
2) 종래 공정거래법은 기업집단의 자산총액이 10조원 이상인 기업집단을 상호출자제한기업

및 순환출자의 금지, 채무보증과 금융·보험회사의 의결권 제한 등 각종 규제를 가하고 있다.

따라서 이러한 상호출자제한기업집단 내지 공시대상기업집단(이하 이들을 통틀어 "대규모기업집단"이라 한다.)으로 지정되는지 여부는 기업들에게 초미의 관심사가 되고 있으며, 공정거래법 및 동 시행령은 그 지정 및 지정제외의 요건 및 절차 등을 상세히 규정하고 있다.

먼저 위의 규모요건에 해당하더라도 다음 중 하나에 해당하는 기업집단은 공시대상기업집단 또는 상호출자제한기업집단에서 제외한다(영 38조 1항 단서, 2항).

- 금융업 또는 보험업만을 영위하는 기업집단
- 금융업 또는 보험업을 영위하는 회사가 동일인(법 2조 2호)인 경우의 기업집단
- 당해 기업집단에 속하는 회사 중 회생절차 또는 관리절차가 진행중인 회사의 자산총액의 합계액이 기업집단 전체 자산총액의 100분의 50 이상인 기업집단(단, 회생절차 및 관리절차가 진행중인 회사를 제외하고도 자산총액의 합계액이 국내총생산액의 1천분의 5에 해당하는 금액 이상인 경우는 지정 가능)
- 공공기관(공공기관의 운영에 관한 법률 4조), 지방직영기업·지방공사 또는 지방공단(지방공기업법 2조 1항)이 동일인인 기업집단
- 해당 기업집단에 속하는 회사 모두가 자본시장법에 따른 기관전용 사모집합투자기구 또는 동 기구가 투자한 투자목적회사 등인 경우
- 해당 기업집단에 속하는 회사 모두가 (i) 금융업 또는 보험업을 영위하는 회사 또는 (ii) 전술한 기관전용 사모집합투자기구 등에 해당하는 경우(이때 (i) 또는 (ii)의 회사가 각각 하나 이상 포함되어야 함)

공정거래위원회는 매년 5월 1일(부득이한 경우 5월 15일)까지 위의 지정 및 지정제외 요건에 해당하는 기업집단을 대규모기업집단으로 지정하거나 지정에서 제외하고, 이를 해당 기업집단에 속하는 회사와 해당 기업집단의 동일인에게 서면으로 통지하여야 한다(법 31조 1항, 영 38조 3항 내지 5항). 위의 지정·통지 후 당해 기업집단에 속하는 회사에 변동이 있는 경우 해당 회사에 서면으로 그 사실을 알려야 한다(영 38조 6항).

집단으로 지정하도록 하였으나, 2020년 전부개정에서는 상호출자제한기업집단의 범위가 경제규모의 성장에 연동하여 자동 결정될 수 있도록 그 지정기준을 국내총생산액의 0.5%로 변경하였다. 변경된 기준은 개정법를 시행 이후 국내총생산액이 2천조원을 초과하는 해의 다음 연도에 상호출자제한기업집단을 지정하는 경우부터 적용된다(부칙 4조).

공정거래위원회는 회사 또는 당해 회사의 특수관계인에 대하여 공시대상기업집단 및 상호출자제한기업집단의 지정을 위하여 회사의 일반 현황, 회사의 주주 및 임원 구성, 특수관계인 현황, 주식소유현황 등 대통령령으로 정하는 자료의 제출을 요청할 수 있다(법 31조 4항, 영 38조 7항). 또한 대규모기업집단에 속하는 회사(청산 중에 있거나 1년 이상 휴업 중인 회사를 제외)는 공인회계사의 회계감사를 받아야 하며, 공정거래위원회는 공인회계사의 감사의견에 따라 수정된 대차대조표를 사용하여야 한다(법 31조 5항).

한편 공시대상기업집단 또는 상호출자제한기업집단으로 지정된 기업집단이 다음의 어느 하나에 해당하는 경우에는 그 사유가 발생한 때에 공시대상기업집단 또는 상호출자제한기업집단에서 제외할 수 있다(영 38조 4항).

- 지정일 이후에 해당 기업집단에 소속된 회사 중 회생절차나 관리절차가 진행중인 회사의 지정일 직전 사업연도 종료일 현재의 대차대조표상의 자산총액의 합계액이 기업집단 전체 자산총액의 100분의 50 이상이 된 경우 (단, 회생절차나 관리절차가 진행중인 회사를 제외하고도 자산총액이 3조 5천억원(공시대상기업집단의 경우) 또는 국내총생산액의 1만분의 35에 해당하는 금액(상호출자제한기업집단의 경우) 이상인 경우는 예외)
- 소속회사의 변동으로 당해 기업집단에 소속된 국내회사들의 자산총액의 합계액이 3조 5천억원(공시대상기업집단의 경우) 또는 국내총생산액의 1만분의 35에 해당하는 금액(상호출자제한기업집단의 경우) 미만으로 감소한 경우

이 경우 해당 기업집단에 속하는 회사와 해당 기업집단의 동일인에게 지정제외 통지를 하여야 한다(동조 5항).

또한 공시대상기업집단의 국내 계열회사로 편입하거나 계열회사에서 제외하여야 할 사유가 발생한 경우 공정거래위원회는 해당 회사의 요청이나 직권으로 계열회사에 해당하는지 여부를 심사하여 계열회사로 편입하거나 계열회사에서 제외하고 그 내용을 해당 회사에 통지하여야 한다(법 32조 1항). 공정거래위원회는 이러한 심사를 위하여 필요하다고 인정하는 경우 당해 회사에 대하여 주주 및 임원의 구성, 채무보증관계, 자금대차관계, 거래관계 기타 필요한 자료의 제출을 요청할 수 있다(동조 3항). 위의 심사를 요청받은 경우 공정거래위원회는 30일 이내에 그 심사결과를 요청한 자에게 통지하여야 하나, 필요하다고 인정하는 때에는 60

일을 초과하지 않은 범위안에서 그 기간을 연장할 수 있다(동조 4항).

대규모기업집단에 관한 각종 규제들은 대규모기업집단 지정 및 계열회사 편입의 통지를 받은 날부터 적용되는 것이 원칙이나(법 31조 2항), 이 지정 통지를 받을 당시 상호출자금지규정(법 21조 1항 · 3항) 또는 채무보증제한규정(법 24조)에 위반하고 있는 경우 위의 지정일 또는 편입일부터 각각 1년(상호출자) 및 2년(채무보증)간은 그 규정을 적용하지 않는다(법 31조 3항).

2. 상호출자의 금지

가. 입법취지

상호출자란 둘 이상의 회사가 서로 상대방에게 출자하는 것을 말한다. 이러한 상호출자는 회사의 자본적 기초를 위태롭게 할 뿐 아니라 기업의 지배구조를 왜곡하고 기업집단이 쉽게 형성 · 확장되도록 해주기 때문에 공정거래법은 상호출자제한기업집단 계열회사 사이의 상호출자를 금지하고 있다(21조 1항).[3]

나. 규제의 내용

상호출자제한기업집단에 속하는 회사는 자기의 주식을 취득 또는 소유하고 있는 계열회사의 주식을 취득 또는 소유하여서는 안 된다(법 21조 1항 본문). 다만, (i) 회사의 합병 또는 영업전부의 양수, (ii) 담보권의 실행 또는 대물변제의 수령으로 인한 경우는 예외이다(동항 단서). 이러한 예외에 해당하는 출자를 한 회사는 당해 주식을 취득 · 소유한 날부터 6월 이내에 이를 처분하여야 한다. 다만, 상대방 계열회사가 그 주식을 처분한 때에는 그러하지 아니하다(동조 2항).

한편 상호출자제한기업집단에 속하는 중소기업창업투자회사는 국내 계열회사 주식을 취득 · 소유하여서는 안 된다(동조 3항). 이러한 출자는 벤처캐피탈 기능을 수행하는 동 투자회사의 본래 목적에 어긋나고, 탈법적인 방법으로 중소기업분야에 참여하는 수단이 될 수 있기 때문이다.[4]

---

3) 대법원 2006.5.12. 선고 2004두312 판결.

4) 공정거래위원회 (2011), 259면.

3. 순환출자에 대한 규제

가. 입법취지

전술한 상호출자 금지규정은 두 회사 상호간의 직접적 상호출자(예: A→B, B→A)를 금지하는 데 그치고 있어 대규모기업집단 형성의 주된 수단으로 활용되어 온 순환출자(예: A→B→C→D→A) 등의 간접적 상호출자를 규제하지 못하는 한계가 있다. 그러나 순환출자는 지배주주의 지배력 유지・강화 및 편법적 경영권 승계를 위한 방법으로 활용되는 등 경제력 집중에 따른 피해를 유발하고 있다는 비판을 받아왔다. 그리하여 공정거래법은 상호출자의 우회수단인 순환출자를 활용한 지배력 유지・강화 등 부작용을 막기 위해 상호출자제한기업집단 계열회사 간 신규 및 추가 순환출자를 금지하고 있다(22조 1항 본문). 다만, 사업구조개편 등 정상적 기업 활동에 대한 예외를 폭넓게 인정하고 있다(동항 단서). 한편 2020년 전부개정에서는 상호출자제한기업집단 지정 이전부터 보유하고 있던 순환출자로 인한 문제를 해소하기 위해 기존 순환출자에 대한 의결권 제한규정을 신설하였다(23조).[5]

나. 신규 및 추가 순환출자의 금지

상호출자제한기업집단 소속 회사가 계열회사의 주식을 취득 또는 소유하는 행위를 "계열출자"라 하고, 이러한 행위를 하는 회사를 "계열출자회사"라 하며, 그 출자의 상대방인 회사를 "계열출자대상회사"라 한다. "순환출자"란 3개 이상의 계열출자로 연결된 계열회사 모두가 계열출자회사 및 계열출자대상회사가 되는 계열출자 관계를 말한다. 또한 상호출자제한기업집단 소속 회사 중 순환출자 관계에 있는 계열회사의 집단을 "순환출자회사집단"이라 한다(법 2조 13호 내지 17호). 예컨대, A・B・C・D・E 5개 회사로 이루어진 상호출자제한기업집단에서 A가 B의 주식을, B가 C의 주식을, 그리고 C가 A의 주식을 각각 소유하는 경우 A・

5) 공정거래법은 1986년 위의 상호출자금지규정과 함께 순환출자를 억제하기 위해 소위 '출자총액제한제도' 즉, 대규모기업집단 계열회사들이 다른 회사에 출자할 수 있는 총액을 제한하는 제도를 도입한 바 있다. 그러나 이를 통해 순환출자를 막는 데에는 한계가 있는 반면 바람직한 출자마저도 위축시킬 우려가 있다는 비판을 받으면서 한때 폐지(1998년)와 재도입(1999년)의 과정을 거쳤던 이 제도는 2009년에 다시 폐지되었다.

B・C는 순환출자회사집단이 된다.

상호출자제한기업집단에 속하는 회사는, (i) 순환출자를 형성하는 계열출자를 하거나, (ii) 순환출자회사집단에 속하는 계열회사의 계열출자대상회사에 대한 추가적인 계열출자[계열출자회사가 상법 418조 1항에 따른 신주배정 또는 462조의2 1항에 따른 주식배당(이하 "신주배정등"이라 한다)에 의하여 취득 또는 소유한 주식 중에서 신주배정등이 있기 전 자신의 지분율 범위의 주식, 순환출자회사집단에 속하는 계열회사 간 합병에 의한 계열출자는 제외]를 해서는 안 된다. 다만, 다음 중 어느 하나에 해당하는 경우에는 그러하지 아니하다(법 22조 1항).

1) 회사의 합병・분할, 주식의 포괄적 교환・이전 또는 영업전부의 양수
2) 담보권의 실행 또는 대물변제의 수령
3) 계열출자회사가 신주배정등에 의하여 취득 또는 소유한 주식 중에서 다른 주주의 실권 등에 의하여 신주배정등이 있기 전 자신의 지분율 범위를 초과하여 취득 또는 소유한 계열출자대상회사의 주식이 있는 경우
4) 기업구조조정 촉진법 제8조 제1항에 따라 부실징후기업의 관리절차를 개시한 회사에 대하여 같은 법 제24조 제2항에 따라 금융채권자협의회가 의결하여 동일인(친족 포함)의 재산출연 또는 부실징후기업의 주주인 계열출자회사의 유상증자 참여(채권의 출자전환 포함)를 결정한 경우
5) 기업구조조정 촉진법 제2조 2호의 금융채권자가 같은 조 7호에 따른 부실징후기업과 기업개선계획의 이행을 위한 약정을 체결하고 금융채권자협의회의 의결로 동일인(친족 포함)의 재산출연 또는 부실징후기업의 주주인 계열출자회사의 유상증자 참여(채권의 출자전환 포함)를 결정한 경우

위의 예외에 해당하는 계열출자를 한 회사는 다음 중 어느 하나에 해당하는 기간 내에 취득 또는 소유한 해당 주식(위의 3) 내지 5)에 따른 경우는 신주배정등의 결정, 재산출연 또는 유상증자 결정이 있기 전 지분율 초과분)을 처분하여야 한다.

- 위의 1) 또는 2)에 따라 계열출자를 한 회사는 해당 주식을 취득 또는 소유한 날부터 6개월
- 위의 3)에 따라 계열출자를 한 회사는 해당 주식을 취득 또는 소유한 날부터 1년
- 위의 4) 또는 5)에 따라 계열출자를 한 회사는 해당 주식을 취득 또는 소유한 날부터 3년

다만, 순환출자회사집단에 속한 다른 회사 중 하나가 취득 또는 소유하고 있는 계열출자대상회사의 주식을 처분하여 위의 예외적 계열출자에 의하여 형성 또는 강화된 순환출자가 해소된 경우에는 그러하지 아니하다(법 22조 2항).

다. 기존 순환출자에 대한 의결권 제한

상호출자제한기업집단에 속하는 국내 회사로서 순환출자를 형성하는 계열출자를 한 회사는 상호출자제한기업집단 지정일 당시 취득 또는 소유하고 있는 순환출자회사집단 내의 계열출자대상회사 주식에 대하여 의결권을 행사할 수 없다(23조 1항). 이러한 의결권 제한은 순환출자회사집단에 속한 다른 국내 회사 중 하나가 취득 또는 소유하고 있는 계열출자대상회사의 주식을 처분함으로써 기존에 형성된 순환출자를 해소한 경우에는 적용하지 아니한다(동조 2항).

4. 채무보증의 제한

가. 입법취지

과거 우리나라에서는 대기업집단의 계열회사가 금융기관으로부터 여신을 제공받을 때 다른 계열회사의 보증을 받는 관행이 만연하였다. 이러한 관행은 (i) 대규모기업집단으로의 여신 편중을 가져올 뿐 아니라, (ii) 부실기업을 온존시키고 기업의 재무구조를 불건전하게 하며, (iii) 계열회사간의 상호의존관계가 심화되는 데 따른 동반부실의 위험을 야기하고, (iv) 금융기관의 부실화를 심화시키며, (v) 상호출자와 함께 경제력집중을 심화시키는 주요원인이 되었다.[6] 이러한 폐단을 시정하기 위해 공정거래법은 1992년 개정을 통해 상호출자제한기업집단 계열회사간 채무보증을 일정 한도로 제한하는 제도를 도입하였으며, 외환위기 후인 1998년부터는 신규채무보증을 금지하고 기존 채무보증을 단계적으로 해소하도록 한 끝에 2001년부터는 이를 원칙적으로 전면 금지하고 있다(현행 24조).

6) 공정거래위원회 (2011), 254 · 255면.

나. 규제의 내용

상호출자제한기업집단에 속하는 회사(금융·보험업을 영위하는 회사 제외)는 채무보증을 하여서는 안 된다(법 24조 본문). 여기서 '채무보증'이란 기업집단에 속하는 회사가 다음에 열거하는 국내금융기관의 여신과 관련하여 국내계열회사에 대하여 행하는 보증을 말한다(법 2조 18호, 영 7조).

- 은행법에 의한 은행·한국산업은행·한국수출입은행·장기신용은행 및 중소기업은행
- 보험업법에 의한 보험회사
- 자본시장과 금융투자업에 관한 법률에 따른 투자매매업자·투자중개업자 및 종합금융회사
- 여신전문금융업법에 의한 여신전문금융회사와 상호저축은행법에 의한 상호저축은행으로서 직전 사업연도 종료일 현재 대차대조표상 자산총액이 3천억원 이상인 자

다만 (i) 조세제한특례법에 의한 합리화기준에 따라 인수되는 회사의 채무와 관련하여 행하는 보증 및 (ii) 기업의 국제경쟁력강화를 위하여 필요한 경우 기타 대통령령이 정하는 경우의 채무에 대한 보증의 경우는 예외이다(법 22조 단서, 영 31조).

5. 금융·보험회사 및 공익법인의 의결권 제한

가. 금융·보험회사의 의결권 제한

상호출자제한기업집단에 속하는 금융·보험회사가 고객의 자금을 운용함에 있어 주식투자는 주요한 수단이 된다. 그러나 불특정다수의 고객으로부터 조성한 거대한 자금이 계열 확장이나 계열 강화에 동원되는 경우 심각한 경제력의 집중을 야기할 수 있다. 그리하여 공정거래법은 금융·보험회사가 계열회사의 주식을 보유하는 것 자체는 허용하되 그 의결권을 제한하는 방식으로 금융기관이 대규모기업집단의 지배력 확장에 이용되는 것을 차단하고 있다.[7] 즉, 상호출자제한기업집단에 속하는 회사로서 금융업 또는 보험업을 영위하는 회사는 취득 또는 소

7) 공정거래위원회 (2011), 257·258면.

유하고 있는 국내계열회사주식에 대하여 의결권을 행사할 수 없다. 다만 다음의 경우는 예외이다(법 25조 1항).

1) 금융업 또는 보험업을 영위하기 위하여 주식을 취득 또는 소유하는 경우
2) 보험자산의 효율적인 운용·관리를 위하여 보험업법에 의한 승인 등을 얻어 주식을 취득 또는 소유하는 경우[8]
3) 해당 국내 계열회사(상장법인에 한함)의 주주총회에서 (i) 임원의 선임 또는 해임, (ii) 정관 변경, 또는 (iii) 그 계열회사의 다른 회사로의 합병, 영업의 전부 또는 주요부분의 다른 회사로의 양도(단, 그 다른 회사가 계열회사인 경우 제외)를 결의한 경우

위의 3)은 경영권 방어를 위해 인정된 것이다. 이 경우 그 계열회사의 주식 중 의결권을 행사할 수 있는 주식의 수는 그 계열회사에 대하여 특수관계인 중 대통령령이 정하는 자를 제외한 자가 행사할 수 있는 주식수를 합하여 그 계열회사 발행주식총수(상법 제344조의3 제1항 및 제369조 제2항·제3항의 의결권 없는 주식의 수는 제외)의 100분의 15를 초과할 수 없다(동조 3호).

나. 공익법인의 의결권 제한

2020년 공정거래법 전부개정에서는 공익법인이 총수 일가의 지배력 확대 수단으로 이용되는 것을 방지하기 위하여 공익법인의 의결권 제한 규정을 신설하였다. 즉, 상호출자제한기업집단에 속하는 회사를 지배하는 동일인의 특수관계인에 해당하는 공익법인(상속세 및 증여세법 16조)은 취득 또는 소유하고 있는 주식 중 그 동일인이 지배하는 국내 계열회사 주식에 대하여 의결권을 행사할 수 없다. 다만, 다음 중 어느 하나에 해당하는 경우는 예외이다(법 25조 2항).

- 공익법인이 해당 국내 계열회사 발행주식총수를 소유하고 있는 경우
- 해당 국내 계열회사(상장법인에 한함)의 주주총회에서 다음 중 어느 하나에 해당하는 사항을 결의하는 경우(이 경우 그 계열회사의 주식 중 의결권을 행사할 수

8) 대법원에 의하면 이는 "관계법령에 의한 승인 등을 얻어 주식을 취득 또는 소유하고 있고 그것이 보험자산의 효율적인 운용·관리를 위한 것인 경우를 의미하며, 보험업을 영위하는 회사와 사업내용 면에서 밀접하게 관련된 사업을 영위하는 회사가 발행한 주식을 취득 또는 소유하고 있는 경우에 한하는 것은 아니다."(대법원 2005.12.9. 선고 2003두10015 판결).

있는 주식의 수는 그 계열회사에 대하여 특수관계인 중 대통령령으로 정하는 자를 제외한 자가 행사할 수 있는 주식수를 합하여 그 계열회사 발행주식총수의 100분의 15[9]를 초과할 수 없음)
- 임원의 선임 또는 해임
- 정관 변경
- 그 계열회사의 다른 회사로의 합병, 영업의 전부 또는 주요 부분의 다른 회사로의 양도(단, 그 다른 회사가 계열회사인 경우는 제외)

6. 각종 공시제도 등

가. 대규모 내부거래의 이사회 의결 및 공시

부당내부거래는 불공정거래행위의 일종으로서 금지되나, 내부거래가 은밀하게 이루어질 경우 이를 탐지 · 적발하는 어려움을 감안하여 공정거래법은 일정한 대규모 내부거래에 대한 사전통제 제도를 두고 있다. 즉, 공시대상기업집단에 속하는 회사(내부거래공시대상회사)가 특수관계인을 상대방으로 하거나 특수관계인을 위하여 대규모내부거래를 하고자 하는 때에는 미리 이사회의 의결을 거친 후 이를 공시하여야 한다(법 26조 1항 전단). 이 공시에는 거래의 목적 · 상대방 · 규모 및 조건 등 대통령령이 정하는 주요내용이 포함되어야 하며(동조 2항, 영 33조 3항), 이러한 거래의 주요내용을 변경하고자 하는 때에도 마찬가지로 이사회 의결과 공시가 필요하다(법 26조 1항 후단).

여기서 "대규모내부거래"란 다음 중 하나에 해당하는 행위로서 그 거래금액(상품 · 용역거래의 경우 분기에 이루어질 거래금액의 합계액)이 당해 회사의 자본총계 또는 자본금 중 큰 금액의 100분의 5 이상이거나 50억원 이상인 거래행위를 말한다(영 33조 1항).

- 가지급금 또는 대여금 등의 자금을 제공 또는 거래하는 행위
- 주식 또는 회사채 등의 유가증권을 제공 또는 거래하는 행위
- 부동산 또는 무체재산권 등의 자산을 제공 또는 거래하는 행위
- 주주의 구성 등을 고려하여 대통령령(영 33조 2항)으로 정하는 일정한 계열회사를

---

9) 다만 이 비율은 2023년 12월 31일까지는 100분의 30, 이후 2024년 12월 31일까지는 100분의 25, 이후 2025년 12월 31일까지는 100분의 20으로 본다(단계적 축소)(부칙 7조).

상대방으로 하거나 동 계열회사를 위하여 상품 또는 용역을 제공 또는 거래하는 행위

다만 다음의 경우에는 이사회 의결이 요구되지 않는다

- 금융업 또는 보험업을 영위하는 내부거래공시대상회사가 (i) 약관에 따라 정형화된 거래로서 (ii) 금융업 또는 보험업을 영위하는 과정에서 발생하는 일상적인 거래행위를 하고자 하는 때(단, 공시는 필요)(법 26조 4항, 영 33조 4항)
- 상장법인이 상법 제393조의2에 따라 설치한 위원회(자본시장법 9조 3항에 따른 사외이사가 3인 이상 포함되고, 사외이사의 수가 위원총수의 3분의 2 이상인 경우에 한함)에서 의결한 경우(이사회 의결을 거친 것으로 간주)(법 26 5항)

공정거래위원회는 대규모 내부거래의 공시와 관련되는 업무를 자본시장법 제161조에 따라 보고서를 제출받는 기관을 통하여 할 수 있으며, 이 경우 공시의 방법·절차 기타 필요한 사항은 해당 기관과의 협의를 거쳐 공정거래위원회가 이를 정한다(법 26조 3항).

나. 비상장회사 등의 중요사항 공시

공정거래법은, 소유지배구조 개선 및 투명성 제고를 유도하기 위하여 대규모 기업집단 소속 회사가 비록 상장법인이 아닌 경우에도 소유지배구조·재무구조 및 경영활동 관련 중요사항을 공시하도록 하고 있다. 즉, 공시대상기업집단에 속하는 회사(금융·보험업을 영위하는 회사 제외)로서 상장법인을 제외한 회사(직전 사업연도말 현재 자산총액이 100억원 미만인 회사로서 청산 중에 있거나 1년 이상 휴업 중에 있는 회사 제외)[10]는 다음에 해당하는 사항으로서 대통령령이 정하는 사항을 공시하여야 한다. 다만 제26조에 따라 공시되는 사항은 제외한다(법 27조 1항, 영 34조 1항, 3항 내지 5항).

- 최대주주와 주요주주(자본시장과 금융투자업에 관한 법률 제9조 제1항 제2호에 따른 주요주주)의 주식보유현황 및 그 변동사항, 임원의 변동 등 회사의 소유지배구조와 관련된 중요사항

10) 직전 사업연도말 현재 자산총액이 100억원 미만인 회사로서 청산 중에 있거나 1년 이상 휴업 중에 있는 회사를 제외한다(영 35조 1항).

- 자산 · 주식의 취득, 증여, 담보제공, 채무인수 · 면제 등 회사의 재무구조에 중요한 변동을 초래하는 사항
- 영업양도 · 양수, 합병 · 분할, 주식의 교환 · 이전 등 회사의 경영활동과 관련된 중요한 사항

이러한 비상장회사 등의 중요사항 공시에 관하여는 대규모 내부거래의 공시에 관한 공정거래법 제26조 제2항 및 제3항을 준용한다(법 27조 3항).

다. 기업집단 현황 등에 관한 공시

공정거래법은 시장참여자에 의한 자율적 감시기능을 강화하기 위하여 공시대상기업집단 소속 회사(단, 직전 사업연도말 현재 자산총액이 100억원 미만인 회사로서 청산중이거나 1년 이상 휴업중인 회사를 제외)로 하여금 다음 중 하나에 해당하는 사항으로서 대통령령으로 정하는 사항을 공시하도록 하고 있다(법 28조 1항, 영 35조 1항 내지 3항).

- 일반 현황
- 주식소유 현황
- 지주회사 · 자회사 · 손자회사 및 증손회사(이하 "지주회사등")가 아닌 계열회사 현황[지주회사등의 자산총액 합계액이 기업집단 소속 회사의 자산총액(금융업 또는 보험업을 영위하는 회사의 경우에는 자본총액 또는 자본금 중 큰 금액으로 함) 합계액의 100분의 50 이상인 경우로 한정한다]
- 2개의 계열회사가 서로의 주식을 취득 또는 소유하고 있는 상호출자 현황
- 순환출자 현황
- 채무보증 현황
- 취득 또는 소유하고 있는 국내계열회사주식에 대한 의결권 행사(금융업 또는 보험업을 영위하는 회사의 주식에 대한 의결권 행사는 제외) 여부
- 특수관계인과의 거래 현황

또한 공시대상기업집단에 속하는 회사를 지배하는 동일인은 다음 중 어느 하나에 해당하는 사항을 공시하여야 한다. 다만, 동일인이 의식불명 등 대통령령으로 정하는 사유로 공시할 수 없는 경우는 예외이다(법 28조 2항, 영 35조 3항 내지 6항).

- 특수관계인(자연인인 동일인 및 그 친족만을 말함)이 단독으로 또는 다른 특수관계인과 합하여 발행주식총수의 100분의 20 이상의 주식을 소유한 국외 계열회사의 주주 구성 등 대통령령으로 정하는 사항
- 공시대상기업집단에 속하는 국내 회사의 주식을 직접 또는 대통령령으로 정하는 방법으로 소유하고 있는 국외 계열회사의 주식소유 현황 등에 관한 사항으로서 대통령령으로 정하는 사항 및 그 국외 계열회사가 하나 이상 포함된 순환출자 현황

이러한 기업집단 현황 등의 공시에 관하여는 대규모 내부거래의 공시에 관한 공정거래법 제26조 제2항 및 제3항을 준용한다(법 28조 3항). 그 밖에 공시의 시기 · 방법 및 절차에 관하여 필요한 사항은 대통령령으로 정한다(동조 4항, 영 35조 7항 · 8항).

Ⅲ. 지주회사의 규제

1. 지주회사의 의의 및 요건

지주회사란 주식소유를 통해 다른 회사를 지배하는 것을 목적으로 하는 회사를 말한다. 이러한 지주회사는 경제력집중의 수단으로 활용될 우려가 있어 1986년 공정거래법 개정으로 그 설립 및 (기존회사의 지주회사로의) 전환이 금지되었다. 그러나 외환위기 이후인 1999년 공정거래법 개정에서 기업구조조정을 촉진하되 경제력집중의 폐해는 방지될 수 있도록 지주회사의 설립 및 전환을 제한적으로 허용하면서 일정한 행위제한을 가하였다. 이후 지주회사의 설립 · 전환을 촉진하고 지주회사 체제의 투명성을 강화하기 위한 지속적인 법개정이 이루어져 왔다.

현행 공정거래법상 지주회사라 함은 주식(지분 포함)의 소유를 통하여 국내회사의 사업내용을 지배하는 것을 주된 사업으로 하는 회사로서 자산총액이 5천억원(벤처지주회사[11]의 경우 300억원) 이상인 회사를 말하며(법 2조 7호, 영 3조 1항), 지주

11) 벤처지주회사란 벤처기업 또는 연간 매출액에 대한 연간 연구개발비의 비율이 100분의 5 이상인 중소기업(이하 "중소벤처기업")을 자회사로 하는 지주회사로서 다음의 요건을 모

회사에 의해 일정 기준에 따라 사업내용을 지배받는 회사를 자회사라 한다(법 2조 8호, 영 3조 3항). 여기서 "주된 사업"의 기준은 지주회사가 소유하고 있는 자회사의 주식(또는 지분) 가액의 합계액이 해당 회사 자산총액의 100분의 50 이상인 것으로 한다(영 3조 2항). 또한 자회사로 인정되기 위한 기준은 다음과 같다(동조 3항).

- 지주회사의 계열회사일 것 (중소기업창업투자회사 또는 신기술금융사업자가 창업투자 목적 또는 신기술사업자 지원 목적으로 다른 국내회사의 주식을 취득함에 따른 계열회사 제외)
- 지주회사가 소유하는 주식이 (i) 해당 회사를 사실상 지배하고 있는 자 및 (ii) 동일인관련자(영 3조의2 1항에 의해 동일인관련자로부터 분리된 자 제외) 중 최다출자자가 소유하는 주식과 같거나 많을 것

한편 자회사에 의해 다음 기준에 따라 사업내용을 지배받는 회사를 손자회사라 한다(법 2조 9호, 영 3조 4항).

- 자회사의 계열회사일 것
- 자회사가 소유하는 주식이 (i) 해당 회사를 사실상 지배하고 있는 자 및 (ii) 동일인관련자(영 3조의2 1항에 의해 동일인관련자로부터 분리된 자 제외) 중 최다출자자가 소유하는 주식과 같거나 많을 것. 다만, 자회사가 소유하는 주식이 다음 중 하나에 해당하는 자가 소유하는 주식과 같은 경우는 제외함.
  - 자회사의 지주회사
  - 지주회사의 다른 자회사

또한 손자회사가 발행주식총수(벤처지주회사의 경우 발행주식총수의 100분의 50 이상)를 소유하는 국내계열회사(보험업 또는 금융업을 영위하는 회사 제외)를 증손회사라 한다(법 18조 4항 4호·5호, 5항).

두 충족하는 지주회사를 말한다(법 18조 1항 2호, 영 27조 2항·3항).

1) 해당 회사가 소유하고 있는 전체 자회사 주식가액 합계액 중 중소벤처기업의 주식가액 합계액이 차지하는 비율이 100분의 50 이상일 것(단, 아래 3)에 따라 벤처지주회사의 설립·전환을 최초로 의결한 날부터 2년까지는 그 비율을 100분의 30 이상으로 함)
2) 해당 회사(법 31조 1항 전단에 따라 지정된 공시대상기업집단으로서 동일인이 자연인인 기업집단에 소속된 회사로 한정)의 동일인 및 그 친족이 자회사, 손자회사 또는 법 제18조 제5항에 따른 증손회사의 주식을 소유하지 않을 것
3) 이사회 또는 주주총회를 통해 벤처지주회사로 설립 또는 전환하기루 의결했을 것

2020년 공정거래법 전부개정에서는 벤처지주회사의 설립요건 및 행위제한 규제를 대폭 완화하여 보다 자유로운 벤처 투자가 이루어지도록 하였다.

2. 지주회사의 설립 · 전환의 신고

지주회사를 설립하거나 지주회사로 전환한 자는 공정거래위원회가 정하여 고시하는 바에 따라 다음 기한 내에 신고인의 명칭 및 대표자의 성명, 지주회사 · 자회사 · 손자회사 · 증손회사(이하 "지주회사 등")의 명칭 및 대표자의 성명, 자산총액, 부채총액, 주주현황, 주식소유현황, 사업내용 등을 기재한 신고서에 신고내용을 입증하는 서류를 첨부하여 공정거래위원회에 제출하여야 한다(법 17조, 영 26조 1항).

- 지주회사를 설립하는 경우에는 설립등기일부터 30일 이내
- 다른 회사와의 합병 또는 회사의 분할을 통하여 지주회사로 전환하는 경우에는 합병등기일 또는 분할등기일부터 30일 이내
- 자본시장법 등 다른 법률에 따라 공정거래법 제17조의 적용이 제외되는 회사의 경우에는 다른 법률에서 정하고 있는 제외기간이 지난 날부터 30일 이내
- 다른 회사의 주식취득, 자산의 증감 및 그 밖의 사유로 인하여 지주회사로 전환하는 경우에는 공정거래법 시행령 제3조 제1항 2호의 자산총액 산정 기준일부터 4개월 이내

지주회사로서 사업연도 중 소유 주식의 감소, 자산의 증감 등의 사유로 인하여 위의 자산총액 또는 주된 사업 기준에 해당하지 않게 되는 회사가 이를 공정거래위원회에 신고한 경우에는 당해사유가 발생한 날부터 이를 지주회사로 보지 아니한다(영 26조 4항).

3. 지주회사 등의 행위제한

가. 지주회사의 행위제한

(1) 부채비율의 제한

지주회사는 자본총액(대차대조표상의 자산총액에서 부채액을 뺀 금액)의 2배를 초과하는 부채액을 보유하여서는 안 된다(법 18조 2항 1호 본문). 이는 부채에 의존한 무리한 계열확장을 방지하기 위한 것이다. 다만, 지주회사로 전환하거나 설립될 당시에 자본총액의 2배를 초과하는 부채액을 보유하고 있는 때에는 지주회사로

전환하거나 설립된 날부터 2년간은 자본총액의 2배를 초과하는 부채액을 보유할 수 있다(동호 단서).

(2) 자회사 지분율의 제한

지주회사는 자회사의 주식을 자회사주식보유기준 미만으로 소유하여서는 안 된다. 이는 지주회사가 적은 자본으로 다수의 기업을 지배하지 못하도록 하기 위한 것이다. 여기서 "자회사주식보유기준"이라 함은 자회사 발행주식총수의 100분의 50이 원칙이나, 자회사가 (i) 주권상장법인인 경우, (ii) 국외상장법인(주식 소유의 분산요건 등 상장요건이 국내 유가증권시장의 상장요건에 상당하는 것으로 공정거래위원회가 고시하는 국외 증권거래소에 상장된 법인)인 경우 및 (iii) 공동출자법인[12]인 경우에는 100분의 30으로 하고, (iv) 벤처지주회사의 자회사인 경우에는 100분의 20으로 한다(법 18조 2항 2호 본문).[13] 다만, 다음 중 어느 하나에 해당하는 사유로 인하여 자회사주식보유기준에 미달하게 된 경우는 예외이다(동호 단서).

- 지주회사로 전환하거나 설립될 당시에 자회사의 주식을 자회사주식보유기준 미만으로 소유하고 있는 경우로서 지주회사로 전환하거나 설립된 날부터 2년 이내인 경우
- 상장법인 또는 국외상장법인이거나 공동출자법인이었던 자회사가 그에 해당하지 아니하게 되어 자회사주식보유기준에 미달하게 된 경우로서 그 해당하지 아니하게 된 날부터 1년 이내인 경우
- 벤처지주회사이었던 회사가 그에 해당하지 아니하게 되어 자회사주식보유기준에 미달하게 된 경우로서 그 해당하지 아니하게 된 날부터 1년 이내인 경우
- 자회사가 주식을 모집하거나 매출하면서 자본시장법에 따라 우리사주조합원에게 배정하거나 해당 자회사가 상법에 따라 발행한 전환사채 또는 신주인수권부사채의 전환이 청구되거나 신주인수권이 행사되어 자회사주식보유기준에 미달하게 된 경우로서 그 미달하게 된 날부터 1년 이내인 경우
- 자회사가 아닌 회사가 자회사에 해당하게 되고 자회사주식보유기준에는 미달하

---

12) "공동출자법인"이라 함은 경영에 영향을 미칠 수 있는 상당한 지분을 소유하고 있는 2인 이상의 출자자(특수관계인의 관계에 있는 출자자 중 대통령령이 정하는 자 외의 자는 1인으로 본다)가 계약 또는 이에 준하는 방법으로 출자지분의 양도를 현저히 제한하고 있어 출자자간 지분변동이 어려운 법인을 말한다(법 18조 1항 1호).

13) 2020년 공정거래법 전부개정에서는 지주회사의 자회사주식보유기준 및 지주회사 자회사의 손자회사주식보유기준을 모두 10%씩 상향 조정하였나(벤처지주회사의 자회사인 경우 제외).

는 경우로서 당해 회사가 자회사에 해당하게 된 날부터 1년 이내인 경우

- 자회사를 자회사에 해당하지 아니하게 하는 과정에서 자회사주식보유기준에 미달하게 된 경우로서 그 미달하게 된 날부터 1년 이내인 경우(자회사주식보유기준에 미달하게 된 날부터 1년 이내에 자회사에 해당하지 아니하게 된 경우에 한함)
- 자회사가 다른 회사와 합병하여 자회사주식보유기준에 미달하게 된 경우로서 그 미달하게 된 날부터 1년 이내인 경우

(3) 국내회사 지분율의 제한

지주회사는 (i) 계열회사가 아닌 국내회사(사회기반시설에 대한 민간투자법에 따라 민간투자사업을 영위하는 회사 제외)의 주식을 그 회사 발행주식총수의 100분의 5를 초과하여 소유하거나(소유하고 있는 계열회사가 아닌 국내회사의 주식가액의 합계액이 자회사의 주식가액의 합계액의 100분의 15 미만인 지주회사 제외) 또는 (ii) 자회사 외의 국내계열회사의 주식을 소유하여서는 안 된다(법 18조 2항 3호 본문). 이는 지주회사가 위의 자회사 지분율 제한을 회피하여 편법적으로 지배력을 확장하는 것을 막기 위한 것이다. 다만, 다음 중 하나에 해당하는 사유로 인하여 주식을 소유하고 있는 계열회사가 아닌 국내회사나 국내계열회사의 경우는 예외이다(동호 단서).

- 지주회사로 전환하거나 설립될 당시에 이 호 본문에서 규정하고 있는 행위에 해당하고 있는 경우로서 지주회사로 전환하거나 설립된 날부터 2년 이내인 경우
- 계열회사가 아닌 회사를 자회사에 해당하게 하는 과정에서 이 호 본문에서 규정하고 있는 행위에 해당하게 된 날부터 1년 이내인 경우(같은 기간내에 자회사에 해당하게 된 경우에 한함)
- 주식을 소유하고 있지 아니한 국내계열회사를 자회사에 해당하게 하는 과정에서 그 국내계열회사 주식을 소유하게 된 날부터 1년 이내인 경우(같은 기간내에 자회사에 해당하게 된 경우에 한함)
- 자회사를 자회사에 해당하지 아니하게 하는 과정에서 당해 자회사가 자회사에 해당하지 아니하게 된 날부터 1년 이내인 경우

(4) 금융지주회사의 비금융회사 주식소유 금지

금융업 또는 보험업을 영위하는 자회사의 주식을 소유하는 지주회사, 즉 "금융지주회사"는 금융업 또는 보험업을 영위하는 회사(금융업 또는 보험업과 밀접한 관련이 있는 등 대통령령이 정하는 기준에 해당하는 회사 포함) 외의 국내회사의 주식을

소유하여서는 안 된다(법 18조 2항 4호 본문). 이는 금융자본이 산업자본의 지배력 확장을 위한 재원으로 동원되는 것을 막기 위한 것이다. 다만, 금융지주회사로 전환하거나 설립될 당시에 금융업 또는 보험업을 영위하는 회사 외의 국내회사 주식을 소유하고 있는 때에는 금융지주회사로 전환하거나 설립된 날부터 2년간은 그 국내회사의 주식을 소유할 수 있다(동호 단서).

(5) 일반지주회사의 금융회사 주식소유 금지와 기업형 벤처캐피털의 특례

금융지주회사 외의 지주회사, 즉 "일반지주회사"는 금융업 또는 보험업을 영위하는 국내회사의 주식을 소유하여서는 안 된다(법 18조 2항 5호 본문). 이는 산업자본이 금융기관을 지배하여 이를 사금고화하는 것을 막기 위한 것이다. 다만, 일반지주회사로 전환하거나 설립될 당시에 금융업 또는 보험업을 영위하는 국내회사의 주식을 소유하고 있는 때에는 일반지주회사로 전환하거나 설립된 날부터 2년간은 그 국내회사의 주식을 소유할 수 있다(동호 단서).

2020년 공정거래법 전부개정에서는 벤처기업에 대한 투자와 인수합병을 활성화하기 위해 일반지주회사의 금융회사 주식소유 금지에 대한 특례로서 기업형 벤처캐피털(corporate venture capital, CVC)[14] 주식 보유를 허용하되, 타인 자본을 통한 지배력 확대 및 총수 일가의 사익 편취 등 부작용이 발생하지 않도록 하기 위한 여러 안전장치를 도입하였다. 즉, 일반지주회사는 기업형 벤처캐피털의 발행주식총수를 소유하는 경우에는 그 주식을 소유할 수 있다. 다만, 다음 중 어느 하나에 해당하는 경우는 예외이다(법 20조 2항).

- 계열회사가 아닌 기업형 벤처캐피털을 자회사에 해당하게 하는 과정에서 해당 기업형 벤처캐피털 주식을 발행주식총수 미만으로 소유하고 있는 경우로서 해당 회사의 주식을 보유하게 된 날부터 1년 이내인 경우(1년 이내에 발행주식총수를 보유하게 되는 경우에 한정)
- 자회사인 기업형 벤처캐피털을 자회사에 해당하지 아니하게 하는 과정에서 해당 기업형 벤처캐피털 주식을 발행주식총수 미만으로 소유하게 된 날부터 1년 이내인 경우(발행주식총수 미만으로 소유하게 된 날부터 1년 이내에 모든 주식을 처분한 경우에 한정)

---

14) 기업형 벤처캐피털이란 벤처투자 촉진에 관한 법률에 따른 중소기업창업투자회사 및 여신전문금융업법에 따른 신기술사업금융전문회사를 말한다.

일반지주회사가 주식을 소유한 기업형 벤처캐피털은 다음 중 어느 하나에 해당하는 행위를 하여서는 아니 된다. 다만, 위의 예외(법 20조 2항 각호)에 해당하는 경우 1)부터 5)까지의 행위는 금지되지 아니한다(동조 3항).

1) 자본총액의 2배를 초과하는 부채액을 보유하는 행위
2) 중소기업창업투자회사인 경우 벤처투자 촉진에 관한 법률 제37조 제1항 각 호 이외의 금융업 또는 보험업을 영위하는 행위
3) 신기술사업금융전문회사인 경우 여신전문금융업법 제41조 제1항 1호 및 3호부터 5호까지의 규정 이외의 금융업 또는 보험업을 영위하는 행위
4) 다음 중 어느 하나에 해당하는 투자조합(벤처투자 촉진에 관한 법률 2조 11호에 따른 벤처투자조합 및 여신전문금융업법 2조 14호의5에 따른 신기술사업투자조합을 말함)을 설립하는 행위
  - 자신이 소속된 기업집단 소속 회사가 아닌 자가 출자금 총액의 100분의 40 이내에서 대통령령으로 정하는 비율을 초과하여 출자한 투자조합
  - 자신이 소속된 기업집단 소속 회사 중 금융업 또는 보험업을 영위하는 회사가 출자한 투자조합
  - 자신의 특수관계인(동일인 및 그 친족에 한함)이 출자한 투자조합(동일인이 자연인인 기업집단에 한함)
5) 다음 중 어느 하나에 해당하는 투자(벤처투자 촉진에 관한 법률 2조 1호 각 목의 어느 하나에 해당하는 것을 말함)를 하는 행위(투자조합의 업무집행을 통한 투자를 포함)
  - 자신이 소속된 기업집단 소속 회사에 투자하는 행위
  - 자신의 특수관계인(동일인 및 그 친족에 한함)이 출자한 회사에 투자하는 행위
  - 공시대상기업집단 소속 회사에 투자하는 행위
  - 총자산(운용 중인 모든 투자조합의 출자금액을 포함)의 100분의 20을 초과하는 금액을 해외 기업에 투자하는 행위
6) 자신(자신이 업무를 집행하는 투자조합을 포함)이 투자한 회사의 주식, 채권 등을 자신의 특수관계인(동일인 및 그 친족에 한함) 및 특수관계인이 투자한 회사로서 지주회사 등이 아닌 계열회사가 취득 또는 소유하도록 하는 행위

한편 일반지주회사가 기업형 벤처캐피털의 주식을 소유하는 경우 해당 주식을 취득 또는 소유한 날부터 4개월 이내에 그 사실을 공정거래위원회에 보고하여야 하며, 일반지주회사의 자회사인 기업형 벤처캐피털은 자신 및 자신이 운용중인

모든 투자조합의 투자 현황, 출자자 내역 등을 공정거래위원회에 보고하여야 한다(법 20조 4항, 5항).

나. 일반지주회사의 자회사의 행위제한

(1) 손자회사 지분율의 제한

일반지주회사의 자회사는 손자회사의 주식을 손자회사주식보유기준 미만으로 소유하여서는 안 된다. 여기서 손자회사주식보유기준은 당해 손자회사 발행주식총수의 100분의 50이 원칙이나, 그 손자회사가 상장법인 또는 국외상장법인이거나 공동출자법인인 경우에는 100분의 30으로 하고, 벤처지주회사(일반지주회사의 자회사인 벤처지주회사에 한함)의 자회사인 경우에는 100분의 20으로 한다(법 18조 3항 1호 본문). 이는 지주회사가 자회사를 통해 적은 자본으로 그 지배력을 확대하는 것을 막기 위한 것이다. 다만, 다음 중 하나에 해당하는 사유로 인하여 손자회사주식보유기준에 미달하게 된 경우는 예외이다(동호 단서).

- 자회사가 될 당시에 손자회사의 주식을 손자회사주식보유기준 미만으로 소유하고 있는 경우로서 자회사에 해당하게 된 날부터 2년 이내인 경우
- 상장법인 또는 국외상장법인이거나 공동출자법인이었던 손자회사가 그에 해당하지 아니하게 되어 손자회사주식보유기준에 미달하게 된 경우로서 그 해당하지 아니하게 된 날부터 1년 이내인 경우
- 손자회사가 주식을 모집 또는 매출하면서 자본시장법에 따라 우리사주조합에 우선 배정하거나 당해 손자회사가 상법에 따라 발행한 전환사채 또는 신주인수권부사채의 전환이 청구되거나 신주인수권이 행사되어 손자회사주식보유기준에 미달하게 된 경우로서 그 미달하게 된 날부터 1년 이내인 경우
- 손자회사가 아닌 회사가 손자회사에 해당하게 되고 손자회사주식보유기준에는 미달하는 경우로서 당해 회사가 손자회사에 해당하게 된 날부터 1년 이내인 경우
- 손자회사를 손자회사에 해당하지 아니하게 하는 과정에서 손자회사주식보유기준에 미달하게 된 경우로서 그 미달하게 된 날부터 1년 이내인 경우(같은 기간 내에 손자회사에 해당하지 아니하게 된 경우에 한함)
- 손자회사가 다른 회사와 합병하여 손자회사주식보유기준에 미달하게 된 경우로서 그 미달하게 된 날부터 1년 이내인 경우

(2) 국내계열회사 주식소유 제한

일반지주회사의 자회사는 손자회사가 아닌 국내계열회사의 주식을 소유하여서는 안 된다(법 18조 3항 2호 본문). 이는 위의 손자회사 지분율 제한을 회피하여 편법적으로 지배력을 확장하는 것을 막기 위한 것이다. 다만, 다음 중 하나의 사유로 주식을 소유하고 있는 국내계열회사의 경우는 예외이다(동호 단서).

- 자회사가 될 당시에 주식을 소유하고 있는 국내계열회사의 경우로서 자회사에 해당하게 된 날부터 2년 이내인 경우
- 계열회사가 아닌 회사를 손자회사에 해당하게 하는 과정에서 당해 회사가 계열회사에 해당하게 된 날부터 1년 이내인 경우(같은 기간내에 손자회사에 해당하게 된 경우에 한함)
- 주식을 소유하고 있지 아니한 국내계열회사를 손자회사에 해당하게 하는 과정에서 당해 계열회사의 주식을 소유하게 된 날부터 1년 이내인 경우(같은 기간내에 손자회사에 해당하게 된 경우에 한함)
- 손자회사를 손자회사에 해당하지 아니하게 하는 과정에서 당해 손자회사가 손자회사에 해당하지 아니하게 된 날부터 1년 이내인 경우(같은 기간내에 계열회사에 해당하지 아니하게 된 경우에 한함)
- 손자회사가 다른 자회사와 합병하여 그 다른 자회사의 주식을 소유하게 된 경우로서 주식을 소유한 날부터 1년 이내인 경우
- 자기주식을 보유하고 있는 자회사가 회사분할로 인하여 다른 국내계열회사의 주식을 소유하게 된 경우로서 주식을 소유한 날부터 1년 이내인 경우

(3) 금융·보험회사 지배 금지

일반지주회사의 자회사는 금융업이나 보험업을 영위하는 회사를 손자회사로 지배하여서는 안 된다(법 18조 3항 3호 본문). 이는 산업자본이 자회사를 통해 금융기관을 지배하여 이를 사금고화하는 것을 막기 위한 것이다. 다만, 일반지주회사의 자회사가 될 당시에 금융업이나 보험업을 영위하는 회사를 손자회사로 지배하고 있는 경우에는 자회사에 해당하게 된 날부터 2년간 그 손자회사를 지배할 수 있다(동호 단서).

다. 일반지주회사의 손자회사 및 증손회사의 행위제한

공정거래법은 일반지주회사가 손자회사나 증손회사를 통해 다단계로 지배력을 확장하는 것을 막기 위한 규정들을 두고 있다. 먼저 일반지주회사의 손자회사는 국내계열회사의 주식을 소유하여서는 안 되나, 다음의 경우는 예외이다(법 18조 4항).

1) 손자회사가 될 당시에 주식을 소유하고 있는 국내계열회사의 경우로서 손자회사에 해당하게 된 날부터 2년 이내인 경우
2) 주식을 소유하고 있는 계열회사가 아닌 국내회사가 계열회사에 해당하게 된 경우로서 당해 회사가 계열회사에 해당하게 된 날부터 1년 이내인 경우
3) 자기주식을 소유하고 있는 손자회사가 회사분할로 인하여 다른 국내계열회사의 주식을 소유하게 된 경우로서 주식을 소유한 날부터 1년 이내인 경우
4) 손자회사가 국내계열회사(금융·보험업을 영위하는 회사 제외) 발행주식총수를 소유하고 있는 경우
5) 손자회사가 벤처지주회사인 경우 그 손자회사가 국내 계열회사(금융업 또는 보험업을 영위하는 회사 제외) 발행주식총수의 100분의 50 이상을 소유하는 경우

또한 위의 4) 또는 5)에 따른 증손회사는 국내계열회사의 주식을 소유하여서는 안 되나, 다음의 경우는 예외이다(동조 5항).

- 증손회사가 될 당시에 주식을 소유하고 있는 국내계열회사인 경우로서 증손회사에 해당하게 된 날부터 2년 이내인 경우
- 주식을 소유하고 있는 계열회사가 아닌 국내회사가 계열회사에 해당하게 된 경우로서 그 회사가 계열회사에 해당하게 된 날부터 1년 이내인 경우
- 일반지주회사의 손자회사인 벤처지주회사였던 회사가 공정거래법 제18조 제1항 2호에 따른 기준에 해당하지 아니하게 되어 동조 제4항 5호의 주식보유기준에 미달하게 된 경우로서 그 해당하지 아니하게 된 날부터 1년 이내인 경우

라. 유예기간의 연장 및 지주회사의 현황보고의무

위의 각 행위제한에 대한 유예기간들 중 (i) 지주회사 설립·전환 후 2년 및 (ii) 자회사 또는 손자회사에 해당하게 된 때부터 2년으로 주어진 유예기간들(법 18조 2항 1호 단서·2호 가목·3호 가목·4호 단서·5호 단서, 3항 1호 가목·2호 가목·3호

단서, 4항 1호 및 5항 1호)은 주식가격의 급격한 변동 등 경제여건의 변화, 주식처분금지계약, 사업의 현저한 손실 그 밖의 사유로 인하여 부채액을 감소시키거나 주식의 취득·처분 등이 곤란한 경우에는 공정거래위원회의 승인을 얻어 2년을 연장할 수 있다(동조 6항).

또한 지주회사는 대통령령이 정하는 바에 의하여 당해 지주회사 등의 주식소유현황·재무상황 등 사업내용에 관한 보고서를 공정거래위원회에 제출하여야 한다(동조 7항).

4. 상호출자제한기업집단의 지주회사 설립제한

상호출자제한기업집단에 속하는 회사를 지배하는 동일인 또는 당해 동일인의 특수관계인이 지주회사를 설립하고자 하거나 지주회사로 전환하고자 하는 경우에는 다음에 해당하는 채무보증을 해소하여야 한다(법 19조). 이는 지주회사 체제가 건전한 재무구조 위에 설 수 있도록 하기 위한 것이다.

- 지주회사와 자회사 간의 채무보증
- 지주회사와 다른 국내계열회사(그 지주회사가 지배하는 자회사 제외) 간의 채무보증
- 자회사 상호간의 채무보증
- 자회사와 다른 국내계열회사(그 자회사를 지배하는 지주회사 및 그 지주회사가 지배하는 다른 자회사 제외) 간의 채무보증

Ⅳ. 탈법행위의 금지

누구든지 공정거래법 제18조(지주회사 등의 행위제한 등) 제2항부터 제5항까지, 제19조(상호출자제한기업집단의 지주회사 설립제한)부터 제25조(금융회사·보험회사 및 공익법인의 의결권 제한)까지의 규정을 회피하려는 행위를 하여서는 안 된다(법 36조 1항). 이러한 탈법행위의 유형 및 기준은 대통령령으로 정한다(동조 2항).

V. 법위반에 대한 제재

1. 시정조치

공정거래위원회는 공정거래법 제18조(지주회사 등의 행위제한 등) 제2항부터 제5항까지, 제19조(상호출자제한기업집단의 지주회사 설립제한), 제20조(일반지주회사의 금융회사 주식 소유 제한에 대한 특례) 제2항부터 제5항까지, 제21조(상호출자의 금지 등)부터 제29조(특수관계인인 공익법인의 이사회 의결 및 공시)까지 또는 제36조(탈법행위의 금지)를 위반하거나 위반할 우려가 있는 행위가 있는 때에는 당해 사업자 또는 위반행위자에 대하여 (i) 당해 행위의 중지, (ii) 주식의 전부 또는 일부의 처분, (iii) 채무보증의 취소, (iv) 시정명령을 받은 사실의 공표, (v) 공시의무의 이행 또는 공시내용의 정정, (vi) 그 밖에 법위반상태를 시정하기 위하여 필요한 조치를 명할 수 있다(법 37조 1항).

시정조치로서 주식처분명령을 받은 자는 그 명령을 받은 날부터 해당 주식에 대하여 의결권을 행사할 수 없다(법 37조 2항). 또한 공정거래법 제21조(상호출자의 금지 등) 또는 제22조(순환출자의 금지)를 위반하여 상호출자 또는 순환출자를 한 주식에 대해서는 그 시정조치를 부과받은 날부터 법 위반상태가 해소될 때까지 해당 주식 전부에 대하여 의결권을 행사할 수 없다(동조 1항).

한편 공정거래법 제19조(상호출자제한기업집단의 지주회사 설립제한)를 위반한 회사의 합병 또는 설립이 있는 경우에는 공정거래위원회가 해당 회사의 합병 또는 설립무효의 소를 제기할 수 있다(법 37조 2항).

2. 과징금

공정거래위원회는 공정거래법 제21조(상호출자의 금지 등) 및 제22조(순환출자의 금지)를 위반하여 주식을 취득 또는 소유한 회사에 대하여 위반행위로 취득 또는 소유한 주식의 취득가액에 100분의 20을 곱한 금액을 초과하지 아니하는 범위에서 과징금을 부과할 수 있다(법 38조 1항). 또한 동법 제24조(계열회사에 대한 채무보증의 금지)를 위반하여 채무보증을 한 회사에 대하여 해당 법위반 채무보증액의 100분의 20을 곱한 금액을 초과하지 아니하는 범위에서 과징금을 부과할 수 있다(동조 2항). 동법 제18조(지주회사 등의 행위제한 등) 제2항부터 제5항까지, 제20조(일반지주회사의 금융회사 주식 소유 제한에 관한 특례) 제2항 또는 제3항의 규정을 위반한 자에 대하여는 다음의 금액에 100분의 20을 곱한 금액을 초과하지 아니하는 범위에서 과징금을 부과할 수 있다(법 38조 3항).

- 동법 제18조(지주회사 등의 행위제한 등) 제2항 1호를 위반한 경우: 대통령령이 정하는 대차대조표(이하 "기준대차대조표")상 자본총액의 2배를 초과한 부채액
- 동항 2호를 위반한 경우: 당해 자회사 주식의 기준대차대조표상 장부가액의 합계액에 다음의 각 비율에서 그 자회사 주식의 소유비율을 뺀 비율을 곱한 금액을 그 자회사 주식의 소유비율로 나누어 산출한 금액
  - 해당 자회사가 상장법인 또는 국외상장법인이거나 공동출자법인인 경우에는 100분의 30
  - 벤처지주회사의 자회사인 경우에는 100분의 20
  - 위에 두 경우에 해당하지 아니하는 경우에는 100분의 50
- 동조 제2항 3호부터 5호까지, 제3항 2호・3호, 제4항 1호부터 4호까지 또는 제5항을 위반한 경우: 위반하여 소유하는 주식의 기준대차대조표상 장부가액의 합계액
- 동조 제3항 1호를 위반한 경우: 당해 손자회사 주식의 기준대차대조표상 장부가액의 합계액에 다음 각 목의 비율에서 그 손자회사 주식의 소유비율을 뺀 비율을 곱한 금액을 그 손자회사 주식의 소유비율로 나누어 산출한 금액
  - 해당 손자회사가 상장법인 또는 국외상장법인이거나 공동출자법인인 경우에는 100분의 30
  - 해당 손자회사가 벤처지주회사의 자회사인 경우에는 100분의 20
  - 위에 해당하지 아니하는 손자회사의 경우에는 100분의 40
- 동조 제4항 5호를 위반한 경우: 해당 손자회사인 벤처지주회사가 발행주식총수의 100분의 50 미만을 소유하고 있는 국내 계열회사 주식의 기준대차대조표상 장부가액의 합계액에 100분의 50의 비율에서 그 국내 계열회사 주식의 소유비율을 뺀 비율을 곱한 금액을 그 국내 계열회사 주식의 소유비율로 나누어 산출한 금액
- 동법 제20조(일반지주회사의 금융회사 주식 소유 제한에 관한 특례) 제2항을 위반한 경우: 해당 자회사 주식의 기준대차대조표상 장부가액의 합계액을 그 자회사

주식의 소유비율로 나눈 금액에 해당 자회사 발행주식 중 자신이 보유하지 않은 주식의 비율을 곱하여 산출한 금액

- 동조 제3항 1호를 위반한 경우: 기준대차대조표상 자본총액의 2배를 초과한 부채액
- 동항 4호를 위반한 경우: 위반에 해당하는 만큼의 출자금액
- 동항 5호를 위반한 경우: 위반하여 소유하는 주식, 채권 등의 기준대차대조표상 장부가액의 합계액
- 동항 6호를 위반한 경우: 위반하여 소유하도록 한 주식, 채권 등의 기준대차대조표상 장부가액의 합계액

3. 벌 칙

다음 어느 하나에 해당하는 자는 3년 이하의 징역 또는 2억원 이하의 벌금에 처한다(법 124조 1항). 이때 징역형과 벌금형은 병과할 수 있다(동조 2항).

- 제18조(지주회사 등의 행위제한 등) 제2항부터 제5항까지의 규정을 위반한 자
- 제19조(사호출자제한기업집단의 지주회사 설립제한)를 위반하여 지주회사를 설립하거나 지주회사로 전환한 자
- 제20조(일반지주회사의 금융회사 주식 소유 제한에 관한 특례) 제2항 또는 제3항을 위반한 자
- 제21조(상호출자의 금지 등) 또는 제22조(순환출자의 금지)를 위반하여 주식을 취득하거나 소유하고 있는 자
- 제24조(계열회사에 대한 채무보증의 금지)를 위반하여 채무보증을 하고 있는 자
- 제23조(순환출자에 대한 의결권 제한), 제25조(금융·보험회사 및 공익법인의 의결권 제한) 또는 제39조(시정조치의 이행확보)를 위반하여 의결권을 행사한 자
- 제36조(탈법행위의 금지)를 위반하여 탈법행위를 한 자

또한 다음 어느 하나에 해당하는 자는 2년 이하의 징역 또는 1억5천만원 이하의 벌금에 처한다(법 125조).

- 동법 제37조(시정조치 등) 제1항에 따른 시정조치에 따르지 아니한 자
- 동법 제31조(상호출자제한기업집단 등의 지정 등) 제4항에 따른 자료요청에 대하여 정당한 이유 없이 자료 제출을 거부하거나 거짓의 자료를 제출한 자

- 동조 제5항을 위반하여 공인회계사의 회계감사를 받지 아니한 자

한편 다음 중 하나에 해당하는 자는 1억원 이하의 벌금에 처한다(법 68조).

- 동법 제17조(지주회사 설립·전환의 신고)의 규정에 위반하여 지주회사의 설립 또는 전환의 신고를 하지 아니하거나 허위의 신고를 한 자
- 동법 제18조(지주회사 등의 행위제한 등) 제7항을 위반하여 당해 지주회사 등의 사업내용에 관한 보고를 하지 아니하거나 허위의 보고를 한 자
- 동법 제30조(주식소유현황 등의 신고) 제1항 및 제2항의 규정에 위반하여 주식소유현황 또는 채무보증현황의 신고를 하지 아니하거나 허위의 신고를 한 자

제 5 장 부당한 공동행위의 제한

I. 서 설

개별 사업자들이 내부적 성장이나 다른 사업자와의 결합을 통해 시장지배력을 획득하지 못한 경우에도 이들 사이에 서로 경쟁하지 않기로 하는 합의(예, 가격인상합의)가 이루어지는 경우에는 집합적인 시장지배력의 행사가 가능하다. 이러한 독립된 경쟁사업자들 상호간의 경쟁을 제한하는 합의를 경제학상 카르텔이라 하며, 다음과 같은 여러 폐해를 가져온다.[1] 첫째, 가격을 상승시키고 비효율적 생산방식을 유지시킨다. 둘째, 가격을 경직화시키고 경제전체를 불안정하게 한다. 셋째, 종종 가격차별이 병행된다. 넷째, 신제품도입과 설비증설을 억제한다. 다섯째, 고용 및 소득증대를 저해하고 경기침체를 악화 내지 장기화시킨다.

반면 카르텔은 다음과 같은 순기능을 갖기도 한다.[2] 첫째, 파멸적 경쟁을 방지한다. 둘째, 개별기업이 감당하기 어려운 대규모투자재원을 확보해 준다. 셋째, 산업의 자율규제를 위한 장치로 활용된다. 넷째, 산업발전의 계획을 촉진시킨다. 이러한 카르텔의 순기능과 역기능을 감안하여 공정거래법은 이를 부당한 공동행위로서 금지하되(19조 1항), 일정한 요건에 해당할 경우 공정거래위원회의 사전인가를 통해 공동행위가 허용되는 예외를 인정하고 있다(동조 2항).

---

1) G. W. Stocking and M. W. Watkins, *Cartels or Competition? The Economics of International Controls by Business and Government* at 141-246 (1948).

2) J. Bower and E. Rehman, *Benevolent Cartels*, 63 Harvard Bus. Rev. 63, 125-26 (1985).

Ⅱ. 부당공동행위의 성립요건

공정거래법 제40조 제1항은 부당공동행위의 요건과 관련하여 "사업자는 계약·협정·결의 기타 어떠한 방법으로도 다른 사업자와 공동으로 부당하게 경쟁을 제한하는 다음 각 호의 어느 하나에 해당하는 행위를 할 것을 합의(이하 "부당한 공동행위"라 한다)하거나 다른 사업자로 하여금 이를 행하도록 하여서는 아니된다."고 규정한다. 이를 분설하면 다음과 같다.

1. 부당한 경쟁제한

공정거래법 제40조 제1항은 문제된 행위가 "부당하게 경쟁을 제한"할 것을 부당공동행위의 요건으로 하고 있다. 이는 경쟁제한효과만을 발생시키고 효율증대를 가져오지 않은 소위 경성카르텔(hard-core cartels)에 대한 규제를 강화하는 국제적 추세에 부응하기 위해 제7차 공정거래법 개정시에 경쟁의 실질적 제한이란 요건을 부당한 경쟁제한요건으로 교체한 것이다. 그리하여 「공동행위 심사기준」(공정거래위원회예규 제390호, 2021.12.28. 개정)(이하 이 장에서 "심사기준"이라 한다)은 공동행위가 경쟁제한만을 가져오는지 혹은 효율증대를 수반하는지에 따라 그 위법성 심사를 달리하고 있다.

가. 경쟁제한 효과만을 발생시키는 공동행위

공동행위의 성격상 경쟁제한 효과만 생기는 것이 명백한 경우(예, 가격·산출량의 결정·제한이나 시장·고객의 할당)에는 특별한 사정이 없는 한 시장구조·거래형태·경쟁상황 등 시장상황에 대한 개략적인 분석만으로 구체적인 경쟁제한성에 대한 심사 없이 부당한 공동행위로 판단할 수 있다(심사기준 V).[3]

다만 문제된 행위 자체는 경쟁제한 효과만 발생시키는 행위유형에 속하더라도

3) 그러나 법원과 공정거래위원회의 실무에서는 경성카르텔의 경우에도 관련시장 획정, 시장점유율 산정 등의 절차를 거쳐 경쟁제한성 심사를 실시하는 것이 일반이다. 정호열(2012), 348면.

이것이 효율성을 증대시키는 경제적 통합(생산·판매·구매·연구개발 등의 통합)과 합리적으로 연관되어 추진되고, 효율성증대 효과의 목적을 달성하기 위해 합리적으로 필요하다고 인정되는 경우에는 연관되는 경제적 통합의 경쟁제한 효과와 효율성증대 효과 등을 종합적으로 고려하여 위법성 여부를 판단한다. 예컨대, 6개의 중소 구두제조 사업자들이 대형 구두제조사업자들에 대항하기 위한 생존전략의 일환으로 유통비용과 광고비용을 절감하고 제품의 상표가치를 제고하기 위해 'OO'이라는 상표로 공동마케팅을 수행하기로 합의하면서 제품을 동일한 가격으로 판매하기로 한 경우가 이에 해당한다(심사기준 V.1.가.(5)).

그런데 대법원은 경성카르텔이 경제적 통합과 합리적으로 연관되어 추진된 것이 아닌 경우에도 (심사기준이 인정하는 경쟁제한 효과와 효율증대 효과의 비교형량 외에) 광범위한 사회·경제적 이익을 폭넓게 고려하여 공동행위의 부당성 여부를 판단하고 있다. 먼저 통신사업자들 사이에 시외전화 맞춤형 정액요금제 상품을 출시하기로 한 합의와 관련하여, "사업자들의 공동 가격결정 행위로 인하여 일정한 거래분야의 경쟁이 감소하여 사업자들의 의사에 따라 어느 정도 자유로이 가격결정에 영향을 미치거나 미칠 우려가 있는 상태가 초래된 이상, 이로 인하여 경쟁이 제한되는 정도에 비하여 [(구)]공정거래법 제19조 제2항 각 호에 정해진 목적 등에 이바지하는 효과가 상당히 커서 소비자를 보호함과 아울러 국민경제의 균형 있는 발전을 도모한다는 법의 궁극적인 목적에 실질적으로 반하지 않는다고 인정되는 예외적인 경우에 해당하지 않는 한, 위와 같은 가격결정 행위는 부당하다고 볼 수밖에 없다."고 판시하였다.[4]

또한 운수업자들의 컨테이너 운임적용률 인상에 관한 합의와 관련하여서는, "원고들 및 소외 회사들이 이 사건 합의를 하게 된 경위는 위와 같이 하불료를 인상하는 데 필요한 재원 마련에 있었는데, 우리나라 육상화물 운송시장의 특성상 하불료는 지입차주들의 소득과 직결되어 있어 정부가 컨테이너 운임의 덤핑을 방치할 경우 출혈가격경쟁이 발생하여 이로 인한 전국적인 산업 분규, 물류의 차질 및 교통안전 위해 등의 문제가 발생할 수 있고, 이를 해결하기 위하여 추가되는 사회적 비용은 육상화물 운송시장에서의 가격경쟁으로 인한 소비자 후생 증대효과에 비교하여 적다고 볼 수 없는 점 등에 비추어 볼 때, 친경쟁적 효과가 매우 커 공동행위의 부당성이 인정되지 않을 여지가 있다."고 판시한 바 있다.[5]

---

4) 대법원 2008.12.24. 선고 2007두19584 판결.

이러한 입장에 따르면 후술하는 공정거래위원회의 사전인가를 받지 않은 공동행위도 친경쟁적 효과가 현저하거나 국민경제의 균형발전이라는 법의 궁극적 목적에 부합하는 경우에는 허용될 수 있는 것이다.[6]

나. 경쟁제한 효과와 효율성 증대효과를 함께 발생시킬 수 있는 공동행위

공동마케팅, 공동생산, 공동구매, 공동연구・개발, 공동표준개발 등의 공동행위는 (i) 자산・지식・경험의 결합 또는 위험의 배분, 중복비용의 감소 등을 통해 효율성을 증대시키고 때로는 개별 사업자가 수행하지 못했을 사업을 가능하게 해 주는 반면, (ii) 참여사업자들의 시장지배력을 창출・유지・증가시켜 가격 상승, 품질・산출량・혁신노력의 감소를 초래하는 등 경쟁제한 효과를 발생시킬 수도 있다(심사기준 V.1.나.(1)・(2)). 따라서 이러한 공동행위의 위법성을 판단함에 있어서는, (i) 경쟁제한 효과 분석, (ii) 효율성 증대효과 분석 및 (iii) 경쟁제한 효과와 효율성 증대효과의 비교형량이라고 하는 3단계의 심사를 거치게 된다(심사기준 V.1.나.(4)).[7]

첫째, 경쟁제한 효과의 분석은 다시 (i) 관련시장 획정, (ii) 시장점유율 산정, (iii) 시장지배력 심사 및 (iv) 참여사업자간 경쟁제한 수준 심사의 4단계로 이루어진다(심사기준 V.2.나.). 다만, (ii)에서 공동행위에 참여한 사업자들의 시장점유율의 합계가 20% 이하인 경우 경쟁제한효과가 발생할 가능성이 없거나 그 효과가 미미한 것으로 보고 심사를 종료한다(심사기준 V.2.가.(2)). 또한 경쟁제한 효과가 없는 것으로 나타난 경우 더 이상 효율성 증대효과 분석으로 나아가지 않고 심사를 종료한다(심사기준 V.2.나.(6)).

둘째, 효율성 증대효과 분석에서는, 당해 공동행위가 규모의 경제, 범위의 경제, 위험 배분, 지식・경험의 공동활용에 의한 혁신 속도 증가, 중복 비용의 감소 등 경제적 효율성을 증대시킬 수 있는지 심사한다(심사기준 V.3.가.). 그러나 (i) 산출량 감축, 시장 분할 또는 단순한 시장지배력의 행사에 의해 발생하는 비용절감

5) 대법원 2009.7.9. 선고 2007두26117 판결.

6) 대법원 2005.9.9. 선고 2003두11841 판결(공정거래위원회의 사전인가를 받지 않은 사업자단체의 부당공동행위가 소비자보호 및 국민경제의 균형발전이라는 법의 궁극적 목적에 부합함을 이유로 허용).

7) 다만 당해 공동행위의 성격 분석만으로 경쟁제한 효과가 발생하지 않는 것이 명백한 경우에는 더 이상 경쟁제한 효과 분석으로 나아가지 않고 심사를 종료한다(심사기준 V.1.나.(3)).

등이나 (ii) 제품·서비스의 품질 저하 등 소비자의 이익 감소를 통해 달성되는 비용절감은 효율성 증대효과로 주장할 수 없다(심사기준 V.3.나.). 또한 효율성 증대효과는 (i) 그 실현가능성이 확실하고, (ii) 당해 공동행위 외의 방법으로는 이를 달성하기 어려우며, (iii) 이를 주장하는 사업자가 충분한 자료를 제출한 경우에만 인정될 수 있다(심사기준 V.3.다·라·마.).

셋째, 경쟁제한 효과와 효율성 증대효과의 비교형량에서는, 후자가 전자를 상쇄할 수 있는지 여부를 검토하는 바, 경쟁제한의 폐해가 클수록 이를 상쇄하기 위한 효율성 증대효과 또한 커야 당해 공동행위가 허용될 수 있다(심사기준 V.4.).

2. 행위의 공동성

가. 2 이상의 사업자

부당한 공동행위는 2 이상의 사업자가 주체가 되어야 성립한다(심사기준 II.1.가.). 그런데 다수의 사업자가 참여하더라도 실질적·경제적으로 이들을 사실상 하나의 사업자로 볼 수 있는 경우에는 부당공동행위(입찰담합 제외)의 주체가 될 수 없다(II.1.나.(1)).

여기서 '사실상 하나의 사업자'로 인정되기 위한 요건은 다음과 같다(II.1.나.(2)).

- 사업자가 다른 사업자의 주식을 모두 소유한 경우(법 제2조 제2호의 동일인 또는 시행령 제3조 제1호의 동일인 관련자가 소유한 주식 포함. 이하 같음)
- 사업자가 다른 사업자의 주식을 모두 소유하지 아니한 경우라도 주식 소유 비율, 당해 사업자의 인식, 임원겸임 여부, 회계의 통합 여부, 일상적 지시 여부, 판매조건 등에 대한 독자적 결정 가능성, 당해 사안의 성격 등 제반사정을 고려할 때 사업자가 다른 사업자를 실질적으로 지배함으로써 이들이 상호 독립적으로 운영된다고 볼 수 없는 경우(단, 관련시장 현황, 당해 사업자의 활동 등을 고려할 때 경쟁관계에 있다고 인정되는 경우는 예외)

한편 공정거래법 제40조 제1항은 다른 사업자로 하여금 부당공동행위를 행하도록 하는 행위도 금지하고 있는데, 여기서 "부당공동행위를 행하도록 하는 행위"라 함은 다른 사업자로 하여금 부당한 공동행위를 하도록 교사하는 행위 또는 이에 준하는 행위를 의미하고, 다른 사업자의 부당한 공동행위를 단순히 방조하는 행위는 이에 포함되지 않는다.[8)]

나. 합의의 존재

부당공동행위가 성립하려면 사업자들 간에 공동으로 경쟁을 제한하는 행위를 하기로 하는 '합의'가 있어야 한다(법 19조 1항). 이러한 합의에는 계약·협정·결의 등에 의한 명시적 합의뿐 아니라 암묵적 양해와 같은 묵시적 합의도 포함된다(심사기준 II.2.가.(1)).[9)] 그러나 사업자들이 서로 행위의 일치를 의식하면서 동일한 노선을 따라 행동하는 소위 '의식적 병행행위(conscious parallelism)'를 한 것만으로는 합의가 성립되지 않으며, 추가적인 요소들(plus factors)[10)]에 대한 증거를 통해 합의의 존재가 입증되어야 한다.

합의는 관련시장이나 특정 입찰에 참여하는 사업자들 중 일부 사이에서만 이루어진 경우에도 성립할 수 있으며, 공동행위 참가자 중 일방이 당초에 합의에 따를 의사 없이 진의 아닌 의사표시에 의하여 합의하고 그 실행에는 불참한 경우에도 부당공동행위의 성립에는 지장이 없다(II.2.가.(2)·(3)).[11)] 또한 공급자들이 아닌 수요자들 사이의 합의에 의해서도 부당공동행위는 성립할 수 있다(II.2.가.(4)). 사업자들 간에 경쟁제한의 합의가 존재하는 한 그 실행행위가 이루어지지 않은 경우에도 부당공동행위는 성립한다.[12)]

---

8) 대법원 2009.5.14. 선고 2009두1556 판결(주파수공용통신장치(TRS) 구매입찰시장에서 기존 시스템 설치자인 통신장비 제조·판매 사업자가 자신의 국내총판 3개 회사에 담당수요처를 배분하거나 담당총판 이외의 총판에게 제품공급확인서 및 기술지원확인서를 발급해준 행위 등이 전체적으로 결합하여 위 총판 3개 회사에 대한 부당한 공동행위(입찰담합)의 교사 또는 이에 준하는 행위를 구성한다고 볼 수 없다고 함).

9) 대법원 2007.12.13. 선고 2007두2852 판결; 서울고법 2008.5.29. 선고 2007누22858 판결.

10) 이러한 추가요소로는 (i) 공동적 행위(joint action)에 대한 제안, (ii) 복잡하면서도 일치된 일련의 반응들, (iii) 직접적인 의사소통이나 그것이 이루어질 수 있는 기회, (iv) 협정의 존재를 부인하지 못하는 것, (v) 모든 이들이 참가할 경우에는 모두에게 이익이 되나, 다른 이들은 참가하지 않는 가운데 혼자만 참가하는 일은 그 이익에 반한다는 사실을 각 참가자로 하여금 인식하게 만들어주는 일련의 정황 등을 들 수 있다. L. A. Sullivan, *Handbook of the Law of Antitrust* at 317 (1977).

11) 대법원 1999.2.23. 선고 98두15849 판결.

12) 대법원 2001.5.8. 선고 2000두10212 판결.

다. 합의의 추정

부당공동행위에 있어 경쟁제한의 합의는 직접증거(예, 합의서 · 녹취록)에 의해 입증될 수도 있고, 간접증거(정황증거)에 의해 입증될 수도 있다. 그러나 부당공동행위에 대한 법규제가 강화되면서 합의의 직접증거를 확보하기가 어려워짐에 따라 모호한 간접증거에 의존하여 합의를 입증하는 것이 법집행기관에게 커다란 부담이 되고 있다. 이러한 법집행기관의 입증부담을 덜어주기 위한 방법으로 1986년 공정거래법 개정을 통해 부당공동행위의 추정규정(당시 19조 5항)이 도입되었다. 이 조항의 문언은 2007년에 한 차례 개정되었으며, 2020년 공정거래법 전면개정을 통해 정보교환이 추정을 위한 별도의 요건으로 추가되었다. 현행 추정규정의 문언은 다음과 같다(법 40조 5항).

⑤ 제1항 각 호의 어느 하나에 해당하는 행위를 하는 둘 이상의 사업자가 다음 각 호의 어느 하나에 해당하는 경우에는 그 사업자들 사이에 공동으로 제1항 각 호의 어느 하나에 해당하는 행위를 할 것을 합의한 것으로 추정한다.

1. 해당 거래분야, 상품 · 용역의 특성, 해당 행위의 경제적 이유 및 파급효과, 사업자 간 접촉의 횟수 · 양태 등 제반 사정에 비추어 그 행위를 그 사업자들이 공동으로 한 것으로 볼 수 있는 상당한 개연성이 있을 때
2. 제1항 각 호의 행위(제9호의 행위 중 정보를 주고받음으로써 일정한 거래분야에서 경쟁을 실질적으로 제한하는 행위를 제외한다)에 필요한 정보를 주고받은 때

법집행기관의 입증부담을 실질적으로 경감시키기 위해서는 동 조항을 법률상의 추정규정으로 보고 일정한 요건 하에 합의의 부존재에 대한 입증책임을 사업자 측에 전가시키는 것으로 해석하여야 할 것이다.[13] 그러나 공정거래법 제40조 제5항 1호는 직접사실인 경쟁제한의 합의를 추정하기 위해 입증이 필요한 간접사실의 내용을 지나치게 모호하게 규정하고 있어 이러한 법률상의 추정을 인정하는 데 장애가 되고 있다. 그리하여 「공동행위 심사기준」은 동호에 의한 추정을 보강하기 위한 정황증거를 다음과 같이 예시하고 있다(V.2.나.(2)).

---

13) 2007년 개정 전의 동 조항이 법률상의 추정을 인정한 것으로 본 판례로, 대법원 2002.3.15. 선고 99두6514 · 6521 판결.

1) 직·간접적인 의사연락이나 정보교환 등의 증거가 있는 경우

[예 1] 해당 사업자간 가격인상, 산출량 감축 등 비망록 기입내용이 일치하는 경우

[예 2] 모임을 갖거나 연락 등을 하고 그 이후 행동이 통일된 경우

2) 공동으로 수행되어야만 당해 사업자들의 이익에 기여할 수 있고 개별적으로 수행되었다면 당해 사업자 각각의 이익에 반하리라고 인정되는 경우

[예 1] 원가상승 요인도 없고 공급과잉 또는 수요가 감소되고 있음에도 불구하고 가격을 동일하게 인상하는 경우

[예 2] 재고가 누적되어 있음에도 불구하고 가격이 동시에 인상된 경우

3) 당해 사업자들의 행위의 일치를 시장상황의 결과로 설명할 수 없는 경우

[예 1] 수요공급조건의 변동, 원재료 공급원의 차이, 공급자와 수요자의 지리적 위치 등의 차이에도 불구하고 가격이 동일하고 경직되어 있는 경우

[예 2] 원재료 구입가격, 제조과정, 임금인상률, 어음할인금리 등이 달라 제조원가가 각각 다른데도 가격변동 폭이 동일한 경우

[예 3] 시장상황에 비추어 보아 공동행위가 없이는 단기간에 높은 가격이 형성될 수 없는 경우

4) 당해 산업구조상 합의가 없이는 행위의 일치가 어려운 경우

[예 1] 제품차별화가 상당히 이루어진 경우에도 개별 사업자들의 가격이 일치하는 경우

[예 2] 거래의 빈도가 낮은 시장, 수요자가 전문지식을 갖춘 시장 등 공급자의 행위 일치가 어려운 여건에서 행위의 일치가 이루어진 경우

합의의 존재에 대한 법률상의 추정이 인정되는 경우 사업자는 (i) 행위의 외형상 일치가 없었다는 점, 또는 (ii) 합의가 있었을 상당한 개연성이 없다는 점을 입증함으로써 추정을 복멸할 수 있다(심사기준 II.2.나.(4)).[14]

한편 공정거래법 제40조 제5항 2호는 경쟁제한적 정보교환 행위를 보다 효과

---

14) 2007년 개정된 공정거래법 제19조 제5항은 개정 전의 그것과 달리 정황증거에 의한 합의의 추정, 즉 사실상의 추정을 인정한 데 불과하고, 일단 양 당사자가 제출한 정황증거를 검토하여 합의가 추정되고 나면 그 복멸을 인정할 여지는 거의 없을 것이라는 견해로, 권오승 외, 「독점규제법」(2012), 162·170면. 또한 정황증거에 의한 합의의 추정은 구태여 동 조항을 거칠 필요 없이 바로 동조 제1항으로 가면 되고, 그 결과 추정사건에서 합의의 복멸을 논할 사안 자체가 없어졌다는 견해로, 정호열 (2016), 315-317면. 반면 현행법 하에서도 여전히 추정의 복멸이 의미를 갖는다는 견해로, 신동권 (2011), 443면.

적으로 규율하기 위해 신설한 것이다. 즉, (i) 사업자 간 행위의 외형이 일치하고, (ii) 그 외형상 일치 창출에 필요한 정보가 교환된 경우, 그 정보교환을 근거로 사업자들이 부당공동행위(정보교환 제외)의 합의를 하였음을 법률상 추정할 수 있도록 하는 규정이다(「사업자 간 정보교환이 개입된 부당한 공동행위 심사지침」(공정거래위원회고시 제2021-33호, 2021.12.28. 제정)(이하 이 장에서 "정보교환지침"이라 한다), V.1~3.). 동호에 따라 합의가 추정되더라도 사업자는 그 합의 추정의 전제사실(위 (i)·(ii))에 반하는 정황을 입증하는 등의 방법으로 추정된 합의를 복멸할 수 있다(동 지침 V.1,4.).

3. 공정거래법 제40조 제1항 각호의 하나에 해당하는 행위

공정거래법 제40조 제1항은 부당공동행위의 유형 10가지를 열거하고 있다. 즉, (i) 가격제한 공동행위, (ii) 거래조건제한 공동행위, (iii) 생산·출고제한 공동행위, (iv) 거래지역·상대방제한 공동행위, (v) 설비증설제한 공동행위, (vi) 종류·규격제한 공동행위, (vii) 영업관리 공동행위, (viii) 입찰 관련 공동행위, (ix) 타사업자 사업제한 공동행위 및 (x) 정보교환이 그것이다.

이들 중 (i) 내지 (iv) 및 (viii)의 행위유형들은 가격·생산량 등에 관한 경쟁을 직접적으로 제한하는 전형적인 경제학상의 카르텔에 속한다. 그러나 (v) 내지 (vii) 및 (x)의 행위유형들은 카르텔이라기보다는 그 조장수단에 해당하고, (ix)의 행위유형은 카르텔과 카르텔 조장수단 모두에 해당할 수 있는 행위유형이다.

여기서 '카르텔 조장수단'이라 함은 카르텔의 안정성과 수익력을 감소시키는 요소들[15]을 제거하고, 그 성립·존속을 용이하게 해 주는 요소들[16]을 확대하기 위해 카르텔 참가기업들이 채용하는 여러 가지 장치들을 말한다. 카르텔 조장수단은 그 자체가 경제학상의 카르텔은 아니나, 카르텔의 존재를 입증하기 위한 간접증거(정황증거)가 될 수 있다. 카르텔의 직접증거(예, 합의서)가 발견되지 않은 경우 카르텔 조장수단의 존재가 여타의 정황증거와 결합하여 그 배후에 숨은 카르텔의 존재를 증명해줄 수 있는 것이다.

---

15) 이를 '카르텔 장애요소'라 부를 수 있을 것이며, (i) 카르텔이 취해야 할 노선에 대한 각 기업의 입장 차이, (ii) 카르텔 내부로부터의 경쟁인 기만행위(cheating, chisel) 및 (iii) 카르텔 외부로부터의 경쟁 등이 이에 속한다.

16) 이를 '카르텔 소상요소'라 부를 수 있을 것이며, (i) 업계내의 적은 기업수, (ii) 제품의 동질성, (iii) 낮은 수요탄력성 및 (iv) 초과생산설비 등이 이에 속한다.

Ⅲ. 부당공동행위의 유형

1. 가격제한 공동행위

가격을 결정·유지 또는 변경하는 행위(법 40조 1항 1호)를 말한다. 이는 경제학에서 말하는 가격 카르텔에 해당하며, 합법적 행위에 부수되지 않은 노골적인 가격협정의 경우 그 존재만 입증되면 경쟁제한성에 대한 입증책임은 대폭 경감될 수 있다고 본다. 여기서 '가격'이란 사업자가 거래의 상대방에게 상품 또는 용역을 제공하고 반대급부로 받는 일체의 경제적 대가를 의미하며, 권고가격·기준가격·표준가격·수수료·임대료·이자 등 명칭 여하를 불문한다(심사기준 IV.1.가.).

또한 가격을 '결정·유지 또는 변경'하는 행위에는 가격을 인하하거나 현행 가격을 유지하는 행위, 최고가격이나 최저가격범위를 설정하는 행위도 포함된다(IV.1.나.). 그 밖에 인상률, 할인율, 할증률, 이윤율 등과 같이 가격에 영향을 미치는 요소를 결정·유지·변경하는 행위, 일률적인 원가계산 방법을 따르도록 함으로써 실질적으로 가격을 결정·유지·변경하는 행위 등과 같이 가격에 영향을 미치는 행위도 포함된다(IV.1.다.).[17]

2. 거래조건제한 공동행위

상품 또는 용역의 거래조건이나, 그 대금 또는 대가의 지급조건을 정하는 행위를 말한다(법 40조 1항 2호). 이러한 행위들은 직접 가격수준에 영향을 미치는 행위는 아니나, 거래조건 또는 대금·대가의 지급조건과 관련한 경쟁을 제한하는 행위로서, 역시 경제학상의 카르텔에 해당한다. 여기서 '거래조건'이란 위탁수수료, 출하장려금, 판매장려금 등의 수준, 무료 상품·서비스 제공 여부, 특정 유형의

---

17) 대법원 2001.5.8. 선고 2000두7872 판결(사업자들 사이에 석도강판의 운송을 사업자가 담당하여 판매할 때에는 거래처까지의 실제 운송거리에 상관없이 사업자들 중 가장 가까운 생산공장과 거래처 간의 거리에 해당하는 협정 운송비를 징수하기로 하는 운송비 합의를 한 경우, 석도강판의 가격은 판매가격과 운송비를 합한 인도가격이고, 따라서 이러한 운송비 합의는 석도강판의 가격을 사업자들의 의도대로 결정하는 행위로서 부당한 공동행위에 해당함).

소비자에 대한 상품・서비스 공급방식, 운송조건 등과 같이 상품 또는 용역의 거래와 관련된 조건을 의미하며, '대금 또는 대가의 지급 조건'이란 지급 수단, 지급 방법, 지급 기간 등과 같이 대금 또는 대가의 지급과 관련된 조건을 의미한다(심사기준 IV.2.).[18]

3. 생산・출고제한 공동행위

상품의 생산・출고・수송 또는 거래의 제한이나 용역의 거래를 제한하는 행위를 말한다(법 40조 1항 3호). 이는 흔히 생산제한 카르텔이라 불리며, 대개 가격 카르텔의 보조수단으로 활용된다. 이에는 (i) 상품 또는 용역의 거래에서 생산량, 판매량, 출고량, 거래량, 수송량 등을 일정한 수준 또는 비율로 제한하거나 사업자별로 할당하는 행위 및, (ii) 가동률, 가동시간, 원료구입 여부 또는 비율 등을 제한함으로써 실질적으로 생산・출고・수송을 제한하는 행위 등이 포함된다(심사기준 IV.3.).

4. 거래지역・상대방제한 공동행위

거래지역 또는 거래상대방을 제한하는 행위를 말한다(법 40조 1항 4호). 이는 소위 시장분할 카르텔을 말하며, 이에는 가격책정협정이 병행되는 것이 보통이나[19] 그렇지 않은 경우도 있다. 여기서 '거래지역을 제한하는 행위'에는 (i) 사업자별로 거래지역을 정하는 행위, (ii) 특정 지역에서는 거래하지 않도록 하거나 특정 지역에서만 거래하도록 하는 행위 등이 포함되며, '거래상대방을 제한하는 행위'에는 (i) 사업자별로 거래상대방을 정하는 행위, (ii) 특정사업자와는 거래하지 않

18) 대법원 2006.11.23. 선고 2004두8323 판결(손해보험회사들이 자동차보험계약자들에게 무료로 제공하는 긴급출동 서비스는 자동차손해보험에 있어서 '거래조건'에 해당하고, 대한손해보험협회와 그 구성원인 손해보험회사들이 이를 전면 폐지하기로 합의한 것은 부당한 공동행위에 해당함).

19) 대법원 2008.10.23. 선고 2007두2586 판결(시외전화 시장에 신규진입한 사업자가 공격적인 요금제 도입 계획을 철회하는 대신 기존 사업자들은 신규진입자가 일정 수 이상의 시외전화 가입자를 유치하는 데 협력하기로 하는 등 시외전화 사업자들이 상호간의 가격경쟁과 가입자수 확보경생을 제한하는 합의를 함). 이 사건에 대한 평석으로, 박기쁨, "시외전화요금 등 담합사건,"「공정거래법 판례선집」(기업법연구회 편, 2011), 315면 이하.

도록 하거나 특정사업자와만 거래하도록 하는 행위 등이 포함된다(심사기준 IV.4.).

5. 설비증설제한 공동행위

생산 또는 용역의 거래를 위한 설비의 신설 또는 증설이나 장비의 도입을 방해하거나 제한하는 행위를 말한다(법 40조 1항 5호). 이는 위의 생산·출고제한 공동행위를 간접적으로 달성시켜줄 수 있는 행위유형으로서, 카르텔이라기보다는 그 조장수단에 해당한다. 따라서 그 위법성을 판단함에 있어서는 경쟁제한성에 대한 구체적인 심사가 요구된다. 이에는 업계 전체 또는 개별 사업자별로 설비 총량 또는 신·증설 규모를 정하는 행위, 특정한 장비 도입을 제한하거나 또는 유도하는 행위 등이 포함된다(심사기준 IV.5.).

6. 종류·규격제한 공동행위

상품 또는 용역의 생산·거래시에 그 상품 또는 용역의 종류·규격을 제한하는 행위를 말한다(법 40조 1항 6호). 이는 소위 제품표준화(product standardization)를 말하며, 제품 간의 이질성을 줄임으로써 제품 간의 가격비교를 용이하게 하여 카르텔의 노선조정과 기만행위 색출을 용이하게 해 주는 카르텔 조장수단이 될 수 있다. 그러나 제품표준화는 통합으로 인한 효율의 증대를 가져올 수 있으며, 가격경쟁이 살아있을 경우 가격비교가 용이하다는 것은 오히려 소비자에게 이익이 된다. 따라서 그 위법성을 판단함에 있어서는 그 경쟁제한성에 대한 구체적인 심사가 필요하다. 이에는 (i) 특정 종류 또는 규격의 상품 또는 용역을 생산 또는 거래하지 않도록 하는 행위, (ii) 사업자별로 상품 또는 용역의 종류 또는 규격을 할당하는 행위, 새로운 종류 또는 규격의 상품 또는 용역의 생산 또는 공급을 제한하는 행위가 포함된다(심사기준 IV.6.).[20]

---

20) 대법원 2008.10.23. 선고 2007두2586 판결(시외전화 사업자들이 번들상품(결합상품)의 출시를 금지하기로 합의한 행위는 (구)공정거래법 제19조 제1항 제6호 소정의 부당한 공동행위에 해당함).

7. 영업 관리 공동행위

영업의 주요부문을 공동으로 수행·관리하거나 수행·관리하기 위한 회사 등을 설립하는 행위를 말한다(법 40조 1항 7호). 이러한 영업의 공동 관리는 그 자체로는 경쟁에 대하여 중립적인 행위로서 소위 카르텔 조장수단에 해당되며, 그 위법성을 판단함에 있어서는 경쟁제한성에 대한 구체적인 심사가 요구된다. 이에는 (i) 상품 또는 용역의 생산, 판매, 거래, 원자재의 구매, 기타 영업의 주요 부분을 공동으로 수행하거나 관리하는 행위 및 (ii) 이를 위해 회사 등을 설립하는 행위가 포함된다(심사기준 IV.7.). 이 중 (ii)는 소위 합작투자(joint venture)의 결성행위를 말하며, 공동판매기구 또는 공동구입기구로서의 회사 등의 조직을 설립하는 행위가 이에 해당한다.[21)]

8. 입찰 관련 공동행위

입찰 또는 경매에 있어 낙찰자, 경락자, 투찰가격, 낙찰가격 또는 경락가격, 낙찰 또는 경락의 비율, 설계 또는 시공의 방법, 그 밖에 입찰 또는 경매의 경쟁요소가 되는 사항을 결정하는 행위를 말한다(법 40조 1항 8호, 영 44조 1항). 이는 가격제한·생산출고제한·시장분할 등 부당공동행위의 다른 유형들로서도 규제가 가능하나, 입찰 담합의 폐해가 큰 것을 감안하여 이를 보다 효과적으로 규제하기 위해 2007년 개정 시에 독립한 행위유형으로 추가한 것이다. 이에는 (i) 낙찰예정자 또는 경락예정자를 사전에 결정하고 그 사업자가 낙찰 또는 경락받을 수 있도록 투찰여부나 투찰가격 등을 결정하는 행위, (ii) 낙찰가격 또는 경락가격을 높이거나 낮추기 위하여 사전에 투찰여부나 투찰가격 등을 결정하는 행위, (iii) 다수의 입찰 또는 경매에서 사업자들이 낙찰 또는 경락받을 비율을 결정하는 행위, (iv) 입찰 또는 경매에서 사전에 설계 또는 시공의 방법을 결정하는 행위, (v) 그

---

21) 손주찬 (1993), 190면. 사업자들이 공동판매회사를 설립하고 이를 통해서만 제품을 판매하기로 한 행위를 공정거래법 제19조 제1항 제4호의 거래지역·상대방제한 공동행위로 본 심결례들이 있다. 경기도 북부지역 10개 아스콘제조업체의 부당한 공동행위에 대한 건, 공정거래위원회 2000.10.6. 의결 제2000-153호; ㈜에스엠엔터테인먼트 등 8개 음반제작업체의 부당한 공동행위에 대한 건, 공정거래위원회 2002.8.3. 의결 제2002-165호. 그러나 이러한 행위들에 대하여는 동항 제7호를 적용하는 것이 바람직할 것이다. 동지: 임영철·조성국 (2018), 243면.

밖에 입찰 또는 경매의 경쟁요소를 결정하는 행위가 포함된다(심사기준 IV.8.).

한편 공정거래법은 특히 그 폐해가 심각한 공공부문 입찰 관련 공동행위를 방지하기 위하여 특별한 조치를 마련하고 있다. 즉, 공정거래위원회는 국가·지방자치단체 또는 공기업이 발주하는 입찰과 관련된 부당한 공동행위를 적발하거나 방지하기 위하여 이들 공공기관의 장에게 입찰 관련 자료의 제출과 그 밖의 협조를 요청할 수 있다(법 41조 1항). 또한 중앙행정기관·지방자치단체 및 공기업의 장은 입찰공고를 하거나 낙찰자가 결정된 때에는 일정 범위의 입찰 관련 정보를 공정거래위원회에 제출하여야 한다(동조 2항, 영 48조 1항·2항).

9. 타사업자 사업제한 공동행위

공정거래법 제19조 제1항 제1호부터 제8호까지 외의 행위로서 다른 사업자(그 행위를 한 사업자를 포함한다)의 사업활동 또는 사업내용을 방해하거나 제한함으로써 일정한 거래분야에서 경쟁을 실질적으로 제한하는 행위를 말한다(법 19조 1항 9호 전단). 이는 다시 두 가지로 나뉜다. 첫째, 공동행위 참여 사업자들이 공동행위에 참여하지 않은 다른 사업자의 사업활동 또는 사업내용을 방해하거나 제한하는 경우이다(심사기준 IV.9.나.전단). 카르텔이 외부로부터의 경쟁에 대비하여 카르텔을 공고히 유지하고자 신규진입자 및 카르텔 비참가자 등 국외자들(outsiders)에게 가하는 견제행위들이 이에 해당한다. 둘째, 공동행위에 참여한 사업자 자신들의 사업활동 또는 사업내용을 제한하는 경우이다(IV.9.나.후단). 동항 제1호부터 제8호까지에 해당하지 않는 신종 카르텔 내지 카르텔 조장수단들이 이에 해당하며, 여기에는 (i) 영업장소의 수 또는 위치를 제한하는 행위, (ii) 특정한 원료의 사용비율을 정하거나 직원의 채용을 제한하는 행위, (iii) 자유로운 연구·기술개발을 제한하는 행위 등이 포함된다(IV.9.가.).[22]

---

22) 판례 가운데에는 기존 사업자들이 공동으로 신규진입자와 거래하는 사업자들에게 제재를 가하거나(대법원 2015.4.23. 선고 2012두24177 판결) 신규진입을 시도하는 사업자들에게 공급을 제한한 행위(대법원 2008.2.15. 선고 2006두11583 판결)를 타사업자 사업제한 공동행위로 인정한 사례들이 있다. 그러나 부당공동행위 규정은 카르텔과 카르텔 조장수단을 금지하는 데 목적이 있다고 볼 때 배후에 카르텔의 존재를 전제로 하지 않는 신규진입자 견제행위에 대하여는 시장지배적지위 남용행위 규정(법 5조)을 적용하는 것이 바람직하지 않을까 한다.

10. 정보교환

2020년 공정거래법 전부개정에서는 정보교환(exchange of information), 즉 사업자들이 가격, 생산량 그 밖에 대통령령으로 정하는 정보를 주고받음으로써 일정한 거래분야에서 경쟁을 실질적으로 제한하는 행위를 새로운 부당공동행위의 유형으로 신설하였다(49조 1항 9호 후단). 여기서 "대통령령으로 정하는 정보"란 상품·용역의 (i) 원가, (ii) 출고량, 재고량 또는 판매량 및 (iii) 거래조건 또는 대금·대가의 지급조건에 대한 정보를 말한다(영 44조 2항).

사업자들이 가격·생산량 및 시장상황 등에 관한 정보를 교환하는 행위는 전술한 카르텔 조장수단에 해당하며, (i) 카르텔의 노선을 확정 및 수정하기 위한 자료수집 및 의견조정의 장을 마련해 주고, (ii) 기만행위자를 적발하기 위한 감시장치로서 작용할 수 있다. 따라서 예컨대 가격수준 자체에 관하여는 합의가 없더라도 정보교환과 관련되는 정황을 종합하여 카르텔의 존재가 인정될 수 있다.[23] 특히 공정거래법이 금지하는 "경쟁상 민감한 정보"(심사기준 IV.10.가.)의 교환은 사실상 가격의 공동인상 등을 초래하거나 경쟁사 간 경쟁압력의 약화를 야기하는 등 경쟁제한적 효과를 유발할 가능성이 있다(정보교환지침 II.).

그러나 사업자 간의 정보교환은 정보 비대칭을 완화시키거나 기술 및 제품의 개발을 촉진하는 등 효율성을 향상시키는 측면도 있으므로, 위법한 정보교환이 성립하려면 (i) 정보교환의 합의가 있고, (ii) 그 합의의 실행 결과 관련 시장에서의 경쟁이 부당하게 제한되어야 하며, (iii) 경쟁제한효과를 상쇄할 만한 효율성 증대효과가 없어야 한다(정보교환지침 II, IV.).

---

23) 2020년 전부개정 전의 구법 하에서 정보교환을 정황증거로 삼아 가격제한 부당공동행위의 성립을 인정한 사례로, 대법원 2017.3.30. 선고 2015두46666 판결(농기계 제조사들이 대리점 및 농협의 농기계 판매가격 산정의 기준이 되는 농림부 신고가격을 결정함에 있어 신고가격의 인상여부, 인상폭 등에 대해 협의하고 정보를 교환하였으며, 이를 토대로 각 사의 신고가격 안을 결정한 사안에 대하여 부당한 공동행위의 성립을 인정함). 반면 부당공동행위의 성립이 부정된 사례로, 대법원 2015.12.24. 선고 2013두25924 판결(라면을 제조·판매하는 농심이 다른 라면 제조·판매 사업자들과 민감한 가격정보를 교환한 사선에서 정보 교환행위 자체를 곧바로 가격을 결정·유지하는 행위에 관한 합의로 인정할 수 없다고 봄).

Ⅳ. 공동행위 인가제도

공정거래법은 부당한 공동행위가 (i) 불황극복을 위한 산업구조조정, (ii) 연구·기술개발, (iii) 거래조건의 합리화 및 (vi) 중소기업의 경쟁력향상을 목적으로 행하여지고 일정 요건을 갖추어 공정거래위원회의 인가를 받은 경우에는 이를 허용하는 예외를 인정하고 있다(40조 2항).[24] 그러나 이 제도의 활용도는 매우 낮으며,[25] 전술한 바와 같이 공정거래위원회의 사전인가를 받지 않은 공동행위도 법원이 이를 부당한 경쟁제한이 아니라는 이유로 사후적으로 허용할 수 있어 이 제도의 입지는 더욱 좁아지고 있다.

1. 인가의 요건과 한계

공동행위의 인가를 위해서는 다음 요건을 갖추어야 한다(법 40조 2항, 영 45조 1항).

1) 불황극복을 위한 산업구조조정을 위한 공동행위

- 해당 산업 내 상당수 기업이 불황으로 인해 사업활동에 곤란을 겪을 우려가 있을 것
- 해당 산업의 공급능력이 현저하게 과잉상태에 있거나 생산시설 또는 생산방법의 낙후로 생산능률이나 국제경쟁력이 현저하게 저하되어 있을 것
- 기업의 합리화를 통해서는 가목 또는 나목의 상황을 극복할 수 없을 것
- 경쟁을 제한하는 효과보다 산업구조조정의 효과가 더 클 것

2) 연구·기술개발을 위한 공동행위

- 해당 연구·기술개발이 산업경쟁력 강화를 위하여 긴요하며 그 경제적 파급효과가 클 것
- 연구·기술개발에 소요되는 투자금액이 과다하여 한 사업자가 조달하기 어려울 것
- 연구·기술개발성과의 불확실에 따른 위험분산을 위하여 필요할 것

---

24) 종래 공동행위의 인가사유로는 6가지가 인정되고 있었으나, 2020년 전부개정에서는 이 중 산업합리화를 삭제하고 불황극복과 산업구조조정을 하나의 사유로 합침으로써 인가사유를 4가지로 축소하였다.

25) 신동권 (2011), 478면.

- 경쟁을 제한하는 효과보다 연구·기술개발의 효과가 클 것

3) 거래조건의 합리화를 위한 공동행위

- 거래조건의 합리화로 생산능률의 향상, 거래의 원활화 및 소비자의 편익증진에 명백하게 기여할 것
- 거래조건의 합리화 내용이 당해 사업분야의 대부분의 사업자들에 의하여 기술적·경제적으로 가능할 것
- 경쟁을 제한하는 효과보다 거래조건의 합리화의 효과가 클 것

4) 중소기업의 경쟁력향상을 위한 공동행위

- 공동행위에 따라 중소기업의 품질·기술향상 등 생산성 향상이나 거래조건에 관한 교섭력 강화가 명백할 것
- 공동행위에 참가하는 사업자(이하 "참가사업자") 모두가 중소기업자인 경우
- 공동행위 외의 방법으로는 대기업과의 효율적인 경쟁이나 대기업에 대항하기 어려운 경우에 해당할 것

그러나 공동행위가 위의 요건을 갖춘 경우에도 다음의 어느 하나에 해당하는 경우에는 이를 인가할 수 없다(영 45조 2항).

- 해당 공동행위의 목적을 달성하기 위해 필요한 정도를 초과하는 경우
- 수요자 및 관련 사업자의 이익을 부당하게 침해할 우려가 있는 경우
- 참가사업자 간에 공동행위의 내용과 관련하여 부당한 차별이 있는 경우
- 해당 공동행위에 참가하거나 탈퇴하는 것을 부당하게 제한하는 경우

2. 인가의 절차 등

공동행위의 인가를 받고자 하는 자 및 인가받은 사항을 변경하고자 하는 자는 소정의 서류를 공정거래위원회에 제출하여 그 인가 또는 변경을 신청하여야 한다(영 46조 1항·2항·6항). 공정거래위원회는 필요한 경우 이 신청내용을 30일 이내의 기간 동안 공시하여 이해관계인의 의견을 들을 수 있다(동조 4항). 공정거래위원회는 위 신청일부터 30일(위의 신청내용 공시기간 제외) 이내에 이를 결정하여야 하나, 필요한 경우 30일을 초과하지 않는 범위 내에서 그 기간을 연장할 수 있다(동조 3항). 공동행위를 인가하는 경우 공정거래위원회는 당해 신청인에게 인가증을 교부

하여야 하며, 인가된 공동행위가 폐지된 경우 공동행위대표사업자는 지체 없이 그 사실을 공정거래위원회에 알려야 한다(동조 5항, 47조).

V. 제 재

1. 시정조치 · 과징금 및 자진신고자 감면제도

공정거래위원회는 부당공동행위의 금지규정(법 40조 1항)에 위반한 사업자에 대하여 해당 행위의 중지, 시정명령을 받은 사실의 공표 그 밖에 필요한 시정조치를 명할 수 있다(법 42조 1항). 또한 위반사업자에 대하여는 대통령령이 정하는 매출액에 100분의 20을 곱한 금액을 초과하지 아니하는 범위 내에서 과징금을 부과할 수 있다(정률과징금)(법 43조 본문). 여기서 '대통령령이 정하는 매출액'이라 함은 위반사업자가 위반기간[26] 동안 관련시장에서 판매한 관련 상품 · 용역의 매출액 또는 이에 준하는 금액(관련매출액)을 말하나, 위반행위가 상품 · 용역의 구매와 관련하여 이루어진 경우에는 관련상품 · 용역의 매입액을 말하고, 임찰담합 및 이와 유사한 행위인 경우에는 계약금액[27]을 말한다(영 50조). 그러나 매출액이 없는 경우 등에는 40억원을 초과하지 아니하는 범위 내에서 과징금을 부과할 수 있

---

26) 위반기간을 산정하기 위해서는 위반행위의 시기와 종기를 정하여야 하며 「공동행위 심사기준」은 이에 대해 상세한 규정을 두고 있다(III.2.). 또한 사업자들이 일정기간 수차례에 걸쳐 합의를 하는 경우 이를 하나의 부당공동행위로 볼 것인지 또는 여러 개의 부당공동행위로 볼 것인지에 따라 위반행위의 종기가 달라지는 바, 동 기준은 부당공동행위의 수를 판정하는 기준도 제시하고 있다(III.1.).

27) 판례에 따르면 입찰담합에서 '계약금액'이 과징금의 기본 산정기준이 되는 것은, 입찰담합에 의하여 낙찰을 받고 계약을 체결한 사업자뿐만 아니라 낙찰자 또는 낙찰예정자를 미리 정하는 내용의 담합에 참여하였으나 낙찰을 받지 못한 사업자의 경우에도 마찬가지이다(대법원 2017.4.27. 선고 2016두33360 판결). 또한 낙찰예정 건설사 추첨에서 탈락하여 투찰가격 합의에는 참가하지 않았지만, 낙찰예정 건설사들이 알려 준 투찰가격으로 들러리 응찰을 함으로써 공동행위에 참가한 건설사에 대하여, 들러리 응찰을 한 13개 공구 전부의 계약금액을 합하는 방법으로 관련매출액을 산정한 조치는 적법하다는 판례가 있다(대법원 2018.4.24. 선고 2016두40207 판결). 한편 '계약금액'의 의미와 관련하여, 낙찰자들이 입찰시 각 제출한 '견적가격'과 '예상공급물량'을 토대로 잠정적으로 산정한 것에 불과한 금액을 입찰담합의 과징금 산정기준인 계약금액으로 볼 수 없다고 판시한 사례로, 대법원 2017.5.30. 선고 2015두48884 판결.

다(정액과징금)(법 43조 단서).

한편 부당공동행위의 탐지 및 입증의 어려움을 경감시키기 위해 공정거래법은 (i) 부당공동행위의 사실을 자신신고한 자 및 (ii) 증거제공 등의 방법으로 조사에 협조한 자에 대하여 시정조치 및 과징금을 감경·면제할 수 있는 제도(leniency program)를 채택하고 있다(44조). 그 감경·면제의 기준은 다음과 같다(영 51조 1항 1호 내지 3호).

가) 공정거래위원회가 조사를 시작하기 전에 자진신고한 자로서 다음 요건을 모두 충족하는 경우에는 과징금 및 시정조치를 면제한다.
   1) 부당한 공동행위임을 입증하는데 필요한 증거를 단독으로 제공한 최초의 자일 것. 다만, 공동행위에 참여한 2 이상의 사업자가 공동으로 증거를 제공하는 경우에도 이들이 실질적 지배관계에 있는 계열회사이거나 회사의 분할 또는 영업양도의 당사회사로서 공정거래위원회가 정하는 요건에 해당하면 단독으로 제공한 것으로 본다.
   2) 공정거래위원회가 부당한 공동행위에 대한 정보를 입수하지 못하였거나 부당한 공동행위임을 입증하는데 필요한 증거를 충분히 확보하지 못한 상태에서 자진신고했을 것
   3) 부당한 공동행위와 관련된 사실을 모두 진술하고, 관련 자료를 제출하는 등 조사 및 심의·의결(이하 "조사 등")이 끝날 때까지 성실하게 협조했을 것[28]
   4) 그 부당한 공동행위를 중단했을 것

나) 공정거래위원회가 조사를 시작한 후에 조사 등에 협조한 자로서 다음 요건을 모두 충족하는 경우에는 과징금을 면제하고, 시정조치를 감경하거나 면제한다.
   - 공정거래위원회가 부당한 공동행위에 대한 정보를 입수하지 못하였거나 부당한 공동행위임을 입증하는데 필요한 증거를 충분히 확보하지 못한 상태

28) 「부당한 공동행위 자진신고자 등에 대한 시정조치 등 감면제도 운영고시」(이하 "감면고시")(공정거래위원회고시 제2021-36호, 2021.12.28. 개정) 제5조는 자진신고자 등이 공정거래위원회 심의 종료 이전에 위원회의 동의 없이 감면신청 및 행위사실을 제3자에게 누설한 경우에는 성실하게 협조하지 않은 것으로 간주하되 일정한 예외를 인정하고 있다. 이에 비해 2016.4.15. 개정 전의 구 감면고시 제5조는 감면신청 및 행위사실 누설을 성실협조의무 위반 여부를 판단하기 위해 고려할 여러 요소 중의 하나로 규정하고 있었다. 대법원은 공정거래위원회가 구 감면고시 제5조에 열거된 각 요소들을 고려함에 있어 감면신청 사실 누설행위가 존재한다는 사정을 중요한 고려요소로 보아 자진신고자의 성실협조의무 위반을 인정할 수 있다고 판시하면서, 공정거래위원회의 이러한 평가에 합리성의 결여, 비례·평등 원칙 위반 등이 있거나 그 평가의 전제가 되는 사실을 오인하는 등의 사유가 없다면 그에 따른 자진신고 불인정결정에 재량권 일탈·남용 등의 위법이 인정되지 않는다고 보았다. 대법원 2018.7.26. 선고 2016두45783 판결.

에서 조사에 협조했을 것
- 위 1), 3) 및 4)에 해당할 것

다) 공정거래위원회가 조사를 시작하기 전에 자진신고하거나 공정거래위원회가 조사를 시작한 후에 조사등에 협조한 자로서 다음 요건을 모두 충족하는 경우에는 과징금의 100분의 50을 감경하고, 시정조치를 감경할 수 있다.
- 부당한 공동행위임을 입증하는데 필요한 증거를 단독으로 제공한 두 번째의 자일 것. 다만, 부당한 공동행위에 참여한 사업자가 2개이고, 그 중 한 사업자인 경우는 제외한다.
- 위 3) 및 4)에 모두 해당할 것
- 위 가) 또는 나)에 해당하는 자진신고자등이 자진신고하거나 조사등에 협조한 날부터 2년 이내에 자진신고하거나 조사등에 협조했을 것

부당공동행위로 인하여 과징금 부과 또는 시정조치의 대상이 된 자가 그 부당공동행위 외에 그 자가 관련되어 있는 다른 부당공동행위에 대하여 위 가) 또는 나)의 각 요건을 충족하는 경우 그 부당공동행위에 대하여 다시 과징금을 감경·면제하고 시정조치를 감경할 수 있다(amnesty plus)(동항 4호).

그러나 위의 요건들을 충족하더라도 다른 사업자에게 그 의사에 반하여 해당 부당공동행위에 참여하도록 강요하거나 이를 중단하지 못하도록 강요한 사실이 있는 경우 또는 일정 기간 동안 반복적으로 부당공동행위를 한 경우에는 시정조치와 과징금의 감면을 하지 아니한다(동조 2항). 또한 부당공동행위의 자진신고 또는 조사등에의 협조를 통해 시정조치 또는 과징금을 감경 또는 면제받은 자가 그 감경·면제받은 날 이후에 새롭게 부당공동행위 금지에 위반한 경우에는 시정조치·과징금을 면제받은 날부터 5년 이내에는 부당공동행위의 자신신고나 조사협조를 하더라도 시정조치·과징금의 감경·면제를 하지 아니한다(법 44조 2항).

자진신고 및 조사등에의 협조를 통해 시정조치나 과징금을 감경 또는 면제받은 자가 다음 중 어느 하나에 해당하는 경우에는 이러한 감경·면제를 취소할 수 있다(법 44조 3항, 영 51조 3항).

- 공정거래위원회의 조사등의 과정에서 한 진술이나 제출했던 자료의 중요한 내용을 재판에서 전부 또는 일부 부정하는 경우
- 공정거래위원회의 조사등의 과정에서 진술한 내용이나 제출했던 자료가 재판에서 거짓인 것으로 밝혀진 경우

- 정당한 이유 없이 재판에서 공동행위 사실에 대한 진술을 하지 않는 경우
- 정당한 이유 없이 재판에 출석하지 않는 경우
- 자진신고한 부당한 공동행위 사실을 부인하는 취지의 소를 제기하는 경우

한편 자신신고 및 조사등에 협조한 사실이 알려져서 신고자 등이 불이익을 받는 일이 없도록 하기 위해 공정거래법은 공정거래위원회 및 그 소속 공무원으로 하여금, (i) 사건처리를 위해 필요한 경우, (ii) 자진신고자 등이 해당 정보 및 자료의 제공에 동의한 경우 및 (iii) 해당 사건과 관련된 소의 제기 또는 그 수행에 필요한 경우를 제외하고는, 자진신고자 또는 조사등에 협조한 자의 신원·제보내용 등 자신신고나 제보와 관련된 정보 및 자료를 사건처리와 관계없는 자에게 제공하거나 누설하지 못하도록 하고 있다(법 44조 4항, 영 51조 4항).

2. 사법상 효력·손해배상 및 벌칙

공정거래법 제40조 제1항에 규정된 부당한 공동행위를 할 것을 약정하는 계약 등은 사업자 간에 있어서는 이를 무효로 한다(동조 4항). 또한 2018년 공정거래법 개정에 따라 부당공동행위에 대하여는 3배배상청구가 인정된다.[29] 즉, 부당공동행위 금지에 위반함으로써 손해를 입은 자가 있는 경우 사업자는 그 자에게 발생한 손해의 3배를 넘지 아니하는 범위에서 손해배상의 책임을 진다(법 109조 2항 본문).[30] 다만, 사업자 또는 사업자단체가 고의 또는 과실이 없음을 입증한 경우에

29) 3배배상청구는 후술하는 불공정거래행위 등의 신고 등에 대한 보복조치(법 48조) 및 사업자단체에 의한 부당공동행위(법 51조 1항 1호)의 경우에도 인정된다(법 109조 2항 본문).

30) 위법한 담합행위로 인한 손해는 그 담합행위로 인하여 형성된 가격과 그 담합행위가 없었을 경우에 형성되었을 가격('가상 경쟁가격')과의 차액을 말하며, 여기서 가상 경쟁가격은 그 담합행위가 발생한 당해 시장의 다른 가격형성요인을 그대로 유지한 상태에서 그 담합행위로 인한 가격상승분만을 제외하는 방식으로 산정하여야 한다(대법원 2011.7.28. 선고 2010다18850 판결 : **군납유류 입찰담합사건**). 이러한 가상 경쟁가격은 전후비교법(담합 전후의 가격 비교), 표준시장비교법(표준시장과의 가격 비교) 및 계량경제학적 방법 등 다양한 경제학적 분석방법 중 해당 사건에서 담합행위의 유형, 시장의 상황, 수집 가능한 자료의 범위 등에 비추어 가장 객관적이고 합리적인 방법을 채택하여 추정할 수밖에 없으며, 동일한 사항에 관하여 상이한 여러 개의 감정 결과가 있을 때, 그 감정방법 등이 논리와 경험칙에 반하거나 합리성이 없다는 등의 잘못이 없는 한, 그 중 어느 감정 결과를 채택할 것인지는 원칙적으로 사실심의 전권에 속함(대법원 2002.9.24. 선고 2002다30275 판결)을 전제로, 입찰담합으로 인한 손해배상액의 산정과 관련하여 원심이 채택한 감정 결과를 지지한 사례로, 대법원 2018.10.12. 선고 2016다243115 판결.

는 손해배상의 책임을 지지 아니하고, 사업자가 제44조(자진신고자 등에 대한 감면 등) 제1항 각 호의 어느 하나에 해당하는 경우 그 배상액은 해당 사업자가 제40조를 위반하여 손해를 입은 자에게 발생한 손해를 초과해서는 아니 된다(법 109조 2항 단서).

한편 공정거래법 제40조 제1항에 위반하여 부당공동행위를 하거나 이를 하도록 한 자는 3년 이하의 징역 또는 2억원 이하의 벌금에 처하며(124조 1항 9호), 동법 제42조 제1항에 의한 시정조치에 따르지 아니한 자는 2년 이하의 징역 또는 1억 5천만원 이하의 벌금에 처한다(125조 1호).

제6장 불공정거래행위 및 특수관계인에 대한 부당한 이익제공의 금지

Ⅰ. 서 설

공정거래법은 시장지배적 사업자가 그 지위를 남용하여 경쟁을 제한하는 행위를 금지(5조 1항)하는 데 그치지 않고, 시장지배력이 없는 사업자라 할지라도 공정한 거래를 저해할 우려가 있는 일정한 유형의 행위를 하는 경우 이를 불공정거래행위로서 금지하고 있다(45조 1항). 이처럼 불공정거래행위금지는 경쟁제한성에 못 미치는 공정거래저해성을 요건으로 한다는 점에서 시장지배적지위 남용금지와 근본적인 차이가 있으나, 실제로 양자의 구체적인 행위유형들 사이에는 많은 중복이 있다(예, 거래거절 · 차별취급 · 불이익제공 등). 그리하여 동일한 행위가 시장지배적 지위남용에도 해당되고 불공정거래행위에도 동시에 해당되는 경우가 종종 발생한다. 이러한 경우 「불공정거래행위 심사지침」(공정거래위원회예규 제387호, 2021.12.22. 개정)(이하 이 장에서 "심사지침"이라 한다)은 시장지배적 지위남용에 관한 제5조를 우선하여 적용함을 원칙으로 하고 있다(동 지침 II.3.)

한편 과거 불공정거래행위의 일종인 부당지원행위의 요건이 "현저히 유리한 조건으로 거래하여 특수관계인 또는 다른 회사를 지원"함으로써 "공정한 거래를 저해할 우려가 있는" 경우로 한정되어 있어, (i) 그 지원행위가 현저히 유리한 정도에 미치지 못하거나, (ii) (사업자가 아닌) 특수관계인 개인을 지원하는 경우에는 사실상 공정거래저해성을 입증하는 것이 곤란하여 규제가 어려운 실정이었다. 그리하여 2013년 공정거래법 개정에서는, (i) 부당지원행위의 성립요건을 "상당히" 유리한 조건의 거래로 완화하는 한편(23조 1항 7호, 현행 45조 1항 9호), (ii) 공정거래저해성이 아닌 특수관계인에게 부당한 이익을 제공하였는지 여부를 기준으로 위법성을 판단하는 특수관계인에 대한 부당이익제공(사익편취) 금지규정을 신설하였다(23조의2, 현행 47조). 또한 종래 사익편취 금지규정은 공시대상기업집단 소속 회사가 총수 일가 지분율이 30% 이상인 상장 계열회사(비상장인 경우 20% 이상)에 대해 부당한 이익을 제공하는 행위를 금지하고 있었으나, 2020년 공정거래법 전부개정에서는 상장·비상장 여부를 불문하고 총수 일가의 지분율이 20% 이상인 계열회사 및 이들 회사가 50%를 초과하여 지분을 보유하고 있는 자회사로 지원객체의 범위를 확대하였다.

Ⅱ. 불공정거래행위의 요건

공정거래법 제45조 제1항은 불공정거래행위의 요건과 관련하여, 사업자는 "[동항] 각호의 어느 하나에 해당하는 행위로서 공정한 거래를 저해할 우려가 있는 행위(이하 "불공정거래행위"라 한다)를 하거나, 계열회사 또는 다른 사업자로 하여금 이를 행하도록 하여서는 아니된다."고 규정한다. 이를 분설하면 다음과 같다.

1. 공정한 거래를 저해할 우려

불공정거래행위의 요건으로서의 공정거래저해성은 경쟁제한성과 불공정성을 포함하는 개념이다(심사지침 III.1.가.(2)(나)). 먼저 '경쟁제한성'이란 당해 행위로 인해 시장 경쟁의 정도 또는 경쟁사업자(잠재적 경쟁사업자 포함)의 수가 유의미한 수준으로 줄어들거나 줄어들 우려가 있음을 의미한다(III.1.가.(2)(다)). 이러한 경쟁제한효과를 분석함에 있어서는 기업결합의 경우와 같은 요소를 고려하여 관련시장이 획정되어야 한다(IV.3.).

다음 '불공정성(unfairness)'이란 (i) 상품 또는 용역의 가격과 질 이외에 바람직하지 않은 경쟁수단을 사용함으로써 경쟁을 저해할 우려가 있거나(경쟁수단의 불공정성), (ii) 거래상대방의 자유로운 의사결정을 저해하거나 불이익을 강요함으로써 공정거래의 기반이 침해되거나 침해될 우려가 있음(거래내용의 불공정성)을 의미한다(III.1.가.(2)(라)). 또한 불공정거래행위의 요건으로서 공정한 거래를 저해할 '우려'가 있다 함은, 공정한 거래를 저해하는 효과가 실제로 구체적인 형태로 나타나는 경우뿐만 아니라 나타날 가능성이 큰 경우를 의미하며, 현재는 그 효과가 없거나 미미하더라도 미래에 발생할 가능성이 큰 경우를 포함한다(III.1.가.(4)). 공정거래법 제23조 제1항 각호에 규정된 '부당하게'는 공정거래저해성을 의미하는 것으로 본다(III.1.가.(2)(가)).[1)]

공정거래저해성은 원칙적으로 당해 행위의 효과를 기준으로 판단하며, 사업자의 의도나 거래상대방의 주관적 예측은 공정거래저해성을 입증하기 위한 정황증거로서의 의미를 갖는다(III.1.나.). 그런데 경쟁제한성을 위주로 심사하는 불공정거래행위 유형의 경우 사업자의 시장점유율 등에 비추어 통상적으로 공정거래저해성이 미미할 것으로 인정되는 경우 불공정거래행위의 외형에 해당하는 행위가 있다고 하더라도 공정거래저해성이 없는 것으로 보아 공정거래위원회가 원칙적으로 심사를 개시하지 않는다(안전지대, safety zone)(III.2.가·다.). 안전지대 해당 여부의 기본적인 판정기준은 다음과 같다(V.1.가.(4) 등).[2)]

- 당해 불공정거래행위를 한 사업자(들)의 시장점유율의 합계가 10% 미만인 경우에는 당해 시장에서의 경쟁제한효과가 미미하다고 보아 원칙적으로 심사면제의 대상으로 한다.
- 다만, 시장점유율 산정이 불가능하거나 현저히 곤란한 경우에는 당해 사업자들의 연간매출액 합계액이 50억원 미만인 경우를 심사면제 대상으로 한다.

---

1) 한편 불공정거래행위 심사지침은, 공정거래법 시행령 제36조 제1항[별표 1](현행법상 [별표 1의2])의 각호에서 '부당하게'를 요건으로 하는 행위에 대해서는 공정거래위원회가 위법성을 입증할 책임을 부담하고, '정당한 이유 없이'를 요건으로 하는 행위(공동의 거래거절, 계열회사를 위한 차별, 계속적 염매)에 대해서는 피심인이 정당한 이유가 있는지에 대해 입증할 책임이 있다고 한다(III.1.가.(3)). 대법원과 헌법재판소도 양자의 해석상의 차이를 인정하고 있다. 대법원 2001.12.11. 선고 2000두833 판결(계열회사를 위한 차별); 동 2001.6.12. 선고 99두4686 판결(계속거래상 부당염매); 헌법재판소 2004.6.24. 선고 2002헌마496 결정(공동의 거래거절). 그러나 계열회사를 위한 차별이나 계속적 염매의 경우 시행령의 이러한 문구 차이가 입증책임의 전환까지 인정할 만큼 각 행위유형별 위법성 판정기준의 차이를 면밀하게 검토·반영한 결과인지는 의문이다. '정당한 이유없이'라는 문구가 채용된 행위유형의 경우에도 법률상의 증명책임이 전환되었다기보다는 사실상의 전환에 지나지 않는다는 견해로, 정호열 (2016), 382면. 양자 사이의 입증책임의 차이라는 것도 실제사례에서 명확하게 구분되지 않는다는 견해로, 신동권 (2011), 566면, 주 61.

2) 다만 후술하는 바와 같이 계열회사를 위한 차별취급의 경우는 예외가 인정된다.

2. 공정거래법 제23조 제1항 각호의 어느 하나에 해당하는 행위

공정거래법 제45조 제1항은 제1호에서 제9호에 걸쳐 불공정거래행위의 유형을 규정하고 있으나, 동조 제3항에 따라 그 구체적인 유형 또는 기준은 동 시행령 제52조[별표 2]의 「불공정거래행위의 유형 또는 기준」(이하 "불공정행위기준")에서 규정하고 있다(일반불공정거래행위).[3] 또한 불공정거래행위가 발생할 우려가 높은 분야에 대하여는 공정거래위원회가 별도의 세부기준들을 정하여 고시하고 있다(특수불공정거래행위).[4] 사업자는 이러한 불공정거래행위를 직접 하는 것이 금지될 뿐 아니라, 계열회사 또는 다른 사업자로 하여금 이를 행하도록 하는 것도 금지된다(법 45조 1항 후단).

한편 사업자 또는 사업자단체는 일반불공정거래행위의 일종인 부당한 고객유인을 방지하기 위하여 자율적으로 규약을 정할 수 있으며, 이를 공정경쟁규약이라 한다(45조 5항). 사업자 또는 사업자단체는 이러한 자율규약이 공정거래법 제45조 제1항 제4호에 위반하는지 여부에 대한 심사를 공정거래위원회에 요청할 수 있으며(45조 6항), 공정거래위원회는 심사요청을 받은 날부터 60일 이내에 심사결과를 신청인에게 통보하여야 한다(영 53조).

Ⅲ. 불공정거래행위의 유형

이하에서는 일반불공정거래행위를 중심으로 불공정거래행위의 구체적 행위유형을 살펴보기로 한다.

---

3) 과거 일반불공정거래행위의 한 유형으로서 부당한 표시·광고행위를 규정하고 있던 제23조 제1항 제6호는 1999년 2월 5일 표시·광고의 공정화에 관한 법률이 제정되면서 삭제되었다. 그 밖에 불공정거래행위를 규율하는 특별법으로서 가맹사업거래의 공정화에 관한 법률, 하도급거래공정화에 관한 법률, 대규모유통업에서의 거래 공정화에 관한 법률 및 대리점거래의 공정화에 관한 법률이 있다.

4) 현재 특수불공정거래행위에 관한 고시로서, (i) 대규모소매점업에 있어서의 특정불공정거래행위의 유형 및 기준(공정거래위원회고시 제2017-20호, 2017.11.14. 타법개정), (ii) 신문업에 있어서의 불공정거래행위 및 시장지배적지위남용행위의 유형 및 기준 (공정거래위원회고시 제2021-22호, 2021. 12. 30. 개정), (iii) 경품류제공에 관한 불공정거래행위의 유형 및 기준(공정거래위원회고시 제2013-9호, 2013. 12. 24., 타법개정) 및 (iv) 병행수입에 있어서의 불공정거래행위의 유형(공정거래위원회고시 제2021-20호, 2021. 12. 30. 개정)이 있다.

1. 거래거절

가. 의 의

법 제45조 제1항 1호는 부당하게 거래를 거절하는 행위를 금지하고 있으며, 불공정행위기준은 이를 다시 다음 두 가지 행위유형으로 나누어 규정하고 있다(1호 가목 · 나목). (i) "공동의 거래거절"이라 함은 정당한 이유 없이 자기와 경쟁관계에 있는 다른 사업자와 공동으로 특정사업자에 대하여 거래의 개시를 거절하거나 계속적인 거래관계에 있는 특정사업자에 대하여 거래를 중단하거나 거래하는 상품 또는 용역의 수량이나 내용을 현저히 제한하는 행위를 말한다. (ii) "기타의 거래거절"이라 함은 부당하게 특정사업자에 대하여 거래의 개시를 거절하거나 계속적인 거래관계에 있는 특정사업자에 대하여 거래를 중단하거나 거래하는 상품 또는 용역의 수량이나 내용을 현저히 제한하는 행위를 말한다.

나. 위법성 판단기준

자유시장경제하에서 사업자들은 거래상대방을 선택할 자유가 있으나, 이러한 자유가 공정하고 자유로운 경쟁의 이념과 충돌할 때에는 법의 제재를 피할 수가 없다. 즉, 거래의 개시나 계속을 거절함으로써 다른 사업자의 사업활동을 현저히 곤란하게 하고 그 결과 당해 시장에서 경쟁의 정도가 감소하거나, 거래거절이 공정거래법상 금지된 행위의 실효성을 확보하기 위한 수단으로 활용될 경우 이는 관련 시장에서 경쟁을 제한하고 시장의 효율성 저하를 초래하게 되므로 금지된다(심사지침 V.1.). 즉, 거래거절은 관련시장(거절자 또는 상대방이 속한 시장)에서의 경쟁제한성을 위주로 그 위법성을 판단하는 행위유형이며(V.1.가.(3)(가) · 나.(2)(가)), 전술한 안전지대(safety zone)가 적용된다(V.1.가.(4)).

다만 거래거절의 행위유형에 따라 그 위법성 심사에 다음과 같은 차이가 나타난다. 먼저 공동의 거래거절은 원칙적으로 경쟁제한성이 있다고 보는데, 그 이유는 공동의 거래거절을 당한 사업자는 여러 사업자와의 거래개시 또는 계속이 제한되므로 사업 활동에 어려움을 겪게 되고, 그 결과 정상적인 경쟁이 저해될 가능성이 높기 때문이다. 다만 공동의 거래거절에 정당한 이유가 있다고 인정될 경우 공정거래저해성이 없는 것으로 볼 수 있다(V.1.가.(3)).[5] 이에 비해 단독의 거래거절은 결합된 힘의 인위적 형성이라는 측면을 가지고 있지 않기 때문에 보다 제한된 조건하에서만 위법성이 인정될 수 있다. 즉, 문제된 거래거절이 특정 사업자의 거래기회를 배제하여 그 사업활동을 곤란하게 할 우려가 있거나 오로지 특정사업자의 사업활동을 곤란하게 할 의도를 가진 유력 사업자에 의하여 그 지위 남용행위로서 행하여지거나 혹은 법이 금지하고 있는 거래강제 등의 목적 달성을 위하여 그 실효성을 확보하기 위한 수단으로 부당하게 행하여진 경우라야 공정한 거래를 저해할 우려가 있는 거래거절행위로서 법이 금지하는 불공정거래행위에 해당한다.[6] 심결례 가운데에는 시장지배적 지위의 획득·유지·강화를 위한 거래거절의 위법성을 인정한 사례가 있다.[7]

2. 차별적 취급

공정거래법 제45조 제1항 2호는 부당하게 거래의 상대방을 차별하여 취급하는 행위를 금지하고 있으며, 불공정행위기준은 이를 다시 다음과 같이 네 가지로 나누어 규정하고 있다(2호 가목 내지 라목). (i) "가격차별"은 부당하게 거래지역 또는 거래상대방에 따라 현저하게 유리하거나 불리한 가격으로 거래하는 행위를 말한다. (ii) "거래조건차별"은 부당하게 특정사업자에 대하여 수량·품질 등의 거래조건이나 거래내용에 관하여 현저하게 유리하거나 불리한 취급을 하는 행위를 말한다. (iii) "계열회사를 위한 차별"이라 함은 정당한 이유 없이 자기의 계열회

---

5) 대법원 2006.5.12. 선고 2003두14253 판결(개별 은행과 금융결제원의 전산망을 상호 연결하여 고객이 다른 은행의 현금지급기(CD기)를 이용할 수 있게 하는 시스템인 CD공동망의 참가은행들이 공동으로, 특정 은행으로 하여금 다른 신용카드회사 고객의 가상계좌서비스와 연결된 CD공동망을 사용하지 못하게 단절한 경우, CD공동망의 운영에 있어서는 전산망 구축과 유지에 상당한 비용과 노력을 투자한 참가은행들의 의사가 존중되어야 하는 점, 신용카드회사가 CD공동망을 이용함으로써 참가은행들보다 부당하게 경쟁우위에 설 가능성이 크고, 위와 같은 공동의 거래거절로 인하여 신용카드시장에서 다른 거래처를 용이하게 찾을 수 없어 거래기회가 박탈되었다고는 할 수 없는 점 등에 비추어, 참가은행들의 위 가상계좌서비스에 대한 공동의 거래거절행위는 그 거래거절에 정당한 사유가 있음).

6) 대법원 2001. 1. 5. 선고 98두17869 판결(**코카콜라** 사건); 동 2008. 2. 14. 선고 2004다39238 판결(**현대오일뱅크** 사건). 또한 헌법재판소 2004. 6. 24. 선고 2002헌마496 결정(**현대오일뱅크** 사건) 참조.

7) 한국항공우주산업(주)의 부당한 거래거절행위에 대한 건, 공정거래위원회 2011.10.12. 의결 제2011-177호.

사를 유리하게 하기 위하여 가격·수량·품질 등의 거래조건이나 거래내용에 관하여 현저하게 유리하거나 불리하게 하는 행위를 말한다. (iv) "집단적 차별"은 집단으로 특정사업자를 부당하게 차별적으로 취급하여 그 사업자의 사업 활동을 현저하게 유리하게 하거나 불리하게 하는 행위를 말한다.

본래 사업자는 그가 공급 또는 구입하는 상품 또는 용역의 가격이나 거래조건 등을 자유로이 결정할 수 있는 것이므로, 가격이나 거래조건에 차별이 있다는 사실만으로 위법성이 인정되는 것이 아니나, 그 차별행위가 행위자 또는 상대방이 속한 시장에서의 정상적인 경쟁을 저해할 경우에는 시장의 효율성 저하를 초래할 수 있으므로 금지된다(심사지침 V.2.). 즉, 가격차별, 거래조건차별 및 집단적 차별은 경쟁제한성을 위주로 그 위법성을 판단하는 행위유형이며, 전술한 안전지대(safety zone)가 적용된다(V.2.가·나·라). 그러나 계열회사를 위한 차별취급은 경쟁제한성 및 경제력 집중 우려를 위주로 위법성을 판단하는 행위유형이며, 전술한 안전지대에 해당하더라도 경제력 집중의 우려가 있는 경우에는 심사 면제의 대상이 되지 아니한다(V.2.다.).

3. 경쟁사업자 배제

공정거래법 제45조 제1항 3호는 부당하게 경쟁자를 배제하는 행위를 금지하고 있으며, 불공정거래행위기준은 이를 다시 다음 두 가지로 구분하고 있다(3호 가목·나목). (i) "부당염매"는 자기의 상품 또는 용역을 공급함에 있어서 정당한 이유 없이 그 공급에 소요되는 비용보다 현저히 낮은 대가로 계속하여 공급하거나 기타 부당하게 상품 또는 용역을 낮은 대가로 공급함으로써 자기 또는 계열회사의 경쟁사업자를 배제시킬 우려가 있는 행위를 말한다. (ii) "부당고가매입"은 부당하게 상품 또는 용역을 통상거래가격에 비하여 높은 대가로 구입하여 자기 또는 계열회사의 경쟁사업자를 배제시킬 우려가 있는 행위를 말한다.

가격에 의한 경쟁은 공정거래법이 유지·촉진하려는 것이기 때문에 활발한 가격경쟁의 결과로서 경쟁상 실패하는 경우가 있다 하더라도 이는 경쟁의 반영이라고 볼 수 있다. 그러나 사업자가 상품 또는 용역의 현저히 낮은 가격으로 공급하거나 높은 가격으로 매입함으로써 경쟁사업자를 배제시킬 경우 경쟁을 저해하고 궁극적으로 소비자 후생수준의 저하로 귀결될 수 있으므로 금지된다(심사지침

V.3.). 즉, 경쟁사업자 배제는 경쟁제한성 위주로 그 위법성을 심사하는 행위유형이며, 전술한 안전지대(safety zone)가 적용된다(V.3.가・나).

4. 부당한 고객유인

공정거래법 제45조 제1항 4호는 부당하게 경쟁자의 고객을 자기와 거래하도록 유인하는 행위를 금지하고 있으며, 불공정행위기준은 이를 다시 다음 세 가지 행위유형으로 나누어 규정하고 있다(4호 가목 내지 다목). (i) "부당한 이익에 의한 고객유인"은 정상적인 거래관행에 비추어 부당하거나 과대한 이익을 제공 또는 제공할 제의를 하여 경쟁사업자의 고객을 자기와 거래하도록 유인하는 행위를 말한다.[8] (ii) "위계에 의한 고객유인"은 부당한 표시・광고 외의 방법으로 자기가 공급하는 상품 또는 용역의 내용이나 거래조건 기타 거래에 관한 사항에 관하여 실제보다 또는 경쟁사업자의 것보다 현저히 우량 또는 유리한 것으로 고객을 오인시키거나 경쟁사업자의 것이 실제보다 또는 자기의 것보다 현저히 불량 또는 불리한 것으로 고객을 오인시켜 경쟁사업자의 고객을 자기와 거래하도록 유인하는 행위를 말한다.[9] (iii) "기타의 부당한 고객유인"은 경쟁사업자와 그 고객의 거

---

8) 대법원 2018.7.12. 선고 2017두51365 판결(더리본이 다수 고객을 상대로 경쟁 상조회사와의 계약을 해지하고 자신과 신규로 상조계약을 체결하는 것을 조건으로 최대 36회차분까지 자신에 대한 납입금 지급의무를 면제하는 '이관할인방식'에 의한 영업방식을 사용한 행위는, (i) 이로 인한 부담이 결국 상조용역시장 전체의 부담으로 돌아갈 수밖에 없고 시장 전체의 비효율성을 초래할 수 있으며, (ii) 일반 고객들은 물론 이관할인방식에 따라 상조계약을 체결한 고객들 역시 그에 따른 직・간접적인 부담을 지게 되며, (iii) 이러한 고객유인 방식은 고객들이 상조용역 등의 내용과 질, 상조회사의 신뢰성 등을 기초로 한 합리적인 선택을 하는데 상당한 지장을 초래할 수 있어, 정상적인 거래관행에 비추어 '부당한' 이익을 제공 또는 제공할 제의를 하여 경쟁사업자의 고객을 자기와 거래하도록 유인하는 행위에 해당하는 것으로 볼 여지가 상당함).

9) 대법원 2019.9.26. 선고 2014두15047 판결(에스케이텔레콤과 이동전화 단말기 제조3사가 협의하여 사전 장려금을 단말기의 공급가 내지 출고가에 반영하여 출고가를 높인 후 유통망에 사전 장려금을 지급한 다음, 순차적으로 유통망을 통하여 소비자에게 이동통신 서비스 가입을 조건으로 사전 장려금을 재원으로 한 약정 외 보조금이 지급되도록 한 행위는. 이로 인하여 소비자가 (i) 실질적인 할인 혜택이 없음에도 불구하고 할인을 받아 출고가가 높은 단말기를 저렴하게 구매하였고, (ii) 그와 같은 할인이 특정 이동통신 서비스에 가입하였기 때문에 이루어졌으며, (iii) 할인의 재원이 단말기 출고가 자체에 이미 포함되었던 것이 아니라 자신이 이동통신 서비스에 가입함에 따라 원고가 얻게 되는 수익 중 일부였다고 오인할 우려가 크므로 위계에 의한 고객유인에 해당함); 대법원 2002.12.6. 선고 2001두4306 판결(한국오라클이 자사의 제품이 실제보다 또는 경쟁사업자의 것보다 현저히 우량 또는 유리하다고 하거나 경쟁사업자의 제품이 실제보다 또는 원고의 제품보다

래에 대하여 계약 성립의 저지, 계약불이행의 유인 등의 방법으로 거래를 부당하게 방해함으로써 경쟁사업자의 고객을 자기와 거래하도록 유인하는 행위를 말한다.

부당한 고객유인을 불공정거래행위로 규제하는 이유는, 사업자가 부당한 이익제공이나 위계, 거래방해 등의 방법으로 경쟁사업자의 고객을 유인하는 것은 그 경쟁수단이 불공정한 것으로서 시장에서의 바람직한 경쟁질서를 저해하고 소비자가 품질 좋고 저렴한 상품 또는 용역을 선택하는 것을 방해하기 때문이다(심사지침 V.4.).

5. 거래강제

공정거래법 제45조 제1항 5호는 부당하게 경쟁자의 고객을 자기와 거래하도록 강제하는 행위를 금지하고 있으며, 불공정행위기준은 이를 다시 다음 세 가지 행위유형으로 나누어 규정하고 있다(5호 가목 내지 다목). (i) "끼워팔기"는 거래상대방에 대하여 자기의 상품 또는 용역을 공급하면서 정상적인 거래관행에 비추어 부당하게 다른 상품 또는 용역을 자기 또는 자기가 지정하는 사업자로부터 구입하도록 하는 행위를 말한다.[10] (ii) "사원판매"는 부당하게 자기 또는 계열회사의 임직원으로 하여금 자기 또는 계열회사의 상품이나 용역을 구입 또는 판매하도록 강제하는 행위를 말한다.[11] (iii) "기타의 거래강제"는 정상적인 거래관행에 비추어 부당한 조건 등 불이익을 거래상대방에게 제시하여 자기 또는 자기가 지정하는 사업자와 거래하도록 강제하는 행위를 말한다.[12]

현저히 불량 또는 불리하다고 하는 내용을 담고 있는 비교자료를 서울대학교병원과 서울대학교병원으로부터 통합의료정보시스템재구축사업의 개발자로 내정된 삼성에스디에스 주식회사에게 제출한 행위는 고객을 위계 또는 기만적인 방법에 의하여 유인한 행위에 해당함).

10) 대법원 2006.5.26. 선고 2004두3014 판결(**한국토지공사**가 비인기토지를 매입한 자에 대하여서만 인기토지 매입우선권을 부여한 것은 끼워팔기에 해당함).

11) 대법원 2001.2.9. 선고 2000두6206 판결(**대우자동차판매**가 자사 임직원 및 쌍용자동차로부터 전입한 사원들에 대하여 자사 자동차를 구입하도록 강제한 행위는 사원판매에 해당함).

12) 에스케이텔레콤(주)의 거래강제행위에 대한 건, 공정거래위원회 2013.3.4. 의결 제2013-044호(경쟁사업자의 판촉지원 인력이 파견되어 있거나 경쟁사업자 이동통신서비스 상품의 판매실적이 더 우수한 판매점을 대상으로 피심인 판매점코드를 정지시키거나 피심인의 이동통신 단말기 공급을 중단하는 등 거래상대방에게 정상적인 거래관행에 비추어 부당하게 불이익이 되는 조건 등을 제시하는 방법 등으로 자기의 이동통신서비스 상품

사업자가 거래상대방 또는 자사 직원 등으로 하여금 본인의 의사에 반하여 자기 또는 자기가 지정하는 자의 상품 또는 용역을 구입(판매)하도록 강제하는 행위는 시장에서의 지위를 이용하여 고객을 확보하는 행위로서, 불합리한 수단으로 시장지배력의 확장을 도모하며 소비자의 자율적 선택권을 제약하므로 금지된다(심사지침 V.5.). 거래강제의 위법성을 판단함에 있어, 끼워팔기의 경우는 그것이 경쟁을 제한하는지 여부를 위주로 판단하나(V.5.가.), 사원판매 및 기타의 거래강제의 경우는 그것이 바람직한 경쟁질서를 저해하는 불공정한 경쟁수단에 해당하는지 여부를 위주로 판단한다(V.5.나 · 다).

6. 거래상 지위의 남용

공정거래법 제45조 제1항 6호는 자기의 거래상의 지위를 부당하게 이용하여 상대방과 거래하는 행위를 금지하고 있으며, 불공정행위기준은 이를 다시 다음 다섯 가지 행위유형으로 나누어 규정하고 있다(6호 가목 내지 마목). (i) "구입강제"는 거래상대방이 구입할 의사가 없는 상품 또는 용역을 구입하도록 강제하는 행위를 말한다.[13] (ii) "이익제공강요"는 거래상대방에게 자기를 위하여 금전 · 물품 · 용역 기타의 경제상 이익을 제공하도록 강요하는 행위이다.[14] (iii) "판매목표강제"는 자기가 공급하는 상품 또는 용역과 관련하여 거래상대방의 거래에 관한 목표를 제시하고 이를 달성하도록 강제하는 행위이다.[15] (iv) "불이익제공"은 위

판매를 증대하도록 강제하는 행위는 '기타의 거래강제'에 해당함).

13) 대법원 2002.1.25. 선고 2000두9359 판결('구입강제'에 있어서 '거래상대방이 구입할 의사가 없는 상품 또는 용역'에는 행위자가 지정하는 사업자가 공급하는 상품이나 역무가 포함되며 '구입하도록 강제하는 행위'에는 상대방이 구입하지 않을 수 없는 객관적인 상황을 만들어 내는 것이 포함되며, 해상운송업체인 **부관훼리**가 거래상대방인 화주들에게 자기가 지정한 육상운송업체를 이용하도록 사실상 강요한 행위는 구입강제에 해당함).

14) 대법원 2009.7.23. 선고 2008다40526 판결(대규모소매점업자인 **이랜드리테일**이 납품업자로부터 협력사원을 파견받아 납품한 상품 등의 판매업무에 종사하게 한 행위는 거래상 지위의 남용행위에 해당함).

15) 대법원 2011.5.13. 선고 2009두24108 판결('판매목표강제'에서 '목표를 제시하고 이를 달성하도록 강제하는 행위'에는 상대방이 목표를 달성하지 않을 수 없는 객관적인 상황을 만들어 내는 것을 포함하고, 사업자가 일방적으로 상대방에게 목표를 제시하고 이를 달성하도록 강제하는 경우뿐만 아니라 사업자와 상대방의 의사가 합치된 계약 형식으로 목표가 설정되는 경우도 포함하며, 복합 종합유선방송사업자인 **씨제이헬로비전**이 그 소속 종합유선방송사업자를 통해 협력업체들에 대해 케이블방송 및 인터넷의 신규가입자 유치목표를 설정하고, 이를 달성하지 못할 경우 지급할 업무위탁 수수료를 감액하는 불이

(i) 내지 (iii)에 해당하는 행위 외의 방법으로 거래상대방에게 불이익이 되도록 거래조건을 설정 또는 변경하거나 그 이행과정에서 불이익을 주는 행위이다.[16] (v) “경영간섭”은 거래상대방의 임직원을 선임·해임함에 있어 자기의 지시 또는 승인을 얻게 하거나 거래상대방의 생산품목·시설규모·생산량·거래내용을 제한함으로써 경영활동을 간섭하는 행위를 말한다.[17]

사업자가 거래상 우월적 지위가 있음을 이용하여 열등한 지위에 있는 거래상대방에 대해 일방적으로 물품 구입강제 등 각종 불이익을 부과하거나 경영에 간섭하는 것은 경제적 약자를 착취하는 행위로서 거래상대방의 자생적 발전기반을 저해하고 공정한 거래기반을 침해하므로 금지된다(심사지침 V.6.(1)). 즉, 거래상 지위남용의 위법성은 그것이 거래내용의 공정성을 침해하는지 여부를 기준으로 판단한다(V.6.가~마).

7. 구속조건부거래

공정거래법 제45조 제1항 7호는 거래의 상대방의 사업 활동을 부당하게 구속하는 조건으로 거래하는 행위를 금지하고 있으며, 불공정행위기준은 이를 다시 두 가지 행위유형으로 나누어 규정하고 있다(7호 가목·나목). (i) “배타조건부거래”는 부당하게 거래상대방이 자기 또는 계열회사의 경쟁사업자와 거래하지 아니하는 조건으로 그 거래상대방과 거래하는 행위이다. (ii) “거래지역 또는 거래상대방의 제한”은 상품 또는 용역을 거래함에 있어서 그 거래상대방의 거래지역 또는 거래상대방을 부당하게 구속하는 조건으로 거래하는 행위이다.[18]

익을 주는 방법으로 협력업체들의 자유로운 의사결정을 저해하거나 불이익을 강요한 것은 판매목표강제에 해당함).

16) 대법원 2010.3.11. 선고 2008두4695 판결(**국민은행**이 시장금리의 하락 추세에도 불구하고 상당한 기간 이 사건 각 대출상품의 금리를 고정 내지 소폭 인하한 행위 및 조기상환수수료에 관한 구체적인 약정이 없었음에도 불구하고 조기상환수수료를 징수한 행위는 불이익 제공행위에 해당함).

17) 대법원 2011.10.13. 선고 2010두8522 판결(백화점이 자사와 경쟁백화점에 동시에 입점해 있는 납품업체들로부터 경쟁백화점의 EDI 시스템에 접속할 수 있는 아이디와 비밀번호를 취득하여 납품업체의 매출정보를 취득하고, 이를 바탕으로 자사 백회점에서 할인행사를 하게 하거나 경쟁백화점에서 할인행사를 하지 못하게 하는 방식으로 매출대비율을 관리한 행위는 경영간섭에 해당함).

18) 대법원 2017.6.19. 선고 2013두17435 판결(**필립스코리아**가 그 거래하는 대리점에 대하여 비교적 고가인 4개 품목을 인터넷 오픈마켓에 공급하는 것을 금지하고 이를 위반한 경우

사업자가 거래상대방에 대해 자기 또는 계열회사의 경쟁사업자와 거래하지 못하도록 함으로써 거래처선택의 자유를 제한함과 동시에 구매·유통경로의 독점을 통해 경쟁사업자의 시장진입을 곤란하게 한다면 시장에서의 경쟁을 저해하고 궁극적으로 소비자후생의 저하를 초래하게 되므로 금지된다. 또한 거래상대방에게 거래지역이나 거래처를 제한함으로써 당해 지역 또는 거래처에 대한 독점력을 부여하여 경쟁을 저해하게 된다면 소비자후생의 저해를 초래할 수 있게 되므로 금지된다(심사지침 VII.). 즉, 구속조건부거래는 경쟁제한성을 위주로 위법성을 판단하는 행위유형이며, 전술한 안전지대(safety zone)의 적용대상이 된다(VII.가·나).[19]

8. 사업 활동 방해

공정거래법 제45조 제1항 8호는 부당하게 다른 사업자의 사업 활동을 방해하는 행위를 금지하고 있으며, 불공정행위기준은 이를 다시 다음 네 가지 행위유형으로 나누어 규정하고 있다(8호 가목 내지 라목). (i) "기술의 부당이용"은 다른 사업자의 기술을 부당하게 이용하여 다른 사업자의 사업 활동을 심히 곤란하게 할 정도로 방해하는 행위이다. (ii) "인력의 부당유인·채용"은 다른 사업자의 인력을 부당하게 유인·채용하여 다른 사업자의 사업 활동을 심히 곤란하게 할 정도로 방해하는 행위이다. (iii) "거래처 이전 방해"는 다른 사업자의 거래처 이전을 부

제재를 가한 행위는, (i) 위 제품들이 인터넷 오픈마켓에서 가격 경쟁으로 저렴하게 판매됨에 따라 다른 유통채널에서도 판매가격이 인하되는 것을 막기 위한 것으로 보이며, (ii) 신규 제품의 원활한 시장 진입이나 무임승차 방지를 위한 전략으로 인정하기 어렵고, (iii) 최저재판매가격유지행위와 비슷한 시기에 함께 실행한 점에 비추어 공정한 거래를 저해할 우려가 있는 행위에 해당한다고 판단됨); 동 2017.5.31. 선고 2014두4689 판결(**에스케이텔레콤**이 삼성전자로부터 자사용 이동통신 단말기('사업자모델')를 구매하는 계약을 체결하면서 삼성전자가 직접 대리점이나 양판점 등에 공급하는 단말기('유통모델')의 비율을 각 개별 모델별로 총 공급대수의 20% 이내로 제한하고 이를 강제한 행위는, (i) 이로 인하여 삼성전자가 제조한 유통모델과 사업자모델 사이의 가격 경쟁 여지가 제한되었다고 볼 수 있고, (ii) 그 목적이 유통모델 공급증가에 따른 가격 경쟁을 억제하고 대리점에 대한 장악력을 높이기 위한 것으로 보이며. (iii) 삼성전자의 단말기 도매시장에서의 무임승차를 방지하기 위한 것으로 보기 어렵고 달리 이를 정당화 할 사정도 없는 점에 비추어, 공정한 거래를 저해할 우려가 있는 행위로 봄이 상당함)

19) 거래지역 또는 거래상대방의 제한은 미국판례법상 소위 수직적 비가격제한(vertical non-price restraints)에 해당하며, 1977년의 Sylvania 판결 이래 자체성의 원칙(당연위법의 원칙) 적용대상에서 합리성의 원칙 적용대상으로 바뀌었다. Continental T.V., Inc. v. G.T.E. Sylvania, Inc., 433 U.S. 36 (1977).

당하게 방해하여 다른 사업자의 사업 활동을 상당히 곤란하게 할 정도로 방해하는 행위이다. (iv) “기타의 사업 활동 방해”는 위 (i) 내지 (iii) 외의 부당한 방법으로 다른 사업자의 사업 활동을 심히 곤란하게 할 정도로 방해하는 행위[20]이다.

사업자가 다른 사업자의 기술을 부당하게 이용하거나 인력을 부당하게 유인・채용하거나 거래처의 이전을 부당하게 방해하는 등의 방법으로 다른 사업자의 사업활동을 심히 곤란하게 할 정도로 방해할 경우 가격과 질, 서비스에 의한 경쟁을 저해하는 경쟁수단이 불공정한 행위에 해당하므로 금지된다(심사지침 V.8.). 즉, 사업활동방해는 그것이 바람직한 경쟁질서를 저해하는 불공정한 경쟁수단에 해당되는지 여부를 위주로 위법성을 판단하는 행위유형이다(V.8.가~라).

9. 부당한 자금・자산・인력의 지원

공정거래법 제45조 제1항 9호는 (i) 특수관계인 또는 다른 회사에 대하여 가지급금・대여금・인력・부동산・유가증권・상품・용역・무체재산권 등을 제공하거나 상당히 유리한 조건으로 거래하는 행위 또는 (ii) 다른 사업자와 직접 상품・용역을 거래하면 상당히 유리함에도 불구하고 거래상 실질적인 역할이 없는 특수관계인이나 다른 회사를 매개로 거래하는 행위를 통해 부당하게 특수관계인 또는 다른 회사를 지원하는 행위를 금지하고 있다. 불공정행위기준은 이러한 행위를 “부당한 지원행위”라 하면서, 다음 중 어느 하나에 해당하는 행위를 통하여 과다한 경제상 이익을 제공함으로써 특수관계인 또는 다른 회사를 지원하는 행위라 규정하고 있다(9호 가목 내지 다목).

- **부당한 자금지원** 특수관계인 또는 다른 회사에 대하여 가지급금・대여금 등 자금을 상당히 낮거나 높은 대가로 제공 또는 거래하거나 상당한 규모로 제공 또는 거래하는 행위

---

20) 대법원 2018.7.11. 선고 2014두40227 판결(국내 먹는샘물 시장의 10% 이상을 점유하고 있었으나 천안 인근에서의 판매량은 미미했던 **하이트진로음료**가 마메든샘물의 이 지역 대리점들로 하여금 현저히 유리한 조건으로 자신과 대리점계약을 체결하게 하면서 마메든샘물과의 거래중단으로 인한 소송비용을 지원한 행위는, (i) 통상적인 거래관행에 부합하지 않고, (ii) 천안 지역시장에 진입하기 위해 특정한 경쟁사업자를 표적으로 삼아 그와 기존에 거래하던 대리점들에게 유리한 거래조건을 선별적으로 제시한 의도와 목적이 인성되며, (iii) 이로 인해 마메든샘물의 사업 활동이 심히 곤란하게 된 점 등을 고려할 때, 공정하고 자유로운 경쟁을 저해할 우려가 있는 것으로서 그 부당성이 인정됨).

- **부당한 자산 · 상품 등 지원** 특수관계인 또는 다른 회사에 대하여 부동산 · 유가증권 · 무체재산권 등 자산 또는 상품 · 용역을 상당히 낮거나 높은 대가로 제공 또는 거래하거나 상당한 규모로 제공 또는 거래하는 행위
- **부당한 인력지원** 특수관계인 또는 다른 회사에 대하여 인력을 상당히 낮거나 높은 대가로 제공 또는 거래하거나 상당한 규모로 제공 또는 거래하는 행위
- **부당한 거래단계 추가 등** (i) 다른 사업자와 직접 상품 · 용역을 거래하면 상당히 유리함에도 불구하고 거래상 역할이 없거나 미미한 특수관계인이나 다른 회사를 거래단계에 추가하거나 거쳐서 거래하는 행위, 또는 (ii) 다른 사업자와 직접 상품 · 용역을 거래하면 상당히 유리함에도 불구하고 특수관계인이나 다른 회사를 거래단계에 추가하거나 거쳐서 거래하면서 그 특수관계인이나 다른 회사에 거래상 역할에 비하여 과도한 대가를 지급하는 행위

또한 특수관계인 또는 회사는 다른 사업자로부터 위의 지원행위에 해당할 우려가 있음에도 불구하고 해당 지원을 받는 행위를 하여서는 안 된다(법 45조 2항).

지원행위에 대한 부당성은 원칙적으로 다음 사항들을 종합적으로 고려하여 해당 지원행위로 인하여 지원객체가 직접 또는 간접적으로 속한 시장(따라서 지원객체가 일정한 거래분야에서 시장에 직접 참여하고 있는 사업자일 필요는 없다)에서 경쟁이 저해되거나 경제력 집중이 야기되는 등으로 공정한 거래를 저해할 우려가 있는지 여부에 따라 판단한다(「부당한 지원행위의 심사지침」(공정거래위원회예규 제396호, 2021. 12. 30. 개정), IV.1.가.).

- 지원주체와 지원객체의 관계
- 지원행위의 목적과 의도
- 지원객체가 속한 시장의 구조와 특성
- 지원성거래규모와 지원행위로 인한 경제상 이익, 지원기간, 지원횟수, 지원시기
- 지원행위 당시 지원객체의 경제적 상황
- 중소기업 및 여타 경쟁사업자의 경쟁능력과 경쟁여건의 변화정도
- 지원행위 전후의 지원객체의 시장점유율 추이 및 신용등급의 변화정도
- 시장개방의 정도 등

이러한 지원행위의 부당성은 공정한 거래질서라는 관점에서 판단되어야 하며, 지원행위에 단순한 사업경영상의 필요 또는 거래상의 합리성 내지 필요성이 있다는 사유만으로는 부당성이 부정되지 아니한다(동 지침 IV.1.가.). 한편 사업자가

아닌 특수관계인에 대한 지원행위의 부당성은 특수관계인이 해당 지원행위로 얻은 경제상 급부를 계열회사 등에 투자하는 등으로 인하여 지원객체가 직접 또는 간접적으로 속한 시장에서 경쟁이 저해되거나 경제력 집중이 야기되는 등으로 공정한 거래를 저해할 우려가 있는지 여부에 따라 판단한다(동 지침 IV.1.나.).

10. 기타 공정한 거래를 저해할 우려가 있는 행위

법 제45조 제1항 10호는 동항 1호 내지 9호 이외의 행위로서 공정한 거래를 저해할 우려가 있는 행위를 금지하고 있다. 이는 새로운 유형의 불공정거래행위가 발생하는 경우 이에 탄력적으로 대응할 수 있도록 하기 위해 1999년 2월 5일의 제7차 개정에서 신설된 것이다.

Ⅳ. 보복조치의 금지

사업자는 공정거래법 제45조 제1항의 불공정거래행위와 관련하여 분쟁조정 신청(76조 1항), 신고(80조 2항) 또는 공정거래위원회의 조사에 대한 협조(81조)를 한 사업자에게 그 행위를 한 것을 이유로 거래의 정지 또는 물량의 축소, 그 밖에 불이익을 주는 행위를 하거나 계열회사 또는 다른 사업자로 하여금 이를 행하도록 해서는 안 된다(48조).

Ⅴ. 특수관계인에 대한 부당한 이익제공 등

공정거래법 제47조는, 공시대상기업집단(동일인이 자연인인 기업집단으로 한정함)에 속하는 회사가 특수관계인(동일인 및 그 친족으로 한정함) 또는 일정 요건에 해당하는 국내 계열회사와 동항 각 호의 어느 하나에 해당하는 행위를 통하여 특수관계인에게 부당한 이익을 귀속시키는 행위를 금지하고 있다(1항). 이러한 행위의 상대방은 동조 제1항이 금지하는 행위에 해당할 우려가 있음에도 불구하고 해당 거래를 하거나 사업기회를 제공받는 행위를 하여서는 안 된다(3항). 또한 특수관계인은 누구에게든지 동조 제1항 또는 3항에 해당하는 행위를 하도록 지시하거나 해당 행위에 관여해서는 안 된다(4항).

이 조항은, (i) 규제의 사각지대에 있던 일감몰아주기를 통한 부의 이전 등을 차단하고, (ii) 회사 간 거래를 통하지 않은 총수일가 개인에 대한 지원을 제재하며, (iii) 정상가격 산정이 곤란한 분야의 일감몰아주기를 효과적으로 제재하고, (iv) 총수일가가 회사에 이익이 될 사업기회를 가로채는 등의 행위를 제재하기 위해 도입된 것이다. 동조에 따라 금지되는 행위의 요건을 분설하면 다음과 같다.

1. 행위주체 및 상대방

공정거래법이 금지하는 특수관계인에 대한 부당한 이익제공 행위의 주체는, 자산 총액 5조원 이상의 총수 있는("동일인이 자연인인") 공시대상기업집단에 속하는 국내 회사에 한한다(법 47조 1항). 그런데 중소기업 또는 벤처기업으로서 일정 요건을 갖춘 회사는 공정거래위원회가 이해관계자의 요청에 의하여 이를 기업집단의 범위에서 제외할 수 있으나(영 5조 2항 4호), 공정거래법 제47조의 규정을 적용함에 있어서는 이러한 회사도 기업집단의 범위에 속하는 것으로 본다(영 5조 2항 단서).

한편 특수관계인에 대한 부당한 이익제공 등을 위한 행위의 상대방은, (i) 특수관계인(동일인 및 그 친족으로 한정함), (ii) 동일인이 단독으로 또는 다른 특수관계인과 합하여 발행주식 총수의 100분의 20 이상의 주식을 소유한 국내 계열회사, 또는 (iii) 그 계열회사가 단독으로 발행주식총수의 100분의 50을 초과하는 주식을 수요한 국내 계열회사이다(법 47조 1항).

2. 특수관계인에 대한 부당한 이익제공행위의 유형

가. 상당히 유리한 조건의 거래

정상적인 거래에서 적용되거나 적용될 것으로 판단되는 조건보다 상당히 유리한 조건으로 거래하는 행위를 말한다(법 47조 1항 1호, 3호). 이에는 정상적인 거래에서 적용되는 대가보다 상당히 낮거나 높은 대가로 (i) 자금(가지급금 · 대여금 등), (ii) 자산 · 상품 · 용역(부동산 · 유가증권 · 무체재산권 등), (iii) 인력 및 (iv) 현금, 그 밖의 금융상품을 제공하거나 거래하는 행위가 해당한다(영 54조 1항 및 [별표 3] 「법 제47조 제1항 각 호에 따른 행위의 유형 또는 기준(제54조 제1항 관련)」(이하 "부당이익기준") 1호 가목 내지 다목, 3호 본문). 다만, 시기 · 종류 · 규모 · 기간 · 신용상태 등이 유사한 상황에서 특수관계인(법 7조 1항)이 아닌 자와의 정상적인 거래에서 적용되거나 적용될 것으로 판단되는 조건과의 차이가 100분의 7 미만이고, 거래당사자간 해당 연도 거래총액이 50억원(상품 · 용역의 경우 200억원) 미만인 경우에는 상당히 유리한 조건에 해당하지 않는 것으로 본다(부당이익기준 1호 단서, 3호 단서).

나. 사업기회의 제공

회사가 직접 또는 자신이 지배하고 있는 회사를 통하여 수행할 경우 회사에 상당한 이익이 될 사업기회를 제공하는 행위를 말한다(법 47조 1항 2호). 이러한 행위는, 회사가 수행하고 있거나 수행할 사업과 밀접한 관계가 있는 사업기회를 제공하는 행위라야 한다(부당이익기준 2호 본문). 다만, (i) 회사가 해당 사업기회를 수행할 능력이 없는 경우, (ii) 회사가 사업기회 제공에 대한 정당한 대가를 지급받은 경우 및 (iii) 그 밖에 회사가 합리적인 사유로 사업기회를 거부한 경우는 제외한다(동호 단서).

다. 합리적 고려나 비교 없는 상당한 규모의 거래

사업능력 · 재무상태 · 신용도 · 기술력 · 품질 · 가격 또는 거래조건 등에 대한 합리적인 고려나 다른 사업자와의 비교 없이 상당한 규모로 거래하는 행위를 말한다(법 47조 1항 4호). 거래상대방 선정 및 계약체결 과정에서 사업능력 · 재무상태 · 신용도 · 기술력 · 품질 · 가격 · 거래규모 · 거래시기 또는 거래조건 등 해당 거래의 의사결정에 필요한 정보를 충분히 수집 · 조사하고, 이를 객관적 · 합리적으로 검토하거나 다른 사업자와 비교 · 평가하는 등 해당 거래의 특성상 통상적으로 이루어지거나 이루어질 것으로 기대되는 거래상대방의 적합한 선정과정 없이 상당한 규모로 거래하는 행위가 이에 해당한다(부당이익기준 4호 본문). 다만, 거래당사자간 상품·용역의 해당 연도 거래총액(2 이상의 회사가 동일한 거래상대방과 거래하는 경우 각 회사의 거래금액의 합계액)이 200억원 미만이고, 거래상대방의 평균매출액의 100분의 12 미만인 경우에는 상당한 규모에 해당하지 않는 것으로 본다(동호 단서).

한편 기업의 효율성 증대, 보안성, 긴급성 등 거래의 목적을 달성하기 위하여 불가피한 경우로서 다음에 해당하는 거래들은 사업능력 등에 대한 합리적 고려나 다른 사업자와의 비교 없이 상당한 규모로 이루어지는 경우에도 허용된다(법 47조 2항, 영 54조 2항 및 [별표 4]).

- **효율성 증대효과가 있는 거래** 다음 중 어느 하나에 해당하는 경우로서 다른 자와의 거래로는 달성하기 어려운 비용절감, 판매량 증가, 품질개선 또는 기술개발 등의 효율성 증대효과가 있음이 명백하게 인정되는 거래
  - 상품의 규격·품질 등 기술적 특성상 전후방 연관관계에 있는 계열회사간의 거래로서 해당 상품의 생산에 필요한 부품·소재 등을 공급 또는 구매하는 경우
  - 회사의 기획·생산·판매 과정에 필수적으로 요구되는 서비스를 산업연관성이 높은 계열회사로부터 공급받는 경우
  - 주된 사업영역에 대한 역량 집중, 구조조정 등을 위하여 회사의 일부 사업을 전문화된 계열회사가 전담하고 그 일부 사업과 관련하여 그 계열회사와 거래하는 경우
  - 긴밀하고 유기적인 거래관계가 오랜 기간 지속되어 노하우 축적, 업무 이해도 및 숙련도 향상 등 인적·물적으로 협업체계가 이미 구축되어 있는 경우
  - 거래목적상 거래에 필요한 전문 지식 및 인력 보유 현황, 대규모·연속적 사업의 일부로서의 밀접한 연관성 또는 계약이행에 대한 신뢰성 등을 고려하여 계열회사와 거래하는 경우
- **보안성이 요구되는 거래** 다음 중 어느 하나에 해당하는 경우로서 다른 자와 거래할 경우 영업활동에 유용한 기술 또는 정보 등이 유출되어 경제적으로 회복하기 어려운 피해를 초래하거나 초래할 우려가 있는 거래
  - 전사적(全社的)자원관리시스템, 공장, 연구개발시설 또는 통신기반시설 등 필수시설의 구축·운영, 핵심기술의 연구·개발·보유 등과 관련된 경우
  - 거래 과정에서 영업·판매·구매 등과 관련된 기밀 또는 고객의 개인정보 등 핵심적인 경영정보에 접근 가능한 경우
- **긴급성이 요구되는 거래** 경기급변, 금융위기, 천재지변, 해킹 또는 컴퓨터바이러스로 인한 전산시스템 장애 등 회사 외적 요인으로 인한 긴급한 사업상 필요에 따른 불가피한 거래

VI. 제 재

1. 시정조치 · 과징금

공정거래위원회는 공정거래법 제45조(불공정거래행위의 금지) 제1항 또는 제2항, 제46조(특수관계인에 대한 부당한 이익제공 등 금지) 또는 제48조(보복조치의 금지)에 위반하는 행위가 있을 때에는 해당 사업자(45조 2항 및 47조의 경우 해당 특수관계인 또는 회사)에 대하여 해당 불공정거래행위 또는 해당 특수관계인에 대한 부당한 이익제공행위의 중지 및 재발방지를 위한 조치, 해당 보복조치의 중지, 계약조항의 삭제, 시정명령을 받은 사실의 공표 기타 시정을 위하여 필요한 조치를 명할 수 있다(법 49조 1항).

또한 공정거래위원회는 공정거래법 제45조 제1항(9호 제외) 또는 제48조를 위반하는 행위가 있을 때에는 당해 사업자에 대하여 관련매출액(위반사업자가 위반기간 동안 일정한 거래분야에서 판매한 관련 상품이나 용역의 매출액 또는 이에 준하는 금액)에 100분의 4를 곱한 금액을 초과하지 아니하는 범위 안에서 과징금을 부과할 수 있다. 다만, 매출액이 없는 경우 등에는 10억원을 초과하지 않는 범위 안에서 과징금을 부과할 수 있다(법 50조 1항, 영 56조).

한편 공정거래법 제45조 제1항 9호 또는 같은 조 제2항, 제47조 제1항 또는 제3항을 위반하는 행위가 있는 때에는 공정거래위원회는 해당 특수관계인 또는 회사에 대하여 해당 사업자의 직전 3개 사업연도의 평균 매출액(단, 해당 사업연도 초일 현재 사업을 개시한 지 3년이 되지 않은 경우에는 그 사업개시 후 직전 사업연도 말일까지의 매출액을 연평균 매출액으로 환산한 금액을, 해당 사업연도에 사업을 개시한 경우에는 사업개시일부터 위반행위일까지의 매출액을 연매출액으로 환산한 금액을 말함)에 100분의 5를 곱한 금액을 초과하지 않는 범위에서 과징금을 부과할 수 있다. 다만, 매출액이 없는 경우 등에는 20억원을 초과하지 않는 범위에서 과징금을 부과할 수 있다(법 50조 2항, 영 56조).

2. 금지청구 · 손해배상 및 벌칙

공정거래법 제45조 제1항(9호 제외)을 위반한 행위로 피해를 입거나 피해를 입을 우려가 있는 자는 그 위반행위를 하거나 할 우려가 있는 사업자에 자신에 대한 침해행위의 금지 또는 예방을 청구할 수 있다(법 108조 1항). 이러한 사인의 금지청구제도는 불공정거래행위 피해자의 신속한 권리구제를 위해 2020년 공정거래법 전부개정에서 도입된 것으로, 피해자가 공정거래위원회의 조치를 기다리지 않고 법원에 직접 불공정거래행위(부당지원행위 제외)에 대한 금지 및 예방의 청구를 할 수 있도록 한 것이다.[21]

또한 사업자는 불공정거래행위 또는 특수관계인에 대한 부당한 이익제공 금지(법 45조, 47조)에 위반함으로써 피해를 입은 자에 대하여 손해배상의 책임을 지며(법 109조 1항 본문). 사업자가 보복조치의 금지(법 48조)에 위반함으로써 손해를 입은 자가 있는 경우에는 그 자에게 발생한 손해의 3배를 넘지 아니하는 범위에서 손해배상의 책임을 진다(법 109조 2항 본문).

한편 공정거래법 제45조(불공정거래행위의 금지) 제1항 9호, 제47조(특수관계인에 대한 부당한 이익제공 등 금지) 제1항 또는 제4항 및 제48조(보복조치의 금지)의 규정을 위반한 자는 3년 이하의 징역 또는 2억원 이하의 벌금에 처한다(법 124조 1항 10호 · 11호). 또한 제45조 제1항(1호 · 2호 · 3호 · 7호 및 9호 제외)에 위반하여 불공정거래행위를 한 자는 2년 이하의 징역 또는 1억 5천만원 이하의 벌금에 처한다(125조 4호). 제49조 제1항에 따른 시정조치에 따르지 아니한 자에 대하여도 같다(125조 1호).

---

21) 사인의 금지청구는 후술하는 사업자단체의 불공정거래행위(부당지원행위 제외)(법 51조 1항 4호)의 경우에도 인정된다(법 108조 1항).

제7장 재판매가격유지행위의 금지

I. 서 설

재판매가격유지행위(resale price maintenance)라 함은 상품을 생산 또는 판매하는 사업자가 상품 또는 용역을 거래할 때 거래상대방인 사업자 또는 그 다음 거래단계별 사업자에 대하여 거래가격을 정하여 그 가격대로 판매 또는 제공할 것을 강제하거나 그 가격대로 판매 또는 제공하도록 그 밖의 구속조건을 붙여 거래하는 행위를 말한다(법 2조 20호). 이것은 생산자나 판매업자가 자기 손을 떠난 후의 상품의 전매가격을 규제함으로써 그 상품 가격의 유지를 도모하는 행위를 가리키는 것이다.

❑ 경제이론 ❑ **재판매가격유지행위**

재판매가격유지행위는 다음과 같이 반경쟁적 기능과 친경쟁적 기능을 함께 가지고 있다.[1] 먼저 반경쟁적 기능으로, (i) 제조업자 카르텔이 기만행위를 방지하기 위해 재판매가격유지행위를 할 수 있고, (ii) 유통업자들이 독점이윤을 확보하거나 새로운 유통업태의 경쟁으로부터 자신을 보호하기 위해 제조업자(들)에게 집단적 압력을 가해 재판매가격을 유지할 수 있으며, (iii) 수요의 가격탄력도가 다른 둘 이상의 시장이 있고, 저가격에 구매하는 고객들이 고가격을 지불하는 고객들에게 재판매하는 것을 방지할 수 있다면 공급자는 가격차별을 행하여 이윤을 증가시킬 수 있다. 또한 친경쟁적 기능은 다음과 같다. (i) 제품의 최종수요가 판매점수와 정(正)의 관계를 갖는 경우 제조업자는 더 많은 판매점을 확보하기 위하여 재판매

1) 신광식, 「시장거래의 규제와 경쟁정책, 한국개발연구원」, 1992, 27면 이하.

가격을 유지할 수 있으며, 이 경우 수요 자체가 증가하기 때문에 가격이 하락하면서 소비자후생이 증대될 수도 있고, 가격이 상승하더라도 반드시 소비자후생이 감소하는 것은 아니다. (ii) 제조업자는 판매업자들 간의 각종 판촉활동과 관련한 무임승차행위를 방지하여 보다 효율적인 유통체제를 구축함으로써 다른 제조업자들과 효과적으로 경쟁하기 위해 재판매가격유지행위를 할 수 있다. (iii) 제조업자가 각 제품에 대한 소비자 반응을 알아내기 위해 먼저 자기의 전품목이 판매점에 취급·전시되도록 해야 하며, 이를 위해 유통업자에게 전 품목에 대한 초경쟁적 이윤을 보장하는 수단으로 재판매가격이 유지될 수 있다. (iv) 제조업자가 유통업자로 하여금 제품의 수리나 품질보증 등의 서비스를 적정 수준으로 제공하도록 통제하기 위한 효율적 수단으로서 재판매가격이 유지될 수 있다. (v) 최고재판매가격유지행위는 유통업자들의 카르텔을 막기 위한 제조업자들의 수단이 될 수 있다.

II. 재판매가격유지행위 및 보복조치의 금지

비교법 미국법상 재판매가격유지행위의 위법성 판단기준

재판매가격유지행위에 대한 최초의 연방대법원판결인 Dr. Miles판결[2)]은 재판매가격유지행위에 대하여 자체성의 원칙(당연위법의 원칙, per se rules)을 적용할 것을 선언하였다. 한때 Colgate[3)] 판결이 자체성의 원칙이 적용되기 위한 요건을 엄격하게 제한한 적이 있으나, 그 후의 판결들은 다시 재판매가격유지행위에 대한 엄격한 금지의 입장을 취하였다.[4)] 한편 1937년의 Miller-Tydings Act는 각주의 입법을 통해 재판매가격유지행위를 셔먼법의 적용제외로 할 수 있도록 하기도 하였으나, 의회는 1975년의 Consumer Goods Pricing Act로써 Miller-Tydings Act를 폐기하였다. 그러나 수직적 비가격제한에 대하여 합리성의 원칙(rule of reason)의 적용을 인정한 Sylvania 판결[5)] 이후 법원의 태도는 눈에 띄게 바뀌어 최저재판매가격유지행위에 대한 자체성의 원칙의 적용범위가 다시 좁아졌다. 그리하여 1997년의 Kahn 판결[6)]에서 Albrecht 판결[7)] 이래 자체성의 원칙 적용대상으로 취급되었던 최고재판매

2) Dr. Miles Medical Co. v. John D. Park & Sons, Co., 220 U.S. 373 (1911).
3) U.S. V. Colgate Co., 250 U.S. 300 (1919).
4) 예컨대, U. S. v. Parke, Davis & Co., 362 U.S. 29 (1960).
5) Continental T. V., Inc. v. GTE Sylvania Inc, 433 U.S. 36, 51 n. 18 (1977).
6) State Oil Co. v. Kahn, 522 U.S. 3 (1997).
7) Albrecht v. Herald Co., 390 U.S. 145 (1968).

가격유지행위에 대하여 합리성의 원칙을 적용한 데 이어, 2007년의 Leegin 판결[8]에서는 최저재판매가격유지행위에 대하여도 합리성의 원칙을 적용하기에 이르렀다. 그러나 Leegin 판결에 대하여는 많은 비판이 있으며, 전면적인 합리성의 원칙 적용보다는 간이합리성심사(quick-look)로 대체하자는 대안[9] 등이 제시되고 있다.

종래 공정거래법은 재판매가격유지행위를 금지하되(구법 29조 1항 본문), 상품이나 용역을 일정한 가격 이상으로 거래하지 못하도록 하는 최고가격유지행위로서 정당한 이유가 있는 경우는 그러하지 않다고 규정하고 있었다(동항 단서). 그런데 대법원은 최고재판매가격유지행위뿐 아니라 최저재판매가격유지행위에 대하여도 그것이 정당한 이유가 있는 때에는 허용될 수 있다고 보고, 다만 정당한 이유의 존재에 대한 입증책임을 사업자가 부담한다고 보았다.[10] 이러한 판례에 따라 2020년 전부개정에서는 최저 또는 최고 재판매가격유지행위를 불문하고 "효율성 증대로 인한 소비자후생 증대효과가 경쟁제한으로 인한 폐해보다 큰 경우 등 재판매가격유지행위에 정당한 이유가 있는 경우"에는 재판매가격유지행위를 허용하고 있다(법 46조 단서, 1호). 또한 「재판매가격유지행위 심사지침」(공정거래위원회 예규 제396호, 2021.12.30. 개정)은 '정당한 이유'가 있는지 여부에 대한 입증책임이 원칙적으로 사업자에게 있음을 명시하고 있다(동 지침, 3.가.(4)).[11]

한편 공정거래법은 위의 정당한 이유가 있는 재판매가격유지행위와는 별도로 일정한 저작물에 관하여 재판매가격유지행위 금지의 예외를 인정하고 있다(법 46조 단서, 2호). 즉, 저작물에 대하여 재판매가격유지행위를 허용하지 않고 전반적인 자유경쟁을 요구하게 되면 국민문화적 측면에서 없어서는 안될 전문서적, 사서류, 학술서 등 시장성이 없는 저작물은 출판 불능에 이를 우려가 있고, 또한 출판업계는 성질상 영세기업의 비중이 높고 신규참여도 활발하여 경쟁적 성격이 다

8) Leegin Creative Leather Products, Inc. v. PSKS, Inc., 127 S.Ct. 2705 (2007).

9) Marina Lao, *Free Riding: An Overstated, and Unconvincing, Explanation for Resale Price Maintenance, in* How the Chicago School Overshot the Mark: The Effect of Conservative Economic Analysis on U.S. Antitrust 196 (2008).

10) 대법원 2010.11.25. 선고 2009두9543 판결(**한미약품** 사건); 2011.3.10. 선고 2010두9976 판결(**켈러웨이** 사건). 대리점들로 하여금 인터넷 오픈마켓에서 자사의 소형가전 제품을 권장소비자가격의 50% 이상의 가격으로 판매하도록 강제한 행위에 대하여 정당한 이유가 부정된 사례로, 대법원 2017.6.19. 선고 2013두17435 판결(**필립스코리아** 사건).

11) 2020년 전부개정에서는 이와 같이 정당한 이유가 있는 재판매가격유지행위에 대한 예외를 도입하면서 종래 인정되던 지정상품의 예외는 이를 삭제하였다.

분한 시장규모를 가지고 있어 재판매가격유지를 인정하더라도 그 폐해가 다른 사업자에 비하여 그다지 크지 않을 수 있다.[12] 그리하여 공정거래법은 저작권법 제2조(정의)의 저작물 중 관계중앙행정기관의 장과의 협의를 거쳐 공정거래위원회가 고시하는 출판된 저작물(전자출판물 포함)에 대하여 재판매가격유지행위를 허용하고 있다(법 46조 단서, 2호).[13]

재판매가격유지행위와 관련하여 분쟁 조정 신청(법 76조 1항), 신고(법 80조 2항) 또는 공정거래위원회의 조사에 대한 협조(81조)를 한 사업자에게 그 행위를 한 것을 이유로 거래의 정지, 물량의 축소, 그 밖에 불이익을 주는 행위를 하거나 계열회사 또는 다른 사업자로 하여금 이를 하도록 하여서는 아니 된다(법 48조).

Ⅲ. 제 재

공정거래위원회는 공정거래법 제46조(재판매가격유지행위의 금지) 또는 제48조(보복조치의 금지)의 규정에 위반한 행위가 있는 때에는 당해 사업자에 대하여 해당 행위의 중지, 계약조항의 삭제, 시정명령을 받은 사실의 공표, 그 밖에 필요한 시정조치를 명할 수 있다(49조 1항).

또한 공정거래위원회는 동조에 위반하는 재판매가격유지행위가 있는 경우 당해 사업자에 대하여 대통령령이 정하는 매출액에 100분의 4를 곱한 금액을 초과하지 아니하는 범위 안에서 과징금을 부과할 수 있다. 다만 매출액이 없는 경우 등에는 10억원을 초과하지 않는 범위 안에서 과징금을 부과할 수 있다(법 50조 1항, 영 56조).

한편 공정거래법 제49조(보복조치의 금지)를 위반한 자는 3년 이하의 징역 또는 2억원 이하의 벌금에 처한다(법 124조 1항 11호). 또한 동법 제49조(시정조치) 제1항에 따른 시정조치에 따르지 아니한 자는 2년 이하의 징역 또는 1억5천만원 이하의 벌금에 처한다(법 125조 1호).

---

12) 서울고법 1996.3.19. 선고 95구24779 판결.

13) 「재판매가격 유지행위가 허용되는 저작물의 범위」(공정거래위원회고시 제2021-21호, 2021. 12. 30. 기정) 참조.

제8장 사업자단체

I. 서 설

공정거래법상 사업자단체라 함은 그 형태 여하를 불문하고 2 이상의 사업자가 공동의 이익을 증진할 목적으로 조직한 결합체 또는 그 연합체를 말한다(2조 2호). 사업자의 이익을 위한 행위를 하는 임원·종업원·대리인 기타의 자는 사업자단체에 관한 규정의 적용에 있어서는 이를 사업자로 본다(동조 1호 2문). 사업자단체는 업계의 전문적인 지식과 경험을 정부정책에 반영시키고 기업환경의 변화에 따른 유익한 정보를 관련업계에 보급하는 등 순기능을 발휘할 수도 있지만, 사업자 간의 경쟁을 실질적으로 제한하거나 공정한 거래질서를 저해하는 행위의 온상이 될 수도 있다. 그리하여 공정거래법은 사업자단체 차원에서 이루어지는 부당공동행위, 불공정거래행위 및 재판매가격유지행위를 효과적으로 규제함과 아울러 사업자단체가 사업자수를 제한하는 행위와 구성사업자의 사업활동을 제한하는 행위를 금지하기 위한 규정을 두고 있다(51조 1항).

Ⅱ. 사업자단체의 금지행위

1. 경쟁제한행위(부당공동행위)

사업자단체는 공정거래법 제40조(부당한 공동행위의 금지) 제1항 각호의 행위에 의하여 부당하게 경쟁을 제한하는 행위를 하여서는 아니된다(법 51조 1항 1호). 사업자단체는 부당공동행위의 합의에 필요한 정보들을 수집·배포한다거나, 가격기준목록을 제시한다거나, 암묵적 합의의 준수를 감시하는 등 담합촉진장치로 기능하는 경향이 강하다. 또한 전체업계를 대신하여 수요예측이나 설비능력계획을 수행하기도 하는데, 이는 단기적으로 가격합의를 촉진할 뿐 아니라 장기적으로 담합유지의 주요장애인 과잉설비를 억제하는 역할을 할 수 있다. 그리고 사업자단체는 적어도 담합으로 귀결될 수 있는 만남의 기회를 제공한다.[1]

이처럼 시장에 있어서의 경쟁제한행위가 실제로 사업자단체의 조직적 활동을 통하여 쉽게 성립되고 이러한 경쟁제한행위가 그 실효성 또한 높은 것이 경제현실이기 때문에, 공정거래법은 부당공동행위에 대한 제40조 제1항과 별도로 제51조 제1항 1호에서 사업자단체의 금지행위의 하나로서 경쟁제한행위(부당공동행위)를 열거하고 있다. 즉, 후자는 전자에 대한 보충규정의 성격을 가지고 있는 것이다.[2] 실무상으로 공정거래위원회는 사업자단체가 관련된 부당공동행위에 관하여 주로 공정거래법 제51조(구법 26조) 제1항 1호를 적용하여 왔으며, 이에 관한 심결례도 풍부히 집적되어 있다.

2. 사업자수 제한행위

사업자단체는 일정한 거래분야에서 현재 또는 장래의 사업자수를 제한하는 행위를 하여서는 아니된다(법 51조 1항 2호). 이는 신규사업자가 시장에 진입하는 것을 저지하거나 또는 기존사업자를 배제하는 것에 의하여 일정한 사업자 사이에

1) 박병형, "암묵적 담합의 경제이론과 경쟁정책", 「산업조직연구」 제4권 (1996), 142면.
2) 한상곤, "사업자단체의 규제", 「경제법의 제문제 (재판자료 제87집)」(2000), 451면.

서만 경쟁이 이루어지게 하는 여건을 조성하여 상품 또는 서비스의 공급 등을 제한하는 것을 말한다.[3] 다음과 같은 행위들이 이에 해당한다(「사업자단체 활동지침」(공정거래위원회고시 제2021-35호, 2021.12.28. 개정)(이하 이 장에서 "단체지침"이라 한다), 3.가.(10)).

- 단체에 가입하지 않으면 사업수행이 곤란한 경우 일정한 영업기간 등 가입조건을 어렵게 하거나, 신규가입자에 대해 기존 회원의 동의를 받도록 함으로써 사실상 가입을 제한하는 행위
- 신규 창업을 저지하거나 기존 사업자를 배제하는 등의 방법으로 당해 사업분야에 있어서 사업자 수의 증가를 제한하는 행위
- 신규가입시 일정한 거리제한을 두거나 특정한 장소 내에 또는 매매후 일정한 기간 내에 신규 개설 · 이전 · 승계 등을 금지하는 행위
- 신규가입 또는 탈퇴를 제한할 목적으로 또는 그와 동일한 효과를 가질 정도로 높은 수준의 가입비를 징수하는 행위

3. 구성사업자의 사업제한행위

사업자단체는 구성사업자(그 단체의 구성원인 사업자)의 사업내용 또는 활동을 부당하게 제한하는 행위를 하여서는 아니된다(법 51조 1항 3호). 사업자단체는 구성사업자들의 공동의 이익을 목적으로 결합한 단체인 만큼, 그 목적을 달성하기 위하여 어느 정도 그 구성사업자의 사업활동이 제한되는 것은 불가피한 것이라 할 수 있으나, 그러한 제한이 부당한 경우 이를 금지하고자 하는 것이 동호의 취지이다.[4] 다음의 행위들이 이에 해당한다(단체지침 3.가.(11)).

- 각종 증명서의 교부나 추천을 거부하거나 지연함으로써 구성사업자의 사업활동을 부당하게 제한하는 행위
- 영업장소의 수 또는 위치를 제한하거나 일정한 기간 동안 조업을 단축하도록 하거나 영업을 하지 못하도록 함으로써 구성사업자의 활동을 부당하게 제한하는 행위
- 구성사업자에게 공동사업의 이용을 강제하거나 부당하게 구성사업자를 차별적으로 취급하는 행위

---

3) 상게논문, 471면.
4) 상게논문, 473 · 474면.

- 구성사업자에게 특정한 원료의 사용비율을 정하여 강제하거나 직원의 채용 또는 자유로운 기술 개발·이용을 부당하게 제한하는 행위
- 구성사업자의 광고내용, 광고회수, 광고매체 등을 부당하게 제한하거나 공동으로 결정하게 하는 행위
- 단체로부터의 탈퇴를 강요하거나 거부함으로써 구성 사업자의 사업활동을 부당하게 제한하는 행위

4. 불공정거래행위 및 재판매가격유지행위의 강요·유도·방조행위

사업자단체는 사업자에게 불공정거래행위 또는 재판매가격유지행위를 하게 하거나 이를 방조하는 행위를 하여서는 아니된다(법 51조 1항 4호). 여기서 말하는 사업자에는 이러한 행위를 하는 사업자단체의 구성사업자뿐 아니라 비구성사업자도 포함된다고 해석된다.[5] 또한 불공정거래행위 또는 재판매가격유지행위를 "하게 하거나 이를 방조하는 행위"라 함은 불공정거래행위 등을 하도록 물리적으로 강요하는 경우뿐 아니라, 이러한 행위를 권유·유도하거나[6] 이를 가능하게 하거나 용이하게 하기 위한 수단을 제공하는 행위[7]를 모두 포함한다. 그러나 이러한 강요·유도 내지 방조가 있으면 족하고, 그 상대방이 불공정거래행위 등을 실행하였을 것은 요하지 않는다.[8] 사업자단체의 강요 등에 따라 불공정거래행위 등을 실행한 자는 법 제45조(불공정거래행위의 금지) 또는 제46조(재판매가격유지행위의 금지)를 위반한 것이 된다.[9] 사업자단체가 스스로 사업주체로서 불공정거래행위 또는 재판매가격유지행위를 한 경우도 법 제45조 또는 제46조의 규율을 받는다.[10]

공정거래법 제45조 제1항은 사업자단체가 아닌 일반 사업자가 다른 사업자로 하여금 불공정거래행위를 하게 하는 행위를 금지하고 있으나, 이에 위반한 경우의 제

---

5) 손주찬 (1993), 319면.
6) 대판 2003.1.11, 2002두9346; 동 1997.6.13, 96누5834(두 판결 모두 재판매가격유지행위 관련임).
7) 이남기 (2000), 296면.
8) 손주찬 (1993) 319면.
9) 서울 동북지역 정보운영위원회 및 한국부동산정보통신(주)의 사업자단체금지행위 등에 대한 건, 2001.8.22. 공정거래위원회 의결 제2001-120호; 18개 부동산중개업소단체 및 4개 부도안정보망회사 등의 사업자단체금지행위 등에 대한 건, 2000.5.31. 의결(약) 제2000-154호; 고양시부동산중개업자정보교류회 및 한국부동산정보통신(주)의 사업자단체금지행위 등에 대한 건, 2000.7.20. 의결 제2000-108호.
10) 신현윤 (2014), 352면.

재는 사업자들에 대하여서만 가하여질 수 있는 데 비해(49조 1항, 50조 1항), 본호에 위반한 경우에는 사업자단체 자체에 대하여도 제재를 가할 수가 있다(52조 1항, 53조 1항). 또한 공정거래법 제46조는 일반 사업자가 스스로 재판매가격유지행위를 하는 것만을 금지하고 있을 뿐이나, 동법 제51조 제1항 4호는 사업자단체가 사업자의 재판매가격유지행위를 강요 또는 방조하는 행위를 규제하고 있다. 이처럼 법이 동호를 통하여 사업자단체에 의한 불공정거래행위 등의 방조 등을 엄격히 규제하는 취지는, 사업자는 사업자단체를 통하여 경쟁제한적이거나 공정한 거래를 저해할 우려가 있는 행위를 용이하게 실행·강요 또는 방조할 수 있기 때문이다. 즉, (i) 사업자는 사업자단체를 통해 경쟁제한 내지 경쟁저해적인 공동인식에 용이하게 도달할 수 있고, (ii) 그 단체를 배경으로 하여 구성사업자는 상대방에 대하여 보다 우월적 지위에 서게 될 수 있어 각종 불공정거래행위를 강요 내지 유도할 수 있는 것이다.[11)]

그런데 재판매가격유지행위와 관련하여 주의할 것은, 공정거래법 제46조 2호에 의하여 저작물에 대하여 재판매가격유지행위가 허용되는 경우에 있어서도 사업자단체가 재판매가격의 준수를 권유 또는 강제하는 행위는 금지되어야 한다는 것이다. 그 이유는 사업자단체가 재판매가격유지행위에 개입할 경우 당해 시장의 경쟁을 저해하는 집단적 재판매가격유지행위의 성격을 갖기 쉽기 때문이다.[12)]

이에 관한 판례로 **대한출판문화협회** 사건[13)]을 보면, 출판사들의 사업자단체인 (사)대한출판문화협회는 도서정가제를 준수하지 아니하고 할인판매를 한 출판사들에 대하여 도서정가제가 더욱 공고히 확립될 수 있도록 최대한 협조하여 줄 것을 요청하는 공문을 발송하였다. 대법원은, (구)공정거래법 제29조 제2항에 의하여 저작물에 대한 재판매가격유지행위가 허용되는 사업자는 반드시 재판매가격유지행위를 하여야 하는 것은 아니고 자유경쟁가격제도를 택할 수도 있는 것이며, (구)법 제26조 제1항 4호에서 사업자단체가 사업자에게 (구)법 제29조에 의한 재판매가격유지행위를 하게 하는 행위를 금지하는 취지는 사업자의 재판매가격유지행위를 규제하는 (구)법 제29조의 그것과는 전혀 별개의 것이므로, 개개의 사업자 사이에 저작

---

11) 손주찬, "독점규제법에 의한 사업자단체의 규제", 「사법행정」 제300호 (1985), 28면.
12) 이규억·이재형, "사업자단체의 기능과 규제", 「한국개발연구」 제4권 제4호 (1982), 58면.
13) 대판 1997.6.13. 96누5834. 이에 대한 평석으로 김진흥, "출판사의 사업자단체가 재판매가격유지계약 체결권한을 위임하지 아니한 출판사에게 재판매가격유지를 요청하는 행위의 적부", 「판례연구(서울지방변호사회)」제11집 (1998), 47-56면.

물에 대한 재판매가격유지행위를 할 수 있다고 하더라도 사업자단체가 자유경쟁가격제도를 택하려는 사업자에게 재판매가격유지행위를 하게 하는 행위는 (구)법 제26조 제1항 4호에 위반되는 것이고, 따라서 출판물의 재판매가격유지계약 체결권한을 위임하지 아니한 출판사들에 대한 원고의 위 공문발송조치는 위법한 것이라고 판시하였다.[14)]

Ⅲ. 제 재

공정거래위원회는 공정거래법 제51조(사업자단체의 금지행위)에 위반하는 행위가 있을 때에는 당해 사업자단체(필요한 경우 관련 구성사업자 포함)에 대하여 당해 행위의 중지, 시정명령을 받은 사실의 공표, 그 밖에 필요한 시정조치를 명할 수 있다(법 52조 1항).

또한 공정거래위원회는 사업자단체의 금지행위를 한 당해 사업자단체에 대하여 10억원의 범위 안에서 과징금을 부과할 수 있다(법 53조 1항). 경쟁제한행위(법 51조 1항 1호)에 참가한 사업자에 대하여는 대통령령이 정하는 매출액에 100분의 20을 곱한 금액을 초과하지 않는 범위 안에서 과징금을 부과할 수 있다. 다만 매출액이 없는 경우 등에는 40억원을 초과하지 않는 범위 안에서 과징금을 부과할 수 있다(법 53조 2항, 영 58조). 사업자수 제한행위, 구성사업자의 사업제한행위 및 불공정거래행위·재판매가격유지행위의 강요·유도·방조행위(법 51조 1항 2호 내지 4호)에 참가한 사업자에 대하여는 대통령령으로 정하는 매출액에 100분의 10를 곱한 금액을 초과하지 않는 범위 안에서 과징금을 부과할 수 있다. 다만 매출액이 없는 경우 등에는 20억원을 초과하지 않는 범위 안에서 과징금을 부과할 수 있다(법 53조 3항, 영 58조).

한편 사업자단체의 불공정거래행위(부당지원행위 제외) 금지(법 51조 1항 4호)에 위반한 행위로 피해를 입거나 피해를 입을 우려가 있는 자는 그 위반행위를 하거나 할 우려가 있는 사업자단체에 자신에 대한 침해행위의 금지 또는 예방을 청구

14) 유사한 사례로, 음반거래질서정상화협의회의 재판매가격유지강요행위에 대한 건, 공정거래위원회 1998.3.20. 의결 제98-55호 참조.

할 수 있다(법 108조 1항). 또한 사업자단체는 동법 제51조 제1항 1호(부당공동행위 금지)에 위반함으로써 손해를 입은 자가 있는 경우 그 자에게 발생한 손해의 3배를 넘지 아니하는 범위에서 손해배상의 책임을 진다(법 109조 2항 본문). 다만, 사업자단체가 고의 또는 과실이 없음을 입증한 경우에는 손해배상의 책임을 지지 아니한다(법 109조 2항 단서).

사업자단체의 부당공동행위의 금지(법 51조 1항 1호)에 위반한 자는 3년 이하의 징역 또는 2억원 이하의 벌금에 처한다(법 124조 1항 12호). 구성사업자의 사업제한행위(51조 1항 3호)를 한 자는 2년 이하의 징역 또는 1억5천만원 이하의 벌금에 처한다(125조 5호). 공정거래법 제52조 제1항에 따른 공정거래위원회의 시정조치에 따르지 아니한 자에 대하여도 같다(법 125조 1호).

제9장 법집행기구와 구제수단

Ⅰ. 공정거래위원회의 조직

1. 공정거래위원회의 설치

공정거래법에 의한 사무를 독립적으로 수행하기 위하여 국무총리 소속하에 공정거래위원회를 두고 있으며, 공정거래위원회는 정부조직법 제2조 제2항의 규정에 의한 중앙행정기관으로서 그 소관사무를 수행한다(법 54조). 공정거래위원회의 소관사무는 다음과 같다(법 55조).

- 시장지배적지위의 남용행위 규제에 관한 사항
- 기업결합의 제한 및 경제력집중의 억제에 관한 사항
- 부당한 공동행위 및 사업자단체의 경쟁제한행위 규제에 관한 사항
- 불공정거래행위 및 재판매가격유지행위 규제에 관한 사항
- 경쟁제한적인 법령 및 행정처분의 협의·조정 등 경쟁촉진정책에 관한 사항
- 다른 법령에서 공정거래위원회의 소관으로 규정된 사항

2. 공정거래위원회의 구성

공정거래위원회는 위원장 1인 및 부위원장 1인을 포함한 9인의 위원으로 구성하며, 그 중 4인은 비상임위원으로 한다(법 57조 1항). 공정거래위원회의 위원은 독점규제 및 공정거래 또는 소비자분야에 경험 또는 전문지식이 있는 자로서 다음의

어느 하나에 해당하는 자 중에서, 위원장과 부위원장은 국무총리의 제청으로 대통령이 임명하고 기타 위원은 위원장의 제청으로 대통령이 임명 또는 위촉한다. 이 경우 위원장은 국회의 인사청문을 거쳐야 한다(동조 2항).

- 2급 이상 공무원(고위공무원단에 속하는 일반직공무원 포함)의 직에 있던 자
- 판사 · 검사 또는 변호사의 직에 15년 이상 있던 자
- 법률 · 경제 · 경영 또는 소비자 관련 분야 학문을 전공하고 대학이나 공인된 연구기관에서 15년 이상 근무한 자로서 부교수 이상 또는 이에 상당하는 직에 있던 자
- 기업경영 및 소비자보호활동에 15년 이상 종사한 경력이 있는 자

위원장과 부위원장은 정무직으로 하고, 기타 상임위원은 고위공무원단에 속하는 일반직 공무원으로서 「국가공무원법」 제26조의5에 따른 임기제공무원으로 보한다(동조 3항). 위원장 · 부위원장 및 사무처의 장(법 70조)은 정부조직법 제10조의 규정에 불구하고 정부위원이 된다(동조 4항). 위원장은 공정거래위원회를 대표하며, 국무회의에 출석하여 발언할 수 있다(법 60조 1항 · 2항). 위원장이 사고로 인하여 직무를 수행할 수 없을 때에는 부위원장이 그 직무를 대행하며, 위원장과 부위원장이 모두 사고로 인하여 직무를 수행할 수 없을 때에는 선임상임위원 순으로 그 직무를 대행한다(동조 3항).

공정거래위원회의 위원장 · 부위원장 및 다른 위원의 임기는 3년으로 하고 1차에 한하여 연임할 수 있다(법 61조). 위원은 (i) 금고 이상의 형의 선고를 받거나, (ii) 장기간의 심신쇠약으로 직무를 수행할 수 없게 된 경우를 제외하고는 그 의사에 반하여 면직 또는 해촉되지 아니한다(법 62조). 위원은 정당에 가입하거나 정치운동에 관여할 수 없다(법 63조).

3. 공정거래위원회의 회의

가. 전원회의와 소회의

공정거래위원회의 회의는 위원 전원으로 구성하는 회의(전원회의)와 상임위원 1인을 포함한 위원 3인으로 구성하는 회의(소회의)로 구분한다(법 58조). 전원회의는 다음의 사항을 심의 · 의결하며, 소회의는 그 이외의 사항을 심의 · 의결한다(법 59조).

- 공정거래위원회 소관의 법령이나 규칙 · 고시 등의 해석적용에 관한 사항
- 공정거래법 제96조에 따른 이의신청
- 소회의에서 의결되지 아니하거나 소회의가 전원회의에서 처리하도록 결정한 사항
- 규칙 또는 고시의 제정 또는 변경
- 경제적 파급효과가 중대한 사항, 그 밖에 전원회의에서 스스로 처리하는 것이 필요하다고 인정하는 사항

전원회의는 위원장이 주재하며 재적위원 과반수의 찬성으로 의결한다(법 64조 1항). 소회의는 상임위원이 주재하며 구성위원 전원의 출석과 출석위원 전원의 찬성으로 의결한다(동조 2항).

나. 심리와 의결

공정거래위원회의 심리와 의결은 공개한다. 다만, 사업자 또는 사업자단체의 사업상의 비밀을 보호할 필요가 있다고 인정할 때에는 그러하지 아니하다(법 65조 1항). 공정거래위원회의 심리는 구술심리를 원칙으로 하되 필요한 경우 서면심리로 할 수 있다(동조 2항). 공정거래위원회의 사건에 관한 의결의 합의는 공개하지 아니한다(동조 3항). 전원회의 및 소회의의 의장은 심판정에 출석하는 당사자 · 이해관계인 · 참고인 및 참관인 등에 대하여 심판정의 질서유지를 위하여 필요한 조치를 명할 수 있다(법 66조).

공정거래위원회가 이 법 위반 여부에 관한 사항을 심의 · 의결하는 경우에는 의결 내용 및 그 이유를 명시한 의결서로 하여야 하고, 의결에 참여한 위원이 그 의결서에 서명 · 날인하여야 한다(법 68조 1항). 공정거래위원회는 의결서 등에 오기, 계산착오 그 밖에 이와 유사한 오류가 있는 것이 명백한 때에는 신청에 의하거나 직권으로 경정할 수 있다(동조 2항). 공정거래위원회가 이 법에 위반되는 사항에 대하여 의결하는 경우에는 그 사항에 관한 심리를 종결하는 날까지 발생한 사실을 기초로 판단한다(법 69조).

다. 위원의 제척 · 기피 · 회피

위원은 다음에 해당하는 사건에 대한 심의 · 의결에서 제척된다(법 67조 1항).

- 자기나 배우자 또는 배우자였던 자가 당사자이거나 공동권리자 또는 공동의무자인 사건
- 자기가 당사자와 친족관계에 있거나 자기 또는 자기가 속한 법인이 당사자의 법률·경영 등에 대한 자문·고문 등으로 있는 사건
- 자기 또는 자기가 속한 법인이 증언이나 감정을 한 사건
- 자기 또는 자기가 속한 법인이 당사자의 대리인으로 관여하거나 관여하였던 사건
- 자기 또는 자기가 속한 법인이 사건의 대상이 된 처분 또는 부작위에 관여한 사건
- 자기가 공정거래위원회 소속 공무원으로서 당해 사건의 조사 또는 심사를 행한 사건

당사자는 위원에게 심의·의결의 공정을 기대하기 어려운 사정이 있는 경우에는 기피신청을 할 수 있으며, 위원장은 이 기피신청에 대하여 위원회의 의결을 거치지 아니하고 결정한다(동조 2항). 위원 본인이 위의 제척 또는 기피사유에 해당하는 경우에는 스스로 그 사건의 심의·의결을 회피할 수 있다(동조 3항).

4. 사무처 및 지방사무기구

공정거래위원회의 사무를 처리하기 위하여 공정거래위원회에 사무처를 둔다(법 70조). 사무처에는 사무처장 1명과 하부조직으로서 운영지원과·경쟁정책국·소비자정책국·시장감시국·카르텔조사국 및 기업거래정책국을 둔다(공정거래위원회와 그 소속기관 직제(대통령령 제32629호, 2022.5.9. 타법개정) 5조 2항, 6조 1항).

또한 공정거래위원회는 공정거래기능의 지역적 사무를 처리하기 위하여 따로 대통령령이 정하는 바에 따라 지방공정거래사무소를 둔다(동 직제 2조).

II. 공정거래위원회의 사건처리절차

1. 조 사

가. 사건의 인지

공정거래위원회는 이 법의 규정에 위반한 혐의가 있다고 인정할 때에는 직권

으로 필요한 조사를 할 수 있다(법 80조 1항). 또한 누구든지 이 법에 위반되는 사실을 공정거래위원회에 신고할 수 있다(동조 2항).[1] 공정거래위원회는 직권으로 또는 신고로 조사한 결과 공정거래법에 따른 처분을 하거나 처분을 하지 아니하는 경우에는 그 근거, 내용 및 사유 등을 기재한 서면을 해당 사건의 당사자에게 통지하여야 한다. 다만, 제68(의결서 작성 및 경정)에 따라 의결서를 작성하는 경우에는 해당 의결서 정본을 송부한다(법 80조 3항). 공정거래위원회는 공정거래법 위반행위에 대하여 해당 위반행위의 종료일부터 7년이 지난 경우에는 동법에 따른 시정조치를 명하거나 과징금을 부과할 수 없다(동조 4항). 또한 공정거래위원회는 부당한 공동행위에 대하여 다음의 기간이 지난 경우에는 이 법에 따른 시정조치를 명하거나 과징금을 부과할 수 없다(동조 5항).

- 공정거래위원회가 해당 위반행위에 대하여 조사를 개시한 경우 대통령령으로 정하는 조사 개시일부터 5년
- 공정거래위원회가 해당 위반행위에 대하여 조사를 개시하지 아니한 경우 해당 위반행위의 종료일부터 7년

위의 처분시효 규정은 법원의 판결에 따라 시정조치 또는 과징금 부과처분이 취소된 경우로서 그 판결이유에 따라 새로운 처분을 하는 경우에는 적용하지 아니한다(동조 6항). 또한 위의 처분시효 기간은 공정거래위원회가 제95조(자료열람 요구 등)에 따른 자료의 열람 또는 복사 요구에 따르지 아니하여 당사자가 소를 제기한 경우 그 당사자 및 동일한 사건으로 심의를 받는 다른 당사자에 대하여 진행이 정지되고 그 재판이 확정된 때부터 진행한다(법 80조 7항).

나. 조사 절차

공정거래위원회는 이 법의 시행을 위하여 필요하다고 인정할 때에는 대통령령이 정하는 바에 의하여 다음의 처분을 할 수 있다(법 81조 1항, 영 73조).

- 당사자, 이해관계인 또는 참고인의 출석 및 의견의 청취
- 감정인의 지정 및 감정의 위촉

1) 이러한 신고에도 불구하고 공정거래위원회가 무혐의결정을 한 경우 행정소송의 대상은 되지 않으나(대법원 2000.4.11. 선고 98두5682 판결), 헌법소원의 대상이 될 수 있다(헌법재판소 2002.6.27. 선고 2001헌마381 결정).

- 사업자, 사업자단체 또는 이들의 임직원에 대하여 원가 및 경영상황에 관한 보고, 그 밖에 필요한 자료나 물건의 제출 명령 또는 제출된 자료나 물건의 일시 보관

또한 공정거래위원회는 이 법의 시행을 위하여 필요하다고 인정할 때에는 그 소속공무원[법 제122조(권한의 위임 · 위탁)의 규정에 의한 위임을 받은 기관의 소속공무원 포함]으로 하여금 사업자 또는 사업자단체의 사무소 또는 사업장에 출입하여 업무 및 경영상황, 장부 · 서류, 전산자료 · 음성녹음자료 · 화상자료 그 밖에 대통령령으로 정하는 자료나 물건을 조사하게 할 수 있으며(법 81조 2항), 대통령령으로 정하는 바에 따라 지정된 장소에서 당사자, 이해관계인 또는 참고인의 진술을 듣게 할 수 있다(법 81조 3항, 영 75조 1항). 조사공무원은 심의 · 의결 절차(법 59조 1항 · 2항)가 진행 중인 경우에는 위의 조사(법 81조 2항)를 하거나 당사자의 진술(동조 3항)을 들어서는 아니 된다. 다만, 조사공무원 또는 당사자의 신청에 대하여 전원회의 또는 소회의가 필요하다고 인정하는 경우에는 그러하지 아니하다(법 81조 4항). 조사공무원이 공정거래법 제81조 제1항 1호 및 제3항에 따라 당사자의 진술을 들었을 때에는 대통령령으로 정하는 바에 따라 진술조서를 작성하여야 한다(법 81조 5항, 영 75조 2항). 공정거래법 제81조 제2항에 따른 조사를 하는 공무원은 증거인멸의 우려가 있는 경우에 한하여 사업자, 사업자단체 또는 이들의 임직원에게 조사에 필요한 자료나 물건의 제출을 명하거나 제출된 자료나 물건을 일시 보관할 수 있다(법 81조 6항, 영 75조 3항). 공정거래법 제81조 제1항 3호 및 제6항에 따라 사업자, 사업자단체 또는 이들의 임직원의 자료나 물건을 일시 보관할 때에는 대통령령으로 정하는 바에 따라 보관조서를 작성 · 발급하여야 하며(법 81조 7항, 영 75조 4항), 보관한 자료나 물건이 다음 어느 하나에 해당하는 경우에는 즉시 반환하여야 한다(법 81조 8항).

- 보관한 자료나 물건을 검토한 결과 해당 조사와 관련이 없다고 인정되는 경우
- 해당 조사 목적의 달성 등으로 자료나 물건을 보관할 필요가 없어진 경우

공정거래법 제81조 제2항에 따른 조사를 하는 공무원은 그 권한을 표시하는 증표를 관계인에게 제시하고, 조사목적 · 조사기간 및 조사방법 등 대통령령으로 정하는 사항이 기재된 문서를 발급하여야 한다(법 81조 9항, 영 75조 5항). 동조 제1항에 따른 처분 또는 제2항에 따른 조사와 관련된 당사자, 이해관계인 또는 참고

인은 의견을 제출하거나 진술할 수 있다(동조 10항).

조사공무원은 공정거래법 제80조 및 제81조에 따른 조사를 하는 경우에는 조사를 받는 사업자 또는 사업자단체의 정규 근무시간 내에 조사를 진행하여야 한다. 다만, 증거인멸의 우려 등으로 정규 근무시간 내의 조사로는 조사의 목적을 달성하는 것이 불가능한 경우에는 피조사업체와 협의하여 정규 근무시간 외의 시간에도 조사를 진행할 수 있다(법 82조 1항). 조사공무원은 공정거래법 제81조 제9항의 문서에 기재된 조사기간 내에 조사를 종료하여야 한다. 다만, 조사기간 내에 조사목적 달성을 위한 충분한 조사가 이루어지지 못한 경우에는 조사를 받는 사업자 또는 사업자단체의 업무 부담을 최소화할 수 있는 범위에서 조사기간을 연장할 수 있다(법 82조 2항). 이와 같이 조사기간을 연장하는 경우에는 해당 사업자 또는 사업자단체에 연장된 조사기간이 명시된 공문서를 발급하여야 한다(동조 3항).

공정거래법 제81조 제1항부터 제3항까지의 규정에 따라 공정거래위원회로부터 처분 또는 조사를 받게 된 사업자 또는 사업자단체가 천재지변이나 그 밖에 대통령령으로 정하는 사유로 처분을 이행하거나 조사를 받기가 곤란한 경우에는 대통령령으로 정하는 바에 따라 공정거래위원회에 처분 또는 조사를 연기하여 줄 것을 신청할 수 있다(법 85조 1항, 영 76조). 공정거래위원회는 이러한 처분 또는 조사의 연기신청을 받았을 때에는 그 사유를 검토하여 타당하다고 인정되는 경우에는 처분 또는 조사를 연기할 수 있다(법 85조 2항).

공정거래위원회로부터 조사 및 심의를 받는 사업자, 사업자단체 또는 이들의 임직원은 변호사 등 변호인으로 하여금 조사 및 심의에 참여하게 하거나 의견을 진술하게 할 수 있다(법 83조).

조사공무원은 이 법의 시행을 위하여 필요한 최소한의 범위 안에서 조사를 행하여야 하며, 다른 목적 등을 위하여 조사권을 남용하여서는 아니된다(법 84조).

다. 조사방해에 대한 제재

공정거래법 제81조 제2항에 따른 조사시 폭언·폭행, 고의적인 현장진입 저지·지연 등을 통해 조사를 거부·방해 또는 기피한 자는 3년 이하의 징역 또는 2억원 이하의 벌금에 처한다(법 124조 1항 13호). 동법 제81조 제1항 3호 또는 같은 조 제6항에 따른 보고 또는 필요한 자료나 물건을 제출하지 아니하거나 거짓의 보고 또는 자료나 물건을 제출한 자 및 같은 조 제2항에 따른 조사 시 자료의 은닉·폐기, 접근거부 또는 위조·변조 등을 통하여 조사를 거부·방해 또는 기피한 자는 2년 이하의 징역 또는 1억 5천만원 이하의 벌금에 처한다(법 125조 6호·7호). 또한 동법 제81조 제1항 1호에 위반하여 정당한 이유 없이 출석을 하지 아니한 자에 대하여는 과태료의 제재가 있다(법 130조 1항 6호).

한편 공정거래위원회는 사업자 또는 사업자단체가 공정거래법 제81조 제1항 3호 또는 같은 조 제6항에 따른 보고 또는 자료나 물건의 제출 명령을 이행하지 아니한 경우에 그 보고 또는 자료나 물건이 이 법 위반 여부를 확인하는 데 필요하다고 인정할 때에는 소회의의 결정으로 이행기한을 정하여 그 보고 또는 자료나 물건의 제출을 다시 명령할 수 있으며, 이를 이행하지 아니한 자에게는 이행기한이 지난 날부터 1일당 대통령령으로 정하는 1일 평균매출액의 1천분의 3의 범위에서 이행강제금을 부과할 수 있다. 다만, 매출액이 없거나 매출액의 산정이 곤란한 경우에는 이행기한이 지난 날부터 1일당 200만원의 범위에서 이행강제금을 부과할 수 있다(법 86조 1항, 영 77조).

2. 심 결

공정거래위원회는 공정거래법을 위반한 사업자 또는 사업자단체에 대하여 시정방안을 정하여 이에 따를 것을 권고할 수 있다(법 88조 1항). 이러한 시정권고를 통지받은 자는 10일 이내에 해당 권고를 수락하는지의 여부에 관하여 공정거래위원회에 통지하여야 하며, 시정권고를 받은 자가 당해 권고를 수락한 때에는 이 법의 규정에 의한 시정조치가 명하여진 것으로 본다(동조 2항·3항).

한편 공정거래위원회는 공정거래법 위반사항에 대하여 시정조치 또는 과징금 납부명령을 하기 전에 당사자 또는 이해관계인에게 의견을 진술할 기회를 주어야 하며, 당사자 또는 이해관계인은 공정거래위원회의 회의에 출석하여 그 의견을 진술하거나 필요한 자료를 제출할 수 있다(법 93조).

또한 당사자 또는 이해관계인은 공정거래위원회에 대하여 이 법의 규정에 의한 처분과 관련된 자료의 열람 또는 복사를 요구할 수 있다(법 95조 1항). 이 경우 공정거래위원회는 (i) 영업비밀(부정경쟁방지 및 영업비밀보호에 관한 법률 2조 2호) 자료, (ii) 자진신고 등(법 44조 4항)과 관련된 자료, 또는 (iii) 다른 법률에 따른 비공개

자료를 제외하고는 이에 따라야 한다(동조 2항).

공정거래위원회는 사건을 심의하기 위하여 필요하면 당사자의 신청이나 직권으로 증거조사를 할 수 있다(법 93조 1항). 전원회의 또는 소회의의 의장은 당사자의 증거조사 신청을 채택하지 아니하는 경우 그 이유를 당사자에게 고지하여야 한다(동조 2항).

3. 불 복

가. 이의신청

공정거래법에 따른 처분에 대하여 불복이 있는 자는 그 처분의 통지를 받은 날부터 30일 이내에 그 사유를 갖추어 공정거래위원회에 이의신청을 할 수 있다(법 96조 1항). 공정거래위원회는 이의신청에 대하여 60일 이내에 재결을 하여야 한다. 다만, 부득이한 사정으로 그 기간 내에 재결을 할 수 없을 경우에는 30일의 범위 안에서 결정으로 그 기간을 연장할 수 있다(동조 2항).

공정거래위원회는 공정거래법의 규정에 의한 시정조치명령을 받은 자가 이의신청을 제기한 경우로서 그 명령의 이행 또는 절차의 속행으로 인하여 발생할 수 있는 회복하기 어려운 손해를 예방하기 위하여 필요하다고 인정하는 때에는 당사자의 신청이나 직권에 의하여 그 명령의 이행 또는 절차의 속행에 대한 정지(이하 "집행정지")를 결정할 수 있다(법 97조 1항). 공정거래위원회는 집행정지의 결정을 한 후에 집행정지의 사유가 없어진 경우에는 당사자의 신청 또는 직권에 의하여 집행정지의 결정을 취소할 수 있다(동조 2항).

나. 불복의 소

공정거래법에 따른 처분에 대하여 불복의 소를 제기하고자 할 때에는 처분의 통지를 받은 날 또는 이의신청에 대한 재결서의 정본을 송달받은 날부터 30일 이내(불변기간)에 이를 제기하여야 한다(법 99조). 이러한 불복의 소는 서울고등법원을 전속관할로 한다(법 100조).

공정거래법에 위반하는 사건의 처리절차 등에 관하여 필요한 사항은 공정거래위원회가 정하여 고시한다(법 101조).

4. 동의의결

가. 의 의

동의의결이란 공정거래위원회의 조사나 심의를 받고 있는 사업자 또는 사업자단체(이하 "신청인")가 당해 조사나 심의의 대상이 되는 행위(이하 "해당 행위")로 인한 경쟁제한상태 등의 자발적 해소, 소비자 피해구제, 거래질서의 개선 등을 위한 시정방안을 제안하고 그것이 다음 요건을 모두 충족하는 경우 공정거래위원회가 해당 행위 관련 심의절차를 중단하고 시정방안과 같은 취지의 의결 또는 신청인과 협의하여 이를 일부 수정한 의결을 하는 것을 말한다(법 89조 1항 본문, 3항).

- 해당 행위가 이 법을 위반한 것으로 판단될 경우에 예상되는 시정조치, 그 밖의 제재와 균형을 이룰 것
- 공정하고 자유로운 경쟁질서나 거래질서를 회복시키거나 소비자, 다른 사업자 등을 보호하기에 적절하다고 인정될 것

공정거래위원회의 동의의결은 해당 행위가 이 법에 위반된다고 인정한 것을 의미하지 아니하며, 누구든지 신청인이 동의의결을 받은 사실을 들어 해당 행위가 이 법에 위반된다고 주장할 수 없다(동조 4항).

공정거래위원회는 일찍이 2005년부터 동의의결제도 도입을 추진하여 왔으나, 한미 FTA를 이행하기 위한 조치의 일환으로 2011년에 비로소 그 입법이 성사되었다. 이 제도가 성공적으로 시행될 경우, (i) 소비자 및 중소기업 피해의 신속하고 실질적인 보상이 가능해지고, (ii) 신청인은 사건 해결을 위한 시간 및 비용을 절감하고 위법판정으로 인한 기업이미지의 실추를 막을 수 있으며, (iii) 정부도 복잡한 위법성 판단에 소요되는 행정비용을 절감할 수 있을 것으로 기대되고 있다.

다만 해당 행위가 다음 중 어느 하나에 해당하는 경우 공정거래위원회는 동의의결을 하지 아니하고 이 법에 따른 심의 절차를 진행하여야 한다(동조 1항 단서).

- 해당 행위가 부당한 공동행위의 금지(법 40조 1항)에 위반한 경우
- 고발요건(법 129조 2항)에 해당하는 경우
- 동의의결이 있기 전 신청인이 신청을 취소하는 경우

나. 절 차

신청인이 동의의결을 신청하는 경우 다음의 사항을 기재한 서면으로 하여야 한다(법 89조 2항).

- 해당 행위를 특정할 수 있는 사실관계
- 해당 행위의 중지, 원상회복 등 경쟁질서의 회복이나 거래질서의 적극적 개선을 위하여 필요한 시정방안
- 소비자, 다른 사업자 등의 피해를 구제하거나 예방하기 위하여 필요한 시정방안

공정거래위원회는 신속한 조치의 필요성, 소비자 피해의 직접 보상 필요성 등을 종합적으로 고려하여 동의의결 절차의 개시 여부를 결정하여야 한다(법 90조 1항).

공정거래위원회는 동의의결을 하기 전에 30일 이상의 기간을 정하여 다음 사항을 신고인 등 이해관계인에게 통지하거나, 관보 또는 공정거래위원회의 인터넷 홈페이지에 공고하는 등의 방법으로 의견을 제출할 기회를 주어야 한다(동조 2항).

- 해당 행위의 개요
- 관련 법령 조항
- 시정방안(법 89조 3항 후단에 따라 시정방안이 수정된 경우에는 그 수정된 시정방안)
- 해당 행위와 관련하여 신고인 등 이해관계인의 이해를 돕는 그 밖의 정보(단, 사업상 또는 사생활의 비밀 보호나 그 밖에 공익상 공개하기에 적절하지 아니한 것은 제외)

또한 공정거래위원회는 위의 사항을 관계 행정기관의 장에게 통보하고 그 의견을 들어야 하며, 검찰총장과는 협의하여야 한다(법 90조 3항). 공정거래위원회가 동의의결을 하거나 이를 취소하는 경우에는 (법 59조의 구분에 따른) 전원회의 또는 소회의의 심의·의결을 거쳐야 한다(법 90조 4항).

동의의결을 받은 신청인은 그 의결에 따라 동의의결의 이행계획과 이행결과를 공정거래위원회에 제출하여야 한다(동조 5항). 공정거래위원회는 이와 같이 제출된 이행계획의 이행 여부를 점검할 수 있고, 동의의결을 받은 신청인에게 그 이행에 관련된 자료의 제출을 요청할 수 있다(동조 6항).

공정거래위원회는 이러한 이행계획의 이행 여부 점검 등 동의의결의 이행관리

에 관한 업무를 대통령령으로 정하는 바에 따라 조정원 또는 소비자기본법 제33조에 따른 한국소비자원(이하 "소비자원")에 위탁할 수 있다(법 90조 8항). 이에 따라 위탁을 받은 기관의 장은 신청인이 제출한 동의의결의 이행계획과 이행결과에 대한 이행관리 현황을 분기별로 공정거래위원회에 보고하여야 한다. 다만, 공정거래위원회의 현황 보고 요구가 있는 경우 즉시 이에 따라야 한다(동조 8항). 또한 위탁을 받은 기관의 장은 동의의결을 받은 신청인이 그 이행을 게을리하거나 이행하지 아니하는 경우에는 지체 없이 그 사실을 공정거래위원회에 통보하여야 한다(동조 9항).

공정거래법 제89조 제2항에 따른 동의의결의 신청방법, 의견조회 방법, 심의·의결절차, 조정원 또는 소비자원에 대한 이행관리 업무의 위탁 절차 등 그 밖의 세부 사항은 공정거래위원회가 정하여 고시할 수 있으며(동법 90조 10항), 이에 따라 「동의의결제도 운영 및 절차 등에 관한 규칙」(공정거래위원회고시 2021-16호, 2021.12.30. 개정)이 제정·운영되고 있다.

한편 공정거래위원회는 다음 어느 하나에 해당하는 경우에는 동의의결을 취소할 수 있다(법 91조 1항).

1) 동의의결의 기초가 된 시장상황 등 사실관계의 현저한 변경 등으로 인해 시정방안이 적정하지 아니하게 된 경우
2) 신청인이 제공한 불완전하거나 부정확한 정보로 인하여 동의의결을 하게 되었거나, 신청인이 거짓 또는 그 밖의 부정한 방법으로 동의의결을 받은 경우
3) 신청인이 정당한 이유 없이 동의의결을 이행하지 아니하는 경우

위 1)의 사유로 동의의결을 취소하는 경우 신청인이 공정거래법 제89조 제1항에 따라 동의의결을 하여줄 것을 신청하면 공정거래위원회는 다시 동의의결을 할 수 있으며, 이 경우 동법 제89조부터 제92조까지의 규정을 준용한다(동조 2항). 위 2) 또는 3)의 사유로 동의의결을 취소하는 경우 공정거래위원회는 동법 제89조 제3항에 따라 중단된 해당 행위 관련 심의절차를 계속하여 진행할 수 있다(법 91조 3항).

공정거래위원회는 정당한 이유 없이 상당한 기한 내에 동의의결을 이행하지 아니한 자에게 동의의결이 이행되거나 취소되기 전까지 이행기한이 지난 날부터 1일당 200만원 이하의 이행강제금을 부과할 수 있다(법 92조 1항). 이행강제금의

부과·납부·징수 및 환급 등에 대하여는 기업결합의 경우의 이행강제금에 관한 규정(법 16조의3 2항·3항)을 준용한다(법 92조 2항).

5. 과징금

가. 법적 성격

과징금의 법적 성격에 대하여는 부당이득환수설과 행정제재설이 있으나, 판례는 과징금이 부당이득환수와 행정제재의 성격을 겸유하고 있다고 본다.[2] 공정거래위원회의 법 위반행위자에 대한 과징금 부과처분은 재량행위라 할 것이나, 이러한 재량을 행사함에 있어 과징금 부과의 기초가 되는 사실을 오인하였거나, 비례·평등의 원칙에 위배하는 등의 사유가 있다면 이는 재량권의 일탈·남용으로서 위법하다고 할 것이다.[3] 한편 과징금은 헌법 제13조 제1항에서 금지하는 국가형벌권 행사로서의 '처벌'에 해당한다고 볼 수 없어, 공정거래법에서 형사처벌과 아울러 과징금의 병과를 예정하고 있다 하더라도 이중처벌금지원칙에 위반되지 않는다.[4]

나. 과징금의 부과

공정거래위원회는 공정거래법 제8조, 제38조, 제43조, 제50조 및 제53조에 따라 과징금을 부과하는 경우 (i) 위반행위의 내용 및 정도, (ii) 위반행위의 기간 및 회수, (iii) 위반행위로 인해 취득한 이익의 규모 등을 참작하여야 한다(법 102조 1항).

공정거래위원회는 공정거래법을 위반한 회사인 사업자가 합병으로 소멸한 경우에는 해당 회사가 행한 위반행위는 합병후 존속하거나 합병에 의해 설립된 회사가 행한 행위로 보아 과징금을 부과·징수할 수 있다(동조 2항). 공정거래법을 위반한 회사인 사업자가 분할되거나 분할합병되는 경우 분할되는 사업자의 분할일 또는 분할합병일 이전의 위반행위를 다음 어느 하나에 해당하는 회사의 행위로 보고 과징금을 부과·징수할 수 있다(동조 3항).

---

2) 대법원 1999.5.28. 선고 99두1571 판결 등.
3) 대법원 2006.5.12. 선고 2004두12315 판결.
4) 헌법재판소 2003.7.24. 선고 2001헌가25 결정.

- 분할되는 회사
- 분할 또는 분할합병으로 설립되는 새로운 회사
- 분할되는 회사의 일부가 다른 회사에 합병된 후 그 다른 회사가 존속하는 경우 그 다른 회사

또한 공정거래위원회는 공정거래법을 위반한 회사인 사업자가 채무자 회생 및 파산에 관한 법률 제215조에 따라 신회사를 설립하는 경우에는 기존 회사 또는 신회사 중 어느 하나의 행위로 보고 과징금을 부과·징수할 수 있다(법 102조 4항).

공정거래법 제102조에 따른 과징금의 부과기준은 대통령령으로 정한다(동조 5항, 영 84조 관련 [별표 6] 「과징금의 부과기준」).

다. 과징금의 납부

공정거래위원회가 과징금을 부과하고자 하는 때에는 그 위반행위의 종별과 당해과징금의 금액 등을 명시하여 이를 납부할 것을 서면으로 통지하여야 하며, 이러한 통지를 받은 자는 통지가 있은 날부터 60일 이내에 과징금을 공정거래위원회가 정하는 수납기관에 납부하여야 한다. 다만 천재·지변 기타 부득이한 사유로 그 기간내에 과징금을 납부할 수 없는 때에는 그 사유가 없어진 날부터 30일 이내에 납부하여야 한다(영 61조의2 1항, 2항).

공정거래위원회는 과징금의 금액이 대통령령이 정하는 기준을 초과하는 경우로서 다음 중 하나에 해당하는 사유로 인하여 과징금을 부과받은 자(이하 "과징금납부의무자")가 과징금의 전액을 일시에 납부하기가 어렵다고 인정되는 때에는 그 납부기한을 연기하거나 분할납부하게 할 수 있다. 이 경우 필요하다고 인정하는 때에는 담보를 제공하게 할 수 있다(법 103조 1항, 영 86조 1항).

- 재해 또는 도난 등으로 재산에 현저한 손실을 받는 경우
- 사업여건의 악화로 사업이 중대한 위기에 처한 경우
- 과징금의 일시납부에 따라 자금사정에 현저한 어려움이 예상되는 경우
- 그 밖에 이에 준하는 사유가 있는 경우

과징금납부이무자가 위의 규정에 의한 과징금 납부기한의 연기 또는 분할납부를 신청하고자 하는 경우에는 과징금 납부를 통지받은 날부터 30일 이내에 공정

거래위원회에 신청하여야 한다(법 103조 2항). 공정거래위원회는 위의 규정에 의하여 납부기한이 연장되거나 분할납부가 허용된 과징금납부의무자가 다음 중 하나에 해당하게 된 때에는 그 납부기한의 연장 또는 분할납부 결정을 취소하고 일시에 징수할 수 있다(동조 3항).

- 분할납부 결정된 과징금을 그 납부기한 내에 납부하지 아니한 경우
- 담보의 변경 기타 담보보전에 필요한 공정거래위원회의 명령을 이행하지 아니한 경우
- 강제집행, 경매의 개시, 파산선고, 법인의 해산, 국세 또는 지방세의 체납처분을 받은 때 등 과징금의 전부 또는 잔여분을 징수할 수 없다고 인정되는 경우
- 위의 기한연기 또는 분할납부 사유가 해소되어 과징금을 일시에 납부할 수 있다고 인정되는 경우

과징금 납부기한의 연기 또는 분할납부 등에 필요한 사항은 대통령령으로 정한다(동조 4항, 영 86조 2항 내지 5항).

한편 과징금을 부과받은 회사인 사업자가 분할 또는 분할합병되는 경우(부과일에 분할 또는 분할합병되는 경우를 포함한다) 그 과징금은 다음 각호의 회사가 연대하여 납부할 책임을 진다(법 104조 1항).

- 분할되는 회사
- 분할 또는 분할합병으로 인하여 설립되는 회사
- 분할되는 회사의 일부가 다른 회사와 합병하여 그 다른 회사가 존속하는 경우의 그 다른 회사

또한 과징금을 부과받은 회사인 사업자가 분할 또는 분할합병으로 인하여 해산되는 경우(부과일에 해산되는 경우를 포함) 그 과징금은 다음의 회사가 연대하여 납부할 책임을 진다(동조 2항).

- 분할 또는 분할합병으로 인하여 설립되는 회사
- 분할되는 회사의 일부가 다른 회사와 합병하여 그 다른 회사가 존속하는 경우의 그 다른 회사

라. 과징금의 징수

공정거래위원회는 과징금납부의무자가 납부기한 내에 과징금을 납부하지 아니

한 경우에는 납부기한의 다음 날부터 납부한 날까지의 기간에 대하여 연 100분의 40의 범위 안에서 은행법 제2조의 규정에 의한 은행의 연체이자율을 참작하여 대통령령으로 정하는 바에 따라 가산금을 징수한다. 이 경우 가산금을 징수하는 기간은 60개월을 초과하지 못한다(법 105조 1항, 영 87조 1항). 공정거래위원회는 과징금납부의무자가 납부기한내에 과징금을 납부하지 아니한 때에는 기간을 정하여 독촉을 하고, 그 지정한 기간안에 과징금 및 가산금을 납부하지 아니한 때에는 국세체납처분의 예에 따라 이를 징수할 수 있다(법 105조 2항). 공정거래위원회는 과징금 및 가산금의 징수 또는 체납처분에 관한 업무를 대통령령으로 정하는 바에 따라 국세청장에게 위탁할 수 있다(동조 3항, 영 87조 3항). 또한 공정거래위원회는 체납된 과징금의 징수를 위하여 필요하다고 인정되는 경우에는 국세청장에 대하여 과징금을 체납한 자에 대한 국세과세에 관한 정보의 제공을 요청할 수 있다(동조 4항). 과징금 업무를 담당하는 공무원이 과징금의 징수를 위하여 필요한 때에는 등기소 기타 관계 행정기관의 장에게 무료로 필요한 서류의 열람이나 등사 또는 그 등본이나 초본의 교부를 청구할 수 있다(동조 5항). 그 밖에 과징금의 징수에 관하여 필요한 사항은 대통령령으로 정한다(동조 6항, 영 85조·87조 4항).

공정거래위원회가 이의신청의 재결 또는 법원의 판결 등의 사유로 과징금을 환급하는 경우에는 과징금을 납부한 날부터 환급한 날까지의 기간에 대하여 대통령령이 정하는 바에 따라 환급가산금을 지급하여야 한다. 다만, 법원의 판결에 의하여 과징금 부과처분이 취소되어 그 판결이유에 따라 새로운 과징금을 부과하는 경우에는 당초 납부한 과징금에서 새로 부과하기로 결정한 과징금을 공제한 나머지 금액에 대해서만 환급가산금을 계산하여 지급한다(법 106조, 영 89조).

한편 공정거래위원회는 과징금·과태료 그 밖에 이 법에 따른 징수금(이하 "징수금등")의 납부의무자에게 다음 어느 하나에 해당하는 사유가 있는 경우에는 결손처분을 할 수 있다(법 107조 1항, 영 90조).

1) 체납처분이 끝나고 체납액에 충당된 배분금액이 체납액에 못 미치는 경우
2) 징수금등의 징수권에 대한 소멸시효가 완성된 경우
3) 체납자의 행방이 분명하지 아니하거나 재산이 없다는 것이 판명된 경우
4) 체납처분의 목적물인 총재산의 추산가액이 체납처분비에 충당하고 남을 여지가 없음이 확인된 경우
5) 체납처분의 목적물인 총재산이 징수금등보다 우선하는 국세, 지방세, 전세권·

질권 또는 저당권에 의하여 담보된 채권 등의 변제에 충당하고 남을 여지가 없음이 확인된 경우

6) 징수할 가망이 없는 경우로서 대통령령으로 정하는 사유에 해당되는 경우

위의 결손처분을 할 때에는 지방행정기관 등 관계 기관에 대하여 체납자의 행방 또는 재산의 유무를 조사하고 확인하여야 한다(법 107조 2항). 위의 4) 또는 5)의 요건에 해당되어 결손처분을 할 때에는 체납처분을 중지하고 그 재산의 압류를 해제하여야 한다(동조 3항). 공정거래위원회는 결손처분을 한 후 압류할 수 있는 다른 재산을 발견한 때에는 지체 없이 결손처분을 취소하고 체납처분을 하여야 한다. 다만, 위의 2)에 해당하는 경우에는 그러하지 아니하다(동조 4항).

Ⅲ. 분쟁의 조정

1. 한국공정거래조정원

불공정거래행위로 인해 피해를 입은 중소기업들이 소송을 통해 손해를 배상받는 데에는 비용·시간·인력 등 측면에서 현실적인 어려움이 크므로 이를 해소하기 위해 공정거래법은 한국공정거래조정원(이하 "조정원")에 공정거래분쟁조정협의회(이하 "협의회")를 두어 당사자 간의 자율적인 합의를 통해 분쟁을 조정하도록 하고 있다.[5] 조정원의 업무는 다음과 같다(법 72조 1항).

- 공정거래법 제45조 제1항(불공정거래행위의 금지)에 위반한 혐의가 있는 행위와 관련된 분쟁의 조정
- 다른 법률에서 조정원으로 하여금 담당하게 하는 분쟁의 조정
- 시장 또는 산업의 동향과 공정경쟁에 관한 조사 및 분석
- 사업자의 거래 관행과 행태의 조사 및 분석
- 동법 제90조 제7항에 따라 공정거래위원회로부터 위탁받은 동법 제89조 제3항에 따른 동의의결의 이행관리

5) 공정거래위원회 (2011), 680·681면.

- 공정거래와 관련된 제도와 정책의 연구 및 건의
- 그 밖에 공정거래위원회로부터 위탁받은 사업

조정원의 장은 공정거래위원회 위원자격(법 57조 2항)이 있는 자 중에서 공정거래위원회 위원장이 임명한다(법 72조 3항). 조정원은 법인으로 하며, 정부는 조정원의 설립과 운영에 필요한 경비를 예산의 범위 안에서 출연하거나 보조할 수 있다(동조 2항 · 4항). 조정원에 관하여 공정거래법에서 규정한 것 외에는 민법 중 재단법인에 관한 규정을 준용한다(법 72조 5항).

2. 공정거래분쟁조정협의회

불공정거래행위의 금지(법 45조 1항)에 위반한 혐의가 있는 행위와 관련된 분쟁을 조정하기 위하여 조정원에 협의회를 둔다(법 73조 1항). 협의회는 협의회 위원장 1인을 포함한 7인 이내의 협의회 위원으로 구성하며, 협의회 위원장은 조정원의 장이 겸임한다(동조 2항 · 3항). 협의회 위원은 독점규제 및 공정거래 또는 소비자분야에 경험 또는 전문지식이 있는 자로서 다음 중 하나에 해당하는 자 중에서 조정원의 장의 제청으로 공정거래위원회 위원장이 임명 또는 위촉한다. 이 경우 다음 중 하나에 해당하는 자가 1인 이상 포함되어야 한다(동조 4항, 영 63조).

- 4급 이상의 공무원(국가공무원법에 따른 고위공무원단에 속하는 공무원 포함)의 직에 있던 자
- 판사 · 검사 또는 변호사의 직에 7년 이상 있던 자
- 법률 · 경제 · 경영 또는 소비자 관련 분야 학문을 전공하고 대학이나 공인된 연구기관에서 7년 이상 근무한 자로서 부교수 이상 또는 이에 상당하는 직에 있던 자
- 기업경영 및 소비자보호활동에 7년 이상 종사한 경력이 있는 자

협의회 위원의 임기는 3년으로 한다(법 73조 5항). 협의회 위원 중 결원이 생긴 때에는 보궐위원을 위촉하여야 하며, 그 보궐위원의 임기는 전임자의 남은 임기로 한다(동조 6항). 공정거래위원회 위원장은 협의회 위원이 직무와 관련된 비위사실이 있거나 직무태만, 품위손상 또는 그 밖의 사유로 위원으로 적합하지 아니하다고 인정되는 경우 그 직에서 해임 또는 해촉할 수 있다(동조 7항).

협의회 위원장은 협의회의 회의를 소집하고 그 의장이 된다(법 74조 1항). 협의회

는 재적위원 과반수의 출석으로 개의하고, 출석위원 과반수의 찬성으로 의결한다(동조 2항). 협의회 위원장이 사고로 직무를 수행할 수 없는 때에는 공정거래위원회 위원장이 지명하는 협의회 위원이 그 직무를 대행한다(동조 3항). 조정의 대상이 된 분쟁의 당사자인 사업자(이하 "분쟁당사자")는 협의회에 출석하여 의견을 진술할 수 있다(동조 4항).

협의회 위원은 다음 중 하나에 해당하는 경우에는 해당 분쟁조정사항의 조정에서 제척된다(법 75조 1항).

- 자기나 배우자 또는 배우자였던 사람이 분쟁조정사항의 분쟁당사자이거나 공동권리자 또는 공동의무자인 경우
- 자기가 분쟁조정사항의 분쟁당사자와 친족이거나 친족이었던 경우
- 자기 또는 자기가 속한 법인이 분쟁조정사항의 분쟁당사자의 법률·경영 등에 대한 자문·고문 등으로 있는 경우
- 자기 또는 자기가 속한 법인이 증언이나 감정을 한 경우
- 자기 또는 자기가 속한 법인이 분쟁조정사항의 분쟁당사자의 대리인으로서 관여하거나 관여하였던 경우

분쟁당사자는 협의회 위원에게 협의회의 조정에 공정을 기하기 어려운 사정이 있는 때에 협의회에 그 협의회 위원에 대한 기피신청을 할 수 있다(동조 2항). 협의회 위원 본인이 제척 또는 기피 사유에 해당하는 경우에는 스스로 해당 분쟁조정사항의 조정에서 회피할 수 있다(동조 3항).

3. 분쟁조정절차

불공정거래행위의 금지에 위반한 혐의가 있는 행위로 인하여 피해를 입은 사업자는 대통령령으로 정하는 사항을 기재한 서면(이하 "분쟁조정신청서")을 협의회에 제출함으로써 분쟁조정을 신청할 수 있다(법 76조 1항). 공정거래위원회는 법위반사실의 신고(법 80조 2항)가 접수된 경우 협의회에 그 행위 또는 사건에 대한 분쟁조정을 의뢰할 수 있다(법 76조 2항). 협의회가 분쟁조정 신청을 받거나 분쟁조정 의뢰를 받은 때에는 즉시 그 접수사실 등을 대통령령으로 정하는 바에 따라 공정거래위원회 및 분쟁당사자에게 통지하여야 한다(법 76조 3항, 영 65조 3항·4항).

이러한 분쟁조정의 신청은 시효중단의 효력이 있으나, (i) 분쟁조정이 이루어져 조정조서를 작성한 때 또는 (ii) 분쟁조정이 이루어지지 아니하고 조정절차가 종료된 때부터 새로이 진행한다(법 76조 4항 본문·6항). 조정신청이 취하되거나 각하된 때에는 시효중단의 효력이 없으나, 6개월 내에 재판상의 청구, 파산절차참가, 압류 또는 가압류, 가처분을 한 때에는 시효는 최초의 분쟁조정의 신청으로 인하여 중단된 것으로 본다(동조 4항 단서·5항).

협의회는 분쟁당사자에게 분쟁조정사항에 대하여 스스로 합의하도록 권고하거나 조정안을 작성하여 제시할 수 있으며, 해당 분쟁조정사항에 관한 사실을 확인하기 위하여 필요한 경우 조사를 하거나 분쟁당사자에 대하여 관련 자료의 제출이나 출석을 요구할 수 있다(법 77조 1항·2항). 협의회는 다음 중 어느 하나에 해당하는 때에는 조정신청을 각하하여야 한다. 이 경우 협의회는 분쟁조정이 신청된 행위 또는 사건이 4)에 해당하는지 여부에 대하여 공정거래위원회의 확인을 받아야 한다(동조 3항).

1) 조정신청의 내용과 직접적인 이해관계가 없는 자가 조정신청을 한 경우
2) 이 법의 적용대상이 아닌 사안에 관하여 조정신청을 한 경우
3) 위반혐의가 있는 행위의 내용·성격 및 정도 등을 고려하여 공정거래위원회가 직접 처리하는 것이 적합한 경우로서 대통령령으로 정하는 기준에 해당하는 행위
4) 조정신청이 있기 전에 공정거래위원회가 법 제80조에 따라 조사를 개시한 사건에 대하여 조정신청을 한 경우

협의회는 다음 중 어느 하나에 해당되는 경우에는 조정절차를 종료하여야 한다(법 77조 4항).

1) 분쟁당사자가 협의회의 권고 또는 조정안을 수락하거나 스스로 조정하는 등 조정이 성립된 경우
2) 제76조 제1항에 따라 분쟁조정의 신청을 받은 날 또는 같은 조 제2항에 따라 공정거래위원회로부터 분쟁조정의 의뢰를 받은 날부터 60일(분쟁 당사자 쌍방이 기간연장에 동의한 경우에는 90일로 한다)이 경과하여도 조정이 성립하지 아니한 경우
3) 분쟁당사자의 어느 한쪽이 조정을 거부하거나 해당 분쟁조정사항에 대하여 법원에 소(訴)를 제기하는 등 조정절차를 진행할 실익이 없는 경우

협의회는 조정신청을 각하하거나 조정절차를 종료한 경우에는 대통령령으로 정하는 바에 따라 공정거래위원회에 조정의 경위, 조정신청 각하 또는 조정절차 종료의 사유 등을 관계 서류와 함께 지체 없이 서면으로 보고하여야 하고 분쟁당사자에게 그 사실을 통보하여야 한다(동조 5항, 영 69조 2항·3항). 공정거래위원회는 조정절차 개시 전에 시정조치 등의 처분을 하지 아니한 분쟁조정사항에 관하여 조정절차가 종료될 때까지 해당 분쟁당사자에게 시정조치(법 49조 1항) 및 시정권고(법 88조 1항)를 하여서는 아니 된다(법 77조 6항).

협의회는 분쟁조정사항에 대하여 조정이 성립된 경우 조정에 참가한 위원과 분쟁당사자가 기명날인하거나 서명한 조정조서를 작성하며(법 78조 1항), 분쟁당사자가 조정절차를 개시하기 전에 분쟁조정사항을 스스로 조정하고 조정조서의 작성을 요청하는 경우에는 그 조정조서를 작성하여야 한다(동조 2항). 두 경우 모두 조정조서는 재판상 화해와 동일한 효력을 갖는다(동조 5항). 분쟁당사자는 조정에서 합의된 사항을 이행하여야 하고, 이행결과를 공정거래위원회에 제출하여야 한다(동조 3항). 공정거래위원회는 조정절차 개시 전에 시정조치 등의 처분을 하지 아니한 분쟁조정사항에 대하여 공정거래법 제78조 제1항에 따라 합의가 이루어지고, 그 합의된 사항을 이행한 경우에는 시정조치(법 49조 1항) 및 시정권고(법 88조 1항)를 하지 아니한다(법 78조 4항).

공정거래법 제73조부터 제78조까지에서 규정한 사항 외에 협의회의 조직·운영·조정절차 등에 관하여 필요한 사항은 대통령령으로 정한다(법 79조, 영 64조 내지 70조).

Ⅳ. 사인의 금지청구 및 손해배상

1. 사인의 금지청구

종래에는 공정거래법 위반행위의 피해자가 법원에 위반행위의 금지를 청구하는 것은 허용되지 않아, 공정거래위원회에서 사건 처리가 장기화하거나 무혐의 결정이 내려지는 경우 피해자의 신속한 권리구제가 어려웠다. 이에 2020년 공정거래법 전부개정에서는 부당지원행위를 제외한 불공정거래행위의 피해자가 법원에 직접 해당 행위의 금지 및 예방의 청구를 할 수 있는 사인의 금지청구 제도를 도입하였다. 즉, 공정거래법 제45조 제1항(9호 제외) 및 제51조 제1항 4호[법 45조 1항(9호 제외)에 따른 불공정거래행위에 관한 부분으로 한정]를 위반한 행위로 피해를 입거나 피해를 입을 우려가 있는 자는 그 위반행위를 하거나 할 우려가 있는 사업자 또는 사업자단체에 자신에 대한 침해행위의 금지 또는 예방을 청구할 수 있다(법 108조 1항). 이에 따른 금지청구의 소를 제기하는 경우에는 민사소송법에 따라 관할권을 갖는 지방법원 외에 해당 지방법원 소재지를 관할하는 고등법원이 있는 곳의 지방법원에도 제기할 수 있다(법 108조 2항). 법원은 이러한 금지청구의 소가 제기된 경우에 그로 인한 피고의 이익을 보호하기 위하여 필요하다고 인정하면 피고의 신청이나 직권으로 원고에게 상당한 담보의 제공을 명할 수 있다(동조 3항).

2. 손해배상

가. 입증책임 · 손해배상액 등

공정거래법 위반행위로 피해를 입은 자는 민법상의 불법행위규정(750조)에 의해서도 그 손해를 배상받을 수 있다. 그러나 이를 위해서는 원고 측에서 가해자의 고의 · 과실과 손해액을 입증하여야 하는데, 이러한 입증은 공정거래 사건에서는 종종 매우 어려운 것이 될 수 있어 손해배상소송 활성화의 장애요소로 작용한다. 그리하여 공정거래법은 원고의 입증부담을 완화하기 위한 특칙을 두고 있다. 즉, 동법 제109조 제1항은, 사업자 또는 사업자단체는 공정거래법의 규정을 위반함으로써 피해를 입은 자가 있는 경우에는 당해 피해자에 대하여 손해배상의 책임을 진다고 규정하면서 고의 · 과실의 입증책임을 가해자에게 전가시키고 있다(동항 단서).

또한 동법 제115조는 "이 법의 규정을 위반한 행위로 인하여 손해가 발생된 것은 인정되나, 그 손해액을 입증하기 위하여 필요한 사실을 입증하는 것이 해당 사실의 성질상 극히 곤란한 경우에는, 법원은 변론 전체의 취지와 증거조사의 결과에 기초하여 상당한 손해액을 인정할 수 있다."고 규정하여 소위 손해액인정제도를 도입하고 있다. 이러한 손해액인정제는 회귀분석(regression analysis) 등 계량경제학적 기법에 의한 손해액의 추정을 가능하게 함으로써 손해배상소송 활성화에 큰 기여를 할 것으로 기대된다.[6)]

더 나아가 공정거래법은 피해자의 실질적 피해 구제를 강화하고 법 위반 억지력을 높이기 위해 일정한 법 위반행위 유형에 대하여 징벌적 손해배상제도를 도입하였다. 즉, (i) 부당공동행위(법 40조, 51조 1항 1호)를 하거나, (ii) 공정거래위원회에 대한 신고 등을 이유로 보복조치(법 46조)를 한 사업자는 이로 인한 손해의 3배를 넘지 아니하는 범위에서 배상책임을 진다. 다만, 사업자 또는 사업자단체가 고의 또는 과실이 없음을 입증한 경우에는 그러하지 아니하다(법 109조 2항). 법원은 징벌적 손해배상액을 정할 때 (i) 고의 또는 손해 발생의 우려를 인식한 정도, (ii) 위반행위로 인한 피해 규모, (iii) 위법행위로 인하여 사업자 또는 사업자단체가 취득한 경제적 이익, (iv) 위반행위에 따른 벌금 및 과징금, (v) 위반행위의 기간·횟수 등, (vi) 사업자의 재산상태 및 (vii) 사업자 또는 사업자단체의 피해구제 노력의 정도를 고려하여야 한다(동조 3항 본문).

그러나 이러한 징벌적 손해배상제도에 대하여는 다음과 같은 예외가 인정된다. 즉, 사업자가 부당공동행위의 자진신고자 또는 조사협조자(법 44조 1항 각호)에 해당하는 경우 그 배상액은 해당 사업자가 법 제40조를 위반함으로써 손해를 입은 자에게 발생한 손해(실손해액)를 초과하여서는 안 되며(법 109조 2항 단서), 이러한 자진신고자·조사협조자는 실손해액을 초과하지 아니하는 범위에서 부당공동행위에 참가한 다른 사업자와 민법 제760에 따른 공동불법행위자의 책임을 진다(법 109조 4항).

공정거래법상의 손해배상책임의 법적 성질은 불법행위책임으로써 공정거래법에 별도 규정이 없는 소멸시효·과실상계·손익상계 등에 관하여는 민법상의 불법행위규정이 적용된다.[7)]

나. 기록의 송부·자료제출의무 등

공정거래법 제109조의 규정에 의한 손해배상청구의 소가 제기된 때에는 법원

---

6) 법원이 손해배상액의 산정에 회귀분석을 채용한 예로, 서울고법 2009.12.30. 선고 2007다25157 판결(군납유류 입찰담합 사건).

7) 양명조 (2014), 64면.

은 필요한 경우 공정거래위원회에 대하여 당해 사건의 기록(사건관계인, 참고인 또는 감정인에 대한 심문조서 및 속기록 기타 재판상 증거가 되는 일체의 것을 포함)의 송부를 요구할 수 있다(법 110조).

한편 2020년 공정거래법 전부개정에서는 손해배상청구소송의 활성화를 위하여 기업의 자료제출의무가 도입되었다. 종래 민사소송법에 따른 문서제출명령은 영업비밀을 이유로 거부할 수 있고, 전자문서 등 서류 외의 자료는 제출대상에서 제외되며, 제출명령 불응에 대한 제재가 약하여 피해자가 손해 및 손해액의 입증에 필요한 증거를 확보하는 데 어려움이 있었다. 그리하여 개정법에서는 부당공동행위 및 불공정거래행위(부당지원행위 제외)에 대하여 법원이 해당 기업에 자료제출명령을 할 수 있도록 하고, 영업비밀이라도 일정한 경우에는 자료제출을 거부할 수 없도록 하며, 제출명령 불응시 불이익을 명시적으로 규정하였다.

먼저 법원은 공정거래법 제40조 제1항, 제45조 제1항(9호 제외) 또는 제51조 제1항 1호를 위반한 행위로 인한 손해배상청구소송에서 당사자의 신청에 따라 상대방 당사자에게 해당 손해의 증명 또는 손해액의 산정에 필요한 자료(법 44조 제4항에 따른 자진신고 등과 관련된 자료 제외)의 제출을 명할 수 있다. 다만, 그 자료의 소지자가 자료의 제출을 거절할 정당한 이유가 있으면 그러하지 아니하다(법 111조 1항). 법원은 자료의 소지자가 그 제출을 거부할 정당한 이유가 있다고 주장하는 경우에는 그 주장의 당부(當否)를 판단하기 위하여 자료의 제시를 명할 수 있다. 이 경우 법원은 그 자료를 다른 사람이 보게 하여서는 아니 된다(동조 2항). 제출되어야 할 자료가 영업비밀에 해당하나 손해의 증명 또는 손해액의 산정에 반드시 필요한 경우에는 공정거래법 제111조 제1항 단서에 따른 정당한 이유로 보지 아니한다. 이 경우 법원은 제출명령의 목적 내에서 열람할 수 있는 범위 또는 열람할 수 있는 사람을 지정하여야 한다(동조 3항). 법원은 당사자가 정당한 이유 없이 자료제출명령에 따르지 아니한 경우에는 자료의 기재에 대한 상대방의 주장을 진실한 것으로 인정할 수 있다(동조 4항). 이 경우 법원은 자료의 제출을 신청한 당사자가 자료의 기재에 관하여 구체적으로 주장하기에 현저히 곤란한 사정이 있고 자료로 증명할 사실을 다른 증거로 증명하는 것을 기대하기도 어려운 경우에는 그 당사자가 자료의 기재로 증명하려는 사실에 관한 주장을 진실한 것으로 인정할 수 있다(동조 5항).

또한 법원은 공정거래법 제109조에 따라 제기된 손해배상청구소송에서 그 당사자가 보유한 영업비밀에 대하여 다음 사유를 모두 소명한 경우에는 그 당사자의 신청에 따라 결정으로 다른 당사자(법인인 경우 그 대표자를 말함), 당사자를 위하여 소송을 대리하는 자, 그 밖에 그 소송으로 영업비밀을 알게 된 자에게 그 영업비밀을 그 소송의 계속적인 수행 외의 목적으로 사용하거나 그 영업비밀에 관계된 이 항에 따른 명령을 받은 자 외의 자에게 공개하지 아니할 것을 명할 수 있다. 다만, 그 신청 시점까지 다른 당사자(법인인 경우 그 대표자를 말함), 당사자를 위하여 소송을 대리하는 자, 그 밖에 그 소송으로 영업비밀을 알게 된 자가 아래 1)의 준비서면의 열람이나 증거조사 외의 방법으로 그 영업비밀을 이미 취득하고 있는 경우에는 그러하지 아니하다(법 112조 1항).

1) 이미 제출하였거나 제출하여야 할 준비서면, 이미 조사하였거나 조사하여야 할 증거 또는 공정거래법 제111조 제1항에 따라 제출하였거나 제출하여야 할 자료에 영업비밀이 포함되어 있다는 것
2) 위 1)의 영업비밀이 해당 소송 수행 외의 목적으로 사용되거나 공개되면 당사자의 영업에 지장을 줄 우려가 있어 이를 방지하기 위하여 영업비밀의 사용 또는 공개를 제한할 필요가 있다는 것

당사자는 공정거래법 제112조 제1항에 따른 명령(이하 “비밀유지명령”)을 신청하려면 (i) 비밀유지명령을 받을 자, (ii) 비밀유지명령의 대상이 될 영업비밀을 특정하기에 충분한 사실, 및 (iii) 동항 각 호의 사유에 해당하는 사실을 적은 서면으로 하여야 한다(동조 2항). 법원은 비밀유지명령이 결정된 경우에는 그 결정서를 비밀유지명령을 받을 자에게 송달하여야 한다(동조 3항). 비밀유지명령은 이 결정서가 비밀유지명령을 받을 자에게 송달된 때부터 효력이 발생한다(동조 4항). 비밀유지명령의 신청을 기각하거나 각하한 재판에 대해서는 즉시항고를 할 수 있다(동조 5항).

비밀유지명령을 신청한 자 또는 비밀유지명령을 받은 자는 공정거래법 제112조 제1항에 따른 요건을 갖추지 못하였거나 갖추지 못하게 된 경우 소송기록을 보관하고 있는 법원(소송기록을 보관하고 있는 법원이 없는 경우 비밀유지명령을 내린 법원을 말함)에 비밀유지명령의 취소를 신청할 수 있다(법 113조 1항). 법원은 비밀유지명령의 취소신청에 대한 재판이 있는 경우에는 그 결정서를 그 신청을 한 자 및 상대방에게 송달하여야 한다(동조 2항). 비밀유지명령의 취소신청에 대한 재판

에 대해서는 즉시항고를 할 수 있다(동조 3항). 비밀유지명령을 취소하는 재판은 확정되어야 효력이 발생한다(동조 4항). 비밀유지명령을 취소하는 재판을 한 법원은 비밀유지명령의 취소신청을 한 자 또는 상대방 외에 해당 영업비밀에 관한 비밀유지명령을 받은 자가 있는 경우에는 그 자에게 즉시 비밀유지명령의 취소 재판을 한 사실을 알려야 한다(동조 5항).

비밀유지명령이 내려진 소송(모든 비밀유지명령이 취소된 소송 제외)에 관한 소송기록에 대하여 민사소송법 제163조(비밀보호를 위한 열람 등의 제한) 제1항의 결정이 있었던 경우에, 당사자가 같은 항에서 규정하는 비밀 기재부분의 열람 등의 청구를 하였으나 그 청구 절차를 해당 소송에서 비밀유지명령을 받지 아니한 자가 밟은 경우에는 법원서기관, 법원사무관, 법원주사 또는 법원주사보(이하 "법원사무관등")는 같은 항의 신청을 한 당사자(그 열람 등의 청구를 한 자 제외)에게 그 청구 직후에 그 열람 등의 청구가 있었다는 사실을 알려야 한다(법 114조 1항). 법원사무관등은 이러한 청구가 있었던 날부터 2주일이 지날 때까지(그 청구 절차를 밟은 자에 대한 비밀유지명령 신청이 그 기간 내에 이루어진 경우 그 신청에 대한 재판이 확정되는 시점까지를 말함) 그 청구 절차를 밟은 자에게 위의 비밀 기재부분의 열람 등을 하게 하여서는 아니 된다(동조 2항). 이러한 열람 금지는 위의 열람 등의 청구를 한 자에게 비밀 기재부분의 열람 등을 하게 하는 것에 대하여 민사소송법 제163조 제1항의 신청을 한 당사자 모두가 동의하는 경우에는 적용되지 아니한다(법 114조 3항).

V. 형 벌

1. 양벌규정

법인(법인격 없는 단체 포함)의 대표자나 법인 또는 개인의 대리인, 사용인 그 밖의 종업원이 그 법인 또는 개인의 업무에 관하여 공정거래법 제124조부터 제126조까지의 어느 하나에 해당하는 위반행위를 하면 그 행위자를 벌하는 외에 그 법인 또는 개인에게도 해당 조문의 벌금형을 과한다(법 128조 본문). 다만, 법인 또는 개인이 그 위반행위를 방지하기 위하여 해당 업무에 관하여 상당한 주의와 감독을 게을리하지 아니한 경우에는 그러하지 아니하다(동조 단서).

2. 전속고발권

공정거래법 위반죄 중 비교적 위법성이 중한 제124조 및 제125조의 죄는 공정거래위원회의 고발이 있어야 공소를 제기할 수 있다(법 129조 1항). 이러한 공정거래위원회의 전속고발권은 공정거래위원회의 전문성을 존중하고 형사제재의 활용에 신중을 기하기 위해 인정된 것이다.[8] 따라서 공정거래위원회가 위반사업자 중 일부만 고발한 경우 그 고발의 효력은 나머지 법위반자에게는 미치지 않는다.[9]

그러나 전속고발권과 관련한 공정거래위원회의 재량권은 그 스스로 내적 한계를 가지는 합목적적 재량에 해당한다.[10] 그리하여 공정거래법은 일정한 경우 공정거래위원회의 고발의무와 검찰총장 등의 고발요청권을 인정하고 있다. 즉, 공정거래위원회는 동법 제124조 및 제125조의 죄 중 그 위반의 정도가 객관적으로 명백하고 중대하여 경쟁질서를 현저히 저해한다고 인정하는 경우에는 검찰총장에게 고발하여야 하며(법 129조 2항), 검찰총장은 이러한 요건에 해당하는 사실이 있음을 공정거래위원회에 통보하여 고발을 요청할 수 있다(동조 3항). 또한 공정거래위원회가 위의 고발요건에 해당하지 아니한다고 결정하더라도 감사원장, 조달청장, 중소벤처기업부장관은 사회적 파급효과, 국가재정에 끼친 영향, 중소기업에 미친 피해 정도 등 다른 사정을 이유로 공정거래위원회에 고발을 요청할 수 있다(동조 4항). 검찰총장, 감사원장 등의 이와 같은 고발요청이 있는 때에는 공정거래위원회 위원장은 검찰총장에게 고발하여야 한다(동조 5항). 공정거래위원회는 공소가 제기된 후에는 고발을 취소하지 못한다(동조 6항).

---

8) 전속고발권을 규정한 공정거래법 제71조에 대한 헌법소원사건에서 헌법재판소는, 동조가 공정거래법위반죄의 소추요건을 규정하고 있는 데 불과하여 그 규정 자체만으로는 기본권침해와 관련한 어떠한 내용도 포함하고 있지 않다고 보고 이를 각하하였다. 헌법재판소 1995.7.21. 선고 94헌마191 결정.

9) 대법원 2010.9.30. 선고 2008도4762 판결.

10) 헌법재판소 1995.7.21. 선고 94헌마136 결정.

VI. 보 칙

1. 비밀엄수의 의무

공정거래법에 의한 직무에 종사하거나 종사하였던 위원, 공무원 또는 협의회에서 분쟁조정업무를 담당하거나 담당하였던 사람 또는 동의의결 이행관리 업무를 담당하거나 담당하였던 사람은 그 직무상 알게 된 사업자 또는 사업자단체의 비밀을 누설하거나 동법의 시행을 위한 목적 외에 이를 이용해서는 아니된다(법 119조).

2. 경쟁제한적인 법령 제정의 협의

관계행정기관의 장은 사업자의 가격·거래조건의 결정, 시장진입 또는 사업활동의 제한, 부당한 공동행위 또는 사업자단체의 금지행위등 경쟁제한사항을 내용으로 하는 법령을 제정 또는 개정하거나, 사업자 또는 사업자단체에 대하여 경쟁제한사항을 내용으로 하는 승인 기타의 처분을 하고자 하는 때에는 미리 공정거래위원회와 협의하여야 한다(법 120조 1항). 관계행정기관의 장은 경쟁제한사항을 내용으로 하는 예규·고시 등을 제정 또는 개정하고자 하는 때에는 미리 공정거래위원회에 통보하여야 한다(동조 2항). 관계행정기관의 장은 위의 경쟁제한사항을 내용으로 하는 승인 기타의 처분을 행한 경우에는 당해 승인 기타의 처분의 내용을 공정거래위원회에 통보하여야 한다(동조 3항). 공정거래위원회는 경쟁제한사항을 내용으로 하는 예규·고시 등의 제·개정계획을 통보받은 경우에 당해제정 또는 개정하고자 하는 예규·고시 등에 경쟁제한사항이 포함되어 있다고 인정되는 경우에는 관계행정기관의 장에게 당해 경쟁제한사항의 시정에 관한 의견을 제시할 수 있다(동조 4항). 공정거래위원회와의 협의 없이 제정 또는 개정된 법령과 통보 없이 제정 또는 개정된 예규·고시 등이나 통보 없이 행하여진 승인 그 밖의 처분에 경쟁제한사항이 포함되어 있다고 인정되는 경우에는 관계행정기관의 장에게 해당 경쟁제한사항의 시정에 관한 의견을 제시할 수 있다(동조 5항).

3. 관계기관 등의 장의 협조

공정거래위원회는 공정거래법의 시행을 위하여 필요하다고 인정할 때에는 관계행정기관 기타 기관 또는 단체의 장의 의견을 들을 수 있다(법 121조 1항). 공정거래위원회는 동법의 시행을 위하여 필요하다고 인정할 때에는 관계행정기관 기타 기관 또는 단체의 장에게 필요한 조사를 의뢰하거나 필요한 자료를 요청할 수 있다(동조 2항). 또한 공정거래위원회는 동법의 규정에 의한 시정조치의 이행을 확보하기 위하여 필요하다고 인정하는 경우에는 관계행정기관 기타 기관 또는 단체의 장에게 필요한 협조를 의뢰할 수 있다(동조 3항).

4. 권한의 위임·위탁

공정거래위원회는 공정거래법의 규정에 의한 그 권한의 일부를 대통령령이 정하는 바에 의하여 소속기관의 장이나, 특별시장·광역시장 또는 도지사에게 위임하거나, 다른 행정기관의 장에게 위탁할 수 있다(법 122조).

5. 벌칙 적용에서의 공무원 의제

공정거래위원회의 위원 중 공무원이 아닌 위원은 형법이나 그 밖의 법률에 따른 벌칙의 적용에서는 공무원으로 본다(법 123조 1항). 공정거래분쟁조정협의회에서 분쟁의 조정업무를 담당하거나 담당하였던 자는 형법 제129조(수뢰, 사전수뢰)부터 제132조(알선수뢰)까지의 규정에 따른 벌칙의 적용에서는 공무원으로 본다(법 123조 2항).

제 2 부 소비자법

제1장 소비자기본법

I. 총 칙

1. 연 혁

1980년 제정된 소비자보호법은 상품의 유통질서를 확립하고 상도의에 입각한 건전한 상거래질서를 유지하여 소비자의 합리적인 선택이 이루어질 수 있도록 소비자를 보호하고 소비자의 지위를 확립하기 위한 것이었다. 그러나 동법은 2006년 그 명칭이 소비자기본법으로 바뀌면서 종래의 소비자보호 위주의 소비자정책에서 탈피하여 소비자의 주권을 강화하는 방향으로 전면 개정되었다. 그 주요 개정내용은, (i) 중장기 소비자정책의 수립, 소비자안전・교육의 강화 등으로 소비자권익을 증진하고, (ii) 시장 환경 변화에 맞게 한국소비자원의 관할 및 소비자정책에 대한 집행기능을 공정거래위원회로 이관하며, (iii) 소비자피해를 신속하고 효율적으로 구제하기 위하여 일괄적 집단분쟁조정 및 단체소송을 도입하여 소비자피해구제제도를 강화하는 것 등이었다. 그 후 후속개정을 통해 기획재정부가 가지고 있던 소비자정책위원회의 운영권한과 소비자기본법 등을 공정거래위원회로 이관하여 소비자정책 추진체계를 일원화함으로써 공정거래위원회가 명실상부하게 소비자정책 총괄・조정 기능을 수행할 수 있도록 정부조직을 개편하기에 이르렀다.[1)]

1) 공정거래위원회 (2011), 619・620면.

2. 목 적

소비자기본법(이하 이 장에서 "법"으로 인용)은 소비자의 권익을 증진하기 위하여 소비자의 권리와 책무, 국가·지방자치단체 및 사업자의 책무, 소비자단체의 역할 및 자유시장경제에서 소비자와 사업자 사이의 관계를 규정함과 아울러 소비자정책의 종합적 추진을 위한 기본적인 사항을 규정함으로써 소비생활의 향상과 국민경제의 발전에 이바지함을 목적으로 한다(법 1조).

3. 용어의 정의

가. 소비자

'소비자'라 함은 사업자가 제공하는 물품 또는 용역(시설물 포함)을 (i) 소비생활을 위하여 사용(이용 포함)하는 자 또는 (ii) 생산활동을 위하여 사용하는 자를 말한다. (ii)에 해당하는 자의 범위는 다음과 같다(법 2조 1호, 소비자기본법 시행령(이하 이 장에서 "영"으로 인용) 2조).

- 제공된 물품 또는 용역(이하 "물품 등")을 최종적으로 사용하는 자
  - 단, 제공된 물품 등을 원재료(중간재 포함), 자본재 또는 이에 준하는 용도로 생산활동에 사용하는 자는 제외
- 제공된 물품 등을 농업(축산업 포함) 및 어업활동을 위하여 사용하는 자
  - 단, 원양산업발전법 제6조 제1항에 따라 해양수산부장관의 허가를 받아 원양어업을 하는 자는 제외

즉, 법에서 말하는 소비자에는 소위 최종소비자뿐 아니라 농·어민 등 생산자도 포함된다.

나. 소비자단체

'소비자단체'라 함은 소비자의 권익을 증진하기 위하여 소비자가 조직한 단체를 말한다(법 2조 3호).

다. 사업자 · 사업자단체

'사업자'라 함은 물품을 제조(가공 또는 포장 포함) · 수입 · 판매하거나 용역을 제공하는 자를 말하며, '사업자단체'라 함은 2 이상의 사업자가 공동의 이익을 증진할 목적으로 조직한 단체를 말한다(동조 2호 · 4호).

4. 다른 법률과의 관계

소비자의 권익에 관하여 다른 법률에서 특별한 규정을 두고 있는 경우를 제외하고는 소비자기본법을 적용한다(법 3조).

Ⅱ. 소비자의 권리와 책무

1. 소비자의 권리

헌법 제124조는 국가가 건전한 소비행위를 계도하고 생산품의 품질향상을 촉구하기 위한 소비자보호운동을 법률이 정하는 바에 의하여 보장한다고 규정한다. 이에 따라 소비자기본법은 소비자의 기본적 권리를 다음과 같이 열거하고 있다(법 4조).

- 물품 등으로 인한 생명 · 신체 또는 재산에 대한 위해로부터 보호받을 권리
- 물품 등을 선택함에 있어서 필요한 지식 및 정보를 제공받을 권리
- 물품 등을 사용함에 있어서 거래상대방 · 구입장소 · 가격 및 거래조건 등을 자유로이 선택할 권리
- 소비생활에 영향을 주는 국가 및 지방자치단체의 정책과 사업자의 사업활동 등에 대하여 의견을 반영시킬 권리
- 물품 등의 사용으로 인하여 입은 피해에 대하여 신속 · 공정한 절차에 따라 적절한 보상을 받을 권리
- 합리적인 소비생활을 위하여 필요한 교육을 받을 권리

- 소비자 스스로의 권익을 증진하기 위하여 단체를 조직하고 이를 통하여 활동할 수 있는 권리
- 안전하고 쾌적한 소비생활 환경에서 소비할 권리

2. 소비자의 책무

소비자는 사업자 등과 더불어 자유시장경제를 구성하는 주체임을 인식하여 물품 등을 올바르게 선택하고, 위의 기본적 권리를 정당하게 행사하여야 한다(법 5조 1항). 또한 소비자는 스스로의 권익을 증진하기 위하여 필요한 지식과 정보를 습득하도록 노력하여야 하며, 자주적이고 합리적인 행동과 자원절약적이고 환경친화적인 소비생활을 함으로써 소비생활의 향상과 국민경제의 발전에 적극적인 역할을 다하여야 한다(2항 · 3항).

Ⅲ. 국가 · 지방자치단체 및 사업자의 책무

1. 국가 및 지방자치단체의 책무

국가 및 지방자치단체는 전술한 소비자의 기본적 권리가 실현되도록 하기 위하여 다음과 같은 책무를 진다(법 6조).

- 관계 법령 및 조례의 제정 및 개정 · 폐지
- 필요한 행정조직의 정비 및 운영 개선
- 필요한 시책의 수립 및 실시
- 소비자의 건전하고 자주적인 조직활동의 지원 · 육성

또한 국가는 지방자치단체의 소비자권익과 관련된 행정조직의 설치 · 운영 등에 관하여 대통령령이 정하는 바에 따라 필요한 지원을 할 수 있다(법 7조). 이에 따라 국가는 지방자치단체가 소비자의 권익 증진에 관한 업무를 효율적으로 수행하기 위하여 소비자단체(법 29조) 또는 한국소비자원(법 33조)의 장에게 그 소속된

직원의 파견을 요청하는 경우에는 파견에 드는 경비 등을 지원할 수 있다(영 5조).

한편 소비자기본법은 국가 및 지방자치단체의 보다 구체적인 책무들을 열거하고 있는데, 이를 전술한 소비자의 각 권리별로 살펴보면 다음과 같다.

가. 위해로부터 보호받을 권리 관련 책무

(1) 위해방지기준의 제정

국가는 사업자가 소비자에게 제공하는 물품 등으로 인한 소비자의 생명·신체 또는 재산에 대한 위해를 방지하기 위하여 다음 각 호의 사항에 관하여 사업자가 지켜야 할 기준을 정하여야 한다(법 8조 1항).

- 물품 등의 성분·함량·구조 등 안전에 관한 중요한 사항
- 물품 등을 사용할 때의 지시사항이나 경고 등 표시할 내용과 방법
- 그 밖에 위해방지를 위하여 필요하다고 인정되는 사항

또한 중앙행정기관의 장은 위와 같이 국가가 정한 기준을 사업자가 준수하는지 여부를 정기적으로 시험·검사 또는 조사하여야 한다(동조 2항).

(2) 시험·검사시설의 설치

국가 및 지방자치단체는 물품 등의 규격·품질 및 안전성 등에 관하여 시험·검사 또는 조사를 실시할 수 있는 기구와 시설을 갖추어야 한다(법 17조 1항). 국가·지방자치단체 또는 소비자나 소비자단체는 필요하다고 인정되는 때 또는 소비자의 요청이 있는 때에는 이와 같이 설치된 시험·검사기관이나 한국소비자원에 시험·검사 또는 조사를 의뢰하여 시험 등을 실시할 수 있다(동조 2항). 국가 및 지방자치단체는 이와 같은 시험 등을 실시한 경우에는 그 결과를 공표하고 소비자의 권익을 위하여 필요한 조치를 취하여야 한다(동조 3항). 또한 국가 및 지방자치단체는 소비자단체가 물품 등의 규격·품질 또는 안전성 등에 관하여 시험·검사를 실시할 수 있는 시설을 갖출 수 있도록 지원할 수 있다(동조 4항). 한편 국가 및 지방자치단체는 법 제8조·제10조 내지 제13조 또는 제15조의 규정에 따라 기준을 정하거나 소비자의 권익과 관련된 시책을 수립하기 위하여 필요한 경우에는 한국소비자원, 국립 또는 공립의 시험·검사기관 등 대통령령이 정하는 기관에 조사·연구를 의뢰할 수 있다(동조 5항, 영 11조 1항).

그 밖에도 법은 소비자안전에 관하여 별도의 장(제7장)을 할애하여 소비자안전조치 및 위해정보의 수집 등에 관한 상세한 규정을 두고 있다(후술).

나. 지식 및 정보를 제공받을 권리 관련 책무

(1) 계량 및 규격의 적정화

국가 및 지방자치단체는 소비자가 사업자와의 거래에 있어서 계량으로 인하여 손해를 입지 아니하도록 물품 등의 계량에 관하여 필요한 시책을 강구하여야 한다(법 9조 1항). 국가 및 지방자치단체는 물품 등의 품질개선 및 소비생활의 향상을 위하여 물품 등의 규격을 정하고 이를 보급하기 위한 시책을 강구하여야 한다(동조 2항).

(2) 표시 · 광고의 기준 제정

(가) 표시기준

국가는 소비자가 사업자와의 거래에 있어서 표시나 포장 등으로 인하여 물품 등을 잘못 선택하거나 사용하지 아니하도록 물품 등에 대하여 다음 각 호의 사항에 관한 표시기준을 정하여야 한다(법 10조 1항).

- 상품명 · 용도 · 성분 · 재질 · 성능 · 규격 · 가격 · 용량 · 허가번호 및 용역의 내용
- 물품 등을 제조 · 수입 또는 판매하거나 제공한 사업자의 명칭(주소 · 전화번호 포함) 및 물품의 원산지
- 사용방법, 사용 · 보관할 때의 주의사항 및 경고사항
- 제조연월일, 품질보증기간 또는 식품이나 의약품 등 유통과정에서 변질되기 쉬운 물품은 그 유효기간
- 표시의 크기 · 위치 및 방법
- 물품 등에 따른 불만이나 소비자피해가 있는 경우의 처리기구(주소 · 전화번호 포함) 및 처리방법
- 장애인차별금지 및 권리구제 등에 관한 법률 제20조에 따른 시각장애인을 위한 표시방법

국가는 사업자가 위의 사항을 변경하는 경우 그 변경 전후 사항을 표시하도록 기준을 정할 수 있다(법 10조 2항).

(나) 광고기준

또한 국가는 물품 등의 잘못된 소비 또는 과다한 소비로 인하여 발생할 수 있는 소비자의 생명·신체 또는 재산에 대한 위해를 방지하기 위하여 다음 어느 하나에 해당하는 경우에는 광고의 내용 및 방법에 관한 기준을 정하여야 한다(법 11조).

- 용도·성분·성능·규격 또는 원산지 등을 광고하는 때에 허가 또는 공인된 내용만으로 광고를 제한할 필요가 있거나 특정내용을 소비자에게 반드시 알릴 필요가 있는 경우
- 소비자가 오해할 우려가 있는 특정용어 또는 특정표현의 사용을 제한할 필요가 있는 경우
- 광고의 매체 또는 시간대에 대하여 제한이 필요한 경우

(3) 소비자에의 정보제공

국가 및 지방자치단체는 소비자의 기본적인 권리가 실현될 수 있도록 소비자의 권익과 관련된 주요시책 및 주요결정사항을 소비자에게 알려야 한다(법 13조 1항). 또한 국가 및 지방자치단체는 소비자가 물품 등을 합리적으로 선택할 수 있도록 하기 위하여 물품 등의 거래조건·거래방법·품질·안전성 및 환경성 등에 관련되는 사업자의 정보가 소비자에게 제공될 수 있도록 필요한 시책을 강구하여야 한다(동조 2항).

다. 거래조건 등을 자유로이 선택할 권리 관련 책무: 거래의 적정화

(1) 부당한 소비자거래행위의 지정·고시

(가) 부당거래고시의 제정

국가는 사업자의 불공정한 거래조건이나 거래방법으로 인하여 소비자가 부당한 피해를 입지 아니하도록 필요한 시책을 수립·실시하여야 한다(법 12조 1항). 국가는 소비자의 합리적인 선택을 방해하고 소비자에게 손해를 끼칠 우려가 있다고 인정되는 사업자의 부당한 행위를 지정·고시할 수 있다(동조 2항). 이에 따라 2012년 「사업자의 부당한 소비자거래행위 지정 고시」(이하 "부당거래고시")가 제정되었다(개정 2014.12.17. 공정거래위원회 고시 제2014-17호). 이 고시는 방문판매 등에 관한 법률 및 표시·광고의 공정화에 관한 법률 등 기존 법률들이 규율하지 못하

는 규제의 공백[2]을 해소하기 위해 제정되었다. 따라서 사업자의 행위가 부당거래고시와 다른 법령에 동시에 위반되는 경우에는 다른 법령이 우선 적용된다(동 고시 부칙 2조).

(나) 부당소비자거래의 유형

부당거래고시는 사업자들의 다음과 같은 행위들을 금지하고 있다(동 고시 3조 내지 7조).

- **오인야기행위** 소비자에게 사실과 다른 정보를 제공하거나 사실을 은폐·축소하는 방법을 사용하여 계약을 체결하는 행위
- **강압적인 계약체결 행위** 강압적인 행위나 소비자의 불안 또는 심리적 부담 등을 야기하는 행위를 통하여 계약을 체결하는 행위
- **소비자에게 현저히 불리한 내용의 계약체결행위** 자신의 귀책 또는 자신이 공급한 물품 등의 하자로 인하여 계약이 해지·해제되거나 소비자에게 발생한 손해와 관련하여 정당한 이유없이 소비자에게 현저하게 불이익한 내용으로 교환·환급 또는 배상의 내용을 정하는 계약을 체결하는 행위
- **소비자의 권리행사 방해 행위** 법규 또는 계약에 근거한 소비자의 정당한 권리행사를 방해하여 소비자에게 불이익을 주거나 줄 우려가 있는 행위
- **권리남용행위** 법규 또는 계약에 근거한 권리를 행사함에 있어 신의성실의 원칙에 반하여 그 권리를 남용함으로써 소비자에게 불이익을 주거나 줄 우려가 있는 행위

(2) 특수거래에서의 소비자보호

또한 국가 및 지방자치단체는 약관에 따른 거래 및 방문판매·다단계판매·할부판매·통신판매·전자거래 등 특수한 형태의 거래에 대하여는 소비자의 권익을 위하여 필요한 시책을 강구하여야 한다(동조 3항). 이에 따라 약관의 규제에 관한 법률, 방문판매 등에 관한 법률, 할부거래에 관한 법률 및 전자상거래 등에서의 소비자보호에 관한 법률이 제정되어 있다.

---

2) 예컨대, 매장을 직접 방문한 소비자에게 구두로 허위설명을 하여 소비자가 제품을 구입한 경우 '소비자의 매장방문'에 의한 거래이기 때문에 방문판매 등에 관한 법률이 적용되지 않으며, '구두로' 허위정보를 제공했기 때문에 표시·광고의 공정화에 관한 법률도 적용되지 않는다. 공정거래위원회, 「사업자의 부당한 소비자거래행위 지정고시 설명자료집」(2012), 1면.

라. 피해보상을 받을 권리 관련 책무

국가 및 지방자치단체는 소비자의 불만이나 피해가 신속·공정하게 처리될 수 있도록 관련기구의 설치 등 필요한 조치를 강구하여야 한다(법 16조 1항). 또한 국가는 소비자와 사업자 사이에 발생하는 분쟁을 원활하게 해결하기 위하여 대통령령이 정하는 바에 따라 소비자분쟁해결기준을 제정할 수 있다(동조 2항). 이에 따라 일반적 소비자분쟁해결기준이 제정되어 있으며(영 8조 2항 별표 1), 공정거래위원회는 이러한 일반적 소비자분쟁해결기준에 따라 품목별 소비자분쟁해결기준을 제정하여 고시할 수 있다(동조 3항). 공정거래위원회가 품목별 소비자분쟁해결기준을 제정하여 고시하는 경우에는 품목별로 해당 물품 등의 소관 중앙행정기관의 장과 협의하여야 하며, 소비자단체·사업자단체 및 해당 분야 전문가의 의견을 들어야 한다(동조 4항). 이러한 일반적 및 품목별 소비자분쟁해결기준은 분쟁당사자 사이에 분쟁해결방법에 관한 별도의 의사표시가 없는 경우에 한하여 분쟁해결을 위한 합의 또는 권고의 기준이 된다(법 16조 3항).[3)]

그 밖에도 법은 소비자단체협의회의 자율적 분쟁조정(31조), 소비자상담기구를 통한 자율적 불만처리(53·54조), 한국소비자원의 피해구제(55조 내지 59조) 및 소비자분쟁조정위원회의 분쟁조정(60조 내지 69조), 소비자단체소송(70조 내지 76조) 등에 관한 규정을 두고 있다. 이에 대해서는 각각 관계되는 곳에서 후술한다.

마. 교육을 받을 권리 관련 책무: 소비자의 능력 향상

국가 및 지방자치단체는 소비자의 올바른 권리행사를 이끌고, 물품 등과 관련된 판단능력을 높이며, 소비자가 자신의 선택에 책임을 지는 소비생활을 할 수 있도록 필요한 교육을 하여야 하며, 소비자교육과 학교교육·평생교육을 연계하

---

3) 약품 포장지에 "재정경제부 고시"(구 소비자보호법 제12조 제2항에 따라 제정된 소비자피해보상기준을 지칭)에 의거 보상을 받을 수 있다는 문구가 기재된 경우 그 문구의 의미에 관한 판례로, 대법원 2028.2.28. 선고 2007다52287 판결("콘택600 포장지의 보상 관련 문구의 문언과 그 전후의 맥락 및 소비자피해보상규정의 취지와 내용을 종합하여 보면, 위 문구는 콘택600의 소비자와 피고 유한양행 사이에 원만한 보상합의가 이루어지지 않을 경우 소비자는 소비자보호법과 동 시행령 및 소비자피해보상규정에서 정한 절차와 보상기준에 따라 피해구제를 청구할 수 있음을 안내하는 의미를 가질 뿐, 특별한 사정이 없는 한 원고들이 주장하는 바와 같이 피고 유한양행이 소비자들에게 콘덱600을 정상적으로 사용할 경우에는 아무런 해를 끼치지 않는다는 것을 보증하고 사고 발생시 무과실책임을 부담할 것을 약속하는 의사표시를 한 의미로는 볼 수 없다.").

여 교육적 효과를 높이기 위한 시책을 수립·시행하여야 한다(법 14조 1항·3항). 또한 국가 및 지방자치단체는 경제 및 사회의 발전에 따라 소비자의 능력 향상을 위한 프로그램을 개발하여야 하며, 소비자의 능력을 효과적으로 향상시키기 위한 방법으로 방송법에 따른 방송사업을 할 수 있다(동조 2항·4항). 소비자교육의 방법 등에 관하여 필요한 사항은 대통령령으로 정한다(동조 5항).

바. 소비생활환경에 관한 권리 관련 책무: 개인정보의 보호

국가 및 지방자치단체는 소비자가 사업자와의 거래에서 개인정보의 분실·도난·누출·변조 또는 훼손으로 인하여 부당한 피해를 입지 아니하도록 필요한 시책을 강구하여야 한다(법 15조 1항). 또한 국가는 소비자의 개인정보를 보호하기 위한 기준을 정하여야 한다(동조 2항).

사. 소비자종합지원시스템

(1) 소비자종합지원시스템의 구축·운영

공정거래위원회는 소비자에게 물품등의 선택, 피해의 예방 또는 구제에 필요한 정보의 제공 및 이 법 또는 다른 법률에 따른 소비자 피해구제(분쟁조정 포함. 이하 같음)를 신청하는 창구의 통합 제공 등을 위하여 소비자종합지원시스템(이하 "종합지원시스템")을 구축·운영한다(법 16조의2 1항). 공정거래위원회는 종합지원시스템을 통하여 소비자에게 다음 사항을 제공하여야 한다. 이 경우 공정거래위원회는 해당 사항을 관장하는 중앙행정기관의 장, 지방자치단체의 장 및 관련 기관·단체의 장(이하 "중앙행정기관의 장등")과 협의하여야 한다(동조 2항).

- 물품등의 유통이력, 결함, 피해사례, 품질인증 등 소비자의 선택, 피해의 예방 또는 구제와 관련된 정보 제공
- 소비자 피해구제기관 및 절차 안내, 피해구제를 신청하는 창구의 통합 제공, 피해구제신청에 대한 처리결과 안내 등 소비자 피해구제 지원
- 그 밖에 소비자의 물품등의 선택, 피해의 예방 또는 구제를 위하여 필요한 업무로서 대통령령으로 정하는 업무

공정거래위원회는 종합지원시스템의 구축·운영을 위하여 필요한 경우 중앙행

정기관의 장 등에게 (i) 국세기본법 제81조의13에 따른 과세정보로서 소비자 피해가 발생한 물품을 제조·수입·판매하거나 용역을 제공한 사업자의 개업일·휴업일 및 폐업일 및 (ii) 그 밖에 종합지원시스템의 구축·운영을 위하여 필요한 정보로서 대통령령으로 정하는 자료 또는 정보를 제공하여 줄 것을 요청하고 제공받은 목적의 범위에서 그 자료·정보를 보유·이용할 수 있다(법 16조의2 3항). 공정거래위원회의 자료 또는 정보의 제공을 요청받은 중앙행정기관의 장 등은 특별한 사유가 없으면 이에 협조하여야 하며, 중앙행정기관의 장 등은 공정거래위원회와 협의하여 종합지원시스템을 이용할 수 있다(동조 4항·5항).

공정거래위원회는 사업자 또는 사업자단체가 물품등에 관한 정보를 종합지원시스템에 등록한 경우 그 등록 사실을 나타내는 표지(이하 "등록표지")를 부여할 수 있다(동조 6항). 또한 필요한 경우 종합지원시스템 운영의 전부 또는 일부를 대통령령으로 정하는 기준에 적합한 법인으로서 공정거래위원회가 지정하는 기관 또는 단체에 위탁할 수 있다(동조 7항, 영 9조의2). 그 밖에 종합지원시스템의 구축·운영, 등록표지의 부여 등에 필요한 사항은 공정거래위원회가 정하여 고시한다(동조 8항).

(2) 민감정보 및 고유식별정보의 처리

공정거래위원회는 종합지원시스템을 통하여 소비자 피해의 예방 및 구제를 위한 사무를 수행하기 위하여 불가피한 경우 개인정보 보호법 제23조에 따른 건강에 관한 정보(의료분쟁조정과 관련된 정보에 한정. 이하 같음)나 같은 법 제24조에 따른 고유식별정보가 포함된 자료를 처리할 수 있다(법 83조의2 1항).

법 제16조의2 제7항에 따라 종합지원시스템 운영의 전부 또는 일부를 위탁받은 자는 소비자 피해의 예방 및 구제를 위한 사무를 수행하기 위하여 불가피한 경우 당사자의 동의를 얻어 개인정보 보호법 제23조에 따른 건강에 관한 정보나 같은 법 제24조에 따른 고유식별정보가 포함된 자료를 처리할 수 있다(법 83조의2 2항).

위와 같이 개인정보 보호법 제23조에 따른 건강에 관한 정보나 같은 법 제24조에 따른 고유식별정보가 포함된 자료를 처리할 때에는 해당 정보를 개인정보 보호법에 따라 보호하여야 한다(법 83조의2 3항).

2. 사업자의 책무 등

가. 소비자권익 증진시책에 대한 협력

사업자는 (i) 국가 및 지방자치단체의 소비자권익 증진시책에 적극 협력하여야 하고, (ii) 소비자단체 및 한국소비자원의 소비자 권익증진과 관련된 업무의 추진에 필요한 자료 및 정보제공 요청에 적극 협력하여야 하며, (iii) 소비자의 생명, 신체 또는 재산 보호를 위한 국가·지방자치단체 및 한국소비자원의 조사 및 위해방지 조치에 적극 협력하여야 한다(법 18조 1항, 2항, 4항). 또한 사업자는 안전하고 쾌적한 소비생활 환경을 조성하기 위하여 물품 등을 제공함에 있어서 환경친화적인 기술의 개발과 자원의 재활용을 위하여 노력하여야 한다(동조 3항).

나. 사업자의 책무

소비자기본법은 전술한 소비자의 기본적 권리에 대응하여 다음과 같은 사업자의 책무를 규정하고 있다(법 19조).

- 사업자는 물품 등으로 인하여 소비자에게 생명·신체 또는 재산에 대한 위해가 발생하지 아니하도록 필요한 조치를 강구하여야 한다.
- 사업자는 물품 등을 공급함에 있어서 소비자의 합리적인 선택이나 이익을 침해할 우려가 있는 거래조건이나 거래방법을 사용하여서는 아니 된다.
- 사업자는 소비자에게 물품 등에 대한 정보를 성실하고 정확하게 제공하여야 한다.
- 사업자는 소비자의 개인정보가 분실·도난·누출·변조 또는 훼손되지 아니하도록 그 개인정보를 성실하게 취급하여야 한다.
- 사업자는 물품 등의 하자로 인한 소비자의 불만이나 피해를 해결하거나 보상하여야 하며, 채무불이행 등으로 인한 소비자의 손해를 배상하여야 한다.

다. 소비자의 권익증진 관련기준의 준수

(1) 관련기준 준수의무

사업자는 국가가 정한 위해방지기준(법 8조 1항), 표시기준(10조), 광고기준(11조) 및 개인정보 보호기준(15조 2항)을 준수하여야 하며, 국가가 지정·고시한 부당행위(12조 2항)를 하여서는 안 된다(법 20조).

(2) 시정조치

사업자가 이를 위반한 경우 중앙행정기관의 장은 그 사업자에게 그 행위의 중지 등 시정에 필요한 조치를 명할 수 있다(법 80조 1항). 또한 중앙행정기관의 장은 사업자에게 시정명령을 받은 사실을 공표하도록 명할 수 있다(동조 2항).

(3) 조사의뢰 및 시정조치의 요청

국가 및 지방자치단체는 사업자가 제20조의 규정을 위반하는지 여부를 판단하기 위하여 필요한 경우에는 등록소비자단체 또는 한국소비자원에 조사를 의뢰할 수 있다(법 81조 1항). 공정거래위원회는 사업자가 위의 관련기준 준수의무를 위반하는 행위를 한 사실을 알게 된 때에는 그 물품 등을 주관하는 중앙행정기관의 장에게 위반행위의 시정에 필요한 적절한 조치를 요청할 수 있다(동조 2항).

라. 소비자중심경영(CCM: Consumer Centered Management) 인증제도

(1) 소비자중심경영의 인증

공정거래위원회는 물품의 제조·수입·판매 또는 용역의 제공의 모든 과정이 소비자 중심으로 이루어지는 경영(이하 "소비자중심경영")을 하는 사업자에 대하여 소비자중심경영에 대한 인증(이하 "소비자중심경영인증")을 할 수 있다(법 20조의2 1항). 소비자중심경영인증을 받으려는 사업자는 대통령령으로 정하는 바에 따라 공정거래위원회에 신청하여야 한다(법 20조의2 2항, 영 11조의2 1항·2항). 공정거래위원회는 소비자중심경영인증을 신청하는 사업자에 대하여 대통령령으로 정하는 바에 따라 그 인증의 심사에 소요되는 비용을 부담하게 할 수 있다(법 20조의2 6항, 영 11조의5).

소비자중심경영인증을 받은 사업자는 대통령령으로 정하는 바에 따라 그 인증의 표시를 할 수 있으며, 소비자중심경영인증의 유효기간은 그 인증을 받은 날부터 2년으로 한다(법 20조의2 3항·4항, 영 11조의3). 공정거래위원회는 소비자중심경영을 활성화하기 위하여 대통령령으로 정하는 바에 따라 소비자중심경영인증을 받은 기업에 대하여 포상 또는 지원 등을 할 수 있다(법 20조의2 5항, 영 11조의4).

그 밖에 소비자중심경영인증의 기준 및 절차 등에 필요한 사항은 대통령령으로 정한다(법 20조의2 7항, 영 11조의2 3항·4항).

(2) 소비자중심경영인증기관의 지정 등

공정거래위원회는 소비자중심경영에 관하여 전문성이 있는 기관 또는 단체를 대통령령으로 정하는 바에 따라 소비자중심경영인증기관(이하 "인증기관")으로 지정하여 소비자중심경영인증에 관한 업무(이하 "인증업무")를 수행하게 할 수 있다(법 20조의3 1항, 영 11조의6). 인증업무를 수행하는 인증기관의 임직원은 형법 제129조부터(수뢰, 사전수뢰) 제132조(알선수뢰)까지의 규정을 적용할 때에는 공무원으로 본다(법 20조의3 2항). 공정거래위원회는 인증기관이 다음 중 어느 하나에 해당하는 경우에는 인증기관의 지정을 취소하거나 1년 이내의 기간을 정하여 업무의 정지를 명할 수 있다. 다만, 1) 또는 5)에 해당하면 그 지정을 취소하여야 한다(법 20조의3 3항).

1) 거짓이나 부정한 방법으로 지정을 받은 경우
2) 업무정지명령을 위반하여 그 정지기간 중 인증업무를 행한 경우
3) 고의 또는 중대한 과실로 법 제20조의2 제7항에 따른 소비자중심경영인증의 기준 및 절차를 위반한 경우
4) 정당한 사유 없이 인증업무를 거부한 경우
5) 파산 또는 폐업한 경우
6) 그 밖에 휴업 또는 부도 등으로 인하여 인증업무를 수행하기 어려운 경우

(3) 소비자중심경영인증의 취소

공정거래위원회는 소비자중심경영인증을 받은 사업자가 다음 각 호의 어느 하나에 해당하면 그 인증을 취소할 수 있다. 다만, 1)에 해당하면 그 인증을 취소하여야 한다(법 20조의4 1항, 영 11조의7 1항).

1) 거짓이나 부정한 방법으로 소비자중심경영인증을 받은 경우
2) 법 제20조의2 제7항에 따른 소비자중심경영인증의 기준에 적합하지 아니하게 된 경우
3) 소비자중심경영인증을 받은 후에 소비자의 생명·신체 또는 재산의 보호 등에 관한 법률로서 대통령령으로 정하는 법률을 위반하여 관계 중앙행정기관으로부터 시정명령 등 대통령령으로 정하는 조치를 받은 경우

공정거래위원회는 위 1) 또는 3)에 따라 소비자중심경영인증이 취소된 사업자에 대하여 그 인증이 취소된 날부터 3년 이내의 범위에서 대통령령으로 정하는 기간 동안에는 소비자중심경영인증을 하여서는 아니 된다(법 20조의4 3항, 영 11조의7 2항).

Ⅳ. 소비자정책의 추진체계

1. 소비자정책의 수립

가. 기본계획

공정거래위원회는 후술하는 소비자정책위원회의 심의·의결을 거쳐 다음 사항을 포함하는 소비자정책에 관한 기본계획(이하 "기본계획")을 3년마다 수립하여야 한다(법 21조 1항·2항).

- 소비자정책과 관련된 경제·사회 환경의 변화
- 소비자정책의 기본방향
- 다음 사항이 포함된 소비자정책의 목표
  - 소비자안전의 강화
  - 소비자와 사업자 사이의 거래의 공정화 및 적정화
  - 소비자교육 및 정보제공의 촉진
  - 소비자피해의 원활한 구제
  - 국제소비자문제에 대한 대응
  - 그 밖에 소비자의 권익과 관련된 주요한 사항
- 소비자정책의 추진과 관련된 재원의 조달방법
- 어린이 위해방지를 위한 연령별 안전기준의 작성
- 그 밖에 소비자정책의 수립과 추진에 필요한 사항

공정거래위원회는 소비자정책위원회의 심의·의결을 거쳐 기본계획을 변경할 수 있다(동조 3항). 기본계획의 수립·변경절차 등에 관하여 필요한 사항은 대통령령으로 정한다(동조 4항, 영 12조).

나. 시행계획

관계 중앙행정기관의 장은 기본계획에 따라 매년 10월 31일까지 소관 업무에 관하여 다음 연도의 소비자정책에 관한 시행계획(이하 "중앙행정기관별시행계획")을 수립하여야 한다(법 22조 1항). 특별시장·광역시장·특별자치시장·도지사 또는 특별자치도지사(이하 “시 · 도지사”)는 기본계획과 중앙행정기관별시행계획에 따라 매년 11월 30일까지 소비자정책에 관한 다음 연도의 시 · 도별시행계획(이하 “시 · 도별시행계획”)을 수립하여야 한다(동조 2항). 공정거래위원회는 매년 12월 31일까지 중앙행정기관별시행계획 및 시 · 도별시행계획을 취합 · 조정하여 소비자정책위원회의 심의 · 의결을 거쳐 종합적인 시행계획(이하 “종합시행계획”)을 수립하여야 한다(동조 3항). 관계 중앙행정기관의 장 및 시 · 도지사는 종합시행계획이 실효성 있게 추진될 수 있도록 매년 소요비용에 대한 예산편성 등 필요한 재정조치를 강구하여야 한다(동조 4항). 기본계획의 수립 및 그 집행실적의 평가 등에 관하여 필요한 사항은 대통령령으로 정한다(동조 5항, 영 13조).

2. 소비자정책위원회

가. 조 직

(1) 위원장과 위원

소비자의 권익증진 및 소비생활의 향상에 관한 기본적인 정책을 종합 · 조정하고 심의 · 의결하기 위하여 국무총리 소속으로 소비자정책위원회(이하 “정책위원회”)를 둔다(법 23조). 정책위원회는 위원장 2명을 포함한 25명 이내의 위원으로 구성한다(법 24조 1항). 위원장은 국무총리와 소비자문제에 관하여 학식과 경험이 풍부한 자 중에서 대통령이 위촉하는 자(이하 “위촉위원장”)가 되며, 위원은 관계 중앙행정기관의 장, 한국소비자원의 원장(이하 “원장”) 및 다음 중 하나에 해당하는 자 중에서 국무총리가 위촉하는 자(이하 “위촉위원”)가 된다(동조 2항).

- 소비자문제에 관한 학식과 경험이 풍부한 자
- 등록소비자단체(법 29조) 및 대통령령이 정하는 경제단체[4]에서 추천하는 소비자대표 및 경제계대표

위촉위원장 및 위촉위원의 임기는 3년으로 한다(법 24조 3항). 국무총리는 위촉위원이 다음 중 하나에 해당하는 경우 해당 위원을 해촉할 수 있다(동조 6항).

4) 현재 전국경제인연합회가 법 제24조 제3항 제2호와 영 제14조 제2항 제3호의 규정에 의한 소비자정책위원회 위원을 추천할 수 있는 경제단체로 고시되어 있다. 「소비자정책위원회 위원 추천관련 고시」(2008.2.29. 공정거래위원회 고시 제2008-15호).

- 심신장애로 인하여 직무를 수행할 수 없게 된 경우
- 직무와 관련된 비위 사실이 있는 경우
- 직무태만, 품위손상, 그 밖의 사유로 인하여 위원으로 적합하지 않다고 인정되는 경우
- 위원 스스로 직무를 수행하는 것이 곤란하다고 의사를 밝히는 경우

(2) 간사위원 · 실무위원회 및 전문위원회

정책위원회의 효율적 운영 및 지원을 위하여 정책위원회에 간사위원 1인을 두며, 간사위원은 공정거래위원회 위원장이 된다(동조 5항). 또한 정책위원회의 사무를 처리하기 위하여 공정거래위원회에 사무국을 두고, 그 조직 · 구성 및 운영 등에 관한 필요한 사항은 대통령령으로 정한다(동조 7항). 한편 정책위원회는 업무를 효율적으로 수행하기 위하여 정책위원회에 실무위원회와 분야별 전문위원회를 둘 수 있다(법 25조 6항). 법에 규정한 것 외에 정책위원회 · 실무위원회 및 전문위원회의 조직과 운영에 관하여 필요한 사항은 대통령령으로 정한다(동조 7항, 영 14조 내지 20조).

나. 운 영

(1) 권 한

정책위원회는 다음 사항을 종합 · 조정하고 심의 · 의결한다(법 25조 1항).

- 기본계획 및 종합시행계획의 수립 · 평가와 그 결과의 공표
- 소비자정책의 종합적 추진 및 조정에 관한 사항
- 소비자 보호 및 안전 확보를 위하여 필요한 조치에 관한 사항
- 소비자정책의 평가 및 제도개선 · 권고 등에 관한 사항
- 그 밖에 위원장이 소비자의 권익증진 및 소비생활의 향상을 위하여 토의에 부치는 사항

정책위원회는 소비자의 기본적인 권리를 제한하거나 제한할 우려가 있다고 평가한 법령 · 고시 · 예규 · 조례 등에 대하여 중앙행정기관의 장 및 지방자치단체의 장에게 법령의 개선 등 필요한 조치를 권고할 수 있다(동조 2항). 정책위원회는 이러한 조치를 권고하기 전에 중앙행정기관의 장 및 지방자치단체의 장에게 미

리 의견을 제출할 기회를 주어야 한다(동조 3항). 중앙행정기관의 장 및 지방자치단체의 장은 위의 권고를 받은 날부터 3개월 내에 필요한 조치의 이행계획을 수립하여 정책위원회에 통보하여야 한다(동조 4항). 정책위원회는 이와 같이 통보받은 이행계획을 검토하여 그 결과를 공표할 수 있다(동조 5항).

또한 정책위원회 위원장은 다음 요건에 해당한다고 인정하는 경우에는 긴급회의를 소집할 수 있다(법 25조의2 1항).

- 사업자가 제공하는 물품등으로 인하여 소비자의 생명 또는 신체에 대통령령으로 정하는 위해가 발생하였거나 발생할 우려가 있는 경우
- 이러한 위해의 발생 또는 확산을 방지하기 위하여 복수의 중앙행정기관에 의한 종합적인 대책 마련이 필요한 경우

긴급회의는 위원장, 간사위원 및 위원장이 종합적인 대책의 수립과 관계된다고 인정하는 중앙행정기관의 장으로 구성하며, 위와 같은 위해의 발생 및 확산을 방지하기 위한 종합대책을 마련할 수 있다(동조 2항·3항). 중앙행정기관의 장은 이와 같이 마련된 종합대책에 필요한 세부계획을 즉시 수립하고, 해당 세부계획의 이행 상황 및 결과를 정책위원회에 보고하여야 한다(동조 4항). 중앙행정기관의 장 및 지방자치단체의 장은 위의 요건에 해당한다고 인정되는 위해가 신고 또는 보고되거나 이러한 위해를 인지한 경우에는 즉시 정책위원회에 해당 내용을 통보하여야 한다(동조 5항). 정책위원회는 위의 종합대책을 마련하기 위하여 필요한 경우에는 중앙행정기관, 그 소속기관 및 공공기관(공공기관의 운영에 관한 법률 4조)에 자료를 요청하거나 피해의 발생원인·범위 등의 조사·분석·검사를 요청할 수 있다(법 25조의2 6항). 그 밖에 긴급회의의 운영, 종합대책 수립에 따른 중앙행정기관의 이행에 대한 점검 및 결과 공표 등 필요한 사항은 대통령령으로 정한다(동조 7항, 영 18조의3).

(2) 의견청취 및 자료요청

정책위원회는 위의 사항을 심의하기 위하여 필요한 경우에는 소비자문제에 관하여 전문지식이 있는 자, 소비자 또는 관계사업자의 의견을 들을 수 있다(법 26조 1항). 또한 공정거래위원회는 소비자권익증진, 정책위원회의 운영 등을 위하여 필요한 경우 중앙행정기관의 장 및 지방자치단체의 장 등 관계 행정기관에 의견제시 및 자료제출을 요청할 수 있다(동조 2항).

3. 국제협력

국가는 소비자문제의 국제화에 대응하기 위하여 국가 사이의 상호협력방안을 마련하는 등 필요한 대책을 강구하여야 한다(법 27조 1항). 공정거래위원회는 관계 중앙행정기관의 장과 협의하여 국제적인 소비자문제에 대응하기 위한 정보의 공유, 국제협력창구 또는 협의체의 구성・운영 등 관련 시책을 수립・시행하여야 한다(동조 2항).

V. 소비자단체

1. 소비자단체의 업무

소비자단체는 다음 업무를 행한다(법 28조 1항).

1) 국가 및 지방자치단체의 소비자의 권익과 관련된 시책에 대한 건의
2) 물품 등의 규격・품질・안전성・환경성에 관한 시험・검사 및 가격 등을 포함한 거래조건이나 거래방법에 관한 조사・분석
3) 소비자문제에 관한 조사・연구
4) 소비자의 교육
5) 소비자의 불만 및 피해를 처리하기 위한 상담・정보제공 및 당사자 사이의 합의의 권고

가. 조사결과의 공표

소비자단체는 위 2)의 조사・분석 등의 결과를 공표할 수 있다.[5] 다만, 공표되

5) 서울고등법원 1990.6.8. 선고 90나8536 판결(한국소비자연맹이 소비자단체사업의 일환으로 시중 11군데의 귀금속상으로부터 당시의 금시세에 따라 금반지와 금목걸이 등의 순금제품을 구입하여 공업진흥청에 의하여 인가된 귀금속감정센터에 함량검사를 의뢰한 결과 그 중 한 군데의 상점에서 구입한 금반지의 금함량비율이 99.3퍼센트에 불과한 것으로 나타났고 제품 자체 또는 보증서에도 품질표시가 되어있지 아니하였을 뿐 아니라 전년도에 같은 상점에서 구입한 동종제품에 대한 함량검사에서도 순금제품으로서의 함량에 미달한 98퍼센트로 나타난 바 있어 소비자의 권익보호 내지 증진에 필요하다는 판

는 사항 중 물품 등의 품질·성능 및 성분 등에 관한 시험·검사로서 전문적인 인력과 설비를 필요로 하는 시험·검사인 경우에는 대통령령이 정하는 시험·검사기관의 시험·검사를 거친 후 공표하여야 한다(동조 2항).

나. 사업자의 정보요청 거부에 대한 조치

소비자단체는 그 업무를 추진함에 있어 필요한 자료 및 정보의 제공을 사업자 및 사업자단체에 요청할 수 있는데(법 78조), 사업자 또는 사업자단체가 정당한 사유 없이 이를 거부·방해·기피하거나 거짓으로 제출한 경우에는 그 사업자 또는 사업자단체의 이름(상호 그 밖의 명칭 포함), 거부 등의 사실과 사유를 일반 일간신문에 게재할 수 있다(법 28조 3항).

다. 정보의 남용금지

소비자단체는 업무상 알게 된 정보를 소비자의 권익을 증진하기 위한 목적이 아닌 용도에 사용하여서는 아니 되며, 사업자 또는 사업자단체로부터 제공받은 자료 및 정보를 소비자의 권익을 증진하기 위한 목적이 아닌 용도로 사용함으로써 사업자 또는 사업자단체에 손해를 끼친 때에는 그 손해에 대하여 배상할 책임을 진다(동조 4항·5항).

2. 소비자단체의 등록 및 보조

가. 등록 및 취소

다음 요건을 모두 갖춘 소비자단체는 대통령령이 정하는 바에 따라 공정거래위원회 또는 지방자치단체에 등록할 수 있다(법 29조 1항, 영 23조 1항).

단 아래 텔레비젼을 통하여 "위 상점의 금함량비율이 전년도에 비하여 다소 좋아졌을 뿐 시정되지는 않은 것으로 보아 이를 시정할 의사가 없는 것으로 보인다. 소비자들은 그와 거래를 하지 않는 것만이 속지 않는 길이다"라는 취지의 내용으로 위 검사결과를 공표하였다 하더라도 이는 소비자권익의 보호 및 증진을 위한 것으로서 소비자보호법에 따른 소비자단체의 정당한 업무행위로 보아야 함).

- 전술한 소비자단체의 업무 중 2) 및 5)를 수행할 것
- 물품 및 용역에 대하여 전반적인 소비자문제를 취급할 것
- 전술한 소비자단체의 업무 1) 내지 5)를 수행할 수 있는 전산장비 · 사무실 및 상근인력 5명 이상을 갖출 것
- 비영리민간단체 지원법 제2조 각 호의 요건을 모두 갖출 것[6)]

공정거래위원회 또는 지방자치단체의 장은 등록을 신청한 소비자단체가 위의 요건을 갖추었는지 여부를 심사하여 등록 여부를 결정하여야 하며, 소비자단체가 거짓 그 밖의 부정한 방법으로 제29조의 규정에 따른 등록을 한 경우에는 등록을 취소하여야 한다(법 29조 2항, 30조 1항). 공정거래위원회 또는 지방자치단체의 장은 등록소비자단체가 위의 요건을 갖추지 못하게 된 경우에는 3월 이내에 보완을 하도록 명할 수 있고, 그 기간이 경과하여도 요건을 갖추지 못하는 경우에는 등록을 취소할 수 있다(법 30조 2항).

나. 보조금

국가 또는 지방자치단체는 등록소비자단체의 건전한 육성 · 발전을 위하여 필요하다고 인정될 때에는 보조금을 지급할 수 있다(법 32조). 이 보조금은 등록소비자단체의 사업 및 운영에 필요한 경비로 한다(영 25조의2).

3. 자율적 분쟁조정

공정거래위원회에 등록한 소비자단체의 협의체는 전술한 소비자단체의 업무 중

---

6) 대법원 2008.6.12. 선고 2005두1978 판결(원고인 보험소비자연맹이 보험소비자에게 현명한 보험소비활동을 위한 정보를 제공한다는 목적을 표방하고 있는 등 보험상품만을 업무대상으로 하고 있는 소비자단체인 사실, 원고는 회원을 회비를 납부한 정회원과 회비를 납부하지 않은 준회원으로 구별하여 정회원에게만 상세한 보험관련 정보 등의 서비스를 제공하는 방식으로 운영되고 있고, 보험회사 등으로부터 광고료를 받고 인터넷 홈페이지에서 보험회사의 광고를 하고 있으며 손해사정인 또는 인터넷로펌 등 영리를 추구하는 상인들과 연계하고 있는 사실에 비추어 원고는 소비자의 권익을 옹호 내지 증진하기 위하여 소비자가 조직한 소비자단체라기보다는 서비스 제공의 대가로 회원들로부터 회비를 받는 영리추구단체에 가깝고, '물품 및 용역' 전반에 대한 시험 · 검사 및 거래조건이나 거래방법에 대한 조사 · 분석 업무를 하기에 적합한 설비와 인력도 갖추었다고도 할 수 없으므로 원고의 소비자단체등록을 거부한 이 사건 처분은 적법함).

소비자의 불만 및 피해를 처리하기 위하여 자율적 분쟁조정을 할 수 있다. 다만, 다른 법률의 규정에 따라 설치된 전문성이 요구되는 분야의 분쟁조정기구로서 대통령령이 정하는 다음의 기구에서 관장하는 사항에 대하여는 그러하지 아니하다(법 31조 1항, 영 25조).

- 금융분쟁조정위원회, 한국의료분쟁조정중재원, 환경분쟁조정위원회, 한국저작권위원회, 개인정보 분쟁조정위원회, 전기위원회 및 우체국보험분쟁조정위원회
- 그 밖에 다른 법령에 따라 설치된 분쟁조정기구로서 공정거래위원회가 필요하다고 인정하여 지정·고시하는 분쟁조정기구

등록 소비자단체 협의체의 자율적 분쟁조정을 당사자가 수락한 경우에는 당사자 사이에 자율적 분쟁조정의 내용과 동일한 합의가 성립된 것으로 본다(법 31조 2항). 소비자단체의 협의체 구성 및 분쟁조정의 절차 등에 관하여 필요한 사항은 대통령령으로 정한다(동조 3항, 영 24조).

Ⅵ. 한국소비자원

1. 설 립

1986년 개정 소비자보호법에 따라 소비자권익 증진시책의 효과적인 추진을 위하여 한국소비자보호원이 1987년에 경제기획원 산하기관으로 설립되었다. 후일 정부조직의 개편에 따라 한국소비자보호원의 소관부처도 재정경제원(1994년) 및 재정경제부(1998년)로 바뀌었다. 그러나 2006년 소비자보호법이 소비자기본법으로 전면 개정되면서 한국소비자보호원의 명칭이 한국소비자원으로 바뀌었으며 소관부처도 재정경제부에서 공정거래위원회로 이관되었다.

한국소비자원은 법인으로 하며(법 33조 2항), 한국소비자원에 관하여 이 법에 규정하지 아니한 사항에 관하여는 민법 중 재단법인에 관한 규정을 준용한다(법 44조). 한국소비자원은 공정거래위원회의 승인을 얻어 필요한 곳에 그 지부를 설치할 수 있다(법 33조 3항).

소비자기본법에 따른 한국소비자원이 아닌 자는 한국소비자원 또는 이와 유사한 한국소비자보호원 등의 명칭을 사용하여서는 아니 된다(법 37조).

2. 업 무

한국소비자원의 업무는 다음과 같다(법 35조).

1) 소비자의 권익과 관련된 제도와 정책의 연구 및 건의
2) 소비자의 권익증진을 위하여 필요한 경우 물품 등의 규격·품질·안전성·환경성에 관한 시험·검사 및 가격 등을 포함한 거래조건이나 거래방법에 대한 조사·분석
3) 소비자의 권익증진·안전 및 소비생활의 향상을 위한 정보의 수집·제공 및 국제협력
4) 소비자의 권익증진·안전 및 능력개발과 관련된 교육·홍보 및 방송사업
5) 소비자의 불만처리 및 피해구제
6) 소비자의 권익증진 및 소비생활의 합리화를 위한 종합적인 조사·연구
7) 국가 또는 지방자치단체가 소비자의 권익증진과 관련하여 의뢰한 조사 등의 업무
8) 공정거래법 제90조 제7항에 따라 공정거래위원회로부터 위탁받은 동의의결의 이행관리
9) 그 밖에 소비자의 권익증진 및 안전에 관한 업무

가. 피해구제 제외대상

한국소비자원이 위 5)의 '소비자의 불만처리 및 피해구제' 업무를 수행함에 있어서 다음의 사항은 그 처리대상에서 제외한다(동조 2항, 영 28조).

- 국가 또는 지방자치단체가 제공한 물품 등으로 인하여 발생한 피해구제
- 그 밖에 다른 법률의 규정에 따라 설치된 전문성이 요구되는 분야의 분쟁조정기구에 신청된 피해구제 등으로서 대통령령이 정하는 다음의 피해구제
  ① 다른 법률에 따라 소비자분쟁조정위원회(법 45조 1항)에 준하는 분쟁조정기구가 설치되어 있는 경우 그 분쟁조정기구에 피해구제가 신청되어 있거나 이미 그 피해구제절차를 거친 사항과 동일한 내용의 피해구제
  ② 소비자가 한국소비지원에 피해구제를 신청한 후 이와 동일한 내용으로 위 ①에 따른 분쟁조정기구에 피해구제를 신청한 경우 그 피해구제

나. 취득 사실의 공표

한국소비자원은 업무수행 과정에서 취득한 사실 중 소비자의 권익증진, 소비자피해의 확산 방지, 물품 등의 품질향상 그 밖에 소비생활의 향상을 위하여 필요하다고 인정되는 사실은 이를 공표하여야 한다. 다만, 사업자 또는 사업자단체의 영업비밀을 보호할 필요가 있다고 인정되거나 공익상 필요하다고 인정되는 때에는 그러하지 아니하다(법 35조 3항).[7]

다. 시료의 수거

한국소비자원의 원장(이하 "원장"이라 함)은 위 2) 및 5)의 업무를 수행함에 있어 다수의 피해가 우려되는 등 긴급하다고 인정되는 때에는 사업자로부터 필요한 최소한의 시료를 수거할 수 있다. 이 경우 그 사업자는 정당한 사유가 없는 한 이에 따라야 한다(동조 4항). 원장이 위와 같이 시료를 수거한 경우 특별한 사정이 없으면 시료 수거일부터 30일 이내에 공정거래위원회 및 관계 중앙행정기관의 장에게 그 시료수거 사실과 결과를 보고하여야 한다(동조 5항).

라. 시험 · 검사의 의뢰

원장은 전술한 한국소비자원의 업무 중 2) 및 5)를 수행함에 있어서 필요하다고 인정되는 때에는 국립 또는 공립의 시험 · 검사기관에 물품 등에 대한 시험 · 검사를 의뢰할 수 있다(법 36조 1항). 이러한 의뢰를 받은 기관은 특별한 사유가 없는 한 우선하여 이에 응하여야 한다(동조 2항).

---

7) 대법원 1998.5.22. 선고 97다56789 판결(일정한 행정목적 달성을 위하여 언론에 보도자료를 제공하는 등 이른바 행정상의 공표의 방법으로 실명을 공개함으로써 타인의 명예를 훼손한 경우, 그 대상자에 관하여 적시된 사실의 내용이 진실이라는 증명이 없더라도 그 공표의 주체가 공표 당시 이를 진실이라고 믿었고 또 그렇게 믿을 만한 상당한 이유가 있다면 위법성이 없는 것이나, 한국소비자보호원이 제품의 유통경로에 대한 조사 없이 제조자의 직접 공급지역 외에서 일반적인 거래가격보다 저렴한 가격으로 단지 외관만을 보고 구입한 시료를 바탕으로 '이동쌀막걸리'에서 유해물질이 검출되었다는 검사결과를 언론에 공표한 경우 공표의 기초가 된 시료가 원고 제품이라는 점에 대한 객관적이고도 타당한 확증과 근거가 있다고 볼 수 없으므로 공표 내용의 진실성을 오신한 데 상당한 이유가 없음).

3. 임원 및 이사회

가. 임 원

(1) 종 류

한국소비자원에 원장·부원장 및 소비자안전센터(법 51조)의 소장(이하 "소장") 각 1인을 포함한 10인 이내의 이사와 감사 1인을 둔다(법 38조 1항). 원장·부원장·소장 및 한국소비자원의 원장이 임명한 이사는 상임으로 하고 그 밖의 임원은 비상임으로 한다(동조 2항, 영 30조 1항).

(2) 선 임

원장은 공공기관의 운영에 관한 법률 제29조에 따른 임원추천위원회(이하 "임원추천위원회")가 복수로 추천한 사람 중에서 공정거래위원회 위원장의 제청으로 대통령이 임명한다(법 38조 3항). 부원장, 소장 및 상임이사는 원장이 임명한다(4항). 비상임이사는 임원추천위원회가 복수로 추천한 사람 중에서 공정거래위원회 위원장이 임명한다(5항). 감사는 임원추천위원회가 복수로 추천하여 공공기관의 운영에 관한 법률 제8조에 따른 공공기관운영위원회의 심의·의결을 거친 사람 중에서 기획재정부장관의 제청으로 대통령이 임명한다(6항). 원장의 임기는 3년으로 하고, 부원장·소장·이사 및 감사의 임기는 2년으로 한다(7항).

(3) 직 무

원장은 한국소비자원을 대표하고 한국소비자원의 업무를 총괄한다(법 39조 1항). 부원장은 원장을 보좌하며, 원장이 부득이한 사유로 직무를 수행할 수 없는 경우에 그 직무를 대행한다(2항). 원장·부원장이 모두 부득이한 사유로 직무를 수행할 수 없는 때에는 상임이사·비상임이사의 순으로 정관이 정하는 순서에 따라 그 직무를 대행한다(4항). 소장은 원장의 지휘를 받아 소비자안전센터의 업무를 총괄하며, 원장·부원장 및 소장이 아닌 이사는 정관이 정하는 바에 따라 한국소비자원의 업무를 분장한다(3항). 감사는 한국소비자원의 업무 및 회계를 감사한다(5항).

나. 이사회

한국소비자원의 업무와 운영에 관한 중요사항을 심의·의결하기 위하여 한국소비자원에 이사회를 둔다(법 40조 1항). 이사회는 원장·부원장·소장 그 밖의 이사로 구성한다(2항). 원장은 이사회를 소집하고 이사회의 의장이 된다(3항). 감사는 이사회에 출석하여 의견을 진술할 수 있다(4항).

4. 회계·감독 등

가. 재 원

한국소비자원의 설립·시설·운영 및 업무에 필요한 경비는 (i) 국가 및 지방자치단체의 출연금 및 (ii) 그 밖에 한국소비자원의 운영에 따른 수입금으로 충당한다(법 41조).

나. 공정거래위원회의 감독

공정거래위원회는 한국소비자원(소비자안전센터 포함)을 지도·감독하고, 필요하다고 인정되는 때에는 한국소비자원에 대하여 그 사업에 관한 지시 또는 명령을 할 수 있다(법 42조 1항). 한국소비자원은 매년 업무계획서와 예산서를 작성하여 공정거래위원회의 승인을 얻어야 하며, 매년 결산보고서와 이에 대한 감사의 의견서를 작성하여 공정거래위원회에 보고하여야 한다. 이 경우 그 절차 등에 관하여는 대통령령으로 정한다(동조 2항, 영 32조). 공정거래위원회는 필요하다고 인정되는 때에는 한국소비자원에 대하여 그 업무·회계 및 재산에 관한 사항을 보고하게 하거나 감사할 수 있다(법 42조 3항).

다. 수뢰죄의 적용

다음 중 하나에 해당하는 사람은 형법 제129조(수뢰, 사전수뢰) 내지 제132조(알선수뢰)를 적용할 때에는 이를 공무원으로 본다(법 43조).

- 한국소비자원의 임원
- 법 제35조(업무) 제1항 제2호·제5호의 업무에 종사하는 직원
- 법 제52조(위해정보의 수집 및 처리) 제1항·제2항의 업무에 종사하는 직원
- 소비자분쟁조정위원회의 위원

Ⅶ. 소비자안전

1. 총 칙

가. 취약계층의 보호

국가 및 지방자치단체는 어린이·노약자 및 장애인 등 안전취약계층에 대하여 우선적으로 보호시책을 강구하여야 한다(법 45조 1항). 또한 사업자는 어린이·노약자 및 장애인 등 안전취약계층에 대하여 물품 등을 판매·광고 또는 제공하는 경우에는 그 취약계층에게 위해가 발생하지 아니하도록 법 제19조 제1항의 규정에 따른 위해방지조치와 더불어 필요한 예방조치를 취하여야 한다(법 45조 2항).

나. 시정요청

공정거래위원회 또는 시·도지사는 사업자가 제공한 물품 등으로 인하여 소비자에게 위해발생이 우려되는 경우에는 관계중앙행정기관의 장에게 다음의 조치를 요청할 수 있다(법 46조 1항).

- 사업자가 다른 법령에서 정한 안전조치를 취하지 아니하는 경우에는 그 법령의 규정에 따른 조치
- 다른 법령에서 안전기준이나 규격을 정하고 있지 아니하는 경우에는 다음의 조치
  - 결함 있는 물품 등의 수거·파기 등의 권고(49조)
  - 결함 있는 물품 등의 수거·파기 등의 명령(50조)
  - 과태료 처분(86조 1항 1호)
- 그 밖에 물품 등에 대한 위해방지대책의 강구

이러한 요청을 받은 관계 중앙행정기관의 장은 조치 여부 및 그 내용을 신속히 공정거래위원회 또는 시・도지사에게 통보하여야 한다(법 46조 2항).

2. 소비자안전조치(리콜제도)

가. 물품 등의 결함에 대한 사업자의 보고의무

(1) 결함정보의 보고

사업자는 다음 각 호의 어느 하나에 해당하는 경우에는 제조・수입・판매 또는 제공한 물품 등의 결함을 소관 중앙행정기관의 장에게 보고(전자적 보고 포함. 이하 같음)하여야 한다. 다만, 2)에 해당하는 경우로서 사업자가 법 제48조에 따라 해당 물품 등의 수거・파기・수리・교환・환급 또는 제조・수입・판매・제공의 금지 및 그 밖의 필요한 조치(이하 "수거・파기등"이라 함)를 한 경우에는 그러하지 아니하다(법 47조 1항)

1) 제조・수입・판매 또는 제공한 물품 등에 소비자의 생명・신체 또는 재산에 위해를 끼치거나 끼칠 우려가 있는 제조・설계 또는 표시 등의 중대한 결함이 있다는 사실을 알게 된 경우
2) 제조・수입・판매 또는 제공한 물품 등과 동일한 물품 등에 대하여 외국에서 결함이 발견되어 사업자가 다음 각 목의 어느 하나에 해당하는 조치를 한 경우 또는 외국의 다른 사업자가 해당 조치를 한 사실을 알게 된 경우
   - 외국 정부로부터 수거・파기 등의 권고 또는 명령을 받고 한 수거・파기 등
   - 자발적으로 한 수거・파기 등

(2) 보고에 따른 조치

이러한 보고를 받은 중앙행정기관의 장은 사업자가 보고한 결함의 내용에 관하여 법 제17조의 규정에 따른 시험・검사기관 또는 한국소비자원 등에 시험・검사를 의뢰하고, 시험・검사의 결과 그 물품 등이 후술하는 수거・파기 등의 권고 내지 명령(법 49조・50조)의 요건에 해당하는 경우에는 사업자에게 각각에 해당하는 규정에 따른 필요한 조치를 취하여야 한다(법 47조 2항).

사업자가 보고하여야 할 중대한 결함의 범위, 보고기한 및 보고절차 등에 관하여

필요한 사항은 대통령령으로 정한다(법 47조 4항, 영 34조·35조).

나. 물품 등의 자진수거(자진리콜)

사업자는 소비자에게 제공한 물품 등의 결함으로 인하여 소비자의 생명·신체 또는 재산에 위해를 끼치거나 끼칠 우려가 있는 경우에는 대통령령이 정하는 바에 따라 당해 물품 등의 수거·파기·수리·교환·환급 또는 제조·수입·판매·제공의 금지 그 밖의 필요한 조치를 취하여야 한다(법 48조, 영 36조).

다. 수거·파기 등의 권고(리콜권고)

(1) 리콜권고

중앙행정기관의 장은 사업자가 제공한 물품 등의 결함으로 인하여 소비자의 생명·신체 또는 재산에 위해를 끼치거나 끼칠 우려가 있다고 인정되는 경우에는 그 사업자에 대하여 당해 물품 등의 수거·파기·수리·교환·환급 또는 제조·수입·판매·제공의 금지 그 밖의 필요한 조치를 권고할 수 있다(리콜권고)(법 49조 1항). 이러한 권고를 받은 사업자는 그 권고의 수락 여부를 소관 중앙행정기관의 장에게 통지하여야 한다(동조 2항). 사업자가 리콜권고를 수락한 경우에는 물품 등의 자진수거 등(법 48조)의 조치를 취하여야 한다(법 49조 3항).

(2) 권고불응시의 조치: 권고사실의 공표

리콜권고를 받은 사업자가 정당한 사유 없이 이를 따르지 아니하는 때에는 중앙행정기관의 장은 사업자가 권고를 받은 사실을 공표할 수 있다(동조 4항).

이상의 권고, 권고의 수락 및 공표의 절차에 관하여 필요한 사항은 대통령령으로 정한다(동조 5항, 영 37조).

라. 수거·파기 등의 명령(리콜명령)

(1) 리콜명령 및 공표

중앙행정기관의 장은 사업자가 제공한 물품 등의 결함으로 인하여 소비자의 생명·신체 또는 재산에 위해를 끼치거나 끼칠 우려가 있다고 인정되는 경우에는 대통령령이 정하는 절차에 따라 그 물품 등의 수거·파기·수리·교환·환급을 명하거나 제조·수입·판매 또는 제공의 금지를 명할 수 있고, 그 물품 등과 관련된 시설의 개수 그 밖의 필요한 조치를 명할 수 있다(리콜명령)(법 50조 1항 본문, 영 38조 1항 내지 6항). 다만, 소비자의 생명·신체 또는 재산에 긴급하고 현저한 위해를 끼치거나 끼칠 우려가 있다고 인정되는 경우로서 그 위해의 발생 또는 확산을 방지하기 위하여 불가피하다고 인정되는 경우에는 그 절차를 생략할 수 있다(법 50조 1항 단서).

중앙행정기관의 장은 사업자에게 리콜명령을 하는 경우 그 사실을 공표할 수 있다(동조 3항). 그 공표의 방법 등 공표에 관하여 필요한 사항은 대통령령으로 정한다(동조 4항, 영 38조 10항).

(2) 명령불응시의 조치: 강제리콜

사업자가 리콜명령에 따르지 아니하는 경우 중앙행정기관의 장은 대통령령이 정하는 바에 따라 직접 그 물품 등의 수거·파기 또는 제공금지 등 필요한 조치를 취할 수 있다(법 50조 2항, 영 38조 7항 내지 9항).

3. 위해정보의 수집

가. 소비자안전센터의 설치

소비자안전시책을 지원하기 위하여 한국소비자원에 소비자안전센터를 두고, 소장 1인을 둔다(법 51조 1항·2항). 소비자안전센터의 업무는 다음과 같다(동조 2항·3항).

- 물품 등으로 인하여 소비자의 생명·신체 또는 재산에 위해가 발생하였거나 발생할 우려가 있는 사안에 대한 정보(이하 "위해정보")의 수집 및 처리(법 52조)
- 소비자안전을 확보하기 위한 조사 및 연구
- 소비자안전과 관련된 교육 및 홍보
- 위해 물품 등에 대한 시정 건의
- 소비자안전에 관한 국제협력
- 그 밖에 소비자안전에 관한 업무

나. 위해정보의 수집 및 처리

(1) 위해정보의 수집·분석 및 조치

소비자안전센터는 위해정보를 수집할 수 있으며(법 52조 1항), 소장은 이와 같이 수집한 위해정보를 분석하여 그 결과를 원장에게 보고하여야 하고, 원장은 위해정보의 분석결과에 따라 필요한 경우에는 다음의 조치를 할 수 있다(동조 2항).

1) 위해방지 및 사고예방을 위한 소비자안전경보의 발령
2) 물품 등의 안전성에 관한 사실의 공표
3) 위해 물품 등을 제공하는 사업자에 대한 시정 권고
4) 국가 또는 지방자치단체에의 시정조치·제도개선 건의
5) 그 밖에 소비자안전을 확보하기 위해 필요한 조치로서 대통령령이 정하는 사항

원장은 위 3)의 시정 권고를 받은 사업자에게 수락 여부 및 다음의 각 사항을 포함한 이행 결과 등의 제출을 요청할 수 있다. 이 경우 사업자는 특별한 사유가 없으면 이에 따라야 한다(동조 3항).

- 시정 권고에 따른 이행 내용과 실적
- 시정 권고를 이행하지 못한 물품 등에 대한 조치계획
- 위해의 재발방지를 위한 대책

또한 원장은 물품 등으로 인하여 소비자의 생명·신체 또는 재산에 위해가 발생하거나 발생할 우려가 높다고 판단되는 경우로서 사업자가 위 3)의 시정 권고를 이행하지 않는 경우에는 공정거래위원회에 법 제46조 제1항에 따른 시정요청을 해 줄 것을 건의할 수 있다(법 52조 4항).

위해정보를 수집·처리하는 자는 물품 등의 위해성이 판명되어 공표되기 전까지 사업자명·상품명·피해정도·사건경위에 관한 사항을 누설하여서는 아니 된다(동조 5항).

(2) 위해정보 제출기관의 지정

공정거래위원회는 소비자안전센터가 위해정보를 효율적으로 수집할 수 있도록 하기 위하여 필요한 경우에는 행정기관·병원·학교·소비자단체 등을 위해정보 제출기관으로 지정·운영할 수 있다(동조 6항).

위해정보의 수집 및 처리 등에 관하여 필요한 사항은 대통령령으로 정한다(동조 7항, 영 39조 내지 42조).

Ⅷ. 소비자분쟁의 해결

1. 사업자(사업자단체)에 의한 불만처리

가. 소비자상담기구의 설치 · 운영

사업자 및 사업자단체는 소비자로부터 제기되는 의견이나 불만 등을 기업경영에 반영하고, 소비자의 피해를 신속하게 처리하기 위한 기구(이하 "소비자상담기구")의 설치 · 운영에 적극 노력하여야 한다(법 53조 1항). 중앙행정기관의 장 또는 시 · 도지사는 사업자 또는 사업자단체에게 소비자상담기구의 설치 · 운영을 권장하거나 그 설치 · 운영에 필요한 지원을 할 수 있으며, 공정거래위원회는 소비자상담기구의 설치 · 운영에 관한 권장기준을 정하여 고시할 수 있다(법 54조).

나. 전담직원 배치

또한 사업자 및 사업자단체는 소비자의 불만 또는 피해의 상담을 위하여 국가기술자격법에 따른 관련 자격이 있는 자 등 전담직원을 고용 · 배치하도록 적극 노력하여야 한다(법 53조 2항).

2. 한국소비자원의 피해구제

가. 피해구제의 신청

소비자는 물품 등의 사용으로 인한 피해의 구제를 한국소비자원에 신청할 수 있다(법 55조 1항). 국가 · 지방자치단체 또는 소비자단체는 소비자로부터 피해구제의 신청을 받은 때에는 한국소비자원에 그 처리를 의뢰할 수 있다(동조 2항). 사업자는 소비자로부터 피해구제의 신청을 받은 때에는 다음 중 어느 하나에 해당하는 경우에 한하여 한국소비자원에 그 처리를 의뢰할 수 있다(동조 3항).

- 소비자로부터 피해구제의 신청을 받은 날부터 30일이 경과하여도 합의에 이르지 못하는 경우
- 한국소비자원에 피해구제의 처리를 의뢰하기로 소비자와 합의한 경우
- 그 밖에 한국소비자원의 피해구제의 처리가 필요한 경우로서 대통령령이 정하는 사유에 해당하는 경우

나. 신청에 따른 조치

(1) 사건처리의 중지

원장은 법 55조 제1항의 규정에 따른 피해구제의 신청(동조 2항 및 3항의 규정에 따른 피해구제의 의뢰를 포함)을 받은 경우 그 내용이 한국소비자원에서 처리하는 것이 부적합하다고 판단되는 때에는 신청인에게 그 사유를 통보하고 그 사건의 처리를 중지할 수 있다(법 55조 4항).

(2) 위법사실의 통보

원장은 피해구제신청사건을 처리함에 있어서 당사자 또는 관계인이 법령을 위반한 것으로 판단되는 때에는 관계기관에 이를 통보하고 적절한 조치를 의뢰하여야 한다. 다만, (i) 피해구제신청사건의 당사자가 피해보상에 관한 합의를 하고 법령위반행위를 시정한 경우 및 (ii) 관계 기관에서 위법사실을 이미 인지하여 조사하고 있는 경우에는 이러한 통보 등의 의무가 없다(법 56조).

(3) 합의권고

원장은 피해구제신청의 당사자에 대하여 피해보상에 관한 합의를 권고할 수 있다(법 57조).

(4) 분쟁조정의 신청

원장은 피해구제의 신청(법 55조 1항 내지 3항)을 받은 날부터 30일 이내에 합의(법 57조)가 이루어지지 아니하는 때에는 지체 없이 후술하는 소비자분쟁조정위원회(법 60조)에 분쟁조정을 신청하여야 한다. 다만, 피해의 원인규명 등에 상당한

시일이 요구되는 (i) 의료·보험·농업 및 어업 관련 사건과 (ii) 기타 피해의 원인규명에 시험·검사 또는 조사가 필요한 사건에 대하여는 60일 이내의 범위에서 처리기간을 연장할 수 있다(법 58조, 영 44조).

(5) 피해구제절차의 중지

한국소비자원의 피해구제 처리절차 중에 법원에 소를 제기한 당사자는 그 사실을 한국소비자원에 통보하여야 한다(법 59조 1항). 한국소비자원은 당사자의 소 제기 사실을 알게 된 때에는 지체 없이 피해구제절차를 중지하고, 당사자에게 이를 통지하여야 한다(동조 2항).

3. 소비자분쟁의 조정

가. 소비자분쟁조정위원회

(1) 설 치

소비자와 사업자 사이에 발생한 분쟁을 조정하기 위하여 한국소비자원에 소비자분쟁조정위원회(이하 "조정위원회")를 두며, 다음 사항을 심의·의결한다(법 60조 1항·2항).

- 소비자분쟁에 대한 조정결정
- 조정위원회의 의사(議事)에 관한 규칙의 제정 및 개정·폐지
- 그 밖에 조정위원회의 위원장이 토의에 부치는 사항

조정위원회의 운영 및 조정절차 등에 관하여 필요한 사항은 대통령령으로 정한다(동조 3항, 영 45조 이하). 또한 조정위원회의 운영 및 조정절차에 관하여 이 법에서 규정하지 아니한 사항에 대하여는 민사조정법을 준용한다(법 69조).

(2) 구 성

(가) 위 원

조정위원회는 위원장 1인을 포함한 150명 이내의 위원으로 구성하며, 위원장을 포함한 5명은 상임으로 하고, 나머지는 비상임으로 한다(법 61조 1항). 위원은

다음 각 호의 어느 하나에 해당하는 자 중에서 원장의 제청에 의하여 공정거래위원회위원장이 임명 또는 위촉한다(동조 2항).

- 대학이나 공인된 연구기관에서 부교수 이상 또는 이에 상당하는 직에 있거나 있었던 자로서 소비자권익 관련분야를 전공한 자
- 4급 이상의 공무원 또는 이에 상당하는 공공기관의 직에 있거나 있었던 자로서 소비자권익과 관련된 업무에 실무경험이 있는 자
- 판사 · 검사 또는 변호사의 자격이 있는 자
- 소비자단체의 임원의 직에 있거나 있었던 자
- 사업자 또는 사업자단체의 임원의 직에 있거나 있었던 자
- 그 밖에 소비자권익과 관련된 업무에 관한 학식과 경험이 풍부한 자

원장이 비상임위원을 제청할 때에는 전국적 규모의 소비자단체 및 사업자단체로부터 추천된 자 중에서 각각 2명 이상이 균등하게 포함되도록 하여야 한다(영 47조). 위원의 임기는 3년으로 하며, 연임할 수 있다(법 61조 5항).

(나) 위원장

위원장은 상임위원 중에서 공정거래위원회위원장이 임명한다(동조 3항). 위원장이 부득이한 사유로 직무를 수행할 수 없는 때에는 위원장이 아닌 상임위원이 위원장의 직무를 대행하고, 위원장이 아닌 상임위원이 부득이한 사유로 위원장의 직무를 대행할 수 없는 때에는 공정거래위원회위원장이 지정하는 위원이 그 직무를 대행한다(동조 4항).

(다) 전문위원회

조정위원회의 업무를 효율적으로 수행하기 위하여 조정위원회에 분야별 전문위원회를 둘 수 있다(법 61조 6항). 전문위원회의 구성 및 운영에 관하여 필요한 사항은 대통령령으로 정한다(동조 7항, 영 50조 내지 52조).

(라) 위원의 신분보장

조정위원회의 위원은 (i) 자격정지 이상의 형을 선고받은 경우, 또는 (ii) 신체상 · 정신상 또는 그 밖의 사유로 직무를 수행할 수 없는 경우를 제외하고는 그의 의사와 다르게 면직되지 아니한다(법 62조).

(4) 회 의

(가) 구 분

조정위원회의 회의는 다음과 같이 구분한다(법 63조 1항).

- **분쟁조정회의** 위원장, 상임위원과 위원장이 회의마다 지명하는 5명 이상 9명 이하의 위원으로 구성하는 회의
- **조정부** 위원장 또는 상임위원과 위원장이 회의마다 지명하는 2명 이상 4명 이하의 위원으로 구성하는 회의

분쟁조정회의는 위원장이 주재하며, 조정부는 위원장 또는 상임위원이 주재한다(동조 2항). 조정위원회의 회의는 위원 과반수 출석과 출석위원 과반수의 찬성으로 의결하는데, 조정위원회의 회의에는 소비자 및 사업자를 대표하는 위원이 각 1명 이상 균등하게 포함되어야 한다(동조 3항).

(나) 관장사항

분쟁조정회의는 다음의 사항을 심의·의결하며, 조정부는 그 이외의 사항을 심의·의결한다(법 63조의2, 영 45조의2 1항).

- 소비자단체(법 28조 1항 5호) 또는 원장(법 57조)의 합의 권고 금액이 200만원 이상인 소비자분쟁에 대한 조정
- 조정위원회의 의사에 관한 규칙의 제정 및 개정·폐지
- 집단분쟁조정(법 68조 1항)
- 조정부가 분쟁조정회의에서 처리하도록 결정한 사항

(5) 위원의 제척·기피·회피

(가) 제 척

조정위원회의 위원은 다음 중 하나에 해당하는 경우 조정위원회에 신청된 그 분쟁조정사건(이하 "사건")의 심의·의결에서 제척된다(법 64조 1항).

- 위원 또는 그 배우자나 배우자이었던 자가 그 사건의 당사자가 되거나 그 사건에 관하여 공동의 권리자 또는 의무자의 관계에 있는 경우
- 위원이 그 사건의 당사자와 친족관계에 있거나 있었던 경우
- 위원이 그 사건에 관하여 증언이나 감정을 한 경우

• 위원이 그 사건에 관하여 당사자의 대리인으로서 관여하거나 관여하였던 경우

(나) 기 피

당사자는 위원에게 심의·의결의 공정을 기대하기 어려운 사정이 있는 경우에는 원장에게 기피신청을 할 수 있다. 이 경우 원장은 기피신청에 대하여 조정위원회의 의결을 거치지 아니하고 결정한다(동조 2항).

(다) 회 피

위원이 위의 제척·기피 사유에 해당하는 경우에는 스스로 그 사건의 심의·의결에서 회피할 수 있다(동조 3항).

나. 분쟁의 조정

(1) 분쟁조정의 절차

(가) 조정절차의 개시

(i) 소비자와 사업자 사이에 발생한 분쟁에 관하여 국가 또는 지방자치단체가 설치한 관련기구(법 16조 1항)에서 소비자분쟁이 해결되지 아니하거나, (ii) 소비자단체의 합의권고(법 28조 1항 5호)에 따른 합의가 이루어지지 아니한 경우, 당사자나 그 기구 또는 단체의 장은 조정위원회에 분쟁조정을 신청할 수 있다(법 65조 1항). 또한 한국소비자원에 피해구제를 신청한 당사자에게 원장이 합의를 권고했으나 합의가 이루어지지 않은 경우 원장이 조정위원회에 분쟁조정신청을 할 수 있음은 전술한 바와 같다(법 57조·58조). 이와 같은 분쟁조정의 신청을 받은 경우 조정위원회는 지체 없이 분쟁조정절차를 개시하여야 한다(법 65조 2항).

(나) 자문·의견청취

조정위원회는 분쟁조정을 위하여 필요한 경우 전문위원회(법 61조 6항)에 자문할 수 있으며, 분쟁조정절차에 앞서 이해관계인·소비자단체 또는 관계기관의 의견을 들을 수 있다(법 65조 3항·4항).

(다) 조정절차의 중지

조정위원회의 분쟁조정절차 중에 법원에 소를 제기한 당사자는 그 사실을 조정위원회에 통보하여야 하며, 조정위원회가 당사자의 소제기 사실을 알게 된 때

에는 지체 없이 분쟁조정절차를 중지하고 당사자에게 이를 통지하여야 한다(법 65조 5항, 59조).

(라) 분쟁조정의 기간

조정위원회는 분쟁조정을 신청받은 때에는 그 신청을 받은 날부터 30일 이내에 그 분쟁조정을 마쳐야 한다(법 66조 1항). 다만, 정당한 사유가 있는 경우로서 30일 이내에 그 분쟁조정을 마칠 수 없는 때에는 그 기간을 연장할 수 있는데, 이 경우 그 사유와 기한을 명시하여 당사자 및 그 대리인에게 통지하여야 한다(동조 2항).

(2) 분쟁조정의 효력

조정위원회의 위원장은 분쟁조정을 마친 때에는 지체 없이 당사자에게 그 분쟁조정의 내용을 통지하여야 한다(법 67조 1항). 이러한 통지를 받은 당사자는 그 통지를 받은 날부터 15일 이내에 분쟁조정의 내용에 대한 수락 여부를 조정위원회에 통보하여야 한다. 이 경우 15일 이내에 의사표시가 없는 때에는 수락한 것으로 본다(동조 2항). 이와 같이 당사자가 분쟁조정의 내용을 수락하거나 수락한 것으로 보는 경우 조정위원회는 조정조서를 작성하고, 조정위원회의 위원장 및 각 당사자가 기명날인 또는 서명하여야 한다. 다만, 수락한 것으로 보는 경우에는 각 당사자의 기명날인 또는 서명을 생략할 수 있다(동조 3항). 당사자가 분쟁조정의 내용을 수락하거나 수락한 것으로 보는 때에는 그 분쟁조정의 내용은 재판상 화해와 동일한 효력을 갖는다(동조 4항).

(3) 집단분쟁조정

(가) 입법취지

소비자기본법은 2006년에 소비자분쟁조정위원회가 다수의 소비자에게 발생하는 같거나 비슷한 유형의 피해에 대하여 일괄적인 분쟁조정을 실시할 수 있도록 하는 집단분쟁조정제도를 도입하였다. 이는 소액다수의 피해발생을 특징으로 하는 소비자문제를 일괄적·효율적으로 해결하기 위한 장치로서, 특히 후술하는 단체소송제도에 비해 비용부담, 절차지연, 감정대립 등 소송으로 인한 부작용을 피할 수 있다는 장점을 갖는다.

(나) 신청요건

국가·지방자치단체·한국소비자원·소비자단체·소비자 또는 사업자는 소비자의 피해가 다수의 소비자에게 같거나 비슷한 유형으로 발생하는 경우로서 다음의 요건을 모두 충족하는 사건에 대하여는 조정위원회에 일괄적인 분쟁조정(이하 "집단분쟁조정")을 의뢰 또는 신청할 수 있다(법 68조 1항, 영 56조).

- 물품 등으로 인한 피해가 같거나 비슷한 유형으로 발생한 소비자의 수가 50명 이상일 것. 다만, 다음에 해당하는 자를 제외한다.
  - 자율적 분쟁조정(법 31조 1항), 한국소비자원 원장의 권고(법 57조), 그 밖의 방법으로 사업자와 분쟁해결이나 피해보상에 관한 합의가 이루어진 소비자
  - 다른 법률의 규정에 따라 설치된 분쟁조정기구(법 31조 1항 단서, 영 25조)에서 분쟁조정이 진행 중인 소비자
  - 해당 물품 등으로 인한 피해에 관하여 법원에 소를 제기한 소비자
- 사건의 중요한 쟁점이 사실상 또는 법률상 공통될 것

(다) 절차개시의 공고

집단분쟁조정을 의뢰받거나 신청받은 조정위원회는 다음 중 하나에 해당하는 사건을 제외하고는 조정위원회의 의결로써 의뢰받거나 신청받은 날부터 60일 이내에 집단분쟁조정의 절차를 개시하여야 한다(법 68조 1항).

- 전술한 신청·의뢰 요건을 갖추지 못한 사건
- 기존의 집단분쟁조정결정이 있는 사건으로서 개시의결을 반복할 필요가 없다고 인정되는 사건
- 신청인의 신청내용이 이유가 없다고 명백하게 인정되는 사건

이 경우 조정위원회는 14일 이상의 기간 동안 한국소비자원 인터넷 홈페이지 및 전국을 보급지역으로 하는 일간신문에 게재하는 방법으로 그 절차의 개시를 공고하여야 한다(영 58조).

그러나 조정위원회는, (i) 피해의 원인규명에 시험, 검사 또는 조사가 필요한 사건이나, (ii) 피해의 원인규명을 위하여 대표당사자가 집단분쟁조정 절차개시 결정의 보류를 신청하는 사건에 대하여는 조정위원회의 의결로써 집단분쟁조정 절차개시의 결정을 보류할 수 있다. 이 경우 그 사유와 기한을 명시하여 의뢰 또는 신청한 자에게 통지하여야 하고, 그 보류기간은 제2항에 따른 개시결정기간이

경과한 날부터 60일을 넘을 수 없다(법 68조 3항).

(라) 비당사자를 위한 조치

조정위원회는 집단분쟁조정의 당사자가 아닌 소비자 또는 사업자로부터 그 분쟁조정의 당사자에 추가로 포함될 수 있도록 하는 신청을 받을 수 있다(법 68조 4항). 조정위원회는 사업자가 조정위원회의 집단분쟁조정의 내용을 수락한 경우에는 집단분쟁조정의 당사자가 아닌 자로서 피해를 입은 소비자에 대한 보상계획서를 작성하여 조정위원회에 제출하도록 권고할 수 있다(동조 5항).

(마) 제소당사자의 제외

조정위원회는 집단분쟁조정의 당사자인 다수의 소비자 중 일부의 소비자가 법원에 소를 제기한 경우에는 그 절차를 중지하지 아니하고, 소를 제기한 일부의 소비자를 그 절차에서 제외한다(동조 6항).

(바) 분쟁조정의 기간

집단분쟁조정은 제2항에 따른 공고가 종료된 날의 다음 날부터 30일 이내에 마쳐야 한다. 다만, 정당한 사유가 있는 경우로서 해당 기간 내에 분쟁조정을 마칠 수 없는 때에는 2회에 한하여 각각 30일의 범위에서 그 기간을 연장할 수 있으며, 이 경우 그 사유와 기한을 구체적으로 밝혀 당사자 및 그 대리인에게 통지하여야 한다(동조 7항).

집단분쟁조정의 절차 등에 관하여 필요한 사항은 대통령령으로 정한다(동조 8항, 영 57조 내지 62조).

(사) 대표당사자

집단분쟁조정에 이해관계가 있는 당사자들은 그 중 3명 이하를 대표당사자로 선임할 수 있다(법 68조의2 1항). 조정위원회는 당사자들이 대표당사자를 선임하지 아니한 경우에 필요하다고 인정하는 때에는 당사자들에게 대표당사자를 선임할 것을 권고할 수 있다(동조 2항). 대표당사자는 자기를 선임한 당사자들을 위하여 그 사건의 조정에 관한 모든 행위를 할 수 있으나, 조정신청의 철회 및 조정안의 수락·거부는 자기를 선임한 당사자들의 서면에 의한 동의를 받아야 한다(동조 3항). 대표당사자를 선임한 당사자들은 대표당사자를 통하여서만 그 사건의 조정에 관한 행위를 할 수 있다(동조 4항). 대표당사자를 선임한 당사자들은 필요하다고 인정하는 경우에는 대표당사자를 해임하거나 변경할 수 있는데, 이 경우 당사자들은 그 사실을 지체 없이 조정위원회에 통지하여야 한다(동조 5항).

(4) 시효의 중단

소비자기본법 제58조(처리기간) 및 제65조(분쟁조정) 제1항에 따른 분쟁조정의 신청과 제68조 제1항 및 제4항에 따른 집단분쟁조정의 의뢰 또는 신청은 시효중단의 효력이 있다(법 68조의3 1항 본문). 이와 같이 중단된 시효는 다음 중 어느 하나에 해당하는 때부터 새로이 진행한다(동조 2항).

1) 당사자가 분쟁조정 또는 집단분쟁조정의 내용을 수락하거나 수락한 것으로 보는 경우
2) 당사자의 일방 또는 쌍방이 분쟁조정 또는 집단분쟁조정의 내용을 수락하지 아니한 경우

위 1), 2) 외의 경우로 분쟁조정절차 또는 집단분쟁조정절차가 종료된 경우에는 그 조정절차가 종료된 날부터 1개월 이내에 소를 제기하지 아니하면 시효중단의 효력이 없다(동조 1항 단서).

4. 소비자단체소송

가. 입법취지

2006년 소비자기본법은 소액다수의 피해발생을 특징으로 하는 소비자문제를 일괄적·효율적으로 해결하기 위한 방안으로서 전술한 집단분쟁조정제도와 함께 일정한 요건을 갖춘 소비자단체·사업자단체 및 비영리민간단체가 소비자의 생명·신체·재산 등 소비자의 권익을 침해하는 사업자의 위법행위에 대하여 법원에 금지·중지를 청구하는 소비자단체소송제도를 도입하였다. 이는 (i) 저질수입상품 등에 따른 소비자안전에 대한 위해와 악덕상술·과장광고 등 불공정거래행위로 인한 소비자의 권익침해행위를 방지하며, (ii) 단체소송 피소를 우려한 사업자의 자발적인 위법행위의 중지, 제품의 품질·안전성의 향상 및 제품결함의 사후시정 등을 활성화시키기 위한 제도이다.

나. 제소요건 · 관할

(1) 원고적격

다음 중 어느 하나에 해당하는 단체는 사업자가 소비자의 권익증진 관련기준(법 20조)을 위반하여 소비자의 생명 · 신체 또는 재산에 대한 권익을 직접적으로 침해하고 그 침해가 계속되는 경우 법원에 소비자권익침해행위의 금지 · 중지를 구하는 소송(이하 "단체소송")을 제기할 수 있다(법 70조, 영 63조).

- 공정거래위원회에 등록한 **소비자단체**(법 29조)로서 다음의 요건을 모두 갖춘 단체
  - 정관에 따라 상시적으로 소비자의 권익증진을 주된 목적으로 하는 단체일 것
  - 단체의 정회원수가 1천명 이상일 것
  - 공정거래위원회에 등록 후 3년이 경과하였을 것
- **한국소비자원**
- 대한상공회의소, 중소기업협동조합중앙회 및 전국 단위의 **경제단체**로서 다음의 하나에 해당하는 단체
  - 사업자 등을 회원으로 하여 민법에 따라 설립된 사단법인으로서 정관에 따라 기업경영의 합리화 또는 건전한 기업문화 조성에 관한 사업을 수행하는 법인 중 공정거래위원회가 정하여 고시하는 법인
  - 사업자 등을 회원으로 하여 민법에 따라 설립된 사단법인으로서 정관에 따라 무역진흥업무를 수행하는 법인 중 공정거래위원회가 정하여 고시하는 법인[8]
- 비영리민간단체 지원법 제2조의 규정에 따른 **비영리민간단체**로서 다음의 요건을 모두 갖춘 단체
  - 법률상 또는 사실상 동일한 침해를 입은 50인 이상의 소비자로부터 단체소송의 제기를 요청받을 것
  - 정관에 소비자의 권익증진을 단체의 목적으로 명시한 후 최근 3년 이상 이를 위한 활동실적이 있을 것
  - 단체의 상시 구성원수가 5천명 이상일 것
  - 중앙행정기관에 등록되어 있을 것

(2) 변호사강제주의

단체소송의 원고는 변호사를 소송대리인으로 선임하여야 한다(법 72조).

---

8) 현재 전국경제인연합회와 무역협회가 단체소송을 제기할 수 있는 단체로 고시되어 있다. 「단체소송 제기 가능 경제단체 지정고시」(2008.2.29. 공정거래위원회 고시 제2008-14호).

(3) 전속관할

단체소송의 소는 피고의 주된 사무소 또는 영업소가 있는 곳, 주된 사무소나 영업소가 없는 경우에는 주된 업무담당자의 주소가 있는 곳의 지방법원 본원 합의부의 관할에 전속한다(법 71조 1항). 외국사업자의 전속관할은 대한민국에 있는 이들의 주된 사무소·영업소 또는 업무담당자의 주소에 따라 정한다(동조 2항).

다. 단체소송의 허가

(1) 소송허가의 신청

단체소송을 제기하는 단체는 소장과 함께 (i) 원고 및 그 소송대리인, (ii) 피고, (iii) 금지·중지를 구하는 사업자의 소비자권익 침해행위의 범위를 기재한 소송허가신청서를 법원에 제출하여야 한다(법 73조 1항). 또한 소송허가신청서에는 (i) 소제기단체가 원고적격(법 70조)을 갖추고 있음을 소명하는 자료 및 (ii) 소제기단체가 침해행위의 금지·중지를 요청한 서면(법 74조 1항 3호) 및 이에 대한 사업자의 의견서(침해행위 중지요청 후 14일 내에 사업자의 응답이 없을 경우 사업자의 의견서 생략 가능)를 첨부하여야 한다(법 73조 2항).

(2) 소송허가의 요건

법원은 다음의 요건을 모두 갖춘 경우에 한하여 결정으로 단체소송을 허가한다(법 74조 1항).

- 물품 등의 사용으로 인하여 소비자의 생명체 또는 재산에 피해가 발생하거나 발생할 우려가 있는 등 다수 소비자의 권익보호 및 피해예방을 위한 공익상의 필요가 있을 것
- 소송허가신청서의 기재사항에 흠결이 없을 것
- 소제기단체가 사업자에게 소비자권익 침해행위를 금지·중지할 것을 서면으로 요청한 후 14일이 경과하였을 것

(3) 허가 또는 불허가 결정에 따른 조치

단체소송을 허가하거나 불허가하는 결정에 대하여는 즉시항고할 수 있다(법 74조 2항). 단체소송의 허가결정이 있는 경우에는 민사집행법 제4편의 규정에 따른 보전처분을 할 수 있다(법 76조 2항).

라. 확정판결의 효력

원고의 청구를 기각하는 판결이 확정된 경우 이와 동일한 사안에 관하여는 다른 단체는 단체소송을 제기할 수 없다. 다만, 다음의 경우는 예외이다(법 75조).

- 판결이 확정된 후 그 사안과 관련하여 국가 또는 지방자치단체가 설립한 기관에 의하여 새로운 연구결과나 증거가 나타난 경우
- 기각판결이 원고의 고의로 인한 것임이 밝혀진 경우

마. 적용법규

단체소송에 관하여 이 법에 특별한 규정이 없는 경우에는 민사소송법을 적용한다(법 76조 1항). 단체소송의 절차에 관하여 필요한 사항은 대법원규칙으로 정한다(동조 3항).

Ⅸ. 조사 등의 절차 · 권한의 위임

1. 중앙행정기관의 장에 의한 검사 등

가. 사업자에 대한 검사 및 자료제출요청

중앙행정기관의 장은 다음 어느 하나에 해당하는 경우에는 대통령령이 정하는 바에 따라 소속공무원으로 하여금 사업자의 물품 · 시설 및 제조공정 그 밖의 물건의 검사 또는 필요한 최소한의 시료수거를 하게 하거나 그 사업자에게 그 업무에 관한 보고 또는 관계 물품 · 서류 등의 제출을 명할 수 있으며, 이에 따른 시료수거는 무상으로 할 수 있다(법 77조 1항 · 2항, 영 64조 1항 · 2항).

- 법 제8조(위해의 방지) 제2항의 규정에 따라 국가가 정한 기준을 사업자가 준수하는지 여부를 시험 · 검사 또는 조사하기 위하여 필요한 경우
- 법 제13조(소비자에의 정보제공)에 따라 소비자에게 정보제공을 하기 위하여 필요한 경우

- 법 제16조(소비자분쟁의 해결) 제1항에 따라 소비자의 불만 및 피해를 처리하기 위하여 필요한 경우
- 소비자기본법 위반 여부를 확인하기 위하여 필요한 경우

중앙행정기관의 장은 물품 등의 안전성을 의심할 만한 정당한 이유가 있는 경우로서 다음의 사유가 있는 때에는 소속 공무원으로 하여금 사업자의 영업장소, 제조장소, 창고 등 저장소, 사무소 그 밖의 이와 유사한 장소에 출입하여 전술한 검사 등을 할 수 있다(법 77조 3항, 영 77조 3항).

- 리콜권고(법 49조 1항) 또는 리콜명령(법 50조 1항)을 하기 위하여 사실확인이 필요한 경우
- 소비자안전센터가 위해정보 제출기관으로부터 제출받아 해당 물품 등의 소관 중앙행정기관의 장에게 보고한 위해정보(영 39조 5항)의 사실확인이 필요한 경우

위와 같은 검사 등을 하는 공무원은 그 권한을 나타내는 증표를 지니고 이를 관계인에게 내보여야 한다(법 77조 3항). 또한 이 법에 따른 직무에 종사하는 공무원은 이러한 검사나 제출된 물품 또는 서류 등으로 알게 된 내용을 이 법의 시행을 위한 목적 아닌 용도로 사용하여서는 아니 된다(동조 4항).

나. 한국소비자원 원장에 대한 정보제공요청

중앙행정기관의 장은 소관 소비자권익 증진시책을 추진하기 위하여 필요한 경우에는 원장에게 소비자피해에 관한 정보 및 각종 실태조사 결과 등 소비자의 권익과 관련된 정보의 제공을 요청할 수 있다(법 77조 6항).

2. 소비자단체 및 한국소비자원에 의한 정보제공요청

가. 사업자 · 사업자단체에 대한 정보제공요청

공정거래위원회나 지방자치단체에 등록된 소비자단체(법 29조) 및 한국소비자원은 그 업무를 추진함에 있어서 필요한 자료 및 정보의 제공을 사업자 또는 사업자단체에 요청할 수 있다(법 78조 1항 1문, 영 65조 1항). 이때 요청할 수 있는 자

료 및 정보는 다음 중 하나에 해당하는 것으로서 사업자의 영업비밀에 해당하지 아니하는 것이어야 한다(영 65조 3항).

- 법 제28조(소비자단체의 업무 등) 제1항 제2호에 따른 시험 · 검사 및 조사 · 분석에 필요한 자료 및 정보
- 영 제22조(시험 · 검사기관의 지정 등) 제2항 각 호의 시험 · 검사기관이 중대한 하자 또는 결함이 있다고 판정한 물품등에 대한 처리계획 및 실적

이러한 정보제공을 요청받은 사업자 또는 사업자단체는 정당한 사유가 없는 한 이에 응하여야 한다(법 78조 1항 2문). 이와 같이 자료 및 정보의 제공을 요청하는 소비자단체 및 한국소비자원은 그 자료 및 정보의 사용목적 · 사용절차 등을 미리 사업자 또는 사업자단체에 알려야 하며, 후술하는 소비자정보요청협의회(법 79조)의 협의 · 조정을 미리 거쳐야 한다(법 78조 2항 · 3항). 위와 같은 절차로 사업자 또는 사업자단체로부터 소비자단체에 제공된 자료 및 정보는 미리 사업자 또는 사업자단체에 알린 사용목적이 아닌 용도 및 사용절차가 아닌 방법으로 사용하여서는 아니 된다(동조 5항).

나. 소비자정보요청협의회

전술한 소비자단체의 자료 및 정보의 제공요청과 관련한 다음의 사항을 협의 · 조정하기 위하여 한국소비자원에 소비자정보요청협의회(이하 "협의회")를 둔다(법 79조 1항, 영 66조).

- 소비자단체가 요청하는 자료 및 정보의 범위 · 사용목적 · 사용절차에 관한 사항
- 법 제78조(자료 및 정보제공요청 등) 제1항에 따른 자료 및 정보의 제공 여부
- 사업자나 사업자단체가 요청받은 자료 및 정보의 제공기한

협의회의 구성과 운영 그 밖에 필요한 사항은 대통령령으로 정한다(법 79조 2항, 영 67조).

3. 청 문

중앙행정기관의 장은 소비자중심경영 인증기관의 지정취소 · 업무정지(법 20조의3

3항), 소비자중심경영 인증의 필요적 취소(법 20조의4 1항), 소비자단체의 등록취소(법 30조) · 리콜명령(법 50조) 또는 소비자권익 관련기준 위반행위에 대한 시정조치 등(법 80조)을 하고자 하는 경우에는 청문을 실시하여야 한다(법 82조 본문). 다만, 소비자의 생명 · 신체 또는 재산에 긴급하고 현저한 위해를 끼치거나 끼칠 우려가 있다고 인정되는 경우로서 그 위해의 발생 또는 확산을 방지하기 위하여 불가피하다고 인정되는 경우(법 50조 1항 단서)에는 청문 없이 리콜명령을 할 수 있다(법 82조 단서).

4. 권한의 위임 · 위탁

가. 시 · 도지사에 대한 권한의 위임

중앙행정기관의 장은 다음의 권한을 시 · 도지사에게 위임할 수 있다(법 83조 1항, 영 68조 1항).

- 법 제8조(위해의 방지) 제2항에 따른 시험 · 검사 또는 조사
- 법 제47조(결함정보의 보고) 제1항에 따른 결함내용 보고의 수리 및 같은 조 제2항에 따른 시험 · 검사의 의뢰와 그 결과에 따른 조치
- 법 제49조(수거 · 파기 등의 권고) 제1항 및 제2항에 따른 권고 및 통지의 수리와 같은 조 제4항에 따른 공표
- 법 제50조(수거 · 파기 등의 명령) 제1항 및 제2항에 따른 명령과 조치
- 법 제77조(검사와 자료제출 등) 제1항 및 제2항에 따른 검사 · 시료수거 · 출입 · 보고 또는 관계 물품 · 서류 등의 제출에 관한 명령
- 법 제80조(시정조치 등) 제1항 및 제2항에 따른 조치명령과 공표명령
- 법 제82조(청문)에 따른 청문(법 제50조 또는 법 제80조에 따른 명령 등의 조치를 하고자 하는 경우에 한한다)
- 법 제86조(과태료) 제2항에 따른 과태료의 부과 · 징수
- 영 제36조(물품 등의 자진시정조치 절차)에 따른 시정계획서의 접수 및 자진시정조치 결과보고의 수리
- 영 제38조(위해물품 등의 시정명령 등)에 따른 시정계획서의 접수, 시정조치 결과보고의 수리, 그 밖에 시정명령과 관련된 권한

나. 한국소비자원에 대한 권한의 위탁

중앙행정기관의 장은 다음에 해당하는 경우 사업자에 대한 검사 및 자료제출 요청(법 77조 1항) 권한을 한국소비자원에 위탁할 수 있다(법 83조 2항).

- 법 제17조(시험·검사시설의 설치 등) 제2항의 규정에 따라 한국소비자원에 시험·검사 또는 조사를 의뢰하는 경우
- 법 제55조(피해구제의 신청 등) 제1항 내지 제3항의 규정에 따라 한국소비자원에 신청 또는 의뢰된 피해구제사건을 처리함에 있어서 사실확인을 위하여 필요하다고 인정되는 경우
- 원장이 법 제35조(업무) 제1항 제2호 및 제52조(위해정보의 수집 및 처리) 제2항 제1호부터 제3호까지의 조치를 하기 위하여 필요하다고 요청하는 경우
- 법 제81조(시정조치의 요청 등) 제1항에 따라 한국소비자원에 조사를 의뢰하는 경우

중앙행정기관의 장에 의한 검사 등의 경우의 증표 제시나 정보남용금지에 관한 규정(법 77조 4항·5항)은 위와 같이 중앙행정기관의 장으로부터 검사 등의 권한을 위탁받은 한국소비자원의 직원으로서 그 검사 등의 권한을 행하는 직원에 대하여 준용한다(법 83조 3항).

X. 벌 칙

1. 형 벌

다음의 어느 하나에 해당하는 자는 3년 이하의 징역 또는 5천만원 이하의 벌금에 처한다(법 84조 1항). 이 경우 징역형과 벌금형은 이를 병과할 수 있다(동조 3항).

- 제50조(수거·파기 등의 명령 등) 또는 제80조(시정조치 등)의 규정에 따른 명령을 위반한 자
- 제77조(검사와 자료제출 등) 제5항(제83조(권한의 위임·위탁 등) 제3항의 규정에 따라 준용되는 경우를 포함한다)의 규정을 위반하여 검사 등으로 알게 된 내

용을 이 법의 시행을 위한 목적이 아닌 용도로 사용한 자

- 第78조(자료 및 정보제공요청 등) 제5항의 규정을 위반하여 제공된 자료 및 정보를 사용목적이 아닌 용도 또는 사용절차가 아닌 방법으로 사용한 자

법 제52조(위해정보의 수집 및 처리) 제3항의 규정을 위반하여 위해정보에 관한 사항을 누설한 자는 1년 이하의 징역 또는 3천만원 이하의 벌금에 처한다(법 84조 2항).

법인의 대표자나 법인 또는 개인의 대리인, 사용인, 그 밖의 종업원이 그 법인 또는 개인의 업무에 관하여 위의 위반행위를 하면 그 행위자를 벌하는 외에 그 법인 또는 개인에게도 해당 조문의 벌금형을 과한다. 다만, 법인 또는 개인이 그 위반행위를 방지하기 위하여 해당 업무에 관하여 상당한 주의와 감독을 게을리 하지 아니한 경우에는 그러하지 아니하다(법 85조).

2. 과태료

다음의 어느 하나에 해당하는 자는 3천만원 이하의 과태료에 처한다(법 86조 1항).

- 第20조(소비자의 권익증진 관련기준의 준수)의 규정을 위반한 자
- 第37조(유사명칭의 사용금지)의 규정을 위반하여 동일 또는 유사명칭을 사용한 자
- 第47조(결함정보의 보고의무) 제1항의 규정을 위반하여 보고의무를 이행하지 아니하거나 거짓으로 이행한 자
- 第77조(검사와 자료제출 등) 제1항 또는 제3항의 규정에 따른 검사·시료수거·출입을 거부·방해·기피한 자, 업무에 관한 보고를 하지 아니하거나 허위로 보고한 자 또는 관계 물품·서류 등을 제출하지 아니하거나 허위로 제출한 자

위의 과태료는 대통령령으로 정하는 바에 따라 중앙행정기관의 장 또는 시·도지사가 부과·징수한다(법 86조 2항, 영 69조 관련 [별표 2]).

제2장 약관규제법

I. 총 칙

1. 입법배경

현대의 대량생산·대량소비사회에서 거래를 할 때마다 일일이 계약조건을 교섭하기보다는 사업자가 미리 정한 약관에 의해 거래를 하는 것은 어느 정도 불가피하다. 약관은 보다 효율적인 거래를 가능하게 하고, 리스 등 새로운 계약형태가 출현할 때 법규의 공백을 메꾸어 줄 수도 있다.[1] 그러나 약관에 의한 거래가 보편화되면서 사업자가 경제적으로 우월한 지위를 바탕으로 불공정한 약관을 일방적으로 제정·사용함으로써 소비자들이 피해를 보는 일이 빈발하였으며, 이에 대한 입법적 대응으로 1986년 약관의 규제에 관한 법률이 제정되었다.

2. 목적 및 적용범위

가. 목 적

약관의 규제에 관한 법률(이하 이 장에서 "법"으로 인용)은 사업자가 그 거래상의 지위를 남용하여 불공정한 내용의 약관을 작성하여 거래에 사용하는 것을 방지

1) 공정거래위원회, 「약관규제의 실제 -약관규제법 시행 20주년을 기념하여-」(2008), 3면.

하고 불공정한 내용의 약관을 규제함으로써 건전한 거래질서를 확립하고, 이를 통하여 소비자를 보호하고 국민생활을 균형 있게 향상시키는 것을 목적으로 한다(법 1조).

나. 적용범위

약관이 상법 제3편(회사), 근로기준법 또는 그 밖에 대통령령으로 정하는 비영리사업의 분야에 속하는 계약에 관한 것일 경우에는 이 법을 적용하지 아니한다(법 30조 1항). 회사법 분야나 근로기준법 분야의 계약들에 대하여는 고유의 법원리에 의한 별도의 규율이 행해지고 있으므로 적용제외로 인정한 것이다. 다만 비영리사업분야의 경우 아직 대통령령이 적용제외의 범위를 정하고 있지 않기 때문에 이 분야는 현재로서는 적용제외의 대상이 아니다.[2]

다. 다른 법률과의 관계

특정한 거래 분야의 약관에 대하여 다른 법률에 특별한 규정이 있는 경우를 제외하고는 이 법에 따른다(법 30조 2항). 즉, 약관의 규제에 관하여는 이 법이 일반법의 지위를 가지며, 다른 법률에 특별규정이 있는 경우 특별법 우선의 원칙에 의하여 그 법률의 규정이 적용되는 것이다.[3]

3. 약관의 의의 및 본질

가. 약관의 의의

"약관"이란 그 명칭이나 형태 또는 범위에 상관없이 계약의 한쪽 당사자가 여러 명의 상대방과 계약을 체결하기 위하여 일정한 형식으로 미리 마련한 계약의 내용을 말한다(법 2조 1호). 이를 분설하면 다음과 같다.

---

2) 대법원 1996.7.30. 선고 95다16011 판결.

3) 보험약관의 교부·명시의무 위반의 경우 보험계약자의 취소권을 인정하는 상법 제638조의3 제2항은 보험계약자가 취소권을 행사하지 않은 경우에 설명의무위반의 효과로서 그 약관을 계약의 내용으로 주장할 수 없도록 규정하고 있는 법 제3조 제3항[현행법상 동조 4항]의 적용을 배제하는 특별규정이라고 할 수 없다. 대법원 1998.11.27. 선고 98다32564 판결.

(1) 명칭 · 형태 · 범위 불문

약관은 계약서 · 약정서 · 규정 · 규약 · 규칙 · 회칙 · 특별약관 · 특약조항 · 부가약관 등 명칭을 불문하고,[4] 계약서 가운데 포함되어 있거나 별지로 되어 있거나 영업소나 출입구에 게시되거나 상관이 없으며,[5] 약관이 소위 유일조항인지 다수의 조항으로 이루어졌는지를 묻지 아니한다(「약관심사지침」 (폐지제정 2018.9.22. 공정거래위원회 예규 제309호)(이하 이 장에서 "지침"으로 인용), III.1.라.).[6] 손으로 쓴 수기약관도 약관에 해당하나 구술로만 계약한 것은 약관이 아니다(지침 III.1.나.). 또한 법규명령은 약관이 아니다.[7]

(2) 사전성 · 일방성

약관은 일방당사자에 의하여 마련된 것이어야 하고, 개별적인 교섭을 거치지 않은 것이어야 한다. 계약의 한쪽 당사자로서 상대 당사자에게 약관을 계약의 내용으로 할 것을 제안하는 자를 "사업자"라 한다(법 2조 2호). 약관조항 중 일부의 조항이 교섭을 거쳤다 하더라도 교섭을 거치지 않은 나머지 조항들은 여전히 약관으로 남게 된다(지침 III.1.마.).[8]

(3) 일반성

약관은 다수의 상대방과 계약을 체결하기 위한 것이어야 한다(지침 III.1.가.). 계약의 한쪽 당사자로서 사업자로부터 약관을 계약의 내용으로 할 것을 제안받은 자를 "고객"이라 한다(법 2조 3호). 여기서 "다수"는 약관의 집단적 · 반복적 성

---

4) 대법원 2003.10.24. 선고 2001다82514 · 82521 판결(한국공항공단의 재산관리규정에 따른 사용승인조건은 한국공항공단이 임차인과 임대차계약을 체결하기 위하여 일정한 형식에 의하여 미리 마련한 것으로서 계약의 내용이 되는 것이므로 약관의 규제에 관한 법률 소정의 약관에 해당함); 대법원 2002.4.12. 선고 98다57099 판결(한국전력의 전기공급규정은 일반 전기사업자와 그 공급구역 내의 현재 및 장래의 불특정 다수의 수요자 사이에 이루어지는 모든 전기공급계약에 적용되는 보통계약약관으로서의 성질을 가짐).

5) 약관의 용어풀이란도 본문과 결합하여 전체로서 약관의 내용을 구성하나, 용어풀이라는 이름으로 본문의 의미를 임의로 제한하거나 본문과 모순되는 내용을 규정하는 경우 효력이 없다. 대법원 1990.5.25. 선고 89다카8290 판결.

6) "유일조항"의 예로, 여관 · 목욕탕 등에 게시되어 있는 "손님이 맡기지 않은 물건의 도난 · 분실에 대하여 책임을 지지 않습니다."라는 조항을 들 수 있다. 지침 III.2.다.

7) 대법원 1998.1.23. 선고 97다25613 판결(국 · 공 · 사립의 각급 학교에서 징수한 수업료와 입학금의 반환 사유에 관하여 규정한 학교수업료 및 입학금에 관한 규칙 제6조는 법규명령으로서 약관이 아님).

8) 대법원 2000.12.22. 선고 99다4634 판결.

격을 감안하여 거래의 종류별로 개별적으로 판단할 사항이고, 특정・불특정 다수를 불문한다(지침 III.1.가.).

(4) 계약의 내용

약관은 사업자와 고객 사이에 이미 체결되었거나 장래 체결될 계약의 내용이 되는 것이어야 한다(지침 III.1.다.).

나. 약관의 본질

약관의 본질에 대하여는 크게 규범설과 계약설이 대립한다. 전자는 고객의 동의가 없어도 약관이 구속력을 갖는다고 보고, 후자는 그 동의가 있어야 약관이 구속력을 갖는다는 데에 그 주요한 차이가 있다. 법은 후술하는 바와 같이 약관의 교부・명시 및 설명의무를 부과하는 등 계약설을 전제로 하고 있는 것으로 해석된다. 판례도 같은 맥락에서, "보통보험약관이 계약당사자에 대하여 구속력을 갖는 것은 그 자체가 법규범 또는 법규범적 성질을 가진 약관이기 때문이 아니라 보험계약 당사자 사이에서 계약내용에 포함시키기로 합의하였기 때문이라고 볼 것"이라 한다.[9]

4. 약관의 편입통제

약관이 계약내용에 편입되는 과정을 규제하는 것을 약관의 편입통제라 한다. 계약설의 입장에서 약관이 계약내용으로 포함되려면 고객의 합의가 필요함은 전술한 바와 같다. 법은 이러한 합의를 위한 전제로서 사업자에게 약관의 작성・명시・설명의무를 부과하고 있다. 또한 약관과 다른 내용의 별도 합의가 있는 경우에는 그 개별약정이 약관에 우선하도록 하고 있다.

---

9) 대법원 1991.9.10. 선고 91다20432 판결. 또한 계약 체결 후에 약관이 개정된 경우 당사자가 그 개정 약관에 의하여 보험계약의 내용을 변경하기로 하는 취지로 합의하거나 보험자가 구 약관에 의한 권리를 주장할 이익을 포기하는 취지의 의사를 표시하는 등의 특별한 사정이 없는 한 개정 약관의 효력이 개정 전에 체결된 계약에 미친다고 할 수 없다. 대법원 2010.1.14. 선고 2008다89514・89521 판결.

가. 약관의 작성

사업자는 고객이 약관의 내용을 쉽게 알 수 있도록 한글로 작성하고, 표준화·체계화된 용어를 사용하며, 약관의 중요한 내용을 부호, 색채, 굵고 큰 문자 등으로 명확하게 표시하여 알아보기 쉽게 약관을 작성하여야 한다(법 3조 1항).

나. 약관의 명시·설명의무

(1) 명시의무

사업자는 계약을 체결할 때에는 고객에게 약관의 내용을 계약의 종류에 따라 일반적으로 예상되는 방법으로 분명하게 밝히고, 고객이 요구할 경우 그 약관의 사본을 고객에게 내주어 고객이 약관의 내용을 알 수 있게 하여야 한다. 다만, 여객운송업, 전기·가스 및 수도사업, 우편업, 공중전화 서비스 제공 통신업의 약관에 대하여는 그러하지 아니하다(동조 2항). 그러나 이러한 업종의 약관인 경우에도 사업자는 영업소에 해당 약관을 비치하여 고객이 볼 수 있도록 하여야 한다(약관의 규제에 관한 법률 시행령(이하 이 장에서 "영"으로 인용) 2조).

(2) 설명의무

(가) 의의 및 입법취지

사업자는 약관에 정하여져 있는 중요한 내용을 고객이 이해할 수 있도록 설명하여야 한다. 다만, 계약의 성질상 설명하는 것이 현저하게 곤란한 경우에는 그러하지 아니하다(동조 3항). 이러한 설명의무는 고객으로 하여금 약관을 내용으로 하는 계약이 성립되는 경우에 각 당사자를 구속하게 될 내용을 미리 알고 약관에 의한 계약을 체결하도록 함으로써 고객의 이익을 보호하기 위한 것이다.[10)]

(나) 설명의무의 대상

여기서 설명의무의 대상이 되는 '중요한 내용'이라 함은 사회통념에 비추어 고객이 계약체결의 여부나 대가를 결정하는 데 직접적인 영향을 미칠 수 있는 사항을 말하고, 약관조항 중에서 무엇이 중요한 내용에 해당하는지에 관하여는 일률

---

10) 대법원 2010.7.15. 선고 2010다19990 판결.

적으로 말할 수 없으며, 구체적인 사건에서 개별적 사정을 고려하여 판단하여야 한다.[11] 그러나 고객이 약관의 내용을 충분히 잘 알고 있는 경우에는 그 약관이 바로 계약내용이 되어 당사자에 대하여 구속력을 갖는다고 할 것이므로 사업자로서는 고객에게 약관의 내용을 따로 설명할 필요가 없고, 이는 약관의 내용이 거래상 일반적이고 공통된 것이어서 고객에게 별도의 설명을 하지 아니하여도 충분히 예상할 수 있는 사항이거나[12] 이미 법령에 의하여 정하여진 것을 되풀이하는 것에 불과한 경우[13]에도 마찬가지이며, 이와 같이 사업자가 고객에게 약관의 내용을 따로 설명할 필요가 없는 특별한 사정이 있다는 점은 이를 주장하는 사업자가 입증하여야 한다.[14]

(다) 설명의 방법

약관을 설명하는 방법에는 제한이 없다. 그러나 보험계약의 청약을 유인하는 안내문에 보험약관의 내용이 추상적·개괄적으로 소개되어 있을 뿐이라면, 그 약관 내용이 당해 보험계약에 있어서 일반적이고 공통된 것이어서 보험계약자가 충분히 예상할 수 있거나 법령의 규정에 의하여 정하여진 것을 부연하는 것과 같은 것이 아닌 이상, 그러한 안내문의 송부만으로 그 약관에 대한 보험자의 설명의무를 다하였다거나 보험계약자가 그 내용을 알게 되어 굳이 설명의무를 인정

---

11) 대법원 2008.12.16. 자 2007마1328 결정.

12) 대법원 2010.9.9. 선고 2009다105383 판결(보험회사가 영국법 준거약관에 의하여 영국 해상보험법이 적용되는 워런티(warranty) 약관 조항을 사용하여 해상운송업자인 보험계약자와 선박에 관한 보험계약을 체결한 경우 보험자는 보험계약자가 워런티의 의미 및 효과를 이해할 수 있도록 구체적으로 설명할 의무를 부담하며, 보험계약자가 해상운송업에 종사하고 있다 하더라도 대형해운회사나 무역회사와 같이 해상보험계약의 전담부서에 전문가를 두어 보험계약을 체결하고 있다는 등의 특별한 사정이 없는 한 보험자의 별도 설명 없이도 워런티의 내용과 효과를 잘 알고 있거나 충분히 예상할 수 있었던 것이라고 보기 어려움).

13) 대법원 2019.5.30. 선고 2016다276177 판결(신용카드업자가 부가서비스를 변경할 경우 일정기간 동안 부가서비스를 유지해왔고 6개월 이전에 변경 사유 등을 정해진 방법으로 고지하는 등의 절차만 준수한다면 그 변경이 신용카드회원 등의 권익을 부당하게 침해하는지 여부에 대한 어떠한 고려도 없이 그 변경행위가 허용되는 것으로 규정한 금융위원회 고시는 여신전문금융업법 및 동법 시행령의 위임 범위를 벗어난 것으로서 법규명령으로서의 대외적 구속력이 없으며, 대외적 구속력이 인정되지 않는 행위규칙으로서의 고시는, 약관이 포함된 계약의 일방 당사자인 고객에게 당연히 그 법률효과가 미친다고 할 수 없을 뿐 아니라 고객이 별도의 설명 없이 그 내용을 예상할 수 있었다고 보기도 어려우므로, 약관조항에서 고시의 내용을 되풀이하거나 부연하고 있다는 이유만으로 사업자의 설명의무가 면제된다고 할 수 없음).

14) 대법원 2010.7.15. 선고 2010다19990 판결.

할 필요가 없다고는 할 수 없다.[15]

(3) 의무위반의 효과

사업자가 약관의 명시・설명의무를 위반하여 계약을 체결한 경우에는 해당 약관을 계약의 내용으로 주장할 수 없다(동조 4항).[16] 이 경우에도 고객은 약관을 계약의 내용으로 주장할 수 있다. 사업자의 명시・설명의무 위반에 대하여는 500만원의 과태료가 부과된다(법 34조 2항 1호・2호). 약관의 전부 또는 일부 조항이 명시・설명의무 위반으로 계약의 내용이 되지 못하는 경우 계약은 나머지 부분만으로 유효하게 존속한다(법 16조 본문). 이는 일부조항을 무효가 되더라도 계약 자체의 효력은 유지하는 것이 고객의 이익에도 부합하기 때문이다. 다만, 유효한 부분만으로 계약의 목적 달성이 불가능하거나 그 유효한 부분이 한쪽 당사자에게 부당하게 불리한 경우에는 그 계약은 무효로 한다(동조 단서).

---

15) 대법원 1999.3.9. 선고 98다43342, 43359 판결.

16) 약관 개정 시의 설명의무 위반에 관하여, 서울고등법원 2008.2.26. 선고 2007나1748 판결("이 사건 신용카드 회원가입계약 체결 당시의 이 사건 신용카드 개인회원규약 제24조 제1항에 이 규약을 변경할 경우 카드사는 그 내용을 서면으로 작성하여 적용예정일로부터 14일 이전까지 회원에게 통지하는 것으로 하며 회원이 적용 예정일까지 이의를 제기하지 아니하였을 때에는 변경된 규약을 승인한 것으로 간주하고, 그 제24조 제2항에 카드사는 각종 요율, 수수료, 결제 방법, 할부기간 및 횟수와 관련하여 규약에 규정된 조항의 변경시 제1항의 통지 외에 일간신문에 공고 또는 카드사 및 제휴사의 본・지점에 게시하는 방법을 병행하여야 한다고 각 규정되어 있었던 사실, 그런데 피고가 이 사건 신용회원가입계약 체결 이후에 이 사건 신용카드 개인회원규약을 제24조 제3항을 추가하는 것으로 변경하였는데, 이 사건 신용카드 개인회원규약 제24조 제3항에 이 사건 신용카드 회원에게 제공되는 연회비 면제, 보너스포인트 제공 등 카드관련 제반 서비스나 기능은 카드사의 영업정책이나 제휴업체의 사정에 따라 변경 또는 중단될 수 있으며, 그 내용을 사전에 고지한다고 규정되어 있는 사실을 인정할 수 있는바, 위 인정 사실에 의하면 이 사건 신용카드 회원가입계약 당시 이 사건 신용카드 개인회원규약 제24조 제3항은 존재하지 아니하여 이 사건 신용카드 회원가입계약의 내용으로 될 수 없었다 할 것이고, 또한 피고가 이 사건 신용카드 회원가입계약 체결 당시 이 사건 항공마일리지 제공기준 변경 가능성에 관하여 원고에 대하여 이를 설명하였다든가 피고가 2005. 3. 1. 이후 이 사건 항공마일리지 제공기준을 변경・적용하기에 앞서 원고에 대하여 위와 같이 변경된 이 사건 신용카드 개인회원규약을 제시・설명하고 원고가 그 적용에 동의하였다는 점을 인정할 아무런 증거가 없는 이상, 이 사건 신용카드 개인회원규약 제24조 제3항이 이 사건 신용카드 회원가입계약의 내용으로 되었다고 볼 수 없어, 이 사건 신용카드 회원가입계약에 의하여 피고에게 이러한 마일리지 제공기준 변경에 관한 권한이 미리 유보되었다고 볼 수 없으므로, 피고는 원고에 대하여 이 사건 신용카드 개인회원규약 제24조 제3항에 기하여 이 사건 항공마일리지 제공기준이 변경되었음을 주장할 수 없다 할 것이어서, 피고는 특별한 사정이 없는 한 원고에게 당초의 이 사건 신용카드 회원가입계약에 따라 신용카드 사용액 1,000원당 2마일로 계산한 이 사건 항공마일리지를 제공할 의무가 있다.").

다. 개별 약정의 우선

약관에서 정하고 있는 사항에 관하여 사업자와 고객이 약관의 내용과 다르게 합의한 사항이 있을 때에는 그 합의 사항은 약관보다 우선한다(법 4조). 사업자와 고객이 특정 조항에 관하여 개별적인 교섭(또는 흥정)을 거침으로써 고객이 자신의 이익을 조정할 기회를 가졌다면, 그 특정 조항은 약관의 규제에 관한 법률의 규율대상이 아닌 개별약정이 된다.[17] 그러나 이러한 개별약정은 유효인 약관을 전제로 하기 때문에, 일단 무효인 약관에 의하여 계약이 체결된 이상 후에 이 약관에 따른 약정내용을 재차 확인하는 각서를 작성·교부하여도 이 각서가 새로운 개별약정이 되는 것은 아니다.[18] 약관조항이 당사자 사이의 합의에 의하여 개별약정으로 되었다는 사실은 이를 주장하는 사업자 측에서 증명하여야 한다.[19]

5. 약관의 해석통제

사업자가 명시·설명의무를 이행하여 약관이 계약 내용으로 편입된 경우에도 이는 사업자가 일방적으로 작성하여 다수의 고객에게 적용되는 것이기 때문에 이를 해석함에 있어 일반적인 법률행위 해석원칙에만 의존해서는 타당한 결과를 도출하기 어렵다. 그리하여 법은 다음과 같이 약관의 해석을 위한 원칙들을 규정하고 있다. 이러한 원칙에 따라 약관을 해석하는 것을 약관의 해석통제라 한다.

가. 신의성실의 원칙

약관은 신의성실의 원칙에 따라 공정하게 해석되어야 한다(법 5조 1항 전단). 신의성실의 원칙은 법률행위 해석의 일반원칙이나 일방성 및 일반성을 특징으로 하는 약관의 해석에 있어서 그 중요성이 더욱 강조된다.

나. 객관적·통일적 해석의 원칙

약관은 고객에 따라 다르게 해석되어서는 아니 된다(동항 후단). 즉, 약관의 해

17) 대법원 2008.7.10. 선고 2008다16950 판결.
18) 대법원 2000.1.18. 선고 98다18506 판결.
19) 대법원 2010.9.9. 선고 2009다105383 판결.

석은 개개 계약 당사자가 기도한 목적이나 의사를 참작함이 없이 평균적 고객의 이해가능성을 기준으로 객관적·획일적으로 해석하여야 한다.[20]

다. 작성자 불이익의 원칙(불명확성의 원칙)

약관의 뜻이 명백하지 아니한 경우에는 고객에게 유리하게 해석되어야 한다(동조 2항). 전술한 원칙들에 따른 해석을 거친 후에도 약관 조항이 객관적으로 다의적으로 해석되고 그 각각의 해석이 합리성이 있는 등 당해 약관의 뜻이 명백하지 아니한 경우에는 고객에게 유리하게 해석하여야 한다. 그러나 당해 약관의 목적과 취지를 고려하여 공정하고 합리적으로 그리고 평균적 고객의 이해가능성을 기준으로 객관적이고 획일적으로 해석한 결과, 그 약관 조항이 일의적으로 해석된다면 그 약관 조항을 고객에게 유리하게 제한 해석할 여지가 없다.[21]

Ⅱ. 불공정약관조항

1. 약관의 불공정성 통제

가. 일반원칙과 개별금지규정

약관의 편입통제를 거쳐 계약내용에 포함된 약관을 전술한 해석원칙에 의해 해석하더라도 그 조항의 내용이 불공정한 때에는 이를 무효로 할 수밖에 없는데, 이와 같이 불공정성을 기준으로 약관의 내용을 통제하는 것을 약관의 불공정성 통제라 한다. 법은 먼저 제6조에서 약관의 불공정성을 판단하기 위한 일반원칙으로서 신의성실의 원칙을 제시하고, 이어서 제7조(면책조항의 금지) 내지 제14조(소제기의 금지 등)에서 보다 구체적인 개별금지규정들을 두고 있다. 약관조항의 위

---

20) 대법원 2011.3.24. 선고 2010다94021 판결. 예컨대, 자동차종합보험의 가족운전자 한정운전 특별약관에 정한 기명피보험자의 모(母)에 기명피보험자의 법률상의 모가 아닌 기명피보험자의 부(父)의 사실상의 배우자는 포함되지 않는다. 대법원 2009.1.30. 선고 2008다68944 판결.

21) 대법원 2010.9.9. 선고. 2007다5120 판결.

법성을 심사할 때에는 1차적으로 제7조 내지 제14조에 열거된 개별금지규정을 적용하고, 2차적으로 제6조의 신의성실의 원칙을 적용한다(지침 IV.1.나.).

나. 인가・심사의 기준

행정관청이 다른 법률에 따라 약관을 인가하거나 다른 법률에 따라 특정한 거래 분야에 대하여 설치된 심사기구에서 약관을 심사하는 경우에는 법 제6조부터 제14조까지의 규정을 그 인가・심사의 기준으로 하여야 한다(법 31조).

2. 일반 원칙

가. 신의성실의 원칙

신의성실의 원칙을 위반하여 공정성을 잃은 약관 조항은 무효이다(법 6조 1항). 신의성실의 원칙은 약관이 사업자에 의하여 일방적으로 작성되고 고객으로서는 그 구체적 조항내용을 검토하거나 확인할 충분한 기회가 없이 계약을 체결하게 되는 계약 성립의 과정에 비추어, 약관 작성자는 계약 상대방의 정당한 이익과 합리적인 기대에 반하지 않고 형평에 맞게끔 약관조항을 작성하여야 한다는 행위원칙을 가리킨다.[22]

법 제6조 제1항에서 "공정을 잃은"이라 함은 사업자의 이익과 고객의 이익 사이에서 고객에게 부당하게 불리한 것을 말하며, 그 판단기준은 사업자의 이익과 고객의 이익을 비교형량하여 정한다(지침 IV.2.가.(2)).

나. 불공정성의 추정

약관의 내용 중 다음에 해당하는 조항은 공정성을 잃은 것으로 추정한다(법 6조 2항).

(1) 고객 불이익 조항

고객에게 부당하게 불리한 조항(동항 1호)을 말한다. 이에 해당하는지 여부는 사업자와 고객의 이익형량에 기초하여 사업자가 어떤 특정 조항으로 인하여 이익을

22) 대법원 1991.12.24. 선고 90다카23899 판결.

얻은 대가로 고객에게 어떠한 이익이 부여되고 있는가를 비교한다(지침 IV.2.나.(1)(가)). 이때 고객에게 불리한지 여부는 고객들의 평균적이고 전형적인 이익을 기준으로 판단하여야 한다.[23] 또한 '부당'한지 여부는 당해 약관을 설정한 의도 및 목적, 당해 업종에서의 통상적인 거래관행, 관계법령, 거래대상 상품 또는 용역의 특성, 사업자의 영업상의 필요 및 고객이 입을 불이익의 내용과 정도 등을 종합적으로 고려하여 판단한다(지침 IV.2.나.(1)(가)). 예컨대, 임대차계약 종료 후 임차인이 임대차목적물을 명도하지 아니한 경우 임대인이 명도소송 등 적법절차를 거치지 않고 임차인 소유의 물건을 다른 장소로 철거할 수 있도록 한 조항이 이에 해당한다(지침 IV.2.나.(1)(나)).

(2) 의외조항(기습조항)

고객이 계약의 거래형태 등 모든 사정에 비추어 예상하기 어려운 조항(동항 2호)을 말한다. 의외성은 특정고객의 입장에서 고찰하지 않고 평균적 고객의 입장에서 고찰하며, 약관의 명칭 등 외관상 형태와 그 실질적인 내용이 다른 유형인 경우(예: 대리점계약서에 고용에 관한 조항이 들어 있는 경우)뿐 아니라 단순히 거래관행에서 현저히 벗어난 경우에도 인정될 수 있다(지침 IV.2.나.(2)(가)). 예컨대, 상품의 매수인은 일정기간 무상으로 수리 기타 애프터서비스를 받을 수 있어야 함에도 불구하고 이를 인정하지 않는 조항이 이에 해당한다(지침 IV.2.나.(2)(나)).

(3) 본질적 권리 제한 조항

계약의 목적을 달성할 수 없을 정도로 계약에 따르는 본질적 권리를 제한하는 조항(동항 3호)을 말한다. 어떠한 채무가 계약관계의 본질을 이루어 그것 없이는 계약 체결이 아무런 의미도 갖지 않게 되거나 다른 계약유형으로 바뀌게 되는 경우에 사업자가 약관에 의하여 그러한 의무를 벗어나는 것은 고객의 본질적 권리를 제한하는 것이다(지침 IV.2.나.(3)(가)). 예컨대, 강습을 받을 권리가 강습계약의 본질적인 권리임에도 그것을 교재제공 등 다른 것으로 대체할 수 있도록 한 조항이 그것이다(지침 IV.2.나.(3)(나)).

---

23) 대법원 2009.7.9. 선고 2008다88221 판결.

3. 개별금지규정

가. 상대적 무효 · 절대적 무효

법 제7조 내지 제14조에서 구체적으로 열거하고 있는 불공정약관조항들 중에는 "상당한 이유 없이" 또는 "부당하게" 등을 요건으로 하고 있는 조항들이 있어 그 해당여부를 판단할 때 상당한 이유 내지 정당성이 있는지를 심사하여야 한다. 이러한 조항들을 '상대적 무효' 조항이라 한다.

반면 법 제7조 제1호(고의 · 중과실 면책 조항), 제9조 1호(해제 · 해지권 제한 조항) 및 제13조(대리인 책임 가중 조항)는 이러한 요건을 요구하지 않아 그 행위유형에 해당하기만 하면 상당성 내지 정당성을 심사할 필요 없이 무효로 판정된다. 이들을 '절대적 무효' 조항이라 한다.

나. 면책조항

계약 당사자의 책임에 관하여 정하고 있는 약관의 내용 중 다음에 해당하는 조항은 무효로 한다(법 7조). 이는 면책조항, 즉 현재 또는 장래에 손해배상책임을 부담할 자가 법규상 손해배상책임의 발생 원인과 범위에 대하여 유리한 법적 취급을 받을 것을 정한 약관조항에 대한 규제이다(지침 IV.3.가.(1)(가)).

(1) 고의 · 중과실 면책 조항

사업자, 이행 보조자 또는 피고용자의 고의 또는 중대한 과실로 인한 법률상의 책임을 배제하는 조항(동조 1호)을 말한다. 여기서 법률상 책임이란 채무불이행책임뿐 아니라 계약체결상의 의무위반 책임 및 불법행위 책임을 포함한다(지침 IV.3.가.(1)(가)). 이 조항은 고의 또는 중과실로 인한 법률상의 책임에 대하여만 규정하므로 경과실인 경우의 면책조항은 원칙적으로 유효하나, 신의성실의 원칙에 위반되는 경우에는 법 제6조에 의하여 무효가 된다(지침 IV.3.가.(1)(나)). 이 조항에 해당하는 예로는 임대인의 귀책사유를 따지지 아니하고 화재, 도난 기타 사고로 인한 손해에 대하여 책임을 지지 않도록 하는 임대차계약서조항을 들 수 있다.[24]

---

24) 공정거래위원회 2007.3.14. 시정권고 제2007-023호.

(2) 손해배상범위의 제한·위험전가 조항

상당한 이유 없이 사업자의 손해배상 범위를 제한하거나 사업자가 부담하여야 할 위험을 고객에게 떠넘기는 조항(동조 2호)을 말한다. 일단 법적 책임이 발생하였을 때 그 책임범위를 법률규정에 미치지 못하는 수준으로 축소시키거나 법률상 사업자가 부담하여야 할 위험을 고객에게 전가시키는 조항은 무효이나, '상당한 이유'가 있는 경우는 유효이다. 예컨대, 손해배상범위를 일정액으로 제한하는 대신 운임을 통상보다 낮추어주는 운송약관조항은 상당한 이유가 있다 하겠다(지침 IV.3.나.(1)(가)). 위험전가조항의 예로는, 부동산 매매계약서에서 당사자 일방의 채무가 당사자 쌍방의 책임 없는 사유로 인하여 이행할 수 없게 된 경우 채권자는 상대방에게 그 이행을 청구할 수 없음에도 불가항력으로 인한 매매목적물의 손실에 대한 위험을 매수인이 부담하도록 한 조항을 들 수 있다(지침 IV.3.나.(2)(다)).

(3) 담보책임 제한 조항

상당한 이유 없이 사업자의 담보책임을 배제 또는 제한하거나 그 담보책임에 따르는 고객의 권리행사의 요건을 가중하는 조항(동조 3호)을 말한다. 매매계약 기타 유상계약에서 사업자가 부담하여야 하는 하자담보책임을 배제 또는 제한하거나 그 청구요건을 가중하는 조항은 무효이다(지침 IV.3.다.(1)(나)). 예컨대, 아파트 분양계약에 있어서 건축물 및 대지의 공급면적이 당초의 계약면적과 달리 증감이 발생한 경우에는 그 담보책임으로 민법상 대금감액청구권, 손해배상청구권, 계약해제권 등을 부여하고 있음에도 등기면적에 다소 증감이 있는 경우에 이에 따른 매매대금을 정산하지 아니한다는 조항이 이에 해당한다(지침 IV.3.다.(2)(가)).

(4) 견본매매 등에서의 책임제한 조항

상당한 이유 없이 계약목적물에 관하여 견본이 제시되거나 품질·성능 등에 관한 표시가 있는 경우 그 보장된 내용에 대한 책임을 배제 또는 제한하는 조항(동조 4호)을 말한다. 하자담보책임의 특수한 사례로서 견본매매, 품질 및 성능보증부매매 또는 상품의 중량·성분 등에 관한 상품표시가 되어 있는 경우 상당한 이유없이 그를 믿은 고객의 신뢰에 반하여 책임을 배제 또는 제한하는 경우에는 무효이다(지침 IV.3.다.(1)(다)).

다. 손해배상액의 예정 관련 조항

고객에게 부당하게 과중한 지연 손해금 등의 손해배상 의무를 부담시키는 약관 조항은 무효로 한다(법 8조). 손해배상액이 '부당하게 과중'한 지의 여부는 거래유형에 따라 계약당사자의 경제적 지위, 계약의 목적과 내용, 손해배상액을 예정한 동기, 채무액에 대한 예정액의 비율, 예상 손해액의 크기, 그 당시의 거래관행과 경제상태 등을 종합적으로 고려하여 판단한다(지침 IV.4.가.(3)). 예컨대, 상조서비스 계약에서 회원의 중도해지에 따른 회차별 납입금의 위약 공제율(공제금액÷상품금액×100)이 20%를 초과하여 회원모집 비용을 일부 감안한다 하더라도 통상의 거래관행(거래대금의 10%)을 훨씬 상회하는 조항이 이에 해당한다(지침 IV.4.나.(5)).

라. 계약의 해제 · 해지 관련 조항

계약의 해제 · 해지에 관하여 정하고 있는 약관의 내용 중 다음에 해당하는 조항은 무효로 한다(법 9조).

(1) 고객의 해제 · 해지권 제한 조항

법률의 규정에 의한 고객의 해제권 또는 해지권을 배제하거나 그 행사를 제한하는 조항(동조 1호)을 말한다. 예컨대, 아파트 섀시설치계약에서 사업자가 이행에 착수하기 전에는 고객이 계약금을 포기하고 계약을 해제할 수 있음에도 사업자의 이행착수 여부를 불문하고 고객의 계약해제권 행사기간을 계약일부터 7일 이내로 제한하는 조항이 이에 해당한다(지침 IV.5.가.(2)(다)).

(2) 사업자의 해제 · 해지권 강화 조항

사업자에게 법률에서 규정하고 있지 아니하는 해제권 · 해지권을 부여하거나(동조 2호) 법률의 규정에 의한 해제권 · 해지권의 행사요건을 완화하여 고객에 대하여 부당하게 불이익을 줄 우려가 있는 조항(동조 3호)을 말한다. 예컨대, 아파트 · 상가 등 부동산의 분양계약에서 고객이 중도금 또는 잔금 지급을 1회 이상 연체할 경우 사업자가 최고 등의 절차 없이도 해제할 수 있도록 하는 조항이 이에 해당한다(지침 IV.5.나.(2)(나)).

(3) 고객의 원상회복의무 강화 조항 등

계약의 해제 또는 해지로 인한 고객의 원상회복의무를 상당한 이유없이 과중하게 부담시키거나 원상회복청구권을 부당하게 포기하도록 하는 조항(동조 4호)을 말한다. 예컨대, 스포츠클럽 회원가입계약에서 납입된 입회비는 사유를 불문하고 일체 반환하지 않는다는 조항이 이에 해당한다(지침 V.5.다.(2)(다)).

(4) 사업자의 원상회복의무 등 경감 조항

계약의 해제·해지로 인한 사업자의 원상회복의무나 손해배상의무를 부당하게 경감하는 조항(동조 5호)을 말한다. 예컨대, 회원 자격 탈퇴의 통지를 1개월 이전에 하도록 요구하면서 탈퇴 즉시 보증금을 반환하지 아니하고 그 반환시기(원상회복의무의 이행기)를 늦추는 조항이 이에 해당한다(지침 IV.5.라.(2)(라)).

(5) 계약기간 연장 조항

계속적인 채권관계의 발생을 목적으로 하는 계약에서 그 존속기간을 부당하게 단기 또는 장기로 하거나 묵시의 기간연장 또는 갱신이 가능하도록 정하여 고객에게 부당하게 불이익을 줄 우려가 있는 조항(동조 6호)을 말한다. 예컨대, 계속적인 채권관계의 발생을 목적으로 하는 학습지공급계약에 있어서 계약기간이 만료되어도 구독자의 중지요청이 없으면 계속 구독하는 것으로 간주하는 조항이 이에 해당한다(지침 IV.5.마.(2)(가)).

마. 채무의 이행 관련 조항

채무의 이행에 관하여 정하고 있는 약관의 내용 중 다음에 해당하는 조항은 무효로 한다(법 10조).

(1) 급부 변경 조항

상당한 이유 없이 급부의 내용을 사업자가 일방적으로 결정하거나 변경할 수 있도록 권한을 부여하는 조항(동조 1호)을 말한다. 예컨대, 카드사와 포인트가맹점이 제공하는 각종 서비스를 사업자의 사정에 따라 사전예고 없이 변경 또는 취소할 수 있도록 한 조항이 이에 해당한다(지침 IV.6.가.(2)(바)).

(2) 급부중지 · 대행 조항

상당한 이유 없이 사업자가 이행하여야 할 급부를 일방적으로 중지할 수 있게 하거나 제3자로 하여금 대행할 수 있게 하는 조항(동조 2호)을 말한다. 예컨대, 수강료를 받은 사업자는 약정된 교습과목을 정해진 기간 내에 충실하게 교습할 채무를 부담함에도 불구하고 수강자가 교습 중 자동차 운전면허를 취득하는 경우 실제로 받은 교습시간과는 관계없이 교습을 종료할 수 있도록 한 조항이 이에 해당한다(지침 IV.6.나.(2)(나)).

바. 고객의 권익보호 관련 조항

고객의 권익에 관하여 정하고 있는 약관의 내용 중 다음에 해당하는 조항은 무효로 한다(법 11조).

(1) 항변권 등 제한 조항

법률의 규정에 의한 고객의 항변권, 상계권 등의 권리를 상당한 이유없이 배제 또는 제한하는 조항(동조 1호)을 말한다. 예컨대, 임차인의 목적물 명도의무와 임대인이 임대보증금을 반환할 의무는 동시이행관계에 있음에도 상당기간이 지난 후 보증금을 반환하도록 한 조항이 이에 해당한다(지침 IV.7.가.(2)(가)).

(2) 기한이익 박탈 조항

고객에게 부여된 기한의 이익을 상당한 이유없이 박탈하는 조항(동조 2호)을 말한다. 예컨대, 기한의 이익을 박탈하기 위해서는 상당한 이유가 있어야 하고 그 이유는 구체적이고 명시적이어야 함에도 여신거래기본약관에서 '은행과의 모든 거래약정 중 일부라도 위반한 때', '채권보전이 필요하다고 인정되는 상당한 사유가 발생한 때' 등과 같이 포괄적이고 자의적으로 규정하여 기한의 이익을 상실하게 하는 조항이 이에 해당한다(지침 IV.7.나.(2)(나)).

(3) 계약체결 제한 조항

고객의 제3자와 계약을 체결하는 것을 부당하게 제한하는 조항(동조 3호)을 말한다. 예컨대, 소유권이전등기는 고객이 직접 하거나 자신이 선택한 제3자를 통해 할 수 있는 사항임에노 사업자가 지정하는 수임자를 통해서만 이전등기를 하도록 하는 조항이 이에 해당한다(지침 IV.7.다.(2)(나)).

(4) 비밀누설 허용 조항

사업자가 업무상 알게된 고객의 비밀을 정당한 이유없이 누설하는 것을 허용하는 조항(동조 4호)을 말한다. 예컨대, 카드사업자가 신용카드 회원이 규약을 위반하여 채무를 불이행하는 경우 개인 신용정보를 본인의 동의나 최고없이 관련 업체에 임의로 제공하는 조항이 이에 해당한다(지침 IV.7.라.(2)(가)).

사. 의사표시 관련 조항

의사표시에 관하여 정하고 있는 약관의 내용 중 다음에 해당하는 조항은 무효로 한다(법 12조).

(1) 의사표시 의제 조항

일정한 작위 또는 부작위가 있을 때 고객의 의사표시가 표명되거나 표명되지 아니한 것으로 보는 조항(동조 1호)을 말한다. 예컨대, 연대보증계약의 보증기간이 만료된 경우 보증인 또는 카드회원의 탈회 최고나 별도 통지가 없는 한 보증기간이 자동적으로 연장되도록 하는 조항이 이에 해당한다(지침 IV.8.가.(2)(나)). 다만, 고객에게 상당한 기간 내에 의사표시를 하지 않으면 의사표시가 표명되거나 표명되지 아니한 것으로 본다는 뜻을 명확히 따로 고지하거나 부득이한 사유로 고지를 할 수 없는 경우에는 예외적으로 의사표시 의제조항이 허용될 수 있다. 이때 '고지'는 의사표시를 의제할 필요가 있는 때에 별도로 하는 개별적 고지를 말하고 계약 체결시 교부된 약관에 의한 고지는 해당되지 않는다(지침 IV.8.가.(1)(라)).

(2) 의사표시의 형식 등 제한 조항

고객의 의사표시의 형식이나 요건에 대하여 부당하게 엄격한 제한을 가하는 조항(동조 2호)을 말한다. 예컨대, 고객이 진료예약을 취소·변경하고자 할 경우 병원을 직접 방문하지 않고 다른 방법을 이용하거나 예약 당일에 취소·변경하더라도 병원에 특별한 불이익이 발생한다고 보기 어려움에도 예약 전일 특정시간까지 내원하여 취소·변경 절차를 밟도록 하는 조항이 이에 해당한다(지침 IV.8.나.(2)).

(3) 의사표시 도달 의제 조항

고객의 이익에 중대한 영향을 미치는 사업자의 의사표시가 상당한 이유 없이 고객에게 도달된 것으로 보는 조항(동조 3호)을 말한다. 예컨대, 계약의 취소나 해제, 급부변경의 청약, 이행지체를 발생시키거나 시효중단사유가 되는 이행의 청구 등 고객의 계약상 지위와 급부내용에 중대한 영향을 미치는 의사표시에 관하여 발신만으로 효력을 발생하게 하거나 연착이나 도착하지 않은 경우에도 통상 도착하여야 하는 때에 고객에게 도착한 것으로 간주하는 조항이 이에 해당한다(지침 IV.8.다.(1)(다) · (2)(가)).

(4) 장기 · 불확정기한 조항

고객의 이익에 중대한 영향을 미치는 사업자의 의사표시에 부당하게 장기의 기한 또는 불확정기한을 정하는 조항(동조 4호)을 말한다.

아. 대리인의 책임가중 관련 조항

고객의 대리인에 의하여 계약이 체결된 경우 고객이 그 의무를 이행하지 아니하는 때에는 대리인에게 그 의무의 전부 또는 일부를 이행할 책임을 지우는 내용의 약관조항은 이를 무효로 한다(법 13조). 예컨대, 고객의 대리인에 의하여 체결된 계약이 무효 · 취소로 되는 경우 대리인이 그에 대한 무과실의 손해배상책임을 지도록 하는 조항이 이에 해당한다(지침 IV.9.나.(1)). 또한 대리권 없이 행한 무권대리의 경우에도 그 무권대리인의 사업자에 대한 책임을 법률이 정한 책임범위(민법 135조)보다 가중할 수 없다(지침 IV.9.가.(3)).

자. 소송 관련 조항

고객에 대하여 부당하게 불리한 소제기의 금지조항 또는 재판관할의 합의조항이나 상당한 이유없이 고객에게 입증책임을 부담시키는 약관조항은 이를 무효로 한다(법 14조).

(1) 부제소 합의 조항

예컨대, 계약당사자간의 귀책사유를 따지지 아니하고 어떠한 사유로도 일체의 민 ·

형사상의 책임을 묻지 못하도록 하는 조항이 이에 해당한다(지침 IV.10.가.(2)(가)).

(2) 재판관할 합의 조항

예컨대, 계약과 관련된 소송의 관할법원을 사업자의 소재지 법원 또는 사업자가 지정한 법원(예 : ○○지방법원)으로 정하는 조항이 이에 해당한다(지침 IV.10.나.(2)(가)).

(3) 증명책임의 부담 조항

예컨대, 화물 및 여객운송에서 운송업자가 자기에게 명백한 고의·과실이 있는 때에만 손해배상책임을 진다고 하는 조항이 이에 해당한다(지침 IV.10.다.(3)(나)).

4. 약관의 불공정성 통제규정의 적용 제한

국제적으로 통용되는 약관이나 그 밖에 특별한 사정이 있는 약관으로서 대통령령이 정하는 경우에는 불공정약관의 개별금지규정(법 7조 내지 14조)을 적용하는 것을 조항별·업종별로 제한할 수 있다(법 15조, 영 3조). 이에 따라 영 제3조는 다음 업종에 대하여 법 제7조부터 제14조까지의 규정을 적용하지 않는다고 규정하고 있다.

- 국제적으로 통용되는 운송업·금융업 및 보험업
- 무역보험법에 따른 무역보험

이는 국제거래관계에 우리 약관법을 일방적으로 적용할 경우 혼선이 초래될 수 있기 때문이다. 그런데 이 규정을 문리해석할 경우 위의 업종들에 대하여는 법 제6조(일반원칙)의 적용은 배제되지 않는다고 보게 된다. 그러나 대법원은 약관이 구체적으로 무효가 되는 경우들을 규정한 위 법률 제7조 내지 제14조에 대하여 약관이 일반적으로 무효가 되는 경우를 포괄적으로 규정하고 있는 제6조가 적용되게 되면 구체적 무효조항들의 적용을 배제하는 제15조의 규정 취지가 거의 완전히 몰각되는 불합리한 결과를 가져오게 되므로 제6조 역시 대통령령으로 정하는 특정 업종들의 약관에는 적용이 없다고 보고 있다.[25)]

25) 대법원 1999.12.10. 선고 98다9038 판결.

5. 일부 무효의 특칙

약관의 전부 또는 일부의 조항이 약관의 불공정성 통제 규정(법 6조 내지 14조)에 따라 무효인 경우 계약은 나머지 부분만으로 유효하게 존속한다(법 16조 본문). 이는 일부조항을 무효가 되더라도 계약 자체의 효력은 유지하는 것이 고객의 이익에도 부합하기 때문이다. 다만, 유효한 부분만으로는 계약의 목적 달성이 불가능하거나 그 유효한 부분이 한쪽 당사자에게 부당하게 불리한 경우에는 그 계약은 무효로 한다(동조 단서).

Ⅲ. 약관에 대한 행정적 규제

1. 약관의 구체적 내용통제와 추상적 내용통제

법 제17조는 사업자가 제6조부터 제14조까지의 규정에 해당하는 불공정한 약관조항(이하 "불공정약관조항")을 계약의 내용으로 하여서는 아니 된다고 규정한다. 사업자가 이에 위반하여 불공정약관조항을 사용하는 경우에 대한 규제의 방식에는 구체적 내용통제와 추상적 내용통제가 있다. 먼저 구체적 내용통제는 구체적 계약관계를 전제로 전술한 바와 같은 편입통제·해석통제 및 불공정성 통제를 거쳐 당사자 사이의 권리·의무를 확정하는 것으로, 법원에 의해 이루어진다. 이에 비해 추상적 내용통제는 구체적 계약관계를 전제로 하지 않아 당사자 사이의 권리·의무에 관여하지 않은 채 약관 자체의 불공정성을 심사하는 데 그치는 것으로, 공정거래위원회에 의해 이루어진다. 이곳에서는 후자의 공정거래위원회에 의한 약관심사, 즉 추상적 내용통제에 대하여 상세히 살펴보기로 한다.

2. 약관심사의 절차

가. 약관의 심사청구 및 심사대상 변경

약관 조항이 이 법에 위반되는지 여부에 관한 심사를 공정거래위원회에 청구할 수 있는 자로는 (i) 약관의 조항과 관련하여 법률상의 이익이 있는 자, (ii) 등록 소비자단체(소비자기본법 29조), (iii) 한국소비자원(동법 33조) 및 (iv) 사업자단체가 있다(법 19조 1항). 약관의 심사청구는 공정거래위원회에 서면이나 전자문서로 제출하여야 한다(동조 2항).

공정거래위원회는 심사대상인 약관 조항이 변경된 때에는 직권으로 또는 심사청구인의 신청에 의하여 심사대상을 변경할 수 있다(법 19조의 2).

나. 조 사

공정거래위원회는 (i) 전술한 약관의 심사청구(법 19조)를 받은 경우 및 (ii) 후술하는 시정권고 또는 시정명령(법 17조의2 1항·2항)을 하기 위하여 필요하다고 인정되는 경우, 약관이 이 법에 위반된 사실이 있는지 여부를 확인하기 위하여 필요한 조사를 할 수 있다(법 20조 1항). 이러한 조사를 하는 공무원은 그 권한을 표시하는 증표를 지니고 이를 관계인에게 내보여야 한다(법 20조 2항).

다. 의견 진술

공정거래위원회는 약관의 내용이 이 법에 위반되는지 여부에 대하여 심의하기 전에 그 약관에 따라 거래를 한 사업자 또는 이해관계인에게 그 약관이 심사 대상이 되었다는 사실을 알려야 한다(법 21조 1항). 이 통지를 받은 당사자 또는 이해관계인은 공정거래위원회의 회의에 출석하여 의견을 진술하거나 필요한 자료를 제출할 수 있다(동조 2항). 공정거래위원회는 심사 대상이 된 약관이 다른 법률에 따라 행정관청의 인가를 받았거나 받아야 할 것인 경우에는 심의에 앞서 그 행정관청에 의견을 제출하도록 요구할 수 있다(동조 3항).

라. 자 문

공정거래위원회는 이 법에 따른 약관 심사 업무를 수행하기 위하여 필요하다고 인정하면 자문위원을 위촉할 수 있다(법 31조의2 1항). 자문위원의 위촉과 그 밖에 필요한 사항은 대통령령으로 정한다(동조 2항, 영 13조의2).[26]

---

26) 약관심사자문위원은 약관에 관한 시정조치(법 17조의2)나 시정요청(법18조) 외에도 표준

3. 불공정약관조항에 대한 조치

가. 시정권고와 시정명령

공정거래위원회는 사업자가 불공정약관조항의 사용금지(법 17조)에 위반한 경우에는 사업자에게 해당 불공정약관조항의 삭제·수정 등 시정에 필요한 조치를 권고할 수 있다(법 17조의2 1항). 또한 위반 사업자가 다음에 해당하는 경우에는 사업자에게 해당 불공정약관조항의 삭제·수정, 시정명령을 받은 사실의 공표, 그 밖에 약관을 시정하기 위하여 필요한 조치를 명할 수 있다(동조 2항).

- 사업자가 시장지배적사업자(공정거래법) 2조 3호)인 경우
- 사업자가 자기의 거래상의 지위를 부당하게 이용하여 계약을 체결하는 경우
- 사업자가 일반 공중에게 물품·용역을 공급하는 계약으로서 계약 체결의 긴급성·신속성으로 인하여 고객이 계약을 체결할 때에 약관 조항의 내용을 변경하기 곤란한 경우
- 사업자의 계약 당사자로서의 지위가 현저하게 우월하거나 고객이 다른 사업자를 선택할 범위가 제한되어 있어 약관을 계약의 내용으로 하는 것이 사실상 강제되는 경우
- 계약의 성질상 또는 목적상 계약의 취소·해제 또는 해지가 불가능하거나 계약을 취소·해제 또는 해지하면 고객에게 현저한 재산상의 손해가 발생하는 경우
- 사업자가 위의 시정권고를 정당한 사유 없이 따르지 아니하여 여러 고객에게 피해가 발생하거나 발생할 우려가 현저한 경우

공정거래위원회는 위의 시정권고 또는 시정명령을 할 때 필요하면 해당 사업자와 같은 종류의 사업을 하는 다른 사업자에게 같은 내용의 불공정약관조항을 사용하지 말 것을 권고할 수 있다(법 17조의2 3항).

나. 관청 인가 약관 등에 대한 시정요청·권고

공정거래위원회는 행정관청이 작성한 약관이나 다른 법률에 따라 행정관청의

약관의 심사(법 19조의2), 벌칙·양벌규정 및 과태료의 부과에 관한 사항(법 32조 내지 34조)에 대하여도 자문하도록 되어 있다. 「약관심사자문위원의 위촉 및 운영에 관한 규정」(개정 2006.6.28. 공정거래위원회 고시 제2006-10호), 제4조 제1항.

인가를 받은 약관이 불공정약관조항을 사용하고 있다고 인정할 때에는 해당 행정관청에 그 사실을 통보하고 이를 시정하기 위하여 필요한 조치를 하도록 요청할 수 있다(법 18조 1항). 이 경우 공정거래위원회는 위의 시정권고 또는 시정명령(법 17조의2 1항 · 2항)은 하지 아니한다(법 18조 3항). 한편 공정거래위원회는 은행의 약관이 불공정약관조항을 사용한다고 인정할 때에는 금융감독원에 그 사실을 통보하고 이를 시정하기 위하여 필요한 조치를 권고할 수 있다(동조 2항).

다. 불공정약관조항의 공개

공정거래위원회는 이 법에 위반된다고 심의 · 의결한 약관 조항의 목록을 인터넷 홈페이지에 공개하여야 한다(법 23조).

4. 표준약관

가. 표준약관의 제정

사업자 및 사업자단체는 건전한 거래질서를 확립하고 불공정한 내용의 약관이 통용되는 것을 방지하기 위하여 일정한 거래 분야에서 표준이 될 약관의 제정 · 개정안을 마련하여 그 내용이 이 법에 위반되는지 여부에 관하여 공정거래위원회에 심사를 청구할 수 있다(법 19조의3 1항). 또한 등록 소비자단체 또는 한국소비자원(이하 "소비자단체 등")은 소비자 피해가 자주 일어나는 거래 분야에서 표준이 될 약관을 제정 또는 개정할 것을 공정거래위원회에 요청할 수 있다(동조 2항).

나. 표준약관의 제정 권고

공정거래위원회는 (i) 소비자단체 등의 요청이 있는 경우, (ii) 일정한 거래 분야에서 여러 고객에게 피해가 발생하는 경우 및 (iii) 법률의 제정 · 개정 · 폐지 등으로 약관을 정비할 필요가 발생한 경우에 피해 발생 상황을 조사하여 약관이 없거나 불공정약관조항이 있는 경우 사업자 및 사업자단체에 대하여 표준이 될 약관의 제정 · 개정안을 마련하여 심사 청구할 것을 권고할 수 있다(동조 3항). 공정거래위원회는 사업자 및 사업자단체가 이러한 권고를 받은 날부터 4개월 이내에 필요한 조치를 하지 아니하면 관련 분야의 거래 당사자 및 소비자단체 등의 의견을 듣고 관계 부처의 협의를 거쳐 표준이 될 약관을 제정 또는 개정할 수 있다(동조 4항).

다. 표준약관의 사용 권장

공정거래위원회는 위와 같은 절차를 거쳐 심사하거나 제정·개정한 약관(이하 "표준약관")을 공시하고 사업자 및 사업자단체에 표준약관을 사용할 것을 권장할 수 있다(동조 5항). 공정거래위원회로부터 표준약관의 사용을 권장받은 사업자 및 사업자단체는 표준약관과 다른 약관을 사용하는 경우 표준약관과 다르게 정한 주요 내용을 고객이 알기 쉽게 표시하여야 한다(동조 6항).

라. 표준약관 표지(마크)

공정거래위원회는 표준약관의 사용을 활성화하기 위하여 표준약관 표지를 정할 수 있고, 사업자 및 사업자단체는 표준약관을 사용하는 경우 공정거래위원회가 고시하는 바에 따라 표준약관 표지를 사용할 수 있다(동조 7항). 사업자 및 사업자단체는 표준약관과 다른 내용을 약관으로 사용하는 경우 표준약관 표지를 사용하여서는 안 되며, 사업자 및 사업자단체가 이에 위반하여 표준약관 표지를 사용하는 경우 표준약관의 내용보다 고객에게 더 불리한 약관의 내용은 무효로 한다(동조 8항).

5. 공정거래법의 준용

이 법에 따른 공정거래위원회의 심의·의결에 관하여는 공정거래법 제64조부터 제68조까지의 규정을 준용한다(법 30조의2 1항). 이 법에 따른 공정거래위원회의 처분에 대한 이의신청, 소송 제기 및 불복 소송의 전속관할(專屬管轄)에 대하여는 공정거래법 제96조부터 제101조까지의 규정을 준용한다(법 30조의2 2항).

Ⅳ. 분쟁의 조정

1. 약관 분쟁조정협의회의 설치 및 구성

가. 협의회의 설치

불공정약관조항과 관련된 분쟁을 조정하기 위하여 한국공정거래조정원(공정거래법 72조 1항)(이하 "조정원")에 약관 분쟁조정협의회(이하 "협의회")를 둔다(법 24조 1항). 법에서 규정하는 외에 협의회의 조직 · 운영 · 조정절차 등에 필요한 사항은 대통령령으로 정한다(법 29조, 영 8조의3 내지 10조). 정부는 협의회의 운영, 업무 및 관련 연구에 필요한 경비를 조정원에 출연한다(법 29조의2).

나. 협의회의 구성

(1) 위원장

협의회는 위원장 1명을 포함한 9명의 위원으로 구성한다(법 24조 2항). 협의회 위원장은 조정원의 장의 제청으로 공정거래위원회 위원장이 위촉하며, 협의회 위원장이 사고로 직무를 수행할 수 없을 때에는 협의회의 위원장이 지명하는 협의회 위원이 그 직무를 대행한다(동조 3항 · 4항).

(2) 위 원

협의회 위원은 약관규제 · 소비자 분야에 경험 또는 전문지식이 있는 사람으로서 다음의 사람 중에서 조정원의 장의 제청으로 공정거래위원회 위원장이 위촉한다(동조 5항).

- 공정거래 및 소비자보호 업무에 관한 경험이 있는 4급 이상 공무원(고위공무원단에 속하는 일반직공무원 포함)의 직에 있거나 있었던 사람
- 판사 · 검사 직에 있거나 있었던 사람 또는 변호사의 자격이 있는 사람
- 대학에서 법률학 · 경제학 · 경영학 또는 소비자 관련 분야 학문을 전공한 사람으로서 고등교육법 제2조 제1호 · 제2호 · 제4호 또는 제5호에 따른 학교나 공인된 연구기관에서 부교수 이상의 직 또는 이에 상당하는 직에 있거나 있었던 사람

• 그 밖에 기업경영 및 소비자권익과 관련된 업무에 관한 학식과 경험이 풍부한 사람

협의회 위원의 임기는 3년으로 하되, 연임할 수 있다(법 24조 6항). 협의회 위원 중 결원이 생긴 때에는 위에 자격을 갖춘 사람 중에서 보궐위원을 위촉하여야 하며, 그 보궐위원의 임기는 전임자의 남은 임기로 한다(동조 7항).

(3) 사무조직

협의회의 회의 등 업무지원을 위하여 별도 사무지원 조직을 조정원 내에 둔다(동조 8항).

다. 협의회의 회의

(1) 전체회의

협의회의 회의는 위원 전원으로 구성되는 회의(이하 "전체회의")와 위원장이 지명하는 3명의 위원으로 구성되는 회의(이하 "분과회의")로 구분된다(법 25조 1항). 전체회의는 위원장이 주재하며, 재적위원 과반수의 출석으로 개의하고, 출석위원 과반수의 찬성으로 의결한다(동조 3항).

(2) 분과회의

분과회의는 전체회의로부터 위임받은 사항에 관하여 심의·의결한다(동조 2항). 분과회의는 위원장이 지명하는 위원이 주재하며, 구성위원 전원의 출석과 출석위원 전원의 찬성으로 의결한다. 이 경우 분과회의의 의결은 협의회의 의결로 보되, 회의의 결과를 전체회의에 보고하여야 한다(동조 4항).

(3) 분쟁당사자의 출석 등

조정의 대상이 된 분쟁의 당사자인 고객(소비자기본법 제2조 제1호에 따른 소비자 제외)과 사업자(이하 "분쟁당사자")는 협의회의 회의에 출석하여 의견을 진술하거나 관계 자료를 제출할 수 있다(동조 5항).

라. 협의회 위원의 제척 · 기피 · 회피

(1) 제 척

협의회 위원은 다음의 경우 해당 분쟁조정사항의 조정에서 제척된다(법 26조 1항).

- 협의회 위원 또는 그 배우자나 배우자였던 사람이 해당 분쟁조정사항의 분쟁당사자가 되거나 공동권리자 또는 의무자의 관계에 있는 경우
- 협의회 위원이 해당 분쟁조정사항의 분쟁당사자와 친족관계에 있거나 있었던 경우
- 협의회 위원 또는 협의회 위원이 속한 법인이 분쟁당사자의 법률 · 경영 등에 대하여 자문이나 고문의 역할을 하고 있는 경우
- 협의회 위원 또는 협의회 위원이 속한 법인이 해당 분쟁조정사항에 대하여 분쟁당사자의 대리인으로 관여하거나 관여하였던 경우 및 증언 또는 감정을 한 경우

(2) 기피 · 회피

분쟁당사자는 협의회 위원에게 협의회의 조정에 공정을 기하기 어려운 사정이 있는 때에 협의회에 해당 협의회 위원에 대한 기피신청을 할 수 있다(동조 2항). 협의회 위원이 제척 또는 기피사유에 해당하는 경우에는 스스로 해당 분쟁조정사항의 조정에서 회피할 수 있다(동조 3항).

2. 분쟁조정의 절차와 효력

가. 분쟁조정의 신청

불공정약관조항의 사용금지(법 17조)에 위반한 약관 또는 이와 비슷한 유형의 약관으로서 약관의 작성 주체나 약관의 명칭 또는 문구에 상관없이 해당 약관 조항의 내용이 법 제17조를 위반한 약관과 법률상 쟁점이 공통되는 약관으로 인하여 피해를 입은 고객은 대통령령으로 정하는 사항을 기재한 서면(이하 "분쟁조정신청서")을 협의회에 제출함으로써 분쟁조정을 신청할 수 있다. 다만, 다음의 경우에는 그러하지 아니하다(법 27조 1항, 영 8조의4 1항 내지 4항).

- 분쟁조정 신청이 있기 이전에 공정거래위원회가 조사 중인 사건
- 분쟁조정 신청의 내용이 약관의 해석이나 그 이행을 요구하는 사건

- 약관의 무효판정을 요구하는 사건
- 해당 분쟁조정사항에 대하여 법원에 소를 제기한 사건
- 그 밖에 분쟁조정에 적합하지 아니한 다음의 사건
  - 고객과 사업자 간에 분쟁해결이나 피해보상에 관한 합의가 이루어진 사건
  - 중재법에 따라 중재가 진행 중이거나 신청된 사건

공정거래위원회는 위에 해당하는 분쟁의 조정을 협의회에 의뢰할 수 있다(법 27조 2항). 협의회는 고객으로부터 분쟁조정 신청서를 접수하거나 공정거래위원회로부터 분쟁조정을 의뢰받은 경우에는 즉시 분쟁당사자에게 통지하여야 한다(동조 3항).

나. 조 정

협의회는 분쟁당사자에게 분쟁조정사항을 스스로 조정하도록 권고하거나 조정안을 작성하여 이를 제시할 수 있다(법 27조의2 1항). 협의회는 해당 분쟁조정사항에 관한 사실을 확인하기 위하여 필요한 경우 조사를 하거나 분쟁당사자에게 관련 자료의 제출이나 출석을 요구할 수 있다(동조 2항). 협의회는 전술한 분쟁조정 신청 제외대상에 해당하는 사건에 대하여는 조정신청을 각하하여야 한다(동조 3항). 또한 협의회는 다음의 경우에는 조정절차를 종료하여야 한다(동조 4항).

- 분쟁당사자가 협의회의 권고 또는 조정안을 수락하거나 스스로 조정하는 등 조정이 성립된 경우
- 조정을 신청 또는 의뢰받은 날부터 60일(분쟁당사자 쌍방이 기간연장에 동의한 경우에는 90일)이 경과하여도 조정이 성립되지 아니한 경우
- 분쟁당사자의 일방이 조정을 거부하거나 해당 분쟁조정사항에 대하여 법원에 소를 제기하는 등 조정절차를 진행할 실익이 없는 경우

협의회는 위와 같이 조정신청을 각하하거나 조정절차를 종료한 경우 대통령령으로 정하는 바에 따라 공정거래위원회에 조정신청 각하 또는 조정절차 종료의 사유 등과 관계 서류를 서면으로 지체 없이 보고하여야 하고 분쟁당사자에게 그 사실을 통보하여야 한다(동조 5항, 영 8조의9).

다. 조정조서의 작성과 그 효력

협의회는 분쟁조정사항의 조정이 성립된 경우 조정에 참가한 위원과 분쟁당사자가 기명날인하거나 서명한 조정조서를 작성한다. 이 경우 분쟁당사자 간에 조정조서와 동일한 내용의 합의가 성립된 것으로 본다(법 28조 1항). 협의회는 조정절차를 개시하기 전에 분쟁당사자가 분쟁조정사항을 스스로 조정하고 조정조서의 작성을 요청하는 경우에는 그 조정조서를 작성한다(동조 2항).

라. 분쟁조정의 특례: 집단분쟁조정

(1) 집단분쟁조정의 의뢰 및 신청

공정거래위원회, 고객 또는 사업자는 법 제28조(조정조서의 작성과 그 효력)에 따라 조정이 성립된 사항과 같거나 비슷한 유형의 피해가 다수 고객에게 발생할 가능성이 크다고 판단한 경우로서 다음의 요건을 모두 갖춘 사건에 대하여는 협의회에 일괄적인 분쟁조정(이하 "집단분쟁조정")을 의뢰하거나 신청할 수 있다(법 28조의2 1항, 영 9조).

- 전술한 분쟁조정신청의 대상이 되는 약관(법 27조 1항, 영 8조의2)으로 인하여 피해가 발생하였을 것
- 위의 약관에 따른 피해가 발생한 고객 중 다음의 고객을 제외한 고객의 수가 20명 이상일 것
  - 분쟁해결이나 피해보상에 관하여 사업자와 합의한 고객
  - 중재법에 따라 중재가 진행 중이거나 중재를 신청한 고객
  - 법원에 소를 제기한 고객

(2) 집단분쟁조정의 개시공고

집단분쟁조정을 의뢰받거나 신청받은 협의회는 협의회의 의결로서 집단분쟁조정의 절차를 개시할 수 있다(법 28조의2 2항 1문). 이 경우 협의회는 분쟁조정된 사안 중 집단분쟁조정신청에 필요한 사항에 대하여 조정원의 인터넷 홈페이지 및 전국을 보급지역으로 하는 일간신문에 게재하는 방법으로 14일 이상의 기간 동안 그 절차의 개시를 공고하여야 한다(동항 2문, 영 9조의3).

(3) 추가 참가신청 및 대표당사자의 선임

협의회는 집단분쟁조정의 당사자가 아닌 고객으로부터 그 분쟁조정의 당사자에 추가로 포함될 수 있도록 하는 신청을 받을 수 있다(법 28조의2 3항). 협의회는 협의회의 의결로써 집단분쟁조정의 당사자 중에서 공동의 이익을 대표하기에 가장 적합한 1인 또는 수인을 대표당사자로 선임할 수 있다(동조 4항).

(4) 비당사자 및 제소당사자에 관한 조치

협의회는 사업자가 협의회의 집단분쟁조정의 내용을 수락한 경우에는 집단분쟁조정의 당사자가 아닌 자로서 피해를 입은 고객에 대한 보상계획서를 작성하여 협의회에 제출하도록 권고할 수 있다(동조 5항). 협의회는 집단분쟁조정의 당사자인 다수의 고객 중 일부의 고객이 법원에 소를 제기한 경우에는 그 절차를 중지하지 아니하고 소를 제기한 일부의 고객은 그 절차에서 제외한다(동조 6항).

(5) 조정기간 등

집단분쟁조정의 기간은 집단분쟁조정의 개시공고가 종료된 날의 다음 날부터 기산한다(동조 7항). 집단분쟁조정의 절차 등에 관하여 필요한 사항은 대통령령으로 정한다(동조 9항, 영 9조의2 내지 9조의6). 조정원은 집단분쟁조정 대상 발굴, 조정에 의한 피해구제 사례 연구 등 집단분쟁조정 활성화에 필요한 연구를 하며, 연구결과를 인터넷 홈페이지에 공개한다(법 28조의2 9항).

V. 벌 칙

1. 형 벌

불공정약관조항에 대한 시정명령(법 17조의2 2항)을 이행하지 아니한 자는 2년 이하의 징역 또는 1억원 이하의 벌금에 처한다(법 32조). 법인의 대표자나 법인 또는 개인의 대리인, 사용인, 그 밖의 종업원이 그 법인 또는 개인의 업무에 관하여 이러한 위반행위를 하면 그 행위자를 벌하는 외에 그 법인 또는 개인에게도 해당 조문의 벌금형을 과한다. 다만, 법인 또는 개인이 그 위반행위를 방지하기 위하여 해당 업무에 관하여 상당한 주의와 감독을 게을리하지 아니한 경우에는 그러하지 아니하다(법 33조).

2. 과태료

다음에 해당하는 자에게는 5천만원 이하의 과태료를 부과한다(법 34조 1항).

- 표준약관과 다른 내용을 약관으로 사용하면서 표준약관 표지를 사용한 자(법 19조의3 8항)
- 법 제20조에 따른 조사를 거부·방해 또는 기피한 사업자 또는 사업자단체

또한 사업자 또는 사업자단체의 임원 또는 종업원, 그 밖의 이해관계인이 법 제20조 제1항에 따른 조사를 거부·방해 또는 기피한 경우에는 1천만원 이하의 과태료를 부과한다(법 34조 2항).

한편 다음에 해당하는 자에게는 500만원 이하의 과태료를 부과한다(법 34조 3항).

- 약관의 명시의무(법 3조 2항)에 위반한 자
- 약관의 설명의무(동조 3항)에 위반한 자
- 표준약관과 다르게 정한 주요 내용을 고객이 알기 쉽게 표시하지 아니한 자(법 19조의3 6항)

법 제30조의2 제1항에 따라 준용되는 공정거래법 제66조를 위반하여 질서유지의 명령을 따르지 아니한 자에게는 100만원 이하의 과태료를 부과한다(법 34조 4항).

위의 과태료는 대통령령으로 정하는 바에 따라 공정거래위원회가 부과·징수한다(법 34조 3항).

제3장 할부거래법

Ⅰ. 총 칙

1. 목 적

할부거래는 제조업자 · 판매업자 등이 최종소비자에게 판매대금의 분할지급을 허용하는 소위 소비자신용거래의 한 형태이다. 할부거래는 소비자의 충동구매를 유발할 뿐 아니라, 사업자들이 판매대금 확보를 위해 부당한 거래조건을 부과함으로써 소비자피해를 가져올 수 있다. 이러한 피해를 보다 효과적으로 구제하기 위해 1991년 도 · 소매업 진흥법의 할부판매에 관한 규정을 삭제하면서 할부거래에 관한 법률(이하 이 장에서 "법"으로 인용)이 제정되어 할부계약에 관한 소비자보호의 기본법이 되었다.[1)]

또한 최근에는 상조업 등의 분야에서 상품 · 용역의 대금을 할부로 선납하는 선불식 할부거래가 만연하면서 사업자의 부도 · 폐업 등으로 인한 서비스 미이행, 사업자의 부당한 계약해지 · 거절 및 과다한 위약금 요구에 따른 소비자들의 피해가 증가되었다. 이에 2010년 법 개정시 선불식 할부거래를 이 법의 적용범위에 포함시켜 이에 대한 규제제도를 추가하였다. 그리하여 이 법은 할부계약 및 선불식 할부계약에 의한 거래를 공정하게 함으로써 소비자의 권익을 보호하고 시장의 신뢰도를 높여 국민경제의 건전한 발전에 이바지함을 목적으로 하고 있다(법 1조).

1) 김성천 · 노영화 · 백병성, 「할부거래계약의 운영실태조사 및 개선방안 연구」(한국소비자보호원, 2000), 25면.

2. 용어의 정의

가. 할부계약 · 선불식 할부계약

(1) 할부계약

할부계약이란 계약의 명칭 · 형식이 어떠하든 재화나 용역(일정한 시설을 이용하거나 용역을 제공받을 수 있는 권리 포함)(이하 "재화 등")에 관한 다음의 계약(법 2조 2호에 따른 선불식 할부계약에 해당하는 경우는 제외)을 말한다(동조 1호).

- **직접할부계약** 소비자가 사업자에게 재화의 대금이나 용역의 대가(이하 "재화 등의 대금")를 2개월 이상의 기간에 걸쳐 3회 이상 나누어 지급하고, 재화 등의 대금을 완납하기 전에 재화의 공급이나 용역의 제공(이하 "재화 등의 공급")을 받기로 하는 계약
- **간접할부계약** 소비자가 신용제공자에게 재화 등의 대금을 2개월 이상의 기간에 걸쳐 3회 이상 나누어 지급하고, 재화 등의 대금을 완납하기 전에 사업자로부터 재화 등의 공급을 받기로 하는 계약

(2) 선불식 할부계약

선불식 할부계약이란 계약의 명칭 · 형식이 어떠하든 소비자가 사업자로부터 다음에 해당하는 재화 등의 대금을 2개월 이상의 기간에 걸쳐 2회 이상 나누어 지급함과 동시에 또는 지급한 후에 재화 등의 공급을 받기로 하는 계약을 말한다(동조 2호, 영 1조의2).

1) 장례 또는 혼례를 위한 용역(제공시기가 확정된 경우는 제외) 및 이에 부수한 재화
2) 위 1)에 준하는 소비자피해가 발생하는 재화 등으로서 소비자의 피해를 방지하기 위하여 대통령령으로 정하는 다음의 재화나 용역(일정한 시설을 이용하거나 용역을 제공받을 수 있는 권리 포함)(이하 "재화 등")(제공시기가 확정된 재화 등 제외)
   - 여행을 위한 용역 및 이에 부수한 재화
   - 「건전가정의례의 정착 및 지원에 관한 법률」에 따른 가정의례(위 1)의 장례 · 혼례는 제외)를 위한 용역 및 이에 부수한 재화

한편 "할부거래"란 할부계약에 의한 거래를 말하며, "할부거래업자"란 할부계약에 의한 재화 등의 공급을 업으로 하는 자를 말한다(동조 3호). 또한 "선불식 할부거래"란 선불식 할부계약에 의한 거래를 말하며, "선불식 할부거래업자"란 선불식 할부계약에 의한 재화 등의 공급을 업으로 하는 자를 말한다(동조 4호).

나. 소비자 · 신용제공자 · 지배주주

(1) 소비자

소비자란 다음에 해당하는 자를 말한다(동조 5호, 할부거래법 시행령(이하 이 장에서 "영"으로 인용) 2조).

- **최종소비자** 할부계약 또는 선불식 할부계약에 의하여 제공되는 재화 등을 소비생활을 위하여 사용하거나 이용하는 자
- **최종소비자에 준하는 자** 최종소비자 외의 자로서 사실상 그와 동일한 지위 및 거래조건으로 거래하는 자 등 다음 중 어느 하나에 해당하는 자
  - 재화 등을 최종적으로 사용하거나 이용하는 자[단, 재화 등을 원재료(중간재 포함) 및 자본재로 사용하는 자는 제외]
  - 사실상 소비자와 같은 지위에서 다른 소비자와 같은 조건으로 거래하는 사업자(법 3조 1호 단서)로서 재화 등을 구매하는 자(해당 재화 등에 대한 거래관계에 한정)
  - 농업 · 축산업 · 어업 또는 양식업 활동을 위해 재화 등을 구입한 자로서 원양산업발전법 제6조 제1항에 따라 해양수산부장관의 허가를 받은 원양어업자 외의 자

(2) 신용제공자

신용제공자란 소비자 · 할부거래업자와의 약정에 따라 재화 등의 대금에 충당하기 위하여 신용을 제공하는 자를 말한다(법 2조 6호).

(3) 지배주주

지배주주란 다음 중 하나에 해당하는 자를 말한다(동조 7호, 영 3조).

- **최다출자자** 아래에 열거하는 특수관계인과 함께 소유하고 있는 주식 또는 출자액의 합계가 해당 법인의 발행주식총수 또는 출자총액의 100분의 30 이상인 경우로서 그 합계가 가장 많은 주주 또는 출자자

- 지배주주가 개인인 경우 다음에 해당하는 자
  1) 배우자, 6촌 이내의 혈족이나 4촌 이내의 인척
  2) 지배주주 단독으로 또는 그와 위 1)의 관계에 있는 사람들과 합하여 100분의 30 이상을 출자한 법인 및 그 임원
  3) 지배주주 단독으로 또는 그와 위 1) 및 2)의 관계에 있는 자들과 합하여 100분의 30 이상을 출자한 법인 및 그 임원
- 지배주주가 법인인 경우 다음에 해당하는 자
  1) 임원
  2) 계열회사[공정거래법 2조 12호] 및 계열회사의 임원

• 경영지배자　아래와 같이 해당 법인의 경영을 사실상 지배하는 자
  - 단독으로 또는 다른 주주나 출자자와의 계약 또는 합의에 의하여 대표이사를 임면하거나 임원의 100분의 50 이상을 선임하거나 선임할 수 있는 자
  - 해당 법인의 조직 변경 또는 신규사업에의 투자 등 주요 의사결정이나 업무집행에 지배적인 영향력을 행사하고 있는 자

3. 적용범위

가. 적용제외

이 법은 다음의 거래에는 적용하지 아니한다(법 3조, 영 4조).

• 사업자가 상행위를 위하여 재화 등의 공급을 받는 거래[2](단, 사업자가 사실상 소비자와 같은 지위에서 다른 소비자와 같은 거래조건으로 거래하는 경우는 적용)

---

2) 2010.3.17. 법률 제10141호로 개정되기 전에는 법 제2조 제2항에서 "매수인이 상행위를 목적으로 할부계약을 체결하는 경우에는 이 법을 적용하지 아니한다."고 규정하고 있었다. 여기서 '매수인이 상행위를 목적으로 할부계약을 체결하는 경우'라 함은, "매수인이 신용제공자의 여신으로 매수한 물건을 다른 소비자에게 판매할 목적으로 물건을 할부로 구입한 경우만을 의미하는 것이 아니라, 자신의 소비만을 목적으로 한 경우가 아닌 영리를 목적으로 할부계약을 체결하는 경우를 의미한다." 대법원 2001.8.21. 선고 2000다8397 판결.

문제된 할부계약이 영리행위에 해당하지 않는다고 본 판례로, 대법원 2006.7.28. 선고 2004다54633 판결("원고들은 컴퓨터를 이용하여 대외적인 이윤추구나 영업행위를 한 것이 아니라, 소외 회사의 보상마케팅 방식에 따라 소외 회사로부터 광고구독의 대가로 광고구독료를 지급받는 방식으로 컴퓨터구입대금을 돌려받는 데 그친 것이므로, 원고들의 이러한 광고구독행위가 영리행위에 해당된다고 볼 수는 없고, 일부 원고들이 다른 회사와 사이에 비슷한 내용의 약정을 체결하고 광고구독료를 지급받거나, 소외 회사로부터 컴퓨터 할부금보다 약간 많은 돈을 광고구독료로 지급받을 가능성이 있었다고 하더라도 이와 달리 볼 것은 아니라고 할 것이다.").

- 성질상 이 법을 적용하는 것이 적합하지 아니한 다음의 재화 등의 거래
  - 농산물 · 수산물 · 축산물 · 임산물 · 광산물로서 통계법 제22조에 따라 작성한 한국표준산업분류표상의 제조업에 의하여 생산되지 아니한 것
  - 의약품(약사법 2조 4호) · 보험(보험업법) · 증권(자본시장과 금융투자업에 관한 법률 4조) · 어음(동법 336조 1항 1호) 및 부동산

나. 다른 법률과의 관계

할부거래 및 선불식 할부거래에서의 소비자보호와 관련하여 이 법과 다른 법률이 경합하여 적용되는 경우에는 이 법을 우선하여 적용한다. 다만, 다른 법률을 적용하는 것이 소비자에게 유리한 경우에는 그 법률을 적용한다(법 4조).

Ⅱ. 할부거래

1. 계약체결 전의 정보제공

가. 계약내용의 표시

할부거래업자는 할부계약을 체결하기 전에 소비자가 할부계약의 내용을 이해할 수 있도록 다음 사항을 표시하여야 한다(법 5조 본문).

1) 재화 등의 종류 및 내용
2) 현금가격(할부계약에 의하지 아니하고 소비자가 재화 등의 공급을 받은 때에 할부거래업자에게 지급하여야 할 대금 전액. 이하 같다)
3) 할부가격(소비자가 할부거래업자나 신용제공자에게 지급하여야 할 계약금과 할부금의 총합계액. 이하 같다)
4) 각 할부금의 금액 · 지급횟수 및 지급시기
5) 할부수수료의 실제연간요율
6) 계약금(최초지급금 · 선수금 등 명칭이 무엇이든 할부계약을 체결할 때에 소비자가 할부거래업자에게 지급하는 금액. 이하 같다)
7) 지연손해금 산정 시 적용하는 비율(법 12조 1항)

다만, 여신전문금융업법에 따른 신용카드회원과 신용카드가맹점 간의 간접할부계약의 경우에는 위의 3), 4), 6) 및 7)의 사항을 표시하지 아니할 수 있다(법 5조 단서).

나. 할부수수료율의 최고한도

위 5)의 할부수수료의 실제연간요율의 계산방법과 최고한도는 이자제한법에서 정한 이자의 최고한도의 범위에서 대통령령으로 정한다(법 7조). 현재 할부수수료의 실제연간요율의 최고한도는 연 100분의 20으로 되어 있다(영 5조 2항).

다. 계약내용의 표시방법

이상과 같은 할부계약의 내용은 총리령이 정하는 다음의 방법으로 표시하여야 한다(할부거래에 관한 법률 시행규칙(이하 이 장에서 "규칙"으로 인용) 2조).

- 사업소에 게시하거나 서면으로 제시하되, 사업소에 게시하는 경우에는 소비자가 보기 쉬운 장소에 붙여야 하며, 서면으로 제시하는 경우에는 9호 이상의 활자를 사용할 것
- 할부수수료의 실제연간요율(법 7조, 영 5조)은 소수점 이하 1단위 이상까지 표시할 것

2. 할부계약의 서면주의

가. 계약서의 작성

(1) 기재사항

할부거래업자는 총리령으로 정하는 바에 따라 다음 사항을 적은 서면(전자문서 및 전자거래 기본법 2조 1호에 따른 전자문서 포함. 이하 같다)으로 할부계약을 체결하여야 한다(법 6조 1항 본문).[3)]

---

3) 대법원 2006.7.28. 선고 2004다54633 판결("할부계약의 주요 내용을 서면으로 하도록 한 취지는 할부거래에 있어서는 대금의 지급이 장기간에 걸쳐 계속되기 때문에 계약 내용이 복잡하고 소비자의 충동구매가 이루어지는 경우가 많은 현실을 감안하여, 주로 매수인이 할부계약의 내용을 이해할 수 있도록 함과 동시에 계약체결의 신중성을 기하여 매수인을 부당하게 불리한 특약으로부터 보호하고, 분쟁을 사전에 예방하고자 한 데에 있을 뿐이고, 그와 같은 서면 기재를 신용제공자에 대한 지급거절권의 행사요건으로 규정한 것은 아니

1) 할부거래업자 · 소비자 및 신용제공자의 성명 및 주소
2) 재화 등의 종류 · 내용 및 재화 등의 공급 시기
3) 현금가격
4) 할부가격
5) 각 할부금의 금액 · 지급횟수 · 지급기간 및 지급시기
6) 할부수수료의 실제연간요율
7) 계약금
8) 재화의 소유권 유보에 관한 사항
9) 청약철회의 기한 · 행사방법 · 효과에 관한 사항(법 8조)
10) 할부거래업자의 할부계약의 해제에 관한 사항(법 11조 1항)
11) 지연손해금 산정 시 적용하는 비율(법 12조 1항)
12) 소비자의 기한의 이익 상실에 관한 사항(법 13조)
13) 소비자의 항변권과 행사방법에 관한 사항(법 16조)

다만, 여신전문금융업법에 따른 신용카드회원과 신용카드가맹점 간의 간접할부계약의 경우 위의 4), 5) 중 지급시기 및 11)의 사항을 적지 아니할 수 있다(법 6조 1항 단서).

(2) 요건불비 계약의 해석

할부계약이 이러한 요건을 갖추지 못하거나 그 내용이 불확실한 경우에는 소비자와 할부거래업자 간의 특약이 없으면 그 계약내용은 어떠한 경우에도 소비자에게 불리하게 해석되어서는 아니 된다(법 6조 4항).

나. 계약서 등 교부의무

(1) 할부거래업자

할부거래업자는 할부계약을 체결할 경우에는 위의 사항에 따른 계약서를 소비자에게 발급하여야 한다. 다만, 신용카드회원과 신용카드가맹점 간의 간접할부계약의 경우 소비자의 동의를 받아 해당 계약의 내용을 팩스나 전자문서로 보내는 것으로 대신할 수 있으며, 팩스나 전자문서로 보낸 계약서의 내용이나 도달에 다

라고 볼 것이므로, 원고들과 피고 사이의 할부금융약정서에 원고들과 소외 회사 사이의 광고구독료약정이 기재되어 있지 않더라도 그와 같은 사정만으로는 원고들이 피고에 대한 할부금 지급거절권을 행사할 수 없는 것은 아니라고 할 것이다.").

틈이 있으면 할부거래업자가 이를 증명하여야 한다(법 6조 2항).

(2) 신용제공자

또한 신용제공자는 위 4)부터 6)까지, 9), 11)부터 13)까지의 사항을 적은 서면을 소비자에게 발급하여야 한다(동조 3항).

3. 소비자의 청약철회권

가. 의 의

충동적인 할부거래로부터 소비자를 보호하기 위해 법은 계약성립 후 일정기간(숙고기간, cooling off period) 내에는 사유 여하를 묻지 않고 소비자가 그 청약을 철회할 수 있는 권리를 부여하고 있다. 단순 변심 등 소비자 측의 사정으로 청약을 철회하여도 소비자가 계약금을 포기하지 않아도 된다는 점에서 민법상의 해제(민법 565조 1항)와 다르다.

나. 철회권의 행사기간

소비자는 다음의 기간(거래당사자가 그보다 긴 기간을 약정한 경우에는 그 기간) 이내에 할부계약에 관한 청약을 철회할 수 있다(법 8조 1항).

1) 계약서(법 6조 1항)를 받은 날부터 7일(단, 그 계약서를 받은 날보다 재화 등의 공급이 늦게 이루어진 경우에는 재화 등을 공급받은 날부터 7일)
2) 다음의 경우에는 그 주소를 안 날 또는 알 수 있었던 날 등 청약을 철회할 수 있는 날부터 7일
   - 계약서를 받지 아니한 경우
   - 할부거래업자의 주소 등이 적혀 있지 아니한 계약서를 받은 경우
   - 할부거래업자의 주소 변경 등의 사유로 위 1)의 기간 이내에 청약을 철회할 수 없는 경우
3) 계약서에 청약의 철회에 관한 사항이 적혀 있지 아니한 경우에는 청약을 철회할 수 있음을 안 날 또는 알 수 있었던 날부터 7일
4) 할부거래업자가 청약의 철회를 방해한 경우에는 그 방해 행위가 종료된 날부터 7일

다. 철회권의 배제

(1) 배제사유

소비자는 다음의 경우에는 위의 청약의 철회를 할 수 없다(법 6조 2항 본문, 영 6조).

1) 소비자에게 책임 있는 사유로 재화 등이 멸실되거나 훼손된 경우(단, 재화 등의 내용을 확인하기 위하여 포장 등을 훼손한 경우는 제외)
2) 사용 또는 소비에 의하여 그 가치가 현저히 낮아질 우려가 있는 다음의 재화 등을 사용 또는 소비한 경우
   - 선박 · 항공기 · 궤도를 운행하는 차량 · 건설기계 및 자동차
   - 설치에 전문인력 및 부속자재 등이 요구되는 냉동기 · 전기냉방기(난방 겸용 포함) 및 보일러를 설치한 경우
3) 시간이 지남으로써 다시 판매하기 어려울 정도로 재화 등의 가치가 현저히 낮아진 경우
4) 복제할 수 있는 재화 등의 포장을 훼손한 경우
5) 그 밖에 거래의 안전을 위하여 대통령령으로 정하는 다음의 경우
   - 할부가격이 10만원 미만인 할부계약(단, 신용카드를 사용하여 할부거래를 하는 경우 할부가격이 20만원 미만인 할부계약)
   - 소비자의 주문에 따라 개별적으로 제조되는 재화 등의 공급을 목적으로 하는 할부계약

(2) 예 외

할부거래업자는 위 2), 3), 4)의 규정에 따라 청약을 철회할 수 없는 재화 등에 대하여는 그 사실을 재화 등의 포장이나 그 밖에 소비자가 쉽게 알 수 있는 곳에 분명하게 표시하거나 시용(試用) 상품을 제공하는 등의 방법으로 소비자가 청약을 철회하는 것이 방해받지 아니하도록 조치하여야 한다(동조 6항). 할부거래업자가 이러한 조치를 하지 않거나 소비자의 청약철회를 승낙한 경우에는 위 2), 3), 4)에 해당하는 경우에도 청약을 철회할 수 있다(동조 2항 단서).

라. 철회권의 행사

(1) 서면 발송

소비자가 청약을 철회할 경우 전술한 철회권 행사기간 이내에 할부거래업자에

게 청약을 철회하는 의사표시가 적힌 서면을 발송하여야 하며, 청약의 철회는 이러한 서면을 발송한 날에 그 효력이 발생한다(동조 3항·4항).

(2) 입증책임

철회권 행사에 있어 계약서의 발급사실과 그 시기, 재화 등의 공급 사실과 그 시기 및 철회권 배제사유에 해당하는지 여부에 관하여 다툼이 있는 경우에는 할부거래업자가 이를 입증하여야 한다(동조 5항).

(3) 간접할부계약에서의 청약의 철회 통보

소비자가 할부거래업자에게 간접할부계약에 관한 청약을 철회한 경우 전술한 철회권 행사기간 이내에 신용제공자에게 청약을 철회하는 의사표시가 적힌 서면을 발송하여야 한다(법 9조 1항). 소비자가 이러한 서면을 발송하지 아니한 경우 신용제공자의 할부금지급청구를 거절할 수 없다. 다만, (i) 신용제공자가 철회권 행사기간 이내에 할부거래업자에게 재화 등의 대금을 지급한 경우 및 (ii) 신용제공자가 할부거래업자로부터 할부금청구의 중지 또는 취소를 요청받은 경우(법 10조 4항)는 예외이다(법 9조 2항).

마. 청약철회의 효과

(1) 재화 등의 반환과 계약금·할부금의 환급

(가) 소비자의 재화 등 반환

소비자는 청약을 철회한 경우 이미 공급받은 재화 등을 반환하여야 한다(법 10조 1항). 그러나 이미 용역(일정한 시설을 이용하거나 용역을 제공받을 권리 제외)이 제공된 때에는 할부거래업자는 이미 제공된 용역과 동일한 용역의 반환을 청구할 수 없다(동조 3항).

(나) 할부거래업자의 할부금 등 환급

소비자가 청약을 철회한 경우 할부거래업자(소비자로부터 재화 등의 계약금 또는 할부금을 지급받은 자 또는 소비자와 할부계약을 체결한 자를 포함)는, (i) 재화를 공급한 경우에는 재화를 반환받은 날부터 3영업일 이내, (ii) 용역을 제공한 경우에는 청약을 철회하는 서면(법 8조 3항)을 수령한 날부터 3영업일 이내에 이미 지급받은 계약금 및 할부금을 환급하여야 한다(법 10조 2항). 이 경우 할부거래업자가 소비자에게 재화 등의 계약금 및 할부금의 환급을 지연한 때에는 그 지연기간에 따라 이자제한법에서 정한 이자의 최고한도의 범위에서 대통령령으로 정하는 이율(현재 100분의 15)을 곱하여 산정한 지연이자(이하 "지연배상금")를 함께 환급하여야 한다(동조 3항, 영 7조).

(2) 간접할부계약의 경우

(가) 할부금청구 중지·취소 요청

할부거래업자는 간접할부계약의 경우 청약을 철회하는 서면을 수령한 때에는 지체 없이 해당 신용제공자에게 재화 등에 대한 할부금의 청구를 중지 또는 취소하도록 요청하여야 한다. 이 경우 할부거래업자가 신용제공자로부터 해당 재화 등의 대금을 이미 지급받은 때에는 지체 없이 이를 신용제공자에게 환급하여야 한다(법 10조 4항). 할부거래업자가 할부금청구 중지·취소 요청을 지연하여 소비자로 하여금 신용제공자에게 할부금을 지불하게 한 경우 소비자가 지불한 금액에 대하여 소비자가 환급받는 날까지의 기간에 대한 지연배상금을 소비자에게 지급하여야 한다(동조 6항).

(나) 이미 지불한 할부금의 환급

신용제공자는 할부거래업자로부터 할부금의 청구를 중지 또는 취소하도록 요청받은 경우 지체 없이 이에 필요한 조치를 취하여야 한다. 이 경우 소비자가 이미 지불한 할부금이 있는 때에는 지체 없이 이를 환급하여야 한다(동조 5항). 신용제공자가 환급을 지연한 경우 그 지연기간에 따른 지연배상금을 소비자에게 지급하여야 한다. 다만, 할부거래업자가 할부금청구 중지·취소 요청을 지연하여 신용제공자로 하여금 소비자에 대한 할부금의 환급을 지연하게 한 경우에는 그 할부거래업자가 지연배상금을 지급하여야 한다(동조 7항).

(3) 철회로 인한 소비자의 부담의 최소화

(가) 불이익 제공 금지

할부거래업자 또는 신용제공자는 소비자가 청약을 철회함에 따라 소비자와 분쟁이 발생한 경우 분쟁이 해결될 때까지 할부금 지급서설을 이유로 해당 소비자를 약정한 기일 이내에 채무를 변제하지 아니한 자로 처리하는 등 소비자에게 불이익을 주는 행위를 하여서는 아니 된다(동조 8항).

(나) 재화 등이 사용 · 소비된 경우

할부거래업자는 소비자가 청약을 철회한 경우 이미 재화 등이 사용되었거나 일부 소비된 경우에는 그 재화 등을 사용하거나 일부 소비하여 소비자가 얻은 이익 또는 그 재화 등의 공급에 든 비용에 상당하는 다음의 금액을 초과하여 소비자에게 청구할 수 없다(동조 9항, 영 8조).

- 재화 등의 사용으로 소모성 부품을 재판매하기 곤란하거나 재판매가격이 현저히 하락하는 경우에는 해당 소모성 부품을 공급하는 데에 든 금액
- 여러 개의 가분물로 구성된 재화 등의 경우에는 소비자의 일부소비로 소비된 부분을 공급하는 데에 든 금액

(다) 재화 등의 반환 비용 · 손해배상

할부거래업자는 소비자가 청약을 철회한 경우 공급받은 재화 등의 반환에 필요한 비용을 부담하며, 소비자에게 청약의 철회를 이유로 위약금 또는 손해배상을 청구할 수 없다(동조 10항).

마. 휴업기간 등에서의 청약의 철회에 관한 업무처리

할부거래업자 또는 신용제공자는 그 휴업기간 또는 영업정지기간 중에도 법 제10조에 따른 청약의 철회에 관한 업무를 계속하여야 한다(법 17조).

4. 할부거래업자에 의한 계약해제 · 손해배상청구

가. 할부거래업자의 할부계약 해제

할부거래업자는 소비자가 할부금 지급의무를 이행하지 아니하면 할부계약을 해제할 수 있다. 이 경우 할부거래업자는 그 계약을 해제하기 전에 14일 이상의 기간을 정하여 소비자에게 이행할 것을 서면으로 최고하여야 한다(법 11조 1항). 할부거래업자 또는 소비자는 제1항에 따라 할부계약이 해제된 경우에는 상대방

에게 원상회복하여 줄 의무를 진다. 이 경우 상대방이 원상회복할 때까지 자기의 의무이행을 거절할 수 있다(동조 2항). 할부거래업자는 재화 등의 소유권이 할부거래업자에게 유보된 경우 그 할부계약을 해제하지 아니하고는 그 반환을 청구할 수 없다(동조 3항).

나. 할부거래업자 등의 손해배상 청구금액의 제한

(1) 할부금지급 지연손해금의 한도

할부거래업자 또는 신용제공자가 할부금 지급의무를 이행하지 아니한 것을 이유로 소비자에게 청구하는 손해배상액은 지연된 할부금에 이자제한법에서 정한 이자의 최고한도의 범위에서 할부거래업자 또는 신용제공자가 소비자와 약정한 이율을 곱하여 산정한 금액에 상당하는 지연손해금을 초과하지 못한다(법 12조 1항, 영 9조).

(2) 계약해제로 인한 손해배상의 한도

할부거래업자가 할부계약을 해제한 경우(법 11조 1항)에 소비자에게 청구하는 손해배상액은 다음 금액과 위의 지연손해금의 합계액을 초과하지 못한다(법 12조 2항).

- 재화 등의 반환 등 원상회복이 된 경우에는 통상적인 사용료와 계약 체결 및 그 이행을 위하여 통상 필요한 비용의 합계액. 다만, 할부가격에서 재화 등이 반환된 당시의 가액을 공제한 금액이 그 사용료와 비용의 합계액을 초과하는 경우에는 그 공제한 금액
- 재화 등의 반환 등 원상회복이 되지 아니한 경우에는 할부가격에 상당한 금액. 다만, 용역이 제공된 경우에는 이미 제공된 용역의 대가 또는 그 용역에 의하여 얻어진 이익에 상당하는 금액
- 재화 등의 공급이 되기 전인 경우에는 계약체결 및 그 이행을 위하여 통상 필요한 금액

할부거래업자 또는 신용제공자는 손해배상액의 예정, 위약금, 그 밖에 명칭·형식이 어떠하든 위의 지연손해금 및 해제배상금의 한도액을 초과하여 손해배상을 청구할 수 없다(동조 3항). 또한 할부거래업자 또는 신용제공자는 손해배상을 청구하는 경우 소비자의 손해가 최소화되도록 신의에 따라 성실히 하여야 한다(동조 4항).

5. 소비자에 의한 할부금 지급

가. 소비자의 기한의 이익 상실

소비자는 다음의 경우 할부금의 지급에 대한 기한의 이익을 주장하지 못한다(법 13조 1항, 영 10조).

- 할부금을 다음 지급기일까지 연속하여 2회 이상 지급하지 아니하고 그 지급하지 아니한 금액이 할부가격의 100분의 10을 초과하는 경우
- 국내에서 할부금 채무이행 보증이 어려운 다음의 경우
  - 생업에 종사하기 위하여 외국에 이주하는 경우
  - 외국인과의 혼인 및 연고관계로 인하여 외국에 이주하는 경우

이 경우 할부거래업자 또는 신용제공자가 소비자로부터 한꺼번에 지급받을 금액은 나머지 할부금에서 나머지 기간에 대한 할부수수료를 공제한 금액으로 하며, 할부수수료는 일단위로 계산한다(법 13조 2항).

나. 소비자의 기한 전 지급

소비자는 기한이 되기 전이라도 나머지 할부금을 한꺼번에 지급할 수 있다(법 14조 1항). 이 경우 할부거래업자 또는 신용제공자에게 지급하는 금액은 나머지 할부금에서 나머지 기간에 대한 할부수수료를 공제한 금액으로 하며, 할부수수료는 일단위로 계산한다(동조 2항, 13조 2항).

다. 할부대금채권의 소멸시효

할부계약에 의한 할부대금채권은 3년간 행사하지 아니하면 소멸시효가 완성한다(법 15조).

라. 소비자의 항변권

(1) 항변사유

소비자는 다음의 사유가 있는 경우에는 할부거래업자에게 그 할부금의 지급을

거절할 수 있다(법 16조 1항).

- 할부계약이 불성립·무효인 경우
- 할부계약이 취소·해제 또는 해지된 경우
- 재화 등의 전부 또는 일부가 제6조 제1항 제2호에 따른 재화 등의 공급 시기까지 소비자에게 공급되지 아니한 경우
- 할부거래업자가 하자담보책임을 이행하지 아니한 경우
- 그 밖에 할부거래업자의 채무불이행으로 인하여 할부계약의 목적을 달성할 수 없는 경우
- 다른 법률에 따라 정당하게 청약을 철회한 경우

(2) 간접할부계약의 경우

소비자는 간접할부계약인 경우 위의 항변사유에 해당하는 사유가 있으면 할부가격이 10만원(신용카드를 사용한 할부거래의 경우 20만원) 이상인 경우에만 신용제공자에게 할부금의 지급을 거절하는 의사를 통지한 후 할부금의 지급을 거절할 수 있다(법 16조 2항, 영 11조).[4] 이 경우 소비자가 신용제공자에게 지급을 거절할 수 있는 금액은 할부금의 지급을 거절한 당시에 소비자가 신용제공자에게 지급하지 아니한 나머지 할부금으로 한다(법 16조 3항).

(3) 항변권의 행사

소비자가 위의 항변권의 행사를 서면으로 하는 경우 그 효력은 서면을 발송한 날에 발생한다(동조 4항). 할부거래업자 또는 신용제공자는 소비자의 항변을 서면으로 수령한 경우 지체 없이 그 항변권의 행사가 위의 항변사유에 해당하는지를 확인하여야 한다. 이에 해당하지 아니하는 경우 소비자의 항변을 수령한 날부터 (i) 할부거래업자는 5영업일, (ii) 신용제공자는 7영업일 이내에 서면으로 소비자

4) 이러한 할부금 지급거절권을 인정한 취지에 관하여, 대법원 2006.7.28. 선고 2004다54633 판결("수인의 신용제공자에 대한 할부금의 지급거절권을 인정한 취지는, 할부거래에서 할부금융약정이 물품매매계약의 자금조달에 기여하고 두 계약이 경제적으로 일체를 이루는 경우에 그 물품매매계약이 해제되어 더 이상 매매대금채무가 존재하지 아니하는데도 할부거래의 일방 당사자인 매수인에게 그 할부금의 지급을 강제하는 것이 형평의 이념에 반하므로, 매수인으로 하여금 매도인에 대한 항변사유를 들어 신용제공자에 대하여 할부금의 지급을 거절할 수 있는 권능을 부여한 것이라고 볼 것이다."). 이 판결은 이른바 간접할부계약에서 신용제공자가 물품계약상의 해제의 원인이 된 약정 내용을 알지 못하였더라도 할부금의 지급을 거절할 수 있다고 보았다.

의 항변을 수용할 수 없다는 의사와 항변권의 행사가 위의 항변사유에 해당하지 아니한다는 사실을 소비자에게 서면으로 통지하여야 한다(동조 5항). 할부거래업자 또는 신용제공자가 이러한 통지를 하지 아니한 경우에는 소비자의 할부금 지급 거절의사를 수용한 것으로 본다(동조 6항).

(4) 불이익 제공 금지

할부거래업자 또는 신용제공자는 소비자가 이상과 같은 항변권을 행사하여 할부금의 지급을 거절한 경우 소비자와 분쟁이 발생하면 분쟁이 해결될 때까지 할부금 지급 거절을 이유로 해당 소비자를 약정한 기일 이내에 채무를 변제하지 아니한 자로 처리하는 등 소비자에게 불이익을 주는 행위를 하여서는 아니 된다(동조 7항).

Ⅲ. 선불식 할부거래

1. 영업의 등록 등

가. 등록의 절차

(1) 등록 및 변경신고

선불식 할부거래업자는 대통령령으로 정하는 바에 따라 다음 각 호의 서류를 갖추어 특별시장·광역시장·특별자치시장·도지사 또는 특별자치도지사(이하 "시·도지사")에게 등록하여야 한다(법 18조 1항, 영 12조 1항, 규칙 4조).

1) 상호·주소·전화번호·전자우편주소(영업소 및 대리점 포함)·대표자의 이름·주민등록번호·주소 등을 적은 신청서
2) 자본금이 15억 원 이상임을 증명하는 서류
3) 법 제27조에 따른 소비자피해보상보험계약 등의 체결 증명 서류
4) 그 밖에 선불식 할부거래업자의 신원을 확인하기 위하여 필요한 사항으로서 총리령으로 정하는 서류

이에 따라 선불식 할부거래업의 등록을 한 경우 시·도지사는 지체 없이 선불

식 할부거래업 등록증을 교부하여야 한다(법 18조 2항). 선불식 할부거래업자는 이와 같이 등록한 사항 중 위의 1), 2), 3)의 사항이 변경된 경우에는 대통령령으로 정하는 바에 따라 시·도지사에게 신고하여야 한다(동조 3항).

(2) 휴·폐업의 경우

선불식 할부거래업자는 휴업 또는 폐업을 하거나 휴업 후 영업을 다시 시작할 때에는 대통령령으로 정하는 바에 따라 시·도지사에게 신고하여야 한다(동조 3항, 영 12조 4항). 이 경우 시·도지사는 폐업신고를 받은 때에는 그 등록을 말소하여야 한다. 다만, 폐업신고 전 등록취소 요건에 해당되는 경우에는 폐업신고일에 등록이 취소된 것으로 본다(법 18조 4항).

(3) 정보의 공개

공정거래위원회는 선불식 할부거래업자에 대한 전술한 등록·신고사항 및 그 밖에 공정거래위원회가 공정거래질서 확립 및 소비자보호를 위하여 필요하다고 인정하여 총리령으로 정하는 사항을 대통령령으로 정하는 바에 따라 공개하여야 한다(법 18조 5항 본문, 영 13조, 규칙 7조). 다만, 선불식 할부거래업자의 경영·영업상 비밀에 관한 사항으로서 공개될 경우 선불식 할부거래업자의 정당한 이익을 현저히 해칠 우려가 있다고 인정되는 사항과 개인에 관한 사항으로서 사생활의 비밀 또는 자유를 침해할 우려가 있다고 인정되는 사항에 대하여는 공개하지 아니한다(법 18조 5항 단서). 공정거래위원회는 위와 같은 정보 공개를 위하여 필요한 경우에는 선불식 할부거래업자에게 관련 자료의 제출을 요구할 수 있다. 이 경우 선불식 할부거래업자는 정당한 사유가 없으면 관련 자료를 제출하여야 한다(동조 6항).

나. 등록 요건

선불식 할부거래업자로 등록하려는 자는 상법상 회사로서 자본금이 15억원 이상이어야 하며, 다음에 해당하는 자는 등록을 할 수 없다(법 19조·20조).

- 다음 중 하나에 해당하는 사람이 임원인 회사
  - 미성년자
  - 피한정후견인 또는 피성년후견인
  - 파산선고를 받고 복권되지 아니한 사람

- 금고 이상의 실형을 선고받고 그 집행이 끝나거나(집행이 끝난 것으로 보는 경우를 포함) 집행이 면제된 날부터 5년이 지나지 아니한 사람
- 금고 이상의 형의 집행유예를 선고받고 그 유예기간 중에 있는 사람
- 이 법을 위반하여 벌금형을 선고받고 3년이 지나지 아니한 사람

• 다음 중 하나에 해당하는 사람이 지배주주인 회사
  - 이 법을 위반하여 징역형을 선고받고 그 집행이 끝나거나(집행이 끝난 것으로 보는 경우를 포함) 집행이 면제된 날부터 5년이 지나지 아니한 사람
  - 이 법을 위반하여 형의 집행유예를 선고받고 그 유예기간 중에 있는 사람
• 법 제40조에 따라 등록이 취소된 후 5년이 지나지 아니한 회사
• 법 제40조에 따른 등록취소 당시 임원 또는 지배주주였던 사람이 임원 또는 지배주주인 회사

다. 등록의 직권말소

법 제18조에 따라 등록한 선불식 할부거래업자가 파산선고를 받거나 관할 세무서에 폐업신고를 한 경우 또는 6개월을 초과하여 영업을 하지 아니하는 등 실질적으로 영업을 할 수 없다고 판단되는 경우에는 시·도지사는 그 등록을 직권으로 말소할 수 있다(법 21조).

라. 회계감사보고서의 제출 및 공개

선불식 할부거래업자는 매 회계연도가 종료한 후 3개월 이내에 대통령령으로 정하는 절차 및 방법에 따라 주식회사의 외부감사에 관한 법률 제3조에 따른 감사인이 작성한 회계감사 보고서를 공정거래위원회에 제출하여야 한다(법 18조의2 1항, 영 13조의2 1항). 공정거래위원회와 선불식 할부거래업자는 제1항에 따른 회계감사 보고서를 대통령령으로 정하는 절차 및 방법에 따라 공시하여야 한다(법 18조의2 2항, 영 13조의2 2항·3항).

마. 지위의 승계

선불식 할부거래업자가 사업의 전부를 양도하거나 선불식 할부거래업자에 대하여 합병 또는 분할이 있는 경우 해당 사업의 전부를 양수한 회사, 합병 후 존속하

는 회사, 합병에 의하여 설립된 회사 또는 분할에 의하여 해당 사업의 전부를 승계한 회사는 그 선불식 할부거래업자의 지위를 승계한다. 다만, 지위를 승계하는 자가 전술한 등록 결격사유에 해당하는 경우에는 승계할 수 없다(법 22조 1항).

법 제18조에 따라 등록한 선불식 할부거래업자의 지위를 승계한 회사는 대통령령으로 정하는 바에 따라 그 사항을 증명하는 서류를 첨부하여 시ㆍ도지사에게 신고하여야 한다(법 22조 2항, 영 14조 2항). 또한 합병, 분할 또는 사업의 전부를 양도하는 선불식 할부거래업자는 대통령령으로 정하는 날부터 14일 이내에 총리령으로 정하는 방법에 따라 다음 사항을 공고하여야 한다(법 22조 2항, 영 14조 1항, 규칙 8조 1항).

- 다음 중 어느 하나에 해당하는 회사의 상호, 주소 등 법 제18조(영업의 등록 등) 제5항에 따른 정보공개 사항
  - 합병하는 회사, 합병 후 존속하는 회사 및 합병에 의하여 설립된 회사
  - 분할하는 회사 및 분할에 의하여 해당 사업의 전부를 승계한 회사
  - 사업의 전부를 양도하는 회사 및 양수하는 회사
- 합병, 분할 또는 사업의 전부 양도를 통하여 이전되는 선불식 할부계약의 회원수 및 선수금 규모
- 합병, 분할 또는 사업의 전부 양도의 내용 및 절차
- 그 밖에 소비자의 권리를 보호하기 위하여 필요한 사항으로서 총리령으로 정하는 사항

바. 선불식 할부계약의 이전

선불식 할부계약을 이전하는 선불식 할부거래업자(이하 “이전하는 선불식 할부거래업자”)는 선불식 할부계약의 이전계약(이하 “이전계약”)을 체결한 날부터 14일 이내에 총리령으로 정하는 방법에 따라 다음 사항을 공고하여야 한다(법 22조의2 1항, 규칙 8조의2 1항).

1) 이전하는 선불식 할부거래업자 및 선불식 할부계약을 이전받은 선불식 할부거래업자(이하 “이전받은 선불식 할부거래업자”)의 상호ㆍ주소 등 법 제18조(영업의 등록 등) 제5항에 따른 정보공개 사항
2) 이전하는 선불식 할부계약의 회원수 및 선수금 규모
3) 이전계약의 내용 및 절차

4) 그 밖에 소비자의 권리를 보호하기 위하여 필요한 사항으로서 총리령으로 정하는 사항

이전하는 선불식 할부거래업자는 이전계약을 체결한 날부터 30일 이내에 선불식 할부계약을 체결한 소비자가 이전계약의 내용을 이해할 수 있도록 총리령으로 정하는 방법에 따라 다음 각 호의 사항을 설명하고, 설명한 날부터 7일 이내(이하 "동의기간")에 소비자로부터 이전계약에 대한 동의를 받아야 한다. 다만, 해당 기간 내에 이전계약에 부동의 의사를 표시하지 아니한 소비자는 이전계약에 동의를 한 것으로 본다(법 22조의2 2항, 규칙 8조의2 2항).

- 위 1) 내지 4)의 사항
- 소비자가 7일 이내에 이전계약에 부동의 의사표시가 없는 경우 이전계약에 동의한 것으로 본다는 내용

이전하는 선불식 할부거래업자는 소비자로부터 위와 같이 설명한 내용을 이해하고 동의하였다는 사실을 서명, 기명날인, 녹취 또는 그 밖에 대통령령으로 정하는 방법으로 확인받아야 한다. 다만, 위의 예외에 해당하는 경우에는 연락시간, 연락방법, 연락횟수 등을 기재하는 등 총리령으로 정하는 방법에 따라 해당 소비자에게 제2항 본문에 따른 설명 등을 이행하였다는 사실을 확인할 수 있도록 하여야 한다(법 22조의2 3항, 규칙 8조의2 3항).

이전하는 선불식 할부거래업자와 이전받은 선불식 할부거래업자는 이와 같이 확인받은 자료를 위의 동의기간이 경과한 날(이하 "동의기간 경과일")부터 5년간 보존하여야 한다(법 22조의2 6항). 또한 이전받은 선불식 할부거래업자는 동의기간 경과일부터 2개월 이내에 대통령령으로 정하는 방법에 따라 이전계약을 증명하는 서류를 첨부하여 시·도지사에게 신고하여야 한다(법 22조의2 7항, 영 14조의2 2항, 규칙 8조의2 4항).

이전하는 선불식 할부거래업자가 가진 선불식 할부계약에 관한 권리와 의무는 그 계약을 이전받은 선불식 할부거래업자가 승계한다. 이전계약에서 이전하기로 한 자산에 관하여도 또한 같다(법 22조의2 4항). 이전계약을 체결하는 경우 대통령령으로 정하는 선불식 할부계약과 관련된 자산은 이전하는 선불식 할부거래업자와 이전받은 선불식 할부거래업자에게 다음의 기준에 따라 배분하여 귀속한다(동조 5항, 영 14조의2 1항).

- 이전하는 선불식 할부거래업자: 선불식 할부계약을 체결한 소비자가 납입한 총 선수금에서 선불식 할부계약의 이전에 동의하지 아니하는 소비자가 납입한 선수금이 차지하는 비율로 배분한 금액
- 이전받은 선불식 할부거래업자: 선불식 할부계약을 체결한 소비자가 납입한 총 선수금에서 선불식 할부계약 이전에 동의하는 소비자가 납입한 선수금이 차지하는 비율로 배분한 금액

2. 소비자 권익의 보호

가. 계약체결 전의 정보 제공 및 계약서 발급

(1) 계약내용의 설명

선불식 할부거래업자 또는 모집인(이하 "선불식 할부거래업자 등")은 선불식 할부계약을 체결하기 전에 소비자가 계약의 내용을 이해할 수 있도록 다음 사항을 설명하여야 한다(법 23조 1항, 영 15조).

1) 선불식 할부거래업자 및 모집인의 상호(모집인이 자연인인 경우는 성명)·주소·전화번호·전자우편주소·대표자의 이름
2) 재화 등의 종류 및 내용
3) 재화 등의 가격과 그 지급의 방법 및 시기
4) 재화 등을 공급하는 방법 및 시기
5) 계약금
6) 청약의 철회 및 계약 해제의 기한·행사방법·효과에 관한 사항 및 청약의 철회 및 계약 해제의 권리 행사에 필요한 서식으로서 총리령으로 정하는 것
7) 재화 등에 대한 불만 및 소비자와 사업자 사이의 분쟁 처리에 관한 사항
8) 소비자피해보상에 관한 사항으로 법 제27조 제1항에 따른 소비자피해보상보험계약 등의 계약기간, 소비자피해보상금 및 같은 조 제4항에 따른 지급의무자 등 대통령령으로 정하는 사항
9) 선불식 할부계약을 체결한 날이 속하는 달의 전월 말일까지 선불식 할부거래업자가 받은 총선수금 중 법 제27조 제2항에 따라 보전하고 있는 총보전금액 비율
10) 선불식 할부거래에 관한 약관
11) 그 밖에 소비자의 구매 여부 판단에 영향을 주는 거래조건 또는 소비자의 피해구제에 필요한 사항으로서 대통령령으로 정하는 사항

선불식 할부거래업자 등은 이와 같이 설명한 내용을 소비자가 이해하였다는 사실을 서명, 기명날인, 녹취 또는 그 밖에 대통령령으로 정하는 방법으로 소비자에게 확인받아야 한다(법 23조 2항).

(2) 계약서의 교부

선불식 할부거래업자가 선불식 할부계약을 체결할 경우에는 위의 사항을 적은 계약서를 소비자에게 발급하여야 한다(법 23조 2항).

(3) 이전받은 선불식 할부거래업자의 경우

할부거래법 제22조의2에 따라 이전받은 선불식 할부거래업자의 경우에도 위와 같이 계약내용을 설명하고, 설명에 대한 소비자의 확인을 받으며, 계약서를 교부할 의무가 인정된다. 이 경우 이전받은 선불식 할부거래업자는 동의기간 경과일부터 30일 이내에 소비자에게 위 1) 내지 11)의 사항을 설명하고, 계약서를 발급하여야 한다(법 23조 4항).

(4) 변경사항의 통지

선불식 할부거래업자는 위 1) 내지 11)의 사항 중 소비자보호를 위하여 필요한 사항으로서 대통령령으로 정하는 다음의 사항이 변경되는 경우에는 그 변경된 내용을 소비자에게 서면, 전화, 팩스, 전자우편, 휴대전화에 의한 문자메시지 또는 이와 비슷한 방법으로 알려야 한다(법 23조 5항, 영 15조 3항 · 4항).

- 선불식 할부거래업자의 상호, 주소 또는 전화번호
- 지급의무자
- 선불식 할부거래에 관한 약관

나. 소비자의 청약의 철회

(1) 철회권 행사기간

소비자는 다음의 기간(거래당사자가 이보다 긴 기간으로 약정한 경우에는 그 기간) 이내에 선불식 할부계약에 관한 청약을 철회할 수 있다(법 24조 1항).

1) 계약서를 받은 날부터 14일

2) 다음의 경우에는 그 주소를 안 날 또는 알 수 있었던 날 등 청약을 철회할 수 있는 날부터 14일
   - 선불식 할부거래업자의 주소 등이 적혀 있지 아니한 계약서를 받은 경우
   - 선불식 할부거래업자의 주소 변경 등의 사유로 위 1)의 기간 이내에 청약을 철회할 수 없는 경우

3) 계약서에 청약의 철회에 관한 사항이 적혀 있지 아니한 경우에는 청약을 철회할 수 있음을 안 날 또는 알 수 있었던 날부터 14일
4) 선불식 할부거래업자가 청약의 철회를 방해한 경우에는 그 방해행위가 종료한 날부터 14일
5) 계약서를 받지 아니한 경우에는 계약일부터 3개월

(2) 철회권의 행사

소비자가 청약을 철회할 경우 위의 기간 이내에 선불식 할부거래업자에게 청약을 철회하는 의사표시가 적힌 서면을 발송하여야 한다(동조 2항). 청약의 철회는 이러한 서면을 발송한 날에 그 효력이 발생한다(동조 3항). 철회권 행사에 있어 계약서의 발급사실과 그 시기 등에 관하여 다툼이 있는 경우에는 선불식 할부거래업자가 이를 입증하여야 한다(동조 4항).

(3) 철회의 효과

소비자가 청약을 철회한 경우 선불식 할부거래업자는 청약철회의 서면을 접수한 날부터 3영업일 이내에 이미 지급받은 계약금 및 할부금을 환급하여야 한다. 이 경우 선불식 할부거래업자가 환급을 지연한 때에는 그 지연기간에 따라 지연배상금을 함께 환급하여야 한다(동조 5항).

다. 계약의 해제

(1) 소비자의 선불식 할부계약 해제

(가) 위약금 청구의 제한

소비자가 선불식 할부계약을 체결하고, 그 계약에 의한 재화 등의 공급을 받지 아니한 경우에는 그 계약을 해제할 수 있으며, 이 경우 선불식 할부거래업자는 소비자에게 해제로 인한 손실을 초과하는 위약금을 청구하여서는 아니 된다(법 25조

1항·2항). 또한 선불식 할부거래업자는 소비자가 다음의 사유로 계약을 해제하는 경우에는 위약금을 청구하여서는 아니 된다(동조 3항).

- 휴업 또는 폐업신고를 한 때
- 영업정지 처분을 받은 때
- 등록이 취소되거나 말소된 때
- 은행법에 따른 은행으로부터 당좌거래의 정지처분을 받은 때
- 파산 또는 화의 개시의 신청이 있는 때
- 소비자가 선불식 할부계약의 이전계약에 동의하지 아니한 때

(나) 대금의 환급

선불식 할부거래업자는 선불식 할부계약이 해제된 경우에는 해제된 날부터 3영업일 이내에 이미 지급받은 대금에서 위약금을 뺀 금액을 소비자에게 환급하여야 한다. 이 경우 선불식 할부거래업자가 환급을 지연한 때에는 그 지연기간에 따라 지연배상금을 함께 환급하여야 한다(동조 4항).

(다) 위약금 등 산정기준

공정거래위원회는 총리령으로 정하는 바에 따라 위약금 및 대금의 환급에 관한 산정기준을 정하여 고시할 수 있다(동조 5항, 규칙 10조).

(2) 선불식 할부거래업자의 선불식 할부계약 해제

선불식 할부거래업자는 소비자가 대금 지급의무를 이행하지 아니하면 선불식 할부계약을 해제할 수 있다. 이 경우 선불식 할부거래업자는 그 계약을 해제하기 전에 14일 이상의 기간을 정하여 소비자에게 이행할 것을 서면으로 최고하여야 한다(법 26조).

라. 소비자피해보상보험계약 등

(1) 소비자피해보상보험계약 등의 체결의무

선불식 할부거래업자가 법 제18조에 따라 등록할 경우 소비자로부터 선불식 할부계약과 관련되는 재화 등의 대금으로서 미리 수령한 금액(이하 "선수금")을 보전하기 위하여 다음의 계약(이하 "소비자피해보상보험계약 등")을 체결하여야 한다(법 27조 1항, 영 16조 2항).

1) 소비자피해보상을 위한 보험계약
2) 소비자피해보상금의 지급을 확보하기 위한 은행과의 채무지급보증계약
3) 소비자피해보상금의 지급을 확보하기 위한 예치기관(금융회사 · 체신관서 및 보험회사)과의 예치계약
4) 후술하는 공제조합(법 28조)과의 공제계약

이때 선불식 할부거래업자가 소비자피해보상보험계약 등에 따라 보전하여야 할 금액(위의 계약들 중 둘 이상의 계약을 체결한 경우에는 각 계약에 따라 보전되는 금액을 합산) 및 그 산정기준은 선수금 합계액의 100분의 50을 초과하지 아니하는 범위에서 대통령령으로 정한다(법 27조 2항, 영 16조 3항).

(2) 계약체결의 효과

(가) 예치금의 압류 · 양도 등의 제한

누구든지 위 3)의 예치계약에 따른 예치금을 상계 · 압류(가압류 포함)하지 못하며, 선불식 할부거래업자는 (i) 다른 선불식 할부거래업자에 대하여 선불식 할부계약 당사자로서의 지위를 양도하는 경우 및 (ii) 영업을 양도하는 경우 외에는 예치금을 양도하거나 담보로 제공하여서는 아니 된다(법 27조 3항, 영 16조 4항).

(나) 소비자피해보상금의 지급

소비자피해보상보험계약 등에 따라 소비자피해보상금을 지급할 의무가 있는 자(이하 "지급의무자")는 다음의 지급사유가 발생한 경우에는 지체 없이 이를 지급하여야 하며, 정당한 사유 없이 이를 지연한 경우에는 지연배상금을 지급하여야 한다(법 27조 4항, 영 16조 5항).

- 선불식 할부거래업자가 폐업한 경우
- 선불식 할부거래업자가 은행으로부터 당좌거래의 정지처분을 받은 경우
- 법 제21조에 따라 등록이 말소된 경우 및 제40조에 따라 등록이 취소된 경우
- 그 밖에 선불식 할부거래업자의 채무불이행 등으로 인한 소비자피해보상을 위하여 대통령령으로 정하는 다음의 경우
  - 선불식 할부거래업자가 파산선고를 받은 경우
  - 선불식 할부거래업자에 대하여 회생절차 개시의 결정이 있는 경우

(다) 예치금의 지급

예치기관은 위의 소비자피해보상금 지급사유가 발생한 경우에는 예치금을 인출하여 해당 선불식 할부거래업자와 선불식 할부계약을 체결한 소비자에게 우선하여 지급하여야 하며, 예치 및 예치금의 지급 등에 대한 구체적인 절차 및 방법에 대하여는 총리령으로 정한다(법 27조 5항, 규칙 11조 2항).

(라) 계약체결의 통지 및 소비자피해보상 증서의 발급

선불식 할부거래업자는 소비자와 선불식 할부계약을 체결한 경우 계약체결일부터 7일 이내에 계약체결 사실 및 내용을 지급의무자에게 통지하여야 한다(법 27조 6항). 이와 같은 통지를 받은 지급의무자는 통지받은 날부터 30일 이내에 소비자에게 소비자피해보상 증서를 발급하여야 하며, 그 구체적인 절차 · 발급방법 및 내용 등에 대하여는 총리령으로 정한다(동조 7항, 규칙 12조).

(마) 예치금의 입금 및 반환

선불식 할부거래업자는 예치기관에 예치금을 입금하거나 예치금의 반환을 요청하는 경우에는 총리령으로 정하는 바에 따라 선수금의 증가 또는 감소를 증명하는 서류를 예치기관에 제출하여야 하며, 예치기관은 해당 서류를 확인한 후에 예치금을 반환하여야 한다(법 27조 12항, 규칙 11조 3항).

(3) 감 독

공정거래위원회는 소비자피해보상업무의 감독을 위하여 필요한 경우 지급의무자에게 선수금 보전과 관련된 자료의 제출을 요구할 수 있다(법 27조 8항). 또한 공정거래위원회는 지급의무자의 업무집행 등이 법령에 적합하지 아니한 경우 이의 시정을 명할 수 있고, 그 밖에 소비자의 피해구제 등과 관련하여 필요한 경우에는 적합한 조치를 요구할 수 있다(동조 9항). 선불식 할부거래업자는 소비자피해보상보험계약 등을 체결 또는 유지하는 경우 선수금 등의 자료를 제출함에 있어 거짓의 자료를 제출하여서는 아니 된다(동조 10항). 그 밖에 소비자피해보상보험계약 등의 운영에 관하여 필요한 사항은 대통령령으로 정한다(동조 11항, 영 16조).

마. 선불식 할부거래에서의 소비자보호지침

공정거래위원회는 선불식 할부거래에서의 건전한 거래질서의 확립과 소비자보호를 위하여 사업자의 자율적 준수를 유도하기 위한 지침을 관련 분야의 거래당사자, 기관 및 단체의 의견을 들어 정할 수 있다(법 27조의2). 이에 따라 「선불식 할부거래에서의 소비자보호 지침」(개정 2021.6.14. 공정거래위원회 예규 제369호)이 제정・운용되고 있다.

바. 공제조합

(1) 설 립

선불식 할부거래업자는 전술한 선수금의 보전을 위한 공제사업을 운영하기 위하여 공정거래위원회의 인가를 받아 공제조합을 설립할 수 있다(법 28조 1항). 공제조합은 법인으로 하며, 주된 사무소의 소재지에서 설립등기를 함으로써 성립한다(동조 2항). 공제조합에 가입한 자는 공제사업의 수행에 필요한 출자금 등을 공제조합에 내야 한다(동조 3항). 공제조합의 기본재산은 조합원의 출자금 등으로 조성하되 출자금은 200억원 이상이어야 한다. 다만, 정부는 예산의 범위에서 출연(出捐)하거나 보조할 수 있다(동조 4항, 영 17조). 공제조합의 설립인가 기준 및 절차, 운영 및 감독 등에 관하여 필요한 사항은 대통령령으로 정하며, 공제조합에 관하여 이 법에 규정된 것을 제외하고는 민법 중 사단법인에 관한 규정을 준용한다(법 28조 5항・6항, 영 18조・19조).

(2) 사 업

공제조합은 다음 사업을 수행하며, 이 법에 따른 공제조합의 사업에 대하여는 「보험업법」을 적용하지 아니한다(법 29조).

- 소비자피해보상을 위한 공제사업 및 소비자의 권익보호를 위한 공익사업
- 소비자피해예방과 홍보를 위한 출판 및 교육사업
- 시장의 건전한 발전을 위한 자율정화사업
- 공정거래위원회로부터 위탁받은 사업

(3) 정관 및 공제규정

(가) 정 관

공제조합은 다음 각 호의 사항을 적은 정관을 정하여 공정거래위원회의 인가

를 받아야 한다. 정관을 변경하는 경우에도 또한 같다(법 30조 1항, 영 20조).

- 조합원의 자격과 가입·탈퇴에 관한 사항, 임원에 관한 사항, 출자금의 부담기준에 관한 사항, 이사회에 관한 사항, 이사장 선임에 관한 사항
- 그 밖에 대통령령으로 정하는 다음의 사항
  - 목적, 명칭, 사무소의 소재지, 출자 1좌(座)의 금액과 그 납입방법 및 지분계산에 관한 사항, 자산 및 회계에 관한 사항, 총회의 구성 및 운영에 관한 사항, 임원추천위원회의 구성, 추천위원의 결격사유 및 운영에 관한 사항, 직원에 관한 사항, 융자에 관한 사항, 업무와 그 집행에 관한 사항, 정관의 변경에 관한 사항, 해산과 남은 재산의 처리에 관한 사항, 공고의 방법에 관한 사항

(나) 공제규정

공제조합은 공제사업의 범위와 방식에 관한 공제규정을 정하여 공정거래위원회의 인가를 받아야 한다. 공제규정을 변경하는 경우에도 또한 같다(동조 2항).

(4) 감 독

(가) 조 사

공정거래위원회는 필요하다고 인정하면 공제조합에 대하여 업무 및 회계에 관한 보고서의 제출 또는 그 밖에 필요한 조치를 명하거나 소속 공무원으로 하여금 공제조합의 업무 및 회계 상황을 조사하거나 장부 또는 그 밖의 서류를 검사하게 할 수 있다(법 31조 1항). 이러한 조사 또는 검사를 하는 공무원은 그 권한을 표시하는 증표를 지니고 이를 관계인에게 보여 주어야 한다(동조 4항).

(나) 시정조치 등

공정거래위원회는 공제조합의 운영 및 업무 집행 등이 법령이나 정관 등에 적합하지 아니한 경우 그 시정을 명할 수 있고, 그 밖에 소비자의 피해구제 등과 관련하여 필요한 경우에는 적합한 조치를 요구할 수 있다(동조 2항). 또한 공정거래위원회는 (i) 공제조합의 임직원이 이러한 시정명령이나 조치를 이행하지 않거나 (ii) 전술한 공제규정(법 30조 2항)에 위반하여 업무를 처리한 경우 관련 임직원에 대한 징계·해임을 요구하거나 해당 위반행위를 시정하도록 명할 수 있다(법 31조 3항).

사. 휴업기간 등에서의 청약의 철회 등에 관한 업무처리 등

선불식 할부거래업자는 그 휴업기간 또는 영업정지기간 중에도 청약의 철회(법 24조)나 계약의 해제(법 25조) 업무를 계속하여야 한다(법 32조 1항). 또한 그 영업을 휴업하거나 영업정지 처분을 받은 경우에는 그 휴업기간 또는 영업정지기간을 소비자에게 서면, 전화, 팩스, 전자우편, 휴대전화에 의한 문자메시지 또는 이와 비슷한 방법에 따라 알려야 한다(동조 2항, 영 20조의2).

아. 거래기록 등의 열람

선불식 할부거래업자 등은 대통령령으로 정하는 바에 따라 재화 등의 거래기록·소비자피해보상보험계약 등의 체결내용을 언제든지 소비자가 열람할 수 있게 하여야 한다(법 33조).

자. 금지행위

선불식 할부거래업자는 다음의 행위를 하여서는 아니 된다. 다만, 7), 9), 13) 및 14)는 모집인에게는 적용되지 않는다(법 34조).

1) 계약의 체결을 강요하거나 청약의 철회 또는 계약의 해제를 방해할 목적으로 상대방을 위협하는 행위
2) 거짓·과장된 사실을 알리거나 기만적 방법을 사용하여 상대방과의 거래를 유도하거나 청약의 철회 또는 계약의 해제를 방해하는 행위
3) 청약의 철회 또는 계약의 해제를 방해할 목적으로 주소·전화번호 등을 변경하는 행위
4) 분쟁이나 불만처리에 필요한 인력 또는 설비가 부족한 상태를 상당 기간 방치하여 상대방에게 피해를 주는 행위
5) 상대방의 청약이 없음에도 재화 등의 대금을 청구하는 행위
6) 소비자가 계약을 체결할 의사가 없음을 밝혔음에도 전화, 팩스, 컴퓨터통신 등을 통하여 계약체결을 강요하는 행위
7) 소비자피해보상보험계약 등을 체결하지 아니하고 영업하는 행위
8) 소비자피해보상보험계약 등을 체결하지 아니하였음에도 소비자피해보상보험계약 등을 체결한 사실을 나타내는 표지나 이와 유사한 표지를 제작 또는 사용하

는 행위

9) 소비자피해보상보험계약 등에 따라 보전하여야 할 금액을 보전하지 아니하고 영업하는 행위

10) 본인의 허락을 받지 아니하거나 허락받은 범위를 넘어 소비자에 관한 정보를 이용(제3자에게 제공하는 경우를 포함한다)하는 행위. 다만, 다음의 경우는 제외한다.
   - 재화 등의 배송 등 소비자와의 계약이행에 불가피한 경우로서 대통령령으로 정하는 경우
   - 재화 등의 거래에 따른 대금을 정산하기 위하여 필요한 경우
   - 도용을 방지하기 위하여 본인임을 확인할 때 필요한 경우로서 대통령령으로 정하는 경우
   - 다른 법률에 따라 불가피한 사유가 있는 경우

11) 소비자가 계약을 해제하였음에도 불구하고 정당한 사유 없이 이에 따른 조치를 지연하거나 거부하는 행위

12) 청약의 철회 또는 계약의 해제와 관련하여 분쟁이 발생한 경우 대금을 지급받기 위하여 소비자에게 위계를 사용하거나 위력을 가하는 행위

13) 자신이 공급하는 재화 등을 소비자가 양도·양수하는 것을 상당한 이유 없이 제한하거나 양도·양수함에 있어 과다한 비용을 부과하는 행위

14) 다른 사람에게 자기의 명의 또는 상호를 사용하여 선불식 할부거래업을 하게 하거나 선불식 할부거래업 등록증을 대여하는 행위

15) 방문판매 등에 관한 법률 제2조 제5호에 따른 다단계판매 방식으로 선불식 할부계약을 체결하거나 선불식 할부계약의 체결을 대리 또는 중개하는 행위

16) 금전대차 관계를 이용하여 선불식 할부계약의 체결을 요구하는 행위

17) 소비자와 체결한 선불식 할부계약 중 일부에 대하여 이전계약을 체결하는 행위

18) 이전계약을 체결한 선불식 할부거래업자가 해당 이전계약에 대한 소비자의 동의를 받지 아니하고 소비자의 예금 등에서 금원을 인출하는 행위

3. 조사 및 감독

가. 위반행위의 조사

(1) 직권조사

공정거래위원회, 시·도지사 또는 시장·군수·구청장(자치구의 구청장. 이하 같다)은 선불식 할부거래업자가 이 법을 위반한 사실이 있다고 인정할 때에는 직권

으로 필요한 조사를 할 수 있다(법 35조 1항). 시 · 도지사 또는 시장 · 군수 · 구청장이 이러한 조사를 하려는 경우에는 공정거래위원회에 통보하여야 하며, 공정거래위원회는 조사 등이 중복될 우려가 있는 경우에는 시 · 도지사 또는 시장 · 군수 · 구청장에게 조사의 중지를 요청할 수 있다. 이 경우 요청을 받은 시 · 도지사 또는 시장 · 군수 · 구청장은 상당한 이유가 없으면 그 조사를 중지하여야 한다(동조 2항). 공정거래위원회, 시 · 도지사 또는 시장 · 군수 · 구청장이 위의 조사를 한 경우에는 그 결과(조사 결과 시정조치명령 등의 처분을 하려는 경우에는 그 처분의 내용 포함)를 해당 사건의 당사자에게 문서로 알려야 한다(동조 3항).

(2) 합동조사

공정거래위원회는 전술한 조사를 위하여 한국소비자원과 합동으로 조사반을 구성할 수 있다. 이 경우 조사반의 구성과 조사에 관한 구체적 방법과 절차, 그 밖에 필요한 사항은 대통령령으로 정한다(동조 6항, 영 23조). 이때 해당 업무를 담당하는 한국소비자원의 임직원은 형법 제129조(수뢰 · 사전수뢰)부터 제132조(알선수뢰)까지의 규정에 따른 벌칙을 적용할 때에는 공무원으로 본다(법 35조 7항).

(3) 신 고

누구든지 선불식 할부거래업자가 이 법을 위반한 사실이 있다고 인정할 때에는 그 사실을 공정거래위원회, 시 · 도지사 또는 시장 · 군수 · 구청장에게 신고할 수 있다(동조 4항).

(4) 시정조치 · 과징금 부과의 시한

공정거래위원회는 선불식 할부거래업자의 이 법 위반행위가 끝난 날부터 5년이 지난 경우 그 위반행위에 대하여는 이 법에 따른 시정조치를 명하지 아니하거나 과징금을 부과하지 아니한다. 다만, 시정조치 또는 과징금 부과처분이 판결의 취지에 따라 취소된 경우로서 그 판결이유에 따라 새로운 처분을 하는 경우에는 그러하지 아니하다(동조 5항).

나. 부당행위에 대한 정보의 공개

공정거래위원회는 선불식 할부거래에서의 공정거래질서 확립과 소비자 피해예방을 위하여 필요한 경우에는 대통령령으로 정하는 바에 따라 선불식 할부거래업자의 이 법 위반행위에 대한 조사 결과 등 부당행위에 대한 정보를 공개할 수 있다(법 36조, 영 24조).

다. 보고 및 감독

시·도지사 또는 시장·군수·구청장은 제38조에 따른 시정권고를 하는 경우에는 지체 없이 공정거래위원회에 보고하여야 한다(법 37조 1항, 영 25조). 공정거래위원회는 이 법의 효율적인 시행을 위하여 필요하다고 인정할 때에는 그 소관 사항에 관하여 시·도지사 또는 시장·군수·구청장에게 조사·확인 또는 자료의 제출을 요구하거나 그 밖에 시정에 필요한 조치를 하도록 요구할 수 있다. 이 경우 시·도지사 또는 시장·군수·구청장은 특별한 사유가 없으면 이에 따라야 한다(법 37조 2항).

4. 시정조치 및 과징금 부과

가. 위반행위의 시정권고

공정거래위원회, 시·도지사 또는 시장·군수·구청장(이하 "행정청")은 선불식 할부거래업자가 이 법에 위반되는 행위를 하거나 이 법에 따른 의무를 이행하지 아니하는 경우 후술하는 시정조치(법 39조)를 하기 전에 그 선불식 할부거래업자가 해당 행위의 중지, 이 법에 따른 의무의 이행, 그 밖에 소비자 피해예방 및 구제에 필요한 조치를 하도록 시정 방안을 정하여 그 선불식 할부거래업자에게 이에 따를 것을 권고할 수 있다. 이 경우 해당 선불식 할부거래업자가 그 권고를 수락한 경우에는 제3항에 따라 시정조치가 내려진 것으로 본다는 뜻을 함께 통지하여야 한다(법 38조 2항). 시정권고를 받은 선불식 할부거래업자는 그 통지를 받은 날부터 10일 이내에 그 권고의 수락 여부를 시정권고를 한 행정청에 통지하여야 한다(동조 2항). 시정권고를 받은 선불식 할부거래업자가 이를 수락한 때에는 시정조치가 내려진 것으로 본다(동조 3항).

나. 시정조치

공정거래위원회는 선불식 할부거래업자가 다음 행위를 하거나 이 법에 따른 의무를 이행하지 아니한 경우 해당 선불식 할부거래업자에게 그 시정을 위한 조치를 명할 수 있다(법 39조 1항).

- 법 제18조 제1항·제3항·제4항·제6항, 제19조, 제20조, 제22조, 제22조의2, 제23조부터 제26조까지, 제27조 제1항·제3항부터 제7항까지·제10항, 제32조, 제33조를 위반하는 경우
- 법 제34조 각 호의 어느 하나에 해당하는 금지행위를 한 경우

위의 시정을 위한 조치에는 (i) 해당 위반행위의 중지, (ii) 이 법에 규정된 의무의 이행, (iii) 시정조치를 받은 사실의 공표, (iv) 소비자피해 예방 및 구제에 필요한 조치, (v) 그 밖에 시정을 위하여 필요한 조치를 포함한다(법 39조 2항). 이 중 (iii)의 시정조치를 받은 사실의 공표에 관하여 필요한 사항은 대통령령으로 정한다(동조 3항, 영 26조).

다. 관계기관의 협조

공정거래위원회는 지급의무자가 이 법을 위반한 혐의가 있다고 인정되는 때에는 금융위원회 등 해당 지급의무자를 감독하는 중앙행정기관의 장에게 해당 지급의무자에 대한 조사, 제재 등 그 시정을 위하여 필요한 조치를 요청할 수 있다(법 39조의2 1항). 이러한 요청을 받은 자는 특별한 사유가 없으면 이에 응하여야 한다(동조 2항).

라. 영업정지 등

(1) 영업정지

공정거래위원회는 선불식 할부거래업자가 다음 중 어느 하나에 해당하는 경우에는 대통령령으로 정하는 바에 따라 1년 이내의 기간을 정하여 그 영업의 전부 또는 일부의 정지를 명할 수 있다(법 40조 1항, 영 27조 관련 별표 2).

- 다음 중 어느 하나에 해당하는 경우로서 법 제39조에 따른 시정조치명령에도 불구하고 위반행위를 반복하거나 시정조치를 이행하지 아니하는 경우

1) 법 제18조 제3항 또는 제4항에 따른 신고를 하지 아니하거나 거짓으로 신고한 경우
2) 법 제34조 제1호부터 제3호까지, 제7호부터 제9호까지 또는 제12호에 해당하는 금지행위를 한 경우

• 위 1), 2) 중 어느 하나에 해당하는 경우로서 시정조치만으로는 소비자의 피해를 방지하기 어렵거나 소비자에 대한 피해보상이 불가능하다고 판단되는 경우

(2) 등록 취소

시・도지사는 선불식 할부거래업자가 다음 각 호의 어느 하나에 해당하는 경우 그 등록을 취소할 수 있다. 다만, 1) 및 2)에 해당하는 경우에는 그 등록을 취소하여야 한다(법 40조 2항).

1) 거짓이나 그 밖의 부정한 방법으로 법 제18조(영업의 등록 등) 제1항에 따른 등록을 한 경우
2) 법 제20조(결격사유) 각 호의 결격사유에 해당하게 된 경우[5)]
3) 소비자피해보상보험계약 등이 해지된 경우
4) 영업정지기간 중에 영업을 하는 경우
5) 최근 5년간 전술한 영업정지 명령을 3회 이상 받은 경우(법 제42조에 따라 영업정지에 갈음하여 과징금을 부과받은 경우도 포함)

시・도지사가 위와 같이 선불식 할부거래업자의 등록을 취소하려면 청문을 하여야 한다(법 40조 3항).

마. 소비자피해분쟁조정의 요청

(1) 분쟁조정의 의뢰

공정거래위원회, 시・도지사 또는 시장・군수・구청장은 이 법 위반행위와 관련하여 소비자의 피해구제신청이 있으면 시정권고(법 38조) 또는 시정조치(법 39조)를

---

5) 선불식 할부거래업자의 등록결격사유의 하나인 "법 제40조에 따른 등록취소 당시 임원 또는 지배주주였던 사람이 임원 또는 지배주주인 회사"(법 20조 4호)에 관한 사례로, 대법원 2017.4.26. 선고 2016두46175 판결(선불식 할부거래회사의 선불식 할부거래업 등록이 취소될 당시 임원 또는 지배주주였던 사람이 다른 선불식 할부거래회사의 임원 또는 지배주주인 경우에 행정청은 원칙적으로 이 회사의 선불식 할부거래업 등록도 취소해야 하고, 해당 임원이 사임하는 등의 사유로 등록취소 처분 이전에 결격사유가 해소되었다고 하더라도 이를 달리 볼 것은 아님).

하기 전에 선불식 할부거래에 관한 소비자보호 관련 업무를 수행하는 기관 또는 단체 등 다음의 소비자피해분쟁조정기구에 그 조정을 의뢰할 수 있다(법 41조 1항 1문).

- 한국소비자원 및 시 · 도지사가 설치한 소비자피해구제기구(소비자기본법 16조, 동 시행령 7조)
- 그 밖에 소비자보호 관련 법령에 따라 설치 · 운영되는 분쟁조정기구

(2) 조정안의 수락

이 경우 공정거래위원회, 시 · 도지사 또는 시장 · 군수 · 구청장은 조정안을 당사자가 수락하고 이행하는 경우에는 시정조치를 하지 아니한다는 뜻을 당사자에게 알려야 한다(법 41조 1항 2문). 전술한 소비자피해분쟁조정기구의 조정안에 대하여 당사자가 수락하고 이행한 경우에는 대통령령으로 정하는 바에 따라 시정조치를 하지 아니한다(동조 2항, 영 29조).

(3) 예산 지원

공정거래위원회는 제1항에 따라 분쟁의 조정을 요청하는 경우 예산의 범위에서 해당 분쟁의 조정에 필요한 예산을 지원할 수 있다(동조 3항).

바. 과징금

(1) 과징금부과의 요건 및 기준

공정거래위원회는 전술한 영업정지(법 40조 1항)를 명하여야 할 경우로서 영업정지가 소비자에게 심한 불편을 주거나 공익을 해할 우려가 있으면 영업정지를 갈음하여 해당 선불식 할부거래업자에 대하여 대통령령으로 정하는 위반행위 관련 매출액을 초과하지 아니하는 범위에서 과징금을 부과할 수 있다. 이 경우 관련 매출액이 없거나 이를 산정할 수 없는 경우 등에는 5천만원을 초과하지 아니하는 범위에서 과징금을 부과할 수 있다(법 42조 1항, 영 30조). 이러한 과징금의 부과기준은 대통령령으로 정한다(법 42조 5항, 영 31조 및 관련 별표 3). 공정거래위원회는 과징금을 부과할 때 (i) 위반행위로 인한 소비자 피해 정도, (ii) 소비자피해에 대한 선불식 할부거래업자의 보상노력 정도, (iii) 위반행위로 인하여 취득한 이익의 규모 및 (iv) 위반행위의 내용 · 기간 및 횟수 등을 고려하여야 한다(법 42조 2항).

(2) 합병의 경우

공정거래위원회는 이 법을 위반한 선불식 할부거래업자인 회사의 합병이 있는 경우에는 그 회사가 행한 위반행위를 합병 후 존속하거나 합병으로 새로 설립된 회사가 한 행위로 보아 과징금을 부과·징수할 수 있다(동조 3항).

(3) 준용규정

과징금의 납부기한의 연장, 분할납부, 징수, 체납처분 및 환급가산금에 관하여는 공정거래법 제103조, 제105조 및 제106조를 준용한다(법 42조 4항).

Ⅳ. 보 칙

1. 준용규정

선불식 할부거래에 관하여는 할부거래법에서 다르게 정하거나 성질에 반하지 아니하면 할부거래에 관한 동법 제12조(할부거래업자 등의 손해배상 청구금액의 제한)부터 제16조(소비자의 항변권)까지의 규정을 준용한다(법 42조의2).

2. 소비자에게 불리한 계약의 금지

다음의 규정을 위반한 약정으로서 소비자에게 불리한 것은 효력이 없다(편면적 강행규정)(법 43조).

- **할부거래 관련** 법 제6조(할부계약의 서면주의), 제7조(할부수수료의 실제연간요율), 제8조(청약의 철회), 제9조(간접할부계약에서의 청약의 철회 통보), 제10조(청약의 철회 효과), 제11조(할부거래업자의 할부계약 해제), 제12조(할부거래업자 등의 손해배상 청구금액의 제한), 제13조(소비자의 기한의 이익 상실), 제15조(할부대금채권의 소멸시효) 및 제16조(소비자의 항변권)
- **선불식 할부거래 관련** 법 제22조의2(선불식 할부계약의 이전), 제23조(계약체결 전의 정보제공 및 계약체결에 따른 계약서 발급), 제24조(소비자의 청약의

철회), 제25조(소비자의 선불식 할부계약 해제) 및 제26조(선불식 할부거래업자의 선불식 할부계약 해제)

3. 전속관할

할부거래 및 선불식 할부거래와 관련된 소는 제소 당시 소비자의 주소를, 주소가 없는 경우에는 거소를 관할하는 지방법원의 전속관할로 한다. 다만, 제소 당시 소비자의 주소 및 거소가 분명하지 아니한 경우에는 민사소송법의 관련 규정을 준용한다(법 44조).

4. 사업자단체의 등록

할부거래 및 선불식 할부거래의 건전한 발전과 소비자의 신뢰도 제고, 그 밖에 공동이익의 증진을 목적으로 설립된 사업자단체는 대통령령으로 정하는 바에 따라 공정거래위원회에 등록할 수 있다(법 45조 1항). 등록의 요건, 방법 및 절차 등에 관하여 필요한 사항은 대통령령으로 정한다(동조 2항, 영 32조).

5. 사무의 위탁

공정거래위원회는 이 법을 효율적으로 집행하기 위하여 필요한 경우 법 제18조 제5항에 따른 선불식 할부거래업자에 관한 정보의 공개 등 대통령령으로 정하는 사무의 일부를 위와 같이 등록한 사업자단체에 위탁할 수 있다(법 46조 1항). 이에 따라 위탁한 사무에 대한 감독, 처리・보고, 조사・확인, 자료의 제출 또는 시정에 필요한 조치의 요구 등에 관하여 필요한 사항은 대통령령으로 정한다(동조 2항). 사무를 위탁받은 사업자단체의 임직원은 형법 제129조(수뢰・사전수뢰)부터 제132조(알선수뢰)까지의 규정에 따른 벌칙을 적용할 때에는 공무원으로 본다(법 46조 3항).

6. 공정거래법의 준용

이 법에 따른 공정거래위원회의 심의·의결에 관하여는 공정거래법 제64조부터 제68조까지 및 제93조를 준용한다(법 47조 1항). 이 법 시행을 위한 공정거래위원회, 시·도지사 또는 시장·군수·구청장의 조사 등에 관하여는 공정거래법 제81조 제1항·제2항·제3항·제6항 및 제9항의 규정을 준용한다(법 47조 2항). 이 법에 따른 공정거래위원회의 처분 및 시·도지사의 처분에 대한 이의신청, 시정조치명령의 집행정지, 소의 제기 및 불복의 소의 전속관할에 관하여는 공정거래법 제96조, 제97조, 제99조부터 제101조까지의 규정을 준용한다(법 47조 3항). 이 법에 따른 직무에 종사하거나 종사하였던 공정거래위원회의 위원 또는 공무원에 대하여는 공정거래법 제119조를 준용한다(법 47조 4항).

V. 벌 칙

1. 형 벌

가. 위반행위 유형별 형량

법 제48조 내지 제51조는 위반행위의 유형별로 다음과 같이 형사제재를 규정하고 있다.

1) 다음 중 어느 하나에 해당하는 자는 3년 이하의 징역 또는 1억원 이하의 벌금에 처한다. 이 경우 위반행위자가 해당 법 위반행위와 관련하여 판매 또는 거래한 대금 총액의 3배에 상당하는 금액이 1억원을 초과하는 때에는 3년 이하의 징역 또는 판매하거나 거래한 대금 총액의 3배에 상당하는 금액 이하의 벌금에 처한다. 이때 징역형과 벌금형은 병과할 수 있다(법 48조).
   - 제18조 제1항을 위반하여 등록을 하지 아니하고(제40조 제2항에 따라 등록이 취소된 경우를 포함한다) 선불식 할부거래업을 하는 자
   - 거짓이나 그 밖의 부정한 방법으로 제18조 제1항에 따른 등록을 하고 선불식

할부거래업을 하는 자(제34조 제7호의 금지행위를 한 자를 포함한다)

- 제34조 제17호 또는 제18호의 금지행위를 한 자
- 제39조 제1항에 따른 시정조치 명령에 응하지 아니한 자
- 제40조 제1항에 따른 영업정지 명령을 위반하여 영업을 한 자

2) 법 제47조 제4항에 따라 준용되는 공정거래법 제119조를 위반한 자는 2년 이하의 징역 또는 200만원 이하의 벌금에 처한다(법 49조).

3) 다음 중 어느 하나에 해당하는 자는 1년 이하의 징역 또는 3천만원 이하의 벌금에 처한다. 이때 징역형과 벌금형은 병과할 수 있다(법 50조).

- 제27조 제10항을 위반하여 소비자피해보상보험계약 등을 체결 또는 유지함에 있어 거짓으로 선수금 등의 자료를 제출한 자
- 제34조 제1호부터 제3호까지, 제8호·제9호·제12호 및 제14호부터 제16호까지에 해당하는 금지행위를 한 자

4) 다음 중 어느 하나에 해당하는 자는 1천만원 이하의 벌금에 처한다(법 51조).

- 제34조 제5호의 금지행위를 한 자
- 제34조 제11호의 금지행위를 한 자

나. 양벌규정

법인의 대표자나 법인 또는 개인의 대리인, 사용인, 그 밖의 종업원이 그 법인 또는 개인의 업무에 관하여 위 1), 2), 4)의 위반행위를 하면 그 행위자를 벌하는 외에 그 법인 또는 개인에게도 해당 조문의 벌금형을 과한다. 다만, 법인 또는 개인이 그 위반행위를 방지하기 위하여 해당 업무에 관하여 상당한 주의와 감독을 게을리하지 아니한 경우에는 그러하지 아니하다(법 52조).

2. 과태료

가. 위반행위 유형별 과태료 금액

법 제53조는 위반행위 유형별로 다음과 같이 과태료를 규정하고 있다.

1) 다음 중 어느 하나에 해당하는 자에게는 5천만원 이하의 과태료를 부과한다.

- 제18조 제3항 또는 제4항에 따른 신고를 거짓으로 한 자
- 제22조 제3항 또는 제22조의2 제7항에 따른 신고를 거짓으로 한 자

2) 다음 중 어느 하나에 해당하는 자에게는 3천만원 이하의 과태료를 부과한다.

- 제18조 제3항 또는 제4항에 따른 신고를 하지 아니한 자
- 제18조 제6항을 위반하여 자료를 제출하지 아니하거나 거짓 자료를 제출한 자
- 제18조의2 제1항에 따른 회계감사 보고서를 제출하지 아니한 자
- 제22조 제3항 또는 제22조의2 제7항에 따른 신고를 하지 아니한 자
- 거짓이나 그 밖의 부정한 방법으로 제22조의2 제2항에 따른 설명을 하거나 동의를 받은 자
- 모집인이 제23조 제1항 또는 제2항을 위반한 경우 해당 선불식 할부거래업자. 다만, 선불식 할부거래업자가 그 위반행위를 막기 위하여 해당 업무에 관하여 상당한 주의와 감독을 게을리하지 아니한 경우에는 그러하지 아니하다.
- 거짓이나 그 밖의 부정한 방법으로 제23조 제1항, 제2항 또는 제4항에 따른 설명을 하거나 확인을 받은 자
- 거짓이나 그 밖의 부정한 방법으로 제23조 제3항 · 제4항에 따른 계약서를 발급한 자
- 제27조 제12항에 따른 서류를 제출하지 아니한 자
- 제33조에 따른 소비자의 열람에 제공하는 재화 등의 거래기록 · 소비자피해보상보험계약 등의 체결내용을 거짓으로 작성한 자

3) 다음 중 어느 하나에 해당하는 자에게는 1천만원 이하의 과태료를 부과한다.
- 제18조의2 제2항에 따라 회계감사 보고서를 공시하지 아니한 자
- 제22조 제2항 및 제22조의2 제1항에 따른 공고를 하지 아니하거나 거짓으로 공고한 자
- 제22조의2 제2항 또는 제3항을 위반한 자
- 제22조의2 제6항을 위반하여 자료를 보존하지 아니한 자
- 제23조 제1항 또는 제2항을 위반하여 설명 또는 확인을 받지 아니한 자
- 제23조 제3항 또는 제4항에 따른 계약서를 발급하지 아니한 자
- 제23조 제5항 및 제32조 제2항을 위반하여 대통령령으로 정하는 사항을 소비자에게 알리지 아니한 자
- 제24조 제5항을 위반하여 계약금, 할부금 또는 지연배상금을 환급하지 아니한 자
- 제25조를 위반하여 대금 또는 지연배상금을 환급하지 아니하거나 과다한 위약금을 청구한 자
- 제32조 제1항을 위반하여 휴업기간 또는 영업정지기간 중에 청약의 철회 등에 관한 업무를 계속하지 아니한 자
- 제33조에 따른 재화 등의 거래기록 · 소비자피해보상보험계약 등의 체결내용

을 소비자가 열람할 수 있도록 하지 아니한 자

- 제47조 제2항에 따라 준용되는 독점규제 및 공정거래에 관한 법률 제81조 제1항 제1호에 따른 출석처분을 받은 당사자 중 정당한 사유 없이 2회 이상 응하지 아니한 자로서 이 법을 위반한 자
- 제47조 제2항에 따라 준용되는 독점규제 및 공정거래에 관한 법률 제81조 제1항 제3호 또는 제6항에 따른 보고 또는 필요한 자료나 물건의 제출을 하지 아니하거나 거짓 보고 또는 자료나 물건을 제출한 자
- 제47조 제2항에 따라 준용되는 독점규제 및 공정거래에 관한 법률 제81조 제2항 및 제3항에 따른 조사를 거부·방해 또는 기피한 자

4) 다음 중 어느 하나에 해당하는 자(간접할부계약의 경우 신용제공자를 포함한다)에게는 500만원 이하의 과태료를 부과한다.

- 제5조를 위반하여 표시를 하지 아니하거나 거짓 표시를 한 자
- 제6조 제2항에 따른 계약서를 발급하지 아니하거나 거짓으로 적은 계약서를 발급한 자
- 제6조 제3항에 따른 서면을 발급하지 아니한 자
- 제7조에 따른 할부수수료의 실제연간요율의 최고한도를 위반하여 할부수수료를 받은 자
- 제10조를 위반하여 계약금, 할부금 또는 지연배상금을 환급하지 아니하거나 환급에 필요한 조치를 취하지 아니한 자
- 제10조 제8항 또는 제16조 제7항을 위반하여 소비자에게 불이익을 주는 행위를 한 자
- 제12조 제1항에 따른 지연손해금 산정 시 적용하는 이율의 최고한도를 위반하여 지연손해금을 받은 자
- 제17조를 위반하여 휴업기간 또는 영업정지기간 중에 청약의 철회에 관한 업무를 계속하지 아니한 자

5) 제47조 제1항에 따라 준용되는 독점규제 및 공정거래에 관한 법률 제66조에 따른 질서유지명령에 따르지 아니한 자에게는 100만원 이하의 과태료를 부과한다.

나. 과태료의 징수·부과기준

위 1), 2), 3) 및 5)에 따른 과태료는 공정거래위원회, 시·도지사 또는 시장·군수·구청장이 부과·징수하고, 위 4)에 따른 과태료는 시장·군수·구청장이

부과 · 징수한다(동조 6항 · 7항). 위 1) 내지 5)의 과태료 부과기준은 대통령령으로 정한다(동조 8항, 영 33조 관련 별표 4).

과태료에 관한 규정을 적용할 때 법 제42조에 따라 과징금을 부과한 행위에 대해서는 과태료를 부과할 수 없다(법 54조).

제4장 방문판매법

Ⅰ. 총 칙

1. 목 적

무점포방식으로 소비자와 직접 대면하여 적극적인 마케팅을 하는 방문판매·전화권유판매·다단계판매 및 후원방문판매나, 1개월 이상 거래관계가 유지되는 계속거래 또한 통상적인 재화가 아닌 사업기회 등을 알선·제공하는 사업권유거래 등은 공히 소비자들이 사업자들에 비해 정보나 지식이 부족한 상태에서 거래함으로써 불의의 피해를 볼 우려가 있다.[1] 또한 이러한 특수판매유형들은 충동구매·구매강요(방문판매·전화권유판매), 사행적 구매·연고판매·기만행위(다단계판매·후원방문판매), 해지 관련 분쟁(계속거래·사업권유거래) 등 다양한 소비자피해를 야기한다.

이에 대한 법적 대응으로 마련된 것이 방문판매 등에 관한 법률(이하 이 장에서 "법"으로 인용)이며, 이 법은 방문판매, 전화권유판매, 다단계판매, 후원방문판매, 계속거래 및 사업권유거래 등에 의한 재화 또는 용역의 공정한 거래에 관한 사항을 규정함으로써 소비자의 권익을 보호하고 시장의 신뢰도를 높여 국민경제의 건전한 발전에 이바지함을 목적으로 하고 있다(동법 1조).

1) 공정거래위원회 (2011), 94면.

2. 적용 범위

가. 적용제외

이 법은 다음의 거래에는 적용하지 아니한다(법 3조).

1) 사업자(다단계판매원, 후원방문판매원 또는 사업권유거래의 상대방 제외)가 상행위를 목적으로 재화 등을 구입하는 거래(단, 사업자가 사실상 소비자와 같은 지위에서 다른 소비자와 같은 거래조건으로 거래하는 경우는 제외)
2) 금융상품판매업자(금융소비자 보호에 관한 법률 2조 3호)와 예금성 상품, 대출성 상품, 투자성 상품 및 보장성 상품(동법 3조)에 관한 계약을 체결하기 위한 거래[2)]
3) 개인이 독립된 자격으로 공급하는 재화 또는 용역(이하 "재화 등")의 거래로서 방문판매원을 두지 아니하는 방문판매업자가 (i) 가공되지 아니한 농산물 · 수산물 · 축산물 · 임산물, 또는 (ii) 방문판매자가 직접 생산한 재화 등을 방문판매하는 거래

여기서 "소비자"란 다음 중 하나에 해당하는 자를 말한다(법 2조 12호, 방문판매 등에 관한 법률 시행령(이하 이 장에서 "영"으로 인용) 4조).

- **최종소비자** 사업자가 제공하는 재화 등을 소비생활을 위하여 사용하거나 이용하는 자
- **최종소비자에 준하는 자** 사업자가 제공하는 재화 등을 소비생활 외의 목적으로 사용하거나 이용하는 자로서 다음 중 어느 하나에 해당하는 자
  - 재화 등을 최종적으로 사용하거나 이용하는 자(단, 재화 등을 원재료(중간재 포함) 및 자본재로 사용하는 자는 제외)
  - 사실상 소비자와 같은 지위에서 다른 소비자와 같은 조건으로 거래하는 사업자(법 3조 1호 단서)로서 재화 등을 구매하는 자(해당 재화 등을 판매한 자에 대한 관계로 한정)
  - 다단계판매원 또는 후원방문판매원이 되기 위하여 다단계판매업자 또는 후원방문판매업자로부터 재화 등을 최초로 구매하는 자

---

2) 위의 방문판매법 제3조 2호의 문언은 2022.12.8.부터 시행되는 개정 법률(법률 제18571호, 2021.12.7. 일부개정)에 따른 것이다. 개정 전 동호는 "보험업법 제2조 제6호에 따른 보험회사와 보험계약을 체결하기 위한 거래"만을 열거하고 있었으나, 개정 방문판매법은 영업점 밖에서의 금융투자상품 판매(방문판매 · 전화권유판매)의 활성화를 유도하기 위해 동법의 적용대상에서 널리 금융투자상품 등의 거래를 제외한 것이다.

- 방문판매업자 또는 전화권유판매업자와 거래하는 경우의 방문판매원 또는 전화권유판매원
- 재화 등을 농업(축산업 포함) 및 어업 활동을 위하여 구입한 자(원양산업발전법 6조 1항에 따라 해양수산부장관의 허가를 받은 원양어업자는 제외)

나. 다른 법률과의 관계

방문판매, 전화권유판매, 다단계판매, 후원방문판매, 계속거래 및 사업권유거래(이하 "특수판매")에서의 소비자보호와 관련하여 이 법과 다른 법률이 경합하여 적용되는 경우에는 이 법을 우선 적용한다. 다만, 다른 법률을 적용하는 것이 소비자에게 유리한 경우에는 그 법률을 적용한다(법 4조 1항). 다른 법률에 이 법과는 다른 방법에 따른 계약서 발급의무 등이 규정되어 있는 거래에 대하여는 제7조·제16조 및 제30조에 따른 계약서 발급 의무에 관한 규정을 적용하지 아니한다(법 4조 2항). 계속거래에 관하여 이 법에서 규정하고 있는 사항을 다른 법률에서 따로 정하고 있는 경우에는 그 법률을 적용한다(동조 3항). 또한 할부거래에 관한 법률 제2조 제4호에 따른 선불식 할부거래 및 선불식 할부거래업자에 대하여는 청약철회 및 소비자피해보상보험계약 등에 관한 법 제8조, 제9조, 제17조, 제18조 및 제37조를 적용하지 아니한다(법 4조 4항).

II. 방문판매와 전화권유판매

1. 의 의

가. 방문판매

(1) 방문판매

"방문판매"란 재화 또는 용역(일정한 시설을 이용하거나 용역을 제공받을 수 있는 권리 포함. 이하 같다)의 판매(위탁 및 중개 포함. 이하 같다)를 업으로 하는 자(이하 "판매업자")가 방문을 하는 방법으로 그의 사업장 외의 장소에서 소비자에게 권유

하여 계약의 청약을 받거나 계약을 체결하여 재화 등을 판매하는 것을 말한다(법 2조 1호). 여기서 "사업장"이란 영업소, 대리점, 지점, 출장소 등 명칭에 관계없이 다음 요건을 모두 갖춘 장소를 말한다(방문판매 등에 관한 법률 시행규칙(이하 이 장에서 "규칙"으로 인용) 2조).

- 소유 또는 임차하거나 점용허가를 받은 고정된 장소에서 3개월 이상 계속적으로 영업할 것(단, 천재지변 등 불가피한 사유로 영업을 계속할 수 없는 기간은 산입하지 않음)
- 판매에 필요한 시설을 갖출 것
- 영업 중에는 소비자가 자유의사에 따라 출입할 수 있을 것
- 영업장소 내에서 소비자가 자유의사에 따라 재화 등을 선택할 수 있는 상태를 유지할 것

또한 사업장 외의 장소에서 다음과 같은 방법으로 소비자를 유인하여 사업장에서 계약의 청약을 받거나 계약을 체결하는 경우도 방문판매에 포함된다(규칙 3조).

- 사업장 외의 장소에서 권유 등의 방법으로 소비자를 유인하여 함께 사업장으로 이동하는 것
- 주된 재화 등의 판매 목적을 숨기고 다른 재화 등의 무료·염가 공급 또는 소득기회 제공 등의 방법으로 유인하여 소비자가 사업장에 방문하게 하는 것
- 다른 소비자에 비하여 현저하게 유리한 조건으로 재화 등을 판매·공급한다고 권유하여 소비자를 사업장에 방문하도록 하는 것

(2) 방문판매자

한편 "방문판매자"란 방문판매를 업으로 하기 위하여 방문판매조직을 개설하거나 관리·운영하는 자(이하 "방문판매업자")와 방문판매업자를 대신하여 방문판매업무를 수행하는 자(이하 "방문판매원")를 말한다(법 2조 2호).

나. 전화권유판매

"전화권유판매"란 전화를 이용하여 소비자에게 권유를 하거나 전화회신을 유도하는 방법으로 재화 등을 판매하는 것을 말한다(동조 3호).[3] "전화권유판매자"란

---

3) 대법원 2007.10.11. 선고 2007도4697 판결(전화권유판매에는 '전화를 사용하여 소비자의

전화권유판매를 업으로 하기 위하여 전화권유판매조직을 개설하거나 관리·운영하는 자(이하 "전화권유판매업자")와 전화권유판매업자를 대신하여 전화권유판매업무를 수행하는 자(이하 "전화권유판매원")를 말한다(동조 4호).

2. 방문판매업자 등의 신고 등

가. 신고 및 정보공개

방문판매업자 또는 전화권유판매업자(이하 "방문판매업자 등")는 상호, 주소, 전화번호, 전자우편주소(법인인 경우에는 대표자의 성명, 주민등록번호 및 주소 포함), 자산·부채 및 자본금(상법상 회사인 경우)을 대통령령으로 정하는 바에 따라 공정거래위원회 또는 특별자치시장·특별자치도지사·시장·군수·구청장(자치구의 구청장. 이하 같다)에게 신고하여야 한다. 다만, (i) 방문판매원 또는 전화권유판매원(이하 "방문판매원 등")을 두지 아니하는 소규모 방문판매업자 등, (ii) 법 제13조 제1항에 따라 등록한 다단계판매업자 및 (iii) 법 제29조 제3항에 따라 등록한 후원방문판매업자는 예외이다(법 6조 1항, 영 7조, 8조 1항 내지 3항). 공정거래위원회는 이와 같이 방문판매업자 등이 신고한 사항을 대통령령으로 정하는 바에 따라 공개할 수 있다(법 6조 4항).

나. 변경신고 및 휴·폐업 등의 신고

위와 같이 신고한 사항이 변경된 경우 및 신고한 방문판매업자 등이 휴업·폐업 또는 휴업 후 영업을 다시 시작할 때에는 대통령령으로 정하는 바에 따라 이를 신고하여야 한다(법 6조 2항·3항, 영 8조 4항·5항).

다. 파산·폐업 등의 경우의 신고 말소

방문판매업자 등이 파산선고를 받거나 관할 세무서에 폐업신고를 한 경우 또는 6개월을 초과하여 영업을 하지 아니하는 등 실질적으로 영업을 할 수 없다고

응답을 유도하고 대화를 함으로써 청약을 유인하여 어떤 장소에서 만나 청약을 받거나 계약을 체결하는 경우'도 포함됨).

판단되는 경우에는 공정거래위원회 또는 특별자치시장 · 특별자치도지사 · 시장 · 군수 · 구청장은 직권으로 해당 방문판매업 등의 신고 사항을 말소할 수 있다(법 12조 2항).

3. 방문판매원 등의 명부 작성 등

방문판매업자 등은 총리령으로 정하는 바에 따라 방문판매원 등의 명부를 작성하여야 하며, 소비자피해를 방지하거나 구제하기 위하여 소비자가 요청하면 언제든지 소비자로 하여금 방문판매원 등의 신원을 확인할 수 있도록 하여야 한다(법 6조 1항 · 2항, 방문판매 등에 관한 법률 시행규칙(이하 이 장에서 "규칙"으로 인용) 9조). 또한 방문판매자 또는 전화권유판매자(이하 "방문판매자 등"이라 한다)가 재화 등을 판매하려는 경우에는 소비자에게 미리 해당 방문 또는 전화가 판매를 권유하기 위한 것이라는 점과 방문판매자 등의 성명 또는 명칭, 판매하는 재화 등의 종류 및 내용을 밝혀야 한다(법 6조 3항).

4. 방문판매자 등의 소비자에 대한 정보제공의무 등

가. 계약내용 설명의무

방문판매자 등은 재화 등의 판매에 관한 계약을 체결하기 전에 소비자가 계약의 내용을 이해할 수 있도록 다음 사항을 설명하여야 한다(법 7조 1항).

- 방문판매업자 등의 성명(법인인 경우에는 대표자의 성명), 상호, 주소, 전화번호 및 전자우편주소
- 방문판매원 등의 성명, 주소, 전화번호 및 전자우편주소(단, 방문판매업자 등이 소비자와 직접 계약을 체결하는 경우 제외)
- 재화 등의 명칭, 종류 및 내용
- 재화 등의 가격과 그 지급의 방법 및 시기
- 재화 등을 공급하는 방법 및 시기
- 청약의 철회 및 계약의 해제(이하 "청약철회 등")의 기한 · 행사방법 · 효과에 관한 사항 및 청약철회 등의 권리 행사에 필요한 서식으로서 총리령으로 정하는

것(규칙 10조)
- 재화 등의 교환·반품·수리보증 및 그 대금 환불의 조건과 절차
- 전자매체로 공급할 수 있는 재화 등의 설치·전송 등과 관련하여 요구되는 기술적 사항
- 소비자피해 보상, 재화 등에 대한 불만 및 소비자와 사업자 사이의 분쟁 처리에 관한 사항
- 거래에 관한 약관
- 그 밖에 소비자의 구매 여부 판단에 영향을 주는 거래조건 또는 소비자피해 구제에 필요한 다음의 사항(영 11조)
  - 재화 등의 가격 외에 소비자가 추가로 부담하여야 할 사항이 있는 경우 그 내용 및 금액
  - 판매일시·판매지역·판매수량·인도지역 등 판매조건과 관련하여 제한이 있는 경우 그 내용

나. 계약서 발급의무

방문판매자 등이 재화 등의 판매에 관한 계약을 체결할 때에는 이들 사항을 적은 계약서를 소비자에게 발급하여야 한다(법 7조 2항). 이러한 계약서 중 전화권유판매에 관한 계약서의 경우에는 소비자의 동의를 받아 그 계약의 내용을 팩스나 전자문서(전자문서 및 전자거래 기본법 2조 1호에 따른 전자문서. 이하 같다)로 송부하는 것으로써 갈음할 수 있다. 이 경우 팩스나 전자문서로 송부한 계약서의 내용이나 도달에 관하여 다툼이 있으면 전화권유판매자가 이를 증명하여야 한다(법 7조 4항). 방문판매업자 등은 위와 같이 소비자에게 설명하거나 표시한 거래조건을 신의에 좇아 성실하게 이행하여야 한다(동조 5항).

다. 미성년자와의 계약

방문판매자 등은 재화 등의 계약을 미성년자와 체결하려는 경우에는 법정대리인의 동의를 받아야 한다. 이 경우 법정대리인의 동의를 받지 못하면 미성년자 본인 또는 법정대리인이 계약을 취소할 수 있음을 알려야 한다(법 7조 3항).

라. 전화권유판매업자의 통화내용 보존의무

전화권유판매계약의 경우 전화권유판매업자는 소비자의 동의를 받아 통화내용 중 계약에 관한 사항을 계약일부터 3개월 이상 보존하여야 한다(법 7조의2 1항). 소비자는 전화권유판매업자가 보존하는 통화내용에 대하여 방문·전화·팩스 또는 전자우편 등의 방법으로 열람을 요청할 수 있으며, 전화권유판매업자는 그 요청에 따라야 한다(동조 2항).

5. 청약철회 등

가. 청약철회 등의 요건

(1) 소비자의 철회권

방문판매 또는 전화권유판매(이하 "방문판매 등")의 방법으로 재화 등의 구매에 관한 계약을 체결한 소비자는 다음의 기간(거래 당사자 사이에 이들 기간보다 긴 기간으로 약정한 경우에는 그 기간) 이내에 그 계약에 관한 청약철회 등을 할 수 있다(법 8조 1항).

1) 계약서(법 7조 2항)를 받은 날부터 14일(단, 그 계약서를 받은 날보다 재화 등이 늦게 공급된 경우 재화 등을 공급받거나 공급이 시작된 날부터 14일)
2) 다음의 경우에는 방문판매자 등의 주소를 안 날 또는 알 수 있었던 날부터 14일
   - 계약서를 받지 아니한 경우
   - 방문판매자 등의 주소 등이 적혀 있지 아니한 계약서를 받은 경우
   - 방문판매자 등의 주소 변경 등의 사유로 위 1)의 기간 이내에 청약철회 등을 할 수 없는 경우
3) 계약서에 청약철회 등에 관한 사항이 적혀 있지 아니한 경우에는 청약철회 등을 할 수 있음을 안 날 또는 알 수 있었던 날부터 14일
4) 방문판매업자 등이 청약철회 등을 방해한 경우에는 그 방해 행위가 종료한 날부터 14일

(2) 철회권 제한사유

소비자는 다음에 해당하는 경우에는 방문판매자 등의 의사와 다르게 위의 청

약철회 등을 할 수 없다(법 8조 2항 본문).

1) 소비자에게 책임이 있는 사유로 재화 등이 멸실되거나 훼손된 경우(단, 재화 등의 내용을 확인하기 위하여 포장 등을 훼손한 경우 제외)
2) 소비자가 재화 등을 사용하거나 일부 소비하여 그 가치가 현저히 낮아진 경우
3) 시간이 지남으로써 다시 판매하기 어려울 정도로 재화 등의 가치가 현저히 낮아진 경우
4) 복제할 수 있는 재화 등의 포장을 훼손한 경우
5) 그 밖에 거래의 안전을 위하여 대통령령으로 정하는 다음의 경우
   - 소비자의 주문에 의하여 개별적으로 생산되는 재화 등에 대한 것으로서 청약철회 등을 인정하면 방문판매자 등에게 회복할 수 없는 중대한 피해가 예상되는 경우로서 사전에 해당 거래에 대하여 별도로 그 사실을 고지하고 소비자의 서면(전자문서 포함) 동의를 받은 경우(영 12조)

(3) 철회권 제한사유의 표시

방문판매자 등은 위 2) 내지 4)에 해당하여 청약철회 등을 할 수 없는 재화 등의 경우에는 그 사실을 재화 등의 포장이나 그 밖에 소비자가 쉽게 알 수 있는 곳에 분명하게 표시하거나 시용 상품을 제공하는 등의 방법으로 청약철회 등의 권리행사가 방해받지 아니하도록 조치하여야 한다(법 8조 5항). 방문판매자 등이 이러한 조치를 하지 아니한 경우에는 위 2) 내지 4)에 해당하더라도 소비자가 청약철회 등을 할 수 있다(동조 2항 단서).

(4) 철회권 행사기간의 특칙

소비자는 법 제8조 제1항 또는 제2항에도 불구하고 재화 등의 내용이 표시·광고의 내용과 다르거나 계약 내용과 다르게 이행된 경우에는 그 재화 등을 공급받은 날부터 3개월 이내에, 그 사실을 안 날 또는 알 수 있었던 날부터 30일 이내에 청약철회 등을 할 수 있다(동조 3항).

(5) 발신주의

청약철회 등(법 8조 1항·3항)을 서면으로 하는 경우에는 청약철회 등의 의사를 표시한 서면을 발송한 날에 그 효력이 발생한다(동조 4항).

나. 청약철회 등의 효과

(1) 재화 등의 반환

(가) 소비자의 반환의무

소비자는 청약철회 등(법 8조 1항 · 3항)을 한 경우 이미 공급받은 재화 등을 반환하여야 한다(법 9조 1항).

(나) 일부사용 · 소비의 경우

이미 재화 등이 사용되거나 일부 소비된 때에는 방문판매자 등은 그 재화 등을 사용하거나 일부 소비하여 소비자가 얻은 이익 또는 그 재화 등의 공급에 든 비용에 상당하는 다음과 같은 범위의 금액을 지급할 것을 소비자에게 청구할 수 있다(법 9조 8항, 영 16조 1항).

- 재화 등의 사용으로 인하여 소모성 부품의 재판매가 곤란하거나 재판매가격이 현저히 하락하는 경우: 그 소모성 부품의 공급에 든 비용
- 여러 개의 동일한 가분물로 구성된 재화 등의 경우: 소비자의 일부 소비로 인하여 소비된 부분의 공급에 든 비용

(다) 반환비용

청약철회 등(법 8조 1항 · 3항)의 경우 공급받은 재화 등의 반환에 필요한 비용은 방문판매자 등이 부담하며, 방문판매자 등은 소비자에게 청약철회 등을 이유로 위약금 또는 손해배상을 청구할 수 없다(법 9조 9항).

(2) 대금의 환급

(가) 방문판매자 등의 환급의무

방문판매자 등(소비자로부터 재화 등의 대금을 지급받은 자 및 소비자와 방문판매 등에 관한 계약을 체결한 자를 포함)은 재화 등을 반환받은 날부터 3영업일 이내에 이미 지급받은 재화 등의 대금을 환급하여야 한다. 이 경우 방문판매자 등이 소비자에게 재화 등의 대금의 환급을 지연하면 그 지연기간에 따라 연 100분의 40 이내의 범위에서 은행법에 따른 은행이 적용하는 연체금리 등 경제 사정을 고려하여 대통령령으로 정하는 이율(현행 100분의 15)을 곱하여 산정한 지연이자(이하 "지

연배상금")를 지급하여야 한다(법 9조 2항, 영 13조).

(나) 신용카드 등에 의한 결제의 경우

방문판매자 등은 위와 같이 재화 등의 대금을 환급할 때 소비자가 신용카드(여신전문금융업법 2조 3호)나 그 밖에 재화 등을 구입한 소비자가 직접 지급하는 현금(계좌이체에 의한 지급 포함) 외의 결제수단으로서 그 결제수단을 제공한 사업자(이하 "결제업자")에게 대금 청구를 정지 또는 취소하도록 요청하거나 방문판매자 등이 결제업자에게 대금을 환급하는 경우 해당 소비자에게 환급한 것과 같은 효과가 발생하는 결제수단(이하 "신용카드 등")으로 재화 등의 대금을 지급한 경우에는 지체 없이 그 신용카드 등의 대금 결제수단을 제공한 사업자로 하여금 재화 등의 대금 청구를 정지하거나 취소하도록 요청하여야 한다(법 8조 3항 본문, 영 14조). 다만, 방문판매자 등이 결제업자로부터 그 재화 등의 대금을 이미 지급받은 경우에는 지체 없이 이를 결제업자에게 환급하고 그 사실을 소비자에게 알려야 한다(법 8조 3항 단서). 이에 따라 방문판매자 등으로부터 재화 등의 대금을 환급받은 결제업자는 지체 없이 소비자에게 이를 환급하거나 환급에 필요한 조치를 하여야 한다(동조 4항).

(다) 환급지연에 대한 배상금 · 상계

결제업자로부터 그 재화 등의 대금을 이미 지급받은 방문판매자 등(법 8조 3항 단서) 중 환급을 지연하여 소비자로 하여금 대금을 결제하게 한 방문판매자 등은 그 지연기간에 대한 지연배상금을 소비자에게 지급하여야 한다(법 8조 5항). 또한 소비자는 방문판매자 등이 정당한 사유 없이 결제업자에게 대금을 환급하지 아니하는 경우에는 환급받을 금액에 대하여 결제업자에게 그 방문판매자 등에 대한 다른 채무와 상계할 것을 요청할 수 있다. 이 경우 결제업자는 대통령령으로 정하는 바에 따라 그 방문판매자 등에 대한 다른 채무와 상계할 수 있다(동조 6항). 소비자는 결제업자가 이에 따른 상계를 정당한 사유 없이 게을리한 경우 결제업자에 대하여 대금 결제를 거부할 수 있다. 이 경우 방문판매자 등과 결제업자는 그 결제의 거부를 이유로 해당 소비자를 약정한 날짜 이내에 채무를 변제하지 아니한 자로 처리하는 등 소비자에게 불이익을 주는 행위를 하여서는 아니 된다(동조 7항).

(라) 연대책임

방문판매자 등, 재화 등의 대금을 지급받은 자 또는 소비자와 방문판매 등에 관한 계약을 체결한 자가 동일인이 아닌 경우 각자는 청약철회 등(법 8조 1항 · 3항)

에 따른 재화 등의 대금 환급과 관련한 의무(법 9조 1항 내지 9항)의 이행에 있어 연대하여 책임을 진다(동조 10항).

다. 휴업 중의 청약철회 관련 업무

방문판매자 등은 그 휴업기간 또는 영업정지기간 중에도 법 제8조 제1항 및 제3항에 따른 청약철회 등의 업무와 법 제9조 제1항부터 제9항까지의 규정에 따른 청약철회 등에 따른 업무를 계속하여야 한다(법 12조 1항).

6. 손해배상청구금액의 제한 등

소비자에게 책임이 있는 사유로 재화 등의 판매에 관한 계약이 해제된 경우 방문판매자 등이 소비자에게 청구하는 손해배상액은 다음의 금액에 대금 미납에 따른 지연배상금을 더한 금액을 초과할 수 없다(법 10조 1항).

- 공급한 재화 등이 반환된 경우에는 다음 금액 중 큰 금액
  - 반환된 재화 등의 통상 사용료액 또는 그 사용으로 통상 얻을 수 있는 이익에 상당하는 금액
  - 반환된 재화 등의 판매가액에서 그 재화 등이 반환된 당시의 가액을 뺀 금액
- 공급한 재화 등이 반환되지 아니한 경우에는 그 재화 등의 판매가액에 상당하는 금액

공정거래위원회는 방문판매자 등과 소비자 간의 손해배상청구에 따른 분쟁을 원활하게 해결하기 위하여 필요한 경우 이에 따른 손해배상액의 산정기준을 정하여 고시할 수 있다(동조 2항).

7. 금지행위

방문판매자 등은 다음의 행위를 하여서는 아니 된다(법 11조, 영 17 · 18 · 19조).

- 재화 등의 판매에 관한 계약의 체결을 강요하거나 청약철회 등 또는 계약 해지를 방해할 목적으로 소비자를 위협하는 행위

- 거짓 또는 과장된 사실을 알리거나 기만적 방법을 사용하여 소비자를 유인 또는 거래하거나 청약철회 등 또는 계약 해지를 방해하는 행위
- 방문판매원 등이 되기 위한 조건 또는 방문판매원 등의 자격을 유지하기 위한 조건으로서 방문판매원 등 또는 방문판매원 등이 되려는 자에게 가입비, 판매 보조 물품, 개인 할당 판매액, 교육비 등 그 명칭이나 형태와 상관없이 방문판매원 등이 되려는 자 또는 방문판매원 등 1인당 연간 2만원을 초과한 비용 또는 그 밖의 금품을 징수하거나 재화 등을 구매하게 하는 등 의무를 지게 하는 행위
- 방문판매원 등에게 다른 방문판매원 등을 모집할 의무를 지게 하는 행위
- 청약철회 등이나 계약 해지를 방해할 목적으로 주소·전화번호 등을 변경하는 행위
- 분쟁이나 불만 처리에 필요한 인력 또는 설비가 부족한 상태를 상당 기간 방치하여 소비자에게 피해를 주는 행위
- 소비자의 청약 없이 일방적으로 재화 등을 공급하고 재화 등의 대금을 청구하는 행위
- 소비자가 재화를 구매하거나 용역을 제공받을 의사가 없음을 밝혔음에도 불구하고 전화, 팩스, 컴퓨터통신 등을 통하여 재화를 구매하거나 용역을 제공받도록 강요하는 행위
- 본인의 허락을 받지 아니하거나 허락받은 범위를 넘어 소비자에 관한 정보를 이용(제3자에게 제공하는 경우 포함. 이하 같다)하는 행위. 다만, 다음의 경우는 제외한다.
  - 재화 등의 배송 등 소비자와의 계약을 이행하기 위하여 불가피한 경우로서 대통령령으로 정하는 다음의 경우
    1) 재화 등의 배송 또는 전송(轉送)을 업으로 하는 자 중 해당 재화 등의 배송 또는 전송을 위탁받은 자에게 소비자에 관한 정보를 제공하는 경우
    2) 재화 등의 설치, 사후 서비스, 그 밖에 약정한 서비스의 제공을 업으로 하는 자 중 해당 서비스의 제공을 위탁받은 자에게 소비자에 관한 정보를 제공하는 경우
  - 재화 등의 거래에 따른 대금을 정산하기 위하여 필요한 경우
  - 도용을 방지하기 위하여 본인임을 확인할 때 필요한 경우로서 대통령령으로 정하는 다음의 경우
    1) 소비자의 신원 및 실명이나 본인의 진의를 확인하기 위하여 다음의 자에게 소비자에 관한 정보를 제공하는 경우
       가) 기간통신사업자(전기통신사업법 5조 3항 1호)
       나) 신용정보회사(신용정보의 이용 및 보호에 관한 법률 2조 5호)

다) 해당 거래에 따른 대금결제와 직접 관련된 결제업자
라) 법령에 따라 또는 법령에 따른 인가·허가를 받아 도용 방지를 위한 실명 확인을 업으로 하는 자
2) 미성년자와의 거래 시 법정대리인의 동의 여부를 확인하기 위하여 이용하는 경우
- 법률의 규정 또는 법률에 따라 필요한 불가피한 사유가 있는 경우

공정거래위원회는 이 법 위반행위의 방지 및 소비자피해의 예방을 위하여 방문판매자 등이 지켜야 할 기준을 정하여 고시할 수 있다(법 11조 2항).

Ⅲ. 다단계판매와 후원방문판매

1. 의 의

가. 다단계판매

(1) 다단계판매

"다단계판매"란 다음의 요건을 모두 충족하는 판매조직(이하 "다단계판매조직")을 통하여 재화 등을 판매하는 것을 말한다(법 2조 5호, 영 2조).

1) 판매업자에 속한 판매원이 특정인을 해당 판매원의 하위 판매원으로 가입하도록 권유하는 모집방식이 있을 것
2) 위 1)에 따른 판매원의 가입이 3단계(다른 판매원의 권유를 통하지 아니하고 가입한 판매원을 1단계 판매원으로 한다. 이하 같다) 이상 단계적으로 이루어질 것. 다만, 판매원의 단계가 2단계 이하라고 하더라도 사실상 3단계 이상으로 관리·운영되는 다음의 경우를 포함한다.
- 판매원에 대한 후원수당의 지급방법이 사실상 판매원의 단계가 3단계 이상인 경우와 같거나 유사한 경우
- 다른 자로부터 판매 또는 조직관리를 위탁받은 자(법 13조 및 29조 3항에 따라 다단계판매업자 또는 후원방문판매업자로 등록한 자는 제외)가 자신의 하위판매원을 모집하여 관리·운영하는 경우로서 위탁한 자와 위탁받은 자의

하위판매조직을 하나의 판매조직으로 볼 때 사실상 3단계 이상인 판매조직이거나 이와 유사하게 관리・운영되는 경우

3) 판매업자가 판매원에게 판매원의 수당에 영향을 미치는 다른 판매원들의 재화 등의 거래실적, 조직관리 및 교육훈련 실적에 따라 후원수당을 지급하는 방식(법 2조 9호 나목・다목)을 가지고 있을 것[4)]

(2) 다단계판매자

"다단계판매자"란 다단계판매를 업으로 하기 위하여 다단계판매조직을 개설하거나 관리・운영하는 자(이하 "다단계판매업자")와 다단계판매조직에 판매원으로 가입한 자(이하 "다단계판매원")를 말한다(동조 6호).

나. 후원방문판매

(1) 후원방문판매

"후원방문판매"란 방문판매와 다단계판매(동조 1호・5호)의 요건에 해당하되, 특정 판매원의 구매・판매 실적 및 이에 직접적으로 영향을 미치는 교육훈련・조직관리 활동이 그 직근 상위판매원 1인의 후원수당에만 영향을 미치는 지급방식을 가진 경우를 말한다.[5)] 다만, 다음 중 어느 하나에 해당하는 후원수당을 지급하는 것은 이러한 후원수당 지급방식에 포함되지 아니한다(동조 7호 1문, 영 3조).

- 시간당 교육비 등 구매・판매 실적과 관계없이 미리 마련한 기준에 따라 부정기적으로 지급되는 교육훈련비
- 모든 판매원에게 똑같이 지급되는 상여금 또는 시용 제품
- 실제 지출된 비용을 기준으로 지원하는 사업장 운영지원비

---

4) 대법원 2007.1.25. 선고 2006도7470 판결('자신의 재화 등의 판매실적에 따른 후원수당'만을 지급받을 수 있고 하위판매원을 모집하여 후원활동을 하는 데 대한 후원수당이나 하위판매원들의 재화 등의 판매실적에 따른 후원수당을 지급받지 못한다면, 이러한 사람은 하위판매원을 가입시키더라도 그 판매에 의하여 이익을 얻는 것이 허용되지 않게 되는바 그러한 방식으로는 순차적・단계적으로 조직을 확장해가는 다단계판매가 성립할 수 없음).

5) 후원방문판매에 대한 규제는 2012.2.17. 법 개정을 통해 도입되었다. 이는 방문판매업체로 신고하고 실질적으로는 다단계판매 영업을 하는 이른바 신방문판매업체들에 의한 소비자 피해 확산을 막기 위한 입법조치이다. 즉, 후원방문판매라는 개념을 신설하여 다단계판매와 유사한 규제를 받도록 하되, 직근 판매원의 실적에 대해서만 후원수당을 받는 영업형태는 다단계판매에 비해 상대적으로 소비자피해 가능성이 높지 않음을 고려하여 규제를 차등화한 것이다.

후원방문판매에 해당하는 경우 방문판매 및 다단계판매에는 해당하지 아니하는 것으로 한다(동호 2문).

(2) 후원방문판매자

"후원방문판매자"란 후원방문판매를 업으로 하기 위한 조직(이하 "후원방문판매조직")을 개설하거나 관리·운영하는 자(이하 "후원방문판매업자"라 한다)와 후원방문판매조직에 판매원으로 가입한 자(이하 "후원방문판매원")를 말한다(동조 8호).

다. 후원수당

또한 "후원수당"이란 판매수당, 알선 수수료, 장려금, 후원금 등 그 명칭 및 지급 형태와 상관없이 판매업자가 다음 사항과 관련하여 소속 판매원에게 지급하는 경제적 이익을 말한다(동조 9호).

1) 판매원 자신의 재화 등의 거래실적
2) 판매원의 수당에 영향을 미치는 다른 판매원들의 재화 등의 거래실적
3) 판매원의 수당에 영향을 미치는 다른 판매원들의 조직관리 및 교육훈련 실적
4) 그 밖에 위 1)부터 3) 외에 판매원들의 판매활동을 장려하거나 보상하기 위하여 지급되는 일체의 경제적 이익

2. 다단계판매업자의 등록 등

가. 다단계판매업자의 등록·신고의무

(1) 등 록

다단계판매업자는 대통령령으로 정하는 바에 따라 다음 각 호의 서류를 갖추어 공정거래위원회 또는 특별시장·광역시장·특별자치시장·도지사·특별자치도지사(이하 "시·도지사")에게 등록하여야 한다(법 13조 1항).

1) 상호·주소, 전화번호 및 전자우편주소(법인인 경우 대표자의 성명, 주민등록번호 및 주소 포함) 등을 적은 신청서
2) 자본금이 3억원 이상으로서 대통령령으로 정하는 규모(현행 5억원) 이상임을 증명하는 서류(영 21조)

3) 소비자피해보상보험계약 등(법 37조)의 체결 증명서류
4) 후원수당의 산정 및 지급 기준에 관한 서류
5) 재고관리, 후원수당 지급 등 판매의 방법에 관한 사항을 적은 서류
6) 그 밖에 다단계판매자의 신원을 확인하기 위하여 필요한 사항으로서 총리령으로 정하는 서류

(2) 변경 및 휴·폐업 등의 신고

다단계판매업자는 위의 등록 사항 중 1)부터 4)까지의 사항이 변경된 경우에는 대통령령으로 정하는 바에 따라 신고하여야 한다(영 20조 3항·5항·6항). 또한 다단계판매업자는 휴업 또는 폐업을 하거나 휴업 후 영업을 다시 시작할 때에는 대통령령으로 정하는 바에 따라 이를 신고하여야 하며, 폐업을 신고하면 위의 등록은 그 효력을 잃는다. 다만, 폐업신고 전 등록취소 요건에 해당되는 경우에는 폐업신고일에 등록이 취소된 것으로 본다(법 13조 3항, 20조 4항 내지 6항).

나. 정보의 공개

(1) 공개사항 및 예외

공정거래위원회는 다단계판매업자에 대한 다음의 정보를 대통령령으로 정하는 바에 따라 공개하여야 한다(법 13조 4항 본문, 영 22조).

- 법 제13조 제1항에 따라 등록한 사항
- 그 밖에 공정거래위원회가 공정거래질서 확립 및 소비자보호를 위하여 필요하다고 인정하는 사항

다만, 다단계판매업자의 경영상·영업상 비밀에 관한 사항으로서 공개될 경우 다단계판매업자의 정당한 이익을 현저히 해칠 우려가 있다고 인정되는 정보 및 개인에 관한 사항으로서 공개될 경우 사생활의 비밀 또는 자유를 침해할 우려가 있다고 인정되는 정보의 경우에는 그러하지 아니하다(법 13조 4항 단서).

(2) 자료제출요구

공정거래위원회는 위의 정보 공개를 위하여 필요한 경우에는 다단계판매업자에게 관련 자료의 제출을 요구할 수 있다. 이 경우 디딘계판매업자는 정당한 사

유가 없으면 이에 따라야 한다(동조 5항).

(3) 주소 변경 등의 공고

다단계판매업자가 다음 중 하나에 해당하는 경우 공정거래위원회 또는 시·도지사는 총리령으로 정하는 바에 따라 그 사실을 공고하여야 한다(법 27조, 규칙 20조).

- 상호 또는 주된 사업장의 주소·전화번호를 변경한 경우
- 법 제13조 제3항에 따른 휴업신고 또는 폐업신고를 한 경우
- 법 제49조 제4항 또는 제5항에 따라 영업정지처분을 받거나 등록이 취소된 경우

다. 결격사유

다음에 해당하는 개인 또는 법인은 다단계판매업자로 등록할 수 없다(법 14조).

1) 다음 중 어느 하나에 해당하는 개인 또는 그 개인이 임원으로 있는 법인
   - 미성년자·피한정후견인 또는 피성년후견인
   - 파산선고를 받고 복권되지 아니한 자
   - 이 법을 위반하여 징역형을 선고받고 그 집행이 끝나거나(집행이 끝난 것으로 보는 경우를 포함한다) 집행이 면제된 날부터 5년이 지나지 아니한 자
   - 이 법을 위반하여 형의 집행유예를 선고받고 그 유예기간 중에 있는 자
2) 다음 중 어느 하나에 해당하는 자가 지배주주로 있는 법인
   - 이 법을 위반하여 징역의 실형을 선고받고 그 집행이 끝나거나(집행이 끝난 것으로 보는 경우를 포함한다) 집행이 면제된 날부터 5년이 지나지 아니한 자
   - 이 법을 위반하여 형의 집행유예를 선고받고 그 유예기간 중에 있는 자
3) 제49조 제5항에 따라 등록이 취소된 후 5년이 지나지 아니한 개인 또는 법인
4) 위 3)에 따른 개인 또는 법인의 등록취소 당시 임원 또는 지배주주였던 자가 임원 또는 지배주주로 있는 법인

여기서 "지배주주"란 다음 중 어느 하나에 해당하는 자를 말한다(법 2조 13호, 영 5조).

- **최다출자자** 아래의 특수관계인과 함께 소유하고 있는 주식 또는 출자액의 합계가 해당 법인의 발행주식총수 또는 출자총액의 100분의 30 이상인 경우로서 그 합계가 가장 많은 주주 또는 출자자

- 지배주주가 개인인 경우에는 다음 중 어느 하나에 해당하는 자
  1) 배우자
  2) 6촌 이내의 혈족이나 4촌 이내의 인척
  3) 지배주주 단독으로 또는 그와 위 1), 2)의 관계에 있는 사람들과 합하여 100분의 30 이상을 출자한 법인 및 그 임원
  4) 지배주주 단독으로 또는 그와 위 1), 2), 3)의 관계에 있는 자들과 합하여 100분의 30 이상을 출자한 법인 및 그 임원
- 지배주주가 법인인 경우에는 다음 중 하나에 해당하는 자
  1) 임원
  2) 계열회사(독점규제 및 공정거래에 관한 법률(이하 "공정거래법") 2조 12호) 및 그 임원

• **경영지배자** 해당 법인의 경영을 사실상 지배하는 다음의 자
- 단독으로 또는 다른 주주나 출자자와의 계약 또는 합의에 의하여 대표이사를 임면하거나 임원의 100분의 50 이상을 선임하거나 선임할 수 있는 자
- 해당 법인의 조직 변경 또는 신규사업 투자 등 주요 의사결정이나 업무집행에 지배적인 영향력을 행사하고 있는 자

라. 다단계판매원

(1) 등록의무 · 결격사유

다단계판매조직에 다단계판매원으로 가입하려는 사람은 그 조직을 관리 · 운영하는 다단계판매업자에게 총리령으로 정하는 바에 따라 등록하여야 한다(법 15조 1항). 그러나 다음에 해당하는 자는 다단계판매원으로 등록할 수 없다(동조 2항).

1) 국가공무원, 지방공무원, 교육공무원 및 사립학교법에 따른 교원
2) 미성년자(단, 아래의 4) 또는 5)에 해당하지 아니하는 법정대리인의 동의를 받은 경우 제외)
3) 법인
4) 다단계판매업자의 지배주주 또는 임직원
5) 법 제49조에 따른 시정조치를 2회 이상 받은 자(단, 마지막 시정조치에 대한 이행을 완료한 날부터 3년이 지난 자는 제외)
6) 이 법을 위반하여 징역의 실형을 선고받고 그 집행이 종료되거나(집행이 종료된 것으로 보는 경우 포함) 집행이 면제된 날부터 5년이 지나지 아니한 자
7) 이 법을 위반하여 형의 집행유예를 선고받고 그 유예기간 중에 있는 자

(2) 등록증 · 등록부

다단계판매업자는 그가 관리 · 운영하는 다단계판매조직에 가입한 다단계판매원에게 총리령으로 정하는 바에 따라 다단계판매원 등록증(다단계판매원이 사전에 서면으로 동의한 경우 전자문서와 전자기기로 된 것을 포함)을 발급하여야 한다(법 15조 3항, 규칙 16조). 다단계판매업자는 총리령으로 정하는 바에 따라 다단계판매원 등록부를 작성하고, 소비자피해의 방지 또는 구제를 위하여 소비자가 요청하는 경우에는 소비자로 하여금 등록된 다단계판매원의 신원을 확인할 수 있도록 하여야 한다(법 15조 4항, 규칙 17조).

(3) 다단계판매원 수첩

다단계판매업자는 위와 같이 등록한 다단계판매원에게 다음의 사항을 확인할 수 있는 다단계판매원 수첩(전자기기로 된 것 포함)을 발급하여야 한다(법 15조 5항).

- 후원수당의 산정 및 지급 기준
- 하위판매원의 모집 및 후원에 관한 사항
- 재화 등의 반환 및 다단계판매원의 탈퇴에 관한 사항
- 다단계판매원이 지켜야 할 사항
- 그 밖에 총리령으로 정하는 다음의 사항(규칙 18조)
  - 공정거래위원회가 정하여 고시하는 다단계판매에 관한 해설자료
  - 다단계판매원 수첩이라는 문구, 제작시기 및 다단계판매업자명(수첩의 표지에 표시할 것)

3. 다단계판매자의 소비자에 대한 정보제공의무 등

다단계판매의 방법으로 재화 등의 판매에 관한 계약을 체결하는 다단계판매자에게는 전술한 방문판매업자 등의 경우와 동일하게 계약내용 설명의무, 계약서 발급의무, 미성년자와 계약시 취소권 고지 의무, 신의성실의무 등이 인정된다(법 16조, 7조).

4. 청약철회 등

가. 청약철회 등의 요건

(1) 소비자의 청약철회 등

다단계판매의 방법으로 재화 등의 구매에 관한 계약을 체결한 소비자가 청약철회 등을 하는 경우에는 전술한 방문판매 등의 경우와 동일한 철회권 행사기간·철회권 제한사유 등이 인정된다(법 8조 준용). 다만, 소비자가 다단계판매원과 재화 등의 구매에 관한 계약을 체결한 경우 그 소비자는 다단계판매원에 대하여 우선적으로 청약철회 등을 하고, 다단계판매원의 소재 불명 등 대통령령으로 정하는 다음의 사유로 다단계판매원에 대하여 청약철회 등을 하는 것이 어려운 경우에만 그 재화 등을 공급한 다단계판매업자에 대하여 청약철회 등을 할 수 있다(법 17조 1항, 영 24조).

- 다단계판매원 또는 후원방문판매원의 주소·전화번호 또는 전자우편주소 등 연락처의 변경이나 소재 불명 등의 사유로 청약철회 등을 할 수 없는 경우
- 해당 다단계판매원 또는 후원방문판매원에게 청약철회 등을 하더라도 대금 환급 등의 효과를 기대하기 어려운 경우

(2) 다단계판매원의 청약철회 등

다단계판매의 방법으로 재화 등의 구매에 관한 계약을 체결한 다단계판매원은 계약을 체결한 날부터 3개월 이내에 서면(전자문서 포함)으로 그 계약에 관한 청약철회 등을 할 수 있다. 다만, 다음의 경우는 예외이다(동조 2항).

- 재고 보유에 관하여 다단계판매업자에게 거짓으로 보고하는 등의 방법으로 과다하게 재화 등의 재고를 보유한 경우
- 다시 판매하기 어려울 정도로 재화 등을 훼손한 경우
- 그 밖에 대통령령으로 정하는 다음의 경우(영 25조)
  - 다단계판매원 또는 후원방문판매원에게 책임이 있는 사유로 재화 등이 멸실되거나 훼손된 경우. 다만, 재화 등의 내용을 확인하기 위하여 포장 등을 훼손한 경우는 제외한다.
  - 재화 등을 일부 사용하거나 소비하여 그 가치가 현저히 낮아진 경우. 다만, 청약철회 등이 불가능하다는 사실을 재화 등의 포장이나 그 밖에 쉽게 알 수

있는 곳에 분명하게 표시하거나 시용 상품을 제공하는 등의 방법으로 재화 등의 일부 사용 등에 의하여 청약철회 등의 권리행사가 방해받지 아니하도록 조치한 경우로 한정한다.

- 복제할 수 있는 재화 등의 포장을 훼손한 경우
- 소비자 또는 다단계판매원·후원방문판매원의 주문에 의하여 개별적으로 생산되는 재화 등에 대한 것으로서 청약철회 등을 인정하면 다단계판매업자 또는 후원방문판매업자에게 회복할 수 없는 중대한 피해가 예상되는 경우로서 사전에 해당 거래에 대하여 별도로 그 사실을 고지하고 소비자 또는 다단계판매원·후원방문판매원의 서면(전자문서 포함) 동의를 받은 경우

나. 청약철회 등의 효과

(1) 재화 등의 반환

(가) 반환의무

다단계판매의 상대방(다단계판매자가 다단계판매원 또는 소비자에게 판매한 경우에는 다단계판매원 또는 소비자를 말하고, 다단계판매원이 소비자에게 판매한 경우에는 소비자를 말함)은 위의 청약철회 등을 한 경우에는 이미 공급받은 재화 등을 반환하여야 한다(법 18조 1항).

(나) 일부사용·소비의 경우

이 경우 재화 등의 일부가 이미 사용되거나 소비된 때에는 다단계판매자는 그 재화 등을 사용하거나 일부 소비하여 상대방이 얻은 이익 또는 그 재화 등의 공급에 든 비용에 상당하는 금액의 지급을 그 상대방에게 청구할 수 있다(동조 7항).

(다) 반환비용

청약철회 등의 경우(법 17조 1항, 8조 1항·3항) 공급받은 재화 등의 반환에 필요한 비용은 다단계판매자가 부담하며, 다단계판매자는 상대방에게 위약금 또는 손해배상을 청구할 수 없다(법 17조 8항).

(2) 대금의 환급

(가) 환급의무

다단계판매자(상대방으로부터 재화 등의 대금을 지급받은 자 또는 상대방과 다단계판

매에 관한 계약을 체결한 자를 포함)는 재화 등을 반환받은 날부터 3영업일 이내에 이미 지급받은 재화 등의 대금을 환급하여야 한다. 다만, 다단계판매업자가 다단계판매원에게 재화 등의 대금을 환급할 때에는 대통령령으로 정하는 범위의 비용을 공제할 수 있으며, 다단계판매자가 상대방에게 재화 등의 대금 환급을 지연하였을 때에는 그 지연기간에 대한 지연배상금을 지급하여야 한다(법 18조 2항). 다단계판매자가 청약철회 등에 따라 재화 등의 대금을 환급한 경우 그 환급한 금액이 자신이 다단계판매원에게 공급한 금액을 초과할 때에는 그 차액을 다단계판매원에게 청구할 수 있다(동조 6항).

(나) 신용카드 결제의 경우

상대방이 신용카드 등으로 대금을 지급한 계약에 대하여 청약철회 등을 한 경우에는 다단계판매자는 지체 없이 그 결제업자에게 재화 등의 대금 청구를 정지하거나 취소할 것을 요청하여야 한다. 다만, 다단계판매자가 결제업자로부터 해당 재화 등의 대금을 이미 지급받은 경우에는 지체 없이 이를 결제업자에게 환급하고 그 사실을 상대방에게 알려야 하며, 환급이 지연되어 상대방이 대금을 결제한 경우에는 결제한 날 이후의 지연기간에 대한 지연배상금을 상대방에게 지급하여야 한다(동조 3항).

(다) 결제업자의 다단계판매자에 대한 상계

다단계판매자로부터 이미 재화 등의 대금을 환급받은 결제업자는 지체 없이 상대방에게 이를 환급하거나 환급에 필요한 조치를 하여야 하며, 다단계판매자가 정당한 사유 없이 결제업자에게 대금을 환급하지 아니하는 경우 상대방은 환급받을 금액에 대하여 결제업자에게 그 다단계판매자에 대한 다른 채무와 상계할 것을 요청할 수 있고, 결제업자는 대통령령으로 정하는 바에 따라 그 다단계판매자에 대한 다른 채무와 상계할 수 있다(동조 4항). 결제업자가 이러한 상계를 정당한 사유 없이 게을리한 경우 상대방은 결제업자에 대하여 대금 결제를 거부할 수 있다. 이 경우 다단계판매자와 결제업자는 그 결제 거부를 이유로 그 상대방을 약정한 날짜 이내에 채무를 변제하지 아니한 자로 처리하는 등 상대방에게 불이익을 주는 행위를 하여서는 아니 된다(동조 5항).

(라) 연대책임

다단계판매자, 상대방으로부터 재화 등의 대금을 지급받은 자 또는 상대방과 다단계판매에 관한 계약을 체결한 자가 동일인이 아닌 경우 각자는 재화 등의 대금 환급과 관련한 의무(동조 1항 내지 5항, 8항)의 이행에 있어 연대하여 책임을 진다(동조 9항).

다. 다단계판매업자의 휴업 · 폐업 등의 경우

(1) 휴업 · 영업정지

다단계판매업자는 그 휴업기간 또는 영업정지기간 중에도 법 제17조 제1항에 따라 준용되는 제8조 제1항 및 제3항에 따른 청약철회 등의 업무와 제18조 제1항부터 제8항까지의 규정에 따른 청약철회 등에 따른 업무를 계속하여야 한다(법 26조 1항).

(2) 폐업 · 등록취소

다단계판매원은 다단계판매업자가 폐업하거나 그 등록이 취소된 경우 그 폐업 또는 등록취소 당시 판매하지 못한 재화 등을 다른 사람에게 판매한 때에는 그 다단계판매원이 청약철회 등에 따라 반환되는 재화 등을 반환받고, 재화 등을 반환받은 날부터 3영업일 이내에 재화 등의 대금을 환급하여야 한다(동조 2항).

(3) 파산 · 폐업시의 등록말소

법 제13조 제1항에 따라 공정거래위원회에 등록하거나 시 · 도지사에게 등록한 다단계판매업자가 파산선고를 받거나 관할 세무서에 폐업신고를 한 경우 또는 6개월을 초과하여 영업을 하지 아니하는 등 실질적으로 영업을 할 수 없다고 판단되는 경우에는 등록을 받은 행정기관의 장은 그 등록을 직권으로 말소할 수 있다(법 26조 3항).

5. 손해배상청구금액의 제한 등

소비자에게 책임이 있는 사유로 다단계판매자와의 재화 등의 판매계약이 해제된 경우에는 전술한 방문판매의 경우와 동일하게 손해배상청구금액이 제한된다(법 19조, 10조).

6. 후원수당의 규제

가. 후원수당의 지급기준 등

다단계판매업자는 다단계판매원에게 고지한 후원수당의 산정 및 지급 기준과 다르게 후원수당을 산정·지급하거나 그 밖의 부당한 방법으로 다단계판매원을 차별하여 대우하여서는 아니 된다(법 20조 1항). 또한 다단계판매업자는 후원수당의 산정 및 지급 기준을 객관적이고 명확하게 정하여야 하며, 후원수당의 산정 및 지급 기준을 변경하려는 경우에는 대통령령으로 정한 절차에 따라야 한다(동조 2항, 영 28조). 다단계판매업자가 다단계판매원에게 후원수당으로 지급할 수 있는 총액은 다단계판매업자가 다단계판매원에게 공급한 재화 등의 가격(부가가치세 포함) 합계액(이하 "가격합계액")의 100분의 35에 해당하는 금액을 초과하여서는 아니 되며, 가격합계액 및 후원수당 등의 구체적인 산정 방법은 다음과 같다(법 20조 3항).

- 가격합계액은 출고 또는 제공 시점을 기준으로 할 것
- 후원수당 지급액은 그 후원수당의 지급 사유가 발생한 시점을 기준으로 할 것
- 가격합계액 및 후원수당은 1년을 단위로 산정할 것. 다만, 다단계판매 영업기간이 1년 미만인 경우에는 다단계판매업자의 실제 영업기간을 기준으로 한다.
- 가격합계액을 산정할 때 위탁의 방법으로 재화 등을 공급하는 경우에는 위탁을 받은 다단계판매업자가 다단계판매원에게 판매한 가격을 기준으로 하고, 중개의 방법으로 재화 등을 공급하는 경우에는 다단계판매자가 중개를 의뢰한 사업자로부터 받은 수수료를 기준으로 한다.

다단계판매업자는 다단계판매원이 요구하는 경우 후원수당의 산정·지급 명세 등의 열람을 허용하여야 한다(동조 4항). 또한 다단계판매업자는 일정 수의 하위판매원을 모집하거나 후원하는 것을 조건으로 하위판매원 또는 그 하위판매원의 판매 실적에 관계없이 후원수당을 차등하여 지급하여서는 아니 된다(동조 5항).

나. 후원수당 관련 표시·광고 등

다단계판매업자는 다단계판매원이 되려는 사람 또는 다단계판매원에게 다단계판매원이 받게 될 후원수당이나 소매이익(다단계판매원이 재화 등을 판매하여 얻는

이익)에 관하여 거짓 또는 과장된 정보를 제공하여서는 아니 된다(법 21조 1항). 또한 다단계판매업자는 다단계판매원이 되려는 사람 또는 다단계판매원에게 전체 다단계판매원에 대한 평균 후원수당 등 후원수당의 지급 현황에 관한 정보를 총리령으로 정하는 기준에 따라 고지하여야 한다(동조 2항). 다단계판매업자는 다단계조직의 운영 방식 또는 활동 내용에 관하여 거짓 또는 과장된 사실을 유포하여서는 아니 된다(동조 3항).

7. 다단계판매원의 등록 및 탈퇴 등에 대한 규제

가. 등 록

다단계판매업자는 다단계판매원이 되려는 사람 또는 다단계판매원에게 등록, 자격 유지 또는 유리한 후원수당 지급기준의 적용을 조건으로 과다한 재화 등의 구입 등 대통령령으로 정하는 수준(현행 연간 5만원)을 초과한 부담을 지게 하여서는 아니 된다(소위 '부담 부과 행위'의 금지). 이 경우 다단계판매원 또는 후원방문판매원이 되려는 자, 다단계판매원·후원방문판매원 또는 그 하위판매원의 판매실적과 구매실적에 따라 후원수당의 지급기준을 달리하는 행위는 재화 등을 구매하도록 하는 부담으로 보지 아니한다(법 22조 1항, 영 29조). 또한 다단계판매자는 다단계판매원에게 일정 수의 하위판매원을 모집하도록 의무를 지게 하거나 특정인을 그의 동의 없이 자신의 하위판매원으로 등록하여서는 아니 된다(법 22조 2항).

나. 탈 퇴

다단계판매업자는 다단계판매원이 전술한 다단계판매원 등록 결격사유(법 15조 2항)에 해당하는 경우에는 그 다단계판매원을 탈퇴시켜야 한다(법 22조 3항). 다단계판매원은 언제든지 다단계판매업자에게 탈퇴 의사를 표시하고 탈퇴할 수 있으며, 다단계판매업자는 다단계판매원의 탈퇴에 조건을 붙여서는 아니 된다(동조 4항). 다단계판매업자는 탈퇴한 다단계판매원의 판매행위 등으로 소비자피해가 발생하지 아니하도록 다단계판매원 수첩을 회수하는 등 필요한 조치를 하여야 한다(동조 5항).

8. 금지행위

가. 다단계판매자의 금지행위

다단계판매자는 다음의 행위를 하여서는 아니 된다(법 23조 1항).

- 재화 등의 판매에 관한 계약의 체결을 강요하거나 청약철회 등 또는 계약 해지를 방해할 목적으로 상대방을 위협하는 행위
- 거짓 또는 과장된 사실을 알리거나 기만적 방법을 사용하여 상대방과의 거래를 유도하거나 청약철회 등 또는 계약 해지를 방해하는 행위 또는 재화 등의 가격·품질 등에 대하여 거짓 사실을 알리거나 실제보다도 현저히 우량하거나 유리한 것으로 오인시킬 수 있는 행위[6]
- 청약철회 등이나 계약 해지를 방해할 목적으로 주소·전화번호 등을 변경하는 행위
- 분쟁이나 불만 처리에 필요한 인력 또는 설비가 부족한 상태를 상당 기간 방치하여 상대방에게 피해를 주는 행위
- 상대방의 청약이 없는데도 일방적으로 재화 등을 공급하고 재화 등의 대금을 청구하는 등 상대방에게 재화 등을 강제로 판매하거나 하위판매원에게 재화 등을 판매하는 행위
- 소비자가 재화를 구매하거나 용역을 제공받을 의사가 없음을 밝혔는데도 전화, 팩스, 컴퓨터통신 등을 통하여 재화를 구매하거나 용역을 제공받도록 강요하는 행위
- 다단계판매업자에게 고용되지 아니한 다단계판매원을 다단계판매업자에게 고용된 사람으로 오인하게 하거나 다단계판매원으로 등록하지 아니한 사람을 다단계판매원으로 활동하게 하는 행위
- 소비자피해보상보험계약 등(법 37조)을 체결하지 아니하고 영업하는 행위
- 상대방에게 판매하는 개별 재화 등의 가격을 대통령령으로 정하는 금액(현행 160만원. 부가가치세 포함)을 초과하도록 정하여 판매하는 행위(영 30조)
- 본인의 허락을 받지 아니하거나 허락받은 범위를 넘어 소비자에 관한 정보를 이용하는 행위. 다만, 다음의 경우는 제외한다.

---

6) 대법원 2002.9.6. 선고 2000도1233 판결(피고인이 다수의 체험사례 등을 통하여 상품의 의학적 효능에 관하여 확신하고 이를 판매함으로써 사기죄의 범의는 없었다고 하더라도, 상품의 성질, 상태 등에 관하여 허위사실을 알린 경우에는 방문판매등에관한법률위반죄에 해당함).

- 재화 등의 배송 등 소비자와의 계약을 이행하기 위하여 불가피한 경우로서 대통령령으로 정하는 다음의 경우(영 31조)
  1) 재화 등의 배송 또는 전송을 업으로 하는 자 중 해당 재화등의 배송 또는 전송을 위탁받은 자에게 소비자에 관한 정보를 제공하는 경우
  2) 재화 등의 설치, 사후 서비스, 그 밖에 약정한 서비스의 제공을 업으로 하는 자 중 해당 서비스의 제공을 위탁받은 자에게 소비자에 관한 정보를 제공하는 경우
  3) 소비자피해보상보험계약 등(법 37조)을 체결한 소비자피해 보상금 지급의 무자에게 소비자에 관한 정보를 제공하는 경우
- 재화 등의 거래에 따른 대금을 정산하기 위하여 필요한 경우
- 도용을 방지하기 위하여 본인임을 확인할 때 필요한 경우로서 대통령령으로 정하는 다음의 경우(영 32조)
  1) 소비자의 신원 및 실명이나 본인의 진의를 확인하기 위하여 다음의 자에게 소비자에 관한 정보를 제공하는 경우
     가) 기간통신사업자(전기통신사업법 5조 3항 1호)
     나) 신용정보회사(신용정보의 이용 및 보호에 관한 법률 2조 5호)
     다) 해당 거래에 따른 대금결제와 직접 관련된 결제업자
     라) 법령에 따라 또는 법령에 따른 인가·허가를 받아 도용 방지를 위한 실명 확인을 업으로 하는 자
  2) 미성년자와의 거래 시 법정대리인의 동의 여부를 확인하기 위하여 이용하는 경우
- 법률의 규정 또는 법률에 따라 필요한 불가피한 사유가 있는 경우

• 다단계판매조직 및 다단계판매원의 지위를 양도·양수하는 행위. 다만, 다단계판매원의 지위를 상속하는 경우 또는 사업의 양도·양수·합병의 경우에는 그러하지 아니하다.

다단계판매업자는 다단계판매원으로 하여금 이러한 금지행위를 하도록 교사하거나 방조하여서는 아니 된다(법 23조 2항). 공정거래위원회는 이 법 위반행위의 방지 및 소비자피해의 예방을 위하여 다단계판매자가 지켜야 할 기준을 정하여 고시할 수 있다(동조 3항).

나. 사행적 판매원 확장행위 등의 금지

누구든지 다단계판매조직 또는 이와 비슷하게 단계적으로 가입한 자로 구성된

조직을 이용하여 다음의 행위를 하여서는 아니 된다(법 24조 1항).

- 재화 등의 거래 없이 금전거래를 하거나 재화 등의 거래를 가장하여 사실상 금전거래만을 하는 행위로서 다음에 해당하는 행위[7]
  - 판매원에게 재화 등을 그 취득가격이나 시장가격보다 10배 이상과 같이 현저히 높은 가격으로 판매하면서 후원수당을 지급하는 행위
  - 판매원과 재화 등의 판매계약을 체결한 후 그에 상당하는 재화 등을 정당한 사유 없이 공급하지 아니하면서 후원수당을 지급하는 행위
  - 그 밖에 판매업자의 재화 등의 공급능력, 소비자에 대한 재화 등의 공급실적, 판매업자와 소비자 사이의 재화 등의 공급계약이나 판매계약, 후원수당의 지급조건 등에 비추어 그 거래의 실질이 사실상 금전거래인 행위
- 판매원 또는 판매원이 되려는 자에게 하위판매원 모집 자체에 대하여 경제적 이익을 지급하거나 정당한 사유 없이 후원수당 외의 경제적 이익을 지급하는 행위
- 다단계판매업자가 다단계판매원에게 후원수당으로 지급할 수 있는 총액(법 20조 3항. 29조 3항에 따라 후원방문판매자에 준용되는 경우 포함)을 초과하는 후원수당의 지급을 약속하여 판매원을 모집하거나 가입을 권유하는 행위
- 판매원 또는 판매원이 되려는 자에게 가입비, 판매 보조 물품, 개인 할당 판매액, 교육비 등 그 명칭이나 형태와 상관없이 10만 원 이하로서 대통령령으로 정하는 수준을 초과한 비용 또는 그 밖의 금품을 징수하는 등 의무를 부과하는 행위(소위 '의무 부과 행위'의 금지).[8] 여기서 "대통령령으로 정하는 수준"이란 다

7) 대법원 2010.5.27. 선고 2009도14725 판결(회사의 최상위 판매원들이 그 회사의 실제 운영자들과 공모하여 다단계판매조직을 이용하여 각 하위 판매원 등으로부터 투자금 명목으로 금원을 교부받은 행위는 재화 등의 거래 없이 금전거래만을 한 경우에 해당함).

8) 위의 '의무 부과 행위'와 전술한 '부담 부과 행위'의 구별에 대하여, 대법원 2007.10.25. 선고 2007도6241 판결("구 방문판매 등에 관한 법률(2007. 7. 19. 법률 제8537호로 개정되기 전의 것, 이하 '위 법'이라 한다)은 제22조 제1항에서 '다단계판매업자는 다단계판매원 등록 또는 자격유지의 조건으로 과다한 재화 등의 구입 등 대통령령이 정하는 수준 이상의 부담을 지게 하여서는 아니된다'고 규정하는 한편, 제23조 제1항 제3호에서 '다단계판매업자는 다단계판매원이 되고자 하는 자 또는 다단계판매원에게 가입비, 판매보조물품, 개인할당판매액, 교육비 등 그 명칭 및 형태 여하를 불문하고 10만 원 이하의 범위로서 대통령령이 정하는 수준 이상의 비용 그 밖의 금품을 징수하는 등 의무를 부과하는 행위를 하여서는 아니된다'는 취지로 규정하면서, 위 각 조항의 위반행위에 대한 처벌규정도 별개로 두고 있는바, 위 법 제22조 제1항이 금지하는 '재화 구입 등 부담 부과 행위'는 판매원으로 하여금 일정한 수준 이상의 물품 구매실적을 달성할 것을 그 등록과 자격유지의 조건으로 요구하는 것을 의미하고, 제23조 제1항 제3호가 금지하는 '금품 징수 등 의무 부과 행위'는 이와 달리 물품 구매가 없더라도 무조건 어떠한 명목으로든 일정한 수준 이상의 금품을 납부할 의무를 판매원에게 부과하는 것을 의미한다고 해석되므로, 비록 판매원이 판매업자로부터 구입한 물품이 그 구입가격에 상응하는 가치를 갖지 못하고 판매원이 물품 자체보다는 물품의 구매실적에 따른 수당을 받을 목적으로 물품을 구매한다는 등의 사

음 중 하나에 해당하는 금액 또는 다음의 구분에 따른 금액의 연간 총합계 5만원을 말한다(영 33조).

1) 다단계판매원 또는 후원방문판매원의 가입비 또는 회원자격 갱신의 경우: 1만원. 이 경우 가입비 및 갱신회비는 가입 및 갱신을 위하여 다단계판매업자 또는 후원방문판매업자가 지출하는 실제 비용을 초과할 수 없다.

2) 판매 보조 물품을 구입하도록 의무를 부과하는 경우: 다단계판매원 또는 후원방문판매원 1인당 연간 3만원. 이 경우 판매 보조 물품의 공급대가로 다단계판매원 또는 후원방문판매원으로부터 징수하는 금액은 다단계판매업자 또는 후원방문판매업자가 그 판매 보조 물품을 공급하는 데 드는 비용(그 비용이 판매 보조 물품의 시장가격 상당액을 초과하는 경우에는 시장가격)을 초과할 수 없다.

3) 교육을 받도록 의무를 부과하는 경우: 소비자보호 등을 위한 법령 준수에 관한 교육 등 공정거래위원회가 정하는 내용의 교육으로 한정하며, 다단계판매원 또는 후원방문판매원 1인당 연간 3만원. 이 경우 징수하는 교육비는 실제 비용을 초과할 수 없다.

4) 위 1) 내지 3) 외의 것으로서 명칭이나 형태에 상관없이 비용 또는 그 밖의 금품을 징수하는 등 의무를 부과하는 경우: 1인당 연간 3만원

• 판매원에 대하여 상품권[그 명칭이나 형태와 상관없이 발행자가 일정한 금액이나 재화 등의 수량이 기재된 무기명증표를 발행하고 그 소지자가 발행자 또는 발행자가 지정하는 자(이하 이 조에서 "발행자등"이라 한다)에게 이를 제시 또는 교부하거나 그 밖의 방법으로 사용함으로써 그 증표에 기재된 내용에 따라 발행자등으로부터 재화 등을 제공받을 수 있는 유가증권을 말한다. 이하 이 조에서 같다]을 판매하는 행위로서 다음 각 목의 어느 하나에 해당하는 행위
  - 판매업자가 소비자에게 판매한 상품권을 다시 매입하거나 다른 자로 하여금 매입하도록 하는 행위
  - 발행자등의 재화 등의 공급능력, 소비자에 대한 재화 등의 공급실적, 상품권의 발행규모 등에 비추어 그 실질이 재화 등의 거래를 위한 것으로 볼 수 없는 수준의 후원수당을 지급하는 행위

• 사회적인 관계 등을 이용하여 다른 사람에게 판매원으로 등록하도록 강요하거나 재화 등을 구매하도록 강요하는 행위

정이 있어 그러한 거래가 실제로는 재화 거래를 가장하거나 빙자한 출자금의 수수에 불과하다고 평가되는 경우라도, 판매원이 판매업자로부터 물품을 구매하는 행위가 있었던 이상 이는 어디까지나 위 법 제22조 제1항의 재화 구입에 해당하는 것이고 이를 제23조 제1항 제3호의 금품 징수라고 볼 수는 없다 할 것이다.").

- 판매원 또는 판매원이 되려는 사람에게 본인의 의사에 반하여 교육·합숙 등을 강요하는 행위
- 판매원을 모집하기 위한 것이라는 목적을 명확하게 밝히지 아니하고 취업·부업 알선, 설명회, 교육회 등을 거짓 명목으로 내세워 유인하는 행위

다단계판매업자는 다단계판매원으로 하여금 위의 금지행위를 하도록 교사하거나 방조하여서는 아니 된다(법 24조 2항).

다. 소비자 등의 침해정지요청

전술한 다단계판매자의 금지행위(법 23조)나 사행적 판매원 확장행위 등의 금지(법 24조)에 위반하는 다단계판매자의 행위로 이익을 침해받거나 침해받을 우려가 있는 자 또는 (i) 등록 소비자단체(소비자기본법 29조), (ii) 한국소비자원 및 (iii) 민법 32조에 따라 다단계판매 또는 후원방문판매와 관련한 소비자보호를 목적으로 설립한 비영리법인은 그 행위가 현저한 손해를 주거나 줄 우려가 있는 경우에는 그 행위에 대하여 대통령령으로 정하는 바에 따라 공정거래위원회에 침해의 정지에 필요한 조치를 요청할 수 있다(법 25조, 영 34조 1항).

라. 다단계판매업자의 책임

다단계판매업자는 다단계판매원이 자신의 하위판매원을 모집하거나 다단계판매업자의 재화 등을 소비자에게 판매할 때 전술한 다단계판매자의 금지행위(법 23조)를 하거나 사행적 판매원 확장행위 등의 금지(법 24조)에 위반하지 아니하도록 다단계판매원에게 해당 규정의 내용을 서면이나 전자우편으로 고지하여야 한다(법 28조 1항). 다단계판매업자가 이러한 고지의무를 게을리한 경우에 다단계판매원이 이들 금지규정에 위반하여 다른 다단계판매원 또는 소비자에게 입힌 재산상 손해는 다단계판매업자가 배상 책임을 진다. 이 경우 다단계판매업자는 다단계판매원에게 구상권을 행사할 수 있다(법 28조 2항). 이때 다단계판매업자의 배상책임 기준은 다단계판매원 또는 후원방문판매원의 위반행위와 상당인과관계가 있는 손해액을 기준으로 하되, 위반행위의 관련 매출액을 한도로 한다(영 35조).

9. 후원방문판매자의 의무

가. 후원방문판매원 모집상의 금지행위

후원방문판매자는 후원방문판매원에게 판매원 자신의 직근 하위판매원이 아닌 다른 후원방문판매원의 구매 · 판매 등의 실적과 관련하여 후원수당을 지급하거나 이러한 지급을 약속하여 후원방문판매원을 모집하는 행위를 하여서는 아니 된다(법 29조 1항).

나. 준용규정과 예외

후원방문판매자에게 다음 규정을 준용한다(동조 3항). 이 경우 "다단계판매"는 "후원방문판매"로, "방문판매자 등"과 "다단계판매자"는 "후원방문판매자"로, "방문판매업자 등"과 "다단계판매업자"는 "후원방문판매업자"로, "방문판매원 등"과 "다단계판매원"은 "후원방문판매원"으로, "다단계판매조직"은 "후원방문판매조직"으로 본다.

- 방문판매원의 명부 작성 등에 관한 법 제6조
- 다단계판매업자의 등록 및 결격사유에 관한 법 제13조 및 제14조
  - 단, 후원방문판매업자가 등록을 함에 있어 자본금의 규모를 증명하는 서류(법 13조 1항 2호)는 제출할 필요가 없으며, 소비자피해보상보험계약 등의 체결 증명서류(동항 3호)는 소비자피해보상보험계약 등의 체결이 필요 없는 예외(법 29조 2항)에 해당함을 증명하는 서류로 대체할 수 있다(동조 3항 1호).
- 다단계판매자의 소비자에 대한 정보제공의무 등에 관한 법 제16조
- 청약철회에 관한 법 제17조 및 제18조
- 손해배상청구금액의 제한 등에 관한 법 제19조
- 후원수당의 지급기준 등에 관한 법 제20조
  - 단, 이 경우 후원방문판매업자가 후원방문판매원에게 후원수당으로 지급할 수 있는 총액은 가격합계액의 100분의 38을 초과하여서는 아니 된다(법 29조 3항 2호).
- 후원수당 관련 표시 · 광고 등에 관한 법 제21조
- 다단계판매원의 등록 및 탈퇴 등에 관한 법 제22조
- 다단계판매자의 금지행위에 관한 법 제23조

- 사행적 판매원 확장행위 등의 금지에 관한 법 제24조
- 소비자 등의 침해정지 요청에 관한 법 제25조
- 다단계판매업자의 휴업기간 중 업무처리 등에 관한 법 제26조
- 주소 변경 등의 공고에 관한 법 제27조
- 다단계판매업자의 책임에 관한 법 제28조

다만 후원방문판매업자가 후원방문판매원에게 공급한 재화 등의 100분의 70 이상을 판매원이 아닌 소비자에게 판매한 경우에는 대통령령으로 정하는 바에 따라 다음 규정을 적용하지 아니한다(법 29조 2항, 영 36조 및 관련 별표 1).

- 다단계판매업자가 다단계판매원에게 후원수당으로 지급할 수 있는 총액을 제한하는 법 제20조 제3항
- 다단계판매업자의 금지행위 중 “제37조에 따른 소비자피해보상보험계약 등을 체결하지 아니하고 영업하는 행위”와 “상대방에게 판매하는 개별 재화 등의 가격을 대통령령으로 정하는 금액을 초과하도록 정하여 판매하는 행위”에 관한 법 제23조 제1항 제8호 및 제9호
- 소비자피해보상보험계약 등에 관한 법 제37조

Ⅳ. 계속거래 및 사업권유거래

1. 의 의

“계속거래”란 1개월 이상에 걸쳐 계속적으로 또는 부정기적으로 재화 등을 공급하는 계약으로서 중도에 해지할 경우 대금 환급의 제한 또는 위약금에 관한 약정이 있는 거래를 말한다(법 2조 10호). 또한 “사업권유거래”란 사업자가 소득 기회를 알선·제공하는 방법으로 거래 상대방을 유인하여 금품을 수수하거나 재화 등을 구입하게 하는 거래를 말한다(동조 11호).

2. 계속거래업자 등의 소비자에 대한 정보제공의무 등

가. 계약내용 설명의무

계속거래 또는 사업권유거래(이하 "계속거래 등"이라 한다)를 업으로 하는 자(이하 "계속거래업자 등")는 대통령령으로 정하는 금액(현행 10만원) 및 기간(현행 3월) 이상을 거래조건으로 하는 계속거래 등에 관한 계약을 체결하는 경우에는 계약을 체결하기 전에 소비자(사업권유거래에서 재화 등을 구매하는 자 포함)가 계약 내용을 이해할 수 있도록 다음 사항을 설명하여야 한다. 다만 사업권유거래의 경우에는 기간에 관계 없이 30만원 이상을 거래조건으로 하는 경우 이러한 설명의무가 인정된다(법 30조 1항, 영 37조).

- 계속거래업자 등의 성명(법인인 경우 대표자의 성명), 상호, 주소, 전화번호 및 전자우편주소
- 계속거래를 통하여 판매하는 재화 등(계속거래와 관련하여 따로 구입할 필요가 있는 다른 재화 등이 있는 경우에는 그 재화 등을 포함)이나 사업권유거래를 통하여 판매하는 재화 등의 명칭, 종류 및 내용
- 재화 등의 대금(가입비, 설치비 등 명칭에 상관없이 재화 등의 거래와 관련하여 지급하는 모든 금액 포함)과 그 지급 시기 및 방법
- 재화 등의 거래방법과 거래 기간 및 시기
- 사업권유거래의 경우에는 제공되는 사업에 관한 거래조건으로 대통령령으로 정하는 다음의 사항(영 38조)
  - 재화 등을 구매하는 경우 사업자가 제공하는 사업기회에 의하여 얻게 되는 이익이나 그 보장에 관한 조건
- 법 제31조에 따른 계약 해지와 그 행사방법 · 효과에 관한 사항 및 해지권의 행사에 필요한 서식
- 소비자피해 보상, 재화 등에 대한 불만 및 소비자와 사업자 사이의 분쟁 처리에 관한 사항
- 거래에 관한 약관
- 그 밖에 거래 여부 판단에 영향을 주는 거래조건 또는 소비자피해 구제에 필요한 사항으로서 대통령령으로 정하는 다음의 사항(영 39조)
  - 판매일시 · 판매지역 · 판매수량 · 인도지역 등 판매조건과 관련하여 제한이 있는 경우 그 내용에 관한 사항

나. 계약서 발급의무

계속거래업자 등은 재화 등의 판매에 관한 계약을 체결할 때에는 위의 사항을 적은 계약서를 소비자에게 발급하여야 한다(법 30조 2항).

다. 계약갱신의 통지의무

계속거래를 업으로 하는 자는 소비자에게 용역을 공급하는 계약으로서 소비자의 별도 의사표시가 없는 한 자동으로 갱신되는 계약을 체결한 경우에는 그 계약 종료일의 50일 전부터 20일 전까지의 기간에 소비자에게 종료일이 다가오고 있음을 서면이나 전자우편으로 통지하여야 한다. 다만, 거래기간이 2개월 이내의 계약인 경우나 소비자가 재계약 체결 또는 계약 갱신의 의사를 표시한 경우에는 그 통지를 생략할 수 있다(동조 3항).

라. 미성년자와의 계약

계속거래업자 등이 미성년자와 계속거래 등에 관한 계약을 체결하려는 경우에는 법정대리인의 동의를 받아야 한다. 이 경우 법정대리인의 동의를 받지 못하면 미성년자 본인 또는 법정대리인이 계약을 취소할 수 있음을 알려야 한다(동조 4항, 7조 3항).

마. 신의성실의무

계속거래업자 등은 위와 같이 소비자에게 설명하거나 표시한 거래조건(법 30조 1항 · 2항)을 신의에 좇아 성실하게 이행하여야 한다(법 30조 5항).

3. 계약의 해지 · 해제

가. 소비자의 계약해지권

계속거래업자 등과 계속거래 등의 계약을 체결한 소비자는 계약기간 중 언제든지 계약을 해지할 수 있다. 다만, 다른 법률에 별도의 규정이 있거나 거래의 안전 등을 위하여 대통령령으로 정하는 다음의 경우에는 그러하지 아니하다(법 31조, 영 40조).

- 소비자(사업권유거래의 상대방 포함)의 주문에 의하여 개별적으로 생산되는 재화 등에 대한 것으로서 계약 해지를 인정하면 계속거래업자 등에게 회복할 수 없는 중대한 피해가 예상되는 경우로서 사전에 해당 거래에 대하여 별도로 그 사실을 고지하고 소비자의 서면(전자문서 포함) 동의를 받은 경우

나. 계약 해지·해제의 효과

(1) 위약금 청구금지 등

계속거래업자 등은 자신의 책임이 없는 사유로 계속거래 등의 계약이 해지 또는 해제된 경우 소비자에게 해지 또는 해제로 발생하는 손실을 현저하게 초과하는 위약금을 청구하여서는 아니 되고, 가입비나 그 밖에 명칭에 상관없이 실제 공급된 재화 등의 대가를 초과하여 수령한 대금의 환급을 부당하게 거부하여서는 아니 된다(법 32조 1항).

(2) 재화 등의 반환에 따른 대금 환급 등

계속거래 등의 계약이 해지 또는 해제된 경우 소비자는 반환할 수 있는 재화 등을 계속거래업자 등에게 반환할 수 있으며, 계속거래업자 등은 대통령령으로 정하는 바에 따라 대금 환급 또는 위약금 경감 등의 조치를 하여야 한다(동조 2항, 영 31조).

(3) 차액 환급

계속거래업자 등은 자신의 책임이 없는 사유로 계약이 해지 또는 해제된 경우 소비자로부터 받은 재화 등의 대금(재화 등이 반환된 경우 환급하여야 할 금액을 포함한다)이 이미 공급한 재화 등의 대금에 위약금을 더한 금액보다 많으면 그 차액을 소비자에게 환급하여야 한다. 이 경우 환급이 지연되는 경우에는 총리령으로 정하는 지연기간(3영업일 이상 지연된 경우의 그 지연일수)에 대한 지연배상금을 함께 환급하여야 한다(동조 3항, 규칙 22조).

(4) 위약금 등 산정기준

공정거래위원회는 전술한 위약금 청구(법 32조 1항)와 대금 환급 또는 위약금 경감(동조 2항)과 관련된 분쟁을 방지하기 위하여 필요한 경우 위약금 및 대금의 환급에 관한 산정기준을 정하여 고시할 수 있다(동조 4항). 이에 따라 「계속거래 등의 해지·해제에 따른 위약금 및 대금의 환급에 관한 산정기준」(개정 2012.9.26. 공정거래위원회 고시 제2012-58호)이 마련되어 있다.

4. 거래기록 등의 열람

계속거래업자 등은 대통령령으로 정하는 바에 따라 재화 등의 거래기록 등을 언제든지 소비자가 열람할 수 있게 하여야 한다(법 33조, 영 42조).

5. 금지행위 등

계속거래업자 등은 다음의 행위를 하여서는 아니 된다(법 34조 1항).

- 계속거래 등의 계약을 체결하게 하거나 계약의 해지 또는 해제를 방해하기 위하여 소비자를 위협하는 행위
- 거짓 또는 과장된 사실을 알리거나 기만적 방법을 사용하여 소비자를 유인 또는 거래하거나 계약의 해지 또는 해제를 방해하는 행위
- 계속거래 등에 필요한 재화 등을 통상적인 거래가격보다 현저히 비싼 가격으로 구입하게 하는 행위
- 소비자가 계속거래 등의 계약을 해지 또는 해제하였는데도 정당한 사유 없이 이에 따른 조치를 지연하거나 거부하는 행위
- 계약의 해지 또는 해제를 방해할 목적으로 주소·전화번호 등을 변경하는 행위
- 분쟁이나 불만 처리에 필요한 인력 또는 설비가 부족한 상태를 상당 기간 방치하여 소비자에게 피해를 주는 행위
- 소비자의 청약이 없는데도 일방적으로 재화 등을 공급하고 재화 등의 대금을 청구하는 행위
- 소비자가 재화를 구매하거나 용역을 제공받을 의사가 없음을 밝혔는데도 전화, 팩스, 전자우편 등을 통하여 재화를 구매하거나 용역을 제공받도록 강요하는 행위

공정거래위원회는 이 법 위반행위의 방지 및 소비자피해의 예방을 위하여 계속거래업자 등이 지켜야 할 기준을 정하여 고시할 수 있다(동조 2항).

V. 소비자권익의 보호

1. 소비자보호지침

가. 지침의 제정

공정거래위원회는 특수판매에서의 건전한 거래질서 확립 및 소비자(다단계판매원, 후원방문판매원 및 사업권유거래의 상대방 포함)의 보호를 위하여 사업자의 자율적 준수를 유도하기 위한 지침(이하 "소비자보호지침")을 관련 분야의 거래당사자, 기관 및 단체의 의견을 들어 정할 수 있다. 이에 따라 「특수판매에서의 소비자보호 지침」(개정 2015.10.23. 공정거래위원회 예규 제235호)이 제정 · 시행되고 있다(법 35조 1항).

나. 지침보다 소비자에 불리한 계약내용의 표시 등

특수판매를 업으로 하는 자(이하 "특수판매업자")는 그가 사용하는 약관 등 계약의 내용이 소비자보호지침의 내용보다 소비자에게 불리한 경우 소비자보호지침과 다르게 정한 그 계약의 내용을 소비자가 알기 쉽게 표시하거나 고지하여야 한다(동조 2항).

2. 특수판매업자의 입증책임

가. 거래기록의 보관

다음 사항에 관하여 계약 상대방과 다툼이 있는 경우에는 특수판매업자가 이를 증명하여야 한다. 이 경우 특수판매업자는 증명에 필요한 통화 내용 등에 대한 거래기록을 대통령령으로 정하는 바에 따라 보관할 수 있다(법 36조 1항, 영 43조 1항 · 3항).

- 재화 등의 훼손에 대한 소비자의 책임 유무
- 계약이 체결된 사실 및 그 시기
- 재화 등의 공급 사실 및 그 시기
- 계약서의 발급 사실 및 그 시기
- 입증책임에 관한 별도의 약정이 없는 그 밖의 거래 사실

나. 거래기록의 보존

특수판매업자는 위의 증명에 필요한 통화내용 등 거래기록을 미리 보존할 수 있다. 이 경우 특수판매업자는 거래기록을 그 대상·범위·기간 및 열람 방법 등에 관하여 대통령령으로 정하는 바에 따라 보존하여야 한다(법 36조 2항, 영 43조 2항·3항).

3. 소비자피해보상보험계약 등

가. 계약의 체결

법 제13조 제1항 및 제29조 제3항에 따라 등록하려는 다단계판매업자 및 후원방문판매업자는 다음 중 하나의 계약(이하 "소비자피해보상보험계약 등")을 체결하여야 한다(법 37조).

- 소비자피해 보상을 위한 보험계약
- 소비자피해 보상금의 지급을 확보하기 위한 채무지급보증계약
- 법 제38조에 따라 설립된 공제조합과의 공제계약

공정거래위원회는 방문판매 등 및 계속거래 등에서의 소비자보호를 위하여 소비자피해보상보험계약 등을 체결하도록 권장할 수 있다(법 37조 2항). 이와 같이 체결이 강제 또는 권장되는 소비자피해보상보험계약 등의 내용은 이 법 위반행위로 인한 소비자피해를 보상하기에 적절한 수준이어야 하며, 그 구체적인 기준은 대통령령으로 정한다(법 37조 3항, 영 44조).

나. 보상 지연에 따른 배상금

소비자피해보상보험계약 등에 따라 소비자피해 보상금을 지급할 의무가 있는 자는 그 지급 사유가 발생한 경우에는 지체 없이 이를 지급하여야 하고, 이를 지연한 경우에는 지연배상금을 지급하여야 한다(법 37조 4항).

다. 자료의 제출

소비자피해보상보험계약 등을 체결 또는 유지하는 다단계판매업자와 후원방문판매업자는 매출액 등의 자료를 제출할 때 거짓 자료를 제출하여서는 아니 된다(동조 5항).

라. 계약체결의 표지

소비자피해보상보험계약 등을 체결한 자는 그 사실을 나타내는 표지를 사용할 수 있다(동조 6항). 소비자피해보상보험계약 등을 체결하지 아니한 자는 이러한 표지를 사용하거나 이와 비슷한 표지를 제작 또는 사용하여서는 아니 된다(동조 7항).

4. 공제조합

가. 설 립

(1) 설립절차

법 제5조 제1항, 제13조 제1항 및 제29조 제3항에 따라 신고 또는 등록한 사업자는 소비자피해보상에 대한 보상금 지급을 책임지는 보험사업 등 공제사업(법 37조 1항 3호)을 운영하기 위하여 공정거래위원회의 인가를 받아 공제조합(이하 "공제조합")을 설립할 수 있으며, 인가의 기준은 대통령령으로 정한다(법 38조 1항, 영 45조). 공제조합은 법인으로 하며, 주된 사무소의 소재지에서 설립등기를 함으로써 성립한다(법 38조 2항). 공제조합에 가입한 자는 공제사업의 수행에 필요한 출자금 등을 조합에 내야 한다(동조 3항). 공제조합의 기본재산은 대통령령으로 정하는 바에 따라 가입한 자의 출자금(현행 200억원 이상) 등으로 조성하되, 공제조합의 기본재산의 운영에 관한 사항은 공정거래위원회의 인가를 받아야 한다. 다만, 정부는 예산의 범위에서 출연하거나 보조할 수 있다(동조 4항, 영 46조). 공제조합의 가입자격, 임원에 관한 사항 및 출자금의 부담기준에 관한 사항은 정관으로 정한다(법 38조 5항). 공제조합의 설립인가 절차, 정관 기재 사항, 운영, 이사회의 구성 및 권한, 임원의 선임, 감독 등에 관하여 필요한 사항은 대통령령으로 정한다(동조 6항, 영 45조 내지 47조 · 47조의2 · 47조의3).

(2) 공제규정

공제조합이 공제사업을 하려는 경우에는 공제규정을 정하여 공정거래위원회의 인가를 받아야 한다. 공제규정을 변경하려는 경우에도 또한 같다(법 38조 7항). 이러한 공제규정에는 공제사업의 범위, 공제료, 공제사업에 충당하기 위한 책임준비금 등 공제사업의 운영에 필요한 사항을 정하여야 한다(동조 8항).

(3) 적용법규

공제조합에 관하여 이 법에 규정된 것을 제외하고는 민법 중 사단법인에 관한 규정을 준용한다(동조 9항). 이 법에 따른 공제조합의 사업에 대하여는 보험업법을 적용하지 아니한다(동조 10항).

나. 감 독

(1) 업무 · 회계에 대한 조사

공정거래위원회는 필요하다고 인정하면 공제조합에 대하여 업무 및 회계에 관한 보고서 제출 또는 그 밖에 필요한 조치를 명하거나 소속 공무원으로 하여금 공제조합의 업무 및 회계 상황을 조사하거나 장부 또는 그 밖의 서류를 검사하게 할 수 있다(법 39조 1항). 이러한 조사 또는 검사를 하는 공무원은 그 권한을 표시하는 증표를 지니고 이를 관계인에게 보여주어야 한다(동조 4항).

(2) 시정명령 등

공정거래위원회는 공제조합의 운영 및 업무 집행 등이 법령이나 정관 등에 적합하지 아니한 경우 그 시정을 명할 수 있고, 그 밖에 소비자의 피해 구제 등과 관련하여 필요한 경우에는 적합한 조치를 요구할 수 있다(동조 2항). 또한 (i) 공제조합의 임직원이 이러한 시정명령이나 조치를 이행하지 아니한 경우, (ii) 전술한 공제규정(법 38조 7항)을 위반하여 업무를 처리한 경우에는 관련 임직원에 대한 징계·해임을 요구하거나 해당 위반행위를 시정하도록 명할 수 있다(법 39조 3항).

다. 사 업

공제조합은 다음의 사업을 시행한다(법 40조 1항).

- 소비자피해 보상을 위한 공제사업 및 소비자의 권익보호를 위한 공익사업
- 소비자피해 예방과 홍보를 위한 출판 및 교육 사업
- 시장의 건전한 발전을 위한 자율정화사업
- 공정거래위원회로부터 위탁받은 사업
- 그 밖에 정관으로 정하는 사업

5. 특수판매 소비자단체 등의 지원

공정거래위원회는 특수판매에서의 공정거래질서 확립 및 소비자권익 보호를 위한 사업을 시행하는 기관 또는 단체에 대하여 예산의 범위에서 필요한 지원을 할 수 있다(법 41조).

6. 전화권유판매 수신거부의사 등록시스템 등

가. 등록시스템의 구축

공정거래위원회는 전화권유판매자의 행위로부터 소비자를 보호하기 위하여 소비자가 수신거부의사를 명시적으로 표시하여 등록할 수 있는 수신거부의사 등록시스템(이하 "등록시스템")을 구축할 수 있다(법 42조 1항). 전화권유판매자는 전화권유판매를 하려는 경우에는 대통령령으로 정하는 바에 따라 등록시스템에서 소비자의 수신거부의사 등록 여부를 확인하여야 하며, 전화권유판매 수신거부의사를 등록한 소비자에게 전화권유판매를 하여서는 아니 된다. 다만, 전화권유판매업자가 총리령으로 정하는 바에 따라 소비자로부터 개별적인 동의를 받은 경우

에는 그러하지 아니하다(동조 2항, 영 49조).

나. 등록시스템의 운용 위탁

(1) 운용 위탁 기관·단체의 선정

공정거래위원회는 등록시스템의 운용을 다음 중 어느 하나에 해당하는 기관 또는 단체에 위탁할 수 있으며, 해당 기관 또는 단체에 그 원활한 운용에 필요한 비용의 전부 또는 일부를 지원할 수 있다(법 42조 3항).

- 소비자기본에 따라 설립된 기관 또는 등록된 소비자단체
- 그 밖에 법 제54조에 따라 등록된 사업자단체 또는 다른 법률에 따라 소비자보호를 위하여 설립된 기관 또는 단체

이와 같이 운용을 위탁받을 수 있는 대상 기관 또는 단체의 선정 절차 및 기준은 대통령령으로 정한다(법 42조 4항, 영 49조 2항). 이에 따라 사무를 위탁받은 자의 임직원은 형법 제129조(수뢰·사전수뢰)부터 제132조(알선수뢰)까지의 규정에 따른 벌칙을 적용할 때에는 공무원으로 본다(법 56조 5항).

(2) 감 독

공정거래위원회는 이러한 위탁사무의 적정한 운용 및 관리를 위하여 필요하다고 인정하는 경우에는 자료의 제출을 요구하거나 소속 공무원으로 하여금 해당 위탁사무를 조사하게 할 수 있다. 이 경우 조사의 방법·절차 등에 관하여는 대통령령으로 정한다(동조 5항, 영 49조 3항). 공정거래위원회는 위탁사업자로 선정된 자가 아래의 1) 또는 2)에 해당하게 된 경우에는 그 선정을 취소하여야 하며, 3) 또는 4)에 해당하게 된 경우에는 그 선정을 취소할 수 있다(동조 6항).

1) 거짓 또는 부정한 방법으로 위탁사업자로 선정된 경우
2) 등록시스템을 법 제42조 제1항의 목적 외의 목적으로 이용하거나 제3자로 하여금 이용하게 한 경우
3) 동조 제4항에 따른 선정기준을 충족하지 못하게 된 경우
4) 동조 제5항에 따른 조사 결과 원래의 선정 목적을 달성하기 어렵다고 인정되는 경우

그 밖에 등록시스템의 구축 및 운영에 관하여 필요한 사항은 총리령으로 정한다(동조 7항).

VI. 조사 및 감독

1. 위반행위의 조사 등

가. 직권조사

공정거래위원회, 시·도지사 또는 시장·군수·구청장(이하 "행정청")은 이 법을 위반한 사실이 있다고 인정할 때에는 직권으로 필요한 조사를 할 수 있다. 다만, 다단계판매 및 후원방문판매와 관련된 규정의 위반 사실에 대하여는 공정거래위원회 또는 시·도지사가 조사를 할 수 있다(법 43조 1항). 시·도지사 또는 시장·군수·구청장이 이러한 조사를 하려는 경우에는 공정거래위원회에 통보하여야 하며, 공정거래위원회는 조사 등이 중복될 우려가 있는 경우에는 시·도지사 또는 시장·군수·구청장에게 조사의 중지를 요청할 수 있다. 이 경우 요청을 받은 시·도지사 또는 시장·군수·구청장은 상당한 이유가 없으면 그 조사를 중지하여야 한다(동조 2항). 행정청은 제1항에 따라 조사를 한 경우에는 그 결과(조사 결과 시정조치명령 등의 처분을 하려는 경우에는 그 처분의 내용을 포함)를 해당 사건의 당사자에게 문서로 알려야 한다(동조 3항).

나. 합동조사반

공정거래위원회는 위의 조사를 위하여 한국소비자원과 합동으로 조사반을 구성할 수 있다. 이 경우 조사반의 구성과 조사에 관한 구체적 방법과 절차, 그 밖에 필요한 사항은 대통령령으로 정한다(동조 4항, 영 50조). 공정거래위원회는 합동조사반의 구성원이 되는 한국소비자원 임직원에 대하여 예산의 범위에서 수당이나 여비를 지급할 수 있다(법 43조 5항). 합동조사반의 해당 업무를 담당하는 한국소비자원의 임직원은 형법 제127조(공무상비밀의 누설)와 제129조(수뢰·사전수뢰)

부터 제132조(알선수뢰)까지의 규정에 따른 벌칙을 적용할 때에는 공무원으로 본다(법 43조 6항).

다. 신 고

누구든지 이 법의 규정에 위반되는 사실이 있다고 인정할 때에는 그 사실을 행정청에 신고할 수 있다. 다만, 다단계판매 및 후원방문판매와 관련된 규정에 위반되는 사실에 대하여는 공정거래위원회 또는 시·도지사에게 신고할 수 있다(동조 7항).

라. 시정조치·과징금의 부과시한

공정거래위원회는 이 법을 위반하는 행위가 끝난 날부터 5년이 지난 경우 그 위반행위에 대하여는 법 제49조에 따른 시정조치를 명하거나 법 제51조에 따른 과징금을 부과하지 아니한다. 다만, 시정조치 또는 과징금 부과처분이 판결의 취지에 따라 취소된 경우로서 그 판결 이유에 따라 새로운 처분을 하는 경우에는 그러하지 아니하다.

마. 실태조사 등

공정거래위원회는 특수판매에서의 건전한 거래질서 확립 및 소비자 보호를 위하여 특수판매에 대한 실태조사와 교육을 실시할 수 있다(법 43조의2 1항). 이러한 실태조사의 방법, 절차 등에 필요한 사항은 대통령령으로 정한다(동조 2항, 영 50조의2).

2. 포상금의 지급

공정거래위원회는 다음의 위반행위를 신고 또는 제보하고 이를 입증할 수 있는 증거자료를 제출한 자에 대하여 예산의 범위에서 포상금을 지급할 수 있다(법 44조 1항).

- 법 제13조 제1항 또는 제29조 제3항을 위반하여 등록을 하지 아니하고 다단계판매조직 또는 후원방문판매조직을 개설·관리 또는 운영하는 행위
- 법 제24조(사행적 판매원 확장행위 등의 금지)를 위반한 행위

포상금의 지급대상이 되는 이 법 위반행위 및 포상금 지급대상자의 범위, 포상금 지급의 기준·절차 등에 관하여 필요한 사항은 대통령령으로 정한다(법 44조 2항, 영 51조).

공정거래위원회는 포상금을 지급한 후 다음 중 하나에 해당하는 사실이 발견된 경우에는 해당 포상금을 지급받은 자에게 반환할 금액을 통지하여야 하고, 해당 포상금을 지급받은 자는 그 통지를 받은 날부터 30일 이내에 이를 납부하여야 한다(법 44조의2 1항).

- 위법 또는 부당한 방법의 증거수집, 허위신고, 거짓진술, 증거위조 등 부정한 방법으로 포상금을 지급받은 경우
- 동일한 원인으로 다른 법령에 따라 포상금 등을 지급받은 경우
- 그 밖에 착오 등의 사유로 포상금이 잘못 지급된 경우

공정거래위원회는 포상금을 반환하여야 할 자가 납부 기한까지 그 금액을 납부하지 아니한 때에는 국세 체납처분의 예에 따라 징수할 수 있다(동조 2항).

3. 부당행위에 대한 정보의 공개

공정거래위원회는 특수판매의 공정거래질서 확립과 소비자피해 예방을 위하여 필요한 경우에는 대통령령으로 정하는 바에 따라 특수판매업자의 이 법 위반행위에 대한 조사 결과 등 부당행위에 대한 정보를 공개할 수 있다(법 45조, 영 52조).

4. 평가·인증 사업의 공정화

특수판매의 공정거래질서 확립 및 소비자보호를 위하여 관련 특수판매업자의 평가·인증 등의 업무를 하는 자(이하 "평가·인증사업자")는 그 명칭에 상관없이 대통령령으로 정하는 바에 따라 그 평가·인증에 관한 기준·방법 등을 공시하고, 그에 따라 공정하게 평가·인증하여야 한다(법 46조 1항, 영 53조). 이러한 평가·인증의 기준 및 방법은 특수판매업자가 거래의 공정화 및 소비자보호를 위하여 기울인 노력과 그 성과에 관한 정보를 전달하는 데에 적절한 것이어야 한다(법 46조 2항). 공정거래위원회는 평가·인증사업자에게 운용 상황 등에 관한 자료를 제출하도록 할 수 있다(동조 3항).

5. 보고 및 감독

시·도지사 또는 시장·군수·구청장은 후술하는 시정권고(법 48조)를 하는 경우에는 대통령령으로 정하는 바에 따라 공정거래위원회에 보고하여야 한다(법 47조 1항). 공정거래위원회는 이 법의 효율적인 시행을 위하여 필요하다고 인정할 때에는 그 소관 사항에 관하여 시·도지사 또는 시장·군수·구청장 등에게 조사·확인 또는 자료의 제출을 요구하거나 그 밖에 시정에 필요한 조치를 하도록 요구할 수 있다. 이 경우 시·도지사 또는 시장·군수·구청장은 특별한 사유가 없으면 이에 따라야 한다(동조 2항).

Ⅶ. 시정조치 및 과징금 부과

1. 시정권고

행정청은 사업자가 이 법에 위반되는 행위를 하거나 이 법에 따른 의무를 이행하지 아니하는 경우 후술하는 시정조치(법 49조)를 하기 전에 그 사업자가 해당 행위의 중지, 이 법에 따른 의무의 이행, 그 밖에 소비자피해 예방 및 구제에 필요한 조치를 하도록 시정 방안을 정하여 그 사업자에게 이에 따를 것을 권고할 수 있다. 이 경우 해당 사업자가 그 권고를 수락한 경우에는 시정조치가 내려진 것으로 본다는 뜻을 함께 통지하여야 한다(법 48조 1항). 시정권고를 받은 사업자는 그 통지를 받은 날부터 10일 이내에 그 권고의 수락 여부를 시정권고를 한 행정청에 통지하여야 한다(동조 2항). 시정권고를 받은 사업자가 이를 수락한 때에는 시정조치가 내려진 것으로 본다(법 48조 3항).

2. 시정조치 등

가. 시정조치

공정거래위원회는 사업자가 다음 중 하나(법 29조 3항에 따라 후원방문판매자에 준용되는 경우 포함)에 해당하는 행위를 하거나 이 법에 따른 의무를 이행하지 아니하는 경우 해당 사업자 등에 대하여 그 시정을 위한 조치를 명할 수 있다(법 49조 1항).

- 법 제5조 제1항부터 제3항까지, 제6조, 제7조 제1항부터 제3항까지 및 제5항, 제7조의2, 제8조 제5항, 제9조, 제10조 제1항, 제12조 제1항, 제13조 제1항부터 제3항까지 및 제5항, 제14조부터 제24조까지, 제26조 제1항 및 제2항, 제28조, 제29조 제1항 및 제2항, 제30조, 제32조 제1항부터 제3항까지, 제33조, 제35조 제2항, 제37조 제1항 · 제4항 · 제5항 및 제7항, 제42조 제2항, 제46조 제1항 및 제2항, 제55조를 위반하는 경우
- 법 제11조 제1항 각 호의 어느 하나, 제23조 제1항 각 호의 어느 하나, 제24조 제1항 각 호의 어느 하나 또는 제34조 제1항 각 호의 어느 하나에 해당하는 금지행위를 한 경우
- 법 제36조 제2항 후단에 따라 거래기록을 보존하는 특수판매업자가 거래기록의 대상 · 범위 · 기간 및 열람 방법 등에 관하여 대통령령으로 정하는 바에 따라 보존하지 아니한 경우

이에 따른 시정을 위한 조치는 (i) 해당 위반행위의 중지, (ii) 이 법에 규정된 의무의 이행, (iii) 시정조치를 받은 사실의 공표, (iv) 소비자피해 예방 및 구제에 필요한 조치, (v) 그 밖에 시정을 위하여 필요한 조치를 포함한다(법 49조 2항). 이 중 (iii)의 시정조치를 받은 사실의 공표에 필요한 사항은 대통령령으로 정한다(동조 3항, 영 55조).

나. 영업정지

공정거래위원회는 사업자가 다음 중 하나에 해당하는 경우에는 대통령령으로 정하는 바에 따라 1년 이내의 기간을 정하여 그 영업의 전부 또는 일부의 정지를 명할 수 있다(법 49조 4항, 영 56조 관련 별표 2).

- 위의 시정조치에도 불구하고 최근 3년간 같은 위반행위가 2회 이상 반복되는 경우(행위의 기준은 처분일로 한다)
- 시정조치를 이행하지 아니한 경우
- 시정조치만으로는 소비자피해를 방지하기 어렵거나 소비자에 대한 피해보상이 불가능하다고 판단되는 경우

다. 등록취소

공정거래위원회 또는 시·도지사는 사업자가 아래의 1)에 해당하는 경우(법 29조 3항에 따라 후원방문판매자에 준용되는 경우 포함)에는 그 등록을 취소하여야 하고, 2), 3), 4)에 해당하는 경우(법 29조 3항에 따라 준용되는 경우 포함)에는 대통령령으로 정하는 바에 따라 그 등록을 취소할 수 있다(법 49조 5항, 영 56조 관련 별표 2).

1) 속임수나 그 밖의 부정한 방법으로 법 제13조 제1항에 따른 등록을 한 경우
2) 법 제14조 각 호의 등록 결격사유에 해당하게 된 경우
3) 소비자피해보상보험계약 등이 해지된 경우
4) 영업정지기간 중에 영업을 하는 경우

3. 소비자피해분쟁조정의 요청

가. 조정의 의뢰

행정청은 이 법 위반행위와 관련하여 소비자의 피해 구제 신청이 있으면 시정권고(법 48조) 또는 시정조치(법 49조)를 하기 전에 특수판매에 관한 소비자보호 관련 업무를 수행하는 기관 또는 단체 가운데 대통령령으로 정하는 소비자피해분쟁조정기구에 그 조정을 의뢰할 수 있다(법 50조 1항). 이러한 소비자피해분쟁조정기구로는 (i) 한국소비자원, (ii) 시·도지사가 소비자기본법 제16조 동 시행령 제7조에 따라 설치한 소비자피해구제기구, (iii) 그 밖에 소비자보호 관련 법령에 따라 설치·운영되는 분쟁조정기구가 있다(영 57조). 공정거래위원회는 제1항에 따라 분쟁의 조정을 의뢰하는 경우 예산의 범위에서 해당 분쟁의 조정에 필요한 예산을 지원할 수 있다(법 50조 4항).

나. 조정의 수락

행정청은 위와 같이 의뢰된 조정안을 당사자가 수락하고 이행하는 경우에는 시정조치를 하지 아니한다는 뜻을 당사자에게 알려야 한다(동조 2항). 공정거래위원회는 의뢰된 조정안을 당사자가 수락하고 이행한 경우에는 대통령령으로 정하

는 바에 따라 제49조에 따른 시정조치를 하지 아니한다. 이 경우 시정조치 등의 시한에 관한 법 제43조 제8항은 적용하지 아니한다(법 50조 3항, 영 58조).

4. 동의의결

2022년 방문판매법 개정에서는 공정거래법 및 표시·광고의 공정화에 관한 법률 등에서 이미 도입되어 있던 동의의결제도를 신설함으로써, 일반적인 시정조치로는 불가능한 다양한 내용의 시정방안을 사업자와 공정거래위원회 간의 협의를 통해 채택할 수 있도록 하였다. 이를 통해 소비자는 신속하고 효과적인 피해구제를 도모하고, 사업자는 신속한 사건 종결을 통해 소송비용과 시간을 절감할 수 있을 것으로 기대된다.

가. 동의의결의 신청·요건 및 효과

공정거래위원회의 조사나 심의를 받고 있는 사업자 또는 사업자단체(이하 "신청인")는 해당 조사나 심의의 대상이 되는 행위(이하 "해당 행위")로 인한 불공정한 거래내용 등의 자발적 해결, 소비자의 피해구제 및 거래질서의 개선 등을 위하여 동의의결을 하여 줄 것을 공정거래위원회에 신청할 수 있다. 다만, 동의의결이 있기 전 신청인이 신청을 취소하는 경우 공정거래위원회는 동의의결을 하지 아니하고 이 법에 따른 심의 절차를 진행하여야 한다(법 50조의2 1항).

신청인이 위의 신청을 하는 경우 (i) 해당 행위를 특정할 수 있는 사실관계, (ii) 해당 행위의 중지, 원상회복 등 경쟁질서의 회복이나 거래질서의 적극적 개선을 위하여 필요한 시정방안, (iii) 그 밖에 소비자, 다른 사업자 등의 피해를 구제하거나 예방하기 위하여 필요한 시정방안을 기재한 서면으로 하여야 한다(동조 2항).

공정거래위원회는 해당 행위의 사실관계에 대한 조사를 마친 후 위 (ii) 및 (iii)에 따른 시정방안(이하 "시정방안")이 다음의 각 요건을 모두 충족한다고 판단되는 경우에는 해당 행위 관련 심의 절차를 중단하고 시정방안과 같은 취지의 의결(이하 "동의의결")을 할 수 있다. 이 경우 신청인과의 협의를 거쳐 시정방안을 수정할 수 있다(동조 3항).

- 해당 행위가 이 법을 위반한 것으로 판단될 경우에 예상되는 시정조치 및 그 밖의 제재와 균형을 이룰 것
- 공정하고 자유로운 경쟁질서나 거래질서를 회복시키거나 소비자, 다른 사업자 등을 보호하기에 적절하다고 인정될 것

공정거래위원회의 동의의결은 해당 행위가 이 법에 위반된다고 인정한 것을 의미하지 아니하며, 누구든지 신청인이 동의의결을 받은 사실을 들어 해당 행위가 이 법에 위반된다고 주장할 수 없다(동조 4항).

나. 동의의결의 절차

공정거래위원회는 신속한 조치의 필요성, 소비자 피해의 직접 보상 필요성 등을 종합적으로 고려하여 동의의결 절차의 개시 여부를 결정하여야 한다(법 50조의3 1항).

공정거래위원회는 동의의결을 하기 전에 30일 이상의 기간을 정하여 (i) 해당 행위의 개요, (ii) 관계 법령 조항, (iii) 시정방안(법 50조의2 3항 후단에 따라 시정방안이 수정된 경우 그 수정된 시정방안을 말함) 및 (iv) 해당 행위와 관련하여 신고인 등 이해관계인의 이해를 돕는 그 밖의 정보를 신고인 등 이해관계인에게 통지하거나, 관보 또는 공정거래위원회의 인터넷 홈페이지에 공고하는 등의 방법으로 의견을 제출할 기회를 주어야 한다. 다만, 사업상 또는 사생활의 비밀 보호나 그 밖에 공익상 공개하기에 적절하지 아니한 것은 제외한다(법 50조의3 2항). 또한 공정거래위원회는 위 (i) 내지 (iv)의 사항을 관계 행정기관의 장에게 통보하고 그 의견을 들어야 한다. 다만, 벌칙(법 58조 내지 64조) 규정이 적용되는 행위에 대해서는 검찰총장과 협의하여야 한다(법 50조의3 3항).

공정거래위원회는 동의의결을 하거나 이를 취소하는 경우에는 공정거래법 제59조(전원회의 및 소회의의 관장)의 구분에 따른 회의의 심의·의결을 거쳐야 한다(법 50조의3 4항). 동의의결을 받은 신청인은 이러한 의결에 따라 동의의결의 이행계획과 이행결과를 공정거래위원회에 제출하여야 한다(동조 5항). 공정거래위원회는 이에 따라 제출된 이행계획의 이행 여부를 점검할 수 있고, 동의의결을 받은 신청인에게 그 이행에 관련된 자료의 제출을 요청할 수 있다(동조 6항). 공정거래위원회는 이러한 이행계획의 이행 여부 점검 등 동의의결의 이행관리에 관한 업

무를 대통령령으로 정하는 바에 따라 조정원 또는 소비자기본법 제33조에 따른 한국소비자원(이하 "소비자원")에 위탁할 수 있다(동조 7항). 이에 따른 위탁을 받은 기관의 장은 신청인이 제출한 동의의결의 이행계획과 이행결과에 대한 이행관리 현황을 분기별로 공정거래위원회에 보고하여야 한다. 다만, 공정거래위원회의 현황 보고 요구가 있는 경우 즉시 이에 따라야 한다(동조 8항). 동의의결 이행관리의 위탁을 받은 기관의 장은 동의의결을 받은 신청인이 그 이행을 게을리하거나 이행하지 아니하는 경우에는 지체 없이 그 사실을 공정거래위원회에 통보하여야 한다(동조 9항).

이 법 제50조의2 제2항에 따른 서면의 신청 방법, 의견 조회 방법, 심의 · 의결 절차, 조정원 또는 소비자원에 대한 이행관리 업무의 위탁 절차 등 그 밖의 세부 사항은 공정거래위원회가 정하여 고시할 수 있다(법 50조의3 10항).

다. 동의의결의 취소

공정거래위원회는 다음 중 어느 하나에 해당하는 경우에는 동의의결을 취소할 수 있다(법 50조의4 1항).

1) 동의의결의 기초가 된 시장상황 등 사실관계의 현저한 변경 등으로 인하여 시정방안이 적정하지 아니하게 된 경우
2) 신청인이 제공한 불완전하거나 부정확한 정보로 인하여 동의의결을 하게 되었거나, 신청인이 거짓 또는 그 밖의 부정한 방법으로 동의의결을 받은 경우
3) 신청인이 정당한 이유 없이 동의의결을 이행하지 아니하는 경우

위 1)에 따라 동의의결을 취소하는 경우 신청인이 이 법 제50조의2 제1항에 따라 동의의결을 하여줄 것을 신청하면 공정거래위원회는 다시 동의의결을 할 수 있다. 이 경우 이 법 제50조의2부터 제50조의5까지의 규정을 적용한다(법 50조의4 1항). 또한 위 2) 또는 3)에 따라 동의의결을 취소하는 경우 공정거래위원회는 법 제50조의2 제3항에 따라 중단된 해당 행위 관련 심의절차를 계속하여 진행할 수 있다(법 50조의4 1항).

라. 이행강제금

공정거래위원회는 정당한 이유 없이 동의의결 시 정한 이행기한까지 동의의결을 이행하지 아니한 자에게 동의의결이 이행되거나 취소되기 전까지 이행기한이 지난 날부터 1일당 200만원 이하의 이행강제금을 부과할 수 있다(법 50조의4 1항). 이행강제금의 부과·납부·징수 및 환급 등에 관하여는 공정거래법 제16조(이행강제금) 제2항 및 제3항을 준용한다(법 50조의4 2항).

5. 과징금

가. 부 과

공정거래위원회는 영업정지(법 49조 4항)를 갈음하여 해당 사업자에 대하여 대통령령으로 정하는 위반행위 관련 매출액을 초과하지 아니하는 범위에서 과징금을 부과할 수 있다. 이 경우 관련 매출액이 없거나 이를 산정할 수 없는 등의 경우에는 5천만원을 초과하지 아니하는 범위에서 과징금을 부과할 수 있다(법 51조 1항, 영 60조). 공정거래위원회는 과징금을 부과할 때 (i) 위반행위로 인한 소비자피해 정도, (ii) 소비자피해에 대한 사업자의 보상노력 정도, (iii) 위반행위로 취득한 이익의 규모, (iv) 위반행위의 내용·기간 및 횟수 등을 고려하여야 한다(법 51조 2항). 과징금의 부과기준은 대통령령으로 정한다(동조 5항, 영 61조 및 관련 별표 3).

나. 징 수

공정거래위원회는 이 법을 위반한 사업자인 회사의 합병이 있는 경우에는 그 회사가 한 위반행위를 합병 후 존속하거나 합병으로 새로 설립된 회사가 한 행위로 보아 과징금을 부과·징수할 수 있다(동조 3항).

Ⅷ. 보 칙

1. 소비자 등에게 불리한 계약의 금지

다음의 규정을 위반한 계약으로서 소비자에게 불리한 것은 효력이 없다(법 52조).

- 소비자에 대한 정보제공의무 등에 관한 법 제7조(방문판매 등), 제16조(다단계판매 등) 및 제30조(계속거래 등)
- 청약철회에 관한 법 제8조・제9조(방문판매 등), 제17조・제18조(다단계판매 등)와 계약해지에 관한 법 제31조(계속거래 등)
- 손해배상청구금액의 제한 등에 관한 법 제10조(방문판매 등), 제19조(다단계판매 등) 및 제32조(계속거래 등)

2. 전속관할

특수판매와 관련된 소는 제소 당시 소비자 주소를, 주소가 없는 경우에는 거소를 관할하는 지방법원의 전속관할로 한다. 다만, 제소 당시 소비자의 주소 또는 거소가 분명하지 아니한 경우에는 민사소송법의 관계 규정을 준용한다(법 53조).

3. 사업자단체의 등록

특수판매의 건전한 발전과 소비자의 신뢰도 제고, 그 밖에 공동이익의 증진을 위한 목적으로 설립된 사업자단체는 대통령령으로 정하는 바에 따라 공정거래위원회에 등록할 수 있다(법 54조 1항). 이에 따른 등록의 요건, 방법 및 절차 등에 관하여 필요한 사항은 대통령령으로 정한다(동조 2항, 영 62조).

4. 소비자에 관한 정보의 오용・남용 및 도용 방지 등

특수판매업자가 소비자에 관한 정보를 수집・이용하는 경우에는 전자상거래 등에서의 소비자보호에 관한 법률 제11조를 준용한다. 이 경우 "전자상거래 또는 통신판매"는 "특수판매"로 본다(법 55조).

5. 권한의 위임·위탁

이 법에 따른 공정거래위원회의 권한은 그 일부를 대통령령으로 정하는 바에 따라 소속 기관의 장 또는 시·도지사에게 위임하거나 다른 행정기관의 장에게 위탁할 수 있다(법 56조 1항). 이 법에 따른 시·도지사의 권한은 그 일부를 대통령령으로 정하는 바에 따라 시장·군수·구청장에게 위임할 수 있다(동조 2항). 공정거래위원회는 이 법을 효율적으로 집행하기 위하여 필요한 경우 사무의 일부를 전술한 등록 사업자단체(법 54조)에 위탁할 수 있다(법 56조 3항). 이에 따라 사무를 위탁받은 자의 임직원은 형법 제129조(수뢰·사전수뢰)부터 제132조(알선수뢰)까지의 규정에 따른 벌칙을 적용할 때에는 공무원으로 본다(동조 5항). 이상과 같이 위임하거나 위탁한 사무에 대한 감독, 처리·보고, 조사·확인, 자료의 제출 또는 시정에 필요한 조치의 요구 등에 관하여 필요한 사항은 대통령령으로 정한다(동조 4항).

6. 공정거래법의 준용

이 법에 따른 공정거래위원회의 심의·의결에 관하여는 공정거래법 제64조부터 제68조까지 및 제93조를 준용한다(법 57조 1항). 이 법 위반행위에 대한 행정청의 조사 등에 관하여는 공정거래법 제81조 제1항·제2항·제3항·제6항 및 제9항을 준용한다(법 57조 2항). 이 법에 따른 공정거래위원회의 처분 및 제56조에 따라 위임된 시·도지사의 처분에 대한 이의신청, 시정조치명령의 집행정지, 소의 제기 및 불복의 소의 전속관할에 관하여는 공정거래법 제96조부터 제101조까지의 규정을 준용한다(법 57조 3항). 이 법에 따른 과징금의 부과·징수에 관하여는 공정거래법 제103조부터 제107조까지의 규정을 준용한다(법 57조 4항). 이 법에 따른 직무에 종사하거나 종사하였던 공정거래위원회의 위원 또는 공무원 및 제50조의3에 따른 이행관리 업무를 담당하거나 담당하였던 사람에 대하여는 공정거래법 제119조를 준용한다(법 57조 4항).

Ⅸ. 벌 칙

1. 형 벌

가. 위반행위 유형별 형량

법 제58조 내지 64조는 위반행위의 유형별로 다음과 같이 형사제재를 규정하고 있다.

1) 다음에 해당하는 자(법 29조 3항에 따라 후원방문판매자에 준용되는 경우 포함)는 7년 이하의 징역 또는 2억원 이하의 벌금에 처한다. 이 경우 위반행위자가 이 법 위반행위와 관련하여 판매하거나 거래한 대금 총액의 3배에 해당하는 금액이 2억원을 초과할 때에는 7년 이하의 징역 또는 판매하거나 거래한 대금 총액의 3배에 해당하는 금액 이하의 벌금에 처한다(법 58조 1항). 이때 징역형과 벌금형은 병과할 수 있다(동조 2항).
   - 제13조 제1항에 따른 등록을 하지 아니하고(49조 5항에 따라 등록이 취소된 경우 포함) 다단계판매조직이나 후원방문판매조직을 개설·관리 또는 운영한 자
   - 거짓이나 그 밖의 부정한 방법으로 제13조 제1항에 따른 등록을 하고 다단계판매조직이나 후원방문판매조직을 개설·관리 또는 운영한 자
   - 제23조 제1항 제8호에 따른 금지행위를 한 자
   - 제24조 제1항 또는 제2항에 따른 금지행위를 한 자

2) 다음에 해당하는 자는 5년 이하의 징역 또는 1억 5천만원 이하의 벌금에 처한다. 다만, 법 제29조제3항에 따라 후원방문판매자에 준용되는 경우에는 3년 이하의 징역 또는 1억원 이하의 벌금에 처한다(법 59조 1항). 이때 징역형과 벌금형은 병과할 수 있다(동조 2항).
   - 제22조 제2항을 위반한 자
   - 제23조 제1항 제1호 또는 제2호에 따른 금지행위를 한 자
   - 제29조 제1항에 따른 금지행위를 한 자

3) 다음에 해당하는 자는 3년 이하의 징역 또는 1억원 이하의 벌금에 처한다. 다만, 법 제29조 제3항에 따라 후원방문판매자에 준용되는 경우에는 2년 이하의 징역 또는 5천만원 이하의 벌금에 처한다(법 60조 1항). 이때 징역형과 벌금형은

병과할 수 있다(동조 2항).

- 제13조 제2항 또는 제3항을 위반하여 거짓으로 신고한 자
- 제15조 제5항에 따른 다단계판매원 수첩에 거짓 사실을 기재한 자
- 제18조 제2항을 위반하여 재화 등의 대금을 환급하지 아니한 자
- 제20조 제3항 또는 제5항을 위반한 자
- 제21조 제1항 또는 제3항을 위반한 자
- 제22조 제1항 또는 제4항을 위반한 자
- 제23조 제1항 제3호 · 제5호 · 제7호 또는 제11호에 따른 금지행위를 한 자
- 제37조 제5항을 위반하여 소비자피해보상보험계약 등의 체결 또는 유지에 관하여 거짓 자료를 제출한 사업자
- 제37조 제7항을 위반하여 같은 조 제6항에 따른 표지를 사용하거나 이와 비슷한 표지를 제작 또는 사용한 자
- 제49조 제1항에 따른 시정조치명령을 따르지 아니한 자
- 제49조 제4항에 따른 영업정지명령을 위반하여 영업을 한 자

4) 다음에 해당하는 자는 2년 이하의 징역 또는 5천만원 이하의 벌금에 처한다(법 61조 1항). 이때 징역형과 벌금형은 병과할 수 있다(동조 2항).

- 제11조 제1항 제1호 · 제2호 또는 제5호에 해당하는 금지행위를 한 자
- 제34조 제1항 제1호 · 제2호 또는 제5호에 해당하는 금지행위를 한 자

5) 다음에 해당하는 자(법 29조 3항에 따라 후원방문판매자에 준용되는 경우 포함)는 1년 이하의 징역 또는 3천만원 이하의 벌금에 처한다(법 62조).

- 제5조 제1항을 위반하여 신고를 하지 아니하거나 거짓으로 신고한 자
- 제11조 제1항 제3호에 따른 금지행위를 한 자
- 제12조 제1항 또는 제26조 제1항을 위반하여 휴업기간 또는 영업정지기간 중에 계속하여야 할 업무를 계속하지 아니한 자
- 제13조 제5항을 위반하여 자료를 제출하지 아니하거나 거짓 자료를 제출한 자
- 제15조 제1항에 따른 등록을 하지 아니하고 실질적으로 다단계판매원으로 활동한 자
- 제15조 제2항 제1호 또는 제3호부터 제7호까지의 규정에 따라 다단계판매원으로 등록할 수 없는 자임에도 불구하고 다단계판매원으로 등록한 자
- 제15조 제2항 제2호를 위반하여 미성년자를 다단계판매원으로 가입시킨 다단계판매자
- 세15소 제3항에 따른 다단계판매원 등록증에 거짓 사실을 적은 자

- 제15조 제4항을 위반하여 다단계판매원 등록부를 거짓으로 작성한 자
- 제23조 제1항 제9호에 따른 금지행위를 한 자
- 제33조에 따른 재화 등의 거래기록 등을 거짓으로 작성한 자

6) 다음에 해당하는 자(법 29조 3항에 따라 후원방문판매자에 준용되는 경우 포함)는 1천만원 이하의 벌금에 처한다(법 63조).
- 제6조 제3항을 위반하여 성명 등을 거짓으로 밝힌 자
- 제7조 제2항, 제16조 또는 제30조 제2항에 따른 계약서를 발급할 때 거짓 내용이 적힌 계약서를 발급한 자
- 제11조 제1항 제4호 또는 제7호에 따른 금지행위를 한 자
- 제34조 제1항 제3호·제4호 또는 제7호에 따른 금지행위를 한 자

7) 법 제57조 제4항에 따라 준용되는 공정거래법 제119조를 위반한 자는 2년 이하의 징역 또는 200만원 이하의 벌금에 처한다(법 64조).

나. 양벌규정

법인의 대표자나 법인 또는 개인의 대리인, 사용인, 그 밖의 종업원이 그 법인 또는 개인의 업무에 관하여 법 제58조부터 제63조까지의 어느 하나에 해당하는 위반행위를 하면 그 행위자를 벌하는 외에 그 법인 또는 개인에게도 해당 조문의 벌금형을 과한다. 다만, 법인 또는 개인이 그 위반행위를 방지하기 위하여 해당 업무에 관하여 상당한 주의와 감독을 게을리하지 아니한 경우에는 그러하지 아니하다(법 65조 1항).

다. 형의 감면

법 제58조부터 제63조까지의 어느 하나에 해당하는 위반행위를 한 자 또는 제1항에 따라 벌금형이 부과되는 법인 또는 개인이 이미 공정거래위원회 또는 시·도지사의 처분을 받거나 소비자의 피해를 보상한 경우에는 제58조부터 제63조까지의 규정에 따른 형을 감경하거나 면제할 수 있다(법 65조 2항).

2. 과태료

가. 위반행위 유형별 과태료 금액

법 제66조는 위반행위 유형별로 다음과 같이 과태료를 규정하고 있다.

1) 사업자 또는 사업자단체가 아래의 가) 또는 나)에 해당하는 경우에는 3천만원 이하, 다)에 해당하는 경우에는 5천만원 이하의 과태료를 부과하고, 사업자 또는 사업자단체의 임원 또는 종업원, 그 밖의 이해관계인이 가) 또는 나)에 해당하는 경우에는 500만원 이하, 다)에 해당하는 경우에는 1천만원 이하의 과태료를 부과한다(동조 1항).
   가) 제57조 제2항에 따라 준용되는 공정거래법 제81조 제1항 제1호에 따른 출석처분을 받은 당사자 중 정당한 사유 없이 출석하지 아니한 자
   나) 제57조 제2항에 따라 준용되는 공정거래법 제81조 제1항 제3호 또는 같은 조 제6항에 따른 보고 또는 필요한 자료나 물건을 제출하지 아니하거나 거짓으로 보고하거나 거짓 자료나 물건을 제출한 자
   다) 제57조 제2항에 따라 준용되는 공정거래법 제81조 제2항 및 제3항에 따른 조사를 거부·방해 또는 기피한 자

2) 다음에 해당하는 자(법 29조 3항에 따라 후원방문판매자에 준용되는 경우 포함)에게는 1천만원 이하의 과태료를 부과한다(법 66조 2항).
   - 제9조를 위반하여 재화 등의 대금을 환급하지 아니하거나 환급에 필요한 조치를 하지 아니한 자
   - 제11조 제1항 제6호, 제23조 제1항 제4호 또는 제34조 제1항 제6호에 따른 금지행위를 한 자
   - 제11조 제1항 제8호, 제23조 제1항 제6호 또는 제34조 제1항 제8호에 따른 금지행위를 한 자
   - 제13조 제2항 또는 제3항을 위반하여 신고를 하지 아니한 자
   - 제15조 제3항에 따른 다단계판매원 등록증 또는 같은 조 제5항에 따른 다단계판매원 수첩을 발급하지 아니한 자
   - 제15조 제4항을 위반하여 다단계판매원 등록부를 작성하지 아니한 자 또는 다단계판매원의 신원을 확인할 수 있도록 하지 아니한 자
   - 제23조 제1항 제10호에 따른 금지행위를 한 자

- 제32조를 위반하여 위약금을 과다하게 청구하거나 대금 환급을 거부한 자
- 제42조 제2항을 위반하여 소비자에게 전화권유판매를 한 자

3) 다음에 해당하는 자(법 29조 3항에 따라 후원방문판매자에 준용되는 경우 포함)에게는 500만원 이하의 과태료를 부과한다(법 66조 3항).

- 제5조 제2항 및 제3항에 따른 신고를 하지 아니하거나 거짓으로 신고한 자
- 제6조 제1항을 위반하여 방문판매원 등의 명부를 작성하지 아니하거나 같은 조 제2항을 위반하여 방문판매원의 신원을 확인할 수 있도록 하지 아니한 자 또는 같은 조 제3항을 위반하여 성명 등을 밝히지 아니한 자
- 제7조 제2항, 제16조 또는 제30조 제2항에 따른 계약서를 발급하지 아니한 자
- 제20조 제2항을 위반하여 후원수당의 산정 및 지급 기준을 변경한 자
- 제20조 제4항을 위반하여 후원수당의 산정 · 지급 명세 등의 열람을 허용하지 아니한 자
- 제30조 제3항을 위반하여 소비자에게 계약 종료일을 통지하지 아니한 자
- 제33조에 따른 재화 등의 거래기록 등을 소비자가 열람할 수 있도록 하지 아니한 자

4) 법 제57조 제1항에 따라 준용되는 공정거래법 제66조를 위반하여 질서유지의 명령을 따르지 아니한 자에게는 100만원 이하의 과태료를 부과한다(법 66조 4항).

나. 과태료의 징수 · 부과기준

위 1) 내지 4)의 규정에 따른 과태료는 행정청이 부과 · 징수한다. 다만, 다단계판매 및 후원방문판매와 관련된 규정에 따른 과태료는 공정거래위원회 또는 시 · 도지사가 부과 · 징수한다(법 66조 5항). 위 1) 내지 4)의 규정에 따른 과태료의 부과기준은 대통령령으로 정한다(동조 6항, 영 63조 관련 별표 4).

한편 과태료에 관한 규정을 적용할 때 제51조에 따라 과징금을 부과한 행위에 대해서는 과태료를 부과할 수 없다(법 67조).

제5장 전자상거래법

Ⅰ. 총 칙

1. 목 적

전자상거래와 통신판매 등은 소비자들로 하여금 신속하고 편리한 구매를 가능하게 하는 반면, (i) 신원확인을 위한 소비자의 정보노출로 인한 피해, (ii) 개설 및 폐쇄가 용이한 가상점포에서의 거래로 인한 피해, (iii) 기대와 실물의 차이로 인한 분쟁 빈발, (iv) 전자문서의 사용 및 기록의 조작 가능성 등으로 인한 책임 소재의 입증 곤란, (v) 선불식 거래로 인한 배송 관련 피해(지연 · 상이한 물건의 배송 등), (vi) 컴퓨터 등의 조작실수로 인한 피해, (vii) 초국경적 거래로 인한 피해 등 다양한 소비자문제를 야기하고 있다.[1)]

그리하여 이에 대한 법적 대응으로 마련된 것이 전자상거래 등에서의 소비자보호에 관한 법률(이하 이 장에서 "법"으로 인용)이며, 이 법은 전자상거래 및 통신판매 등에 의한 재화 또는 용역의 공정한 거래에 관한 사항을 규정함으로써 소비자의 권익을 보호하고 시장의 신뢰도를 높여 국민경제의 건전한 발전에 이바지함을 목적으로 하고 있다(법 1조).

---

1) 공정거래위원회, 「전자상거래소비자보호법 설명자료」(2008), 4 · 5면.

2. 용어의 정의

가. 전자상거래

“전자상거래”란 전자거래(전자문서 및 전자거래 기본법(이하 “전자거래법”) 2조 5호에 따른 전자거래[2]를 말함)의 방법으로 상행위를 하는 것을 말한다(법 2조 1호).

나. 통신판매

“통신판매”란 우편 · 전기통신, 그 밖에 총리령으로 정하는 방법으로 재화 또는 용역(일정한 시설을 이용하거나 용역을 제공받을 수 있는 권리 포함)의 판매에 관한 정보를 제공하고 소비자의 청약을 받아 재화 또는 용역(이하 “재화 등”)을 판매하는 것을 말한다(법 2조 2호 본문). 여기서 “총리령으로 정하는 방법”은 다음과 같다(전자상거래 등에서의 소비자보호에 관한 법률 시행규칙(이하 이 장에서 “규칙”으로 인용) 2조).

- 광고물 · 광고시설물 · 전단지 · 방송 · 신문 및 잡지 등을 이용하는 방법
- 판매자와 직접 대면하지 아니하고 우편환 · 우편대체 · 지로 및 계좌이체 등을 이용하는 방법

다만, 방문판매 등에 관한 법률(이하 “방문판매법”) 제2조 제3호에 따른 전화권유판매는 통신판매의 범위에서 제외한다(법 2조 2호 단서).

다. 통신판매업자

“통신판매업자”란 통신판매를 업으로 하는 자 또는 그와의 약정에 따라 통신판매업무를 수행하는 자를 말한다(법 2조 3호).

---

2) 전자거래법에서 “전자거래”란 재화나 용역을 거래할 때 그 전부 또는 일부가 전자문서에 의하여 처리되는 거래를 말한다(동법 2조 5호). 또한 “전자문서”란 정보처리시스템에 의하여 전자적 형태로 작성, 송신 · 수신 또는 저장된 정보를 말하며(동조 1호), “정보처리시스템”이란 전자문서의 작성 · 변환, 송신 · 수신 또는 저장을 위하여 이용되는 정보처리능력을 가진 전자적 장치 또는 체계를 말한다(동조 2호).

라. 통신판매중개

"통신판매중개"란 사이버몰(컴퓨터 등과 정보통신설비를 이용하여 재화 등을 거래할 수 있도록 설정된 가상의 영업장을 말함)의 이용을 허락하거나, 자신의 명의로 통신판매를 위한 광고수단을 제공하거나, 그 광고수단에 자신의 이름을 표시하여 통신판매에 관한 정보의 제공이나 청약의 접수 등 통신판매의 일부를 수행하는 방법으로 거래 당사자 간의 통신판매를 알선하는 행위를 말한다(법 2조 4호, 규칙 3조).

마. 소비자

"소비자"란 다음 중 어느 하나에 해당하는 자를 말한다(법 2조 5호, 전자상거래 등에서의 소비자보호에 관한 법률 시행령(이하 이 장에서 "영"으로 인용) 2조).

- **최종소비자** 사업자가 제공하는 재화 등을 소비생활을 위하여 사용(이용 포함)하는 자
- **최종소비자에 준하는 자** 사업자가 제공하는 재화 등을 소비생활 외의 목적에 사용하거나 이용하는 자로서 다음 중 어느 하나에 해당하는 자
  - 재화 등을 최종적으로 사용하거나 이용하는 자(단, 재화 등을 원재료(중간재 포함) 및 자본재로 사용하는 자는 제외)
  - 사실상 소비자와 같은 지위에서 다른 소비자와 같은 거래조건으로 거래하는 사업자(법 3조 1항 단서)로서 재화 등을 구매하는 자(해당 재화 등을 판매한 자에 대한 관계로 한정)
  - 재화 등을 농업(축산업 포함) 또는 어업 활동을 위하여 구입한 자(단, 원양산업발전법 6조 1항에 따라 해양수산부장관의 허가를 받은 원양어업자는 제외)

바. 사업자

"사업자"란 물품을 제조(가공 또는 포장 포함)·수입·판매하거나 용역을 제공하는 자를 말한다(법 2조 6호).

3. 적용범위

가. 적용제외

(1) 상행위

이 법의 규정은 사업자(방문판매법 2조 6호의 다단계판매원 제외)가 상행위를 목적으로 구입하는 거래에는 적용하지 아니한다. 다만, 사업자라 하더라도 사실상 소비자와 같은 지위에서 다른 소비자와 같은 거래조건으로 거래하는 경우에는 그러하지 아니하다(법 3조 1항).

(2) 계약내용에 관한 서면 교부의무 규정의 적용제외

후술하는 계약내용에 관한 서면(전자문서 포함)의 교부의무에 관한 규정(법 13조 2항)은 다음의 거래에는 적용하지 아니한다(법 3조 2항).

- 소비자가 이미 잘 알고 있는 약관 또는 정형화된 거래방법에 따라 수시로 거래하는 경우로서 유・무선 전화기 등으로 전화정보서비스를 이용하는 경우 등과 같이 계약내용에 관한 서면 교부가 곤란한 거래(규칙 4조 1항)
  - 이 경우 거래 전에 미리 재화 등의 제공자의 성명・연락처 및 재화 등의 내용・이용요금 등을 밝히고, 거래 후에 거래대금 결제내용을 통보하여야 함(동조 2항)
- 다른 법률(민법・방문판매법 제외)에 이 법의 규정과 다른 방법으로 하는 계약서 교부의무 등이 규정되어 있는 거래

(3) 통신판매업자 아닌 자 사이의 통신판매중개

통신판매업자가 아닌 자 사이의 통신판매중개를 하는 통신판매업자에 대하여는 법 제13조(신원 및 거래조건에 대한 정보의 제공)부터 제15조(재화 등의 공급 등)까지, 제17조(청약철회 등)부터 제19조(손해배상청구금액의 제한 등)까지의 규정을 적용하지 아니한다(법 3조 3항).

(4) 기 타

다음의 거래에 대하여는 법 제12조(통신판매업자의 신고 등)부터 제15조(재화 등의 공급 등)까지, 제17조(청약철회 등)부터 제20조(통신판매중개자의 의무와 책임)까지 및 제20조의2(통신판매중개자 및 통신판매중개의뢰자의 책임)를 적용하지 아니한다

(법 3조 4항).

- 자본시장과 금융투자업에 관한 법률의 투자매매업자 · 투자중개업자가 하는 증권거래
- 다음의 금융회사 등이 직접 취급하는 금융상품거래(영 3조)
  - 금융위원회의 설치 등에 관한 법률 제38조 제1호부터 제8호까지의 기관
  - 대부업 등의 등록 및 금융이용자 보호에 관한 법률 3조에 따라 등록한 대부업자 또는 대부중개업자
  - 다른 법령에 따라 설립된 금융회사 또는 중앙행정기관의 인가 · 허가 등을 받아 설립된 금융회사
- 일상 생활용품, 음식료 등을 인접지역에 판매하기 위한 거래

나. 다른 법률과의 관계

전자상거래 또는 통신판매에서의 소비자보호에 관하여 이 법과 다른 법률이 경합하는 경우에는 이 법을 우선 적용한다. 다만, 다른 법률을 적용하는 것이 소비자에게 유리한 경우에는 그 법을 적용한다(법 4조).

Ⅱ. 전자상거래 및 통신판매

1. 안전한 거래의 기반조성을 위한 규제

가. 전자문서의 활용

(1) 전자문서를 송신할 주소의 지정

전자거래법 6조 2항 2호[3]에도 불구하고 사업자가 소비자와 미리 전자문서로

3) 전자거래법 제6조(송신 · 수신의 시기 및 장소) ② 전자문서는 다음 각 호의 어느 하나에 해당하는 때에 수신된 것으로 본다.
1. 수신자가 전자문서를 수신할 정보처리시스템을 지정한 경우: 지정된 정보처리시스템에 입력된 때. 다만, 전자문서가 지정된 정보처리시스템이 아닌 정보처리시스템에 입력된 경우에는 수신자가 이를 출력한 때를 말한다.
2. 수신자가 전자문서를 수신할 정보처리시스템을 지정하지 아니한 경우: 수신자가 관리

거래할 것을 약정하여 지정한 주소(동법 2조 2호의 정보처리시스템을 말함)로 전자문서를 송신하지 아니한 경우에는 그 사업자는 해당 전자문서에 의한 권리를 주장할 수 없다. 다만, 다음의 경우에는 그러하지 아니하다(법 5조 1항, 영 4조).

- 소비자와 특정한 전자우편주소로 2회 이상 거래한 경우에 그 전자우편주소로 전자문서를 송신한 경우
- 소비자가 전자문서를 출력한 경우
- 소비자의 이익에 반하지 아니하고 그 소비자도 해당 전자문서의 효력을 부인하지 아니하는 경우
- 긴급하게 연락할 필요성이 있고 전자우편 외에 다른 수단을 활용할 수 없는 경우

(2) 전자서명

사업자는 전자서명(전자서명법 2조 2호에 따른 전자서명[4])을 말함)을 한 전자문서를 사용하려면 (i) 전자서명을 한 전자문서의 효력 및 (ii) 전자서명을 한 전자문서의 출력방법을 전자서명을 한 전자문서가 포함된 전자우편의 본문에 표시하거나 미리 소비자에게 고지하여야 한다(법 5조 2항, 영 5조).

사업자는 전자문서를 사용할 때 소비자에게 특정한 전자서명 방법을 이용하도록 강요(특수한 표준 등을 이용함으로써 사실상 특정한 전자서명 방법의 이용이 강제되는 경우를 포함)하여서는 아니 되고, 소비자가 선택한 전자서명 방법의 사용을 부당하게 제한하여서는 아니 된다(법 5조 3항).

(3) 전자문서의 사용범위 · 거래 관련 확인 등

전자상거래를 하는 사업자는 소비자의 회원 가입, 계약의 청약, 소비자 관련 정보의 제공 등을 전자문서를 통하여 할 수 있도록 하는 경우에는 회원탈퇴, 청약의 철회, 계약의 해지 · 해제 · 변경, 정보의 제공 및 이용에 관한 동의의 철회 등도 전자문서를 통하여 할 수 있도록 하여야 한다(동조 4항). 전자상거래를 하는 사업자는 소비자가 재화 등의 거래와 관련한 확인 · 증명을 전자문서로 제공하여 줄 것을 요청한 경우 이에 따라야 한다(동조 5항). 전자상거래를 하는 사업자가 전

하는 정보처리시스템에 입력된 때

4) 전자서명법 제2조 제2호에 의하면 "전자서명"이라 함은 서명자를 확인하고 서명자가 당해 전자문서에 서명을 하였음을 나타내는데 이용하기 위하여 당해 전자문서에 첨부되거나 논리적으로 결합된 전자적 형태의 정보를 말한다.

자문서로 제공하기 어려운 기술적 이유나 보안상 이유가 명백하여 이를 소비자에게 미리 고지한 경우에는 법 제5조 제4항과 제5항을 적용하지 아니한다(동조 6항). 전자상거래를 하는 사업자가 동조 제4항과 제5항에 따른 의무를 이행할 때 해당 사이버몰의 구축 및 운영과 관련된 사업자들은 그 의무 이행에 필요한 조치를 하는 등 협력하여야 한다(동조 7항).

나. 거래기록의 보존 등

사업자는 전자상거래 및 통신판매에서의 표시 · 광고, 계약내용 및 그 이행 등 거래에 관한 기록을 상당한 기간 보존하여야 한다. 이 경우 소비자가 쉽게 거래기록을 열람 · 보존할 수 있는 방법을 제공하여야 한다(법 6조 1항). 이에 따라 사업자가 보존하여야 할 거래기록 및 그와 관련된 개인정보(성명 · 주소 · 전자우편주소 등 거래의 주체를 식별할 수 있는 정보로 한정)는 소비자가 개인정보의 이용에 관한 동의를 철회하는 경우에도 다음과 같은 다른 법률의 규정에도 불구하고 이를 보존할 수 있다(법 6조 2항, 영 5조의2).

- 정보통신망 이용촉진 및 정보보호 등에 관한 법률(이하 "정보통신망법") 제30조 제3항
- 개인정보 보호법 제21조 제1항 본문, 제36조 제2항 및 제37조 제4항
- 신용정보의 이용 및 보호에 관한 법률 제37조 제1항 본문

이때 사업자가 보존하는 거래기록의 대상 · 범위 및 기간은 다음과 같다. 다만, 통신판매중개자는 자신의 정보처리시스템을 통하여 처리한 기록의 범위에서 아래의 거래기록을 보존하여야 한다(법 6조 3항, 영 6조 1항).

- 표시 · 광고에 관한 기록: 6개월
- 계약 또는 청약철회 등에 관한 기록: 5년
- 대금결제 및 재화 등의 공급에 관한 기록: 5년
- 소비자의 불만 또는 분쟁처리에 관한 기록: 3년

또한 사업자가 소비자에게 제공하여야 할 거래기록의 열람 · 보존의 방법은 다음과 같다(법 6조 3항, 영 6조 2항).

- 거래가 이루어진 해당 사이버몰(법 2조 4호의 사이버몰을 말함)에서 거래당사자

인 소비자가 거래기록을 열람·확인할 수 있도록 하고, 전자문서의 형태로 정보처리시스템 등에 저장할 수 있도록 할 것

- 거래당사자인 소비자와의 거래기록을 그 소비자의 희망에 따라 방문, 전화, 팩스 또는 전자우편 등의 방법으로 열람하거나 복사할 수 있도록 할 것(다만, 거래기록 중에 저작권법 4조부터 6조까지의 규정에 따른 저작물(저작권법에 따라 복사할 수 있는 저작물 제외)이 있는 경우에는 그에 대한 복사는 거부할 수 있음)
- 사업자가 법 제6조 제2항에 따라 개인정보의 이용에 관한 동의를 철회한 소비자의 거래기록 및 개인정보를 보존하는 경우에는 개인정보의 이용에 관한 동의를 철회하지 아니한 소비자의 거래기록 및 개인정보와 별도로 보존할 것

다. 조작 실수 등의 방지

사업자는 전자상거래에서 소비자의 조작 실수 등으로 인한 의사표시의 착오 등으로 발생하는 피해를 예방할 수 있도록 거래 대금이 부과되는 시점이나 청약 전에 그 내용을 확인하거나 바로잡는 데에 필요한 절차를 마련하여야 한다(법 7조).

라. 전자적 대금지급의 신뢰 확보

(1) 보안 유지 조치

사업자가 전자문서의 형태로 이루어지는 대금결제(대면하여 본인 여부를 확인한 경우는 제외)(이하 "전자적 대금지급")방법을 이용하는 경우 사업자와 전자결제수단의 발행자, 전자결제서비스 제공자 등 대통령령으로 정하는 전자적 대금지급 관련자(이하 "전자결제업자 등")는 관련 정보의 보안 유지에 필요한 조치를 하여야 한다(법 8조 1항, 영 7조·8조).

(2) 청약의사의 확인

사업자와 전자결제업자 등은 전자적 대금지급이 이루어지는 경우 소비자의 청약의사가 진정한 의사 표시에 의한 것인지를 확인하기 위하여 (i) 재화 등의 내용 및 종류, (ii) 재화 등의 가격 및 (iii) 용역의 제공기간에 대하여 명확히 고지하고, 고지한 사항에 대하여 소비자가 확인하고 동의 여부를 선택할 수 있도록 전자결제업자 등이 마련한 전자적 대금 결제창을 소비자에게 제공하여야 한다. 이 경우 사업자와 전자결제업자 등은 소비자가 직접 동의 여부를 선택하기 전에 미

리 동의한다는 표시를 하여 제공하는 방식으로 확인절차를 진행해서는 아니 된다(법 8조 2항, 영 9조).

(3) 전자적 대금지급 사실의 통지

사업자와 전자결제업자 등은 전자적 대금지급이 이루어진 경우에는 전자문서의 송신 등 총리령으로 정하는 방법으로 소비자에게 그 사실을 알리고, 언제든지 소비자가 전자적 대금지급과 관련한 자료를 열람할 수 있게 하여야 한다(법 8조 3항). 여기서 "총리령으로 정하는 방법"이란 전화 · 팩스 · 휴대전화 등을 이용하여 소비자에게 신속하게 전자적 대금지급 사실을 알리고, 매월 정해진 날짜에 이용요금을 고지할 때 재화등을 공급한 사업자별로 거래내용과 이용요금, 연락처(전화번호 · 전자우편주소 등)를 표시하는 것을 말한다. 다만, 소비자의 동의를 받은 경우에는 통지 또는 표시를 생략할 수 있다(규칙 5조).

(4) 결제수단 발행자의 고지

사이버몰에서 사용되는 전자적 대금지급 방법으로서 재화 등을 구입 · 이용하기 위하여 미리 대가를 지불하는 방식의 결제수단의 발행자는 총리령으로 정하는 바에 따라 그 결제수단의 신뢰도 확인과 관련된 사항, 사용상의 제한이나 그 밖의 주의 사항 등을 표시하거나 고지하여야 한다(법 8조 4항, 규칙 6조).

(5) 분쟁 해결을 위한 협조

사업자와 소비자 사이에 전자적 대금지급과 관련하여 다툼이 있는 경우 전자결제업자 등은 대금지급 관련 정보의 열람을 허용하는 등 대통령령으로 정하는 바에 따라 그 분쟁의 해결에 협조하여야 한다(법 8조 5항).

마. 배송사업자 등의 협력

(1) 배송사업자

전자상거래나 통신판매에 따라 재화 등을 배송(정보통신망법 2조 1항 1호의 정보통신망(이하 "정보통신망")을 통한 전송 포함)하는 사업자는 배송 사고나 배송 장애 등으로 분쟁이 발생하는 경우에는 대통령령으로 정하는 바에 따라 그 분쟁의 해결에 협조하여야 한다(법 9조 1항, 영 11조).

(2) 호스팅서비스 제공자

호스팅서비스(사업자가 전자상거래를 할 수 있도록 사이버몰 구축 및 서버 관리 등을 하여주는 서비스를 말함)를 제공하는 자는 사업자와 호스팅서비스에 관한 이용계약을 체결하는 경우 사업자의 신원을 확인하기 위한 조치를 취하여야 한다(법 9조 2항). 사업자와 소비자 사이에 분쟁이 발생하는 경우 호스팅서비스를 제공하는 자는 다음 중 어느 하나에 해당하는 자의 요청에 따라 사업자의 신원정보 등 대통령령으로 정하는 자료를 제공함으로써 그 분쟁의 해결에 협조하여야 한다(동조 3항, 영 12조의2 1항).

- 분쟁의 당사자인 소비자(소비자가 소송을 제기하는 경우에 한함)
- 공정거래위원회
- 특별시장 · 광역시장 · 특별자치시장 · 도지사 · 특별자치도지사(이하 "시 · 도지사") 또는 시장 · 군수 · 구청장(자치구의 구청장을 말함. 이하 같음)
- 수사기관
- 그 밖에 분쟁해결을 위하여 필요하다고 인정되어 대통령령으로 정한 자(영 12조의2 2항)

바. 전자게시판서비스 제공자의 책임

정보통신망 이용촉진 및 정보보호 등에 관한 법률 제2조 제1항 제9호의 게시판을 운영하는 정보통신서비스 제공자(동항 제3호)(이하 "전자게시판서비스 제공자")는 해당 게시판을 이용하여 통신판매 또는 통신판매중개가 이루어지는 경우 이로 인한 소비자피해가 발생하지 아니하도록 다음 사항을 이행하여야 한다(법 9조의2 1항).

- 게시판을 이용하여 통신판매 또는 통신판매중개를 업으로 하는 자(이하 "게시판 이용 통신판매업자 등")가 이 법에 따른 의무를 준수하도록 안내하고 권고할 것
- 게시판 이용 통신판매업자등과 소비자 사이에 이 법과 관련하여 분쟁이 발생한 경우 소비자의 요청에 따라 제33조에 따른 소비자피해 분쟁조정기구에 소비자의 피해구제신청을 대행하는 장치를 마련하고 대통령령으로 정하는 바에 따라 운영할 것
- 그 밖에 소비자피해를 방지하기 위하여 필요한 사항으로서 대통령령으로 정하는 사항

전자게시판서비스 제공자는 게시판 이용 통신판매업자등에 대하여 법 제13조(신원 및 거래조건에 대한 정보의 제공) 제1항 제1호 및 제2호의 신원정보를 확인하기 위한 조치를 취하여야 한다(법 9조의2 2항). 또한 게시판 이용 통신판매업자등과 소비자 사이에 분쟁이 발생하는 경우 (i) 소비자피해 분쟁조정기구(법 33조), (ii) 공정거래위원회 또는 (iii) 시·도지사 또는 시장·군수·구청장의 요청에 따라 위의 신원 확인 조치를 통하여 얻은 게시판 이용 통신판매업자등의 신원정보를 제공하여 그 분쟁의 해결에 협조하여야 한다(동조 3항).

사. 사이버몰의 운영

전자상거래를 하는 사이버몰의 운영자는 소비자가 사업자의 신원 등을 쉽게 알 수 있도록 다음 각 호의 사항을 총리령으로 정하는 바에 따라 표시하여야 한다(법 10조 1항, 규칙 7조).

- 상호 및 대표자 성명
- 영업소가 있는 곳의 주소(소비자의 불만을 처리할 수 있는 곳의 주소를 포함한다)
- 전화번호·전자우편주소
- 사업자등록번호
- 사이버몰의 이용약관
- 법 제9조 제2항에 따른 호스팅서비스를 제공하는 자의 상호(영 11조의3)

사이버몰의 운영자는 그 사이버몰에서 이 법을 위반한 행위가 이루어지는 경우 운영자가 조치하여야 할 부분이 있으면 시정에 필요한 조치에 협력하여야 한다(법 10조 2항).

아. 소비자에 관한 정보의 이용 등

사업자는 전자상거래 또는 통신판매를 위하여 소비자에 관한 정보를 수집하거나 이용(제3자에게 제공하는 경우 포함)할 때는 정보통신망법 등 관계 규정에 따라 이를 공정하게 수집하거나 이용하여야 한다(법 11조 1항). 사업자는 재화 등을 거래함에 있어서 소비자에 관한 정보가 도용되어 해당 소비자에게 재산상의 손해가 발생하였거나 발생할 우려가 있는 특별한 사유가 있는 경우에는 본인 확인이나 피해의 회복 등 대통령령으로 정하는 필요한 조치를 취하여야 한다(동조 2항, 영 12조).

자. 통신판매업자의 신고 등

(1) 신고의무

통신판매업자는 대통령령으로 정하는 바에 따라 다음 각 호의 사항을 공정거래위원회 또는 특별자치시장·특별자치도지사·시장·군수·구청장에게 신고하여야 한다. 다만, 통신판매의 거래횟수, 거래규모 등이 공정거래위원회가 고시로 정하는 기준 이하인 경우에는 그러하지 아니하다(법 12조 1항).

- 상호(법인인 경우에는 대표자의 성명 및 주민등록번호 포함), 주소, 전화번호
- 전자우편주소, 인터넷도메인 이름, 호스트서버의 소재지
- 그 밖에 사업자의 신원 확인을 위하여 필요한 사항으로서 대통령령으로 정하는 사항

(2) 변경·휴업·폐업 등의 신고

통신판매업자가 이와 같이 신고한 사항을 변경하려면 대통령령으로 정하는 바에 따라 신고하여야 한다(동조 2항). 위와 같이 신고한 통신판매업자는 그 영업을 휴업 또는 폐업하거나 휴업한 후 영업을 다시 시작할 때에는 대통령령으로 정하는 바에 따라 신고하여야 한다(동조 3항). 공정거래위원회는 위와 같이 신고한 통신판매업자의 정보를 대통령령으로 정하는 바에 따라 공개할 수 있다(동조 4항).

(3) 파산 등의 경우

통신판매업자가 폐업신고를 하지 아니한 상태에서 파산선고를 받는 등 실질적으로 영업을 할 수 없는 것으로 판단되는 경우에는 법 제12조 제1항에 따른 신고를 받은 공정거래위원회 또는 특별자치도지사·시장·군수·구청장은 직권으로 신고사항을 말소할 수 있다(법 22조 2항).

2. 거래단계별 규제

가. 신원 및 거래조건에 대한 정보의 제공

(1) 신원정보의 제공

통신판매업자가 재화 등의 거래에 관한 청약을 받을 목적으로 표시·광고를 할 때에는 그 표시·광고에 (i) 상호 및 대표자 성명, (ii) 주소·전화번호·전자

우편주소 및 (iii) 법 제12조에 따라 공정거래위원회 또는 특별자치시장 · 특별자치도지사 · 시장 · 군수 · 구청장에게 한 신고의 신고번호와 그 신고를 받은 기관의 이름 등 신고를 확인할 수 있는 사항을 포함하여야 한다(법 13조 1항).

(2) 거래조건에 대한 정보의 제공

통신판매업자는 소비자가 계약체결 전에 재화 등에 대한 거래조건을 정확하게 이해하고 실수나 착오 없이 거래할 수 있도록 다음의 사항을 적절한 방법으로 표시 · 광고하거나 고지하여야 하며, 계약이 체결되면 계약자에게 이러한 사항이 기재된 계약내용에 관한 서면을 재화 등을 공급할 때까지 교부하여야 한다(법 13조 2항 본문).

- 재화 등의 공급자 및 판매자의 상호, 대표자의 성명 · 주소 및 전화번호 등
- 재화 등의 명칭 · 종류 및 내용
- 재화 등의 정보에 관한 사항. 이 경우 제품에 표시된 기재로 계약내용에 관한 서면에의 기재를 갈음할 수 있다.
- 재화 등의 가격(가격이 결정되어 있지 아니한 경우에는 가격을 결정하는 구체적인 방법)과 그 지급방법 및 지급시기
- 재화 등의 공급방법 및 공급시기
- 청약의 철회 및 계약의 해제(이하 "청약철회 등")의 기한 · 행사방법 및 효과에 관한 사항(청약철회 등의 권리를 행사하는 데에 필요한 서식을 포함한다)
- 재화 등의 교환 · 반품 · 보증과 그 대금 환불 및 환불의 지연에 따른 배상금 지급의 조건 · 절차
- 전자매체로 공급할 수 있는 재화 등의 전송 · 설치 등을 할 때 필요한 기술적 사항
- 소비자피해보상의 처리, 재화 등에 대한 불만 처리 및 소비자와 사업자 사이의 분쟁 처리에 관한 사항
- 거래에 관한 약관(그 약관의 내용을 확인할 수 있는 방법을 포함한다)
- 소비자가 구매의 안전을 위하여 원하는 경우에는 재화 등을 공급받을 때까지 대통령령으로 정하는 제3자에게 그 재화 등의 결제대금을 예치하는 것(이하 "결제대금예치"라 한다)의 이용을 선택할 수 있다는 사항 또는 통신판매업자의 법 제24조 제1항에 따른 소비자피해보상보험계약 등의 체결을 선택할 수 있다는 사항(법 15조 1항에 따른 선지급식 통신판매의 경우에만 해당하며, 법 24조 3항 각 호의 어느 하나에 해당하는 거래를 하는 경우는 제외한다)

- 그 밖에 소비자의 구매 여부 판단에 영향을 주는 거래조건 또는 소비자피해의 구제에 필요한 사항으로서 대통령령으로 정하는 다음의 사항(영 20조)
  - 재화 등의 가격 외에 교환·반품 비용 등 소비자가 추가로 부담하여야 할 사항이 있는 경우 그 내용 및 금액
  - 판매일시, 판매지역, 판매수량, 인도지역 등 판매조건과 관련하여 제한이 있는 경우 그 내용

다만, 계약자의 권리를 침해하지 아니하는 범위에서 대통령령으로 정하는 다음의 사유가 있는 경우에는 계약자를 갈음하여 재화 등을 공급받는 자에게 계약내용에 관한 서면을 교부할 수 있다(법 13조 2항 단서, 영 19조의2).

- 계약자가 재화 등을 공급받는 자에게 계약내용에 관한 서면(전자문서 포함)을 교부하도록 동의한 경우
- 통신판매업자가 고의 또는 과실 없이 계약자의 주소(전자우편주소 포함)를 알 수 없어 계약자에게 계약내용에 관한 서면(전자문서 포함)을 교부할 수 없는 경우

통신판매업자는 위와 같이 소비자에게 표시·광고하거나 고지한 거래조건을 신의를 지켜 성실하게 이행하여야 한다(법 13조 5항).

(3) 미성년자와의 거래

통신판매업자는 미성년자와 재화 등의 거래에 관한 계약을 체결할 때에는 법정대리인이 그 계약에 동의하지 아니하면 미성년자 본인 또는 법정대리인이 그 계약을 취소할 수 있다는 내용을 미성년자에게 고지하여야 한다(법 13조 3항).

(4) 상품 등의 정보제공에 관한 고시

공정거래위원회는 법 제13조 제1항 및 제2항에 따른 통신판매업자의 상호 등에 관한 사항, 재화 등의 정보에 관한 사항과 거래조건에 대한 표시·광고 및 고지의 내용과 방법을 정하여 고시할 수 있다. 이 경우 거래방법이나 재화 등의 특성을 고려하여 그 표시·광고 및 고지의 내용과 방법을 다르게 정할 수 있다(법 13조 4항). 이에 따라 「전자상거래 등에서의 상품 등의 정보제공에 관한 고시」(개정 2015.12.31. 공정거래위원회 고시 제2015-17호)가 제정·운용되고 있다.

나. 청약확인 등

통신판매업자는 소비자로부터 재화 등의 거래에 관한 청약을 받으면 청약 의사표시의 수신 확인 및 판매 가능 여부에 관한 정보를 소비자에게 신속하게 알려야 한다(법 14조 1항). 또한 통신판매업자는 계약체결 전에 소비자가 청약내용을 확인하고, 정정하거나 취소할 수 있도록 적절한 절차를 갖추어야 한다(동조 2항).

다. 재화 등의 공급 등

(1) 재화 등의 공급시기

통신판매업자는 소비자가 청약을 한 날부터 7일 이내에 재화 등의 공급에 필요한 조치를 하여야 하고, 소비자가 재화 등을 공급받기 전에 미리 재화 등의 대금을 전부 또는 일부 지급하는 통신판매(이하 "선지급식 통신판매")의 경우에는 소비자가 그 대금을 전부 또는 일부 지급한 날부터 3영업일 이내에 재화 등의 공급을 위하여 필요한 조치를 하여야 한다. 다만, 소비자와 통신판매업자 간에 재화 등의 공급시기에 관하여 따로 약정한 것이 있는 경우에는 그러하지 아니하다(법 15조 1항).

(2) 공급이 곤란한 경우

통신판매업자는 청약을 받은 재화 등을 공급하기 곤란하다는 것을 알았을 때에는 지체 없이 그 사유를 소비자에게 알려야 하고, 선지급식 통신판매의 경우에는 소비자가 그 대금의 전부 또는 일부를 지급한 날부터 3영업일 이내에 환급하거나 환급에 필요한 조치를 하여야 한다(동조 2항). 이에 따라 선지급식 통신판매에서 재화 등의 대금을 환급하거나 환급에 필요한 조치를 하여야 하는 경우에는 법 제18조(청약철회 등의 효과) 제1항부터 제5항까지의 규정을 준용한다(법 15조 4항).

(3) 진행 상황의 확인을 위한 조치

통신판매업자는 소비자가 재화 등의 공급 절차 및 진행 상황을 확인할 수 있도록 적절한 조치를 하여야 한다. 이 경우 공정거래위원회는 그 조치에 필요한 사항을 정하여 고시할 수 있다(동조 3항).

라. 청약철회 등

(1) 청약철회 등의 요건

(가) 소비자의 철회권

통신판매업자와 재화 등의 구매에 관한 계약을 체결한 소비자는 다음의 기간(거래당사자가 이보다 긴 기간으로 약정한 경우에는 그 기간) 이내에 해당 계약에 관한 청약철회 등을 할 수 있다(법 17조 1항).

1) 법 제13조 제2항에 따른 계약내용에 관한 서면을 받은 날부터 7일. 다만, 그 서면을 받은 때보다 재화 등의 공급이 늦게 이루어진 경우에는 재화 등을 공급받거나 재화 등의 공급이 시작된 날부터 7일
2) 법 제13조 제2항에 따른 계약내용에 관한 서면을 받지 아니한 경우, 통신판매업자의 주소 등이 적혀 있지 아니한 서면을 받은 경우 또는 통신판매업자의 주소 변경 등의 사유로 위 1)의 기간에 청약철회 등을 할 수 없는 경우에는 통신판매업자의 주소를 안 날 또는 알 수 있었던 날부터 7일
3) 법 제21조 제1항 제1호 또는 제2호의 청약철회 등에 대한 방해 행위가 있는 경우에는 그 방해 행위가 종료한 날부터 7일

(나) 철회권 제한사유

소비자는 다음 중 어느 하나에 해당하는 경우에는 통신판매업자의 의사에 반하여 제1항에 따른 청약철회 등을 할 수 없다(법 17조 2항 본문).

1) 소비자에게 책임이 있는 사유로 재화 등이 멸실되거나 훼손된 경우. 다만, 재화 등의 내용을 확인하기 위하여 포장 등을 훼손한 경우는 제외한다.
2) 소비자의 사용 또는 일부 소비로 재화 등의 가치가 현저히 감소한 경우
3) 시간이 지나 다시 판매하기 곤란할 정도로 재화 등의 가치가 현저히 감소한 경우
4) 복제가 가능한 재화 등의 포장을 훼손한 경우
5) 용역 또는 디지털콘텐츠(문화산업진흥 기본법 2조 5호)의 제공이 개시된 경우. 다만, 가분적 용역 또는 가분적 디지털콘텐츠로 구성된 계약의 경우에는 제공이 개시되지 아니한 부분에 대하여는 그러하지 아니하다.
6) 그 밖에 거래의 안전을 위하여 대통령령으로 정하는 다음의 경우(영 21조)
   - 소비자의 주문에 따라 개별적으로 생산되는 재화 등 또는 이와 유사한 재화 등에 대하여 법 제13조 제2항 제5호에 따른 청약철회 등을 인정하는 경우 통신판

매업자에게 회복할 수 없는 중대한 피해가 예상되는 경우로서 사전에 해당 거래에 대하여 별도로 그 사실을 고지하고 소비자의 서면(전자문서 포함)에 의한 동의를 받은 경우

(다) 철회권 제한사유의 표시

통신판매업자는 위 2) 내지 5)에 따라 청약철회 등이 불가능한 재화 등의 경우에는 그 사실을 재화 등의 포장이나 그 밖에 소비자가 쉽게 알 수 있는 곳에 명확하게 표시하거나 시험 사용 상품을 제공하는 등의 방법으로 청약철회 등의 권리 행사가 방해받지 아니하도록 조치하여야 한다. 다만, 위 5)의 디지털콘텐츠에 대하여 소비자가 청약철회 등을 할 수 없는 경우에는 청약철회 등이 불가능하다는 사실의 표시와 함께 대통령령으로 정하는 바에 따라 시험 사용 상품을 제공하는 등의 방법으로 청약철회 등의 권리 행사가 방해받지 아니하도록 하여야 한다 (법 17조 6항).

통신판매업자가 이상과 같은 조치들을 하지 아니하는 경우에는 위 2) 내지 5)에 해당하는 경우에도 청약철회 등을 할 수 있다(동조 2항 단서).

(라) 철회권 행사기간의 특칙

소비자는 법 제17조 제1항 및 제2항에도 불구하고 재화 등의 내용이 표시・광고의 내용과 다르거나 계약내용과 다르게 이행된 경우에는 그 재화 등을 공급받은 날부터 3개월 이내, 그 사실을 안 날 또는 알 수 있었던 날부터 30일 이내에 청약철회 등을 할 수 있다(동조 3항).

(마) 발신주의

청약철회 등(법 17조 1항・3항)을 서면으로 하는 경우에는 그 의사표시가 적힌 서면을 발송한 날에 그 효력이 발생한다(동조 4항).

(바) 입증책임

법 제17조 제1항부터 제3항까지의 규정을 적용할 때 재화 등의 훼손에 대하여 소비자의 책임이 있는지 여부, 재화 등의 구매에 관한 계약이 체결된 사실 및 그 시기, 재화 등의 공급사실 및 그 시기 등에 관하여 다툼이 있는 경우에는 통신판매업자가 이를 증명하여야 한다(동조 5항).

(2) 청약철회 등의 효과

(가) 재화 등의 반환

① 소비자의 반환의무

소비자는 법 제17조 제1항 또는 제3항에 따라 청약철회 등을 한 경우에는 이미 공급받은 재화 등을 반환하여야 한다. 다만, 이미 공급받은 재화 등이 용역 또는 디지털콘텐츠인 경우에는 그러하지 아니하다(법 18조 1항).

② 일부사용 · 소비의 경우

이 경우 이미 재화 등이 일부 사용되거나 일부 소비된 때에는 통신판매업자는 그 재화 등의 일부 사용 또는 일부 소비에 의하여 소비자가 얻은 이익 또는 그 재화 등의 공급에 든 비용에 상당하는 금액으로서 대통령령으로 정하는 다음 범위의 금액을 소비자에게 청구할 수 있다(법 18조 8항, 영 24조).

- 재화 등의 사용으로 소모성 부품의 재판매가 곤란하거나 재판매가격이 현저히 하락하는 경우에는 해당 소모성 부품의 공급에 든 비용
- 다수의 동일한 가분물로 구성된 재화 등의 경우에는 소비자의 일부 소비로 인하여 소비된 부분의 공급에 든 비용

③ 반환비용

법 제17조 제1항에 따른 청약철회 등의 경우 공급받은 재화 등의 반환에 필요한 비용은 소비자가 부담하며, 통신판매업자는 소비자에게 청약철회 등을 이유로 위약금이나 손해배상을 청구할 수 없다(동조 9항). 동조 제3항에 따른 청약철회 등의 경우 재화 등의 반환에 필요한 비용은 통신판매업자가 부담한다(동조 10항).

(나) 대금의 환급

① 통신판매업자의 환급의무

통신판매업자(소비자로부터 재화 등의 대금을 받은 자 또는 소비자와 통신판매에 관한 계약을 체결한 자를 포함)는 다음 중 어느 하나에 해당하는 날부터 3영업일 이내에 이미 지급받은 재화 등의 대금을 환급하여야 한다(법 18조 2항 1문).

- 통신판매업자가 재화를 공급한 경우에는 법 제18조 제1항 본문에 따라 재화를 반환받은 날
- 통신판매업자가 용역 또는 디지털콘텐츠를 공급한 경우에는 법 제17조 제1항 또는 제3항에 따라 청약철회 등을 한 날
- 통신판매업자가 재화 등을 공급하지 아니한 경우에는 법 제17조 제1항 또는 제3항에 따라 청약철회 등을 한 날

이 경우 통신판매업자가 소비자에게 재화 등의 대금 환급을 지연한 때에는 그 지연기간에 대하여 연 100분의 40 이내의 범위에서 은행법에 따른 은행이 적용하는 연체금리 등 경제사정을 고려하여 대통령령으로 정하는 이율(현행 100분의 20)을 곱하여 산정한 지연이자(이하 "지연배상금")를 지급하여야 한다(법 18조 2항 2문, 영 21조의2).

② 신용카드 결제의 경우

통신판매업자는 위와 같이 재화 등의 대금을 환급할 때 소비자가 (i) 신용카드(여신전문금융업법 2조 3호)나 (ii) 재화 등을 구입한 소비자가 직접 지급하는 현금(계좌이체에 의한 지급 포함) 외의 결제수단으로서 해당 결제수단을 제공한 사업자(이하 "결제업자")에게 청구를 정지 또는 취소하거나 환급하는 경우 해당 소비자에게 환급한 것과 같은 효과가 발생하는 결제수단으로 재화 등의 대금을 지급한 경우에는 지체 없이 해당 결제업자에게 재화 등의 대금 청구를 정지하거나 취소하도록 요청하여야 한다(법 18조 3항 본문, 영 22조). 다만, 통신판매업자가 결제업자로부터 해당 재화 등의 대금을 이미 받은 때에는 지체 없이 그 대금을 결제업자에게 환급하고, 그 사실을 소비자에게 알려야 한다(법 18조 3항 단서). 이에 따라 통신판매업자로부터 재화 등의 대금을 환급받은 결제업자는 그 환급받은 금액을 지체 없이 소비자에게 환급하거나 환급에 필요한 조치를 하여야 한다(동조 4항).

③ 환급지연에 대한 배상금 · 상계

결제업자로부터 그 재화 등의 대금을 이미 지급받은 통신판매업자 중 환급을 지연하여 소비자가 대금을 결제하게 한 통신판매업자는 그 지연기간에 대한 지연배상금을 소비자에게 지급하여야 한다(동조 5항). 또한 소비자는 통신판매업자가 정당한 사유 없이 결제업자에게 대금을 환급하지 아니하는 경우에는 결제업자에게 그 통신판매업자에 대한 다른 채무와 통신판매업자로부터 환급받을 금액

을 상계할 것을 요청할 수 있다. 이 경우 결제업자는 대통령령으로 정하는 바에 따라 그 통신판매업자에 대한 다른 채무와 상계할 수 있다(동조 6항). 소비자는 결제업자가 이에 따른 상계를 정당한 사유 없이 게을리한 경우에는 결제업자에 대하여 대금의 결제를 거부할 수 있다. 이 경우 통신판매업자와 결제업자는 그 결제 거부를 이유로 그 소비자를 약정한 기일까지 채무를 변제하지 아니한 자로 처리하는 등 소비자에게 불이익을 주는 행위를 하여서는 아니 된다(동조 7항).

④ 연대책임

통신판매업자, 재화 등의 대금을 받은 자 또는 소비자와 통신판매에 관한 계약을 체결한 자가 동일인이 아닌 경우에 이들은 법 17조 1항 및 3항에 따른 청약철회 등에 의한 재화 등의 대금 환급과 관련한 의무(법 18조 1항 내지 7항)의 이행에 대하여 연대하여 책임을 진다(법 18조 11항).

(3) 휴업기간 등에서의 청약철회 등의 업무처리 등

통신판매업자는 휴업기간이나 영업정지기간에도 법 제17조 제1항 및 제3항에 따른 청약철회 등의 업무와 법 제18조 제1항부터 제5항까지의 규정에 따른 청약철회 등에 따른 대금 환급과 관련된 업무를 계속하여야 한다(법 22조 1항).

마. 손해배상청구금액의 제한 등

소비자에게 책임이 있는 사유로 재화 등의 판매에 관한 계약이 해제된 경우 통신판매업자가 소비자에게 청구하는 손해배상액은 다음의 구분에 따라 정한 금액에 대금미납에 따른 지연배상금을 더한 금액을 초과할 수 없다(법 19조 1항).

- 공급한 재화 등이 반환된 경우: 다음의 금액 중 큰 금액
  - 반환된 재화 등의 통상 사용료 또는 그 사용으로 통상 얻을 수 있는 이익에 해당하는 금액
  - 반환된 재화 등의 판매가액에서 그 재화 등이 반환된 당시의 가액을 뺀 금액
- 공급한 재화 등이 반환되지 아니한 경우: 그 재화 등의 판매가액에 해당하는 금액

공정거래위원회는 통신판매업자와 소비자 간의 손해배상청구에 따른 분쟁의 원활한 해결을 위하여 필요하면 제1항에 따른 손해배상액을 산정하기 위한 기준을 정하여 고시할 수 있다(동조 2항).

바. 통신판매중개자 및 통신판매중개의뢰자의 의무와 책임

(1) 통신판매중개자

(가) 당사자가 아니라는 사실의 고지의무

통신판매중개를 하는 자(이하 "통신판매중개자")는 자신이 통신판매의 당사자가 아니라는 사실을 소비자가 쉽게 알 수 있도록 총리령으로 정하는 방법으로 미리 고지하여야 한다(법 20조 1항, 규칙 11조의2). 통신판매중개자가 이러한 고지를 하지 아니한 경우 통신판매중개를 의뢰한 자(이하 "통신판매중개의뢰자")의 고의 또는 과실로 소비자에게 발생한 재산상 손해에 대하여 통신판매중개의뢰자와 연대하여 배상할 책임을 진다(법 20조의2 1항). 또한 위와 같은 고지에도 불구하고 통신판매업자인 통신판매중개자는 법 제12조(통신판매업자의 신고 등)부터 제15조(재화 등의 공급 등)까지, 제17조(청약철회 등) 및 제18조(청약철회 등의 효과)에 따른 통신판매업자의 책임을 면하지 못한다. 다만, 통신판매업자의 의뢰를 받아 통신판매를 중개하는 경우 통신판매중개의뢰자가 책임을 지는 것으로 약정하여 소비자에게 고지한 부분에 대하여는 통신판매중개의뢰자가 책임을 진다(법 20조의2 3항).

(나) 통신판매중개의뢰자에 관한 정보제공의무

통신판매중개를 업으로 하는 자(이하 "통신판매중개업자")는 통신판매중개의뢰자가 사업자인 경우에는 그 성명(사업자가 법인인 경우에는 그 명칭과 대표자의 성명)·주소·전화번호 등 대통령령으로 정하는 사항을 확인하여 청약이 이루어지기 전까지 소비자에게 제공하여야 하고, 통신판매중개의뢰자가 사업자가 아닌 경우에는 그 성명·전화번호 등 대통령령으로 정하는 사항을 확인하여 거래의 당사자들에게 상대방에 관한 정보를 열람할 수 있는 방법을 제공하여야 한다(법 20조 2항, 영 25조). 통신판매중개자는 이상과 같이 소비자에게 정보 또는 정보를 열람할 수 있는 방법을 제공하지 아니하거나 제공한 정보가 사실과 달라 소비자에게 발생한 재산상 손해에 대하여 통신판매중개의뢰자와 연대하여 배상할 책임을 진다. 다만, 소비자에게 피해가 가지 아니하도록 상당한 주의를 기울인 경우에는 그러하지 아니하다(법 20조의2 2항).

(다) 통신판매의 중요한 일부 업무를 수행하는 통신판매중개업자의 책임

통신판매에 관한 거래과정에서 다음 1) 또는 2)의 업무를 수행하는 통신판매중개업자는 통신판매업자가 1)의 가), 나), 다) 또는 2)의 가), 나), 다)에 따른 의무를 이행하지 아니하는 경우에는 이를 대신하여 이행하여야 한다. 이 경우 법 제7조 및 제8조의 "사업자"와 제13조 제2항 제5호 및 제14조 제1항의 "통신판매업자"는 "통신판매중개업자"로 본다(법 20조의3).

1) 통신판매중개업자가 청약의 접수를 받는 경우
   가) 법 제13조 제2항 제5호에 따른 정보의 제공
   나) 법 제14조 제1항에 따른 청약의 확인
   다) 그 밖에 소비자피해를 방지하기 위하여 필요한 사항으로서 대통령령으로 정하는 사항
2) 통신판매중개업자가 재화등의 대금을 지급받는 경우
   가) 법 제7조에 따른 조작 실수 등의 방지
   나) 법 제8조에 따른 전자적 대금지급의 신뢰 확보
   다) 그 밖에 소비자피해를 방지하기 위하여 필요한 사항으로서 대통령령으로 정하는 사항

(라) 분쟁해결을 위한 조치의무

통신판매중개자는 사이버몰 등을 이용함으로써 발생하는 불만이나 분쟁의 해결을 위하여 그 원인 및 피해의 파악 등 필요한 조치를 신속히 시행하여야 한다. 이 경우 필요한 조치의 구체적인 내용과 방법 등은 대통령령으로 정한다(법 20조 3항, 영 25조의2).

(2) 통신판매중개의뢰자

통신판매중개자가 일정한 경우 통신판매중개의뢰자와 연대책임을 짐은 전술한 바와 같다(법 20조의2 1항·2항). 한편 통신판매중개의뢰자(사업자의 경우에 한정)는 통신판매중개자의 고의 또는 과실로 소비자에게 발생한 재산상 손해에 대하여 통신판매중개자의 행위라는 이유로 면책되지 아니한다. 다만, 소비자에게 피해가 가지 아니하도록 상당한 주의를 기울인 경우에는 그러하지 아니하다(법 20조의2 4항).

3. 금지행위

전자상거래를 하는 사업자 또는 통신판매업자는 다음의 행위를 하여서는 아니

된다(법 21조).

- 거짓 또는 과장된 사실을 알리거나 기만적 방법을 사용하여 소비자를 유인 또는 소비자와 거래하거나 청약철회 등 또는 계약의 해지를 방해하는 행위
- 청약철회 등을 방해할 목적으로 주소, 전화번호, 인터넷도메인 이름 등을 변경하거나 폐지하는 행위
- 분쟁이나 불만처리에 필요한 인력 또는 설비의 부족을 상당기간 방치하여 소비자에게 피해를 주는 행위
- 소비자의 청약이 없음에도 불구하고 일방적으로 재화 등을 공급하고 그 대금을 청구하거나 재화 등의 공급 없이 대금을 청구하는 행위
- 소비자가 재화를 구매하거나 용역을 제공받을 의사가 없음을 밝혔음에도 불구하고 전화, 팩스, 컴퓨터통신 또는 전자우편 등을 통하여 재화를 구매하거나 용역을 제공받도록 강요하는 행위
- 본인의 허락을 받지 아니하거나 허락받은 범위를 넘어 소비자에 관한 정보를 이용하는 행위. 다만, 다음 중 어느 하나에 해당하는 경우는 제외한다.
  - 재화 등의 배송 등 소비자와의 계약을 이행하기 위하여 불가피한 경우로서 대통령령으로 정하는 다음의 경우
    1) 재화 등의 배송 또는 전송을 업으로 하는 자로서 해당 배송 또는 전송을 위탁받은 자에게 제공하는 경우
    2) 재화 등의 설치, 사후 서비스, 그 밖에 약정한 서비스의 제공을 업으로 하는 자로서 해당 서비스의 제공을 위탁받은 자에게 제공하는 경우
  - 재화 등의 거래에 따른 대금정산을 위하여 필요한 경우
  - 도용방지를 위하여 본인 확인에 필요한 경우로서 대통령령으로 정하는 다음의 경우
    1) 소비자의 신원 및 실명 여부나 본인의 진의 여부를 확인하기 위하여 다음의 자에게 제공하는 경우
       가) 기간통신사업자(전기통신사업법 5조 3항 1호)
       나) 신용정보회사 및 신용정보집중기관(신용정보의 이용 및 보호에 관한 법률 2조 5호·6호)
       다) 해당 거래에 따른 대금결제와 직접 관련된 전자결제업자 등
       라) 법령에 따라 또는 법령에 따른 인가·허가를 받아 도용 방지를 위한 실명 확인을 업으로 하는 자
    2) 미성년자와의 거래에서 법정대리인의 동의 여부를 확인하기 위하여 이용하는 경우

- 법률의 규정 또는 법률에 따라 필요한 불가피한 사유가 있는 경우
• 소비자의 동의를 받지 아니하거나 총리령으로 정하는 방법에 따라 쉽고 명확하게 소비자에게 설명·고지하지 아니하고 컴퓨터프로그램 등이 설치되게 하는 행위

공정거래위원회는 이 법 위반행위를 방지하고 소비자피해를 예방하기 위하여 전자상거래를 하는 사업자 또는 통신판매업자가 준수하여야 할 기준을 정하여 고시할 수 있다(법 21조 2항).

Ⅲ. 소비자 권익의 보호

1. 전자상거래 등에서의 소비자보호지침의 제정 등

가. 지침의 제정

공정거래위원회는 전자상거래 또는 통신판매에서의 건전한 거래질서의 확립 및 소비자보호를 위하여 사업자의 자율적 준수를 유도하기 위한 지침(이하 "소비자보호지침")을 관련 분야의 거래당사자, 기관 및 단체의 의견을 들어 정할 수 있다(법 23조 1항). 이에 따라 「전자상거래 등에서의 소비자보호 지침」(개정 2015.7.15. 공정거래위원회 고시 제2015-7호)이 제정·시행되고 있다.

나. 지침보다 소비자에 불리한 계약내용의 표시 등

사업자는 그가 사용하는 약관이 소비자보호지침의 내용보다 소비자에게 불리한 경우에는 소비자보호지침과 다르게 정한 약관의 내용을 소비자가 알기 쉽게 표시하거나 고지하여야 한다(동조 2항).

2. 소비자피해보상보험계약 등

가. 계약의 체결

공정거래위원회는 전자상거래 또는 통신판매에서 소비자를 보호하기 위하여 관련 사업자에게 다음 각 호의 어느 하나에 해당하는 계약(이하 "소비자피해보상보험계약 등")을 체결하도록 권장할 수 있다. 다만, 법 제8조 제4항에 따른 결제수단의 발행자는 소비자피해보상보험계약 등을 체결하여야 한다(법 24조 1항).

- 보험업법에 따른 보험계약
- 소비자피해보상금의 지급을 확보하기 위한 금융위원회의 설치 등에 관한 법률 제38조에 따른 기관과의 채무지급보증계약
- 후술하는 공제조합(법 24조 10항)과의 공제계약

소비자피해보상보험계약 등은 이 법 위반행위로 인한 소비자피해를 보상하거나 제8조 제4항에 따른 결제수단 발행자의 신뢰성을 확보하기에 적절한 수준이어야 하며, 그 구체적인 기준은 대통령령으로 정한다(법 24조 5항).

나. 보상 지연에 따른 배상금

소비자피해보상보험계약 등에 따라 소비자피해보상금을 지급할 의무가 있는 자는 그 지급 사유가 발생하면 지체 없이 소비자피해보상금을 지급하여야 하고, 이를 지연한 경우에는 지연배상금을 지급하여야 한다(동조 6항).

다. 자료의 제출

소비자피해보상보험계약 등을 체결하려는 사업자는 소비자피해보상보험계약 등을 체결하기 위하여 매출액 등의 자료를 제출할 때 거짓 자료를 제출하여서는 아니 된다(동조 7항).

라. 계약체결의 표지

소비자피해보상보험계약 등을 체결한 사업자는 그 사실을 나타내는 표지를 사

용할 수 있으나, 소비자피해보상보험계약 등을 체결하지 아니한 사업자는 그 표지를 사용하거나 이와 유사한 표지를 제작 또는 사용하여서는 아니 된다(동조 8항).

3. 결제대금예치제도

가. 선지급식 통신판매에 있어서의 소비자의 선택권

통신판매업자는 선지급식 통신판매를 할 때 소비자가 결제대금예치(법 13조 2항 10호)의 이용 또는 통신판매업자의 소비자피해보상보험계약 등의 체결을 선택한 경우에는 소비자가 결제대금예치를 이용하도록 하거나 소비자피해보상보험계약 등을 체결하여야 한다(법 24조 2항).

나. 적용제외

위의 규정은 소비자가 다음 중 어느 하나에 해당하는 거래를 하는 경우에는 적용하지 아니한다(동조 3항).

1) 신용카드로 재화 등의 대금을 지급하는 거래. 이 경우 소비자가 재화 등을 배송받지 못한 때에는 여신전문금융업법 제2조 제2호의2에 따른 신용카드업자는 구매대금 결제 취소 등 소비자피해의 예방 및 회복을 위하여 협력하여야 한다.
2) 정보통신망으로 전송되거나 법 제13조 제2항 제10호에 따른 제3자가 배송을 확인할 수 없는 재화 등을 구매하는 거래
3) 일정기간에 걸쳐 분할되어 공급되는 재화 등을 구매하는 거래
4) 다른 법률에 따라 소비자의 구매안전이 충분히 갖추어진 경우 또는 위 1)부터 3)까지의 규정과 유사한 사유로 결제대금예치 또는 소비자피해보상보험계약 등의 체결이 필요하지 아니하거나 곤란하다고 공정거래위원회가 정하여 고시하는 거래

다. 표지의 사용 등

법 제24조 제2항에 따른 결제대금예치의 이용에 관하여는 소비자피해보상보험계약 등의 표지 사용에 관한 동조 제8항을 준용한다(동조 9항). 또한 동조 제2항에 따른 결제대금예치의 이용 또는 소비자피해보상보험계약 등의 체결에 필요한 사항은 대통령령으로 정한다(동조 4항).

4. 공제조합

전자상거래를 하는 사업자 또는 통신판매업자는 법 제24조 제1항에 따른 소비자보호를 위하여 공제조합을 설립할 수 있다. 이 경우 공제조합의 설립 및 운영에 관하여는 방문판매법 제38조를 준용한다(법 24조 10항).

5. 구매권유광고 시 준수사항 등

전자상거래를 하는 사업자 또는 통신판매업자가 전화, 팩스, 컴퓨터통신 또는 전자우편 등을 이용하여 재화를 구매하거나 용역을 제공받도록 권유하는 행위(이하 "구매권유광고")를 할 때에는 이 법과 정보통신망법 등 관계 법률의 규정을 준수하여야 한다(법 24조의2 1항). 공정거래위원회는 이를 위반하여 구매권유광고를 한 전자상거래를 하는 사업자 또는 통신판매업자에 대한 시정조치를 하기 위하여 방송통신위원회 등 관련 기관에 위반자의 신원정보를 요청할 수 있다. 이 경우 신원정보의 요청은 공정거래위원회가 위반자의 신원정보를 확보하기 곤란한 경우로 한정하며, 방송통신위원회 등 관련 기관은 정보통신망법 제64조의2(자료 등의 보호 및 폐기) 제1항에도 불구하고 공정거래위원회에 위반자의 신원정보를 제공할 수 있다(동조 2항).

6. 전자상거래소비자단체 등의 지원

공정거래위원회는 전자상거래 및 통신판매에서 공정거래질서를 확립하고 소비자의 권익을 보호하기 위한 사업을 시행하는 기관 또는 단체에 예산의 범위에서 필요한 지원 등을 할 수 있다(법 25조).

Ⅳ. 조사 및 감독

1. 위반행위의 조사 등

가. 직권조사

공정거래위원회, 시 · 도지사 또는 시장 · 군수 · 구청장은 이 법을 위반한 사실이 있다고 인정할 때에는 직권으로 필요한 조사를 할 수 있다(법 26조 1항). 시 · 도지사 또는 시장 · 군수 · 구청장이 이러한 조사를 하려면 미리 시 · 도지사는 공정거래위원회에, 시장 · 군수 · 구청장은 공정거래위원회 및 시 · 도지사에게 통보하여야 하며, 공정거래위원회는 조사 등이 중복될 우려가 있는 경우에는 시 · 도지사 또는 시장 · 군수 · 구청장에게 조사의 중지를 요청할 수 있다. 이 경우 중지요청을 받은 시 · 도지사 또는 시장 · 군수 · 구청장은 상당한 이유가 없으면 그 조사를 중지하여야 한다(동조 2항). 공정거래위원회, 시 · 도지사 또는 시장 · 군수 · 구청장은 위의 조사를 한 경우에는 그 결과(조사 결과 시정조치명령 등의 처분을 하려는 경우에는 그 처분의 내용 포함)를 해당 사건의 당사자에게 서면으로 알려야 한다(동조 3항).

나. 합동조사반

공정거래위원회는 위의 조사를 위하여 한국소비자원과 합동으로 조사반을 구성할 수 있다. 이 경우 조사반의 구성과 조사에 관한 구체적인 방법과 절차, 그 밖에 필요한 사항은 대통령령으로 정한다(동조 6항). 이에 따라 사무를 위탁받아 해당 업무를 수행하거나 수행하였던 자에 대하여는 형법 제127조(공무상비밀의 누설), 제129조(수뢰 · 사전수뢰)부터 제132조(알선수뢰)까지의 규정에 따른 벌칙을 적용할 때에는 공무원으로 본다(법 38조 5항). 공정거래위원회는 이러한 조사활동에 참여하는 한국소비자원의 임직원에게 예산의 범위에서 수당이나 여비를 지급할 수 있다(법 26조 7항).

다. 신 고

누구든지 이 법의 규정에 위반되는 사실이 있다고 인정할 때에는 그 사실을 공정거래위원회, 시 · 도지사 또는 시장 · 군수 · 구청장에게 신고할 수 있다(동조 4항).

라. 시정조치 · 과징금의 부과시한

공정거래위원회는 이 법을 위반하는 행위가 끝난 날부터 5년이 지난 경우에는 그 위반행위에 대하여 법 제32조에 따른 시정조치를 명하지 아니하거나 법 제34조에 따른 과징금을 부과하지 아니한다. 다만, 법 제33조 제1항에 따른 소비자피해 분쟁조정기구의 권고안이나 조정안을 당사자가 수락하고도 이를 이행하지 아니하는 경우에는 그러하지 아니하다(법 26조 5항).

2. 공개정보 검색 등

가. 공개정보의 검색

공정거래위원회는 전자상거래 및 통신판매의 공정거래질서를 확립하고 소비자피해를 예방하기 위하여 필요하면 전자적인 방법 등을 이용하여 사업자나 전자상거래 또는 통신판매에서의 소비자보호 관련 단체가 정보통신망에 공개한 공개정보를 검색할 수 있다(법 27조 1항). 사업자 또는 관련 단체는 이러한 공정거래위원회의 정보검색을 정당한 사유 없이 거부하거나 방해하여서는 아니 된다(동조 2항).

나. 자료의 제출 · 공유

공정거래위원회는 소비자피해에 관한 정보를 효율적으로 수집하고 이용하기 위하여 필요하면 대통령령으로 정하는 바에 따라 전자상거래나 통신판매에서의 소비자보호 관련 업무를 수행하는 기관이나 단체에 관련 자료를 제출하거나 공유하도록 요구할 수 있다(동조 3항). 이와 같이 공정거래위원회로부터 자료 요구를 받은 기관이나 단체는 정당한 사유가 없으면 자료 제출이나 자료 공유를 거부하여서는 아니 된다(동소 4항).

3. 위법행위 등에 대한 정보공개

공정거래위원회는 전자상거래 및 통신판매의 공정거래질서를 확립하고 소비자 피해를 예방하기 위하여 법 제27조 제1항에 따라 검색된 정보 중 사업자가 이 법을 위반한 행위나 그 밖에 소비자피해의 예방을 위하여 필요한 관련 정보를 대통령령으로 정하는 바에 따라 공개할 수 있다(법 28조).

4. 평가 · 인증 사업의 공정화

전자상거래 및 통신판매의 공정화와 소비자보호를 위하여 관련 사업자의 평가 · 인증 등의 업무를 수행하는 자(이하 "평가 · 인증 사업자")는 그 명칭에 관계없이 대통령령으로 정하는 바에 따라 그 평가 · 인증에 관한 기준, 방법 등을 공시하고, 그에 따라 공정하게 평가 · 인증하여야 한다(법 29조 1항). 이러한 평가 · 인증의 기준 및 방법은 사업자가 거래의 공정화와 소비자보호를 위하여 한 노력과 그 성과에 관한 정보를 전달하는 데에 적절한 것이어야 한다(동조 2항). 공정거래위원회는 평가 · 인증 사업자에게 운용 상황 등에 관한 자료를 제출하게 할 수 있다(동조 3항).

5. 보고 및 감독

법 제31조에 따라 시정권고를 하는 경우에는 시 · 도지사는 공정거래위원회에, 시장 · 군수 · 구청장은 공정거래위원회 및 시 · 도지사에게 대통령령으로 정하는 바에 따라 그 결과를 보고하여야 한다(법 30조 1항). 공정거래위원회는 이 법을 효율적으로 시행하기 위하여 필요하다고 인정할 때에는 그 소관 사항에 관하여 시 · 도지사 또는 시장 · 군수 · 구청장에게 조사 · 확인 또는 자료 제출을 요구하거나 그 밖에 시정에 필요한 조치를 할 것을 요구할 수 있다. 이 경우 해당 시 · 도지사 또는 시장 · 군수 · 구청장은 특별한 사유가 없으면 그 요구에 따라야 한다(동조 2항).

V. 시정조치 및 과징금 부과

1. 시정권고

공정거래위원회, 시 · 도지사 또는 시장 · 군수 · 구청장은 사업자가 이 법을 위반하는 행위를 하거나 이 법에 따른 의무를 이행하지 아니한 경우에는 법 제32조의 시정조치를 명하기 전에 그 사업자가 그 위반행위를 중지하거나 이 법에 규정된 의무 또는 법 제32조에 따른 시정을 위하여 필요한 조치를 이행하도록 시정방안을 정하여 해당 사업자에게 이에 따를 것을 권고할 수 있다. 이 경우 그 사업자가 권고를 수락하면 시정조치를 명한 것으로 본다는 뜻을 함께 알려야 한다(법 31조 1항). 시정권고를 받은 사업자는 그 통지를 받은 날부터 10일 이내에 그 권고의 수락 여부를 그 권고를 한 행정청에 알려야 한다(동조 2항). 시정권고를 받은 자가 그 권고를 수락하면 시정조치를 명한 것으로 본다(동조 3항).

2. 시정조치

공정거래위원회는 사업자가 다음의 행위를 하거나 이 법에 따른 의무를 이행하지 아니하는 경우에는 해당 사업자에게 그 시정조치를 명할 수 있다(법 32조 1항).

- 법 제5조 제2항부터 제5항까지, 제6조 제1항, 제7조, 제8조, 제9조, 제9조의2, 제10조, 제11조, 제12조 제1항부터 제3항까지, 제13조 제1항부터 제3항까지 및 제5항, 제14조, 제15조, 제18조, 제19조 제1항, 제20조, 제20조의2, 제20조의3, 제22조제1항, 제23조 제2항, 제24조 제1항 · 제2항 및 제5항부터 제9항까지, 제27조 제2항, 제29조 제1항 및 제2항, 제32조의2 제2항을 위반하는 행위
- 법 제21조 제1항 각 호의 금지행위 중 어느 하나에 해당하는 행위

이에 따른 시정조치는 (i) 해당 위반행위의 중지, (ii) 이 법에 규정된 의무의 이행, (iii) 시정조치를 받은 사실의 공표, (iv) 소비자피해 예방 및 구제에 필요한 조치, (v) 그 밖에 위반행위의 시정을 위하여 필요한 조치 중 어느 하나에 해당하는 조치를 말한다(법 32조 2항). 이 중 (iii)의 시정조치를 받은 사실의 공표에 필요

한 사항과 (iv)의 소비자피해 예방 및 구제에 필요한 조치의 구체적인 내용은 대통령령으로 정한다(동조 3항, 영 33조).

3. 임시중지명령

공정거래위원회는 전자상거래를 하는 사업자 또는 통신판매업자의 전자상거래 또는 통신판매가 다음 요건에 모두 해당하는 경우에는 전자상거래를 하는 사업자 또는 통신판매업자에 대하여 전자상거래 또는 통신판매의 전부 또는 일부를 대통령령으로 정하는 바에 따라 일시 중지할 것을 명할 수 있다(법 32조의2 1항).

1) 전자상거래 또는 통신판매가 법 제21조(금지행위) 제1항 제1호에 해당하는 것이 명백한 경우
2) 전자상거래 또는 통신판매로 인하여 소비자에게 재산상 손해가 발생하였고, 다수의 소비자에게 회복하기 어려운 손해가 확산될 우려가 있어 이를 예방할 긴급한 필요성이 인정되는 경우

공정거래위원회는 위의 명령(이하 "임시중지명령")에 따라 전자상거래 또는 통신판매의 전부 또는 일부를 일시 중지하기 위하여 필요한 경우 호스팅서비스를 제공하는 자, 통신판매중개자, 전자게시판서비스 제공자 등에게 해당 역무제공의 중단 등 대통령령으로 정하는 조치를 취할 것을 요청할 수 있으며, 그 요청을 받은 사업자는 정당한 사유가 없으면 이에 따라야 한다(법 32조의2 2항).

소비자기본법 제29조에 따라 등록한 소비자단체나 그 밖에 대통령령으로 정하는 기관·단체는 전자상거래를 하는 사업자 또는 통신판매업자가 위 1), 2)의 요건에 모두 해당한다고 인정될 때에는 서면(전자문서 포함)으로 공정거래위원회에 그 전자상거래 또는 통신판매의 전부 또는 일부에 대하여 일시 중지를 명하도록 요청할 수 있다(법 32조의2 3항).

임시중지명령에 불복하는 자는 그 명령을 받은 날부터 7일 이내에 공정거래위원회에 이의를 제기할 수 있다(동조 4항). 공정거래위원회는 임시중지명령을 받은 자가 이와 같이 이의를 제기하였을 때에는 지체 없이 서울고등법원에 그 사실을 통보하여야 하며, 통보를 받은 서울고등법원은 비송사건절차법(동법 15조 제외)에 따라 재판을 한다(법 32조의2 5항, 6항).

4. 영업정지

공정거래위원회는 다음의 경우에는 대통령령으로 정하는 바에 따라 1년 이내의 기간을 정하여 그 영업의 전부 또는 일부의 정지를 명할 수 있다(법 32조 4항, 영 34조).

- 법 제32조 제1항에 따른 시정조치명령에도 불구하고 위반행위가 대통령령이 정하는 기준 이상으로 반복되는 경우
- 시정조치명령에 따른 이행을 하지 아니한 경우
- 시정조치만으로는 소비자피해의 방지가 현저히 곤란하다고 판단되는 경우

5. 소비자피해 분쟁조정의 요청

가. 조정의 의뢰

공정거래위원회, 시・도지사 또는 시장・군수・구청장은 전자상거래 또는 통신판매에서의 이 법 위반행위와 관련하여 소비자의 피해구제신청이 있는 경우에는 시정권고 또는 시정조치 등을 하기 전에 전자상거래 또는 통신판매에서의 소비자보호 관련 업무를 수행하는 기관이나 단체 등 대통령령으로 정하는 소비자피해 분쟁조정기구(이하 "소비자피해 분쟁조정기구")에 조정을 의뢰할 수 있다(법 33조 1항). 이러한 소비자피해분쟁조정기구로는 (i) 소비자분쟁조정위원회, (ii) 전자거래분쟁조정위원회, (iii) 콘텐츠분쟁조정위원회, (iv) 그 밖에 소비자보호 관련 법령에 따라 설치・운영되는 분쟁조정기구가 있다(영 35조). 이들 기구에 분쟁조정을 의뢰하는 경우 공정거래위원회는 예산의 범위에서 그 분쟁조정에 필요한 예산을 지원할 수 있다(동조 4항).

나. 조정의 수락

공정거래위원회, 시・도지사 또는 시장・군수・구청장은 소비자피해 분쟁조정기구의 권고안 또는 조정안을 당사자가 수락하고 이행한 경우에는 시정조치를 하지 아니한다는 뜻을 당사자에게 알려야 한다(동조 2항). 소비자피해 분쟁조정기

구의 권고안 또는 조정안을 당사자가 수락하고 이행한 경우에는 대통령령으로 정하는 바에 따라 시정조치를 하지 아니한다(동조 3항).

다. 조정 성립의 보고

소비자피해 분쟁조정기구는 분쟁의 조정이 이루어진 경우에는 그 결과를, 조정이 이루어지지 아니한 경우에는 그 경위를 지체 없이 조정을 의뢰한 공정거래위원회, 시・도지사 또는 시장・군수・구청장에게 보고하여야 한다(동조 5항).

6. 과징금

가. 부 과

공정거래위원회는 법 제32조 제4항에 따른 영업정지가 소비자 등에게 심한 불편을 줄 우려가 있다고 인정하는 경우에는 그 영업의 전부 또는 일부의 정지를 갈음하여 해당 사업자에게 대통령령으로 정하는 위반행위 관련 매출액을 초과하지 아니하는 범위에서 과징금을 부과할 수 있다. 이 경우 관련 매출액이 없거나 그 매출액을 산정할 수 없는 경우 등에는 5천만원을 초과하지 아니하는 범위에서 과징금을 부과할 수 있다(법 34조 1항). 공정거래위원회는 이러한 경우에 과징금을 부과할 수 있는 판단 기준을 정하여 고시할 수 있다(동조 2항). 또한 공정거래위원회는 위의 과징금을 부과할 때 (i) 위반행위로 인한 소비자피해의 정도, (ii) 소비자피해에 대한 사업자의 보상노력 정도, (iii) 위반행위로 취득한 이익의 규모, (iv) 위반행위의 내용・기간 및 횟수 등을 고려하여야 한다(동조 3항).

나. 징 수

공정거래위원회는 이 법을 위반한 사업자인 회사가 합병한 경우에는 그 회사가 한 위반행위를 합병 후 존속하거나 합병으로 설립된 회사가 한 행위로 보아 과징금을 부과・징수할 수 있다(동조 4항).

Ⅵ. 보 칙

1. 소비자에게 불리한 계약의 금지

법 제17조(청약철회 등), 제18조(청약철회 등의 효과) 및 제19조(손해배상청구금액의 제한 등)의 규정을 위반한 약정으로서 소비자에게 불리한 것은 효력이 없다(법 35조).

2. 전속관할

통신판매업자와의 거래에 관련된 소는 소 제기 당시 소비자의 주소를 관할하는 지방법원의 전속관할로 하고, 주소가 없는 경우에는 거소를 관할하는 지방법원의 전속관할로 한다. 다만, 소 제기 당시 소비자의 주소 또는 거소가 분명하지 아니한 경우에는 그러하지 아니하다(법 36조).

3. 사업자단체의 등록

전자상거래와 통신판매업의 건전한 발전과 소비자에 대한 신뢰도의 제고, 그 밖에 공동 이익의 증진을 위하여 설립된 사업자단체는 대통령령으로 정하는 바에 따라 공정거래위원회에 등록할 수 있다(법 37조 1항). 이러한 등록의 요건·방법 및 절차 등에 관하여 필요한 사항은 대통령령으로 정한다(동조 2항).

4. 권한의 위임·위탁

이 법에 따른 공정거래위원회의 권한은 대통령령으로 정하는 바에 따라 그 일부를 소속 기관의 장 또는 시·도지사에게 위임하거나 다른 행정기관의 장에게 위탁할 수 있다(법 38조 1항). 이 법에 따른 시·도지사의 권한은 대통령령으로 정하는 바에 따라 그 일부를 시장·군수·구청장에게 위임할 수 있다(동조 2항). 공정거래위원회는 이 법을 효율적으로 집행하기 위하여 필요한 경우에는 사무의 일부를 법 제37조 제1항에 따라 등록된 사업자단체에 위탁할 수 있다(법 38조 2항). 이에 따라 사무를 위탁받아 해당 업무를 수행하거나 수행하였던 자에 대하여는 형법 제127조(공무상비밀의 누설), 제129조(수뢰·사전수뢰)부터 제132조(알선수뢰)까지의 규정에 따른 벌칙을 적용할 때에는 공무원으로 본다(법 38조 5항). 공정거래위원회가 위와 같이 사무의 일부를 사업자단체에 위탁하는 경우에는 예산의 범위에서 그 위탁사무의 수행에 필요한 비용의 전부 또는 일부를 지원할 수 있다(동조 4항).

5. 공정거래법의 준용

이 법에 따른 공정거래위원회의 심의·의결에 관하여는 공정거래법 제64조부터 제68조까지 및 제93조를 준용한다(법 39조 1항). 이 법 위반행위에 대한 공정거래위원회, 시·도지사 또는 시장·군수·구청장의 조사 등에 관하여는 공정거래법 제81조 제1항·제2항·제3항·제6항 및 제9항을 준용한다(법 39조 2항). 이 법에 따른 공정거래위원회의 처분 및 제38조에 따라 위임된 시·도지사의 처분에 대한 이의신청, 시정조치명령의 집행정지, 소의 제기 및 불복의 소의 전속관할에 관하여는 공정거래법 제96조, 제97조 및 제99조부터 제101조까지의 규정을 준용한다(법 39조 3항). 이 법에 따른 과징금의 부과·징수에 관하여는 공정거래법 제103조부터 제107조까지의 규정을 준용한다(법 39조 4항). 또한 이 법에 따른 직무에 종사하거나 종사하였던 공정거래위원회의 위원 또는 공무원에 대하여는 공정거래법 제119조를 준용한다(법 39조 5항).

Ⅶ. 벌 칙

1. 형 벌

가. 위반행위 유형별 형량

법 제40조 내지 제43조는 위반행위의 유형별로 다음과 같이 형사제재를 규정하고 있다.

1) 다음 중 어느 하나에 해당하는 자는 3년 이하의 징역 또는 1억원 이하의 벌금에 처한다(법 40조).
   - 법 제26조(위반행위의 조사 등) 제1항에 따른 조사 시 폭언 · 폭행, 고의적인 현장진입 저지 · 지연 등을 통하여 조사를 거부 · 방해 또는 기피한 자
   - 법 제32조(시정조치 등) 제1항에 따른 시정조치명령에 따르지 아니한 자
   - 동조 제4항에 따른 영업의 정지 명령을 위반하여 영업을 계속한 자
2) 다음에 해당하는 자는 3천만원 이하의 벌금에 처한다(법 42조).
   - 법 제12조 제1항에 따른 신고를 하지 아니하거나 거짓으로 신고한 자
   - 법 제24조 제8항 및 제9항을 위반하여 소비자피해보상보험계약 등을 체결하는 사실 또는 결제대금예치를 이용하도록 하는 사실을 나타내는 표지를 사용하거나 이와 유사한 표지를 제작하거나 사용한 자
3) 다음에 해당하는 자는 1천만원 이하의 벌금에 처한다(법 43조).
   - 법 제13조 제1항에 따른 사업자의 신원정보에 관하여 거짓 정보를 제공한 자
   - 동조 제2항에 따른 거래조건에 관하여 거짓 정보를 제공한 자

나. 양벌규정

법인의 대표자나 법인 또는 개인의 대리인, 사용인, 그 밖의 종업원이 그 법인 또는 개인의 업무에 관하여 법 제40조부터 제43조까지의 어느 하나에 해당하는 위반행위를 하면 그 행위자를 벌하는 외에 그 법인 또는 개인에게도 해당 조문의 벌금형을 과한다. 다만, 법인 또는 개인이 그 위반행위를 방지하기 위하여 해당 업무에 관하여 상당한 주의와 감독을 게을리하지 아니한 경우에는 그러하지 아니하다(법 44조).

2. 과태료

가. 위반행위 유형별 과태료 금액

법 제45조는 위반행위 유형별로 다음과 같이 과태료를 규정하고 있다.

1) 법 제32조의2 제1항을 위반하여 영업을 계속한 자에게는 1억원 이하의 과태료

를 부과한다(법 45조 1항).

2) 사업자 또는 사업자단체가 아래의 가) 또는 나)의 어느 하나에 해당하는 경우에는 3천만원 이하, 다)에 해당하는 경우에는 5천만원 이하의 과태료를 부과하고, 사업자 또는 사업자단체의 임원 또는 종업원, 그 밖의 이해관계인이 가) 또는 나)의 어느 하나에 해당하는 경우에는 500만원 이하, 다)에 해당하는 경우에는 1천만원 이하의 과태료를 부과한다(동조 2항).

   가) 제39조 제2항에 따라 준용되는 공정거래법 제81조 제1항 제1호에 따른 출석처분을 받은 당사자 중 정당한 사유 없이 출석하지 아니한 자

   나) 제39조 제2항에 따라 준용되는 공정거래법 제81조 제1항 제3호 또는 제6항에 따른 보고를 하지 아니하거나 필요한 자료나 물건을 제출하지 아니하거나 거짓으로 보고하거나 거짓 자료나 물건을 제출한 자

   다) 제39조 제2항에 따라 준용되는 공정거래법 제81조 제2항 및 제3항에 따른 조사를 거부·방해 또는 기피한 자

3) 다음 중 어느 하나에 해당하는 자에게는 1천만원 이하의 과태료를 부과한다(법 45조 3항).

   • 법 제9조의2 제1항을 위반하여 소비자피해방지를 위한 사항을 이행하지 아니한 자
   • 법 제21조 제1항 제1호부터 제5호까지의 금지행위 중 어느 하나에 해당하는 행위를 한 자
   • 법 제8조 제4항에 따른 결제수단의 발행자로서 제24조 제1항 각 호 외의 부분 단서를 위반하여 소비자피해보상보험계약 등을 체결하지 아니한 자
   • 법 제15조 제1항에 따른 선지급식 통신판매업자로서 제24조 제2항을 위반한 자
   • 법 제8조 제4항에 따른 결제수단의 발행자로서 제24조 제7항을 위반하여 거짓 자료를 제출하고 소비자피해보상보험계약 등을 체결한 자
   • 법 제15조 제1항에 따른 선지급식 통신판매업자로서 제24조 제7항을 위반하여 거짓 자료를 제출하고 소비자피해보상보험계약 등을 체결한 자
   • 법 제32조의2 제2항을 위반하여 공정거래위원회의 요청을 따르지 아니한 자

4) 다음 중 어느 하나에 해당하는 자에게는 500만원 이하의 과태료를 부과한다(법 45조 4항).

   • 법 제6조를 위반하여 거래기록을 보존하지 아니하거나 소비자에게 거래기록을 열람·보존할 수 있는 방법을 제공하지 아니한 자
   • 법 제10조 제1항 또는 제13조 제1항에 따른 사업자의 신원정보를 표시하지 아니한 자

- 법 제12조 제2항 및 제3항에 따른 신고를 하지 아니한 자
- 법 제13조제2항을 위반하여 표시 · 광고하거나 고지를 하지 아니하거나 계약 내용에 관한 서면을 계약자에게 교부하지 아니한 자
- 법 제13조 제3항을 위반하여 재화 등의 거래에 관한 계약을 취소할 수 있다는 내용을 거래 상대방인 미성년자에게 고지하지 아니한 자
- 법 제20조의3 제1호 가목을 위반하여 제13조 제2항 제5호에 관한 정보의 제공을 하지 아니한 자

5) 법 제39조 제1항에 따라 준용되는 공정거래법 제66조를 위반하여 질서유지의 명령을 따르지 아니한 자에게는 100만원 이하의 과태료를 부과한다(법 45조 5항).

나. 부과 및 징수

위의 과태료는 대통령령으로 정하는 기준에 따라 공정거래위원회, 시 · 도지사 또는 시장 · 군수 · 구청장이 부과 · 징수한다(법 45조 3항, 영 42조 관련 별표 3).

한편 과태료에 관한 규정을 적용할 때 법 제34조에 따라 과징금을 부과한 행위에 대하여는 과태료를 부과할 수 없다(법 46조).

찾아보기

【 ㅎ 】

이 기 종

연세대학교 법과대학 졸업

연세대학교 법학박사 학위취득

미국 UC Berkely Law School Visiting Scholar

변호사시험 · 사법시험 · 군법무관 임용시험 · 행정고등고시 · 외무고시 문제은행 출제위원

사법시험 · 행정고등고시 · 가맹거래사시험 시험위원

(현) 숙명여자대학교 법과대학 교수

대리점 분쟁조정협의회 위원장

한국경제법학회 고문

아시아경쟁연합(ACA) 사무총장

블로그 : economiclaw7.blog.me

[주요 저작]

- 상법 : 총칙 · 상행위 · 회사 (제3판, 삼영사, 2022)
- 플랫폼 경쟁법: 시장지배적지위의 남용행위와 기업결합의 제한(삼영사, 2021)
- General Principles of Korean Commercial Law(Sam Young Sa, 2020)
- 공정거래법 심결 해설 및 평석 (공저) (한국공정거래협회, 2000)
- 경제법 (공저) (박영사, 2000)
- Cross Market Impact of Platforms' Activities: A *Secondary* Relevant Market Approach, Journal of Competition Law & Economics, Volume 18, Issue 2, June 2022, Pages 483-521, https://doi.org/10.1093/joclec/nhac004 외 논문 다수

저자와의
협의하에
인지생략

경제법 [제4판]

2013년 2월 20일 1판 1쇄 발행
2016년 8월 19일 2판 1쇄 발행
2019년 8월 5일 3판 1쇄 발행
2022년 8월 1일 4판 1쇄 인쇄
2022년 8월 8일 4판 1쇄 발행

저 자 이 기 종
발행인 고 성 익
조 판 해 인 기 획

05027
발행처 서울특별시 광진구 아차산로 335 삼영빌딩
도서출판 三 英 社
등 록 1972년 4월 27일 제 2013-21 호
전 화 737-1052 · 734-8979 FAX 739-2386

정가 : 30,000원

ISBN 978-89-445-0546-1-93360